【湖湘诉讼法学论坛】

诉讼制度改革与理论探索

SUSONG ZHIDU GAIGE YU LILUN TANSUO

◎主编 廖永安 谭曼

卷）

湘潭大学出版社

湖南省2011协同创新中心

“法治湖南建设与区域社会治理”平台建设成果

前言

2011年3月,全国人大常委会委员长吴邦国宣布中国特色社会主义法律体系形成。这意味着法治建设的重心将转移到司法和执法环节,而法律的实施效果如何也将在很大程度上反映出法治建设的具体成效。诉讼法作为现代程序法治的基石,是中国特色社会主义法律体系重要组成部分,是实现程序正义、构建法治秩序的必备要素。随着2012年《刑事诉讼法修正案》《民事诉讼法修正案》和2014年《行政诉讼法修正案》的先后颁行,关注三大诉讼法修改后的实施效果及司法解释的适用,发现其中可能存在的问题,就成为了诉讼法学界和司法实务界共同肩负的一项重任。正带着这样的使命感和问题意识,湖南省法学会诉讼法研究会以"三大诉讼法司法解释的适用"作为2015年年会的主题,进行了深入的学术研讨和交流。眼前这本有"分量"的文集正是此次会议的智慧结晶,囊括了来自湖南省各政法机关、法律实务部门和高校的多位专家学者的思想和学术成果。

本文集共收录论文37篇,其中刑事诉讼法有关论文17篇,民事诉讼法有关论文15篇,行政诉讼法有关论文5篇,其内容主要集中于诉讼证据、立案制度、审判程序及其他诉讼法热点改革举措的研究和探讨。

立案登记制作为民事诉讼法、行政诉讼法的一个重大改变,是2015年5月始推行的一项重要司法改革举措。该机制施行以来实践效果如何?存在哪些阻碍和问题?应该如何进一步完善和改进?这些问题得到了学者和一线司法办案人员的关注。本文集所收录的《从孤立到协同：系统理论下立案登记制改革的挑战与回应》《博弈与平衡：多元纠纷解决机制下立案登记制度的破茧之路——以消费者维权纠纷解决机制优化策略为视角》《理想与现实之间：民事诉讼登记立案制度实证考》等3篇文章基于不同的实践样本从不同的视角对民事诉讼立案登记制的运作现状进行了考察，旨在发现该机制在实践中面临的各种难题，并在此基础上提出了许多有益的完善思路和改进建议。

民事证据一向是民事诉讼法研究的“富矿”，同样也成为本文集重点关注和研究的内容。《“审判性真理”与证据展示——论环境民事诉讼举证责任“幽灵抗辩”及对策》《环境侵权诉讼中因果关系证明问题研究——基于推定与举证责任倒置关系理论的实证分析》《民事诉讼中“证据偏在”的实证研究——以当事人协力义务为脉络》《DNA鉴定证据于亲子关系事件的适用研究——以台湾地区法院判决分析为例》《类型理论下职场性骚扰证明责任界分——兼谈民事诉讼推定规则的适用》《电子证据新解：宜作为独立的法定证据——与视听资料、电子数据的比较分析》《民事诉讼质证权的困境及其保障》等7篇文章对民事诉讼证据领域的一些关键问题进行分析和研究。这些文章中多数是偏向于证据认定、举证责任分配等证据规定方面的实证研究，试图解决规则适用中的某个重点难题，但也有关于证据种类和民事诉讼质证等方面的理论探讨，旨在更好地指导实践，促进证据规则正确地适用。

既聚焦于某些热点问题的集中讨论，又不局限于这些问题，是本文集的一大特点。《如何成为初任法官——以H省S市法院系统初任法官生成机制的实证考察为视角》《诉讼中对公司资金进入个人账户不应简单认定为职务行为》《民事执行中拍卖撤销权之行使》《需求与供给：制度变迁中的法院经费保障实证研究》《实行“判决生效即向胜诉方退还诉讼费用”的阻碍及对策——以<民诉法解释>第207条为分析视角》等文章对法官选任、民事裁判的实体认定、经费保障、诉费退还、执行拍卖等各项具体的制度和问题进行了细致的考察和深入的思考,其中不乏一些深刻的洞见。

行政诉讼领域的论文则主要关注部分行政执法中的“风险”、行政首长出庭应诉、行政诉讼瑕疵证据补救和行政惯例的司法审查等几个问题。《行政执法和解与风险控制——以行政执法和解协议的司法审查为中心》以行政执法和解的风险控制作为切入点,在进行域外考察和借鉴的基础上,分析引入相关制度的可行性,并提出了相应的改革方案。而《“风险评估”的“风险”——司法强拆“风险评估”司法审查权的主动性旁落与重拾》则着力探寻司法强拆风险评估实践中存在的问题,力图从程序性控制和配套性举措两方面来建构和完善司法强拆风险评估机制。《新行政诉讼法背景下行政首长出庭应诉制度的探析——以郴州市两级法院为研究样本》一文是对行政首长出庭应诉制度的实证考察。该文不仅指出了该制度当前面临的困境,分析其中关涉的原因,而且建设性地提出了破解其困境的多重路径。行政诉讼研究同样不缺对行政诉讼证据的分析。《行政诉讼瑕疵证据补救制度研究——理论规则与司法裁量》一文就行政诉讼瑕疵证据范围、可采性及采纳规则等问题进行了深入地探讨。而《在规则与经验之间——论行政惯例的司法审查》则以案例作为导入,对行政惯例司法审查的缘起、必要性等问题进行了梳理,并在此基础上提出了一种旨在发挥行政惯例司法审查最佳效用的改革方案。

非法证据排除规则作为2012年刑事诉讼法修改所取得的重要成果,被视为遏制非法取证,强化人权保障的重要诉讼机制,受到理论界和实务界的广泛关注。法律的生命在于实践,被寄予厚望的非法证据排除规则能否发挥其立法预设功能,是否会在司法实践中遭遇“水土不服”,这些问题的回答都需要来自刑事司法实践一线的反馈和总结。本文集所收录的《在非法与合法之间:对非法证据排除规则进行裁量性限制的思考》《“以审判为中心”对检察环节非法证据排除工作的影响与应对》《理论之美与实践之困——非法证据排除的审判困境思考》《排除刑讯逼供证据的刑事辩护困境实证研究——以审理者“曲意释法”为中心》《在合法与非法之间:取证策略与有罪供述效力的理性思辨——以欺骗取证排除规则的适用为视角》《信息与前提:程序性制裁下的非法取证识别几率的分析——一种信息经济学视角的认识》《解魅与构筑:中国式侦查讯问制度的实证考察——兼论非法证据排除规则的反思与选择》《在排除与采信之间:讯问录音录像瑕疵的检视与改造——基于463份裁判文书的实证分析》等8篇由来自司法实践一线的法官、检察官、律师撰写的论文,分别从非法证据排除的裁量标准、检察环节非法证据排除的特别规范、当前非法证据排除裁量面临的现实困境、审判人员应当如何正确处理辩护律师提出的非法证据排除诉求、如何确定欺骗取证行为排除规则、侦查环节讯问和录音录像所获取证据材料、非法证据排除规则应当如何适用等问题进行了深入的研究和探讨,尤其是普遍利用实证研究的方法,具有极强的说服力。

证据作为正确认识案件事实、准确适用法律的基础所在,是刑事诉讼程序推进和运行的根基所在,本文集所收录的《共识与规则:论技术侦查证据的司法审查——以443起涉及技术侦查的案件为样本》《论刑事审判中新的证据》《论跨境刑事案件中域外证据的司法认定——以若干典型案例为样本》《法官前见对性侵犯案件定罪量刑影响的实证研究——以性品格证据的适用为分析视角》等4篇论文,其作者既有司法工作者,也有高校理论研究人员,分别对技术侦查证据的审判运用,刑事诉讼中新证据的认定与审查判断,域外证据在刑事诉讼中的运用以及性侵案件中品格证据对法官心证的影响等问题进行了深入的讨论,兼具理论性和实践性。

辩护制度作为刑事诉讼研究中永恒不变的重要主题之一,不仅关系到犯罪嫌疑人、被告人的人权保障,同时对于实现案件审理的实体公正和程序公正具有不可替代的重要价值。本文集所收录的《证据开示与自主辩护——刑事被追诉人阅卷权问题研究》死磕派律师表演性辩护的理论阐释——以典型案件的庭审实践为中心》等2篇论文,分别研究了当前刑事辩护中非常重要的被追诉人阅卷权保障和死磕派律师辩护策略的有效应对两个问题,具有创新性和前瞻性。

审判程序作为刑事诉讼程序的核心环节,在当下以审判为中心的诉讼制度改革背景下,其具体改革和完善关系到刑事司法体系的整体发展与进步。本文集所收录的《简易而不简单:刑事简易程序集中审的现实困境及完善路径——以六个基层法院的探索实践为样本》《超越路径依赖:刑事庭前会议程序的困境与解锁——以H省省会三级法院庭前会议制度实证样本为视角》《后劳教时代轻微刑事案件的出路——建立中国式的处罚令程序》等3篇论文,分别关注了刑事速裁程序改革试点经验总结、刑事庭前会议制度的具体适用以及劳教制度取消后的刑事程序保障等热点问题,对当下的刑事审判程序改革具有较高的参考价值。

《诉讼制度改革与理论探索》不仅作为湖南诉讼法学科发展的见证将一直延续,而且作为一个长期的学术出版计划,将致力于诉讼法学地位、品格和内涵的提升,力求对我国诉讼法学理论尤其是实证研究产生重大影响。我们期待通过该文集的出版,展现湖南省诉讼法学的整体学术风貌,让社会和学界更多地了解湖南法学的发展;我们更期待通过该文集的出版,为社会贡献一批有分量的诉讼法学研究,促进我国诉讼法学的振兴、繁荣和法治建设的更大发展。

目 录

民事诉讼入选论文

从孤立到协同:系统理论下立案登记制改革的挑战与回应 …………………… (3)
博弈与平衡:多元纠纷解决机制下立案登记制度的破茧之路
——以消费者维权纠纷解决机制优化策略为视角 …………………… (19)
理想与现实之间:民事诉讼登记立案制度实证考 …………………… (32)
“审判性真理”与证据展示
——论环境民事诉讼举证责任“幽灵抗辩”及对策 …………………… (45)
民事诉讼质证权的困境及其保障 …………………… (57)
环境侵权诉讼中因果关系证明问题研究
——基于推定与举证责任倒置关系理论的实证分析 …………………… (75)
电子证据新解:宜作为独立的法定证据
——与视听资料、电子数据的比较分析 …………………… (89)
实行“判决生效即向胜诉方退还诉讼费用”的阻碍及对策
——以《民诉法解释》第207条为分析视角 …………………… (105)
DNA鉴定证据于亲子关系事件的适用研究
——以台湾地区法院判决分析为例 …………………… (124)
类型理论下职场性骚扰证明责任界分
——兼谈民事诉讼推定规则的适用 …………………… (137)
如何成为初任法官
——以H省S市法院系统初任法官生成机制的实证考察为视角 … (153)
需求与供给:制度变迁中的法院经费保障实证研究 …………………… (163)
诉讼中对公司资金进入个人账户不应简单认定为职务行为 …………………… (178)

民事诉讼中“证据偏在”的实证研究
——以当事人协力义务为脉络 ……………………………………………… (188)
民事执行中拍卖撤销权之行使 ……………………………………………… (201)

行政诉讼入选论文

行政执法和解与风险控制
——以行政执法和解协议的司法审查为中心 ……………………………… (213)
新《行政诉讼法》背景下行政首长出庭应诉制度的探析
——以郴州市两级法院为研究样本 ………………………………………… (226)
行政诉讼瑕疵证据补救制度研究
——理论规则与司法裁量 …………………………………………………… (239)
在规则与经验之间
——论行政惯例的司法审查 ………………………………………………… (253)
“风险评估”的“风险”
——司法强拆“风险评估”司法审查权的主动性旁落与重拾 ……………… (265)

刑事诉讼入选论文

在非法与合法之间:对非法证据排除规则进行裁量性限制的思考 ……… (281)
“以审判为中心”对检察环节非法证据排除工作的影响与应对 ………… (292)
理论之美与实践之困
——非法证据排除的审判困境思考 ………………………………………… (303)
排除刑讯逼供证据的刑事辩护困境实证研究
——以审理者“曲意释法”为中心 ………………………………………… (319)
在合法与非法之间:取证策略与有罪供述效力的理性思辨
——以欺骗取证排除规则的适用为视角 …………………………………… (333)
信息与前提:程序性制裁下的非法取证识别几率的分析
——一种信息经济学视角的认识 …………………………………………… (349)
解魅与构筑:中国式侦查讯问制度的实证考察
——兼论非法证据排除规则的反思与选择 ………………………………… (364)
在排除与采信之间:讯问录音录像瑕疵的检视与改造
——基于463份裁判文书的实证分析 ……………………………………… (377)

共识与规则:论技术侦查证据的司法审查
——以443起涉及技术侦查的案件为样本 …………………… (394)
论刑事审判中新的证据 …………………………………………… (411)
论跨境刑事案件中域外证据的司法认定
——以若干典型案例为样本 ……………………………… (421)
法官前见对性侵犯案件定罪量刑影响的实证研究
——以性品格证据的适用为分析视角 ………………… (435)
证据开示与自主辩护
——刑事被追诉人阅卷权问题研究 …………………… (450)
死磕派律师表演性辩护的理论阐释
——以典型案件的庭审实践为中心 …………………… (466)
简易而不简单:刑事简易程序集中审的现实困境及完善路径
——以六个基层法院的探索实践为样本 ……………… (482)
超越路径依赖:刑事庭前会议程序的困境与解锁
——以H省省会三级法院庭前会议制度实证样本为视角 ………… (496)
后劳教时代轻微刑事案件的出路
——建立中国式的处罚令程序 ………………………… (510)

民事诉讼入选论文

从孤立到协同：系统理论下立案登记制改革的挑战与回应

永兴县人民法院课题组

多年来，我国因立案审查制而引发的“立案难”及一系列衍生问题一直饱受社会质疑与学界诟病，为了有效化解“立案难”、切实保障公民依法行使诉权，最高人民法院于2015年4月15日发布了《关于人民法院推行立案登记制改革的意见》（以下简称《意见》），标志着我国正式从“立案审查时代”迈入了“立案登记时代”。但是，立案登记制的顺利实施，离不开法院系统内各子系统的协同作用，也离不开法院系统与其他外部系统的相互配合。截至目前，立案登记制在湖南法院已运行半年有余，半年里发生了什么？登记制实施后法院面临着什么、改变着什么、期待着什么、各个系统之间是否已经产生协同效应？① 本文以湖南法院为研究对象，以系统理论为切入点，对立案登记制改革的现状进行审视，并对其发展态势进行展望。

一、现状素描：立案登记制落地后的现实投影

立案登记制改革作为一项综合的系统工程，涉及法院方方面面工作的调整，可谓“牵一发而动全身”。立案登记制实施后，后续的审判执行工作、司法服务方式、综合行政工作等都将发生相应的调整和变化。② 从数字法院的统计情况来看，湖南法院系统的案件受理情况呈现出如下特点：

（一）案件总数井喷化

统计情况显示，2015年5月至10月，全省法院共登记立案241906件，较之去年同期的188201件增长了28.54%（见图1）。其中民事起诉146500件，相比

---

① 哈肯：《协同学引论》，原子能出版社1984年版，第67页。

② 李云萍：《关于立案登记制改革的思考与认识》，载《商》2015年第17期。

去年同期的 118345 件增长了 23.80%；刑事自诉 20613 件，与去年同期的 20558 件基本持平；行政起诉 5857 件，相比去年同期的 4206 件增长了 39.25%；申请国家赔偿 339 件，相比去年同期的 80 件增长了 323.75%；申请执行 68591 件，相比去年同期的 45012 件增长了 52.38%。

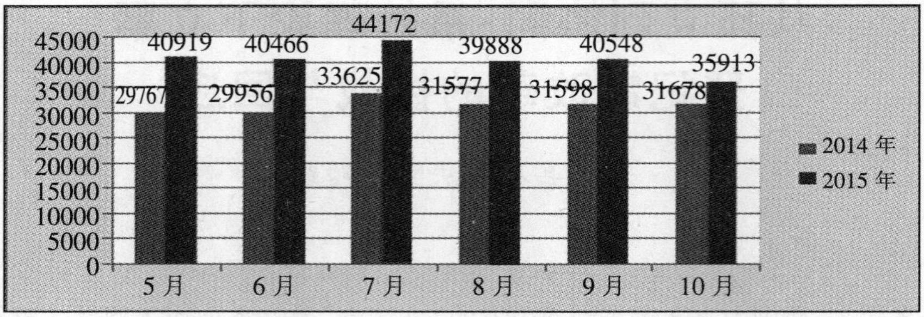

图 1　湖南法院 2014 年与 2015 年同期立案总数对比图

(二)类型增幅差别化

立案登记制施行以来，除刑事案件外，其他四类案件总数均保持了较大幅度的增长。其中国家赔偿案件一直保持高速增长，执行案件增幅较之改革初期仍呈现上升趋势(5 月份同比上年度增长 47.33%)，但行政案件在经历了改革第一个月急剧增长后，数量明显回落(5 月份行政起诉同比上年度增长率高达 145.69%)，民事案件增幅则略有减缓(5 月份同比增长 34.50%)(见图 2－6)。

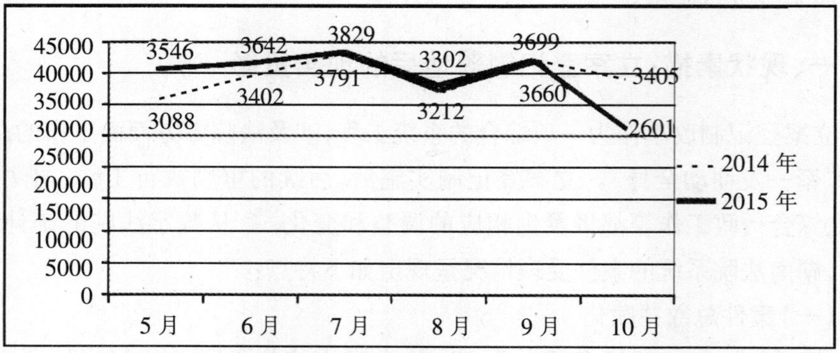

图 2　刑事案件对比图

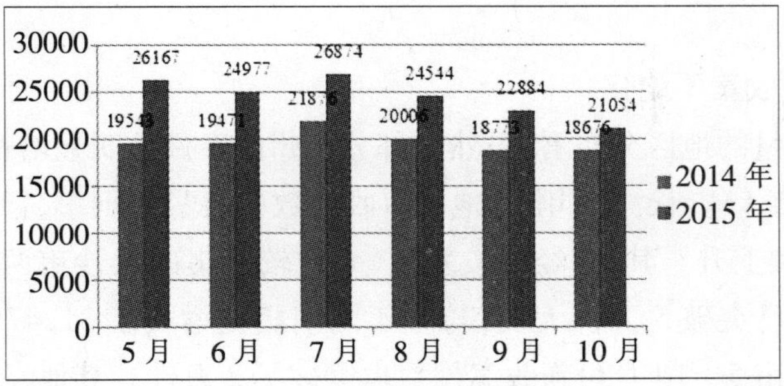

图 3　民事案件对比图

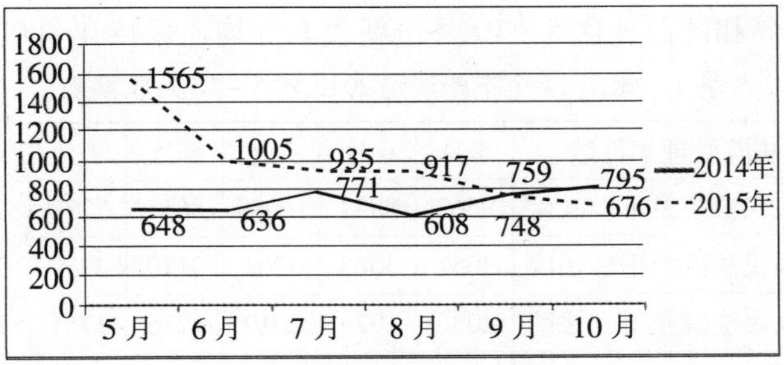

图 4　行政案件对比图

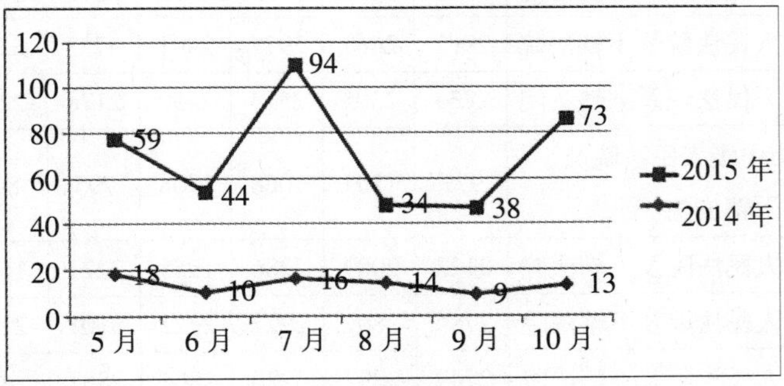

图 5　国家赔偿案件对比图

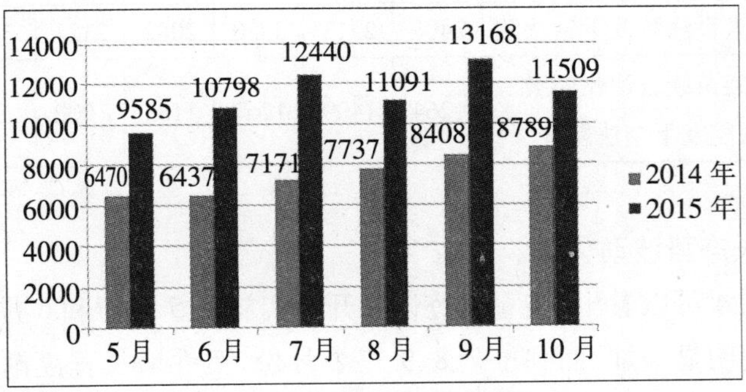

图 6　执行案件对比图

（三）地区收案不均化

从收案数量的地区分布看，虽然大部分市州的案件数明显增长，但也存在不均衡现象（见表1）。长沙、邵阳等地一审收案数（含民事、刑事、行政、赔偿、执行五类案件）大幅上升。其中，经济较发达、人口较密集的长沙市两级法院5－10月份新收案件已突破5万件大关，与去年同期相比增长了31.47%。湖南省人口最多的邵阳市5－10月份新收案件数也突破了2万件。其他经济水平和人口数量居中的市州同期新收案件数都在1－2万件之间，而经济相对落后、案源相对不足的张家界和湘西地区5－10月份新收案件均还保持在8000件以内。

表1　湖南14个市州法院2015年5－10月收案表

14个市州法院受理案件数	5月	6月	7月	8月	9月	10月	总计
长沙市中级人民法院及下辖法院	8669	8837	10089	8657	7752	7233	51237
株洲市中级人民法院及下辖法院	3061	3088	3201	3110	3259	2743	18462
湘潭市中级人民法院及下辖法院	2086	1929	2019	1776	1751	1072	10633
衡阳市中级人民法院及下辖法院	2729	2514	3137	2856	2905	2466	16607
邵阳市中级人民法院及下辖法院	3316	3422	3569	2983	3615	3450	20355
岳阳市中级人民法院及下辖法院	2977	2667	2972	2991	3723	3566	18896
常德市中级人民法院及下辖法院	2239	2305	2514	2550	2178	2216	14002
张家界市中级人民法院及下辖法院	971	1107	1068	1008	795	803	5752
益阳市中级人民法院及下辖法院	2122	2009	2286	1955	2221	1619	12212
娄底市中级人民法院及下辖法院	2786	2807	2927	2722	3101	2106	16449
郴州市中级人民法院及下辖法院	2749	2797	3220	2864	2887	2435	16952
永州市中级人民法院及下辖法院	3501	3329	3358	3111	3218	2142	18659
怀化市中级人民法院及下辖法院	2408	2213	2520	2082	2121	3240	14584
湘西土家族苗族自治州中级人民法院及下辖法院	1264	1409	1267	1185	1002	885	7012

（四）增长态势波动化

图2和图4可以看出，在立案登记制开始实施的5月份和6月份，案件数与去年同期相比明显增加，而到了7、8、9三个月份，案件增长程度渐渐回落，到了10月份，案件数较去年同期甚至有所降低。这说明立案登记制实行之初，以往

被压抑的诉求集中释放,导致收案数飙升。运行一段时间之后,“库存诉求”逐渐被消化,立案状态恢复稳定,基本实现了平稳过渡。

二、问题检视:立案登记制实施中面临的“水土不服”

任何制度从静止的文本设计投身到多变的实践洪流中都难免遭遇“水土不服”,立案登记制也无法幸免。尽管在制度设计之初做了大量构想,但复杂的司法实践还是给立案登记制的顺利运行制造了不少难题。

(一)难题一:案件数量飙升 VS 法官严重不足

“案多人少”一直是法院系统尤其是基层法院面临的严峻问题,立案登记制施行后,这个矛盾进一步加剧。① 对办理了全省 80% 以上案件的基层法院而言,由于队伍格局普遍存在青年法官流失严重、资深法官精力不足、一线办案人员有限的劣势,加之高强度工作与低收入待遇之间的沟壑,此次立案登记制的实施给基层法院的资源配置与人员配比提出了一个超高难度的挑战。② 以经济活跃程度居中的郴州市永兴县法院为例,2014 年,全院 26 名一线办案法官共审结案件 2856 件;2015 年 1 - 10 月,全院已立案 2934 件,对 28 名一线办案法官而言,每人的月平均审理任务数提高了 11% 。“白加黑”“5 + 2”都难以确保案件在审限内顺利审结,一线法官苦不堪言。一方面是案件数量的井喷,一方面是一线法官力量不足,而此轮司法改革提出的“法官员额制”,无异于雪上加霜。根据先行法院的试点情况,法官员额基本控制在 39% 以内,相比以往的 60% 下降了 20% 多。这就意味着司法改革后法官人数还要减少,人均办案数还要增加,“案多人少”的矛盾将持续升级。

(二)难题二:咨询人员增多 VS 释明难以到位

这个冲突主要体现在三方面:一是由于立案门槛降低,到法院立案窗口咨询立案的人员增多,普通案件的释明工作量增加(见图 7)。二是行政、国家赔偿案件释明工作难度加大。因为相关法律的种类繁多,加上法院立案部门一般没有配备具备行政、国家赔偿审判经验的工作人员,当场答复和释明具有一定难度,难以实现一次性告知,无形中增加了工作量。三是当事人理解存在偏差。由于

---

① 高臻:《立案登记制对审判的影响及应对》,载《江苏法制报》2014 年 12 月 24 日第 3 版。

② 宋长琴、曹金晶:《应对立案登记制带来的新挑战》,载《人民法院报》2015 年 6 月 17 日第 2 版。

媒体宣传等多方面的原因,部分当事人认为实施立案登记后,所有的案件法院都应立案。[①] 但实际上,立案登记针对的是初始案件,也就是一审案件和最初提出申请的案件,不包括上诉、再审、申诉等案件,还有某些特定案件《意见》也明确规定了不予受理。该认识误区的存在又导致了释明工作的繁复。

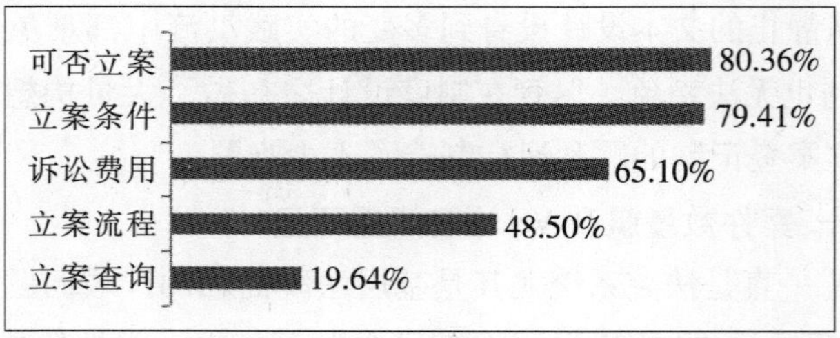

图7　群众咨询的立案事项比例图

说明:由于咨询事项并不唯一,故各比例相加总和并不等于100%

(三)难题三:滥用诉权隐患 VS 司法资源紧张

立案登记制施行后,法院对当事人的起诉不再进行实质性审查,而仅对形式要件进行审查,这就给虚假诉讼、恶意诉讼、缠诉等提供了可乘之机。[②] 一些当事人为了获取不正当利益或是规避执行而提起恶意诉讼;一些当事人因对纠纷处理结果不满而反复提起诉讼;少数律师、法律工作者为获取案源收取代理费,怂恿、鼓动甚至是代替当事人钻法律的空子、打"擦边球",提供虚假证据、捏造事实,虚构民事法律关系,指使他人提供虚假物证、书证、证言,随意进行财产保全和证据保全申请等。此外,实行立案登记制后,一些当事人会有意无意以"维权"的名义,滥用法律赋予的诉权,就同一事实进行"分段式"诉讼。例如某些当事人利用案件在管辖上的多种选择,将案件起诉到不同的法院,使法院深陷反复立案的泥淖,破坏了良好的立案秩序。由此带来的后果是:滥用诉权者乐此不疲,法官疲于应付,本就十分紧张的司法资源被无端地耗费,审判质量难以保障。

(四)难题四:立案登记易 VS 后续审执难

在立案审查时代,法院出于自身涉诉信访、绩效考核多方面工作的考虑,会主动将一些矛盾激烈、疑难复杂、难以执行的案件屏蔽在外。[③] 而立案登记则最

---

① 翟敏:《立案登记制:理想与现实如何融通》,载《江苏法制报》2015年4月21日第00C版。

② 周良慧:《论我国立案登记制度适用中的恶意诉讼防治机制》,载《江西师范大学学报》2015年第4期。

③ 徐卫平:《怎样正确理解立案登记制》,载《人民法院报》2015年6月1日第2版。

大程度地限制了法院的立案选择权,只要符合起诉条件都可以成功立案。① 这就给一些当事人造成错觉,认为一旦立案,就有胜诉的希望,故对法官和法院有了更高的期待。但事实上,立案登记解决的只是案件的入门问题,案件要完全处理则可能历经立案、审理、执行等多个环节,而每一个环节都会存在许多不确定因素,一旦出现问题,不仅影响法院自身的工作效率,还会引发司法信任危机。例如土地征用、房屋拆迁、职工安置、社会保障、企业改制等案件,涉案人数众多、矛盾突出、社会影响力广泛,但受理后往往事实难以查清、长期难以审结、进入执行程序后几乎无法执行。当事人因此不满,或群体信访、或结伴散步、或上网吐槽,形成新的社会不安定因素,有损人民法院的司法公信。

三、系统孤立:立案登记制遭遇困境的原因剖析

在系统理论的视野下,尽管各个系统属性不同,但从整体而言,各个系统间存在着相互影响且相互合作的关系,系统是具有整体性和相关性的。② 立案登记制遭遇上述困境,本质上说是与其相关的各个系统之间相对孤立,缺乏协同合作的结果。这其中既包括制度设计层面的协同思考不足,也有实际履行层面的部门协同欠缺,还有法院系统与外部系统的协同交流不足。

(一)制度设计:原则盖过细节

立案登记制的设计初衷是为了改变因立案审查制引发的立案难问题,防止法院的自主选择侵害公民的诉权,杜绝告状无门现象。但是不难看出,《最高人民法院关于人民法院登记立案若干问题的规定规定》(以下简称《规定》)中主要为一些原则性、大体性规定,缺乏详细具体的细节,也忽视了立案、审理、执行等各个部门的合作(详见表2)。例如,立案审查到底由立案庭实施还是业务庭实施?受理案件通知书、立案通知书应由立案庭制作还是业务庭制作?当事人对不予受理、驳回起诉的裁定上诉的,是由二审法院的立案庭受理还是业务庭受理?不能得到实际处理的案件还有无登记立案的必要?此外,对“有案不立”的情形应该怎么界定,应该追究谁的责任,对违法滥诉的行为应该如何处罚和制裁等,这些都没有进行具体细致的规定。这些过于原则性的规定,既暴露了设计过程中整体、合作思维的缺失,也导致了实践中的认识不一、做法不一,影响了立案

---

① 汤维建:《立案登记制的意义及其程序操作》,载《中国审判》2015 年第 5 期。

② 程述、白庆华:《基于协同理论的政府部门整合决策》,载《同济大学学报》2009 年第 5 期。

登记制的具体实施效果。

表2 《规定》中过于原则性的条文

条文	内容	存在问题
第十二条	登记立案后，人民法院立案庭应当及时将案件移送审判庭审理	“及时”的时效性不明确
第十三条	对立案工作中存在的不接收诉状、接收诉状后不出具书面凭证，不一次性告知当事人补正诉状内容，以及有案不立、拖延立案、干扰立案、既不立案又不做出裁定或者决定等违法违纪情形，当事人可以向受诉人民法院或者上级人民法院投诉	拖延立案、干扰立案的内涵和外延不明确
第十六条	人民法院依法维护登记立案秩序，推进诉讼诚信建设。对干扰立案秩序、虚假诉讼的，根据民事诉讼法、行政诉讼法有关规定予以罚款、拘留；构成犯罪的，依法追究刑事责任	追究什么样的刑事责任不明确

（二）实际履行：机械盖过灵活

作为一项新的制度设计，立案登记制改变了法院和法官对立案的传统认识，各地虽都在进行积极的尝试，但心态明显不同，不同法院之间及法院各部门之间缺乏协调配合。个别法院过分慎重，对新规不加分析研究就机械执行，只要当事人递交诉状的，一律登记立案，连基本的形式审查义务也不履行，导致大量不符合起诉条件的案件立案成功。有的法院则将立案与审查明确分离，虽然一律接收诉状，但仍由立案庭行使实质审查权，本质上还是沿袭以往的立案审查制。①在立案庭与业务庭室的衔接问题上，也存在协调不佳的现象。行政案件、国家赔偿案件由于专业性强、程序事项多、案情敏感，在行政庭和国家赔偿委员会不参与释明的情况下，一般的立案人员很难解释到位，这就导致释明工作反反复复、不得要点，一次性告知不准确、不全面，事倍功半。

（三）内外交流：质疑盖过信任

当前，我国司法环境正遭遇前所未有的寒流。群众无法对司法建立完全的

① 胡斌：《立案登记制改革：创新与踟蹰》，载《决策》2015年第7期。

信任,但是又不得不选择司法、依靠司法。立案登记制后案件数大幅上升体现了群众对司法抱有期望,而一旦被驳回起诉或是无法按时审结、诉求无法满足、执行无法兑现,部分群众的上诉、上访、缠访等行为又暴露出了他们对司法的不信任。就社会层面而言,立案登记制后"案多人少"的矛盾进一步加剧,办案效率会不会有所下降,办案质量会不会难以保障,以往的压案、有案不立还会不会继续存在,法院的释明工作能否做到位,对这些大家都是充满怀疑的。① 法院相对封闭的系统环境导致了其与外部系统能量、信息交流有限,降低了法院系统的发展活力,妨碍了法院自组织功能的实现。②

四、殊途同归:立案登记制改革的内里调整与外部完善

协同的目的不是抹杀个性,而是在保留各要素自身特点的同时,建立一个协调的组织体系,增强整体效应,使系统从无序走向有序。③ 在立案登记制实施过程中,如果法院自身及法院内部与外部之间能相互协调配合,共同围绕改革目标协同运作,势必能产生"1 +1 >2"的协同效果。④

(一)内里的自我调整

1. 从多元认识到统一认识

由于对新制度的实施存在不同理解,导致当前立案登记制改革在实际操作层面乱象丛生,因此,当前的首要任务就是要实现法院内部对立案登记制的统一认识,结束多元化、无序化的认识格局。

(1)统一立案工作流程和模式。当前对于如何处理"一律接受诉状"与"依法审查"的关系,各级法院存在不同的认识。有些法院认为立案登记就是敞开立案,只要当事人起诉,就应全部予以登记;有些法院对由谁行使审查义务争论不休,立案庭与业务庭在立案审查权限上分工不明确。针对这些问题,有必要出台具体的规章制度,明确立案流程、需要依法审查的事项、审查权限的分配等,避

---

① 刘立群:《浅析立案登记制度及其影响》,载《黑龙江政法管理干部学院学报》2015 年第 3 期。

② 自组织:指系统在没有外部指令的条件下,其内部子系统之间能够按照某种规则自动形成一定的结构或功能。

③ 方蓉:《论协同理论在教育领域中的移植》,载《黑龙江教育学院学报》2010 年第 2 期。

④ 陈彦:《协同理论视角下的金融监管机制研究》,山东财经大学 2013 年硕士毕业论文。

免争议的产生。

(2)建立立案数据管理系统。建立一个覆盖全国的立案数据管理系统，这样既便于上级法院适时掌握全国立案工作的情况进行分析研判，也便于法院内部进行案件检索，避免因法院与当事人之间的信息不对称产生重复立案、规避管辖的情形。

(3)公布不予受理的案件清单。尽管立案登记制限制了法院的立案选择权，但必须认识到，法院的能力是有限的，超出其审判能力受理的案件，不仅不能得到有效处理，还会有损法院的司法公信。因此，有必要建立一个不予受理的案件清单，将涉及政治、政策等敏感因素而不能予以登记立案的案件公之于众，避免收案范围盲目扩张可能导致的负面影响。

2. 从整体处理到分解处理

当前，法院内部对案件多采取整体处理的方式，案件进入法院后，不管难易程度，不分类型，不论程序和实体，全部由承办法官一人办理，这与亚当·斯密的劳动分工理论明显是相背的。① 如果将司法看作一个脑力劳动与体力劳动结合的产品，其分解不应以立案、审理、执行为界限，在立案和审理之下，还可以进行更具体、更细化的分工。所以，法院内部应根据案件的具体特点制定不同的处理方式，进行分段作业，提高各处理阶段的效率，减轻员额法官的工作压力。具体建议如下：

(1)分解审判前期工作。将与审判相关的前期程序性、事务性事项分离出来，统一交由审判辅助人员办理，例如审查诉讼材料、办理保全、先予执行、组织证据交换、庭前会议、主持庭前调解、庭审记录、归纳争议焦点等。法官则专门办理案件核心事项，例如开庭、合议、制作裁判文书等。

(2)变诉前调解为审前调解。由于立案门槛的下降，在诉前进行调解已经意义不大，但是调解定纷止争的功能仍应予以重视。建议在立案部门之下设立审前调解中心并配备数名经验丰富的法官(也可返聘退休法官)，对已经登记立案的案件，在获得原告或上诉人同意的情况下，可给予专职调解法官一定的时间进行审前调解，调解期限不计入审限，调解不收取费用。经审前调解达成协议

---

① 亚当·斯密认为，分工能提高生产力。原因是：分工能提高劳动的熟练程度；分工使每个人专门从事某项工作，可以节省与其生产没有直接关系的时间；分工有利于发明创造和改进工具。

后,根据当事人的自愿选择,可以撤回起诉,也可以当场申请法院进行司法确认。① 未能达成协议的案件,则按照正常的流程予以办理。目前,湖南已有部分法院做出了有益的尝试,一些法院设立了调解室并配备了爱心调解员,一些法院设立了村调解中心或在立案大厅设立了联合调解委员会,一些法院则设立了人民调解工作室等专业调解机构,这些机构的存在将部分案件消化在诉前阶段,减少了流入一般诉讼的案件数量,既给当事人带去了便捷高效的诉讼服务,也在一定程度上缓解了法院“案多人少”的矛盾。

(3)加大案件速裁力度。当前,湖南法院系统的速裁机构不在少数,但是由于案件繁简分流工作过于粗糙,速裁程序适用范围有限,速裁机构本身运力不足,其“速裁”功能并未得到充分发挥。② 为充分发挥速裁机构的功效,一方面要细化繁简分流工作,另一方面则要拓宽速裁程序的适用范围。具体说来,一是受案法院应当对案件进行严格筛选,区分简易案件和复杂案件。用高效精简的方式处理事实清楚、争议不大、标的较小的简易案件,留更多的时间和精力对疑难复杂案件进行精细审判。如此区别对待,既提升简易案件的审理效率,又保证复杂案件的审理质量。二是在二审程序、行政诉讼、民事普通程序中适当引入速裁程序。目前,天津市第二中级人民法院已经探索实施“二审速裁案件即审即结机制”,对一审判决、裁定认定事实清楚、法律关系明确,但上诉人请求明显不能成立的案件,在一天之内实现即时分案、即时开庭、即时合议、即时宣判,这对我们提高二审审判效率具有很好的借鉴启示作用。还有法院则借鉴刑事案件普通程序简化审的经验,对民事案件普通程序也进行简化审理,这也不失为一个良策。立案登记制实施后,行政案件增长迅猛,而与此对应的则是行政法官的明显不足,为了避免行政领域内的“诉讼爆炸”,有必要在行政诉讼中引入速裁程序③,将案情简单、事实清楚、争议不大的行政案件纳入速裁轨道。

3. 从法官混同到法官分类

随着经济社会的发展,不光是案件数量高速增长,案件类型也越来越丰富。尽管审判工作具有一定的同质化,但是不同案件类型之间也是存在差异的。民事领域案由有 424 个,不同案由的案件在审查方向、举证责任、质证认证、计算标

① 余文唐:《立案登记:“双重分流”与“审辅分离”》,载《人民法院报》2015 年 8 月 4 日第 2 版。

② 王晓利:《民事速裁程序之完善》,载《法学论坛》2013 年第 3 期。

③ 余文唐:《行政案件与速裁机制》,载 www. chinalawinfo. com,2015 年 12 月 7 日最后访问。

准上有不同的规则;刑事罪名452个,各个罪名在罪与非罪、量刑情节上均相互独立。因此,法官要系统化地掌握所有案由或罪名的审理方法是一项十分巨大的工作,这样的粗略划分也无法契合分工理论的目的。在立案登记制的背景下,对效率的急切渴望要求对法官类型进行更具体的划分,这就需要打破以往法官混合审理各类案件的传统格局,实现精细化的类型审理,提高法官业务熟练程度和审判质效。

为了进一步细化分工,2012年,永兴县人民法院在民一庭试点进行类型化审理。所谓类型化审理就是根据案件类型分案,同类案件全部分配给同一法官审理。具体实施中,由一名法官专门审理婚姻家庭纠纷、人格权纠纷、继承纠纷等,一名法官专门审理侵权纠纷、合伙纠纷、合同纠纷等,疑难复杂案件则交由庭长审理。试行一年后,两名法官的年结案数都增长了20%以上,平均审限分别下降了7.1天和6.4天。通过类型化审理,法官对某类案件的审理流程和注意事项了然于心,熟练程度大幅提高,审判质效均同步提升。除了法官分类,有的法院还尝试组建了专门的合议庭,例如"交通事故合议庭""物业服务纠纷合议庭"来应对某类基数庞大的纠纷,这对于细化分工都是十分有益的。就目前来看,法官在不同的案由或罪名之间还无法实现自由切换,不同案件之间也"隔着一座山",频繁地切换可以丰富法官的办案经验,提高办案能力,但其实也是对人力资源的一种浪费,因为每一次的切换都是一次重新学习和总结的过程,期间所耗费的时间成本自然要超过在熟悉领域的重复作业。因此,固定类型案件的审理法官更符合法官的经验累积规律,也有利于发现和培养法官的特长,实现案件纯熟高效的处理。

4. 从严格审限到弹性审限①

现行审限制度根植于20多年前的特定司法环境,随着时间的推移,审限制度运行的土壤已逐渐消解、运行环境更趋复杂、合理性开始受到质疑。在刑事层面,超期羁押、规避程序等问题屡遭诟病;在民事层面则存在缩短举证期限、临近审限结案、滥用审限延长审批制度等情形。立案登记制实施后,案件数目的持续增长让法官的个案办理时间更加紧凑。以刑事案件为例,扣除立案受理、分案、登记的2天时间,撰写、校对、制作判决书的3天时间,正常休息日时间,真正留

① 李子豪:《论我国民事审限制度的改革与完善》,载《商》2015年第5期。

给法官审理的时间并不多。① 故此,现行法定审理期限制度应根据当前司法环境做出调试。有学者提出,对刑事案件按照级别管辖进行法定审限分类,因为基层法院审理多是简易程序、简化审的案件,审限应较短;而中高级法院审理上诉案件或复杂的一审案件,所需审限更长。在民事领域,则应适当增加知识产权等疑难复杂案件的审限,同时增加阶段性审理时限规定。② 笔者认为,这些都是可行的设想,具体细节和措施还可以进一步深化,但应当要认识到,审限制度的改革已经迫在眉睫。改革一定要把握客观、科学、可行的基本原则,追求办案质效的同时,尊重人类劳动的自然规律,给法官合理的自主弹性区间,这样才不至于让法官沦为"审限的奴隶"。

5. 从放任滥诉到规治滥诉

权利需要被保障,但同时,权利是有边界的。立案登记制度的贯彻实施是为了保障公民的合法诉权,而不是鼓励民众随意地去起诉。③ 在现有的司法环境下,民众的理性诉讼观还尚未确立,虚假诉讼、恶意诉讼、缠诉等滥诉行为还不同程度地存在,如果放任自流,必将贻害无穷。④ 因此,必须建立健全对滥诉行为的防范和惩治机制。首先,立法上应当明确"滥诉"的内涵、外延及罚则,避免因法律制度的缺陷和漏洞而导致行为人乱钻法律空子,确保执法过程中有法可依、执法必严。其次,在立案阶段实施诚信诉讼保证制度。在古罗马时代,为防止滥诉采用了宣誓制度,即原告要做出自己绝非诬告的宣誓,如果原告拒绝宣誓,其诉权自行作废。⑤ 目前,北京市第四中级人民法院已启动"诚信诉讼承诺书"制度,要求前来立案的当事人或代理人签署保证信息真实、杜绝滥用诉权及虚假陈述的承诺书。这样不仅能够确认法院是否及时履行了书面的滥诉法律责任告知义务,也能让当事人意识到慎重而正当地实施诉讼行为的重要性,值得推广。⑥ 再次,司法实务中应增设专门机构,对恶意起诉和重复起诉等滥诉行为进行认定

① 沈言、潘庸鲁:《我国刑事诉讼法一审普通程序法定审限问题检讨》,载《中国刑事法杂志》2011年第6期。

② 向前:《从实证分析的角度论我国民事一审审限的改革》,载《社科纵横》2013年第9期。

③ 卓凤霞:《立案登记制存在的问题及建议》,载《商》2015年第23期。

④ 倪寿明:《实施立案登记制须说透"三个基本"》,载《人民司法》2015年第9期。

⑤ 查士丁尼:《法学总论》,商务印书馆1994年版,第236页。

⑥ 熊琳、鲁畅、林苗苗:《立案登记制实施,"案多人少"难题更凸显》,载《新华每日电讯》2015年5月5日第4版。

和处理，一方面在审查阶段要仔细加以鉴别，另一方面对已经查证属实的滥诉行为可以予以严厉处罚，如不予退还诉讼费，严重的还可以处以拘留或罚款。① 最后，应建立滥用诉权行为侵权赔偿责任制度。当一方当事人的行为被认定为滥诉时，对方当事人有权提起侵权损害赔偿之诉，法官应当根据滥诉的情形和行为人的主观恶意程度，区分各类滥诉行为和认定标准，判定由滥诉方承担受损方的律师费用、误工费用、差旅费用、精神损害赔偿等各项损失。②

（二）外部的交流融合

1. 盘活诉前纠纷解决机制

司法是社会正义的最后一道防线。但目前看来，许多群众已经将司法当作了第一道防线，一旦遇有纠纷无法解决，第一个就会想到进法院起诉。但是，法院解决纠纷的能力和方式是有限的，如果所有的纠纷都进入法院来解决，再多的司法资源也是杯水车薪。在已经实施立案登记制的国家，由于成熟的可替代性纠纷解决机制的存在，诉讼爆炸并未发生，这对我国的司法实践是具有启发意义的。在我国，可替代性纠纷解决机制其实也多种多样，例如仲裁、人民调解、行政调解、行业调解等。③ 与诉讼相比，他们形式更灵活、程序更便捷、办理周期更短、成本更低廉，并且在法律效力上不低于诉讼。但是由于社会认同感不足、与诉讼衔接不畅以及执行力差强人意，所以，该类纠纷解决机制并未充分发挥过滤纠纷的功能。④ 近年来，劳动争议仲裁前置程序不仅及时处理了大量劳动者与用人单位间的争议，也让许多潜在的诉讼得以消解，这给我们提供了很好的借鉴范本，未来对于适用小额诉讼程序审理的案件可否适用人民调解前置程序，值得研究。而人民调解协议司法确认程序则既促进了人民调解委员会的工作，又节约了宝贵的司法资源，将矛盾化解在了最基层。这也让我们开始思考司法能否对各种非诉纠纷解决机制的法律效力进行直接确认，以实现这些替代性纠纷解决机制与诉讼之间的顺利衔接。

通过法院外部和内部的两次过滤，大量的纠纷得以在诉前或审前化解，减少一般诉讼的存量，降低法官的办案压力，阻却诉讼爆炸的发生（见图8）。如此，

---

① 刘慧：《论我国的立案登记制度改革》，载《法制博览》2015 年第 5 期。

② 王艳：《法国民事滥诉的规制——以法国司法判例为考察对象》，载《法律适用》2014 年第 12 期。

③ 李志斌：《立案登记制的挑战及应对》，载《上海人大》2015 年第 5 期。

④ 汪擎卓：《论我国法院立案登记制度的完善》，载《沈阳工程学院学报》2015 年第 4 期。

才能既缓解立案登记制带来的压力，又满足人民群众的司法需求。

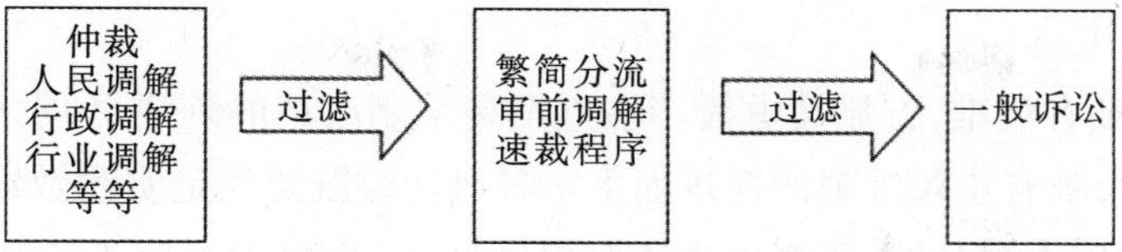

图8　诉前和审前过滤演示

2. 引导民众理性诉讼

民众理性诉讼观的培养实际上就是要求民众对法律制度有正确的认识，对法律制度的运用趋于理性。起诉是公民的权利，可以自由行使，但应该理性行使。所谓理性，就是要认识到诉讼并不是万能的，诉讼也不是最完美的。在遇到纠纷时，要善于分析纠纷的特点，根据自己的价值需求选择适合的解决方式；已经进入诉讼程序的，也可以根据纠纷的繁简程度、难易程度、双方的沟通程度等因素或调解，或速裁，或简易，或普通程序。

3. 营造社会诚信氛围

一方面要建立群众对司法的信任感，当然，这是一个十分漫长而艰巨的过程，需要群众法律意识的全面提升，也需要法院自身建设的不断强化，更需要司法环境的整体优化。另一方面要强化公民的诚信意识，宣扬诚实守信的社会风气，推进信用体系建设，用道德和法制的双保险促进形成诚实守信的习惯、失信惩戒的制度、珍重信用的自觉。① 当前，我们急需一个覆盖全国的诚信系统，对提起虚假诉讼的公民，可以将其纳入信用黑名单，向社会公开其失信信息，并对其进行失信惩戒，提高失信成本。

通过内在的调整和外在的完善，与立案登记制相关的各要素之间协调均衡，促使立案登记制不断向结构化、有序化和协同化的方向发展（见图9）。

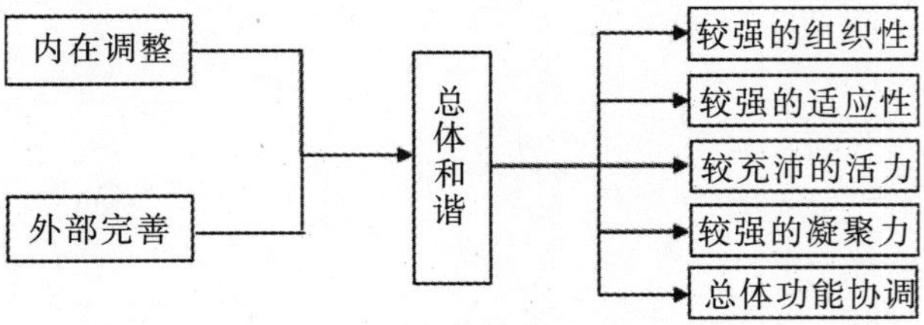

图9　立案登记制系统协同演绎图

① 董玉鹏、孙岩：《民商法与健全个人信用体系的显示融合》，载《学术探索》2014年第9期。

结语

“改革唯有艰难,方显其勇毅。”在立案登记制改革的阵痛里,没有风花雪月与诗情画意,唯有步履维艰的迎难而上。各级法院既要立足实践做好规划设计,也要学以致用查漏补缺;既要大步流星勇踏新征,也要不时回头检视足迹;既要古今中外旁征博引,也要脚踏实地审时度势。唯此,立案登记制改革才能“守得云开见月明”。

(执笔人:永兴县人民法院未成年人案件综合审判庭副庭长　周晓丹)

博弈与平衡:多元纠纷解决机制下立案登记制度的破茧之路

——以消费者维权纠纷解决机制优化策略为视角*

王立兵

立案登记制度自2015年5月1日实施以来,法院案件数成井喷增长之势,法院特别是基层法院显然是捉襟见肘,疲于应对。本文紧扣当前立案登记制度下纠纷解决机制的现状,以消费者维权纠纷解决机制优化策略为视角,以南宁市两级法院审理消费者维权纠纷审判实践为基础,深刻剖析了以消费者维权纠纷为代表的案情相对简单、法律关系相对单一、矛盾相对缓和的此类纠纷完全可以通过多元化纠纷非诉机制得到迅速解决。并以此为契机,提出立案登记制度的破茧之路:建立以"人民调解为基础,行政调解为补充,诉讼调解为主导、司法审判为保障"的多元化纠纷解决机制,使立案登记背景下纠纷解决机制更加标准化、科学化、体系化和高效化。

一、立案登记制大背景下审判压力剧增

立案登记制度自2015年5月1日实施以来,截至9月30日,全国共登记初审案件(一审案件)620万余件,同比增长31.9%,其中民事案件同比增长22.9%,行政案件同比增长75.8%,刑事自诉案件同比增长60.5%。① 在这种立案大背景下,法官编制没有增加,法官的繁忙程度可见一斑。"案多人少"的

---

* 本文借鉴了笔者在南宁市西乡塘区人民法院工作期间完成的部分研究成果。

① 《最高法院通报立案登记制改革实施情况》,载《人民法院报》2015年11月16日第1版。

矛盾更加凸显,以笔者所在的南宁市西乡塘人民法院民二庭为例,自从实施立案登记制以来,2015 年 1 –8 月份收案件 1185 件,与去年同比增加 94.9%,民二庭具有审判资格 11 人,怀孕的 2 人,1 人做庭前法官,剩下 7 个法官活跃在审判一线,所以 2015 年 1 –8 月份人均法官的案件数为 169 件。2015 年 1 –8 月份,消费者权益纠纷案件 75 件,基本上都是职业打假者诉讼的案件。消费者维权案件的增多,也给法官带来了新的审判压力。在长期的审判过程中,法官都会有一个共同的困惑:司法本来是公平正义的最后一道防线,但现在却冲锋在纠纷解决的第一线。笔者认为,社会纠纷易发、多发的重点领域如婚姻家庭、邻里关系、交通事故、医疗事故和消费者权益保护等很多案件都可以通过“人民调解为基础,行政调解为补充,诉讼调解为主导、司法审判为保障”的多元化纠纷解决机制得到快速、有效解决,完全没有必要全部进入到诉讼程序。

司法是公平正义的最后一道防线。当越来越多的案子涌到法院,本身不是一件好事。至少可以看出其他的政府机关、社会团体疏解民意、调解功能没有充分发挥应有的作用。因此,面对法院案件的蜂拥而至,面对法院“案多人少”的尖锐矛盾,应该重新审视其他的非诉解决机制是否充分发挥作用?是否能够设计出更优化配置组合的策略,使它更高效、有序、健康的运转?本文紧紧以消费者维权纠纷解决机制优化策略为契机,围绕消费者维权纠纷案件剧增的情况,试图给如婚姻家庭、邻里关系、交通事故、医疗事故等案件一个宣泄、疏浚的渠道。结合南宁市消费者维权纠纷的实践,本文提出并建议全面铺开“消保委诉前调解为前提,工商行政部门申诉处理为基础,消费争议仲裁为补充,司法诉讼为支撑”的多元化消费者维权纠纷解决机制的优化策略方案。

二、现状管窥:近三年南宁市消费者维权纠纷案件审理情况

为了充分了解、科学研究南宁市两级法院审理消费者维权纠纷案件的大概情况,本文收集了南宁市 2013 –2015 年①两级法院审理消费者维权纠纷案件作为本文的研究样本。南宁市两级法院近三年共有消费者维权纠纷案件 249 件。其中 2013 年为 17 件,2014 年为 51 件,2015 年 1 –8 月份为 151 件,另有中级人民法院审理的二审案件 30 件(见图 1)。

---

① 2015 年的数据只统计了 1 –8 月份。

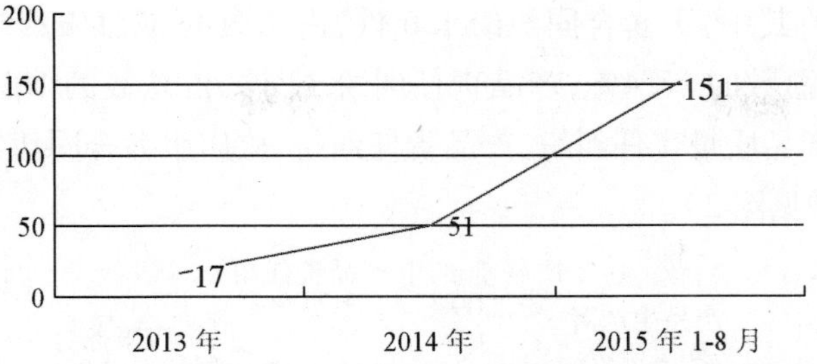

图 1　2013–2015 年南宁市两级法院审理消费者维权纠纷一审案件数量分布图

根据此图,我们可以看出,自从 2014 年 3 月 15 日新版《消费者权益保护法》《最高人民法院关于审理食品药品纠纷案件适用法律若干问题的规定》正式实施及立案登记制度自 2015 年 5 月 1 日实施以来,南宁市近三年来消费者维权纠纷案件数呈现持续井喷式增长之势。这表明消费者权益纠纷案件在南宁市已成为社会矛盾的重灾区。可以预见,如果南宁市的消费者维权纠纷多元化解决机制优化策略化没有明显的改变,这种不断增长的趋势在一段时期内还将继续保持下去。

为了更清晰分析南宁市两级法院审理消费者维权纠纷案件的特征,也为了更好地研究南宁市两级法院审理消费者维权纠纷案件的发展趋势及走向,本文对南宁市两级法院审理此类案件的相关情况进行缕析条分、析毫剖厘的分析。

(一)案件数剧增

表 1　2013 - 2015 年南宁市部分基层法院受理消费者维权纠纷案件数量表(单位:件)

年份 法院	2013	2014	2015(1—8 月)
青秀	2	6	29
兴宁	3	11	32
江南	1	1	6
西乡塘	3	17	75
良庆	1	1	6
武鸣	7	0	2
上林	0	1	1
马山	0	12	0
隆安	0	2	1

(二)案由相对集中

本文收集了 2013 - 2015 年南宁市基层法院实际受理消费者维权纠纷的案件数,经过统计,尽管都是消费者维权,但消费者维权起诉的案由虽各不相同,但案由较为集中,其中:买卖合同纠纷 136 件,占总数的 62.1%;产品销售者责任纠纷 38 件,占总数的 17.4%;产品责任纠纷 37 件,占总数的 16.9%;产品生产者责任纠纷、产品质量责任纠纷、产品责任纠纷、旅店服务合同纠纷各 2 件,各占总数的 0.9%(见图 2)。

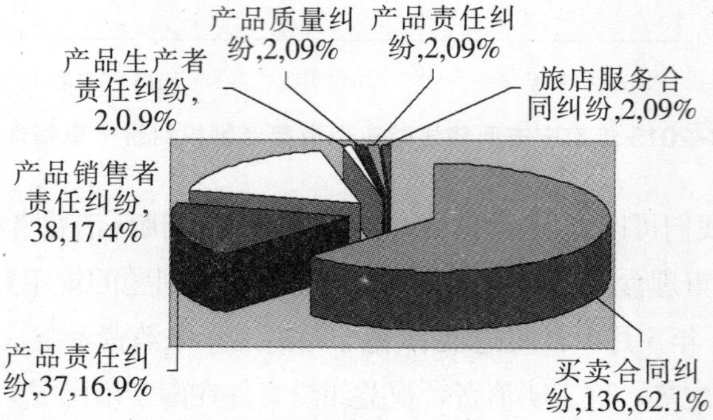

图 2　2013–2015 年南宁市基层法院受理消费者维权纠纷案由分布图(单位:件)

(三)案件类型"蔚为大观"

2013－2015 年南宁市基层法院实际受理消费者维权纠纷的案件数中,以食品药品安全类和经营者欺诈类案件居多,以南宁市西乡塘区人民法院为例,2015 年处理此类案件 75 例,原告以食品、药品安全存在问题为由主张权利的案件有 41 件,涉及的商品包括茶叶、咖啡、大米、蜂蜜等;原告以经营者欺诈为由主张权利的案件有 29 件,涉及的商品包括家电、音箱、中性笔、印台、旅店服务等。

(四)赔偿"胃口"大

2013－2015 年南宁市基层法院实际受理消费者维权纠纷的案件数中,原告以被告商品不符合安全标准为由要求被告支付价款十倍的赔偿金的案件占 101 件,占 46%,原告以被告支付价款三倍的赔偿金 94 件,占 43%,其余案件(包括退一赔一、人身损害赔偿等)24 件,占 11%(见图 3)。

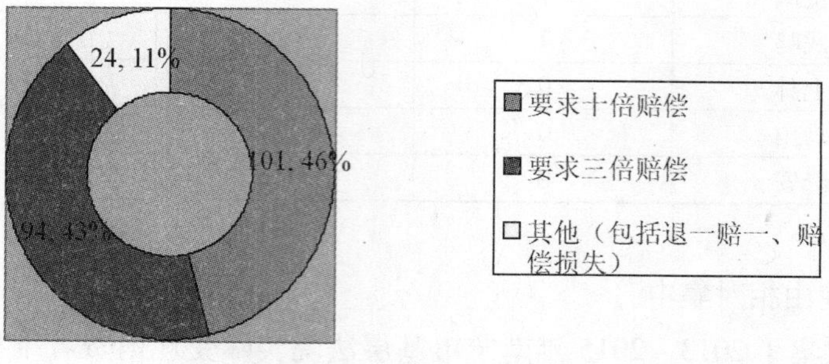

图 3　消费者诉讼请求分布图(单位:件)

(五)知假买假者“一枝独秀”

2013－2015年南宁市两级法院实际受理消费者维权纠纷的案件数中，约82%为知假买假者。如图4，以近三年南宁市两级法院受理的一审案件为例，以谢××为原告的案件共47件，以叶××为原告的案件共31件，以牟××为原告的案件共24件，以黄××为原告的案件共17件，以梁××为原告的案件共16件，此5人作为原告已占消费者维权案件总数的62%，其余的案件也是一些不断涌现的新的知假买假者。这些知假买假者有一些共同的特征：(1)年龄较小。分布在25－33岁之间；(2)熟人关系明显。调研组的成员均审过大量这样案件，开庭的时候，以某人为原告的案件，其余知假买假者均来旁听，以提高在法庭举证、辩论的能力；(3)从不避讳自己知假买假的身份；(4)在具体起诉方式上，出于最大限度获得赔偿利益的目的，知假买假者对价格较低的商品越来越多地采取分次购买，分别要求最高惩罚性赔偿的方式以增加收益；(5)涉案被告多为有较强履行能力的主体。在南宁市几乎囊括多个大型商场、商城和大型超市等，如南百超市及其分店、南宁市人人乐商业有限公司及其分店、南宁市利客隆超市及其分店。

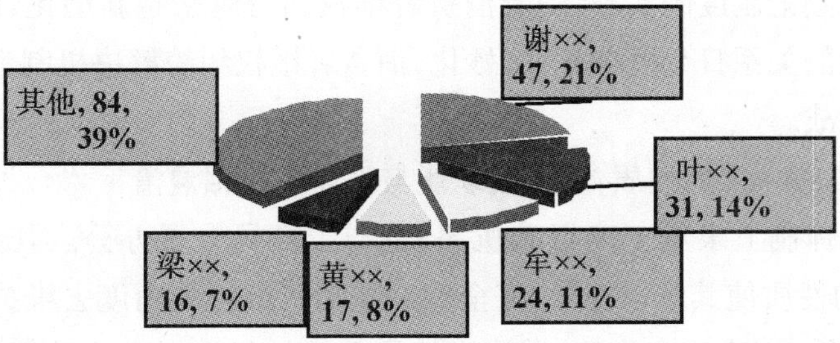

图4　2013-2015年南宁法院受理的消费者维权一审案件原告分布图

(六)结案方式“无所不包”

在2013－2015年南宁市基层法院实际受理消费者维权纠纷的案件数中，结案方式有判决、调解、撤诉三种，其中判决结案74件，调解结案5件，撤诉裁结案9件，如图5所示。

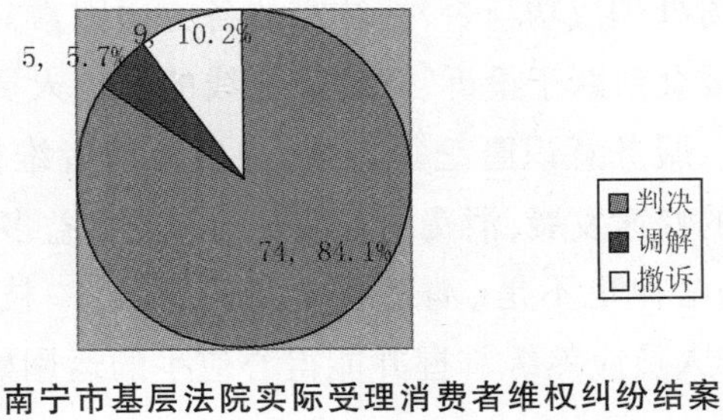

图5　2013-2015年南宁市基层法院实际受理消费者维权纠纷结案方式图(单位：件)

（七）小额诉讼“独占鳌头”

如图6，在2013－2015年南宁市基层法院实际受理消费者维权纠纷的案件数中，基本上所有的诉讼标的都在1万元以下。按照诉讼费的计算，基本上都是收取50元，本文认为，因为诉讼费比较便宜也是此类案件数量急剧增长的重要原因。

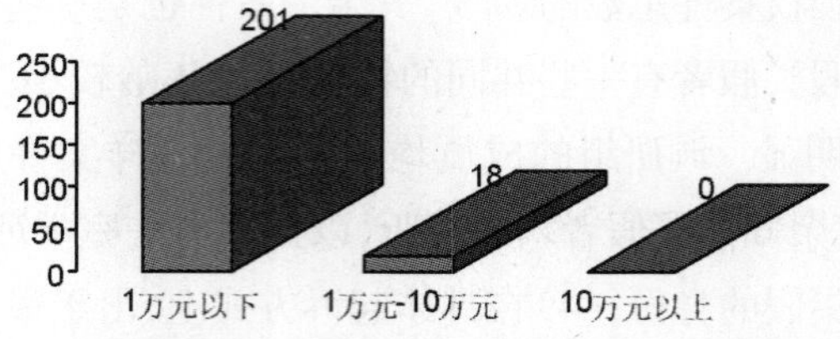

图6　2013–2015年南宁市基层法院受理消费者维权纠纷标的分布图（单位：件）

三、追根溯源：消费者维权纠纷解决机制存在的问题

随着立案登记制度的实施，随着消费者维权纠纷越来越新型化、网络化、经营者与消费者的关系日趋复杂化、微妙化，消费者维权纠纷解决机制也面临一些问题和严峻挑战。

（一）“亦官亦民”的性质：消保委职能与工商职能相混淆

消保委在体制上隶属工商行政机关，也与工商局合署办公。其盘根错杂、“亦官亦民”的性质使其难以充分、完全地站在消费维权的角度去维护消费者正当、合法的权益。以南宁市为例，南宁市消保委就挂靠在工商行政管理部门，也在工商行政部门办公。由于南宁市长期宣传、普及不到位，南宁市消保委和南宁市工商局“12315”申诉举报中心在管理模式、职能设置上存在很多交叉、模糊之处，导致消费者认为消费者维权渠道要么就去南宁市“12315”申诉举报中心，要么就去南宁市消保委，却不知道这是两种保护消费者合法权益的两条不同途径。

（二）难执牛耳的地位：缺乏权威性的调解

消费者维权纠纷处理成功与否，往往需要各方面因素共同发力、综合协调。而当前广西各级消委会活跃于投诉、调解第一线的工作人员普遍存在专业水平不足、调解经验缺乏、服务意识匮乏等短板，导致消费者维权之路漫漫、困难重重。随着市场经济的快速发展，消费纠纷涉及的问题日益多样，消费者维权意识的逐渐苏醒，牵涉的法律也不是《消费者权益保护法》一枝独秀，而是“群芳争艳”。消保委的工作人员应熟练掌握并能得心应手的运用好《产品质量法》《食品安全法》《合同法》等多种法律法规和部门规章等。遗憾的是,当前广西各级消保委工作人员中法律专业毕业的科班生是寥寥可数,绝大多数工作人员都是在加入该消保委才开始学习相关法律知识,缺少系统性、专业性。而工商干部通常也只限于对工商法规有了解,对其他的法律也是一知半解。因此在处理投诉时难免出现法律参照错误、裁量不准确、调解难让人信服等情况。

当前许多消费者权益纠纷越来越复杂化,消费标的科技含量越来越高,侵权手段和种类越来越多,光靠消费者或者调解者、司法裁判者肉眼观察或生活经验已经无法判断是非曲直、虚假真伪。很多消费者维权纠纷需要客观、科学、权威的技术检测,但检测机构难寻、检测费用过高、检测过程过于耗费精力等都是困扰广西各级消委会、“12315”申诉举报中心平台的调解难题。

(三)孤掌难鸣的尴尬:广西区消费维权体系仍显单薄

长期以来,消费维权纠纷都是习惯于依赖消保委、工商行政部门的独力调解,难免势单力薄。实际工作中,会涉及诸如质量、检测、定性等方方面面的复杂而又新型的法律行为和民事行为,而只有消保委、工商行政管理部门耗费大量的人力、物力和时间在消费维权工作单打独斗,没有其他行政执法部门的紧密配合、通力合作,没有建立无缝对接的诉调对接机制,没有培育维护消费者权益的综合维权体系,消费者维权终归是无源之水、无本之木。消费者在发生维权纠纷时最容易遇到“铁路警察,各管各段”的割裂局面。消费者维权纠纷解决机制实践使我们意识到:广西区消费者维权纠纷不努力建立综合、对接无缝的消费者维权综合体系,如果不及时调整消费者维权的新思路,仅靠依赖广西区消保委、工商行政部门的唱独角戏的被动工作局面,就很难适应消费者维权纠纷之新型化、网络化、复杂化、微妙化的新形势。

(四)负重涉远的举证制度:举证责任倒置亟待激活

广西各级工商部门负有处理消费者维权纠纷的职能,其肩负的行政调解任务不可谓不重,其维护消费者合法权益、净化消费环境的功能不可谓不大。但遗憾的是,国家工商总局尚未制定工商行政管理机关在处理消费者申诉中如何收集证据、如何对证据的合法性、真实性和关联性进行审查和确认的相关规定。虽然新《消费者权益保护法》第23条第3款规定:“经营者提供的机动车、计算机、电视机、电冰箱、空调器、洗衣机等耐用商品或者装饰装修等服务,消费者自接受商品或者服务之日起六个月内发现瑕疵,发生争议的,由经营者承担有关瑕疵的举证责任。”此法条开创了由被告经营者自证清白的举证责任倒置制度,也撬动了消费者维权难问题的杠杆支点。但其用例举式的方式列明的都是那些技术含量极高、消费者举证能力极弱的商品,不具有普适性。根据我国《民事诉讼法》第 64 条第 1 款规定:"当事人对自己提出的主张,有责任提供证据",即"谁主张谁举证"制度。消费者发生维权纠纷时,除开《消费者权益保护法》第 23 条规定的商品,消费者必须承担举证责任。但普通消费者不是质量专家,也不具备相关商品的专业知识,不可能对所购商品的结构、性能、品质等存在瑕疵的地方有明确认识和深刻了解,同时由于信息不对称,消费者也难以就经营者的过错进行有效举证。此外,如果消费者怀疑商品的质量有问题,经营企业一般要求消费者对商品进行鉴定,即送到法定检测机构进行检测,由检测机构出具检测报告证明商品质量确实存在问题。但现实中商品的检测费用非常昂贵,往往超过商品本身价值的几十倍甚至几百倍,面对如此高昂的成本和完全不对称的维权收益,消费者根本无法提供商品质量问题的证据,使得消保委、工商部门的调解、消费争议仲裁、司法诉讼过程中对消费者非常不利。因此,很多消费者面对维权"深海",只能是望洋兴叹,黔驴技穷,忍痛"认栽"。

(五)九龙治水的怪圈:部门间合作机制亟待畅通

根据《消费者权益保护法》的规定,工商行政管理机关是处理消费者维权投诉的主要执行部门,其他职能部门在各自职能范围内受理消费者申诉。抽象、笼统的规定就使消费者维权纠纷解决机制落入了"九龙治水"的怪圈。综观目前我国行政格局的现状,对市场的监管模式是以环节监管为主,部门监管为辅。如对食品质量安全一项,其监管职责细划分为:农业部门负责农业基地和田间地头的农产品质量监管,质监部门负责食品生产环节质量安全监管,工商部门负责食品流通环节质量安全监管,卫生部门负责食品消费环节质量安全监管,食品和药品监管部门负责整体协调工作,其"九龙治水"的功能可见一斑。不是质量专家,也不具备相关商品的专业知识的普通消费者,面对划分细微的部门职能分工,面对极有可能互相推诿塞责的维权"衙门",消费者有时只能是舍近求远,要么求助于司法机关,要么忍气吞声,忍痛"认栽"。此外,工商部门在受理消费者申诉后,对不属于自己管辖范围的申诉要移交到相关管理部门处理,并要求反馈调解结果。由于涉及多个政府职能部门,且交流沟通渠道不畅通,无法形成对消费申诉的"一站式"服务,难以形成联动机制和监管合力,难以满足消费者"一体化运行、一揽子解决"的维权初衷。因此严重制约了消费者维权纠纷的有效解决,也极大打击消费者对通过政府机关解决消费者维权纠纷的信心,也削弱消费者对行政调解权威的认可,使得今后相关部门在处理消费者维权纠纷时更加举步维艰、进退维谷。

（六）长期缺位的困窘：不可或缺的的消费维权争议仲裁制度

消费维权争议仲裁是我国法定的解决消费纠纷的多元化方式之一。域外国家以及我国部分省市的实践充分证明，消费仲裁为快速、有效地解决消费纠纷，公正、及时地保护消费者的合法权益提供了一个重要途径。实践证明，消费争议仲裁制度健康、有序的运行，在保障消费者合法权益方面的作用是不可低估的。（1）消费维权争议仲裁作为一种具有法律强制执行力的解决方式，能公正、及时地解决小额消费纠纷，有利于进一步增强消费者依法维权的自信感，使消费纠纷的过错方承担实实在在的经济赔偿责任，对经营者形成制约和警戒作用。（2）利用仲裁解决消费纠纷是减少消费诉讼的要求。在我国，由于司法资源的稀缺性、终局性，扩大审判手段在解决消费纠纷中的适用面，是不符合我国的司法国情的。对消费者、经营者来说，仲裁比诉讼具有更大的灵活性，仲裁机构处理问题的效率比法院高，仲裁的气氛比法院缓和，因此，应立足于利用行政处理、消费者协会的协商调解以及消费仲裁来解决大量的消费纠纷。

四、优化策略路径：完善广西区消费者维权纠纷解决机制的建议

针对广西消费者维权纠纷越来越新型化，网络化，经营者、消费者的关系越来越复杂化、微妙化的维权现状，针对应该承担消费者维权纠纷解决机制中流砥柱的心余力拙的消保委、任重道远的行政调解、长期缺位的消费争议仲裁以及陷入审判困境的司法裁判所出现的弊端。本文提出和建议建立以“人民调解为基础，行政调解为补充，诉讼调解为主导、司法审判为保障”的多元化纠纷解决机制。这种联动多元的消费者维权纠纷解决机制能够有效保护消费者合法权益，快速解决消费者维权纠纷，能够为塑造健康、良好、和谐的消费环境添砖加瓦。

（一）稳定和完善诉前调解：注重消保委组织建设理念的更新

首先，广西区各级消保委调解和广西各级工商部门调解是保护消费者合法权益的两条不同途径。消保委应明晰厘清自身定位，理清与工商部门“剪不断理还乱”的错综复杂的关系，真正独立、公正、科学的处理消费者维权纠纷。

其次，消保委应“招兵买马”，大力打造专业化队伍。要有效解决目前调解员力量薄弱、队伍不稳定、调解水平低等问题，最根本的出路是大胆创新，注重理念更新。勇于、善于锻造出正规的、具有职业色彩、有较高专业水准、多元化的消费者维权纠纷调解员队伍，并确保消保委的独立性和中立性。广西区可以从以下几方面着手：一是成立消费者维权律师顾问团。充分发挥律师在保护消费者

合法权益中的中流砥柱作用。消费者维权律师可以有针对性、有的放矢的开展与消费者权益保护相关的法律及实务研究,向有关部门提出立法和政策方面的真知灼见,为消费者提供相关法律信息和免费咨询服务等;二是成立专家咨询委员会。当前的消费商品琳琅满目,当前的侵权方式日新月异,当消费者与经营者针锋相对,“公说公有理,婆说婆有理”的时候,消保委不可能对所有的名目繁多的商品加以准确识别。这就需要努力建设一支包括建材、陶瓷、食品、电信服务等投诉比较集中的热点行业的专业技术人员为主的专家组,就消费者在购买、使用商品、接受服务的过程中发生的消费纠纷提供专业判断、技术鉴定。从而有效地解决消费者举证难的问题,有效地解决消费调解人员调解无依据的难题,提高消费纠纷的调解成功率。三是消保委应该招聘一批具有法学专业背景、调解水平较高的专职调解员队伍;消保委必须把好进人关,择优录用急需的各种专业人才,特别是熟识相关法律法规的高端人才,这样才能迅速提高队伍的整体综合素质,适应新情况新形势下消费维权工作的需要。建立对专职调解员、兼职调解员定期培业务训制度。广西各级消保委应有序、持续开展有关法律、经济、商务等多业务培训,努力把消保委工作人员培养成为业务能力强、知识面广、有较强调解能力的多面手。

最后,消保委应推进数字化建设,构建信用评级系统。要在广西区推广建立“投诉与咨询信息系统”,要求广西区消保委组织对于投诉、咨询进行实时录入,并定时进行数据比对、分析指导,做好消费提示预警,并建议有关行政部门对投诉较多的问题开展专项整治等。

(二)加强和夯实行政调解:注重提升行政调解的疏浚功能

1. 畅通纠纷投诉渠道

广西各级工商行政机关应加大投入,加强“12315”中心的建设,及时、准确、快速的受理和处理消费者的申诉举报,畅通消费者的诉求渠道。工商机关应及时、便捷、开诚布公了解消费者的所思、所想、所需,集中解决广大消费者最关心、反映对强烈的消费问题。广西各级工商部门可以尝试在商场、超市、市场、企业、等商品交易和服务消费比较密集的经营场所建立消费维权服务站,有序引导经营者建立和完善与消费者和解制度,努力做到消费纠纷解决不出店门,进一步扩大维权网络覆盖面,为消费者建立了一条条消费纠纷和解的绿色通道。

2. 建立多部门联动维权机制

随着广西消费者维权纠纷越来越新型化,网络化,复杂化、微妙化的维权现状,消费维权争议的解决已远非工商部门单打独斗、孤军奋战所能解决。已越来越广泛涉及物价、质监、食品药品监督、房地产等其他诸多部门。因此建议建立广西区各职能部门联动维权机制,工商局“12315”、质监局“12365”、卫生、食品药品监督等相关政府职能部门共同建立“消费维权快速反应联动机制”,形成消费维权的整体合力,并制定线索移送、案件协查、信息通报等工作流程,加强行政执法部门间、行政执法部门与司法部门间的协调配合和沟通联系,达到信息互通、资源共享、优势互补、协同作战,形成处理消费纠纷的政府合力。

3. 确认互动调解机制

为了更好地激活工商行政调解的巨大潜力,为了更好地建立消费者维权多元化解决机制,本文认为在广西区适宜建立确认互动调解机制。具体运作如下:一是互动调解。法院可将受理的消费者维权争议案件委托工商部门调解,也可邀请工商部门作为人民陪审员参与常见、争议较大的消费者维权纠纷案件。二是调解确认,工商部门调解成功的消费者维权纠纷案件,可移送法院获得司法确认,赋予强制执行力,当一方不履行工商部门调解协议确认的义务时,另一方可直接申请法院强制执行。三是小额消费纠纷快速诉调对接机制。经工商部门调处不成的消费纠纷,可直接进入诉讼绿色通道。通过强化诉调衔接机制,经诉前调解和委托调解,绝大部分的消费者因日常购物、接受服务而产生的维权纠纷基本都能得到有效化解。消费者权益巡回法庭审理消费者维权纠纷案件基本实现“就地立案、就地审理、现场调解、现场裁判”的快速便捷的“绿色通道”服务。

4. 消费者权益联席会议制度常态化

广西各地工商局、消保委、法院应当定期召开消费者维权纠纷处理的联席会议,相互通报情况,共同分析消费维权领域可能存在的问题,努力推动多元化消费者权益纠纷解决机制的建立。通过推进多元纠纷解决机制的建设,尽可能将消费者权益纠纷化解在诉讼之外。法院定期组织消费者纠纷人民调解员观摩庭审,提高消费者权益保护专业化水平,还积极吸纳消保委、工商局相关人员作为人民陪审员参与诉讼,加强审理消费纠纷案件的专业性。

(三)培育和催生新引擎:注重消费纠纷仲裁制度的补充作用

根据在广西区工商局“12315”举报中心及广西两级法院审理消费者维权纠纷案件的历年统计数据表明,大多数的消费维权纠纷的金额都比较小,争议也不大。因此,广西区应建立健全专门的消费者维权争议仲裁制度。具体操作如下:(1)机构的设立。广西各级工商局“12315”举报中心与广西各级仲裁委员会合作,在工商局内设立仲裁委员会的分支机构——“消费争议仲裁委员”或“消费争议仲裁中心”,成为消费调解与仲裁的对接联动。(2)仲裁员的选拔。仲裁庭成员可从消保委、律协、专家学者中聘请仲裁员。定期对仲裁员进行培训,以提高仲裁员在消费争议仲裁的权威作用;(3)完善仲裁程序。应建立完善调解仲裁程序,及时建议久调不下、争议较大的消费者维权纠纷及时进入仲裁程序;双方进入仲裁程序,向双方当事人讲明仲裁好处,及时解决消费纠纷,消费纠纷仲裁原则上应适用简易程序,即由一名仲裁员独任仲裁 ,开庭时间和地点可以由当事人协商确定 ;(4)关于仲裁费用。为最低限度的降低消费者的维权费用,可以考虑免费制度或逆向收费,逆向收费是无论谁申请仲裁,均由经营者垫付仲裁费,根据仲裁结果确定仲裁费由谁交纳;(5)消费仲裁机构在进行仲裁时,应先行调解,调解不成的实行仲裁,并实行一裁终局,具有法律强制力且消费者维权纠纷仲裁时间不宜超过半个月。

(四)规范和提升裁判水准:注重发挥司法诉讼的支撑作用

1. 完善独具特色的巡回法庭制度

早在 2014 年,广西区工商局、区高级人民法院以及消保委共同设立广西消费者维权巡回法庭。较好的实现职能互动、优势互补、资源共享。为了更好地发挥其作用,本文认为可以从以下几个方面去完善:(1)逐步实现和扩大“三统一”的工作模式。一是统一标识。消费维权“巡回法庭”统一悬挂工商、法院和巡回法庭的标识;二是统一工作制度。广西区工商局应制定《广西区工商局消费者投诉移交消费维权巡回法庭工作规范》,广西区高级法院也相应制定《12315 消费维权巡回法庭工作规则》,使消费维权巡回法庭日常工作有法可依,有章可循;三是统一工作流程。工商局受理消费者维权纠纷后,将调查取证、终止调解通知书等材料快速移交至巡回法庭,并填写移交登记表,详细介绍调查情况和消费者诉求,巡回法庭将此作为证据进行调解、裁定和判决; 四是广西各市工商局应与当地法院一起建立消费维权“巡回法庭”。各市工商部门要责任到人,要指定专人进行调解。

2. 统一裁判标准

广西区高院应高度重视对消费者维权纠纷案件的审判监督和业务指导,统一裁判尺度,不断提升案件审判质量。一要注重调研指导。广西区法院应集思广益,创新思维,针对消费者维权纠纷案件中出现的新问题、新情况及时望闻问切、调查研究。广西区高院应该每年针对各级法院审理消费者维权纠纷案件的出现的新问题、新情况撰写专题调研报告,向上、下级法院反馈或通报;二要注重案例指导。广西各级法院可以通过内网或利用《广西审判》等内部刊物栏目“案例指导”“典型案例”等各种载体,积极发布消费者维权典型案例,以案说法,以判明理;三要注重规范指导。以发布指导性案例、规范性文件等方式,及时统一裁判标准,规范司法裁量权的行使。四要注重延伸审判职能,针对审判中发现的问题,及时向有关部门、单位发送司法建议。

3. 激活举证责任倒置制度

针对消费者维权举证难的现实问题,新《消费者权益保护法》规定①机动车、计算机、电视机等耐用商品或者装饰装修等服务,才由被告经营者自证清白的举证责任倒置制度。这一制度虽能撬动消费者维权难问题的杠杆支点,但这也是"杯水车薪"。广西区各级法院应灵活的针对技术含量较高、消费者举证能力较弱除新《消费者权益保护法》第 23 条规定的商品外,应有限度、有秩序、有步骤的扩大、激活举证责任倒置制度的范围。也即消费者对技术含量较高、消费者举证能力较弱的绝大部分商品,仅需提供所购商品或服务存在质量瑕疵的初步证据,而无需深入研究该产品或服务的专业知识,也无需自费委托专业鉴定机构予以鉴定。但经营者有义务提供证据,以自证清白,否则,就要对原告消费者承担民事责任。除了激活举证责任倒置制度,法院应根据实质平等原则善用举证责任分配规则,责令信息优势占有者承担较重的举证责任,而不能机械地适用"谁主张、谁举证"的规则。

结语

立案登记制度毕竟是一项新事物,其对法院的影响不言而喻。深入、持续贯彻立案登记制度仍然任重而道远。本文深刻剖析了消费者维权纠纷解决机制优化策略,并推而广之到其他案情相对简单、法律关系相对单一、矛盾相对缓和的纠纷应该通过多元化纠纷解决机制得到迅速解决,这样才能应付、适应立案登记制度面临的新挑战、新问题。

(王立兵:怀化市检察院民行科助理检察员)

---

① 《消费者权益保护法》第 23 条第 3 款规定:"经营者提供的机动车、计算机、电视机、电冰箱、空调器、洗衣机等耐用商品或者装饰装修等服务,消费者自接受商品或者服务之日起六个月内发现瑕疵,发生争议的,由经营者承担有关瑕疵的举证责任。"

理想与现实之间:民事诉讼登记立案制度实证考

李喜莲　贾根甫

十八届四中全会通过的《中共中央关于全面推进依法治国若干重大问题的决定》(以下简称《决定》)提出"改革法院案件受理制度,变立案审查制为立案登记制"。这一改革举措使曾经热议的"废除立案审查制,改为立案登记制"的话题重回学者视野。① 为了积极响应党的司法改革政策,最高人民法院及时出台了《关于人民法院登记立案若干问题的规定》(以下简称《规定》)。《决定》和《规定》推行登记立案制度的宗旨是"切实解决人民群众反映的'立案难'问题"。立案登记制度是指法院对当事人的起诉不进行实质审查,对当事人提交的起诉状和其他相关诉讼材料,一律接收,并出具书面凭证,符合起诉条件的,当场登记立案。笔者从不怀疑制度设计者的良苦用心和美好愿景。但是,我们必须正视的问题是,立案登记制取代立案审查制必然对诸多现行民事诉讼制度产生重大冲击。如设计者在保障公民充分享有诉权时,如何有效防止滥诉缠诉现象的发生,如何妥善处理"司法最终救济原则"与"司法解决纠纷有限性"之间的关系,都是应当考虑的问题。有鉴于此,笔者就立案登记制度是否实现司法改革之目标,是否给司法实践带来新的挑战以及如何完善立案登记制度等问题进行实证研究和探讨,以期为解决立案难题提供些许建议。

一、民事立案登记制运行现状的个案考察

为了深入探究民事立案登记制度的运行现状,笔者选择中部某省的一个基

---

① ① 早在2005年至2007年间,江伟教授在《〈中华人民共和国民事诉讼法〉修改建议稿(第三稿)及立法理由》中提出立案登记制取代立案审查制后,理论界与实务界围绕此问题进行过激烈的讨论,并进一步促进了民事立案工作的改革。

层法院 Y 和一个中级法院 X 作为实证考察样本。这一选择主要基于的考虑是，在我国的四级法院中，基层法院和中级法院属于司法活动比较全面的法院。绝大部分一审案件由基层法院、中级法院受理，因此基层法院和中级法院能够反映立案登记制度运行中所产生的各种问题。①

此外，两个样本法院所在地的经济发展水平在全国居中等水平，按照著名经济学家钱纳里的结构性指标判断，样本地区经济已进入工业化初期与中期的临界点，因而具有一定的典型性。通过对两个法院进行实证调研，我们发现立案登记制度运行的结果与司法改革者的预期尚有一定的差距，具体表现如下：

（一）法院对当事人诉权保护仅具“程序”意义

为响应实行立案登记制之司法改革政策，两个所考察法院的立案庭庭长均表示，立案登记制施行后，他们已经及时地清理立案审查制下的“土政策”，这在一定程度上为充分保障公民诉权增添制度活力。② 鉴于立案登记制度于 2015 年 5 月 1 日实施，在调研中，我们对近四年（2012—2015 年）5、6、7 三个月份的民商事受案数进行纵向对比，以期说明立案登记制的施行对解决起诉难问题是否发挥了作用。结果发现，单从民商事案件受理数量来看，立案登记制的施行对民商事案件数量的增加不无刺激作用（见表 1）。在施行立案登记制后，2015 年 5 月至 7 月的民商事案件的受案总数与 2014 年的同期相比增加了 56.8%。客观地讲，随着社会经济体制转型和人们法律意识增强，近年来，基层法院民商事案件的受案数一直在增长。立案登记制度的施行也促进了民商事案件受案数的增加。究其原因，一是立案登记制降低了立案的门槛，X 法院立案庭庭长明确表示，在确定被告身份时不再要求原告提交身份证复印件或公安机关出具的证明文件，这在一定程度上减轻了原告的负担，使部分之前“被告不明确的”案件得以立案。二是在立案登记制施行前，有相当一部分案件，如村级债务纠纷、农村群体性土地纠纷、工业园区土地征收、群体性劳动争议等案件，由于信访维稳风险高、执行难等棘手问题，Y 法院一律没有立案，而是采取委托调解、诉前调解、协调处理等方式进行化解。施行立案登记制后，尽管这部分案件依然难以审结，但立案庭法官认为“功课”不需自己做，于是将符合形式要件的上述案件统统登记立案。

---

① 此次考察主要采取问卷调查、法官访谈和数据收集等方式。

② 陈卫东：《立案登记制为充分保障公民诉权再添制度活力》，载《光明日报》2015 年 4 月 19 日第 3 版。

表1　2012－2015年Y法院5至7月民商事案件受案数统计(单位:件)

年份／月份	2012年	2013年	2014年	2015年
5月	238	428	559	759
6月	403	265	424	694
7月	299	423	457	805
合计	940	1116	1440	2258

尽管立案登记制使大量在立案审查制下未能立案的案件顺利进入诉讼程序,但其未能满足当事人诉权保护的真正需求。从X法院的统计数据看,2015年5月立案受理的案件中有近8%的案件经审理后,因不符合起诉条件或证据不足而被裁定驳回起诉或判决驳回诉讼请求。这些被驳回的案件大多是原先法院不予立案的案件,如被告不明确,原告无法找到具体被告的案件,外嫁女利益分配案件等。① 事实上,司法解决纠纷的能力是有限的,如果是法院原本无法解决的案件,即便予以立案进入诉讼程序,其给当事人的诉权保护也仅仅具有“程序”性意义。而且,值得一提的是,2015年8月,Y法院确认了5件民商事案件为虚假诉讼,这也与媒体报道的“妄借立案登记制度打虚假恶意官司”之问题如出一辙②,这对切实保护对方当事人权利提出新的挑战。

(二)民事立案登记制程序仍欠规范

通过实证调研,我们发现,施行立案登记制后,两个所考察法院的民商事案件的立案程序相较于立案审查制而言已在很大程度上呈现规范化。主要体现在,对于不立案的案件,法院一般会出具不予立案裁定书。立案登记制实施前

---

① 访谈中,X法院的立案庭庭长向我们介绍他们在民事立案方面遇到的一个棘手案件。原告是一对姐妹,在X法院所属市的辖区村居住,外嫁到别村后,户口一直未迁。随后,政府有偿征收其村土地,村民小组会议制定的土地征收补偿款分配方案将这对姐妹排除在外,两原告遂起诉该村民小组,要求支付其土地补偿款。X法院予以立案,依据是,2015年5月2日最高人民法院曾向各级人民法院下达的文件明确规定,涉及“农村外嫁女、村委会财务纠纷”的诉讼,人民法院应当受理。但该案最后被审判法官驳回起诉,其裁判理由是,前述文件同时规定,涉及“集体经济组织成员资格确认”的诉讼不属于人民法院管辖,应当告知当事人向有关职能部门申请解决。该案的解决必须事先确认两原告的“集体经济组织成员资格”,遂如是裁判。

② 卢林峰、韦生效:《妄借立案登记制度打虚假恶意官司》,载《广西法治日报》2015年6月17日第1版。

(2012 年至 2014 年),Y 法院关于不予立案裁定书的数据记录通常是 0。而施行立案登记制后,2015 年 5 至 7 月,Y 法院不予立案裁定书的数量分别是 6 件、14 件和 2 件(见表 2)。显然,立案登记制度在一定程度上改变了人民法院“不立不裁”的现象,这对于充分保障当事人的上诉权至关重要。

表 2　2012－2015 年 Y 法院 5 至 7 月不予立案的案件数统计(单位:件)

年份 / 月份	5 月	6 月	7 月	合计
2012	0	0	0	0
2013	0	0	0	0
2014	0	0	0	0
2015	6	14	2	22

自 2015 年 5 月 1 日以来,X、Y 法院的立案工作大致落实了立案登记制度的相关程序性规定。为了准确反映立案登记制的立案流程,我们就《规定》中的相关规定,如“人民法院对当事人提交之诉状材料不全的,应一次性告知”“人民法院收到当事人的材料应当出具收据”等程序性问题设置了相应问卷。① 获得的相关数据表明,两法院民商事立案程序在规范之余尚存在诸多不足(见表 3):第一,有 57.1% 的当事人和 14.8% 的律师未被一次性告知补全材料。这就意味着,立案法官仍然存在不一次性告知起诉者补全材料的疏漏之处,这就使得部分当事人免不了要遭受多次往返法院的“旅途之苦”。第二,有 74.1% 的受访律师表明法院未按要求出具收案之书面凭证,这使得具体案件的诉讼时效之中断无法明确计算。

表 3　当事人、律师遭遇程序违法的情况统计

程序违法类型 / 调查对象	未一次性告知补全材料	未出具规范的书面凭证
当事人	57.1%	10%
律　师	14.8%	74.1%

①　本文指称的当事人是正在法院起诉的或者案件已被受理但尚未审结的人;本文指称的律师是律师和基层法律服务工作者。本次调研,当事人卷和律师卷于 X 法院分别发放 50、50 份,收回 38 份当事人卷、44 份律师卷;当事人卷和律师卷于 Y 法院分别发放 50、50 份,收回 42 份当事人卷、37 份律师卷。

（三）法官对巨增案件的审判质量不无担忧

在访谈中，两个法院部分民事业务庭的法官表示，立案登记施行加剧了法院"案多人少"的矛盾。正如北京朝阳法院的法官林上爽所说："我们的立案量增长了123%，……审判一线的压力本已巨大，如今增长的立案量最终也将转入审判庭，审判庭更缺人手。"①在"案多人少"的情形下，一位资深的Y法院民一庭庭长向我们介绍了她的应对措施："一是多适用简易程序审理，少麻烦其他法官；二是边看案卷边审案，以节省阅卷时间。"这位法官向我坦言她出此"下策"的原因是：案子太多了，她实在无暇在审前认真查看案卷。为了进一步弄清法院在施行立案登记制后，案件审判质量是否有所保障的问题，我们就相关问题也设置了法官问卷。② 结果显示，25.7%受访法官对确保民商事案件的审判质量不无担忧（见表4）。

表4　两考察法院法官就立案登记制对民事案件审判质量是否有影响的意见统计

审判质量 调查对象	下降	提高	没有变化
法官	25.7%	0	74.3%

二、民事立案登记制未能契合改革之预期的原因

如前文所述，两个所考察法院在施行立案登记制时已然清理了诸多立案审查制的"土政策"，如废除当事人面签制度③，不再强制原告提供被告的身份证复

---

① 袁婷：《立案登记制"满月"之考》，载《民主与法制时报》2015年6月4日第2版。

② 法官卷的调研对象为法院立案庭、审判庭、执行庭（执行局）和审判监督庭等一线庭室的工作人员。法官卷于X法院发放40份，收回34份；于Y法院发放40份，收回36份。

③ 面签制度，即当事人向法院提交诉状时，必须在场，并且亲自在起诉状、授权委托书上签字。根据Y法院立案庭的某位法官介绍，得知面签制度来源于该法院曾经受理过的一个案件：诉讼材料上原告的名字均为其代理律师所签，诉讼过程中，原告不满意诉讼结果，于是他以名字非自己所签，主张程序违法。类似情况后来再次发生，于是法院要求文书上的署名（包括起诉状）必须由原告本人在法官面前亲自签写。此措施虽可以保证签名的真实性，但在一定程度上折损了代理制度的功能，如代理人代为起诉时，仅因原告未签字就不立案，额外增加了原告的负担。

印件①,不再对基础证据的真实性进行实质审查。② 然而种种改革措施依然未能实现司法改革想要解决"立案难"和保护"当事人诉权"的初衷。究其原因,主要有以下几个方面:

(一)《规定》尚未改变现行《民事诉讼法》确立的立案审查标准

业内周知,《民事诉讼法》第 119 条规定的起诉条件对民商事立案而言是一种高标准,其关于当事人适格、审判管辖、诉讼标的、证据方面等具体起诉条件与大陆法系民事诉讼中实体判决要件存在诸多共同点。③ 2015 年 2 月 4 颁布的《最高人民法院关于适用〈中华人民共和国民事诉讼法〉的解释》(以下简称《民诉法解释》)虽规定我国实行立案登记制,但强调立案登记制仍然要对当事人的起诉材料进行审查,而且审查的法律依据没有脱离《民事诉讼法》119、124 条之规定。④ 相对而言,《规定》没有明确规定登记立案也应审查,但是司法实践一再表明,"有状必接并不等于有状必立"⑤,即"无论是此前的立案审查制度,还是目前的立案登记制度,两者在立案前都需要进行审查"。⑥《规定》第 4 条对起诉状的要求以及第 6 条对起诉材料的要求,从某种程度反映了其沿用了《民事诉讼法》之审查标准之倾向。究其原因,一是《规定》作为一部最高人民法院出台

---

① 在访谈中,Y 法院某法官曾表示:"因为被告的信息会涉及管辖问题,十分重要,所以在立案登记制实施以前,为明确被告,法院要求原告必须提交被告的身份证复印件。但是,在司法实践中,有些原告只知道被告名字及身份证号,很难提供纸质信息材料,因为身份证信息属公民个人信息,有关部门只能应当事人自己的要求开具。立案登记制实施以后,当被告为外地人时,为了保障民众的诉权,原告若能提交被告姓名或身份证号以及原告认为的被告详细住址,我们基本会登记立案。同时,我们会向原告释明,如果被告的身份在诉讼中一直无法被查明,那么其将面临被驳回起诉的风险。"

② 立案登记制实施以前,法院为确保基础证据的真实性,会对证据进行实质审查,而且均要求原告提交基础证据的原件。立案登记制施行后,原告只需要提交基础证据的复印件即可。但是离婚案件,立案法官对结婚证的要求仍然是原告必须提供原件。立案阶段不审核复印件的真伪,复印件与原件的核对工作置于审判中的质证环节。立案庭只对基础证据进行形式审查,即审查原告是否提交基础证据,基础证据的真实性以及是否能够支持原告诉讼请求不属于立案庭的审查范围。

③ 张卫平:《起诉条件与实体判决要件》,载《法学研究》2004 年第 6 期。

④ 沈德咏主编:《最高人民法院民事诉讼法司法解释理解与适用》,人民法院出版社 2015 年版,第 555 页。

⑤ 最高法院立案庭庭长姜启波在河南全省法院立案制度改革座谈会所说:"实行立案登记制后是有状必接,但不是有状必立,要防止虚假诉讼、恶意诉讼和缠诉。"

⑥ 卢林峰、韦生效:《妄借立案登记制度打虚假恶意官司》,载《广西法治日报》2015 年 6 月 17 日第 1 版。

的司法解释,只能是立法的具体化和补充①,不能与《民事诉讼法》相冲突,所以《规定》在立案标准上难有作为。二是改革者认识到,现行的诸多诉讼机制与低阶化立案门槛不具有共生性。② 事实上,立案登记制实施以后,立案庭的"形式"审查中仍夹杂着些许实质审查。如前文所述,Y法院在立案中不再要求原告提交身份证复印件或公安机关出具的证明文件,但原告立案时仍需提交被告的身份证号或准确住址,而这对于起诉陌生被告的原告不无困难。在我们的调研中,46.3%的当事人和92.6%的律师认为提交被告的信息材料有困难(见表5)。因为立案登记制之形式审查难以落地生根,破解"起诉难"依然任重道远。

表5 当事人、律师关于立案难的意见统计③

材料类型 对象	原告资格材料提交困难	起诉状提交困难	被告信息材料提交困难	证据材料提交困难	代理人身份材料提交困难
当事人	23.9%	23.9%	46.3%	71.6%	6%
律　师	1.2%	0	92.6%	46.9%	0

(二)"案多人少"掣肘立案登记制度的有效运行

近年来,法院"案多人少"是不争的事实,而且越来越严重。究其原因,一是我国社会经济体制转型,社会矛盾正处于多发期。二是我国多元化纠纷解决机制尚不健全。而且我国非诉纠纷解决机制长期寄于诉讼篱下,事实上成了民事诉讼"变异体",例如广受诟病的"调审不分"问题,致使其对诉讼审判制度难起补偏救弊、分担压力和补充替代作用。为了消解法院"案多人少"的矛盾,各国司法改革者意欲完善多元化纠纷解决机制,以应对"诉讼爆炸"之难题。④ 但是,通过调研,我们发现立案登记制施行以后,我国多元化纠纷解决机制之建构迟迟

① 董皞:《司法解释论》,中国政法大学出版社1999年版,第369页。

② 若是像西方一样设置极低的立案标准,立案庭如同传达室一般,配备如此规模的人才队伍实属司法资源的浪费,立案庭编制势必改之;原告无需在立案时提交准确的被告信息,审判者难以送达法律文书;面对残缺不全的起诉材料,审判者难以在现行审限内将其审结等。

③ 如前注,表中所指的百分比均以X、Y法院共收到的80份当事人卷和81份律师卷为统计基数。

④ 姜启波:《〈关于人民法院登记立案若干问题的规定〉的理解与适用》,载《人民司法》2015年第9期。美国发展多元化纠纷解决制度,初衷也是为了走出"诉讼爆炸"的困境。参见杜闻:《论ADR对重塑我国非诉讼纠纷解决体系的意义》,载《政法论坛》2003年第3期。

未有进展。① 其必然的结果是,降低立案门槛的立案登记引起案件数量的巨增,而且因非诉纠纷解决机制分流案件的功能未能有效发挥,增加的民商事案件无法消解,必然加剧法院"案多人少"的矛盾。此外,随着"员额制"改革的推进,办案法官人数不增反减,使得"案多人少"问题更是凸显。在访谈中,我们发现法院"案多人少"之现状确实阻碍了立案登记制度的施行:一是所考察法院的立案庭还存在为能否审结案件把关的"情结"。原因是,立案登记制度形式上使立案法官从"控制立案数量"的压力中解放出来,但因与日俱增的案件无法及时解决,业务庭法官可谓"压力山大"。有的法官不堪重负,甚至走上辞职之路。此时,法院领导从大局出发,不得不考虑案件入口的问题,时不时给立案庭法官一些"建议"也在所难免。可见,立案登记制施行以后,不少法院在立案时仍然设置"相关条件"与法院已有的"案多人少"之现状不无关系。二是"案多人少"使法官对案件的审判质量不无担心。业内周知,"结案率""审限"等是衡量法官业绩的硬性指标。为了及时审结案件,法官的工作现状经常是"白加黑""五加二"。即便如此,"案多人少"之现状仍然无法缓解。在堆积如山的案卷下,法官不得不压缩有限的审判时间,而且长期的高负荷工作状态,皆使法官心生对案件审判质量的担忧。

客观地讲,立案登记制施行后,当事人有更多机会让民商事纠纷进入审理程序。但是,"案多人少"的现实也使当事人不得不面临接受劣质审判的问题。从某种意义上讲,立案登记制度开启了保护当事人诉权的程序大门,但在保护当事人实体权益方面却难有作为。毕竟,案件最终的结果取决于法院的审理裁决。如果无法消解法院"案多人少"的矛盾,立案登记制度改革的愿景只能是"海市蜃楼",难以取得较好的法律效果和社会效果。

(三)纠正登记制违法立案的投诉机制运行不畅

《规定》第13条规定:"立案工作中存在的不接收诉状、接收诉状后不出具书面凭证,不一次性告知当事人补正诉状内容,以及有案不立、拖延立案、干扰立案、既不立案又不做出裁定或者决定等违法违纪情形,当事人可以向受诉人民法院或者上级人民法院投诉。"根据上述规定,两个所考察法院均设立了专门的投诉接待机构,而且配备3位专职人员负责处理违法立案的投诉问题。但是,在我

① 受访的一位法官称,他们法院多年以前就已经强调诉调联动,三调联动,诉调对接。但调解强调沟通说服,调解员的时间投入在调解中很重要,而"案多人少"的现状,致使法官没有精力去调解。至于非法官调解,立案登记制实施前后并没有太大变化。

们收回的当事人问卷中①,有36.3%的当事人不知道有投诉之救济机制(见表6)。而且,有过投诉经历的当事人对立案投诉监督的效果也不满意。有关统计数据显示,当事人对违法立案投诉处理结果的意见是:有的当事人在投诉后,较长时间内未获得相应处理结果;有的当事人虽在一定期间内(一般是一个星期左右)获得了处理结果,但处理结果对违法立案的"违法问题"未作实质性回应,而是就相关的立案政策、法律规定予以说明,当事人对如此处理结果并不满意(见表7)。

表6　当事人对"立案投诉"的了解情况统计

		频率	百分比	有效百分比	累积百分比
有效	知道	51	63.8	63.8	63.8
	不知道	29	36.3	36.3	100.0
	合计	80	100.0	100.0	

表7　当事人对违法立案投诉之处理结果满意与否的情况统计②

		频率	百分比	有效百分比	累积百分比
有效	不满意	9	11.3	36.0	36.0
	目前没有结果	16	20.0	64.0	100.0
	合计	25	31.3	100.0	
缺失	系统	55	68.8		
合计		80	100.0		

为了进一步说明问题,我们对普通民众进行了调研。③ 结果显示,普通民众对投诉这一立案监督方式比较青睐,而且有44.1%普通民众表示愿意尝试投诉方式。但是,就投诉的监督效果而言,只有20.6%的普通民众相信投诉能发挥监督立案的作用(见表8)。

① 如前注,表中所指的百分比均以X、Y法院共收到的80份当事人卷为统计基数。

② 系统缺失值为55,是因为有55个受访当事人未使用过投诉的监督方式。

③ 本文指称的普通民众是调研时没有诉讼缠身的人。普通民众卷发放35份,收回34份。

表8　普通民众关于是否会使用投诉救济及对投诉救济效果判断统计表

可能性／调查内容	不会	可能会	会
使用投诉救济	11.8%	44.1%	44.1%
投诉纠正违法立案	23.5%	55.9%	20.6%

三、立案登记制度的合理建构

一般而言,任何一项制度的建构、完善离不开理论论证。事实上,立案登记制在施行之前,学理界对这一改革措施见解不一。归纳起来,代表性观点有二:一种观点认为,立案登记制取代审查制是解决我国"起诉难"必要举措,有利于保护当事人的诉权。① 如有学者认为,起诉是当事人的权利事项,而非法院的权力事项……公共机构对于公民权利事项不得随意干预。除非原告起诉的形式要件欠缺,否则,原告不仅有权要求法院经立案登记使之得以进入诉讼程序接受审判,而且法院也有义务以登记方式向当事人表明接受申请。有鉴于此,一审和二审的立案庭在功能上应相当于医院的挂号室,意味着立案庭不再审查"起诉条件"而直接给当事人一个案号登记立案。② 有学者认为立案登记最大的好处是开启涉诉信访与司法的真正分离,有利于保护当事人的诉权。③ 另一种观点认为,在当前条件下实行立案登记制无益于保护当事人的诉权。有学者认为,起诉难问题曾经在20世纪的后15年较为严重,但近些年以来,这一问题即便存在,也并非想象的那么严重和突出。我国目前仍然存在一些伸冤无门、反复上访的现象,但与法院起诉难的关联并不是太大,也无法或者很难通过法院受理和裁判这些纠纷来加以解决,如案件已经法院裁判、诉讼时效经过、纠纷不属于法院受理等。目前我国存在的起诉难问题,不是立案环节在立法层面的欠缺所致,而主要是因为法律执行的层面出了问题,是司法实践背离了法律规定。而这些问题

---

① 当前,持这一观点的学者有:范忠信:《立案"登记制"取代立案"审查制"意义重大》,载《羊城晚报》2014年10月30日第A2版;吴学恩:《立案登记制为群众诉求敞开大门》,载《人民法院报》2014年11月13日第2版。

② 傅郁林:《对"立审分离"管理模式之质疑》,载《人民法院报》2001年10月24日第3版。

③ 刘洋、邢世伟:《立案审查变登记破解"信访不信法"》,载《新京报》2014年10月30日第A7版。

绝不是通过引入立案登记制就可以解决的，所以，仅凭立案登记制难以解决起诉难的现实问题。① 值得一提的是，实务部门最先反对实行立案登记制度。有法官认为，“立案难”是多种原因造成的，一味降低起诉门槛，将增加当事人的诉讼成本，而且不利于对被告的平等保护。而且，实行立案登记制度，将使大量纠纷涌入法院，无法有效遏制滥诉和恶意诉讼。②

尽管学界对立案登记制度不无分歧，但立案登记制度已在各地法院全面施行。客观地讲，立案登记制度对于保障当事人的程序权利具有积极意义，仅这一点足已说明该制度存在具有合理性。重要地是，我们如何针对实践中已经存在的问题，提出有针对性的完善意见。事实上，任何一项制度的运行都离不开具体的诉讼环境及相关配套制度的支撑。为了更好地发挥立案登记制度的功能，须采取以下举措：

（一）明确规定立案登记制度的立案审查依据

正如前文所述，现行的起诉条件规定仍充斥大量的实体判决要件。法官对实体判决要件做出的审查判断应该建立在对抗性的公正程序基础上，而诉讼两造对抗的局面在起诉时尚未形成，因此笔者认为修改现行的起诉规定十分必要。第一，当事人只要提交符合《规定》第4、5条法律规定的起诉状，且提交《规定》第6条第1、2项的证明材料③，并预交诉讼费用，法院就应该立案受理。《民事诉讼法》第119、124条规定的若干条件属于实体判决的前置性程序条件，应由法官在审判阶段做出审查，而不应作为法院的立案条件。第二，鉴于立案标准放低，为应对虚假诉讼、滥诉等挑战，应该提高相应的违法成本。《民事诉讼法》第112条的案外人申请再审仅局限于当事人之间恶意串通虚假诉讼的惩戒与救济，而对于缠诉、原告故意提供被告假地址情形未予规定，且第112条规定的违法成本仍然过低。笔者认为，一方面需要扩大恶意诉讼的认定范围，即不仅包含

① 徐昕教授的观点，见《“立案登记制降低起诉门槛，旨在保护诉权”：质疑与回应》，载《人民法院报》2007年6月5日第5版。

② 姜启波：《人民法院立案审查制度的必要性及其合理性》，载《人民法院报》2005年9月21日第B1版。

③ 《规定》第6条第1、2项规定的证明材料，用于核实原告及其代理人的身份，以防原告及其代理人在恶意诉讼时通过使用虚假身份的方式，来躲避法院制裁，且上述材料的提交对起诉者而言并不困难。而第6条规定的其他证明材料不是立案的必要材料，但法院应向当事人释明，如果不提交其他证明材料，可能会因无法送达而被驳回起诉或者因证据不足而败诉。

当事人串通虚假诉讼,还包括原告基于获取不当利益等非法目的通过捏造事实进行的虚假诉讼,以及蔑视司法公信力的缠诉等;另一方面,提高恶意诉讼的违法成本,不仅需要加强法院的惩戒力度,还需要加强被诉者的权利保护,如被诉者有权要求起诉者给付高出损失数倍的赔偿。第三,《民事诉讼法》第119、124条规定的内容应由审判法官在审前程序中进行审查,且强制被告答辩。具体而言,被告在收到起诉状以后应当就当事人适格、法院的管辖权、诉讼请求以及事实理由进行答辩,审判法官根据原被告的陈述对案件的诉讼要件进行审查,如果案件出现不符合《民事诉讼法》第119条或者符合《民事诉讼法》第124条规定的情形,法官应做出驳回起诉的裁定。只有在立法上,明确区分起诉要件和诉讼要件,完善恶意诉讼的规制机制,才能从源头上解决“立案难”的问题。

(二)畅通消解“案多”的多元化解纷渠道

在我国多元化纠纷解决机制尚不健全的背景下,调解、仲裁等对法院负担的案件分流效果不甚理想。由于法官的负荷过重,立案登记制度的成效难以彰显,并在一定程序上制约司法改革的推进。因此构建多元化纠纷解决机制,从源头上将案件进行分流,适当为法院减负,才能保证审判的效果和效率。首先,完善调解制度。据调研内容反映,多数法官倾向于调解分流,然囿于时间、精力及调解自身的局限性,其适用率较少,可谓浅尝辄止。但受访法官一致同意,完善调解制度建设,于缓冲案件洪流确有裨益。笔者认为应从两方面完善调解制度:第一,完善诉前调解制度。鉴于解决“案多人少”问题的紧迫性,笔者建议针对部分纠纷施行诉前强制调解制度①,适用范围可参考《关于适用简易程序审理民事案件的若干规定》第14条规定。② 第二,进一步推进调审分离,解决“以判压调”怪象。调解与审判,至少存在着12个方面的明显区别,是性质完全不同的两种纠纷解决制度,调审分离能够优化我国的民事诉讼制度。③ 然为达新型调解之公正、高效,调解员须既熟悉案情,又具有一定权威。因此,笔者认为由陪审员担

① 诉前强制调解是将调解作为特殊起诉要件,未经调解而提起诉讼的,法院不予受理。参见肖建国、黄忠顺:《诉前强制调解论纲》,载《法学论坛》2010年第6期。

② 下列民事案件,人民法院在开庭审理时应当先行调解:婚姻家庭纠纷和继承纠纷;劳务合同纠纷;交通事故和工伤事故引起的权利义务关系较为明确的损害赔偿纠纷;宅基地和相邻关系纠纷;合伙协议纠纷;诉讼标的额较小的纠纷,但根据案件的性质和当事人的实际情况不能调解或者明显没有调解必要的除外。

③ 李浩:《调解归调解,审判归审判:民事审判中的调审分离》,载《中国法学》2013年第3期。

任诉讼调解中的调解员最适合不过。此外,还应加强调解与法院执行的衔接,如原告申请诉讼保全的法官释明制度、建立督促债务人履行机制等。① 大力发展调解公司以及行业调解协会等民间调解组织,丰富调解类型。其次,完善其他纠纷解决方式。仲裁、和解、公证等其他解纷机制是多元化纠纷解决机制不可或缺的重要内容,理应受到重视。具体而言,第一,法院应加强仲裁机构的自身建设,提高商事仲裁的适用率,充分发挥仲裁的迅速解纷优势;提高仲裁协议的司法认可率,简化仲裁协议的申请执行程序。第二,加强诉讼辅导,促进诉前和解、诉讼和解。第三,加强公证机构建设,降低公证费,鼓励文书公证,强化公证文书证据效力,简化公证文书的强制执行程序,发挥公证的预防纠纷作用。

(三)健全违法登记立案的监督机制

中央全面深化改革领导小组2015年4月1日通过的《登记立案改革意见》强调,法院要自觉接受人大、检察机关、新闻媒体和人民群众的监督,对反映和投诉的问题,及时回应。对立案违法行为,依法依纪严肃追究有关责任人员和主管领导的责任。具体而言,首先应完善法院内部建设,在立案大厅设立专门的投诉机构,由副院长牵头负责,避免投诉流于形式;利用诉讼服务热线、院长信箱、电子邮件,为当事人搭建向上级法院投诉的便捷渠道,充分发挥立案的审级监督作用。其次,加强检察监督,对于法院违法不立案,检察院可以通过检察建议、抗诉等形式予以监督;立案人员构成犯罪的,予以追究刑事责任。最后,应进一步加强社会监督,如定期邀请人大代表、政协委员和社会各界人士到立案窗口进行检查,并将此常态化。

实践表明,我国立案登记制度的实施正处于阵痛期。在立案门槛有所降低,立案程序日益规范的同时,如何应对案件数量巨增,如何保证法院审判的质量也是我们必须面对的问题。我们要论证一项“新制度”,不能让它只是“看上去很美”。至少对于实践中已经暴露出来的问题,我们应予以重视并设法解决。相信每一位有社会责任感的学者,都期待这项承载着“好理念”的制度,能够对横亘在它面前的屏障作一次让人放心的穿越。②

(李喜莲:湘潭大学法学院副教授,法学博士;贾根甫:湘潭大学法学院民事诉讼法学方向硕士研究生)

---

① 李浩:《当下法院调解中一个值得警惕的现象——调解案件大量进入强制执行研究》,载《法学》2012年第1期。

② 夏敏:《立案登记制能否穿越现实屏障》,载《中国审判》2007年第1期。

“审判性真理”与证据展示

——论环境民事诉讼举证责任“幽灵抗辩”及对策

舒东龙　曾凡青

“幽灵抗辩”是指被告人针对其犯罪的指控，提出与被控罪行无直接相关的积极主张，并以此间接地否认指控，而且被告人的此种主张难以查证。① 纵观刑事审判的理论与实践研究，“幽灵抗辩”早在几年前就引起了学界的重视与探讨。最能诠释这一概念的事件是，我国台湾地区法院根据被告人提出的无法证明的抗辩理由，而对士林走私案被告人的无罪判决。后来台湾地区检察官陈瑞仁把被告人这种难以查证的答辩称为“幽灵抗辩”。② 这是不是刑事诉讼中的独有现象？在环境诉讼中是否也存在“幽灵抗辩”的情形呢？回答是肯定的。在环境诉讼中，针对原告提出的损害事实主张及原因，被告有时会间接予以否认，声称原告遭受的损害是由其他原因造成的，与被告没有关系。③ 这样，被告就巧妙地推卸了举证责任，而要原告举证证明遭受损害的其他原因又难上加难。实际上，被告提出此类“幽灵抗辩”有时确实不能排除符合实际情况的情形，例如，

---

① 李建东：《“幽灵抗辩”问题及其对策》，载《河南警察学院学报》2011 年第 6 期。

② 在台湾士林发生了一件非常有名的走私案，检察官起诉后，被告辩称：“我不是走私，是我在海上捕鱼的时候有匪船靠过来，拿着枪强迫我们，把我们的鱼货全部都抢走，但丢了一千盒的走私香烟给我们，强迫交易……我也是受害者。”结果法院认为无法证明被告人所提抗辩不实在，判决无罪。自从该案判决后，检察官发现很多私枭都作同样的抗辩，有学者将其称为“海盗抗辩”，台湾的陈瑞仁检察官把被告人此种答辩称为“幽灵抗辩”。参见吴巡龙：《刑事举证责任与幽灵抗辩》，载《月旦法学杂志》2006 年第 133 期。

③ 佚名：《云南首例环境公益诉讼案追踪：企业还在排污，大龙潭水质没恢复》，载 http://society.yunnan.cn/html/2011-01/27/content_1483778.htm，2013 年 7 月 20 日最后访问。

在当今社会,癌症的发病率越来越高,这固然有个体生活习惯爱好及遗传等方面的因素,但也不能排除与企业排污所造成的空气、水质污染有关。① 因此,法官面对被告提出的"幽灵抗辩"应理性看待,不能简单地予以否认。

那么,究竟该如何应对环境诉讼中的"幽灵抗辩"呢? 是置若罔闻,还是由原告举证证明造成损害的其他原因不存在,抑或由被告举证证明造成损害的其他原因存在,甚至由法官运用自由心证来推定? 举证责任该如何分配? 是否存在举证责任倒置或者转移的情形? 由于我国法律对此并无明确规定,在司法实践中容易造成分歧并使诉讼和裁判陷入困境。本文拟以环境诉讼"幽灵抗辩"为视点,从环境侵权诉讼中关于举证责任的立法现状及司法实践出发,通过展示原告在环境侵权诉讼中的举证困难及缘由所在,为了更好地保护环境受害人的合法权益,主张在环境侵权立法上对举证责任予以重新分配、对原告的证明标准予以降低以及对因果关系推定规则予以重构,并就其具体操作的逻辑程序进行初步探讨。

一、现状描述:环境诉讼举证责任的现有规定及司法实践

环境侵权诉讼是一种特殊侵权诉讼,在实体法上的构成要件及程序法上的当事人举证责任分配,与一般侵权损害赔偿诉讼的规定有很大的不同:在法律责任构成要件上,环境侵权责任适用无过错责任原则;在当事人举证责任分配上,原告的举证责任有一部分转移给了被告,适用举证责任倒置,以减轻受害者的负担,加重污染者的负担。法律规定是开展司法实践的依据,限制法官造法,这是包括我国在内的所有成文法国家的通行做法。因此,有必要对环境侵权诉讼中有关举证责任的法律规定进行梳理,以便检验司法实践。

(一)法条梳理:意欲完善却仍未完善的立法现状

环境污染侵权诉讼中的举证责任制度是一个重要而复杂的问题,直接关系到受害者的切身利益和国家政策与法治目标价值的顺利实现②,因而围绕环境诉讼举证责任及其分配,我国立法给予了足够的关注,在实体法和程序法中都有体现,条文表述虽然简单,但是内容相对一致,并初步形成了证据体系。

1. 对无过错责任的规定

---

① 李彩虹:《环境污染诉讼:原告无法完成的举证》,载《法学杂志》2010年第10期。

② 陈瑶瑶:《"举证责任倒置"在环境侵权诉讼中的理解和适用》,载《云南电大学报》2007年第2期。

《民法通则》确立了无过错责任原则①,《侵权责任法》承认和延续了这一原则②,《民法通则》及《环境保护法》规定了环境侵权无过错责任原则③,由此可见,我国在立法上已经确立了"加害人对环境污染造成的损害承担无过错赔偿责任"的环境侵权无过错责任原则(见表1)。

表1 我国法律有关环境侵权无过错责任原则的条款

法律名称	颁布时间	条 款
民法通则	1986年4月	第106条第3款,124条
环境保护法	1989年12月	第41条第1款
侵权责任法	2009年12月	第24条

2. 对举证责任及其分配的规定

《最高人民法院关于适用〈民事诉讼法〉若干问题的意见》(以下简称《民诉意见》)第74条明确了"谁主张,谁举证"的证据规则,并就环境侵权等特殊侵权诉讼的证明问题,做出了如果被告否认原告提出的侵权事实则由被告负举证责任的"举证责任倒置"的例外规定。与一般民事侵权有所不同,环境污染侵权具有较多的特殊性,原告在举证上存在较大困难。为了缓解和消弭原告举证的困难,《最高人民法院关于民事诉讼证据的若干规定》(以下简称《民事证据规则》)第4条对原告和被告的举证责任进行了分配。④ 之后,新修订的《水污染防治法》第87条、《固体废物污染环境防治法》第86条及《侵权责任法》第66条对前述规定继续重申。此外,从利益衡量出发,《民事证据规则》第7条还做出规定,允许法官自由裁量(见表2)。至此,环境侵权民事责任的证明规则在立法上逐步走向完善,环境污染侵权诉讼的举证责任及分配的难题从法律文本来看基本上得到解决,但理论上却仍然存在异议与分歧。如侵权责任法及污染防治法

---

① 《民法通则》第106条第3款规定:"没有过错,但法律规定应当承担责任的,应当承担民事责任。"

② 《侵权责任法》第24条规定:"受害人和行为人对损害的发生都没有过错的,可以根据实际情况,由双方分担损失。"

③ 《民法通则》第124条规定:"违反国家保护环境防止污染的规定,污染环境造成他人损害的,应当依法承担民事责任。"《环境保护法》第41条第1款规定:"造成环境污染危害的,有责任排除危害,并对直接受到损害的单位或者个人赔偿损失。"

④ 该条文规定,环境污染造成的"损害事实"由原告举证证明,被告则举证证明其排污行为与损害事实之间不存在因果关系。

律中有关环境污染损害因果关系规定的性质在学界引发了激烈讨论,有学者认为法律确立了因果关系的推定法则①,而有的学者则认为法律明确确立了举证责任倒置规则②,观点针锋相对,各持一端。环境污染侵权诉讼举证责任的立法仍没有完善由此可见一斑。

表2　我国法律及司法解释有关环境污染损害因果关系证明的条款

法律名称	颁布时间	条　款
民诉意见	1992年7月	第74条
民事证据规则	2001年12月	第4条3款,第7条
固体废物污染环境防治法	2004年12月	第86条
水污染防治法	2008年2月	第87条
侵权责任法	2009年12月	第66条

(二)现象展示:应该统一却难以统一的司法实践

立法的不完善使环境司法实践面临着一些无法回避的困境,主要有:

1. 原告完成举证的标准不统一

司法实践中,有的法院要求原告举证须达到"充分"的程度,否则将免除被告举反证的责任。③ 有的法院要求原告举证须达到证明"损害事实"与证明"因果关系"之间的"度",而这个"度"则由法官引入原告举证的可接受性,通过法官的自由心证来判断。④

2. 对因果关系的认定不一致

司法实践中,人民法院对因果关系的认定大致存在四种情形:一是客观性认定法,即因果关系是否成立,采取严格的因果关系的客观性来认定;二是事实推定法,即通过大量事实来佐证污染与损害之间的因果关系;三是结果推定法,只要受害人举证提出存在环境污染损害结果的事实,而加害人又不能举证证明损害事实的造成与自己无关,就可以推定损害结果与加害行为之间存在因果关系;四是借鉴相关学说,即借鉴域外的盖然性学说、疫学因果说等理论,来实行因果

---

① 杨素娟:《论环境侵权诉讼中的因果关系推定》,载《法学评论》2003年第4期。

② 王社坤:《环境侵权因果关系举证责任分配研究》,载《河北法学》2011年第2期。

③ 李彩虹:《环境污染诉讼:原告无法完成的举证》,载《法学杂志》2010年第10期。

④ 李彩虹:《环境侵权诉讼中原告举证责任的界限》,载《绿叶》2010年第9期。

关系推定。① 司法实践中的做法各异，很可能导致“同案不同判”现象产生，这既损害司法的统一性，也不利于受害人权益的维护。正是由于因果关系理论的混乱、证明标准的不明确以及对因果关系的认定不一致，导致了环境污染受害人在原本十分艰难的环境侵权诉讼中往往难以胜诉。

3. 适用因果关系推定有差异

当前，我国还没有将环境侵权因果关系的认定规则加以规范化，法院在处理环境侵权民事纠纷时，由于受到法官综合素质参差不齐、对法律条文及法律精神的理解存在差异等因素的制约，有时会导致一些案件性质类似裁判结果却大相径庭。同时，由于对因果关系推定的前提、方法和程度没有明确，有时还会出现因果关系推定在司法实践中难以适用的情形，能够说明这一情形的案例是2005年6月17日上海市浦东新区人民法院判决的一起环境污染损害赔偿案件，即当时颇有影响的“猫叫综合症”案件。法院在判决该案时，并没有适用因果关系推定。法院认为，被告上海中集远东集装箱有限公司虽然负有举证责任，证明其污染行为与损害后果之间不存在因果关系，但是必须满足一个前提条件，那就是污染行为与损害结果之间存在疫学上的因果关系。本案中，由于这一前提条件还未具备，举证责任还不能倒置，因此不能推定原告主张的损害结果是由被告的排污行为引起或造成的，两者之间并不存在因果关系。根据这一理由，法院对原告提出赔偿其身体及精神损失8.7万余元的诉讼请求未予以支持。② 之所以发生法院拒绝适用因果关系推定情形，就在于法律对应因果关系推定的方法和前提未明确所致。

---

① 宋宗宇：《环境侵权因果关系认定规则创新研究》，载《水资源可持续利用与水生态环境保护的法律问题研究——2008年全国环境资源法学研讨会（年会）论文集》。

② 上海中集远东集装箱有限公司在喷涂集装箱过程中，未采取任何有效防护措施，对周边环境造成严重污染。2003年，居住在与公司相距仅90余米的“金桥一景”小区的赵女士怀孕了，但由于强烈的污染导致她怀孕的胎儿染色体异常，就诊医院的医生告诉她，胎儿出生后很可能患上“猫叫综合征”。这是一种染色体短臂畸形，其最明显的特征是哭声类似猫叫，而目前还没有理想的治疗手段。最后赵女士不得不根据医生建议，于怀孕第23周终止妊娠。后来赵女士向法院提起诉讼，请求判令被告停止此侵害行为，排除妨碍，消除危险，并赔偿其身体及精神损失计人民币8.7万余元。2005年6月17日，上海市浦东新区人民法院金桥法庭做出判决，被告上海中集远东集装箱有限公司停止实施在生产过程中超出国家有关标准排放废气、粉尘及噪音的环境污染侵害行为，对原告赵女士的其余诉讼请求不予支持。参见严剑漪：《上海“猫叫综合症”案一审有果，中集远东停止环境污染》，载 http://www.chinacourt.org/article/detail/2005/06/id/167097.shtml，2013年7月17日最后访问。

二、举证之难：原告在环境侵权诉讼抗争中的三重证明困境

在环境侵权诉讼中，原告是令人心痛的受害者，同时又是举证艰难的苦命人，在依照现有法律规定难以完成举证的情况下，处于强势地位的被告又趁机提出“幽灵抗辩”，无疑进一步加重了原告的举证负担，给原告在环境抗争中维权设置了巨大阻碍。

（一）立法带来的困境：现有法律规定还不足以保障原告完成举证

从前述所列举的法律规定来看，原告须完成以下三个方面的举证：(1) 证明被告存在污染环境的行为；(2) 证明存在损害事实；(3) 证明被告的排污行为与其损害间存在因果关系。在原告完成了前述三个方面的举证后，再由被告承担举证责任，证明其排污行为与损害事实之间不存在因果关系，或存在法定免责、减责事由。综合原告和被告的举证情况，法官才能进一步推定因果关系。按照《民事诉讼法》规定，证据必须经过法庭查证属实后才能作为认定事实的根据。在民事诉讼中，要求原告拿出确凿的证据证明“事实真相”，对于一般的民事侵权诉讼而言也许并不难，而对于环境侵权这种特殊的民事侵权诉讼来说却是难以企及的标准，也是不合情理的要求。因为在环境污染损害中，原告在短时间内难以感知环境污染的存在，更难弄清环境污染损害发生的原委。尤其是在证据收集方面，绝大多数原告不要说保留证据，就连这一意识恐怕也没有。即使偶尔有意保留有证据，也可能因不符合民事证据规则要求而不能被法院采信。①

（二）举证面临的困境：原告举证受到知识与权力的限制

当下，环境污染已经从城市转移到了广大的农村，农村环境形势十分严峻，尤其是农村环境污染问题尤为突出：点源污染与面源污染共存，生活污染和工业污染叠加，各种新旧污染相互交织，环境分配的马太效应已初现端倪。② 可见，在环境污染中，受害者基本上是农民。然而，在农民环境抗争中，农民如何提供证据证明自身遭遇到的污染以及因污染而受到损害，却是一个十分困难的问题。因为从目前的情况来看，农民在提供证据的过程中，既受到知识的限制，又受到

---

① 如2005年被媒体曝光为“癌症村”的东村，在状告化工厂要求赔偿的诉讼中，在村民提供的证据中，最符合形式合理性要求的应该是上海市城市排污监测站的检测报告，但是关于送样的过程却遭到了程序合法性的怀疑——因为没有公证人员的在场，所以村民的取样与送样在程序上不合法。因此，水样一直被封存在村民的家中。

② 环境分配的马太效应，是指强势群体获得越来越多的经济利益和越来越好的环境，弱势群体得到的是越来越少的经济利益和越来越糟的环境。

权力的限制,其证据展示的效力直接受制于位于主流话语的“审判性真理”①,那些对人和自然进行客观化的知识手段,限制了农民提供证据对自身遭遇到的污染以及因污染而受到损害的证明。

1. 知识的限制

在环境侵权诉讼中,作为普通农民的原告,由于其受到文化水平较低、科技知识匮乏、信息渠道闭塞等众多条件的限制,对企业的生产流程、污染物的监测化验设备以及标准取样知识等知之甚少或一无所知,举证能力大为降低或等同为“零”,显然其证明污染机理的手段和能力十分低下。再则,排污企业有可能将生产工艺的原理、设备及流程作为技术和商业秘密来保守,拒绝对外公布,这样就会造成受害人要么很难获得证据,要么未及时获得证据,要么取证不充分。为了获取受到污染损害的证据,虽然受害人也有可能去聘请专业机构或专业人员来帮助取证,但是高昂的取证费用很可能将受害人拒之门外,特别是那些小额受害者更有可能放弃诉讼。

2. 权力的限制

在环境侵权诉讼中,原告在受到知识限制的同时,还明显地受到权力的限制。一是环境侵权诉讼容易受到地方政府的层级限制。企业给环境带来的是污染,给农民带来的是损害,给当地政府带来的却是巨大的经济利益②,因而在农民与污染企业的抗争过程中,当地政府或者是保持“中立”角色,或者是扮演污染企业的“帮凶”③,对污染企业百般庇护,一旦面对群众关于环境污染的举报,

---

① 所谓审判性真理,是指对知识(或者说事件)真与假的判定,同时也是那些能够具有合法性的知识来源以及那些权力实践所借助的知识形式。它并不是严格的客观真实,而是人们对于客观真实的再现和重构。这种重构过程本身可以视为一种权力游戏,是关于“真实性”界定的权力争夺。同时,在某个社会的特定阶段,这种重构需要借助于某种相对固定的知识形式,这种知识形式为权力的操作提供合法性。参见司开玲:《农民环境抗争中的“审判性真理”与证据展示——基于东村农民环境诉讼的人类学研究》,载《开放时代》2011 年第 8 期。

② 比如,据“癌症村”东村所隶属乡镇的镇政府工作人员说,2005 年化工厂上缴税收 230 万,而当年该镇的预定利税总额只有 380 万,占到了该镇总税收的 60%。参见司开玲:《农民环境抗争中的“审判性真理”与证据展示——基于东村农民环境诉讼的人类学研究》,载《开放时代》2011 年第 8 期。

③ 陈燕:《有限的环境抗争——从环境建构主义视角出发》,载《法制与社会》2010 年 11 月(上)。

官方的检测机构总是忘不了为政府说话①,有的官员不但极力否认,甚至还拍案而起大爆粗口。② 可见,在政治与经济结盟的背景之下,污染企业与地方政府的“合谋”进一步加剧了农民环境抗争的难度,农民关于污染受害的证据展示越来越难以得到认可。二是环境侵权诉讼容易受到第三方所给出的证明的合法性的限制。在环境侵权诉讼的举证过程中,原告所提交的证据多为口头或者书面的陈述,这样的证据在政府职能部门出具给企业的检测报告、文件证明等证据材料面前,显然是苍白无力的,其结果自然是企业生产与排污的合法性有充分的证据支撑。企业所给的证据材料之所以如此强势,是因为该证据材料在事实陈述的方式上强调了第三方的重要性,表现为对原则上中立且具有“审查资格”的第三方所出具的证明材料的合法性是不容置疑的。就目前情况来看,所谓的“第三方”更多地是那些政治力量,诸如政府环境保护部门、官方医疗机构的证明及政府组织的专家组的权威论证等。三是环境侵权诉讼容易受到法官对证据精确性要求的限制。法庭是原、被告双方对证据进行展示的剧场,审判是充满权力关系的竞争性场域。在庭审过程中,原、被告双方会存在关于证据真实性的争论,但是法官一般不会重视这种关于证据真与假的个人陈述,更多是将证据审查的重心确定在“第三方”所出具的证明材料上。如此很可能出现这样的情况:尽管被告所举出的证据受到原告的全盘否定,但是很难受到法庭的质疑。其原因在于,被告的证据所内含的知识形式本身就具有合法性,这种知识形式是否能够再现“真实”亦并不需要验证,而是被默认为“真实”。原告的证据却不具备这一“优势”,尽管其从感性上否定被告所举证据的合法性,但是无力通过自身的力量对其进行检验。可见,在环境诉讼对证据的要求越来越精确的条件下,原告不但在

---

① 浙江省金华兰溪市一村庄近年来出现大量氟骨病和癌症患者,疑为村边一家铝业企业污染所致。当地就此成立专项工作小组,组织专家调查做出结论称,该企业多项排污数据达标,环境污染与病患产生并无直接因果关系。参见佚名:《浙江兰溪称排污达标,癌症患者激增与企业无关》,载 http://news.xinhuanet.com/yuqing/2013 - 05/05/c_ 124663763.htm,2013 年 7 月 25 日最后访问。

② 河北省任丘市辛中驿镇一家镀锌厂肆意将污水直接排放到沟渠中,2013 年 7 月 22 日上午,记者陪同举报群众拍摄现场照片后赶到当地环保局举报,主管副局长梁清晨称群众的举报失实,坚称排污口早已堵死,极力为排污企业辩护。举报群众对环保执法人员的这一反常态的举动颇有微词,双方激辩过程中,梁清晨副局长竟指着举报群众和记者拍案而起大爆粗口,让大家滚出他的办公室。参见佚名:《河北一家镀锌厂违规排污,环保局长爆粗口否认》,载 http://ah.people.com.cn/n/2013/0723/c227130 - 19131882.html,2013 年 7 月 25 日最后访问。

证据上势单力薄且力不从心,而且连基本的受害体验也被排除在"审判性真理"之外,从而给环境污染受害人维护自身环境权益带来了巨大困难。

(三)抗辩造成的困境:被告"合规抗辩"中的"幽灵抗辩"加重了原告的举证负担

企业排污行为在客观上给他人造成了损害,但在环境侵权诉讼中,作为加害人的被告有时会辩称自己行为合规因而"并未违法"甚至"并无过错",不应承担赔偿责任。法院在审理该类案件时,有时会采信被告的"合规抗辩",将污染物排放标准这一行政规范,作为认定被告是否承担民事赔偿责任的重要依据。① 按此逻辑,未超标排放污染物的企业无需为其"合规行为"造成的损害承担赔偿责任,违反污染物排放标准的企业也只需要为排放的污染物中"超标"部分所造成的损害承担赔偿责任,而无需为其未超标部分所造成的损害承担赔偿责任。按证据分配规则,原告需就排放的污染物中"超标"部分所造成损害的事实承担举证责任。由于原告举证受到知识与权力的双重限制,举证能力大大降低,因而对此举证,原告根本就无法完成。

综上所述,当被告提出"幽灵抗辩"时,如要求原告举证证明其损害是由被告"合规"排污超标部分抑或被告之外的其他原因造成的,无异于缘木求鱼,对原告也极不公平。

三、规则确立:环境侵权诉讼"幽灵抗辩"之对策

环境侵权的潜伏性、不确定性、广泛性、复杂性和科技性等特点,决定了其举证责任分配与一般侵权相比存在较大差异,其因果关系的判断较之一般侵权领域更加困难。因此,创设新的、能适应环境侵权特殊性要求的、有利于更好地保护受害人合法权益的举证责任分配规则与因果关系判断标准在所必然。也许只有这样,才能有效挤压或消除环境侵权诉讼中"幽灵抗辩"的生存空间。

(一)重新规定举证责任分配规则

举证责任分配决定着诉讼的结果,影响着当事人的权益,是民事证据制度理论中的核心问题,是法官在裁判真伪不明的案件时所适用的一种方法,堪称"民

---

① 金自宁:《风险社会背景下的合规抗辩——从一起环境污染损害案例切入》,载《北大法律评论》2012 年第 2 期。

事诉讼的脊梁”。① 针对环境侵权诉讼中举证责任分配的不合理现状，尤其是在被告提出“幽灵抗辩”的情境下，确实有必要对举证责任进行重新分配。

1. 原告的举证责任

原告在举证证明被告存在污染环境的行为、自身存在受污染损害的事实之外，还需要举证证明被告的排污行为与其损害结果之间存在“初步因果关系”。其中，“存在污染环境的行为”只要求原告提供证据证明被告实施或者可能实施了污染环境的行为。但要注意的是，在一些累积性、潜伏性环境事故中，原告可能不容易直接证明被告有污染环境的行为，这时可以提供间接事实的证据证明被告可能实施了污染环境的行为即可；②“损害的事实”可以不要求原告提供确凿的科学的证据予以充分证明，可以只要求原告提供证据证明污染损害的经验事实。在环境诉讼中，“初步因果关系”是证明标准较低的因果关系，其证明标准实行较高程度的盖然性标准，原告只要能够举证证明被告的排污行为与其损害结果之间可能存在因果关系，即可以认定原告完成了因果关系的举证责任。

2. 被告的举证责任

被告除了举证证明排污行为与损害事实之间不存在因果关系之外，对其提出的“幽灵抗辩”所涉及的事由承担举证责任，如被告举证不能，则推定原告的主张成立。反之，即使被告提供的证据能够证明因果关系不存在，此时，举证也不应终止，还应当允许原告继续举证，通过提供反证来推翻被告的证据。

（二）降低原告举证责任的标准

证明标准的建立基础是正当性，该正当性的内容为经验法则，其证明程度是可接受性③，而不是“重建事实真相”。具体到降低原告的举证责任标准，就是根据人类生活的经验及常理判断，只要原告提供的证据符合可接受性原则，就应当视为完成了举证责任。当然，对于原告所证明的“损害事实”是否具有“可接受性”，应由法官根据个案情况来具体判断。

---

① ［德］莱奥·罗森贝克：《证明责任论》，庄敬华译，中国法制出版社 2002 年版，第 64 页。

② 如美国密歇根州《环境保护法》规定：“原告只需提出表面证据，证明污染者已经或很可能有污染行为，案件即可成立，若被告否认有该污染行为和危害后果，则必须提出反证。”

③ 可接受性”是指“案件事实”反映了一个社会的普通人关于正确与错误（即正义感）、关于善与恶的观念，这些观念并不抽象，他们来源于人们的生活经验，符合情理和人们的常识，符合一个社会的普通人所认可的关于行为的规则。

(三)建构环境侵权因果关系判断标准与推定规则

1.判断标准

环境侵权法律因果关系判断标准不仅反映出一个国家的法律政策状况,而且彰显着法律的价值取向,因此,在认定环境侵权法律上因果关系时,除了参酌法律、经济社会政策外,还必须注重价值判断的重要作用。我们发现,传统标准经过盖然性规则的改造或变造后,可以确立起环境侵权因果关系的判断标准:①原告的举证如果已经达到了盖然性的程度,而被告又不能对此举出反证,则不得否认因果关系的存在。另外,当原告完成初步证明义务后,则采取更高的证明标准来认定被告是否完成了证明责任。换言之,被告就因果关系的不存在必须达到高度证明标准,即被告的反证需达到确实地从自然科学上证明因果关系不存在,才能认定因果关系不存在,否则被告应承担举证不能或举证不足的责任,因果关系成立,构成侵权责任。

2.推定规则

有学者将环境侵权因果关系的认定过程分为受害人举证与加害人举证"两个阶段"以及受害人初步证明、加害人反证、运用因果关系推定、确定加害人有无免责事由"四个环节"。② 两个阶段是逻辑上递进的,而法律上的因果关系推定原则则贯穿整个因果关系认定两阶段始终。在实践中如何推定因果关系的存在,从而认定环境侵权责任的成立,这不仅涉及法律的问题,还涉及技术层面的问题,大体可按如下步骤推进。

(四)法官可以运用自由心证和自由裁量

诉讼中,每一个争议都会围绕一个或几个事实而展开,但并非都有足够的证据来支撑。即使提供了足够的证据,有时证据之间也难免出现矛盾,且这些矛盾不能合理地得到排除,此时,事实的真伪就会陷入一个"雾里看花"的境地,模糊不清,难以明了。在这种情况下,特别需要法官运用自由心证,按照自己的理性良知与生活经验等对案件事实的有无进行评判。从环境污染侵权案件的特殊性来看,由于双方当事人关于任何"间接事实"或"辅助事实"的陈述是法官自由

---

① 焦程程:《试析审判实务中环境侵权因果关系的认定》,载《法制与社会》2012年2月(上)。

② 焦程程:《试析审判实务中环境侵权因果关系的认定》,载《法制与社会》2012年2月(上);乔琳、李希昆:《再论环境侵权因果关系推定之适用》,载《环境法治与建设和谐社会——2007年全国环境资源法学研讨会(年会)论文集(第四册)》。

心证的对象①,因此环境污染侵权案件最适合法官运用自由心证做出判断。同时,环境污染导致疾病等损害,往往涉及医学、病理学等知识,还需要法官对证据进行扩展判断,主动从其他方面对证据进行考察。作为对法官自由心证的呼应,在待证事实真伪不明、依照举证责任分配的一般规则可能导致判决结果难显公平的情况下,法官可根据案件的具体情况,有依据地自主做出裁判,依法合理地行使自由裁量权。

结语

在刑事诉讼中,“幽灵抗辩”成为了被告人逃避刑事追究的“避风港”。同样,在环境诉讼中,“幽灵抗辩”成为了加害人消减侵权责任的“杀手锏”。这是法治社会中的一种灰色现象。为了不让这一灰色现象在法治社会里占据一席之地,就应当建立一套证据规则加以治理,而不能仅仅依靠将审判活动完全交付给法官的正义感和道德良心。② 建构完善的环境诉讼证据制度,无疑是应对环境诉讼“幽灵抗辩”之关键。如果环境诉讼证据制度不完善,环境诉讼“幽灵抗辩”不匿迹,作为弱势群体的环境污染受害人就会越来越失权和失语,其悲壮亦艰难的抗争会仍将继续,“暴力维权”“私力自救”的环境维权“悲情”和“无奈”就会不断重演,我国法治建设悲哀的“警钟”就会一次次被敲响。

(舒东龙:湖南省芷江县人民法院院长;曾凡青:湖南省芷江县人民法院审委会专职委员、研究室主任)

① 王亚新、陈杭平:《论作为证据的当事人陈述》,载《政法论坛》2006 年第 6 期。
② 李彩虹:《环境污染诉讼:原告无法完成的举证》,载《法学杂志》2010 年第 10 期。

民事诉讼质证权的困境及其保障

肖　晗

2012年8月31日通过的《民事诉讼法》修正案，直接使用"质证"一词的，仅有两个条文，每个条文分别使用一次。此外，与质证规则相关联的，除了在一定程度上保障证人出庭作证以及当事人可以申请专家辅助人就鉴定人做出的鉴定意见或者专业问题提出意见外，再无其他新的规定。因此，关于质证规则，新《民事诉讼法》的制度设计虽有一定进展，但并不是重大突破性的。另外，最高人民法院《关于适用〈中华人民共和国民事诉讼法〉的解释》（下称《适用解释》）第103条、第104条也分别对质证的主体、质证的对象范围和质证的内容作了简略规定。由于缺乏完整、科学的制度支撑，质证权在以往实践中所遇到的困难仍将在一定程度上继续存在于我国民事诉讼之中。因此，探讨质证规则以保障当事人之质证权并进而保障当事人之证明权，仍是今后我国民事诉讼法学重要命题之一。

一、质证的地位及意义

顾名思义，质证权是关于"质证"的权利，因此，从逻辑上看，研究质证权必先涉及"质证"。完整的诉讼程序应当围绕"证据—事实—裁判"这一模型展开，即证据是当事人证明案件事实的手段和法院查明并认定案件事实的根据，而有证据证明的案件事实则是法院做出裁判的基础。显然，把三者贯通起来的链条是证明。因此，可以说，诉讼以证据为基础，以证明为主线。从司法实践的角度看，司法证明的程序是沿着以下路线行进的：取证—举证—质证—认证—用证（即运用证据认定案件事实）。可见，质证在司法证明程序中是一个承上启下的环节，前承当事人的取证与举证，后接法院的认证与运用证据进行裁判。没有质证,当事人等所收集、提供的证据将不能纳入裁判根据的视阈;同样,没有质证,法官也不能进行认证,更不得运用未经质证的证据裁判案件。所以,质证在司法证明程序中有着特殊重要的地位。这也决定了质证权在证明权乃至整个诉讼权利体系中具有不可小觑的重要意义。

那么,什么是质证?目前我国学者对此并未形成一个比较权威的统一概念。例如,《现代汉语词典》将其解释为"诉讼中,在法庭上对证人证言进一步提出问题,要求证人作进一步的陈述,以解除疑义,确认证言的证明作用"。① 很明显,这一定义将质证的标的限定为证人证言,且未对质证的主体予以明确。宋朝武教授将质证定义为"是指当事人双方在法庭上出示了各种证据后,在法庭的主持下,相互对双方所出示的证据进行对质核实,以便审判人员确认该证据的证明力的诉讼活动"。② 宋教授的这一定义对质证的对象较之前一定义有明显拓宽,但也只是限定在当事人在法庭上所出示的各种证据,而未涉及法院调查收集的证据,且对质证的效果限定在证明力上,而未涉及证据资格问题。

在比较与借鉴的基础上,笔者认为,所谓质证,是指在法庭调查阶段,针对出现于法庭之上的各种证据材料,在法官主持之下,双方当事人及其诉讼代理人通过质询、质疑、质问、对质和辩论、辩驳以及其他方法阐明证据资格及证明力的行为。透过这一解释可知,质证具有静态与动态的双重含义:静态意义上的质证,是指法庭调查阶段的质证程序,即质证是司法证明程序中的一个环节;动态意义上的质证,则是指质证行为,即质证主体在质证程序中的质疑、质询与辩论、异议等行为。虽然质证具有这双重含义,但二者的重要性并不等同,实际上,人们谈到质证,往往是指质证行为。这样,便可将质证的构成要素归纳为:质证程序虽由法官主持,主体却是双方当事人及其诉讼代理人,其性质是一种诉讼行为,其标的是出现于法庭上的各种证据材料,其方法为质疑、质问和质辩等。正因为这样,质证便在很大程度上体现了当事人程序主体性原则和辩论主义原则的基本法理。

取证主体收集、提供的证据材料可谓真假不分、良莠不齐,因而是未经加工的、含有杂质的"半成品",具有很强的"材料"属性。要使证据材料升华为定案根据,就需要设置排查机制。质证就是这样一种重要的排查机制。对于当事人

---

① 中国社会科学院语言研究所词典编辑室编:《现代汉语词典》,商务印书馆 2010 年版,第 1757 页。

② 宋朝武:《民事证据法学》,高等教育出版社 2003 年版,第 199 页。

来说，他们通过质证，一方面可以向法庭说明自己所提供证据的真实性、合法性及强证明力，另一方面可以向法庭揭露对方当事人所提供证据的虚假性、违法性与弱证明力。因此，通过质证，可以在很大程度上将那些不具有证据能力的证据材料排除在定案根据之外。概言之，质证是当事人维护自身合法权益的重要手段，也是法院审查证据属实与否的必经程序，是证据材料升华为定案根据的转折点。基此，王亚新教授把质证程序的功能归纳为二：一是深化法官对案件事实信息的全面性认识，即通过质证，法官能做到“兼听则明”；二是质证是给当事人提供的一种程序保障，是当事人最重要的诉讼权利之一，如果没有保障当事人拥有并现实地行使质证的权利，审判的结果将不能以当事人自行负责的原理而获得正当性。①

二、质证权的性质及构成

正是因为质证是司法证明程序的重要一环且具有极其重要的意义，因而各国民事诉讼法多对其详加规定，例如，大陆法系国家有直接言辞原则规制，英美法系国家则有交叉询问规则调控。我国 2012 年《民事诉讼法》第 68 条规定：“证据应当在法庭上出示，并由当事人互相质证。”第 200 条规定：“对原判决、裁定认定事实的主要证据未经质证的情形，当事人可以申请再审。”最高人民法院《关于民事诉讼证据的若干规定》（下称《证据规定》）第 47 条规定：“证据应当在法庭上出示，由当事人质证。未经质证的证据，不能作为认定案件事实的依据。”由此可见，我国《民事诉讼法》亦将质证视为证据材料转变为定案根据的必经程序。既然证据材料必须质证，也就意味着当事人及其诉讼代理人应当参与质证，因此，在某种程度上，质证具有义务性。但是，虽然上述条文并没有在“质证”之前冠以“有权”或之后加上“权利”之类的用以表达“权利”的明确术语，却可从中推知，质证其实更是一种诉讼权利，它既与当事人及其诉讼代理人的辩论权交叉，更是其证明权的重要组成部分。

所谓质证权，是指当事人及其诉讼代理人所享有的与对方当事人及其诉讼代理人在法庭审理过程中围绕证据的真实性、关联性、合法性，针对证据的资格或证明力有无以及证明力大小，进行说明或质疑、质问、质对与辩驳的权利。对应于质证的双重含义，质证权的性质也可从两方面加以理解，即从静态的角度

① 王亚新：《民事诉讼中质证的几个问题——以最高法院证据规定的有关内容为中心》，载《法律适用》2004 年第 3 期。

看，质证作为民事诉讼程序中的一个子程序，质证权就是质证主体的一种程序参与权；从动态的角度看，质证作为一种诉讼行为，质证权就是质证主体实施质证行为的权利。概言之，质证权是当事人及其诉讼代理人的一种参与质证程序并实施质证行为的权利。另外，由于质证的本质特征在于"质"，即一方对另一方出示的证据材料因"疑"而问，因"疑"而辩，其重心是排除证据材料的疑义，因此，质证权的本质是质证主体依据法律和事实而享有的对其不利证据的一种异议权，其目的在于影响法官对证据的资格、证明力大小的判断以及相关事实的认定。又由于质证主要是在法庭审理阶段的证据调查程序中进行，且主要是采用"问"与"答"的方式展开，因此，还可将质证权纳入当事人的辩论权。

质证权作为一种权利，如同其他权利一样，也是由主体、客体、内容等要素构成。可目前民事诉讼法学界鲜见有人探讨诉讼权利的构成要素，对于质证权之构成要素的问津者则更难觅见。限于本文主旨，笔者在此仅简要列出观点而不加展开。笔者认为，质证权的主体是当事人及其诉讼代理人，质证权的客体是质证行为（通常被简称为质证）以及质证行为按一定的步骤展开所形成的质证程序，而质证行为指向的标的是出现于庭审中的各个证据材料。从内容看，一个完整的质证过程应当包括"出证—辨认（证据）—质询（质疑、质问）—辩论"四个阶段。对应于此，质证权的内容应包括受通知参与质证权（或曰到场权）、证据出示权、证据辨认权、证据质询与辩驳权、发问权、委托专家辅助人参与质证权、质证结果知情权、质证保障权等权能。其中，最为关键的是证据辨认权、证据质询与辩驳权、发问权等权能，其他权能则可视为质证相关权。

三、质证权司法困境的表征

我国民事诉讼中，虽然质证权作为辩论权和证明权的内容在立法上间接地得以确定，但它在实践中常常遭到剥夺或限制，或受到其他形式的侵犯，从而使其陷于重重困境之中。具体说来，质证权的困境至少体现为以下几个方面：

（一）限制通知证人、鉴定人到场接受质询的要求

中国古代，官员审案实行"五听法"（辞听、色听、气听、耳听、目听），其目的是强调裁判者当面听审，以便裁判者通过察言观色更直观地在最大程度上判明当事人陈述、证人证言的真伪，为更准确地探明案件真实奠定基础。在国外，证人证言、鉴定意见要受直接、言辞原则或交叉询问规则的调整，否则有可能成为传闻证据而遭排除。这通俗地说，就是有话说在法庭、有理讲在法庭，通过法庭辨明证据的可采性与事实的真伪性。为此，当事人有权要求法庭通知证人、鉴定

人到场接受质询。然而，在我国当今的司法实践中，有的法官基于各种理由，对当事人的这一要求或直接拒绝，或消极地置之不理。法院不通知，证人与鉴定人自然无从到场接受质询，从而使当事人的这一请求权和质证权难以实现。

（二）限制证据出示、辨认和质疑

笔者曾接受一位被起诉的农村中学的年轻体育教师（下称乙）的法律咨询①，他述称：在他与原告甲的一场损害赔偿诉讼中，法庭调查时，法官对甲方提供和出示的证据，几乎不加审查地全部予以接受和认定，根本不给乙质证的机会，特别是甲出示的医疗费单据中有几张数额较大但乙认为与本案无关，乙强烈要求法官给予辨认、质疑的机会，可每当乙开口说话，法官便予以打断，称其已了解乙的意思。在甲方的证据出示完毕以后，法官不问乙有无证据需要出示，而直接宣布被告方没有证据出示，法庭调查结束，法庭辩论开始。以此为根据，一审判决全部满足了甲的诉讼请求。乙对此判决十分不满，因为在他看来，一审法院不仅剥夺了他的程序权利，更损害了他的实体利益。于是，他向我咨询该如何上诉，如何维护自己的合法权益。这一事例充分表明，实践中法官在质证程序中享有的自由裁量权过大，容易漠视质证的作用，经常不当限制当事人质证权的行使，往往不等双方当事人充分深入地质证就匆匆将其结束，或武断干预，限制质证的正常进行。

（三）证人拒不到庭而影响质证

证人证言在民事诉讼中是一种法定的、重要的证据形式，对案件事实的证明往往起着决定性的作用。而证人证言只有在法庭上经过当庭质证，其真实性、可

---

① 乙在一年寒假期间，把学校的一个足球带回家，组织了一帮本村的十来岁的小孩在一晒谷坪上踢球，安排小孩甲（母亲已去世，父亲脾气较暴躁且不大关心家庭）防守球门。在球踢得酣畅时，混战中不知是谁猛地将球踢向球门，球击中了守门员甲的左腿内侧。甲被击倒在地，但随后爬起来继续守门，直至球赛结束。此时，甲发现自己左腿的内侧有点红肿和疼痛，但认为没事，于是自行回到家中。次日，甲的左腿已现淤血痕迹，且有较强肿痛感，但不敢告诉父亲。这样，过了数日，甲已疼痛难忍，无法行走。此时，才被父亲发现。于是，甲父便带甲至本村医生处作了简单处理，买了一点外用的紫药水给甲涂用。甲父以为这样处理后，甲的伤情即可痊愈，于是又将甲抛到一边。又数日后，甲的左腿已然肿胀淤黑，巨痛不已，甲父只得将甲送往本乡卫生院检查。此时的检查结果是外伤性骨髓炎，情况很糟，如果不及时治疗，很有可能要截肢。然而治疗费用是一笔不小的数目，尤其是对于甲家这样贫困的家庭来说难以承受，但又不得不治。于是，甲父四处借钱用作甲的医疗费。在甲治疗期间，乙主动去医院看望过甲一次，并送给500元现金。甲治愈后，甲父便要求乙赔偿甲的全部医疗费用，乙不同意。于是，甲便将乙起诉到该县法院。

靠性才有保证。换言之,证人出庭作证,是保障当事人质证权的一项基本证据制度,故《民事诉讼法》第72条明确规定:“凡是知道案件情况的单位和个人,都有义务出庭作证。有关单位的负责人应当支持证人作证。”虽然立法为证人出庭作证提供了法律依据,但在审判实践中,证人出庭作证的比例极低。多年来,民事案件审理中证人出庭作证的比例一直在10%左右徘徊,有的地方还低于这一比例,仅有4% -5%的出庭作证率。证人不出庭作证,会带来多种消极后果。以下案例即可说明证人的不出庭带给法院和当事人的无奈:

例一,洛阳刘先生电话咨询《河南法制报》编辑部:2009年4月份的一天,我弟晚上回家途中被一汽车撞死,肇事者逃逸。我们经多方打听,终于找到一位目击者李某,但是他因害怕报复,不愿意为我们出庭作证。请问,像这样的唯一证人,他不配合出庭作证,能否要求其承担法律责任?①

透过这一案例,我们可以清晰地看到,由于法律对证人出庭作证的程序设计不完善,证人不出庭可以不承担法律责任,而出庭证人的权利又难以得到有效保障,加之证人害怕打击报复心理的影响,致使证人出庭作证的比例很低。这种状况所产生的消极后果主要有:证人没有出庭接受当事人的质询,大量的书面证言难辨真伪,给法官审查判断证据及认定案件事实带来相当的难度,从而在一定程度上影响了审判的质量;对于庭审改革而言,由于证人不出庭,直接言辞原则或交叉询问不能实现,诉讼的对抗制特征难以形成;尤其对于当事人来说,证人拒不出庭作证不仅侵犯了他们的质证权,也有可能损害其实体权益,因为证人不出庭,当事人对其陈述的内容即便颇有怀疑,也无从问起,更无从辨明真假,这对某方当事人而言是极不公平的。

(四)不质即采

证据材料未经双方当事人及其诉讼代理人质证,就被法院采纳为定案根据,这是实践中最为常见、最为典型的侵犯质证权的情形。我们不时看到当事人上诉的理由就是作为一审法院裁判依据的证据未经质证。以未经质证的证据材料作为定案根据,不仅损害当事人的程序利益,而且也有可能损害当事人的实体利益,因而是不正当的。下面一则案例,即可说明这一点:

例二,某钢铁公司助理工程师诸某以该公司毫无依据地称其为精神病并四处散布而侵害了自己的名誉权为由提起损害赔偿诉讼。一审中,法院根据公司的申请,在双方当事人同意的情况下,委托鉴定机构对诸某作司法精神医学鉴

---

① 《证人拒绝作证能否要求其承担法律责任?》,载《河南法制报》2009年6月8日。

定，鉴定结论为：被鉴定人有精神障碍，无民事行为能力。一审法院据此认为诸某无民事行为能力，不具备诉讼主体资格，裁定驳回诸某的起诉。诸某不服，上诉称一审鉴定程序违法，认定被鉴定人无民事行为能力依据不足，请求二审法院撤销原裁定，发回重审或改判支持诸某的一审诉讼请求。二审法院查明，一审在司法精神医学鉴定做出后，未再组织双方当事人开庭质证即径行做出裁定。二审法院认为：未经双方当事人质证的司法精神医学鉴定结论，不能作为认定案件事实的依据；一审法院未组织当事人对鉴定结论质证即以该鉴定结论为裁定依据，违反法定程序；一审法院认为无民事行为能力人不具备诉讼主体资格的观点没有法律依据，即使诸某确无民事行为能力，法院也应在依法确定其监护人后通知监护人作为法定代理人代为诉讼。二审法院遂裁定撤销原判，发回重审。①

此案可说明，质证权在民事司法实践中容易受到“不质即采”的侵犯。其所以如此，是因为实践中一些人对质证的性质、质证权的意义还存在着不正确的认识。该案中的一些审判人员就是如此，他们认为，对证据进行质证本身属于一种诉讼行为，既然精神医学鉴定意见是当事人有精神障碍、缺乏民事行为能力，说明被鉴定人不具备诉讼行为能力，也就没有实施质证行为的能力，故其不应参与质证；既然当事人没有质证的资格，无人反对的鉴定意见当然可以直接作为判案依据。还有一些人认为，对这类鉴定，被鉴定人不应参与质证，应确定其监护人后由监护人作为法定代理人参与。产生这种错误认识的根源，是他们对鉴定意见的过分信任和逻辑上的认知错误。由于鉴定意见是以一定的科学技术为基础的，故其属于“科学证据”的范畴，甚至有人将其称为“证据之王”，因此实践中有人不加审核地直接将其作为定案根据。而从逻辑的角度看，司法实践中有的人是先确定鉴定意见的有效性，然后再来判断对鉴定意见是否该质证或该如何质证。这显然违背了诉讼证据认定的逻辑规则。鉴定意见作为证据之一，也应当在法庭上出示并由当事人互相质证。因此，该案中未经质证的司法精神医学鉴定意见，不能作为认定当事人无民事行为能力的依据。在对鉴定意见质证之前，该证据材料的效力尚处于待定状态，人们不能据此先推定被鉴定人缺乏民事行为能力、缺乏实施质证行为的能力而剥夺被鉴定人参与质证的权利。②

（五）质证权利和意见不被尊重

从证明的过程看，当事人质证本是法官认证的必要前提，这是处理质证与认

① 童新、徐子岑：《精神病人同样享有诉权》，载《今日湖北》2005年第6期。

② 童新、徐子岑：《精神病人同样享有诉权》，载《今日湖北》2005年第6期。

证关系的正确态度和逻辑。这就要求法官在主持质证过程中要切实尊重并平等保障所有当事人及其诉讼代理人的质证权,认真倾听他们的质证意见,这样,才能对每个出现于法庭之上的证据材料是否认定并作为定案根据做到心中有数,也才能体现出对当事人程序主体地位的肯认。然而,在质证实践中,有些法官并不必然、认真听取当事人及其诉讼代理人的意见,因为他们在开庭审理之前就已经审阅了当事人此前提交的证据材料,进而对相关案件事实有了一定的甚至深入地了解并形成了某种程度的内心确信,以至于质证时有意无意地限制当事人的质询,甚至有的法官擅自离席去办其他事情,使质证主体行使质证权的活动不可能作用于该法官而影响法庭对证据的认证和对案件事实的判定,从而使质证流于形式;有的书记员也不认真倾听和认真记录,以致庭审笔录中的质证部分不够全面、不够准确;裁判文书中,对当事人及其诉讼代理人的质证意见不予回应,即对为什么采用或舍弃某个证据材料不做阐释,对质证中当事人提出的某种意见或某个观点不作分析。如此一来,质证与认证的关系便成了“你质你的,我定我的”①的“质认分离”模式,当事人的质证对法官的认证不产生任何作用或者说作用不明显。这不仅损害了质证主体的质证权,而且降低了人民法院的威信和法庭审判的威严。②

四、质证权困境的主因:法院主导与立法不足

导致质证权存在上述种种困境的原因是什么呢?大致说来,其原因主要有二:

其一,法院主导的质证模式的影响。不同的质证模式,对当事人质证权的影响不同,有的起明显的限制作用,有的则起明显的保障作用。纵观世界各国的民事诉讼,质证的模式大致可划分为法院主导的质证模式和当事人主导的质证模式两种。当事人主导的质证模式以英美法系国家为典型,体现的是辩论主义法理的基本精神,也能体现当事人的程序主体地位。这种质证模式具有很强的对抗性和竞技性,通过你来我往的口头辩论,既可以尽情展示己方的证据,也可以尽情揭露对方证据的弱点,因此,不仅可以向法官全面地显示案件事实信息,而且可以充分地保障当事人的程序权利。同时,法官虽是质证的主持者,但其主要

---

① 陈光中:《诉讼法理论与实践——民事行政诉讼卷》,中国政法大学出版社2002年版,第215页。

② 武海军:《我国民事质证制度完善研究》,内蒙古大学2009年硕士学位论文。

任务是“听证”，即通过认真听来判断证据材料的真实性与可采性，其职权的行使主要体现在对质证进程的把握以及对一些程序性事项的判断和裁定，以保障质证的公正和有序，而不主动询问当事人、证人、鉴定人或专家等。“攻击防御反映了民事诉讼的内在本质和客观需求，体现了对当事人主体性的尊重和程序保障的价值取向，攻击防御理论的要旨可以为我国改革中的民事诉讼制度实践所借鉴。”①我国民事诉讼通过近二十年的改革，已然形成了以当事人主义为主、职权主义为辅的混合式诉讼模式，但由于质证的概念在我国最早出现于1979年刑事诉讼法之中，而民事诉讼领域则更晚，是在1991年通过的现行《民事诉讼法》中才出现，且关于质证的条文简单，设计粗糙，加之其立法理念仍是国家本位主义，对当事人程序权利的保护尚不十分重视，因此，我国当今民事诉讼的质证模式是典型的法院主导的质证模式。这在《民事诉讼法》《适用解释》和《证据规定》中有许多体现。例如，他们规定，质证时，当事人经法庭许可，可以向证人、鉴定人、勘验人发问。这意味着法庭既可以许可当事人发问，也可以不许可当事人发问。如果法庭不许可当事人发问，则其无法行使质证权，质证程序也就形同虚设。可见，在法院主导的质证程序中，当事人处于辅助地位，其无权直接询问证人、鉴定人、勘验人，只有在征得法官同意后才能询问。很明显，这种质证模式是偏重法院的诉讼指挥权，轻视当事人的诉讼证明权。可以说，由于法院的主导，我国民事诉讼整个质证过程从通知出庭、出示证据、传唤证人、鉴定人再到提问等程序以及询问的范围都由法官严格控制。不仅如此，在质证过程中，法官不是被动地接受当事人出示的证据、听取当事人的质证意见，而是主动地确定质证的方案，甚至根据自身的判断来限制当事人询问证人的权利，如询问的问题是否超出了本案争点的范围、询问方式是否带有诱导性以及询问是否造成证人的心理压力等，甚至对证人陈述的时间和当事人询问证人的时间也严加限制。很明显，在这种主次地位明显的质证活动中，质证权能否发挥其应有的功能很大程度上取决于法官的专业素养水平。如果法官滥用自由裁量权，不当限制当事人的发问、质询，限制当事人对证据的异议权，那质证的目的也就无法达到，质证的作用也就无法彰显。无怪乎一名身处审判一线的法官对此评论道：“法官处于

---

① 章恒筑：《试论民事诉讼攻击防御理论综述——基于大陆法系法学范式的视角》，载《诉讼法学、司法制度》2005年第10期。④ 例如，徐昕教授在一次实证调查中发现：2000年F法院受理一起工伤案件，第一次开庭原告带来了2位证人（其老乡），第二次开庭时被告则带来4位证人（该厂工人），法官让“每位证人只讲二分钟”。徐昕：《法官为什么不相信证人？——证人在转型中国司法过程中的作用》，载《中外法学》2006年第3期。

绝对的主导地位，决定着质证程序的启动、进行及终结；当事人几乎没有发挥自主质证的程序权利……法官在很多职权优势下发动和推进质证程序，当事人被动参加，其结果是法官不能在应有的超然状态下摆脱先入为主的影响，同时也可能造成对当事人权利的不当限制。”该法官将这些弊端归纳为三个方面：一是现行民事质证模式造成质证程序不完整；二是法官职权介入色彩过重必然导致质证程序在一定程度上流于形式；三是现行民事诉讼模式破坏了质证的程序性功能。① 可见，法官主导的质证模式对质证权困境的形成有着重要的影响。

其二，质证权在立法上的严重不足。虽然《民事诉讼法》《适用解释》《证据规定》对质证有了一定的规定，但这种规定是从活动或行为的角度进行的，且只是轻描淡写，对于质证的基本要素及其运作程序的规定都很模糊，因而显得粗糙而不周延。更重要的是，这些规定没有直接规定当事人及其诉讼代理人的质证权，而只是间接地确定了他们的质证权，因而对质证权概念的内涵与外延、构成要素、行使边界都未加明确，尤其是对质证权的运行程序、被侵害后的救济机制未加规定，使质证权如同整个证明权一样缺乏程序保障。一种没有保障和救济的权利难免不被人们轻视乃至滥用，故其在运行中也就极容易受到阻碍而陷入困境。此外，立法不足对质证权的消极影响还体现在：

(1)对质证行为标的的规定不周延。质证权是当事人(含其诉讼代理人)参与质证程序并实施质证行为的权利。基于该解释，质证权的主体是当事人，客体是质证行为，内容是质证权所包含的各项具体权能，标的是出现于法庭上的证据材料的资格问题及证明力问题。质证权的客体不是质证行为指向的标的，质证行为指向的标的是证据材料。《民事诉讼法》第68条规定：“证据应当在法庭上出示，并由当事人互相质证。”可见，在民事诉讼中进入质证程序的证据材料，不限于当事人提供的证据材料，还包括法院依职权或依申请所获取的证据材料。审判实践中对当事人所举证据材料的质证已较为规范，但对法院获取之证据材料的质证却无规定。依照《证据规定》第51条的规定②，法院调查收集的证据材料不是或者不完全是质证行为指向的标的。此外，对涉密证据，有的法院对其组

---

① 何媛：《论司法和谐目标下民事质证方法与纠纷解决——兼谈诉讼竞技模式与组织、指导民事质证的方法》，载万鄂湘主编：《司法解决纠纷的对策与机制：全国法院第十九届学术讨论会获奖论文》，人民法院出版社2007年12月版，第930页。

② 《证据规定》第51条规定：“人民法院依照当事人申请调查收集的证据，作为提出申请的一方当事人提供的证据。人民法院依照职权调查收集的证据应当在庭审时出示，听取当事人意见，并可就调查收集该证据的情况予以说明。”

织质证,有的法院则对其免予质证。其所以如此,是因为法律和司法解释对涉密证据仅规定不得在公开审理时进行质证,却并未就"密"的标准进行划分,以致不同的法院有不同的认识和做法,同时也造成极大的操作空间。[①] 概言之,实践中有的证据材料被排除在质证行为标的之外,而对质证行为标的的限制,本质上就是对当事人质证权的限制。

(2)对证人出庭作证的规定存在缺陷,导致证人出庭率极低,当庭质证失去基础和依托而无法质证或使质证流于形式。《民事诉讼法》第 72 条虽然规定了凡是知道案件情况的单位和个人都有出庭作证的义务,但随后第 73 条又规定在四种情况下证人可以通过书面证言、视听传输技术或者视听资料等方式作证;而且《民事诉讼法》与《证据规定》等相关司法解释没有对证人拒绝出庭作证的行为如何处置以及出庭作证之证人的权利与安全如何保障加以规定;再辅之以"厌讼""贱讼"与"和为贵"等传统诉讼文化以及证人害怕打击报复、"多一事不如少一事"等心理的影响,导致证人出庭作证率相当之低。而证人拒绝出庭作证不仅使得案件真相难以查清,同时也严重影响质证的质量。而且,在法律不完善以及各种消极心理的影响之下,即使证人出庭,也可能不能正确认识作证的意义,特别是在其他外在因素如威胁、利诱等的影响下,很可能做出与实不符的陈述而误导法官对案件事实的判断。因此,证人证言只有经过质证,其质量才有保证。

(3)泛化法院审核证据的功能,打压当事人的质证权。《民事诉讼法》第 64 条第 3 款对人民法院审核证据作了一个总的要求:"人民法院应当按照法定程序,全面地、客观地审查核实证据";之后又在第 67 条、第 71 条、第 75 条[②]等条文中针对证明文书、视听资料、当事人陈述等证据类型的审核做出了较为具体的要求。这样的规定很容易误导法官,使其形成一种错误的认识,即轻视当事人的质证而重视法官自身对证据的审查判断。这会导致质证过程流于形式,也直接打击了当事人对证据进行质证的积极性,长此以往便容易助长法官的自大气息进而压制当事人的质证权。再者,《民事诉讼法》第 129 条将"审判人员必须认真审核诉讼材料"列为审前准备之重要工作之一。法官在审理前就对相关诉讼

---

① 廖明:《关于涉密证据如何质证的探讨》,载《法制日报》2009 年 4 月 22 日。

② 第 67 条、第 71 条、第 75 条分别规定:"人民法院对有关单位和个人提出的证明文书,应当辨别真伪,审查确定其效力","人民法院对视听资料,应当辨别真伪,并结合本案的其他证据,审查确定能否作为认定事实的根据","人民法院对当事人的陈述,应当结合本案的其他证据,审查确定能否作为认定事实的根据"。

材料进行了解甚至深入了解,很容易形成审前预断与先入为主,这也会在一定程度上促使法官漠视当事人的质证权和质证程序的作用,从而间接造成质证过程的形式化。

此外,一些证据(如鉴定意见)的专业性很强,非专业人员难通其理;当事人的文化素质、法律素养较低,致其质证能力不足;质证的专业性、技术性较强,非专业人员往往力不从心等,也会增加质证的难度,影响当事人质证权的行使。

五、质证权保障的重要方式:规则重构

如前所述,质证的本质特征在于"质",即对证据的质疑和质问,而且这种"疑"和"问"都带有当面对抗的性质。对证据的内容提出质疑是质证的根本目的,对提出证据的人进行质问是质证的基本形式。[①] 因此,所谓质证权的制度保障,主要是保障"质"的特征与"对抗"的性质如何在质证程序中得以体现。保障当事人质证权的实现,既需要立法者与司法者理念和素养的形变,也需要通过司法改革促进诉讼模式由职权主义向辩论主义转变,更需要制度的健全化、完善化,尤其是推进以审判为中心的诉讼制度改革实现庭审实质化。这里仅从制度的视角进行探讨。

(一)规范质证要素

质证权的保障始于质证要素的规范。理论上一般认为质证的必备要素包括主体、客体(标的)和内容诸方面。

1. 进一步明确质证的主体

质证的主体,即法庭主持证据调查时可以对证据进行质疑和对质疑进行辩驳的人。从《民事诉讼法》第 68 条和《证据规定》第 47 条的规定看,民事诉讼质证的主体仅限于当事人,把其他人排除在质证主体之外。应当说,这种规定不完全符合实际。把证人、鉴定人、勘验人排除在质证的主体之外,这是理所应当,因为他们虽然参加质证程序,但如果把他们作为质证主体对待,则实际上是混淆了证据本身与证据载体的区别,他们出庭参与诉讼,既非质证的主体,也非质证的客体,而只是作为承载证言、鉴定意见、勘验结果这些证据信息的载体,故不可将其等同于质证主体。把法官排除在质证主体之外,也是理所应当,因为法官是质证程序的组织者、指挥者,主要职责是保障质证的公正和有序,如果允许法官同

---

① 何家弘:《质证规则研究》,载万鄂湘主编:《中国司法评论》,人民法院出版社 2002 年版,第 98 页。

当事人质证,则很可能导致角色异化,丧失其中立性,引起当事人的公正性怀疑;在质证过程中,虽然法官有时也要询问当事人、证人或鉴定人,也要弄清证据存在的疑点,但这是法官审查证据和行使审判权的需要,即认证的需要。把诉讼代理人排除在质证主体之外则不符合实际情况。从域外对抗制诉讼程序看,由于实行律师强制代理,因而质证(即交叉询问)程序由代理双方当事人的律师控制和推动;从中国的实际情况看,如果当事人委托有诉讼代理人特别是律师担当诉讼代理人的,则证据的调查收集、提供、出示与质证,往往由诉讼代理人发挥主要作用;再者,在刑事诉讼中,虽然1996年《刑事诉讼法》没有明确规定质证的主体,但当时的《关于中华人民共和国刑事诉讼法修正案(草案)的说明》中有这样一段话:"为了更好地加强庭审,发挥控辩双方的作用,草案作了以下修改补充:……至于证据是否确实,在法庭上由双方质证,进行核实……由公诉人、辩护人向法庭出示证据,公诉人、当事人和辩护人可以对证据和案件情况发表意见,互相质证……"可见,在立法者的意识中,也把辩护人作为质证主体看待。同理,以后《民事诉讼法》再修订时,也应当明确地将诉讼代理人列为质证主体。

2. 进一步厘清质证标的的外延

质证标的是指质证行为指向的对象,即一方当事人出示而由对方当事人质疑或质问的证据材料以及法院调查收集的证据材料。应当说,《民事诉讼法》和相关司法解释对质证标的范围的规定是清楚明白的——"证据应当在法庭上出示,并由当事人互相质证"。显然,需要质证的"证据"是指所有人收集的并在法庭上出示的所有证据材料,并不区分证据是由当事人及其诉讼代理人收集的还是法官抑或检察官收集的。然而,在理论研究上,对于质证标的的外延存在争论,有的人认为质证标的包括实物证据和言词证据,有的人则认为仅指言词证据而不包括实物证据;在实际操作层面,对法院依职权调查收集的证据是否进行质证,各地的做法也不统一,有的法院让当事人质证,有的法院不让当事人质证,有的法院则只是分别征求一下双方当事人对该证据的意见就视为质证了。可见,理论上和实践中对质证标的的外延还有模糊之处,如果不恰当地予以界定,势必会影响当事人的质证权,进而影响当事人的证明权。因此,准确界定质证标的的范围是保障当事人证明权所必需。笔者以为,对证据材料,不管取证主体为谁,不管证据分类为何,只要不是法定的禁止质证的情形,就应当允许当事人出示和质证。

至于质证的第三个要素——质证的内容,虽然《民事诉讼法》没有规定,但是《证据规定》却订有明文,即第50条规定:"质证时,当事人应当围绕证据的真实性、关联性、合法性,针对证据证明力有无以及证明力大小,进行质疑、说明与辩驳。”该条指明,质证的内容有两个方面:一是证据的资格,二是证据的证明力。理论上对质证的这两项内容也没有大的分歧,故此处不再赘述。

(二)规范质证程序

质证程序的规范化,是实现质证程序功能的基础。根据《民事诉讼法》第200条的规定,如果原判决、裁定认定事实的主要证据是未经质证的,则当事人可以申请再审。可见,质证程序是与审判程序的正当性以及审判结果的正当性相联系的。因此,保障质证权,重心是在质证程序的规范化。只有在立法上完善质证程序规则,才能为保障当事人质证权的行使奠定良好的基础。如果保障当事人质证权的程序规则欠缺,实践中又左扣右减,则当事人的质证权将难有保障。

1.明确质证程序的基本原则

通过规范质证程序来保障当事人的质证权,首先应确立一些具有指导意义的、能从宏观上规范质证程序的基本原则。这包括:①当庭质证原则。所谓当庭质证,是指除特定情形外当事人的所有质证活动都必须在法庭审判中由庭审法官主持进行。该原则包括三层含义:一是当事人质证的场景是在法庭,二是当事人质证要当着法官之面进行,即所谓直接原则,三是当事人质证要采用言辞形式进行,即质证要遵循言辞原则。由于质证程序的核心是“质”,因此,在诉讼中地位互相对立的当事人要面对面地从相反的方向对对方当事人提供的证据所存有的疑点进行质疑或质问,而本方针对对方的质疑或质问则要进行质辩。显然,质证活动的典型范式是“问答式”。这就要求对立的双方在质证中均不可或缺,如果只有“问”没有“答”,则质证活动是难以进行下去的。而双方质证的目的也具有对立性,一方要说服法官肯定证据的资格或证明力,另一方则要动摇法官对证据的资格或证明力的信念,即质证活动的目的在于帮助法官获得较为全面的案件事实信息,判断证据的真伪,使法官“兼听则明”进而影响其心证的形成。因此,质证不能离开法庭这一场域,不能离开法官的主持,不能“背对背”地进行,原则上也不能采用书面方式进行,即质证必须当庭进行。当庭质证既是诉讼当事人有效行使质证权的保障,也是法官公正行使审判权的保障;既能体现审判程序的正当性,又能增强裁判结果的可接受性。正因为这样,这一规则已为我国《民事诉讼法》第68条,《证据规定》第47条、48条等条文确定。②公开质证原则。所谓公开质证,就是说,质证活动应当在开庭审判时公开进行。《中共中央关于全面深化改革若干重大问题的决定》第33条中明确要求“推进审判公开”

以"健全司法权力运行机制"。公开质证是公开审判的组成环节,因此要遵循公开审判的有关规定。任何证据都必须在公开审判过程中公开进行质证,但涉及国家秘密、商业秘密和个人隐私或者法律规定的其他应当保密的证据不得在开庭时公开质证。①

2. 明确质证的基本方式

在法庭调查中通过何种方法和形式进行质证可以更好地保障当事人的证明权,是质证程序规则不可或缺的组成部分。如前所述,质证的典型范式是"问答式",它表现在英美法系国家是"交叉询问"规则,表现在大陆法系国家则是直接言辞原则。我国《民事诉讼法》第68条和第200条仅就证据应当质证以及对认定事实的主要证据未经质证的当事人可以申请再审做出了规定,而未就质证的方式做出直接规定,但从《证据规定》等司法解释和实践中的做法来看,我国目前采用的是法官查证与当事人质证相结合的方式,且在一定程度上体现了交叉询问规则。例如,《民事诉讼法》第139条第2款规定:"当事人经法庭许可,可以向证人、鉴定人、勘验人发问。"《证据规定》第55条规定:"证人应当出庭作证,接受当事人的质询。"第58条规定:"审判人员和当事人可以对证人进行询问……人民法院认为有必要的,可以让证人进行对质。"第59条规定:"鉴定人应当出庭接受当事人质询。鉴定人确因特殊原因无法出庭的,经人民法院准许,可以书面答复当事人的质询。"这些条文中的"经法庭许可""经人民法院准许"以及"审判人员……可以对证人进行询问……人民法院认为有必要的,可以让证人进行对质"等用语,既体现了法官的诉讼指挥权,也体现了法官的查证行为;而"发问""质询""询问"等用语则在一定程度上体现了交叉询问的特质,即质证之"质"与"对抗"的特性。

但是,对于质证的基本方式,不仅司法解释的规定不够完善,而且《民事诉讼法》更付之阙如。因此,作为保障当事人质证权重要组成部分的质证方式,立法完善势在必行。对此,王亚新教授提出了根据具体情况确定质证方式的解决措施,笔者认为其具有相当的科学性,因而具有较强的可行性。他认为,对证据进行质证的方式,应当由法官以程序保障和案件信息全面完备的原理作为指针,并根据具体情况而采取适当的质证方式,即:一是交叉询问为主的质证方式。即若双方当事人的质证能力均较强,则可让双方当事人自主进行交叉询问,法官不

① 何家弘:《质证规则研究》,载万鄂湘主编:《中国司法评论》,人民法院出版社2002年版,第98页。

必过多介入，只在必要时才辅以发问。二是当事人交叉询问加法官适当介入的质证方式。当双方当事人的质证能力一强一弱时，首先应确保双方都有发问的机会，在此基础上为平衡弱者的质证能力，法官可通过行使释明权或直接询问当事人、证人、鉴定人来适当介入，以保障质证的公平公正。三是法官职权询问为主的方式。当双方当事人的质证能力均较弱而可能使交叉询问难以进行时，法官可采取职权询问为主的方式，但只要当事人有发问的意向，基于辩论主义和程序保障的原理，法官就不应拒绝此种要求。①

3. 明确质证的基本顺序

在法庭调查中，为保障质证的有序进行，质证活动应遵循一定的顺序。这种顺序的安排，《民事诉讼法》可以授权法官根据具体的案件情况相机择用，灵活安排。一般说来，可据以安排质证顺序的因素有举证顺序、案件事实构成要件的顺序、案件事实发生的先后顺序等。审判实践中，基本上是按举证顺序安排质证顺序的，因为这种顺序安排不仅为《证据规定》第51条所肯定②，而且也得到理论上的肯定。何家弘教授说："由于在诉讼过程中，质证是举证的后续环节，没有举证，就没有质证，所以质证顺序必须以举证顺序为基础。根据诉讼活动中举证责任分配的原则，庭审中举证的基本顺序应该是先原告后被告，即先由提起诉讼的一方进行举证，再由被起诉至法庭的一方进行举证。"虽然诉讼中的质证和举证的顺序基本一致，但这并不等于说在所有案件的审判中，质证和举证都是完全对应的，都是"一举一质"的。因此，在不同案件的诉讼活动中，根据事实情况不同或证据情况不同，质证可以有不同的程序模式。③ 按案件事实构成要件安排质证顺序，即围绕案件事实的构成要件一个一个地进行举证、质证。例如，一般侵权行为有四个构成要件，每一个构成要件事实都要有充分可靠的证据证明成立，侵权行为才能成立。这样，当事人以侵权的构成要件为序，围绕一个一个构成要件进行举证、质证。以案件事实发生的时间先后安排质证顺序，是自然顺序法，即案件事实发生在先，当事人的举证、质证也在先；案件事实发生在后，当

① 王亚新：《民事诉讼中质证的几个问题——以最高法院证据规定的有关内容为中心》，载《法律适用》2004年第3期。

② 《证据规定》第51条规定："质证按下列顺序进行：(一)原告出示证据，被告、第三人与原告进行质证；(二)被告出示证据，原告、第三人与被告进行质证；(三)第三人出示证据，原告、被告与第三人进行质证。"

③ 何家弘：《质证规则研究》，载万鄂湘主编：《中国司法评论》，人民法院出版社2002年版，第98页。

事人的举证、质证也在后。

此外,还应明确质证程序与其他程序的关系,特别是要明确质证程序与审前准备程序的关系、质证与认证的关系。

(三)规范法官指挥

在当事人质证程序中,如果完全交由当事人来控制和推动质证进程,由于受当事人法律知识和诉讼经验等的影响,容易导致质证无法有序开展,既影响质证效果,也影响庭审效率。为此,法官作为庭审程序的主持人,对庭审质证的驾驭也就显得至关重要。法官应该行使诉讼指挥权,对庭审进行指挥和控制,引导当事人的诉讼活动,以维护庭审活动有序、公开和有效率地进行。① 具体而言,在以下情况下尤其需要法官的指挥,以加强对当事人质证的引导和质证程序的控制:一是法官应引导当事人围绕证据能力和证明力等争点问题进行质疑、质问和辩论,使庭审质证沿着正确的方向进行。二是当双方当事人为证据的细枝末节或与案件无关的问题进行争辩,或者在相互质辩过程中发生冲突时,法官应及时予以引导,必要时予以制止,防止矛盾升级,防止引诱、威胁等有损证据真实性、可靠性的言行和其他有伤社会风化的言行。三是当当事人的质证能力和质证技巧呈一强一弱的"失衡"态势而有碍于案件信息的充分展现,影响质证功能的发挥时,法官应根据质证过程中所出现的具体情形适时适当地行使释明权,以弥补弱势的当事人质证能力的不足,确保司法公正。具体地说,如果当事人在质证过程中表述模糊不清、相互矛盾或者完全不得要领,则法官应该通过发问、晓谕、说明等方式了解当事人的真实意思,以便对证据材料的证据资格和证明力问题做出准确判断。②

(四)完善质证配套规则

质证的进行需要有相应的、完善的配套规则予以支持。但目前这些规则有的欠缺,有的则不完善,因而在一定程度上影响了质证的效果与效率。因此,配套规则亦需完善。例如,审前准备程序中的证据交换制度,证人、鉴定人、勘验人出庭接受询问的制度,以及质证笔录制度等,均存在某些不足,亟待完善。这里仅予提及,不再展开。

---

① 龙宗智:《刑事庭审制度研究》,中国政法大学出版社2001年版,第361以下。

② 江伟、刘敏:《论民事诉讼模式的转换与法官的释明权》,载陈光中、江伟主编:《诉讼法论丛》(第6卷),法律出版社2001年版,第321页。

结语

质证权作为引领当事人依法参与质证程序和正确实施质证行为的权利，是当事人所享有的重要的诉讼权利，它既是辩论权的组成部分，也是证明权的重要内容之一。其设置意在贯彻当事人程序主体性原则和辩论主义原则的基本法理，增强法院裁判的可接受性。然而，它在实际运行中却往往困难重重。导致这种困境的原因多种多样，其中最主要的有二：一是法院主导的质证模式容易引起法官的自大意识而轻视甚至漠视当事人的质证权，导致质证过场化、形式化以及质证功能的虚化；二是立法严重不足，使得当事人行使质证权既缺乏有力的保障，也缺乏严格的规制。缺乏保障的权利实际是权利的幌子，仅具权利宣示意义而已。因此，研究并解决当事人质证权的保障问题，是当前和今后民事诉讼领域仍颇具理论意义和实践价值的重要课题。而要保障质证权的实现，措施多种多样，其中，质证规则的重构当为首要。

（肖晗：湖南师范大学法学院教授，法学博士）

环境侵权诉讼中因果关系证明问题研究

——基于推定与举证责任倒置关系理论的实证分析

易慧琳

责任自负是现代法治的基本原则,要求每个人对自己行为所造成的损害后果负责。因果关系是任何一种法律责任的基本构成要件,只有当行为人的不法行为与损害结果之间具有因果关系时,侵权人才对损害结果负责。在环境侵权诉讼中,污染者只有在污染行为与损害后果之间具有因果关系的情况下,才就其环境污染行为造成的损害后果承担损害赔偿责任。因此,在环境侵权诉讼理论研究和司法实践中,因果关系的证明是一个非常关键和重要的问题。本文拟从环境侵权诉讼中关于因果关系证明的司法实践及立法现状出发,试图厘清因果关系证明推定与举证责任倒置的理论,主张在环境侵权立法上实行因果关系推定规则,并就其具体操作条件与逻辑程序进行初步探讨。

一、现状描述:环境侵权诉讼中因果关系证明的立法现状与司法实践

一般侵权损害赔偿诉讼中,侵权人承担侵权责任的法律构成要件包括:侵权行为、损害、过错以及侵权行为与损害之间的因果关系。作为特殊侵权诉讼的环境侵权诉讼,其特殊性不仅体现在实体法对其构成要件的规范上,也体现在程序法对当事人举证责任的分配上:在法律责任构成要件上,环境侵权责任适用无过错责任原则,即受害人无须证明行为人主观上存在过错;在因果关系证明责任分担上,法律人为地减轻受害者的负担,加重污染者的负担。法律规定是开展司法实践的唯一依据,不允许法官造法,这是包括我国在内的所有成文法国家的通行做法。因此,我们有必要对环境侵权诉讼中涉及因果关系证明的法律规定进行梳理,以便检验司法实践。

(一)法条梳理:简单粗放的立法现状

我国有关环境污染损害因果关系证明的规定在实体法和程序法中都有体现,条文表述简单但内容相对一致。如《最高人民法院关于适用〈中华人民共和国民事诉讼法〉若干问题的意见》(简称《民诉意见》)第 74 条明确了“谁主张,谁举证”的证据规则,并就环境侵权等特殊侵权诉讼的证明问题进行了例外规定:“在诉讼中,当事人对自己提出的主张,有责任提供证据。但在下列侵权诉讼中,对原告提出的侵权事实,被告否认的,由被告负责举证:……(3)因环境污染引起的损害赔偿诉讼……”《最高人民法院关于民事诉讼证据的若干规定》(简称《民诉证据规定》)对因果关系的证明问题进行了明确:“因环境污染引起的损害赔偿诉讼,由加害人就法律规定的免责事由及其行为与损害结果之间不存在因果关系承担举证责任。”之后新修订的《固体废物污染环境防治法》《水污染防治法》在因果关系的证明问题上延续了上述规定。2009 年颁布的《侵权责任法》第 66 条将这一问题继续重申:“因污染环境发生纠纷,污染者应当就法律规定的不承担责任或者减轻责任的情形及其行为与损害之间不存在因果关系承担举证责任。”

表 1　法律及司法解释有关环境污染损害因果关系证明的条款

法律名称	颁布时间	条款
民诉意见	1992 年 7 月	第 74 条
民诉证据规定	2001 年 12 月	第 4 条
固体废物污染环境防治法	2004 年 12 月	第 86 条
水污染防治法	2008 年 2 月	第 87 条
侵权责任法	2009 年 12 月	第 66 条

依照法律规定,污染者应当承担行为与损害之间不存在因果关系的举证责任。就因果关系的证明究竟是采取推定方法,还是举证责任倒置,我们在简单粗放的法条中无法找到明确答案。① 对这一问题回答的不明确性,将引发以下一

① 我国侵权责任法以及污染防治法律中有关环境污染损害因果关系规定的性质引发了学者们的激烈讨论,有学者认为法律确立了因果关系的推定法则(参见杨素娟:《论环境侵权诉讼中的因果关系推定》,载《法学评论》2003 年第 4 期),而有的学者则认为法律明确确立举证责任倒置规则(参见王社坤:《环境侵权因果关系举证责任分配研究》,载《河北法学》2011 年第 2 期),观点针锋相对,互不相让。因果关系证明规定的不明确性可见一斑。

系列问题:立法将因果关系反向证明的举证责任强行附加在污染者身上,污染的受害者是否还有对因果关系成立正向证明的举证义务?还是说受害者只需提供证据证明其遭受了损害以及污染者实施了污染行为就完成了举证责任?同时,污染者承担的举证责任到底是行为意义上的举证责任,还是结果意义上的举证责任,或者两者兼而有之?立法的模糊性认识引发了司法实践的分歧。

(二)案例呈现:模糊立法下的实践分歧

案例一:冯某承包的某一养殖鱼场内的桂鱼全部死亡,遭受巨大经济损失。冯某认为养殖鱼场附近石油钻井勘测施工大队的石油类污染物流入鱼塘导致桂鱼死亡,向法院起诉要求勘测施工大队等赔偿损失。诉讼中,冯某提交了其单独委托监测中心对钻井排除物质及鱼塘水质所做的鉴定报告等证据。该报告表明钻井的主要污染物是石油类,鱼塘主要抽入大量受石油类、碱等物质污染的河水引起桂鱼死亡。法院在判断本案的因果关系时认为:“加害人的污染物质与损害结果之间的因果关系,应建立在科学证明的鉴定结论基础上加以认定……原告无充分证据证明被告排污行为与损害结果有因果关系。原告的诉讼请求没有充分的事实依据,本院不予支持。”①

案例二:罗某在某河段内养殖的鱼类出现大量死亡,市渔业监测中心在对事故进行调查过程中做出了《检测报告》,鱼类在短时间内大量死亡的直接原因是养殖水域被上游企业排放的生产污水严重污染,污水中所含需氧有机物分解大量消耗水体的溶解氧,造成水体缺氧,致使鱼类窒息死亡。罗某以上游的三个排污企业为被告向法院提起诉讼。诉讼中,提交了《检测报告》《鉴定报告》等证据。法院在对“原告养殖鱼类死亡与被告排污之间是否具有因果关系”进行判断时认为:“原告已就其养殖鱼类死亡的损害事实和被告排污行为存在因果关系进行了初步举证……被告的举证均不能证明其排污行为与原告鱼类死亡之间未有因果关系,也未能证明鱼类死亡系不可抗力的自然灾害及第三人所致。故本院认定三被告排污与原告养殖鱼类死亡之间存在因果关系。”②

案例三:曾某承包水塘内的鱼类大量死亡,故委托市环境监测站对水塘附近某食品厂生产废水进行监测,监测结果显示鱼类死亡是废水污染所致。曾某于是向法院提起诉讼,要求食品厂赔偿相应损失,并在诉讼中提交了上述《监测报告》等证据。法院经过审理认为:“根据我国民法通则,违反国家保护环境防止

① 广东省三水市人民法院做出(2001)三法民一初字第365号民事判决书。

② 广西壮族自治区北海海事法院(2006)海事初字第053号民事判决书。

污染的规定,污染环境造成他人损害的应当依法承担民事责任,且该民事责任的承担是实行无过责任原则。由于被告未能就法律规定的免责事由及其排污行为与原告的损害事实之间不存在因果关系举出证据,而村委会对原告的转包行为也不持异议,因此,原告具备诉讼主体资格,其要求被告停止侵害并赔偿损失的请求于法有据,应予以支持。"①

从上述三个案例中我们可以发现,因果关系的证明问题在环境侵权诉讼中发挥着至关重要的作用,它甚至决定了诉讼成败。当我们细致分析法官在对因果关系是否存在进行认定时会发现,法官们采取了不同的认定方法。案例一的法官以"原告无充分证据证明被告排污行为与损害结果之间具有因果关系"的理由驳回了原告的诉讼请求;案例二的法官在采信了原告提交的检测报告,并在认定原告就行为与损害间的因果关系进行了初步证明的基础上,以被告未就因果关系不存在和免责事由提出证据为由,直接认定因果关系存在进而支持了原告的诉讼请求。案例三的法官没有分析原告是否就行为与损害之间存在因果关系提供证据证明,而是明确将因果关系的举证责任交由被告承担,以被告未就免责事由及不存在因果关系举出证据为由直接判决被告败诉。上述判决思路实质上反映出司法实践在对侵权诉讼中因果关系证明问题上到底应采取何种证明方法或规则的现实困惑与混乱状态。为此,笔者认为有必要对环境侵权诉讼中因果关系推定、举证责任倒置以及他们的相互关系的理论进行梳理,以确保法官在正确的思维指引下公正处理案件。

二、思维指引:侵权诉讼中因果关系举证责任倒置与推定理论

近代以来,推定规则与举证责任规则在民事诉讼证明中得到广泛应用,并产生了许多诉讼上的效益。但在诉讼证明理论上因两者之间千丝万缕的联系,致使很多人无法正确理解他们之间的相互关系。具体到环境侵权诉讼中,因果关系证明问题同样如此。

(一)因果关系举证责任倒置

"主张权利存在的人,应就权利发生的法律要件事实负证明责任;否认权利存在的人应对存在权利障碍要件、权利消灭要件或权利排除要件事实负证明责任",这就是证据法上的"谁主张,谁举证"的举证分配原则。完整意义上的举证责任包括行为责任和结果责任两部分,既包括当事人为避免败诉风险所承受的

① 江西省吉安县法院(2006)吉民初字第293号民事判决书。

进行证明行为的负担，即提出证据的责任，也包括案件事实真伪不明时，主张该事实的当事人承担的不利诉讼结果的责任，即说服责任。① 因结果意义上的举证责任解决了法官在案件争议事实真伪不明时的裁判方法问题，因而更具有实质意义。

举证责任倒置是相对于“正置”而言的，是指按照法律要件分类说应当由主张权利的一方当事人负担的证明责任，改由否认权利的另一方当事人就法律要件事实的不存在负担证明责任。② 它免除了一般情形下应由原告承担对某一特定事实的举证责任，而由被告就待证事实的反面事实承担举证责任。《侵权责任法》规定的环境侵权责任有三个构成要件：污染行为、损害、污染行为与损害之间的因果关系。若在环境侵权诉讼的因果关系证明中采取举证责任倒置，则意味受害人只需证明污染者实施了污染行为及其自身遭受的损害，而无须就两者之间的因果关系举证，污染者应当就其污染行为与受害人的损害之间不存在因果关系承担举证责任，包括提出证据的责任和说服责任。

（二）因果关系之推定

何为因果关系推定？学者们有不同的看法。③ 不论是在法律法规中，还是学术著作里，均赋予了“推定”一词不同的意义。正如德国诉讼法学家罗森贝克所言：“没有哪个学说能像推定学说这样，对推定的概念十分混乱。可以肯定地说到目前为止还不能成功地阐明推定概念。”④尽管存在界定上的难度，但笔者认为，要准确界定因果关系推定必须建立在对推定的正确理解上。有学者试图借助逻辑学理论从根本上揭示推定的本质。⑤ 如果用 A 表示某一事物，用 B 表示另一事物，A 和 B 在逻辑上不外乎存在以下五种逻辑关系：⑥

---

① 王社坤：《环境侵权因果关系举证责任分配研究》，载《河北法学》2011 年第 2 期。

② 《中国大百科全书》总编辑委员会编：《中国大百科全书·法学》（修订版），中国大百科全书出版社 2006 年版，第 287 页。

③ 宋宗宇、王热：《环境侵权诉讼中因果关系推定》，载《中国人口资源与环境》2008 年第 5 期。

④ ［德］莱奥·罗森贝克：《证明责任论》，庄敬华译，中国法制出版社 2002 年版，第 206 页。

⑤ 邹雄：《论环境侵权中因果关系的认定》，载《中国政法大学学报》2010 年第 2 期。

⑥ 王学棉：《论推定的逻辑学基础——兼论推定与拟制的关系》，载《政法论坛》2004 年第 1 期。

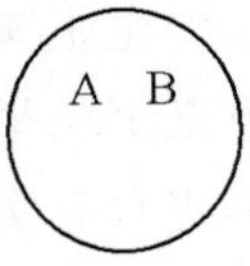

图 1

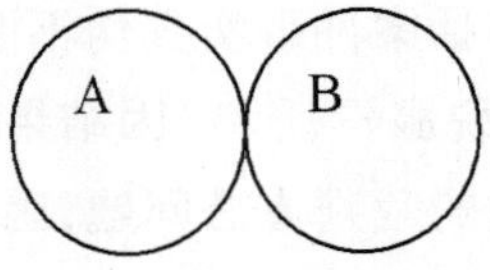

图 2

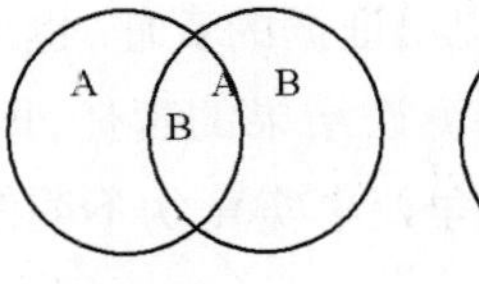

图 3

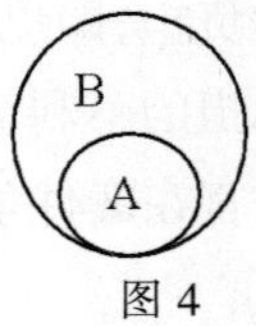

图 4

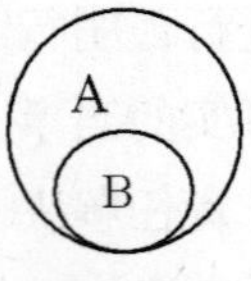

图 5

图 1 等值关系。即 A = B,A 与 B 同时并存。A 存在时,B 一定存在,反之亦然。

图 2 矛盾关系。即 A 与 B 相互独立。当 A 存在时,B 一定不存在。

图 3 或然关系。即 A 与 B 相互交叉。当 A 存在时,B 可能存在,也可能不存在。

图 4 蕴含关系。即 A→B,A 蕴含于 B。A 存在时,B 一定存在。

图 5 逆蕴含关系。即 A←B,B 蕴含于 A。A 存在时,B 可能存在,也可能不存在。

在上述五种逻辑关系中,图 1、图 2 和图 4 表现必然逻辑关系,也就是说,当 A 事物存在时,B 事物一定存在(图 1、4)或者一定不存在(图 5)。这是纯粹的肯定或者否定的逻辑学原理的运用。具体运用到法律诉讼中,该理论可以帮助我们通过 A 与 B 之间的必然关系达到转换证明对象,从而解决证明中的困难。但是对于研究推定具有特别意义的不是必然关系,而是或然关系,正如图 3 与图 4 表现的,当 A 事物存在时,B 事物可能存在,也可能不存在,就是或然关系运用。当然,从演绎逻辑的角度讲,或然关系不能用作推理的前提,“因为 A 与 B 之间不是必然关系,利用这种前提得出的结论并不必然为真。但是,若从另一角度——价值的角度来看的话,利用或然关系中的常态关系作为推理前提,对于解决一些证明困境却有不可替代的作用”。① 这里指的常态关系是指,当 A 事物存在时,B 事物具有较高概率的存在或者不存在,A 为基础事实,B 为推定事实。因常态关系仍然无法改变其或然关系的属性,故推定事实 B 与基础事实 A 并不是一一对应的关系,存在被推翻的可能。

从逻辑学角度分析推定具有一定积极意义,它阐明了从基础事实到推定事实的逻辑关系和推定事实的可推翻性,但是以此套用分析法律意义上的推定概念的做法是不严谨的。作为自然科学的逻辑学与作为社会科学的法学无法在分析思考的角度上达到高度统一,法律规定的制定在尊重自然科学的基础上往往

① 邹雄:《论环境侵权中因果关系的认定》,载《中国政法大学学报》2010 年第 2 期。

会蕴含对利益价值的评判。法律上的推定也是如此。它不仅考虑事实间的常态关系,同时会考虑社会利益和价值的平衡。也就是说,环境侵权诉讼中的因果关系推定虽然是建立在逻辑论证的基础上,但具有浓厚的价值评判色彩。①

因果关系的法律推定通过立法形式在事前强行改变了诉讼中对待证事实的举证责任分配。一般情况下,在举证责任规范中只有一方就某一待证事实承担举证责任(说服责任),也就是说因果关系的举证责任只由受害方承担(举证责任分配一般规则)或者只由污染者承担(举证责任倒置规则),但是推定规则的适用将原本只由一方承担的说服责任通过法律强行分担给双方当事人,受害者和污染者均要对行为与损害之间的因果关系事实承担说服责任。当然,污染者对因果关系不存在的说服责任的承担是有条件的,其前置条件就是污染的受害者完成了对基础事实的举证责任和对因果关系的初步举证责任(包括提证责任和说服责任)。

因此,环境侵权诉讼中的因果关系推定是指:法官根据法律规定,在相关事实得以证明的前提下推断环境污染行为与环境损害之间具有因果关系,并允许当事人提出证据予以推翻的规则。在实行环境侵权无过错责任原则的国家,"相关事实"不仅包括作为基础事实的污染行为和损害事实,还包括初步的因果关系事实。

(三)因果关系举证责任倒置与推定的证明负担对比

无论是适用因果关系法律推定还是举证责任倒置,对于行为与损害事实的举证责任分配没有任何影响,但具体到因果关系的举证责任分配上两者的区别是明显的。在因果关系法律推定情形下,污染的受害者与污染者均要承担对因果关系的举证责任,前者承担初步举证责任,后者对因果关系不存在承担最终的说服责任,而在举证责任倒置情形下只有污染者承担说服责任。受害人的证明负担在因果关系推定下要大于举证责任倒置(见表2)。

① 李劲:《环境侵权民事责任因果关系新探》,载《政治与法律》2006年第2期。

表2　因果关系推定与举证责任倒置的证明负担

<table>
<tr><th>当事人
分配原则</th><th>行为、
损害事实</th><th>因果关
系事实</th><th>受害者的
证明负担</th><th>污染者的
证明负担</th></tr>
<tr><td rowspan="2">一般原则</td><td>受害者</td><td>受害者</td><td rowspan="2">强</td><td rowspan="2">弱</td></tr>
<tr><td colspan="2">说明:受害者要对所有的构成要件事实(行为、损害、因果关系)承担举证责任,包括提出证据的责任和说服责任</td></tr>
<tr><td rowspan="2">因果关系
法律推定</td><td>受害者</td><td>受害者、污染者</td><td rowspan="2">适中</td><td rowspan="2">适中</td></tr>
<tr><td>说明:受害者对行为与损害事实承担举证责任</td><td>说明:受害者对因果关系存在承担初步举证责任,污染者对因果关系不存在承担举证责任</td></tr>
<tr><td rowspan="2">因果关系
举证责任倒置</td><td>受害者</td><td>污染者</td><td rowspan="2">弱</td><td rowspan="2">强</td></tr>
<tr><td>说明:受害者对行为与损害事实承担举证责任</td><td>说明:污染者对因果关系不存在承担举证责任</td></tr>
</table>

(四)结合理论解析司法实例

在正确厘清了因果关系举证责任倒置与推定理论后,再来分析本文引用的三个真实案例的逻辑基础。案例一判决的逻辑基础在于“原告应当就被告排污行为与损害结果有因果关系”承担举证责任。案例二认为原告应当就行为与损害之间存在因果关系承担初步证明责任,被告就“不存在因果关系”承担举证责任。而案例三判决的逻辑基础在于,原告没有举证证明行为与损害之间存在因果关系的义务,被告对“不存在因果关系”承担举证责任。由此,可以清楚地看出,在因果关系证明问题上,案例一采取的是“谁主张,谁举证”举证分配规则,案例二采取的是推定规则,案例三采取的举证责任倒置规则。

三、正当性考察:因果关系推定下的价值及现实选择

在环境侵权诉讼中因果关系证明问题上,环境污染侵权纠纷具有长期性、潜伏性、持续性、复杂性、广泛性和科技性的特征,因果关系的判断困难重重,传统

的因果关系理论难以满足环境侵权损害赔偿的需要。① 基于此，各国已经放弃了"谁主张，谁举证"举证分配规则的采用，但是在推定与举证责任倒置的取舍上存在较大争议。笔者主张在环境侵权立法上实行因果关系推定规则。

(一)与举证责任一般分配规则相较下的价值选择

如前文所述，推定是依据事物间的常态性关系做出的盖然性认定，但立法规定推定并非总会考虑常态性关系。按照生活中的盖然性去检验已有的法定证明责任规范(推定)是毫无意义的，因为立法者指定某个证明责任规范首先考虑的是其立法目的。② 环境侵权诉讼中因果关系证明采用法律推定有其特殊的价值考虑。

1. 公益保护价值

随着社会化大工业发展，环境污染存在范围扩大和程度加深的趋势，环境侵权行为侵害的对象具有不特定性，即通常为不特定的多数人。如何保护作为潜在受害人所代表的公共利益，维护社会稳定，必须在环境立法中予以充分考虑。将受害者承担行为与损害之间的因果关系举证责任分担给污染者，符合"利之所附，损之所归"的原则，污染者因其生产、生活或者经营行为获得了收益，理应承担其行为引发的负面效应，同时也有助于强化企业责任，促进其履行法定义务，严格控制和积极治理污染，合理利用环境资源。

2. 社会化救济价值

损失能否有能力被行为人分担与转化常常也是立法者设立推定的动机之一。现代民法以社会为本位，强调具体的个案正义，重视对弱势群体的保护；③ 在环境侵权诉讼中，受害者因处于"弱势地位"等原因，无力彻底证明因果关系的案件事实，也无从转化因果关系举证责任的成本。而污染者往往是从事某种营利性事业的、经济实力较为雄厚的强势群体，由其承担因果关系的证明责任符合环境损害赔偿责任社会化的发展趋势。污染者可以通过责任保险、共同基金等市场机制将该部分成本分散或转化。

3. 证明接近价值

环境侵权诉讼中企业往往对污染信息具有全面的掌控权，能够轻易获得相

---

① 宋宗宇:《环境侵权因果关系判断标准的理论歧向与体系建构》，载《重庆大学学报(社会科学版)》2009 年第 1 期。

② [德]汉斯·普维庭:《现代证明责任问题》，吴越译，法律出版社 2000 年版，第 289 页。

③ 叶名怡:《过错及因果关系推定与证明责任倒置》，载《北方法学》2007 年第 4 期。

关证据,并证明行为与损害之间是否具有因果关系。但是为规避责任,企业势必会想出各种办法隐藏排污证据,也不会主动利用其排污知识向法院解释,如果要求被害者对因果关系的环节一个一个地加以科学性的说明,无异于完全封闭了以民事审判方式救济被害人的途径。①

(二)与举证责任倒置规则相较下的现实选择

一方面因果关系举证责任倒置同样考虑了上述价值因素,且从证明负担的比较中我们看出,举证责任倒置在某种程度上更加强调对受害者的保护;②另一方面,因果关系推定存在增加错误认定因果关系事实几率,容易造成对案件事实误认等明显缺陷。尽管因果举证责任倒置具有证明优势,但是笔者认为在侵权诉讼因果关系认定问题上实行举证责任倒置并不符合我国实际。

1. 基于社会现实考虑

当前我国正处于工业化中期和重工业发展的重要时期,除违法行为外,环境损害多数伴随着正常生产、生活而产生,是维持社会正常运行所必须付出的代价。因此,在保护受害者权益的同时,也要适度考虑对生产企业利益的保护。无过错原则的适用本身就意味着对受害者的倾斜保护,如果在因果关系证明上实行举证责任倒置,将会给企业造成过重负担。因为受害者仅需单纯举证证明"污染行为"与"损害"两个事实就很可能导致污染者在环境侵权上承担责任。正如学者所言,"法律不能'杀富济贫'或'惩强扶弱',而应当基于公平正义的理念达成环境正义的目标"。③ 适用推定因果关系能恰到好处地衡平污染者和受害者之间的关系,既做到不过分苛责受害方,又能较好保证企业的正常运转。一方面,推定因果关系"从保护受害人的利益出发,以加害结果为依据,以及时赔偿为目的,以举证责任的转换为特点,原告不必作严格的证明,只需作表面性证明,倘若被告不能做出推翻的反证,便认为因果关系存在"。④推定较好地减轻了受害方对因果关系举证责任的过重负担,使其获得民事救济的机会大大提升;另一方面,推定因果关系并未将因果关系的举证责任完全苛由作为生产企业的污染方承担,而是先由受害方承担了初步证明责任后,再由污染方提出反证。也

① [日]野村好弘:《日本公害法概论》(中文版),中国人民大学内部教材,第337-338页。

② 刘英明:《环境侵权证明责任倒置合理性论证》,载《北方法学》2010年第2期。

③ 张宝、张敏纯:《环境侵权的微观与宏观》,载《中国地质大学学报(社会科学版)》2010年第5期。

④ 吕忠梅:《环境法》,法律出版社1997年版,第225页。

就是说，因果关系的证明责任只是部分分担给了污染方，且如果受害方无法完成初步证明责任，因果关系举证不能的责任依然由受害方承担，要在法律上要求污染者承担环境侵权责任也并不是那么轻而易举。“如果在环境侵权诉讼中，坚持严格的因果关系证明，很可能会导致不可知论，使诉讼陷入‘科学争论和裁判难决的泥沼中’。即便是采取让被告承担证明责任的方式，也如同让原告承担证明责任一样，其因果关系的司法认定极其困难。”①因此，在环境侵权诉讼中对因果关系的认定，就不能完全依赖科学性的逻辑证明而进行法律拟制，而必须将法律对环境公益保护和促进经济持续发展的价值衡平追求作为评价原则予以贯彻。

2. 基于司法实务考虑

截至2011年8月23日，笔者在北大法律信息网的司法案例数据库中找到84份侵权损害赔偿纠纷判决书，经过分析，笔者发现了两个有趣的现象。其一，在84份判决书中有62份指向因果关系的鉴定结论。其中原告方提交的鉴定结论总数为45份，占指向因果关系鉴定结论总数的72.6%，被告方提交的鉴定结论总数是7份，占指向因果关系鉴定结论总数的11.2%，法院委托的鉴定结论总数为10份，占17.2%。也就是说，原告方提交因果关系鉴定的比例是被告方的6.5倍（见表3）。其二，在原告胜诉的57例案例中，法院判决无一例外地建立在根据原告提交的证据可以认定污染行为、损害事实存在、污染起因得以明确的基础上。同时，在判决原告败诉的27例案例中，明确以“无法确定损害起因”为由判决原告败诉的有6例。

表3　指向因果关系鉴定的次数及百分比

鉴定提交主体	法院依职权鉴定	原告提交鉴定	被告提交鉴定	鉴定总数
份数	10	45	7	62
百分比	100%	72.6%	11.2%	17.2%

原告提交因果关系鉴定，主动完成因果关系的必要证明，法院依据因果关系鉴定确定“污染起因”已经成为司法实践中法院支持原告诉讼请求的惯常做法。这种做法符合推定的规则与要求。因此，在我国确立因果关系证明的推定规则具有实践基础，它仅仅是对司法实践现实操作规则的明确化，无需担心法官及当事人的接受问题。

① 杨素娟：《论环境侵权诉讼中的因果关系推定》，载《法学评论》2003年第4期。

四、规则确立：环境侵权诉讼中适用因果关系推定的条件和逻辑程序

环境侵权诉讼中因果关系推定在实务操作中意义重大。明确因果关系推定适用的条件和程序对引导当事人举证、合理预测诉讼风险、依法行使诉权均具有积极意义。

（一）适用因果关系推定的条件

第一，基础事实得以证明。基础事实的存在是适用推定的前提。在环境侵权诉讼中，基础事实的存在只能由受害人来证明，这是受害人提出诉讼主张赖以存在的事实基础。同时受害人对基础事实的证明必须达到民事诉讼中高度盖然性的证明标准，以使法官获得心证，否则法官将不能确认基础事实的存在，导致不能适用推定。

第二，因果关系得以初步证明。受害人应当举证证明因果关系存在的可能性，使法官获得因果关系初步存在的内心确信。也就是说，受害者需要对以下事实承担举证责任：污染者排放污染物、污染物通过媒介到达受害人、受害人财产或人身遭受损害。在此种情形下，可以认为受害人损害很可能是由于污染者排放的污染物造成的。但这仅是一种可能性证明，不具有必然性，因为损害还可能是由于其他原因引起的。关于受害人对因果关系进行初步证明，理论上有“优势证据说”“事实推定说”“疫学因果关系说”“间接反证说”等证明方法。① 笔者认为，不管采取何种方法证明，受害人对因果关系的初步证明只需达到低度盖然性证明标准，使法官形成因果关系成立的初步心证即可。

第三，无否定性证据推翻基础事实或推定事实。在环境侵权诉讼中，污染者可以通过两条途径反驳，以阻碍因果关系推定的适用。一是对基础事实进行反驳，反驳成功将会直接导致推定的不能适用；如果反驳失败，再对推定事实进行反驳。二是直接对推定事实进行反驳。但是这里需要指出的是，污染者对基础事实的反驳是反证，污染者对基础事实具有提出证据的责任，但没有说服责任。也就是说，污染者只需使基础事实处于真伪不明状态，反证即获成功，法官将不能适用因果关系推定。污染者对推定事实即存在因果关系的反驳则是本证，污染者对因果关系不存在承担说服责任。也就是说，污染者的证明须使法官达到符合证明标准的心证程度，才能成功卸下说服责任。如果推定事实处于真伪不

① 杨素娟：《论环境侵权诉讼中的因果关系推定》，载《法学评论》2003 年第 4 期。

明状态,应认为推定事实为真,即环境污染行为与损害之间存在因果关系。

(二)适用因果关系推定的逻辑程序

有学者提出了因果关系推定的"三步走"程序:初步证明—推定—加害人反证。[①] 但这并没有全面反映适用因果关系推定的逻辑顺序,笔者认为,适用因果关系推定的逻辑程序如图6所示:

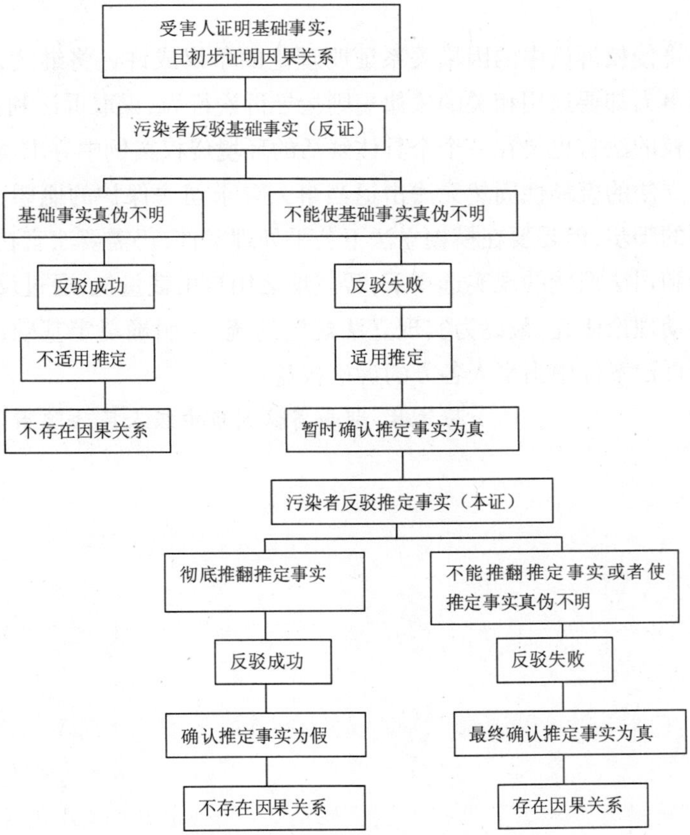

图6　因果关系推定的逻辑顺序

受害者在完成对基础事实证明责任和因果关系初步证明责任后,法院可以初步确认推定事实,但此时应当允许污染者提供证据加以反驳。污染者的反驳可以针对两个方面的内容进行,一是基础事实,二是推定事实。污染者为避免对其的不利推定,反驳的逻辑顺序是先反驳基础事实,如果不能使基础事实真伪不

① 马栩生:《环境侵权视野下的因果关系推定》,载《河北法学》2007年第3期。

明，就意味着反驳失败，法官会适用推定，暂时确认推定事实为真，即行为与损害之间具有因果关系。污染者接下来仍然可以就推定事实进行反驳，如果不能推翻推定事实或者不能使推定事实真伪不明，则意味着反驳再次失败，法官将最终确定行为与损害之间的因果关系。

结语

有关环境侵权诉讼中的因果关系证明理论的争议或许还将继续，而环境侵权案件的当事人却要运用相关的法律规则指导诉讼行为，谋取诉讼利益，掌执着司法裁判大权的法官也要在一个个具体鲜活的环境侵权案例中寻求着法律与现实的平衡。立法的模糊性固然无法击退当事人寻求司法保护的愿望，也无法阻挡法官裁判的脚步，但是要在模糊立法下公平处理案件，仍需要法官在尊重立法的价值选择和司法惯例的现实选择下，智慧地运用自由裁量权，通过反复如一的司法实践推动理论研究，最终为实现立法规定的统一、明确奠定基础，更好地维护环境侵权诉讼案件中当事人各方的诉讼权益。

（易慧琳：湖南省株洲市中级人民法院审管办法官）

电子证据新解:宜作为独立的法定证据

——与视听资料、电子数据的比较分析

赵毅宇

米尔建·R.达马斯卡在展望证据法的未来时指出:"伴随着过去50年惊人的科学技术进步,越来越多对诉讼程序非常重要的事实现在只能通过高科技手段查明。"①视听资料、电子数据与电子证据是伴随现代科学技术发展而出现的证据类型。但三者在立法、理论与实践上乱象丛生,一方面视听资料与电子数据使用混乱,如将同一种证据材料归于不同的证据类型;②另一方面将电子数据混同于电子证据,甚至在引用《民事诉讼法》第63条时,将"电子数据"与"电子证据"混同。③ 梁治平强调现代法律概念、定义可以因一字之差而不同。④ 法律以语言为生命,我们必须认识到法律语言的混乱对法律制度和法学理论的发展所

---

① [美]米尔建·R.达马斯卡:《漂移的证据法》,李学军等译,中国政法大学出版社2003年版,第200页。

② 同样是手机录音,部分判决书认为是视听资料,如(2015)柘民初字第692号判决书中写道:"原告提供的证据有:1、手机录音视听资料一份,……";但另一部分判决书认为是电子数据,如(2015)安法民二初字第202号写道"被告刘兵手机通话录音电子数据……"。

③ 有学者在公开发表的论文中表述:"2012年8月修改后的《民事诉讼法》第63条第1款将我国民事诉讼领域的证据类型界定为物证、书证、当事人陈述、勘验笔录、证人证言、鉴定意见、视听资料和电子证据。"参见刘显鹏:《电子证据的性质探析——以与视听资料比较为视角》,载《兰州学刊》2013年第5期。有法官在已生效的判决书中写道:"重审法院认为,根据《民事诉讼法》第63条之规定,证据包括:当事人的陈述、书证、物证、视听资料、电子证据、证人证言、鉴定意见、勘验笔录,证据必须查证属实,才能作为认定事实的依据。"参见王登君与孙小航民间借贷纠纷案,(2015)大审民再终字第61号。

④ 梁治平:《法意与人情》,中国法制出版社2004年版,第265页。

产生的阻碍与拖累。① 因此,在"信息化"和"电子化"的时代,对视听资料、电子数据与电子证据的内涵和关系做出清晰的界定,进而在此基础上探讨如何科学合理地设置法定证据类型,有利于避免学理与司法实践的混用,促进证据的正确认定与运用。

一、现状考察:视听资料、电子数据与电子证据使用混乱

(一)法律规范维度考察

1、整体考察

法律考察是采用经验研究方法对大量立法活动、法律条文、法律法规文本的规模、范围、特征、类型、分布、集中趋势等所做的记录、归纳、分类和一般性的量化描述。② 为了解视听资料、电子数据与电子证据涉及的法律规范,本文对当前的法律规范进行了系统的分类检索,得到以下结果:

表 1　涉及视听资料、电子数据与电子证据的法律规范数量与百分比③

法阶	宪法法律		行政法规		司法解释		部委规章		地方法规		合计	
类型	数量	比例(%)	数量	比例(%)	数量	比例(%)	数量	比例(%)	数量	比例(%)	数量	比例(%)
视听资料	13	46.4	6	15.4	35	55.6	155	11.8	617	14.6	826	14.6
电子数据	15	53.6	32	82	22	34.9	1153	87.5	3563	84.6	4785	84.5
电子证据	0	0	1	2.6	6	9.5	10	0.7	33	0.8	50	0.9
合计	28	100	39	100	63	100	1318	100	4213	100	5661	100

由上表可见:第一,涉及电子数据与视听资料的法律规范占总数的比例约为84%与15%。除"司法解释"这一项,涉及视听资料的各类法律规范都少于涉及电子数据的法律规范。特别是涉及视听资料具体运用方面的部委规章与地方法规明显少于电子数据,可见现阶段对视听资料使用得较少。第二,存在少量涉及电子证据的法律规范,约占1%。电子证据一般作为学理概念,在法律规范中出

① 何家弘:《论法律语言的统一与规范——以证据法学为语料》,载《中国人民大学学报》2009 年第 1 期。

② 白建军:《法律实证研究方法》,北京大学出版社 2014 年版,第 18 页。

③ 数据来源:http://www.lawyee.net/index.asp,2015 年 12 月 1 日最后访问。在检索中还存在涉及视听资料、电子数据与电子证据的国际条约军事法规、政策纪律、行业规范、政府文件等类型的法律法规,但由于其数量较少、位阶较低或适用范围较窄,在此不一一列出。

现较少，特别是未在“宪法法律”中出现。但在行政法规与司法解释中存在对电子证据的规定，如《关于办理网络赌博犯罪案件适用法律若干问题的意见》中规定了电子证据的收集与保全。

2、具体法律规范内容考察

在数量众多的法律规范中，选取法阶较高、适用范围较广的法律规范作为代表，以此观察与分析法律规范对视听资料、电子数据与电子数据的具体规定。

表2　涉及视听资料、电子数据与电子证据的法律规范列举

部门	法阶	时间	法律规范	效力	主要内容
民事诉讼	司法解释	2002年	《关于民事诉讼证据问题的若干规定》（以下简称《证据规定》）第22条	有效	调查人员调查收集计算机数据或者录音录像等视听资料的，应当要求被调查人提供有关资料的原始载体。提供原始载体确有困难的，可以提供复制件。提供复制件的，调查人员应当在调查笔录中说明其来源和制作经过。
	基本法律	2012年	《中华人民共和国民事诉讼法》（以下简称《民事诉讼法》）第63条	有效	证据包括：……（四）视听资料；（五）电子数据；……
	司法解释	2015年	《关于适用〈中华人民共和国民事诉讼法〉的解释》（以下简称《民诉解释》）第116条	有效	视听资料包括录音资料和影像资料。电子数据是指通过电子邮件、电子数据交换、网上聊天记录、博客、微博客、手机短信、电子签名、域名等形成或者存储在电子介质中的信息。存储在电子介质中的录音资料和影像资料，适用电子数据的规定。

续表

部门	法阶	时间	法律规范	效力	主要内容
刑事诉讼	司法解释	1996 年	《关于检察机关侦查工作贯彻刑诉法若干问题的意见》(以下简称《若干意见》)第 29 条	有效	视听资料是指以图像和声音形式证明案件真实情况的证据。包括与案件事实、犯罪嫌疑人以及犯罪嫌疑人实施反侦查行为有关的录音录像,照片、胶片、声卡、视盘、电子计算机内存信息资料等。
	司法解释	2010 年	《关于办理死刑案件审查判断证据若干问题的规定》(以下简称《若干规定》)第 3 部分第 1 条	有效	对于电子邮件、电子数据交换、网上聊天记录、网络博客、手机短信、电子签名、域名等电子证据,应当主要审查以下内容……
	基本法律	2012 年	《中华人民共和国刑事诉讼法》(以下简称《刑事诉讼法》)第 48 条	有效	可以用于证明案件事实的材料,都是证据. 证据包括:……(八)视听资料、电子数据。证据必须经过查证属实,才能作为定案的根据。
	司法解释	2013 年	《关于适用〈中华人民共和国刑事诉讼法〉的解释》(以下简称《刑诉解释》)第 93 条	有效	对电子邮件、电子数据交换、网上聊天记录、博客、微博客、手机短信、电子签名、域名等电子数据,应当着重审查以下内容:……

据此可知:第一,《民事诉讼法》与《刑事诉讼法》对电子数据与视听资料的规定不一。《民事诉讼法》将视听资料与电子数据分开规定在证据种类的第四项和第五项中。《刑事诉讼法》将视听资料与电子数据合并规定在证据种类的第八项中。第二,司法解释对视听资料与电子数据的范围规定不一。在民事诉讼法领域中,通过《民诉解释》第 116 条可知,民事诉讼领域对视听资料的范围规定较窄,仅包括录音资料与录像资料,且当录音资料与录像资料储存在电子介质中时,适用电子数据的规定。而在刑事诉讼领域中,通过《若干意见》第 29 条,可知刑事诉讼领域对视听资料的范围规定较广,将电子计算机内存信息等也归入视听资料,使视听资料与电子数据包含的内容交叉。第三,司法解释对电子证据与电子数据的规定不一。在《若干规定》第 3 部分第 1 条与《民诉解释》第

116条对电子邮件、电子数据交换等证据的规定中，前者认为是电子证据，后者则认为是电子数据。

（二）理论研究维度考察

1、理论界对视听资料与电子数据的关系存在分歧

视听资料与电子数据（电子证据）①的关系在学术界探讨已久，经梳理后主要有三种代表性的观点：第一，电子数据属于视听资料的一部分。电子数据是一种特殊的视听资料，把电子证据归为视听资料最能反映其证据属性。② 第二，视听资料应与电子数据并存。电子数据的构成内容以及表现形式决定了视听资料与电子数据无法相互取代，将电子数据归入视听资料也不利于其充分发挥应有的作用，应该对两者的范围做出明确的划分。③ 第三，电子数据应取代视听资料。视听资料只是时代转化过程中的派生物，按照证据的本质和证据的证明机制，不应将电子证据归入视听证据内，而应让电子证据吸收视听资料成为单独的证据类型。④

2、理论界对电子数据与电子证据的关系存在分歧

关于电子证据与电子数据的关系，大致可概括为以下三种观点：第一，电子证据与电子数据为同一概念。电子数据即人们通常理解的电子证据，或者说电子证据是电子数据证据的简称。⑤ 第二，电子数据是本质属性，电子证据是外在形式。电子证据侧重于从该类证据的载体和表现形式进行定义，电子数据侧重

---

① 部分学者认为电子证据与电子数据为同一概念，在论述其与视听资料关系时，常出现电子数据与电子证据混用的现象。关于电子证据与电子数据之间的关系，将在后文论述。

② 张保生：《证据法学》，中国政法大学出版社2009年版，第146页；常怡、王健：《论电子证据的独立性》，载《法学》2004年第3期；王健：《对视听资料作证的若干问题探析》，载《犯罪研究》2007年第2期。

③ 刘显鹏：《电子证据的性质探析——以与视听资料比较为视角》，载《兰州学刊》2013年第5期。

④ 朱健：《从新〈民事诉讼法〉看电子证据的法律地位》，载《法律适用》2013年第12期；张弋：《论电子数据和视听资料的关系》，载《学理论》2013年第23期。

⑤ 何文燕、张庆霖：《电子数据类型化及其真实性判断》，载《湘潭大学学报（哲学与社会科学版）》2013年第2期；刘东：《新〈民事诉讼法〉对证据规定的改进、不足及建议》，载《西华大学学报》2013年第2期；汪振林：《电子数据分类研究》，载《重庆邮电大学学报（社会科学版）》2013年第3期。

于从该类证据的本质属性进行定义，是各种外在表现形式的内在属性和共同特征。① 第三，电子证据的外延大于电子数据。电子证据是最广义的概念，它应当包括电子数据和其他形式的电子信息。②

（三）司法实践维度考察

判决书是整个诉讼过程的最终体现，是反映司法实践运行情况的良好素材，被称之为“窥探一国司法制度和法律文化的窗口”。③ 因而，对载明视听资料、电子数据与电子证据的判决书进行分析，能借此透视三者在司法实践中的运用状况。为此，笔者以“中国裁判文书网”为数据来源，以“视听资料”“电子数据”与“电子证据”为检索词对2010－2015年这5年间全国涉及这三个检索词的民事判决书进行检索。④ 具体检索结果如下图所示：

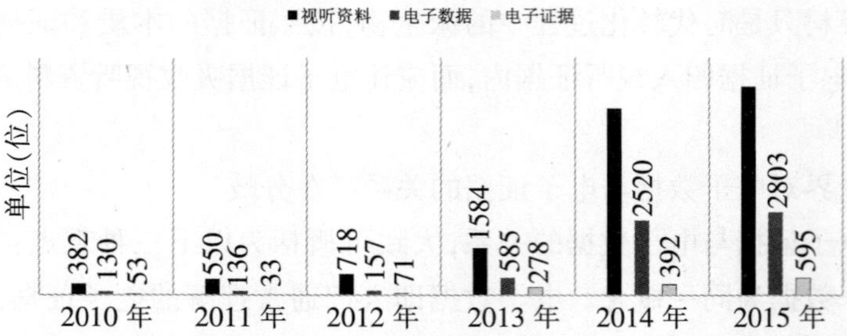

图1　2010–2015年全国出现视听资料、电子证据与电子证据的判决书数量

分析上述数据可知：首先，在第一阶段（2013年以前），由于电子数据未成为法定证据类型，出现视听资料的民事判决书数量较多；出现电子数据和电子证据的民事判决书数量很少，且二者数量差异较小。其次，在第二阶段（2013年之后），理论上说，由于信息电子技术飞速发展，电子数据成为独立的法定证据类型后，其在诉讼中的使用应多于传统视听资料。但该阶段出现视听资料的民事判决书数量仍呈递增趋势，且远多于出现电子数据的民事判决书数量。可见，法官在撰写判决书时未对视听资料与电子数据的范围做出明确的区分，存在不少

① 戴莹：《电子证据及其相关概念辨析》，载《中国刑事法杂志》2012年第3期；李杨：《论电子证据在我国新修〈民事诉讼法〉中的法律地位》，载《重庆邮电大学学报》2012年第6期。

② 何家弘：《电子证据法研究》，法律出版社2002年版，第5页。

③ 傅郁林：《民事裁判文书的功能与风格》，载《中国社会科学》2000年第4期。

④ 检索得到的数据不可避免地存在少量重复计算。

将本属电子数据的证据归入视听资料之中的情况。[①] 再次,在第二阶段(2013年之后),虽然出现电子数据的民事判决书数量大幅增长,且明显多于出现电子证据的民事判决书数量,但仍存在约18%的民事判决书使用电子证据一词。[②] 可见,司法实践中电子证据与电子数据使用混乱的现象在《民事诉讼法》实施后仍未消失。

综上所述,视听资料、电子数据与电子证据存在法律规定不一、理论分歧众多、实践运用混乱等问题。因此,需要在探明三者含义与关系的基础上加以解决。

二、一得之见:视听资料、电子数据与电子证据的含义与关系新解

(一)视听资料、电子数据与电子证据的含义

1、电子证据

目前,关于电子证据的定义可以说是众说纷纭。[③] 许多关于电子证据的研究存在"两张皮"的现象,即证据法学者在研究电子证据时不关注科学技术本身的问题,从事科学技术研究的专家对证据法规范漠不关心。[④] 电子证据是科学技术与证据法学紧密结合的产物,探讨电子证据的含义需要从电子技术的角度入手,实现"两张皮"向"一张皮"转化。电子技术是根据电子学原理,运用电子元器件设计和制造某种特定功能的电路以解决实际问题的科学,包括电力电子技术和信息电子技术两大分支。[⑤] 电力电子技术是使用电力电子器件(如晶闸管,GTO,IGBT等)对电能进行变换和控制的技术,其产生的证据可能是物证等其他证据类型,因此不是本文的研究范围。信息电子技术交叉融合了微电子集

---

① 如(2015)柘民初字第692号、(2010)洛民终字第1472号、(2015)云罗法船民初字第165号等认为手机中保存的证据为视听资料。

② 2013-2015年,出现电子数据的民事判决书数量为5908份,出现电子证据的民事判决书数量为1265份,共计7173份,出现电子证据的民事判决书所占比例约为18%。

③ 其代表性观点有:(1)"电子物品说"参见 Michael Chissick, Electronic Commerce: law and Practice, Sweet and Kelman 1999,143-144;(2)"电子材料说"参见何家弘:《电子证据法研究》,法律出版社2002年版,第5页;(3)"计算机证据说"参见徐燕平、吴菊萍、李小文:《电子证据在刑事诉讼中的法律地位》,载《法学》2007年第12期;(4)"电子信息说"参见朱健:《从新〈民事诉讼法〉看电子证据的法律地位》,载《法律适用》2013年第12期。

④ 陈学全:《科技证据论——以刑事诉讼为视角》,中国政法大学出版社2007年版,第323页。

⑤ 王兆安、刘进军:《电力电子技术》,机械工业出版社2009年版,第1页。

成电路技术、软件技术、通信技术、互联网络技术，是信息时代的高科技支柱，电子证据便是信息电子技术的产物。何家弘将电子证据界定为“借助电子技术或者电子设备而形成的一切证据”。① 刘品新认为用信息技术这个概念取代电子技术这个模糊的概念更适合，并将电子证据概括为“借助现代信息技术而形成的一切证据”。② 笔者认为，在对电子证据进行界定时，使用“信息电子技术”一词将更合理。即将电子证据界定为：借助信息电子技术生成、发送、接收和储存的，用于证明案件事实的一切信息。这样定义使法学与科学技术中的概念相互对应，且对电子证据的内涵与外延描述的更为恰当。

2、视听资料与电子数据

从世界范围看，视听资料作为独立的法定证据类型为我国民事诉讼立法之创举。③ 从视听资料诞生开始，不仅其法律地位一直存在“独立论”与“非独立论”之争④，其范围也一直饱受争议。⑤ 因此，视听资料作为一个抽象、含混的概念，在司法实践中如“口袋”证据一般，各种与高科技密切相关的证据材料都可归于其中。电子数据作为法律中出现的新概念，学理上未明确规定其内涵与外延。视听资料、电子数据与电子证据一样，都是科学技术的产物，要认清视听资料与电子数据的实质，也需从信息电子技术入手。信息电子技术包括模拟(Analog)电子技术和数字(Digital)电子技术。模拟信号是时间连续与数值连续

① 何家弘：《电子证据法研究》，法律出版社2002年版，第5页。

② 刘品新：《中国电子证据立法研究》，中国人民大学出版社2005年版，第8页。

③ 占善刚：《证据法定与法定证据——兼对我国《民诉法》第63条之检讨》，载《法律科学》2010年第1期。

④ “独立论”认为，视听资料与其他证据种类起证明作用的构成要素不相同，应成为独立的证据类型。支持该观点的论述可参见李春霖：《论视听资料》，载《法学研究》1986年第2期；郭光银：《论视听资料的独立性》，载《法学评论》1986年第1期；刘万奇、杨蕾：《论证据种类的划分标准——以视听资料的概念界定为讨论范例》，载《中国人民公安大学学报(社会科学版)》2010年第2期。“非独立论”认为视听资料应当归入传统证据种类。董承红：《浅析刑事诉讼中的视听资料》，载《法律科学》1989年第5期；裴苍龄：《论证据的种类》，载《法学研究》2003年第5期。

⑤ 关于视听资料范围的争议，其代表性观点有：(1)“狭义说”认为视听资料仅包括以录音录像形式证明案件的材料，参见裴苍龄：《证据法学新论》，法律出版社1989年版，第78页；(2)“广义说”认为视听资料的范围除录音录像形式外还包括依托电子计算机生成、存储或传输的信息等，参见柯昌信：《刑事证据视听资料论》，载《中国法学》1996年第5期；(3)“超广义说”视听资料的范围包括录音资料、录像资料、计算机生成资料和其他高科技设备生成资料，参见樊崇义：《证据法学》，法律出版社2001年版，第124页。

的信号。数字信号是时间上和数值上均离散的信号，数字信号只有两个离散值，常用数字 0 和 1 表示。电子数据是指依靠数字技术形成的用二进制代码或其他序列代码表示的数据信息，是通过信号的离散状态的各种可能组合所赋予各种数值或其他信息的方法来承载信息内容的证据。① 视听资料即音像资料，主要包括录音录像、照相及其派生技术所形成的模拟音响与图像，以及基于计算机技术所形成的数字式声像材料。② 前者即传统型视听资料，是依靠模拟电子技术形成的信息，通过信息中的某些特征的具体数值或量（如电压信号的幅度、降位、频率、脉冲信号的幅度或持续时间等）来记载信息内容的证据。后者是数字型视听资料，与电子数据一样，也是依靠数字电子技术形成的信息。举例示之，录像带、录音带运用模拟电子技术，其产生的录音录像资料属于传统型视听资料；光盘录像机运用数字电子技术，其中的录音录像资料属于数字型视听资料。

（二）视听资料、电子数据与电子证据三者之间的关系

视听资料、电子数据与电子证据的关系可用下图清晰表示。(1)左图中圆 A 代表由模拟电子技术生成的视听资料，圆 B 代表由数字电子技术生成的电子数据，圆 C 代表由信息电子技术生成的电子证据。(2)右图中左圆代表视听资料，右圆代表电子数据；A1 代表由模拟电子技术生成的传统型视听资料，B1 代表由数字电子技术生成的非录音录像型电子数据；A2 ∨ B2 代表视听资料与电子数据的交叉部分。

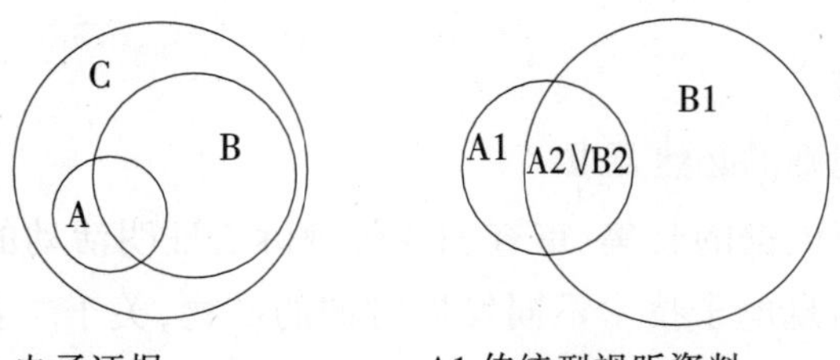

A:电子证据
B:电子数据
C:视听资料

A1:传统型视听资料
B1:非录音录像型电子数据
A2 ∨ B2:视听资料与电子数据的交叉部分

图 2　视听资料、电子数据与电子证据的关系

关于视听资料、电子数据与电子证据之间的关系应厘清以下三个层面的问题：

① 徐睿：《浅析民事诉讼法视野下电子证据的运用》，载《学理论》2012 年第 26 期。

② 陈浩然：《证据学原理》，华东理工大学出版社 2002 年版，第 249 页。

第一,电子证据包含视听资料与电子数据。信息电子技术包括模拟电子技术和数字电子技术,信息电子技术产生电子证据,模拟电子技术产生传统型视听资料,数字电子技术产生电子数据,因此,电子证据包含视听资料与电子数据,即 $A+B\in C$。此外,数字电子技术成为当今信息电子技术的主流,电子数据在诉讼中的运用应多于视听资料,即 $B>A$。

第二,视听资料与电子数据存在交叉部分。视听资料分为模拟电子技术生成的传统型视听资料(A1)与数字电子技术生成的数字型录音录像资料(A2)。电子数据分为数字电子技术生成的录音录像类电子数据(B2)与数字电子技术生成的其他类型的电子数据(B1)。① 数字型录音录像资料或者说录音录像类电子数据是视听资料与电子数据的交叉部分,即 $A2\vee B2$。该交叉部分在形式上属于视听资料,但由于其由数字电子技术产生,实质上属于电子数据,即 $A2\vee B2\in B$。②

第三,交叉部分与非交叉部分的比较。由于数字电子技术的广泛使用,运用模拟电子技术的传统型视听资料急剧减少,越来越多的录音资料与影像资料储存在采用数字技术的电子介质中③,因此,数字型视听资料在诉讼中的运用多于传统型视听资料,即 $A2\vee B2>A1$。电子数据除了录音录像类电子数据外还存在大量其他类型的电子数据,即 $A2\vee B2<B1$。

三、现实选择:电子证据应成为独立的法定证据类型

(一)立法维度分析

1、构建统一证据规则的必然要求

证据规则是指规范证据的收集、审查和评价等诉讼证明活动的准则。④ 视听资料与电子数据是信息电子技术不同发展时期的产物,关于二者的收集、审

---

① 其他类型的电子数据包括:文字处理性的电子数据、图形处理性的电子数据、数据库性的电子数据、程序性的电子数据等。

② 该观点可从《民诉解释》第116条第2款的规定中得到印证,即存储在电子介质中的录音资料和影像资料,适用电子数据的规定。

③ 比如软盘、光盘、硬盘、U盘、CF卡、SD卡、MMC卡、SM卡、Memory Stick、xD卡等。参见百度词条"储存介质"http://baike.baidu.com/link? url=GdIFRI5klYPNGGTkh_qHzIca-G0DCkJw1nsJldQuKYD8KKlOsvdrfKZ9AdgIfaclMnZ8JKZxAX_dj5yBMMsixq,2015年10月11日最后访问。

④ 卞建林:《证据法学》,中国政法大学出版社2002年版,第332页。

查、认定等规则现主要有以下规定：第一，证据收集。如《证据规定》第22条规定计算机数据或者录音录像等视听资料的收集规则。① 可以看出，在证据收集方面，视听资料与电子数据可以适用同一规定。第二，证据审查。虽然《刑诉解释》第92条、93条分别规定了视听资料与电子数据的审查内容。但这两条的内容都是从来源是否合法、是否为原件、制作或收集过程是否合法、内容是否真实、是否具有关联性和全面性和是否存在疑问等方面进行审查。因此，视听资料与电子数据的审查规则具有同一性，将《刑诉解释》第92、93条的审查内容合并可以解决视听资料与电子数据使用混乱的问题。② 第三，证据认定。《刑诉解释》第94条统一规定了视听资料与电子证据的认定规则，没有对二者进行区分。因此，视听资料与电子数据的收集、审查与认定规则实质相同。将电子数据和视听资料合并列入电子证据的范围，对电子证据的收集、审查与认定进行规定，可以避免重复规定、混淆规定等现象，有利于构建统一的电子证据规则。

2、符合法律规范的表达逻辑

电子证据取代视听资料与电子数据，成为独立的法定证据类型，符合法律规范的表达逻辑。首先，可以将视听资料与电子数据合并规定。《民事诉讼法》第63条将视听资料与电子数据分别规定在证据种类的第四项与第五项，而《刑事诉讼法》第48条将视听资料与电子数据一起归于证据种类的第八项。据此，《民事诉讼法》也可以参照《刑事诉讼法》中关于证据种类的划分，将视听资料与电子数据归于同一类。其次，可以将电子证据规定为独立的证据类型。有学者认为规定为电子证据将混淆证据材料与证据；认为规定为电子证据不符合八种法定证据形式在概念上的种属关系，但采用"电子数据"的表述，在概念上便不存在上述逻辑问题。③ 这些观点实质是支持电子证据与电子数据具有同一性，并认为未将电子证据规定为法定证据类型是因为"证据"二字不合理。其实，证据与证据材料的区分，是司法实践中需要重点区分的两个概念，立法关于证据名称的规定不能解决这一问题。书证、物证作为传统的证据类型，立法也称其为"证"没有刻意强调"证据材料"，并未产生混淆证据材料与证据的现象。另外，

---

① 由于原《民事诉讼法》中没有关于电子数据的规定，司法部门对视听资料作扩大解释，把电子数据涵盖其中。

② 杜鸣晓：《论电子数据与视听资料之混淆》，载《上海政法学院学报（法治论丛）》2015年第1期。

③ 何文燕、张庆霖：《电子数据类型化及其真实性判断》，《湘潭大学学报（哲学与社会科学版）》2013年第2期。

我国证据种类的划分具有模糊性，存在“实质证据观”与“形式证据观”并存的现象。① 电子证据作为新式证据的名称，与物证、书证等传统证据类型一样，属于同一层次的概念。值得一提的是“最高人民法院修改后民事诉讼法贯彻实施工作领导小组”编著的《最高人民法院民事诉讼法司法解释理解与适用（上）》对电子数据论述时首先对电子数据进行界定，但后文大多以电子证据为名进行论述。文中电子数据一词共出现 11 次，电子证据一词共出现 20 次。② 用阿图塞阅读马克思《资本论》的话来说，权威机构在编写法律释义时，“看到”但同时又“没看到”或者说“视而不见”电子证据与电子数据的差异性。这也就反映出权威机构对电子证据这一名称的接受性。

（二）理论维度分析

1、满足电子信息技术发展的现实需要

当今信息电子技术的发展呈现如下态势：第一，数字电子技术已成为主流。数字电子技术的发展使电子数据日益增多，视听资料与电子数据交叉的部分也日益增多。为了避免该交叉部分导致实践运用混乱，可以把视听资料和电子数据归入电子证据。第二，模拟电子技术生成的传统型视听资料日趋减少但仍未消失。如运用模拟电子技术的固定电话在家庭和办公场所中仍有使用③，其录制的通话记录基本属于传统型视听资料④，因此，现阶段取消视听资料的规定不具有合理性。但毕竟传统型视听资料日渐减少，为了避免视听资料作为独立的证据类型而被虚置，可以将包括传统型视听资料在内的电子证据规定为独立的法定证据类型。第三，信息电子技术的发展永无止境，我们无法预料模拟电子技术何时退出历史舞台或是否重回历史舞台，更无法预料有何种新形式的电子技术出现。正如亚当·斯密所言：“法律只是那时环境的需要，是那时环境的反映。”⑤从这个意义上讲，制定法会永远落后于社会的发展。但社会发展又有一定规律可循，如果立法者能把握这种变化和发展，立法者制定的法律就会大大缩

---

① 裴苍龄：《新证据学论纲》，中国法制出版社 2002 年版，第 34 页。

② 沈德咏：《最高人民法院民事诉讼法司法解释理解与适用（上）》，人民法院出版社 2015 年版，第 381 页。

③ 据统计数据显示，电话单机产量虽然从 2005 年至今一直呈下降趋势，但 2013 年产量仍有 12540.4 万台。数据来源于 http://data.stats.gov.cn，2015 年 11 月 4 日最后访问。

④ 何家弘：《电子证据法研究》，法律出版社 2002 年版，第 32 页。

⑤ ［英］亚当·斯密：《国富论》，商务印书馆 1987 年版，第 351 页。

小法律与社会发展的间隙。① 基于此,将信息电子技术生成的电子证据规定为独立的证据类型将更有利于法定证据类型的稳定。

2、符合新式证据研究的命名传统

哈耶克曾指出:“在一个传统和惯例使人们的行为在很大程度上都可以预期的社会中,国家的强制力可以降低到最低限度。”②遵循传统的命名方式,一方面能提升立法的可接受性,使立法得到有效贯彻;另一方面有前期丰硕的研究成果作为理论支撑,方便研究成果能体系化地传承与持续性地发展。为了全面了解我国对新式证据的命名情况,可以对我国法学界发表在期刊上的论文进行调查。调查以“中国知网”为数据来源,以“电子证据”“电子数据”“计算机证据”“计算机数据”“数字证据”为检索词,在“诉讼法与司法制度”学科领域的“中国学术期刊网络出版总库”中分别以“主题”与“篇名”为要求进行检索。通过主题检索,得到以检索词为研究主题的论文篇数,通过篇名检索,得到标题中含有检索词的论文篇数。③ 2012 年 8 月 31 日《民事诉讼法》颁布,将“电子数据”规定为新的证据类型,因此,将研究以该日为时间节点分为两个阶段。具体检索结果如表 3 所示:

表 3　从论文数量分析我国学者对新式证据的命名情况④

阶段 类型	2012 年 8 月 31 日之前				2012 年 8 月 31 日至今				合计			
	涉及主题	比例(%)	涉及篇名	比例(%)	涉及主题	比例(%)	涉及篇名	比例(%)	涉及主题	比例(%)	涉及篇名	比例(%)
电子证据	610	76.5	366	87.7	225	55.1	137	59.1	835	69.3	503	77.4
电子数据	75	9.4	29	6.9	169	41.4	93	40.1	244	20.2	122	18.8
计算机证据	31	3.9	6	1.4	2	0.5	0	0	33	2.7	6	0.9
计算机数据	20	2.5	6	1.4	4	1.0	1	0.4	24	2	7	1.1
数字证据	61	7.7	11	2.6	8	2.0	1	0.4	69	5.8	12	1.8
合计	797	100	418	100	408	100	232	100	1205	100	650	100

① 张卫平:《转换的逻辑:民事诉讼体制转型分析》,法律出版社 2007 年版,第 191－192 页。

② [英]F. A. 冯·哈耶克:《个人主义:真与伪》,载《个人主义与经济秩序》,贾湛、文跃然等译,北京经济学院出版社 1991 年版,第 23 页。

③ 应当说这样得到的数据并不包含法学界研究该问题的全部成果,但中国学术期刊往往是法学研究者发表学术观点的主要阵地,因此这些数据能够较准确地反映我国对该问题的研究状况。

④ 表内情况截至 2015 年 6 月 31 日,表中数据不可避免的存在少量重复计算。

分析上述数据,可以得出以下结论:(1)名称使用呈现多样化。学者对新式证据的命名不一,包括电子证据、电子数据、计算机证据、计算机数据、数字证据等。(2)以电子证据为名的研究占绝大多数。在整个研究阶段中,论文标题中含有计算机数据、计算机证据、数字证据的比例都为1%左右,数量屈指可数;论文标题中含有电子数据的比例约为18%,属少数部分;标题中含有电子证据的比例约为77%,占绝大多数。特别是在研究的第一阶段,标题中含有电子证据的比例约为88%,是标题中含有电子数据的论文数量12倍。可见,以电子证据为名进行研究,一直以来是研究该类证据约定俗成的传统。(3)新法出台对名称使用产生影响。2012年《民事诉讼法》将新的证据类型命名为电子数据,标题中含有电子数据的论文日益增多,其比例从7%增加到40%。但在此情况下,仍有约为60%的论文标题中含有电子证据。① 可见,在新法颁布以后,大部分学者仍倾向于以"电子证据"为名对该类证据进行研究。由于真正能得到有效贯彻执行的法律,往往是那些与通行的惯例相一致或相近的规定。② 因此,将符合我国命名传统的电子证据确立为独立的法定证据类型,将有利于法定证据种类规定的贯彻与实施。

(三)实践维度分析

1、解决实践中使用混乱问题的迫切需求

何家弘对法律语言使用混乱做过形象的比喻:"假如对同一动物,有人称之为'猪',有人称之'狗',那么人际思想交流就会遇到'各说各话'的障碍。"③从判决书的载明情况来看,法官对信息电子技术生成的证据运用混乱。例如,同样是手机录音,有的判决书认为是视听资料④,有的判决书认为是电子数据,甚至有的判决书笼统地称其为录音证据。之所以出现这些混乱现象,大致由以下原因所致:第一,法官难以准确理解视听资料与电子数据的本质区别,对视听资料与电子数据的范围认识不清;第二,即使法官能清楚的把握上述问题,也很难区

---

① 不排除有新法颁布前以电子证据为名写作的论文在新法颁布后才发表,但其数量可忽略不计,不影响结论成立。

② 苏力:《法治及其本土资源》,北京大学出版社2015年版,第11页。

③ 何家弘:《短缺证据与模糊事实》,法律出版社2012年版,第24页。

④ 董某诉张某甲离婚纠纷民事判决书,(2015)柘民初字第692号。该判决书写道:"原告提供的证据有:1、手机录音视听资料一份,证明原告让被告回家被告不回来,孩子被告也不带。"

分模拟电子技术与数字电子技术,无法准确判断何为视听资料何为电子数据。法官虽然是法律专家但不是技术专家,特别是许多电子设备运用数字电子技术和模拟电子技术相混合的系统,其中的信息究竟由何种技术产生更无法准确判断。我们必须认识到法律语言的混乱对法律制度和法学理论发展所产生的阻碍和发展,并以积极的态度去面对并解决这个问题。因此,为了解决信息电子技术生成的证据在实践运用混乱的问题,可以将视听资料与电子数据统一归为电子证据,将电子证据确定为独立的法定证据类型,以此避免以上难题的出现,从而有效解决实践中使用混乱的现象。

2、一定程度上提高司法效率

第36次《中国互联网络发展状况统计报告》显示,截至2015年6月,我国网民规模达6.68亿,互联网普及率为48.8%。[①] 互联网的普及将导致纷繁复杂的电子证据出现在司法工作中者面前。由于视听资料与电子数据为相互独立的证据类型,司法工作人员需要花费大量时间区分视听资料与电子数据,如区分某种录音录像资料是属于视听资料还是电子数据;需要针对视听资料与电子数据运用两种不同的证据规则,如采取不同的取证规则、举证规则与审查规则等,如此以往将会降低司法工作效率。以罗纳·德科斯和理查德·A·波斯纳为代表的法律经济学派旗帜鲜明地提出效率目标,中国法学界和司法实践界也在一定程度上认识到了效率目标的重要。[②] 苏力认为在立法时的一个重要考虑就是必须考虑到执法与司法是否可行、是否便利,费用和收益之比是否比采取其他措施的费用受益之比要大。[③] 基于提高司法效率的目标,将电子证据取代视听资料与电子数据成为独立的法定证据类型,能使证据种类在司法实践中地运用更加科学、简洁与便利,司法工作者也将接受与支持此种改变。

结语

在我国证据法学中,几乎每一个概念都存在分歧与争议,这恐怕是证据法学研究落后于其他法学分支学科的表现。视听资料、电子数据与电子证据是伴随信息电子技术而登上历史舞台的新兴事物,其在法律规定、理论研究与实践运用

---

① http://cnnic.net.cn/hlwfzyj/hlwxzbg/hlwtjbg/201507/t20150722_52624.htm,2015年11月21日最后访问。

② 钱弘道:《论司法效率》,载《中国法学》2002年第4期。

③ 苏力:《市场经济对立法的启示》,载《中国法学》1996年第4期。

等方面都存在不同程度的混乱。电子证据包含视听资料与电子数据，使电子证据取代视听资料与电子数据，成为独立的法定证据类型，是解决使用混乱问题的有效途径。电子证据确立为独立的法定证据类型后，应建立切实可行的电子证据规则，包括电子证据收集规则、电子证据保全规则、电子证据举证规则、电子证据质证规则、电子证据审查规则、电子证据认定规则与伪造、篡改、毁灭电子证据应承担的法律责任等，以此为电子证据在诉讼中的运用指明方向、铺平道路。

（赵毅宇：湘潭大学法学院硕士研究生）

实行“判决生效即向胜诉方退还诉讼费用”的阻碍及对策

——以《民诉法解释》第207条为分析视角

段　明

民事诉讼费用制度是民事诉讼制度中极为重要的组成部分，其制度设计的科学与否攸关民事诉讼制度的功能发挥与价值实现。较之民事诉讼的其他制度，诉讼费用制度的研究处于较为边缘的地带，相关立法和司法解释也较为粗疏。现行民事诉讼费用制度的设计中，在技术层面上表露出“重收轻退”的倾向，收取制度日臻成熟与精细，而退费制度却依旧问题重重。诉讼费用退费问题看似简单，却关乎民众对司法效率及司法公信的观感和认知。简单粗疏的退费规定、繁琐迟缓的退费程序及乏善可陈的配套制度，导致诉讼费用“退费难”①成为民事司法中的又一难题，严重影响了民众对司法正义的积极评价。民事诉讼费用“退费难”依其内容不同，存在“减半征收型退费难”与“判决生效型退费难”之分。前者是指《诉讼费用交纳办法》规定调解结案、申请撤诉、简易程序等数类减半征收案件受理费的案件类型，其“退费难”主要体现在退费程序繁琐上，经过程序改造和技术提升，难题已经基本解决；后者是指《民诉法解释》规定的“判决生效即向胜诉方退换诉讼费用”的执行困境，其“退费难”主要体现在多数法院尚未严格执行这一规定，胜诉当事人根本就无法退费成功。鉴于解决“减半征收型退费”的难度较小，而解决“判决生效型退费难”的紧迫性及重要性较为强烈，因此本文将研究对象确立为“判决生效型退费难”的分析及解决上。

---

① “退费难”是指民事诉讼当事人在申请法院退还诉讼费用过程中，需要经历繁琐的退费程序，耗费较高的退费成本，而且能否顺利退费成功难以预期。

文中涉及实证分析的资料主要来源于笔者在中部地区 H 省的 1 个中级法院和 4 个基层法院的调研，以及笔者在中国裁判文书网搜罗和查阅的裁判文书。通过研究，本文将分析“判决生效即向胜诉方退还诉讼费用”的执行现状，探寻其“退费难”的成因，并在此基础上提出相关解决对策。

一、“判决生效即向胜诉方退还诉讼费用”的立法分析

（一）立法变迁

民事诉讼收费自古有之，“衙门大门朝南开，有理无钱莫进来”是古代诉讼的现实图景，而民事诉讼退费则是现代国家的诉讼制度中才有的制度。中国现代民事诉讼费用立法发端于 1982 年《中华人民共和国民事诉讼法（试行）》的颁布，彼时对民事诉讼费用的规定只有一个条文。① 尔后，最高人民法院于 1984 年专门制定《民事诉讼费用收费办法（试行）》，其中并无关于诉讼费用退费的规定。其后，1984 年《民事诉讼费用收费办法（试行）》为 1989 年《人民法院诉讼收费办法》所替代，其中规定“当事人凭交款收据和判决书、裁定书或者调解书，向人民法院结算诉讼费用，多退少补”。至此，法律规定中才首次出现诉讼费用退费的规定，然其仍非现今意义上的“判决生效即向胜诉方退还诉讼费用”，而只是普通收纳制度上的“多退少补”，并不涉及当事人之间的胜负裁判及费用分担。随后，1991《民事诉讼法》及其司法解释中，对于诉讼费用退费问题也是“只字未提”。1996 年最高人民法院发布《〈人民法院诉讼收费办法〉补充规定》，诉讼费用退费问题仍然是“无人问津”。1999 年财政部联合最高人民法院制定《人民法院诉讼费用管理办法》进一步规范了诉讼费用的收费问题，提出了“收支两条线”的规定。关于诉讼费用退费问题也作了部分规定，如“将诉讼费用的专用票据分为预收、退费、结算三类，实行全国统一式样”“各级人民法院可根据审判工作的实际需要，用财政拨付的业务补助经费，按全年诉讼费用收入的一定比例或数额建立备用金，专门用于支付应退还的预交诉讼费用和其他诉讼费用的支出”，民事诉讼费用退费制度的雏形基本形成。2006 年国务院制定《诉讼费用交纳办法》，规定实行“诉讼费用由败诉方负担，胜诉方自愿承担除外”。紧随其后，最高人民法院于 2007 年发布《关于适用〈诉讼费用交纳办法〉的通知》，其中

---

① 《中华人民共和国民事诉讼法（试行）》第 80 条：“当事人进行民事诉讼，应当依照规定缴纳案件受理费。财产案件，除交纳案件受理费外，并依照规定交纳其他诉讼费用。收取诉讼费用的办法另行制定。”

第3条规定"诉讼费用由败诉方负担,胜诉方自愿承担的除外。对原告胜诉的案件,诉讼费用由被告负担,人民法院应当将预收的诉讼费用退还原告,再由人民法院直接向被告收取,但原告自愿承担或者同意被告直接向其支付的除外。当事人拒不交纳诉讼费用的,人民法院应当依法强制执行"。然而,这一规定在民事司法实践中并没有收到理想的执行效果,甚至一定程度上被束之高阁。2015年最高人民法院发布《民诉法解释》,将《关于适用〈诉讼费用交纳办法〉的通知》第3条的规定修改后引入《民诉法解释》。修改之处在于将诉讼费用的退费问题作了更加明确的规定,"判决生效后,法院应将胜诉方预交但不应负担的诉讼费用退还"。

纵览民事诉讼法律中诉讼费用退费制度的立法变迁,可以得知诉讼费用退费规则体系由分散复杂逐渐过渡到清晰明确。规则变迁中又不乏反复的现象,如"备用金制度"的建立与撤销,在一定程度上影响了诉讼费用退费机制的实施与完善。

(二)立法背景

《民诉法解释》之所以明文规定"判决生效即向胜诉方退还诉讼费用",既是基于民事司法现状的考量,也是契合民事诉讼基本原理的需要。民事诉讼费用退费问题是民事司法实践中无时无刻不在面临的实际问题,尤其是2007年《诉讼费用交纳办法》的实施,民事诉讼中减半收取诉讼费用的范围扩大①,加之法院调解的盛行,使得民事诉讼中减半收取案件受理费的案件数量不断增加。而现实的司法环境是退费案件的增加,却没有完善的退费机制与之相配,导致诉讼费用"退费难"问题成为民事司法中的痼疾之一。"判决生效即向胜诉方退还诉讼费用"的规定公布之前,诉讼费用退费机制主要存在以下几个方面的问题:

第一,退费数额较大导致法院垫费较多,增加法院经费压力。根据现有法律的定义,法院收取的诉讼费用属于国家财政性资金,其收取、分配和使用要纳入财政管理。法院经费保障体制实行"收支两条线"的原则,法院收取的诉讼费用必须上缴国库,而法院的退费资金并没有纳入财政预算,以致法院没有足够的资金进行退费,甚至有部分法院每年退费数额高达千万元,在退费资金没有纳入经费预算的情况下,往往需要法院自行垫付,垫付过多导致法院不堪重负。同时,部分当事人因为退费数额较小,如劳动争议案件受理费只收十元,减半收取则是

① 《诉讼费用交纳办法》第15条规定:"以调解方式结案或者当事人申请撤诉的,减半交纳案件受理费";第16条规定:"适用简易程序审理的案件减半交纳案件受理费。"

五元，而当事人对此往往是毫不在意，十分不情愿去法院办理退费手续，导致法院退费工作无法进行，既造成资金沉淀在法院无法处理，也影响案件顺利及时归档。

第二，各地退费方式做法不一，影响民事司法的统一性。因为目前尚未制定统一的退费机制，导致全国各地法院的做法各有不同。笔者调研过程中发现，不同地市法院的退费程序各有不同，甚至同一地市辖区的基层法院在退费程序上也有差异。有的法院诉讼费用收取后，并不直接上缴国库，而是待案件判决生效退费后，再将诉讼费用上缴国库，而这显然是与法律规定的"收支两条线"相背离的；有的法院直接从法院的财政经费中办理退费手续，而这些法院主要是经济较为发达，经费保障较为充足的法院；还有的法院以财政拨付经费的方式拨入拨付法院，委托法院进行退费，而此种做法主要存在于经济欠发达，经费保障相对不足的法院。做法各异的退费程序所体现的是民事司法的不统一性，而这对当事人实体正义与程序正义的保障而言，都是一种隐性的威胁。

第三，退费程序繁琐，容易造成当事人讼累。目前法院的经费来源于地方财政的供给，法院所有的费用支出都必须向财政部门申请审批，而严格的财政审批程序致使诉讼费用退费程序极为繁琐，时间较为拖沓，引发当事人不满。部分当事人抱怨，法院收取诉讼费用，要求当事人必须 7 日内交纳，而向当事人退费则 70 天内也未必能顺利退回。而且当事人在向承办法官寻求退费帮助时，往往求助无门，因为承办法官无权管理财务，这就会增加当事人对民事审判工作的不满。另外，部分案件受理费较低的案件，当事人完成退费程序所耗费的成本已经远远高于退费，引发当事人的得不偿失之感，以及对民事司法程序的无奈之感。

致使上述问题存在的原因，既有制度缺失，也有人为壁垒。制度缺失主要是因为统一的退费规则尚未制定，导致司法实践中乱象丛生。《诉讼费用交纳办法》第 52 条第 2 款规定："依法应当向当事人退费的，人民法院应当按照国家有关规定办理。诉讼费用缴库和退费的具体办法由国务院财政部门商最高人民法院另行制定。"然而时至今日，财政部仍未商最高人民法院颁布相关规定。因此，制度的缺失是引发诉讼费用退费难的主要原因。而造成退费的因素当中，也不乏人为壁垒的存在。部分工作人员在处理退费工作过程中存在态度不端正、不一次性告知等现象，以致当事人来回奔波，徒添成本。因此，民事诉讼费用退费难的问题的解决，应当以制度缺失的弥补和人为壁垒的破除为进路。

（三）立法意义

基于对前述诉讼费用退费机制的反思，《民诉法解释》专门规定"判决生效

即向法院退还诉讼费用”,力图逐步解决民事审判中的退费难问题。具体而言,这一规定的出台具有如下几点现实意义:

第一,保障当事人权益,实现诉讼正义。根据现有法律规定,诉讼费用的负担实行“败诉方负担”原则。原告、上诉人、反诉人及申请人在启动相关诉讼程序之前,都需交纳诉讼费用,如果败诉,诉讼费用自然由他们承担;如果胜诉,诉讼费用应由败诉方承担。而现实的民事诉讼现状是,原告预交诉讼费用并获得胜诉判决后,之前交纳的诉讼费用由于多方面的因素难以收回,致使许多原告“赢了官司输了钱”。尤其是法院仍然存在“执行难”问题,对胜诉原告而言更是雪上加霜。胜诉原告不仅不能实现判决的实体权益,甚至连预交的诉讼费用也难以挽回,常常陷入“赔了夫人又折兵”的司法窘境。因此,规定“判决生效即向胜诉方退还诉讼费用”,能够使胜诉方无需进入执行程序即可收回诉讼费用,避免其因执行不力而承担无法收回诉讼费用的风险。如此做法,既能保障胜诉当事人实体权益的实现,也符合当事人程序保障的要求。

第二,充分发挥诉讼费用的制约和惩戒功能。诉讼收费和退费作为两种程序设计,背后都承载着特定的诉讼功能。之所以在立案阶段必须向原告收取诉讼费用,目的之一在于制约当事人的无理诉讼与恶意诉讼。而退费环节规定“判决生效即向胜诉方退还诉讼费用”,并向败诉方收取,目的在于惩戒败诉方的不法行为,因为败诉方需要对因自己的行为造成的损失承担赔偿责任。而现实的尴尬在于许多案件虽然将诉讼费用判决由败诉方承担,但因为法院执行不力,难以通过诉讼费用发挥惩戒败诉方的功能。现在明确规定,判决生效之后即向胜诉方退还诉讼费用,而由败诉方交纳,若败诉方不交纳,法院可以强制执行。如此一来,不仅能够保证胜诉当事人及时收回不应由自己负担的诉讼费用,而且可以及时地对败诉当事人进行诉讼惩戒。

第三,倒逼法院主动履行执行职能。尚未规定“判决生效即向胜诉方退还诉讼费用”之前,法院往往怠于行使执行权以保障胜诉方的权益,因为即使无法收回诉讼费用,最终承担风险的仍然是胜诉方。因此,法院在利益无涉的情境下,对于诉讼费用的执行并不上心。如今则不同,判决生效后就应立即向胜诉方退还诉讼费用,退费资金由法院自身负责,诉讼费用无法收回的风险也由胜诉方转移至法院。基于法院自身利益的维护,其必然会加强执行力度,竭力向败诉方执行诉讼费用,尤其是对于部分经费保障与诉讼费用收入尚未完全脱钩的法院而言,若不积极向败诉方收取诉讼费用,诉讼费用的流失将严重影响法院自身的经费保障。

第四,提升审判权威与司法公信。目前,诉讼费用退费难问题在民事司法实践中已经成为法院提升审判权威与司法公信的重要阻碍。尽管有些案件所要退还的诉讼费用金额较少,但繁琐的退费程序及久退不还的现象,已经影响当事人对审判权威与司法公信的感知和认同。而且,在判决书明确规定由一方当事人承担诉讼费用的情况下,部分当事人仍然拒不执行,对于民事审判的权威而言,也是极大的损害。因此,通过向胜诉当事人及时退还诉讼费用,并向败诉方积极执行诉讼费用,对于提升审判权威与司法公信而言,无疑具有巨大的作用。

二、"判决生效即向胜诉方退还诉讼费用"的实践现状

《民诉法解释》自2015年2月4日施行以来,已有数月之久。"判决生效即向胜诉方退还诉讼费用"的规定相对于司法解释的其他内容来说,并未引起理论界与实务界的过多关注。然而这一规定对于基层法院工作人员而言,却极其重要,因为其关涉基层司法工作人员的日常工作,以及胜诉当事人的基本权益。为此,笔者通过深入法院实地调研、咨询律师及相关群体以及查看裁判文书的方式,对这一规定在司法实践中的实施情况作一全面分析。总体而言,"判决生效即向胜诉方退还诉讼费用"在民事司法实践中的执行情况并不尽如人意。具体来说,关于这一规定,主要存在以下几种实施现状:

(一)依规执行

自《民诉法解释》实施以来,部分法院开始严格按照"判决生效即向胜诉方退还诉讼费用"规定,从判决书中关于诉讼费用的裁判方式,到诉讼费用的退费程序都做了相应的改革。尤其是"司法为民"理念的指引下,部分法院相较以往更加注重当事人权益的维护,以及司法效率的提升。改革诉讼费用退费程序既是保障胜诉当事人合法权益的重要途径,也是提升民事司法效率的重要方式,能够较快的提升民众对民事司法正义的满意度和认同感。通过查阅中国裁判文书网公布的自2015年2月4日起判决的民事案件发现,在裁判文书中体现"判决生效即向胜诉方退换诉讼费用"的法院并不多见,只发现零星几个法院已对裁

判文书中诉讼费用的裁判方式做了契合该规则的改进（如表1）。① 并且，如下几个已作相应修改的法院并非对每一份裁判文书都采取同样的撰写方式，许多裁判文书依旧沿袭原有的裁判方式，只对诉讼费用的负担加以判决，并无配合司法解释作相应修改。因此，相对科学的结论是全国真正贯彻执行这一新规的法院为数不多，且法院分布也没有特定的规律，是否执行这一规定主要取决于法院积极践行"司法为民"的态度和能力。

表1　部分法院"依规执行"的裁判样式

法　院	案　号	判决样式
甘肃兰州市城关区人民法院	（2014）城民渭初字第519号	案件受理费4082元，减半收取2041元，原告万双宝负担41元，被告王强负担1000元，被告王嘉伟负担1000元。原告万双宝多预交案件受理费2000元予以退回，如被告王强、王嘉伟拒不交纳诉讼费用，依法强制执行。
新疆维吾尔自治区乌鲁木齐市天山区人民法院	（2015）天民三初字第488号	案件受理费925元（原告已预交），减半收取462.5元，由原告负担，剩余案件受理费由我院退还原告。
江苏南京市玄武区人民法院民事判决书	（2015）玄锁民初字第562号	本案案件受理费4284元，减半收取2142元，由原告严齐顺负担1087元，由被告刘波负担1055元（此款原告已预交，刘波在支付上述借款时加付此款给原告，原告预交的案件受理费余款2142元由本院退回）。

（二）拒不执行

通过调研和咨询发现，针对"判决生效即向胜诉方退还诉讼费用"这一新规定，大部分法院采取的是"按兵不动"，甚至是"视而不见"的态度。笔者于2015

① 因为全国数量众多，无法一一查阅各地法院的每一份裁判文书。因此笔者轮流抽样查阅了全国32个省级法院（含新疆生产建设兵团），以及最高人民法院的裁判文书，从而得出相应结论。其中的误差在于有些法院虽然没有对裁判文书的诉讼费用内容作相应修改，但并不代表没有执行"判决生效即向胜诉方退换诉讼费用"的规定。查阅裁判文书只是笔者了解这一规定实际执行的方式之一，除此之外，笔者还通过实地调研、网络咨询法官群体及律师群体等方式，以期更加全面地了解这一规定的执行现状。

年6月至8月曾就诉讼费用退费问题实地调研了中部地区H省的1个中级法院和4个基层法院发现,法院对这一新规虽然都已熟知,但却没有一家法院依照规定执行。此外,笔者通过网络咨询了数位不同地区的律师发现,全国大部分法院虽知有这一规定,却没有严格执行。有的法院以“判决生效即向胜诉方退还诉讼费用”不符合司法实践现状,不具备执行基础而拒绝执行或反对这一规定;有的法院以“诉讼费用是诉讼费而非胜诉费”的荒唐理由,向当事人及代理人拒绝退还诉讼费用;还有的法院则是在不说明任何理由的情况下,拒绝退还。甚至有的法院在签发《确认送达书》时,在《确认送达书》底端添加“结案时不向法院申请退还预交的诉讼费用”的事项,以此“蒙骗”当事人在判决生效时无法申请退还诉讼费用。另外,据查阅全国各地判决书发现,目前大部分法院没有将“判决生效即向胜诉方退还诉讼费用”的立法精神体现于裁判文书之中(如表2)。①因此,可以初步得出结论“判决生效即向胜诉方退还诉讼费用”在司法实践中“形同具文”,并未得以贯彻执行,诉讼当事人及代理人仍对法院退费程序“心存不满”。

表2　部分法院“拒不执行”的裁判样式

法　院	案　号	判决样式
河北石家庄市长安人民法院	(2014)长民二初字第45号	案件受理费1071元,由被告负担。
山西长治市长治县人民法院	(2015)长民初字第00779号	案件受理费50元,减半收取25元,由被告彭玉书被告彭玉兵各承担12.5元。
内蒙古呼和浩特市新城区人民法院	(2014)新民一初字第389号	诉讼费:案件受理费人民币266元(原告已预交),由被告内蒙古业成房地产开发有限责任公司承担。
辽宁沈阳市沈河区人民法院	(2015)沈河民五初字第1245号	案件受理费人民币50元,公告费人民币800元,由被告张铭纯负担。

① 一如前注,囿于法院数量众多及篇幅考虑,各地裁判文书的做法无法一一体现于表格之中,故仅挑选部分法院的做法,以兹佐证。另外,裁判文书的内容只是体现是否执行“判决生效即向胜诉方退换诉讼费用”的一个侧面,并不完全代表审判实际中的原貌,或有部分法院虽未对裁判文书作相应改革,但却已经实行这一新规。

续表

法　院	案　号	判决样式
辽宁朝阳市龙城区人民法院	(2015)朝龙民一初字第00600号	案件受理费50元,减半收取25元,由被告常某某负担。
福建省福州市鼓楼区人民法院	(2015)鼓民初字第4078号	本案诉讼费348元(原告预交696元),由被告郑芳负担。
吉林长春市南关区人民法院	(2013)南民初字第1942号	案件受理费9216元减半收取4608元,由原告负担。
山东省济南市市中区人民法院	(2015)市民初字第53号	案件受理费9170元、财产保全费3520元,均由被告王艳军承担。
河南省郑州市中原区人民法院	(2015)中民二初字第967号	案件受理费13682元、保全费5000元,原告郑州怡丰自控工程有限公司负担50元,被告河南长城信息技术有限公司负担18632元。
湖北省武汉市江岸区人民法院	(2015)鄂江岸民商初字第00579号	案件受理费200元、邮寄费20元,合计220元,由原告余沿胜负担50元,被告武汉文琦商贸有限公司负担170元。
上海市长宁区人民法院	(2015)长民一(民)初字第4899号	案件受理费人民币4300元,因本案适用简易程序审理,减半收取计人民币2150元,由被告蒋峥负担。
广东广州市白云区人民法院	(2015)穗云法民二初字第1463号	本案受理费13962元、保全费5000元,由被告钟建元、钟柳霞负担。
广西壮族自治区南宁市兴宁区人民法院	(2015)兴民一初字第1199号	案件受理费2900元,由被告覃福添负担。
海南海口市龙华区人民法院	(2015)龙民二初字第15号	本案案件受理费33806元,由原告胡志勇负担7732元,被告海南龙诚投资有限公司负担26074元。
云南昆明市盘龙区人民法院	(2015)盘法派民初字第1038号	案件受理费人民币4845元减半收取2422.5元及保全费人民币1700元共计4122.5元,由被告陈国荣负担。
青海省西宁市城中区人民法院	(2015)中民一初字第456号	案件受理费14255元(原告已预交),由原告重庆某某建设有限公司青海分公司负担。

(三)异化执行

介于“依规执行”和“拒不执行”之间的诉讼费用退费的实践样态就是“异化执行”。《民诉法解释》实施之后,法院一方面迫于法律实施以及胜诉当事人据理力争的压力,另一方面又无奈于执行基础不足,因此催生出“异化执行”的实践方式。经笔者网络咨询部分地区的律师发现,法院异化执行“判决生效即向胜诉方退还诉讼费用”的方式主要有如下几种:(1)立案时需要原告签署“结案时,不向法院申请退还诉讼费用,而由败诉方直接交给胜诉方”的《同意书》或《声明书》,否则不予立案;(2)法院在裁判文书中写明诉讼费用由败诉方负担,败诉方须在特定期限内向法院交纳,或在特定期限内直接向胜诉方给付;(3)法院只有在胜诉当事人或代理人“死缠烂打”,围困办案法官及法院领导,法院迫于无奈时才向当事人退还诉讼费用。关于第二类“异化执行”的表现形式,从部分法院的裁判文书中也可找到验证(如表3)。法院“异化执行”司法解释新规,虽说也能将诉讼费用退还胜诉方,但从程序正义的角度而言,其执行方式仍然有违《民诉法解释》的“真意表达”,也无益于提升民众对司法效率及司法正义的认同。故质而言之,“异化执行”仍属于“拒不执行”,只是其危害程度略低于“拒不执行”而已。

表3　部分法院“异化执行”的裁判样式

法　院	案　号	判决样式
北京市石景山区人民法院	(2015)石民初字第5042号	案件受理费25元,由北京金海韵健身有限公司负担(于本判决生效后七日内交纳)。
天津市和平区人民法院	(2015)和民四初字第0617号	案件受理费50元,全部由被告齐春荣负担(于本判决生效后十日内直接给付原告)。
浙江杭州市西湖区人民法院	(2015)杭西泗商初字第563号	案件受理费减半收取1025元,由被告周建华负担,于判决生效之日起十日内交纳至本院。
贵州省贵阳市云岩区人民法院	(2015)云民商初字第426号	案件受理费7184元,减半收取3592元,由被告吴某某负担(该款原告已预交,被告在履行本判决时一并支付给原告)。

续表

法　院	案　号	判决样式
重庆市江北区人民法院	（2015）江法民初字第01133号	本案案件受理费1026元、公告费800元，合计1826元，由被告徐强负担。此款已由原告重庆迪彩建筑材料有限公司交纳，被告徐强在履行前述义务时将其应当承担的案件诉讼费1826元直接支付给原告重庆迪彩建筑材料有限公司。
江西南昌市东湖区人民法院	（2015）东民初字第975号	本案由原告陈前辉预交受理费人民币1700元，财产保全费820元，合计2520元，由被告赵秋萍承担（此款随上述款项一并给付原告）。
湖南省长沙市岳麓区人民法院	（2015）岳民初字第03216号	本案案件受理费23537元，保全费5000元，共计28537元，由被告田磊、郭紫君、新疆众成新型建材有限公司共同负担（此款已由原告先行垫付，被告在给付上述款项时一并给付原告）。
陕西西安市新城区人民法院	（2015）新民初字第00397号	案件受理费100元，由被告郭涛承担（原告已预交，被告直付原告）。
新疆生产建设兵团阿拉尔垦区人民法院	（2015）阿民初字第00918号	案件受理费360元，减半收取180元（原告已预交），由原告王艺负担10元，被告阎国升、王从勤负担170元（同上述义务一同履行）。

纵观上述三类执行方式，能够得出初步结论：“判决生效即向胜诉方退还诉讼费用”在实践中并未得以顺利实施，其立法目的也未能如解释制定者所愿，民众对法院退费难的不满并未减轻，反而因为部分法院“有法不依”而增加民众对民事审判工作的不满。实践问题已如前述，现在的问题在于深究其背后的深层次的原因，究竟是观念的阻碍还是制度的缺失。

三、“判决生效即向胜诉方退还诉讼费用”实践异化的原因分析

《民诉法解释》规定“判决生效即向胜诉方退还诉讼费用”，是符合民事司法实践实际需要的，也是契合民事诉讼理论需要的，其规定和执行对构建公正高效权威的民事司法制度具有重要意义。为何法院在执行过程中却依旧乱象丛生，

其背后必然是有多种原因,就目前而言,主要存在以下几个方面的阻碍:

(一)法院固有观念束缚

自古以来,民众"交钱打官司"的思想观念已经根深蒂固。就法院而言,向当事人收取诉讼费用是理所当然的,而向当事人退还诉讼费用却并未引起应有的重视,法院"重收轻退"的观念也逐步形成,并体现在民事诉讼费用的立法及司法实践中。法院应向胜诉方原告退还诉讼费用的规定,早在2007年即已发布,然而这一规定在民事司法实践中却并未得以真正落实,法院在审判工作中对这一规定几乎是"视而不见"。民事审判实践中关于诉讼费用的实体处理,法院往往只是依照《诉讼费用交纳办法》中"诉讼费用由败诉方负担,胜诉方自愿承担的除外"的规定,对诉讼费用的负担及比例作一简单写明,并无关于退费的任何说明;程序处理上,诉讼费用的负担都是在执行程序中一并实现,而在"执行难"的司法环境下,胜诉当事人往往只能吞下"赢了官司输了钱"的苦果。

久而久之,"向胜诉方退还预交的诉讼费用"之规定逐渐被遗忘,而代之以败诉方直接向胜诉方退还,或法院在执行程序中一并解决诉讼费用的负担问题。目前审判实践中,退还诉讼费用只限于适用简易程序、调解、撤诉等案件减半收取诉讼费用的情形,鲜有胜诉当事人在判决生效后申请退还预交的诉讼费用,即使申请也是无功而返。即使《民诉法解释》对退费事项作了重申,然而囿于法院固有观念的束缚,这一规定在司法实践中仍然"寸步难行"。因此,法院固有的"重收轻退"的观念,以及以此为基础建构的诉讼费用收退程序都是阻碍"判决生效即向胜诉方退还诉讼费用"的因素。

(二)退费技术平台滞后

退费技术平台是指法院退还诉讼费用的流程及技术支撑。目前法院诉讼费用退费技术平台落后主要体现在退费程序繁琐、退费成本高、技术信息化差等方面。退费程序繁琐是退费当事人最为抱怨的方面,退费过程中往往需要承办法官、庭室负责人、财务负责人以及分管院长逐一签字。如图1"XX法院退费工作流程图"①所示,调解、撤诉等案件的退费程序已经如此繁杂,更何况是"判决生效即向胜诉方退还诉讼费用"的案件,而全国大部分法院的退费程序都是如此繁琐不堪。倘若只需胜诉当事人办理申请退费事项,其他审判程序由法院工作

① 该退费工作流程图是笔者在中部地区H省省会城市的市辖区W法院调研过程中,在该院立案庭发现的。另外,该立案庭负责人详细介绍了退费工作的困难之处,并认为"判决生效即向胜诉方退还诉讼费用"尚不具备执行基础,该院目前仍未执行这一新规。

人员负责,尚可减轻当事人的退费负担。而现实是部分法院将退费工作全部交由当事人负责,法院只是提供一个退费流程指引,繁琐的退费程序又需要当事人“过五关斩六将”。因此当事人退费的现实图景就是,当事人往往会在法院与财政部门之间忙的晕头转向,倘若遇上相关工作人员不在,又不得不改日再来,常常遭遇“竹篮打水一场空”的窘境。繁琐的退费程序必然导致诉讼当事人退费成本的提升。因为大多数当事人并不十分熟悉特定法院的诉讼费用退费流程,并且许多法院禁止代理人代为退费,所以导致部分当事人来回奔波法院,其退费成本的增加也就无可避免了。另外,部分法院信息化建设落后,也是导致退费技术平台落后的原因之一。尤其是许多中西部地区基层法院的司法信息化建设相对于东部地区而言,已经十分落后,而信息化水平恰恰又是提升退费效率的重要基础,所以加强退费技术平台的信息化建设是未来完善退费程序的重要方向。

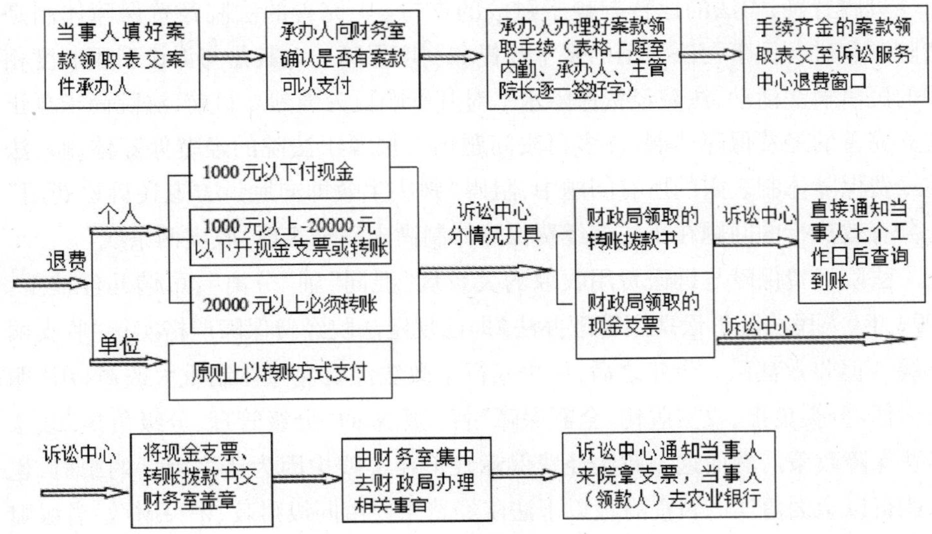

图 1　XX 法院退费工作流程图

(三)生效裁判执行不力

“执行难”是民事司法实践中被诟病已久的问题,即使民事司法改革中已经采取许多措施旨在消除此一顽疾,然而囿于整体司法制度及法治环境的限制,“执行难”的困境仍未得以真正破解。执行程序作为民事诉讼的最后阶段,不仅关系当事人实体权利的实现与否,其还与诉讼费用的退费程序密切相关。民事审判中,诉讼当事人之所以对退费问题抱怨不断,主要是因为目前许多生效裁判难以执行到位,导致很多胜诉当事人不仅难以实现生效裁判中的应有权益,甚至因为诉讼费用负担的执行不力而增加损失。《民诉法解释》规定“判决生效后即向胜诉方退还诉讼费用”，而由败诉方向法院交纳，若当事人拒不交纳诉讼费用，法院可以强制执行。生效裁判的有力执行，不仅体现在对裁判中实体权益的执行，也应当体现在对败诉方向法院交纳诉讼费用的执行。而在民事司法“执行难”尚未得以全面解决的现实下，法院已经存在大量的执行积案，执行压力已经不堪重负，若再将败诉方交纳诉讼费用纳入法院执行，必将再次加重法院的执行负担。现实中存在法院要求败诉方向胜诉方直接交付诉讼费用的现象也就不足为奇了，因为法院本就无暇执行诉讼费用，况且诉讼费用相对于其他判决而言，数额较小。因此，“判决生效即向胜诉方退还诉讼费用”的有效执行有赖于法院高效运行的执行制度的建构。

（四）法院经费保障不足

毋庸置疑，司法的运转有赖于财政的支持。① 完善的法院经费保障体制是法院顺利进行民事司法活动的基本前提和制度保障。尤其是与诉讼费用制度相关的民事司法活动，法院经费保障水平对其影响更为强烈。目前，法院尚未真正建立完善的经费保障体制，许多司法问题仍然根源于法院的经费保障体制。法院经费保障体制表露的所有问题中，阻碍“判决生效即向胜诉方退还诉讼费用”充分有效执行的问题在于法院经费保障体制尚未完全实现“收支两条线”。

法院经费保障与诉讼费用收取的关系从“混同”到“分离”，可谓几经波折。1999 年《人民法院诉讼费用管理办法》即已规定法院经费保障严格实行“收支两条线”，但收效甚微。十年之后，中央实行了政法经费保障体制重大改革，用“明确责任、分类负担、收支脱钩、全额保障”替代原来的“分级管理、分级负担”政法经费保障政策。然而这一政法经费保障政策在实践中因为诸多因素的掣肘，也未能得以全面落实。目前省级以下法院经费主要由同级财政、中央财政、省级财政共同保障，并体现出“同级负担为主，上级负担为辅”的特征。② 根据笔者在法院调研发现，法院经费保障与诉讼费用收入之间的关系依旧“暧昧不明”，地方财政依然存在根据法院的诉讼费用的实际收入，核定法院经费预算，甚至直接将

① [美]史蒂芬·霍尔姆斯、凯斯·R 桑斯坦:《权利的成本:为什么自由依赖于税》，毕竟悦译，北京大学出版社 2004 年版，第 28 页。

② 左卫民:《中国基层法院财政制度实证研究》，载《中国法学》2015 年第 1 期。

诉讼费用折抵返还。① 根据最高人民法院行装局的调研结果也显示"目前法院的诉讼费和罚没收入严格执行收支两条线管理,全额上缴国库,但在安排预算资金方面收支挂钩、明脱暗挂的现象在一些地方仍比较普遍"。② 而形式意义上的"收支两条线"与实质意义上的"收支暗挂"形象,同样影响法院对于"判决生效即向胜诉方退还诉讼费用"的执行态度。法院及其工作人员出于自己切身利益考虑,自然不会轻易将已经收取的诉讼费用退还给胜诉当事人,因而才会选择拒绝向当事人退还,或者由败诉方直接向胜诉方给付。因此,"判决生效即向胜诉方退还诉讼费用"执行困难的要害就在于法院经费保障的"收支暗挂",法院不可能牺牲自己的利益而去保障当事人的利益。

四、"判决生效即向胜诉方退还诉讼费用"执行困境的破解之道

如前所述,"判决生效即向胜诉方退还诉讼费用"在民事司法中之所以难以付诸实践,既因民事诉讼费用退费自身程序设计的不足,也因相关配套机制的不成熟。因此,破解"判决生效即向胜诉方退还诉讼费用"的执行困境,既需要从退费程序自身入手,亦应完善与退费相关的制度保障。

(一)规范诉讼费用退还程序

至今为止尚无统一确定的诉讼费用退费程序及相关规定,是阻碍"判决生效即向胜诉方退还诉讼费用"的主要障碍。也正因如此,许多地方法院对司法解释的相关规定熟视无睹,并质疑和抗拒新规的执行。因此,制定并规范诉讼费用退费程序是破解"判决生效即向胜诉方退还诉讼费用"执行困境的首要任务。

1. 改革过去诉讼费用的判决方式

裁判文书是体现人民法院审判活动、裁判理由、裁判依据和裁判结果的重要载体。司法改革的背景之下,各地人民法院纷纷做出了裁判文书改革的相关尝

---

① 调研访谈中部地区H省C市中级人民法院财务部门时,该部门负责人表示:目前我院对诉讼费的管理实行"收支两条线",即法院收取的诉讼费全额上缴财政,由财政统筹后,再以"补助经费"返还给法院。然而,在现实运行中的"收支两条线"只是一种形式,法院诉讼费仍然是核定经费的重要依据,法院多收,财政多安排,法院少收,财政少安排。比如说编制财政部门的部门预算时有专门的非税收入审核表和成本申报表,表中需填列该年度需完成的非税收入基数及返还数,而且财政要求基数须每年递增,年底财政是否给予奖金指标则是建立在是否完成此基数任务上,我们单位也依此基数给各庭室安排任务、给予奖励以鼓励干警努力完成财政规定的征收任务。而这其实就是变相的"以收定支""收支挂钩"。

② 唐虎梅、李学升等:《人民法院经费保障体制改革情况调研报告》,载《人民司法》(应用版)2013年第21期。

试和探索。其中,民事判决书直接涉及民事案件胜负结果和当事人实体利益分配,是裁判文书改革中的重中之重。① 诉讼费用分担作为判决书中必须判明的事项,其判决方式与当事人的实体利益息息相关。如何实现判决主文的诉讼费用负担事项,不仅取决于费用负担的合理性,也有赖于诉讼费用负担的判决方式。传统的民事判决书中只对诉讼费用的负担作简要规定,如“本案诉讼费用XXX元,原告负担XXX元,被告负担XXX元”,而就如何履行该费用判决并无相关说明。正因缺乏具体的履行说明,诉讼费用的判决往往难以及时有效履行。《民诉法解释》已对判决生效后诉讼费用履行,作了明确具体的规定。民事判决书改革应当契合和体现这一司法解释的规定,对诉讼费用的判决方式作相应的改革。改革判决书中诉讼费用的判决方式可以为:如需退费,判决书中写明法院应向胜诉方退费,以及败诉方于特定期限内向法院交纳,否则法院可以强制执行;如无需退费,判决书中只需写明原被告的诉讼费用负担数额。具体方式如图2。

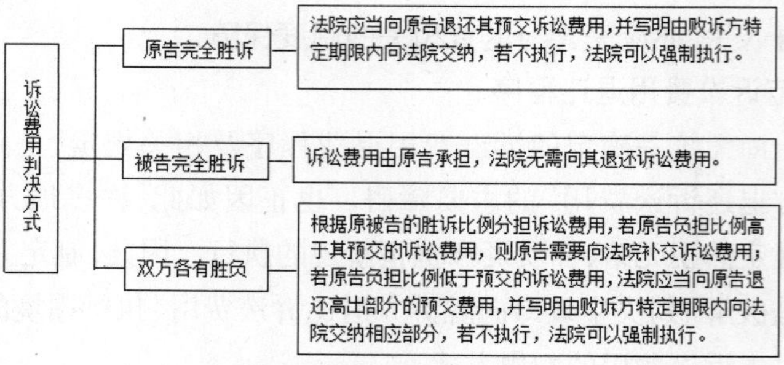

图2 诉讼费用判决方式

2. 建立退还诉讼费用备用金制度

诉讼费用退费备用金制度早在1999年《人民法院诉讼费用管理办法》中即已建立,却因在司法实践中发挥的效用并不明显,而在2007年《诉讼费用交纳办法》中予以废除。如今再提恢复建立退还诉讼费用备用金制度,其时代背景和功能意义已经不可同日而语。从时代背景而言:其一,因为目前法院收取的诉讼费用全额上缴财政,而退费金额并未纳入法院经费预算,法院唯有使用自己的办公经费进行退费,显然与法院的立场和利益不符;其二,过去的备用金制度之所

① 曹志勋:《对民事判决书结构与说理的重塑》,载《中国法学》2015年第4期。

以实施失败，是因为法院经费保障本就“捉襟见肘”，没有余力实施备用金制度。[①] 法院经费保障水平不断提高和实行省级统管的改革趋势，使得建立备用金经济基础不牢的问题也将得以解决。从功能意义而言：第一，建立退还诉讼费用备用金制度，能够解决法院执行“判决生效即向胜诉方退还诉讼费用”的后顾之忧，法院不用再担心以自身经费“垫付”退费数额；第二，备用金制度的有效运行，能够简化法院退费程序，无需财政部门的审批环节，能够保障当事人及时全额的退还诉讼费用。法院经费实行省级统筹的改革趋势之下，省级财政可以根据各级法院的年均退费数额或者根据各级法院的诉讼费用总额的一定比例，分别设定各级法院备用金数额，以供诉讼费用退还之用，并进行年度审核。

3. 制定统一的诉讼费用退费办法

统一的诉讼费用退费办法是解决司法实践中退费乱象的有效途径。国务院制定的《诉讼费用交纳办法》规定“诉讼费用退费的具体办法由国务院财政部门商最高人民法院另行制定”，而这一规定至今仍未得以落实。因此，国务院财政部门应与最高人民法院共商，加快制定统一明确的诉讼费用退费办法。统一的退费办法应就退费的启动程序、退费的基本流程、败诉方的交纳程序、退费后的执行程序以及诉讼费用的执行与判决主文执行的衔接等问题，做出具体规定，从而规范各级人民法院的诉讼费用退还程序，进而提升司法权威与司法正义。

（二）完善法院经费保障制度

党的十八届三中全会通过的《中共中央关于全面深化改革若干问题的意见》，指出“省级以下地方法院、检察院人财物统一管理”，从而勾勒出未来法院经费保障体制改革的蓝图。其意味着法院的经费保障将不再依赖于地方财政的供给，改由省级财政统筹，并通过中央财政转移支付及专项资金予以补充。法院经费保障的省级统筹，其主要功能在于摆脱“司法地方化”的桎梏，而其衍生功能就在于，其有助于切断目前仍不同程度地存在于部分法院的收入与支出之间的关联，使法院真正失去通过诉讼收费等渠道“创收”的冲动。[②] 也就是说，法院收取的诉讼费用将直接上交省级财政，不能再像过去全额或按比例回转到法院。就此，法院诉讼费用收入与经费保障“收支暗挂”的现象将得以消除，诉讼费用收入将与同级地方财政收入划清界限，以收定支不再是法院收取诉讼费用

---

① 廖永安：《诉讼费用研究——以当事人诉权保护为分析视角》，中国政法大学出版社2006年版，第211页。

② 王亚新：《“省级统管”改革与经费保障》，载《法制与社会发展》2015年第6期。

的激励机制。如果能够彻底的实现“收支两条线”，法院执行“判决生效即向胜诉方退还诉讼费用”的态度必然发生变化，因为其不用再担心诉讼费减少而导致自己经费保障水平下降。因此，改革完善法院经费保障制度，解决法院“退费”的后顾之忧，实行“判决生效即向胜诉方退还诉讼费用”的经济基础。

（三）强化诉讼费用判决的执行力度

法院在向胜诉方退还诉讼费用之后，就将面临如何向败诉方收回的问题，因为按照判决效力，诉讼费用理应由败诉方交纳。若败诉方主动向法院交纳尚好，若败诉方规避或逃避执行，那么法院应当采取有力的执行措施，以免诉讼费用的流失。此即涉及诉讼费用的执行问题，诉讼费用相对于实体权益的执行而言，其执行的紧迫性及数额大小可能相对较低。然而，其并不意味着诉讼费用的执行可以小觑，部分案件的诉讼费用相当之高，若其执行不力，或将减损司法的公信与权威。

针对法院向胜诉方退还诉讼费用之后，如何向败诉方收取的问题，可以沿着“先礼后兵”的思路进行设计。所谓“先礼”，即是在法院向胜诉方退费后，应当将退费的相关情况及材料及时反馈给执行部门，由法院执行部门向败诉方发出《诉讼费用交纳通知》，其中应载明案号、应交纳诉讼费用的数额、交纳期限、交纳程序、拒不交纳的法律后果及相关的法律条文。根据双方当事人参与诉讼的情况，《诉讼费用交纳通知》的发出应分两类情况进行。如果原被告双方都已参加诉讼，法院在向胜诉原告退还诉讼费用后，旋即向败诉方发出《诉讼费用交纳通知》；如果是适用公告程序审理的案件，法院则应将《诉讼费用交纳通知》以公告送达的形式，向败诉方发出。所谓“后兵”，就是在败诉方收到《诉讼费用交纳通知书》之后拒不执行，法院此时应采取强制执行措施。为了保证及时收回诉讼费用以及惩戒失信败诉方，法院可将诉讼费用的执行单独列为执行类型案件，由法院依职权而非当事人申请执行。具体的程序设计上，法院财务部门与执行部门应密切协调，将已退还诉讼费用的生效裁判文书、退费当事人资料、退费申请、退费收据、《诉讼费用交纳通知》等材料放入执行案卷，由执行部门统一向败诉方执行诉讼费用。

结语

“判决生效即向胜诉方退还诉讼费用”兼具法律规范基础与理论正当性，其之所以陷于执行困境，主要是因为其实践运行基础尚未牢固。理念、技术、制度的供给不足，是导致“判决生效型退费难”普遍出现的客观原因。若要根除“判决生效型退费难”,应从内外两个视角予以分析和解决。内部视角而言,既需从宏观方面对整个诉讼费用制度进行体系化与类型化的改造,亦需从微观方面对退费制度作精细化与程序化的改造;外部视角而言,应尽快完善与诉讼费用退费相关的经济基础与配套措施。因此,唯有以“里应外合”的制度设计思路,方能根治诉讼费用退费难。

(段明:湘潭大学法学院硕士研究生)

DNA鉴定证据于亲子关系事件的适用研究

——以台湾地区法院判决分析为例

陈铭聪　徐　莹

亲子关系鉴定是判断人与人之间生物血缘关系的检验方式。1985年,英国遗传学家 Alec Jefferys 首先把 DNA 鉴定的分析技术应用于亲子鉴定上,随后各国法院也把 DNA 鉴定作为判断亲子关系存否的证据。科学的进步势必会带动社会的变迁,而法律既然是一种社会规范,也必然将因科学的发展而改变。随着现代遗传医学及生物科学的进步,以 DNA 鉴定作为确认亲子关系的工具,其准确率已近百分之百。然而,追求子女的最佳利益已经是亲子关系事件处理的最高指导原则,既然 DNA 鉴定有如此高的准确程度,势必会对亲子关系的建立方式带来一定程度的冲击,而法律也必须对这样的冲击做出回应与调整。

一、前言

甲女与乙男同居,但乙男另有家庭,在同居期间,甲女产下一子丙,乙男虽私下供给金钱抚养丙,但始终没有认领丙,后来乙男的婚外情为其配偶知悉,其配偶要求乙男不得再与甲丙母子往来,之后乙男即不再提供金钱给甲丙母子。甲因经济困难,要求乙认领丙,但乙置之不理,甲向法院起诉请求乙认领丙,乙于诉讼中均不到庭,法院为确认丙是否真为乙之子,要求乙做 DNA 鉴定,也遭乙拒绝,法院可否因乙拒绝作 DNA 鉴定,即认为丙为乙之子?

亲子关系鉴定是判断人与人之间生物血缘关系的检验方式,可以进一步细分为父系鉴定与母系鉴定。除了人工生殖、寻亲认亲、在医院抱错小孩等少数情况外,通常母亲与子女的生物血缘关系不会发生疑问,因此实施亲子鉴定以父系鉴定居多。关于亲子鉴定的方法,自古就有“滴血认亲”的做法。一种是“检滴骨亲法”。在公元1247年宋朝人宋慈撰写的法医学著作《洗冤集录》即提到，由血液是否能滴入骸骨，来判断死者与生者的亲子关系。另外一种是“合血法”，是在待确认亲子关系的活人之间，各以血液滴入器皿，以血液是否融合判断亲子关系。拜现代科学发展之赐，法院要断定亲子关系，或是当事人想弄清楚血缘关系，一样可以透过血液来断定亲子关系，但DNA鉴定更加客观准确，其准确率几乎高达百分之百。

基于人性尊严的维护及人身的不可侵犯性，原则上法院不可以强制当事人做DNA鉴定，但是在特殊情况下（如刑事案件），法律明文规定例外可以强制做DNA鉴定。除特殊情况外，如果当事人拒绝做DNA鉴定，法院该如何处置呢？当事人的拒绝行为在诉讼上会发生何种效果呢？

二、DNA 鉴定作为确认亲子关系证据的基础

（一）DNA具有独一无二的序列

DNA鉴定，就是检验个体的染色体上的脱氧核糖核酸（我国台湾地区称去氧核糖核酸）的形态，基于子女带有来自父母一方的某些特定基因的理论，从亲子间基因点位的相符程度，就可以清楚的推算出受检的双方是否有血缘关系。人体的DNA以双股螺旋的形状存在于细胞中，上面载有25000个遗传基因。人类有性生殖的个体发育起源于一个受精卵，受精卵上携带着一套由父亲提供的23条染色体与另一套由母亲提供的23条染色体形成23对染色体，该个体身上所有细胞核（除生殖细胞外）内染色体的数目与DNA序列，除非突变，否则应该完全相同，而且与最初发育时的受精卵染色体完全相同，既然如此，鉴定子个体身上任何正常体细胞内的DNA就可以找出生父生母所应该具备的DNA型。这些遗传密码一半来自父亲、一半来自母亲，它能够决定人的外貌与个人独一无二的特点；一般来说，除了同卵双胞胎外，几乎不可能出现两个人拥有完全相同的DNA序列，这些序列就是父母亲所给予子女的“身份证密码”。①

（二）DNA具有多型性特征

DNA具有多型性（polymorphism）特征，例如人类血型有A、B、AB与O四种型，只是基因的数量更多，DNA的多型性更高。在一长串DNA序列中，有一种DNA的序列会以一定数量的碱基为单位，不断重复排列，这就是重复DNA。其中重复单位DNA序列头尾相接者被称为相连次数重复多型DNA，可表现出极

① 李俊亿：《DNA鉴定在法庭科学的应用》，载《政大法学评论》1997年第57期。

高的变异现象。如果重复的单位只含有2至7个核甘酸,称为STR(short tandem repeat),在细胞遗传学上,又称为微小卫星(microsatellite)。STR具有长度短、复制容易、对微量DNA鉴定较为灵敏、对偶基因型间长度差别小等特点,因而成为人别鉴定及亲子关系鉴定的主要基因系统。换言之,DNA鉴定的原理,就是利用STR依个体不同而有不同的重复次数,作为区分DNA异同的特征。①

(三)DNA鉴定具有高准确率

每个人身上的每个细胞分别来自父亲与母亲两两相配成对的染色体,某个相同位置基因的分子形式组合称为基因型,单独的分子组成型式称为对偶基因型(allele)或称基因半型。亲子鉴定就是将小孩、生母与假设生父(putative father)同时进行多型基因的鉴定,将小孩的基因型排除生母所提供的基因半型后,剩下的基因半型就是生父必备的基因半型,这时比对假设生父的基因型中是否具备此基因半型即可判断是否可排除亲子关系。做DNA亲子鉴定,包括15组对偶基因及1组性别基因(D3S1358、vWA、FGA、Amelogenin(性别)、D8S1179、D21S11、D18S51、D5S818、D13S317、D7S820、TH01、D2S1338、D16S539、CSF1PO、D19S433、TPOX等),确定率高达近百分之百(99.99%以上),DNA鉴定的可靠性,由此可见一斑。目前多数亲子鉴定实验室也是以99.99%为共同的最低标准,而法院有时也会以高准确率的DNA鉴定报告作为判决的依据。

(四)DNA鉴定具有一定的法律效力

鉴定报告,是指依法取得有关司法鉴定资格的鉴定机构和鉴定人,接受司法机关或当事人委托,根据对本领域相关专业技术的了解,运用必要的检测、化验、分析手段,对被请求鉴定的事件特征是否相同或者等同进行认定。DNA鉴定报告在诉讼中属于证据的一种,具有一定的法律效力,仍然必须视文书的不同种类(公文书或私文书)而有不同的效力。一般而言,除行政机关因执行职务从事亲子鉴定外,凡是医疗机构、医事检验所、生物科技公司的DNA鉴定报告,其法律性质仅属于私文书,其法律上的证据能力(指能否作为法律上的证据的资格或能力)与证明力(指证据价值的高低),由法院依职权自行认定。不过,如果是行政机关指定的鉴定机构所出具的DNA鉴定报告,其性质为委托行使公权力,则例外具有法律上的证据能力与证据力。

然而,尽管是指定的鉴定机构,如发生先后两份鉴定报告不同,而引发当事

① 阮程昭、沈中章、郑碧华等:《亲子鉴定之理论与实际》,载《台湾医界》2004年第47卷第3期。

人质疑时，法院则只能再委托其他指定的鉴定机构重新鉴定。① 因此，若 DNA 鉴定报告发生有复数版本，而又莫衷一是的现象，采信哪个版本，也是法院应依职权判断的事项。如果一方当事人在“非指定”的鉴定机构进行鉴定，有时法院也会接受其鉴定报告；不过，若是另外一方当事人质疑其证据能力或证明力，法院通常会另行嘱托其他“指定”的鉴定机构从事 DNA 鉴定。② 至于“非指定”的鉴定机构的鉴定报告在法律上的证据能力与证明力，目前在司法实务上并未有统一标准，似乎应该立法加以规范。

三、DNA 鉴定在法院实务中的证据运用

目前我国台湾地区相关法律均未针对鉴定机构资格加以限制，也未针对 DNA 鉴定报告的效力有特别规定。因此，DNA 鉴定报告的证据能力及证明力问题，只能任由法院依职权自行认定。在目前亲子关系纠纷解决的司法实践中，DNA 鉴定不但具有证据力，而且具有高度证明力。法院有时甚至会在判决书中，详引 DNA 鉴定报告中 STR 检验的结果，并说明其判断依据。在亲子关系纠纷的诉讼案件中，只要是确认亲子血缘关系，几乎均以 DNA 鉴定报告作为证据。不过，个案具体事实的不同，所选用 DNA 鉴定的分析方法有所不同，目前在司法实务上，已经累积相当数量的案例可供参考，以下即列四种方法，简要分述如下。

(一) 以祖孙血缘的关系推论亲子关系

1. 板桥地方法院 2006 (95) 年亲字第 11 号判决

本案是由 DNA 鉴定子女与生父的父亲（即子女与祖父）之间为祖孙血缘关系之后，再推论子女与生父之间的血缘关系，进而确认其与养父间之亲子关系不存在。法院引用台湾大学医学院附设医院基因医学部的 DNA 血缘鉴定报告书所载：“送检证明为杨国某之父杨秋某与原告甲之检体，其等存在祖孙血缘关系之几率为 97.388624% 等语。”是以诉外人杨秋某为原告的祖父，即杨国某为原告的生父应可认定。

2. 台湾高等法院台中分院 2004(93)年家上字第 142 号判决

本案是原告的儿子（即受推定之父）已过世，由原告（即祖父）以受婚生推定之孙女为被告，提起确认被告与受推定之父间亲子关系不存在之诉，之后原告于诉讼中死亡，由其继承人配偶与子女（即被告的祖母与叔、姑）承受诉讼，并由祖

① 我国台湾地区台湾台北地方法院 2008(97)年度亲字第 45 号民事判决。

② 我国台湾地区台湾台北地方法院 2002(91)年度亲字第 19 号民事判决。

母与被告进行DNA鉴定,其鉴定结果为"无法证明其间之祖孙关系",故法院即据此确认被告与推定之父两者之间亲子关系不存在。①

上述二例均是先借DNA鉴定证明祖孙血缘关系之后,再推论亲子关系存否的分析方法。就前例而言,判决理由中仅表示DNA血缘关系鉴定,可证实原告与诉外人杨国某之父杨秋某存有祖孙血缘关系,并未说明其系采行何种鉴定分析方法(如以Y染色体的DNA型别证明父系血缘,或借亲属间交叉对比等)而导出此一结论。至于后例,仅由祖母与孙女间做DNA鉴定,并未鉴定其他亲属的血缘关系,是否确实足以证明被告与推定之父两者亲子关系存否,颇有疑问。因为在祖孙关系鉴定之情况下,由于孙辈约仅有二分之一的机会可遗传到祖辈的基因,在没有遗传到相同基因的情况下,多个基因联合计算时其"累积亲子指数"CPI(cumulated PI)即会变得很小。因此,仅针对祖孙二人进行鉴定,很难提供可靠的判断,要获得较为可靠的结果,还是必须对更多亲属做血缘关系鉴定。

四、强制做DNA鉴定的法律问题

(一)法律依据

DNA鉴定通常涉及强制采样的问题,而强制采样的目的是为了建立完整的性犯罪人DNA记录,过去主要是针对涉嫌性犯罪,以利之后犯罪的侦查,重在再犯的防止。经法院自诉程序或检察官侦查程序列为被告之人,因已有合理怀疑而认为涉有性犯罪行为的可能,为防止再犯,自然应该强制采样。后来扩大到如公共危险罪、杀人罪、伤害罪、抢夺罪、强盗罪、海盗罪、恐吓及掳人勒赎罪等重大的犯罪行为。我国台湾地区于1999年2月3日公布《去氧核糖核酸(DNA)采样条例》,全文共14条,并在2012年1月4日修正第1、3、5－7、12、14条等条文。其中关于强制采样的规定在第5条规定:"下列之人应接受去氧核糖核酸(DNA)之强制采样:一、性犯罪或重大暴力犯罪案件之被告。二、性犯罪或重大暴力犯罪案件之犯罪嫌疑人。依同法第3条第7、8目之定义,所谓性犯罪:指刑法第221条至第229条及其特别法之罪。重大暴力犯罪:指刑法第271条至第273条、277条第2项、第278条、第325条第2项、第328条至第334条、第347条、第347条及其特别法之罪。"因此,除刑事案件,且必须符合法律保留规定之外,如符合《去氧核糖核酸(DNA)采样条例》第5条规定之外,法院无法强制当事人做DNA鉴定。不过,因做DNA鉴定确认亲子关系的可靠性,法院于处理亲

① 我国台湾地区台湾高等法院台中分院2004(93)年家上字第142号判决。

子关系的诉讼实务上,无不要求当事人提出亲子血缘鉴定以为佐证。

(二)法院可否强制当事人做 DNA 鉴定

基于以 DNA 鉴定确认亲子关系的可靠性,法院在处理亲子关系的诉讼实务上,基本都会要求当事人提出亲子血缘的 DNA 鉴定以为佐证。但是如果当事人拒绝做 DNA 鉴定,是否得对其施以强制取样?由于可供 DNA 鉴定之物,乃专属于被检验者的血液、唾液、毛发等物,强制取样可能侵犯当事人的人权,故得否强制检验实有疑义。对此学者间见解也不一,分述如下。

采肯定见解的学者认为,当事人拒绝接受 DNA 鉴定时,可以违反受检验者本人的意愿而对其施以强制检验。主要乃基于亲子关系诉讼所具备的高度公益性与客观真实的发现,而认为子女的血统认识权,在必须以亲子血缘鉴定为关键证据时,即大于受检验者的隐私权,此时受检验者的隐私权即应退让。外国立法例方面,在德国与奥地利,在有确定血统的必要时,均可以直接强制当事人做 DNA 鉴定;但在有"正当理由"的情形下,当事人仍可以拒绝。

不过多数意见还是采否定见解。理由是基于人性尊严的维护及人身的不可侵犯[①],除非如德国等立法例明文规定可以实施强制处分,均认为不应对拒绝接受 DNA 鉴定之当事人实施强制检验。[②] 英国与瑞士的立法例,于此最多亦只能为"间接强制"[③],我国台湾地区实务上亦采此说。[④]

上述两种见解的冲突,其实就是"真实权"与"隐私权"的权利保护冲突。真实权与隐私权均为法律所保障的权利,当两者发生冲突时,必须以比例原则作为审查标准,以权衡真实公益与隐私私益的冲突。例如妨害他人婚姻权益的不法行为,常以隐秘的方式为之,并且因为隐私权受法律保护之故,被害人举证极度不易。在此前提下,当不法行为人的隐私权与被害人的真实权发生冲突时,两者间应为一定程度的调整。以侵害隐私权的方式所取得的证据是否排除,即应审查证据的取得,是否符合比例原则。但是,如果当事人明确拒绝做 DNA 鉴定,法院不可以违反当事人的意愿而直接强制为之;强制 DNA 鉴定不只侵害当事人身

---

① 林钰雄:《严格证明与刑事证据》,学林文化出版有限公司 2002 年版,第 116 页

② 赖见强:《他不验,他是我爸爸!?——DNA 鉴定与亲子关系之确定》,载《全国律师》2006 年第 1 期。

③ 邓学仁、严祖照、高一书:《DNA 鉴定——亲子关系争端之解决》,元照出版有限公司 2006 年版,第 144、145 页。

④ 如台南高分院 2000(89)年度家上更(一)字第 2 号即称:"上诉人拒绝为亲子血缘鉴定系本其应有之自由权利且依法而为……"。

体的完整性(虽然程度相当轻微),也涉及个人的隐私权保护的问题。基于人性尊严的维护及人身的不可侵犯性,人体组织与基因资讯属于个人隐私权,偷采检体送验行为构成侵害隐私行为。换言之,亲子关系的DNA鉴定,仅能说是当事人的一种诉讼上的协力义务。

(三)当事人拒绝做DNA鉴定的法律效果

既然法院无法强制当事人做DNA鉴定,那么在当事人拒绝做DNA鉴定的情况下,将可能会有以下两种处理方式。

第一种处理方式是拟制对方主张的内容为真实,依据的是“证明妨碍”的法理,依我国台湾《民事诉讼法》第282条第1项规定:“当事人因妨碍他造使用,故意将证据灭失、隐匿或致碍难使用者,法院得审酌情形认他造关于该证据之主张或依该证据印证之事实为真实。”另外,第345条规定:“当事人无正当理由不从提出文书之命者,法院得审酌情形认他造关于该文书之主张或依该文书印证之事实为真实。前项情形,于裁判前应令当事人有辩论之机会。”根据上述两条法律规定,可以肯定在职权探知主义之下,当事人负有事案解明、证据调查的协力义务,但却拒绝为亲子血缘鉴定,此时应可依“证明妨碍”的法理,认为该待证事实为真实。①

第二种处理方式是采自由心证的法理,由法院认定他造主张的内容是否为真实。当事人间的血缘关系,如有其他事证可资佐证,并非一定要鉴定血缘关系不可,且亲子关系事件,是在确认该子女的真实身份,重在实质身份的调查,故关于认诺及诉讼上自认或不争执事实效力的规定,并不适用,法院不得直接以被告拒绝提出受勘验标的物(拒绝抽血或采样),即认原告之主张为正当,惟被告拒绝之理由、态度等仍得作为全辩论意旨的一部分,加以斟酌。另有学者为补充说明,认为亲子关系事件的审理具有公益性,法院应依职权调查证据,所以不应仅依据当事人不提出的态度即对该当事人给予不利益待遇。在采取职权探知主义审理亲子关系事件的程序上,当事人不从命或不尽协力义务之态度,应作为全辩论意旨的一部分。经法院斟酌其他相关资料为自由心证后,既可能认为“应再依职权调查事证”,亦可能认为“当事人之所以拒不鉴定,实由于恐因鉴定结果致他造的主张获得证明,而使自己蒙受不利益”。在后者情形,其本身通常可作为一项经验法则发挥作用,经法院是用此项经验法则,同时综合其他相关间接事

---

① 姜世明:《拒绝血缘鉴定之证明妨碍》,载姜世明:《民事证据法实例研习(一)》,正点文教出版顾问有限公司2005年版,第128页。

实所得心证为判断结果，应可推定他造主张是真正的。①

本文以为，亲子关系的DNA鉴定，必须由受检验者提供血液、口腔细胞或其他身体组织样本，与我国台湾《民事诉讼法》第345条 的“文书”还是有相当的差异性；因此，当事人拒做DNA鉴定不应该准用违反文书提出义务的效果，而采“证据妨碍”的法理。首先，我国台湾《民事诉讼法》第594条规定的精神，有关亲子事件血缘关系的有无，法院不得直接以一方当事人拒绝DNA鉴定，即认对方当事人的主张为正当。不过，一方当事人拒绝的理由、态度等仍得作为全辩论意旨的一部分，加以斟酌。再者，“证明妨碍”的构成要件，必须要一方当事人积极地毁灭对他方有利的证据，仅消极不配合做DNA鉴定并不符合要件。最后，因当事人拒绝做DNA鉴定而适用“证据妨碍”的法理而认定他造主张为真实，而为其败诉判决时，如之后发现真实时，又该如何善后？所以，不应该单以被告不配合做DNA鉴定，即直接拟制他方主张的内容为真实，最多只能当做不利于“证据妨碍”当事人的心证之一。

（四）DNA鉴定与法院心证的形成

有一案例（以下称本案）极具参考价值，其事实简要如下：本案原告主张其自1992年起即与被告认识交往，并且于1996年7月6日生有一女丙，原告起诉请求被告认领，被告主张未与原告同居一处，以为抗辩。原告申请法院嘱托医学鉴定机构实施亲子血缘鉴定。被告当庭表示同意前往鉴定，事后被告却反悔，未前往鉴定。被告无正当理由拒绝前往接受鉴定，且斟酌被告对于是否与原告发生性关系，其态度犹豫未定，言词前后反复，更可认定原告主张与被告交往密切进而发生性关系此一事实，并非空言虚构。法院也认为有亲子血缘DNA鉴定的必要，乃命被告前往鉴定机构作亲子血缘DNA鉴定，不过为被告所拒绝。②

本案为请求认领子女事件之诉，历经一次地方法院，三次高等法院，三次“最高法院”审理。本案之所以历经七次判决，主要争议还是以DNA鉴定作为证据时法院心证的形成。以下就将本案三次“最高法院”判决的见解，简要介绍如下。

---

① 许士宦：《当事人拒绝协力亲子血缘鉴定之效果》，载《月旦法学教室》2003年第9期。

② 姜世明：《拒绝血缘鉴定之证明妨碍》，载姜世明：《民事证据法实例研习（一）》，正点文教出版顾问有限公司2005年版，第128页。

1. 2000(89)年度台上字第1588号判决

……参考该项鉴定必须根据本案三人(原告、被告与待认领之女)的血液始能为之,须上诉人(被告)到场接受检验方可完成鉴定,上诉人(被告)竟无正当理由拒绝前往接受鉴定,且斟酌上诉人对于是否与被上诉人发生性关系,其态度犹豫未定,言词前后反复,亦可认被上诉人主张与上诉人交往密切进而发生性关系一节,非属空言虚构。而原审亦认有亲子鉴定血缘之必要,乃命上诉人前往鉴定机构作亲子血缘鉴定,惟上诉人并不同意。查上诉人如愿意会同被上诉人及丙到场接受检验,即可完成鉴定,真相大白,乃上诉人舍此不由,无正当理由拒绝鉴定,其有妨害真实之发现,殆无疑义。且上诉人之拒绝鉴定,可以想见鉴定之结果,或将不利于上诉人,而如此之推断,又合乎经验法则,是上诉人舍弃鉴定而使真相大白之方法不由,竟否认其系丙之父,非可采信。查本件证人即被上诉人之姊戊、妹丁之证言,均未能证明两造有双宿共眠之事实,原审亦认被上诉人就两造曾双宿共眠之请求认领原因之举证未臻于明显,竟以上诉人拒绝接受血缘鉴定,直接认被上诉人主张丙与上诉人具有亲子血缘之关系为可采,殊嫌率断,且有判决不备理由之违法。……因本案件是属认领子女事件,涉及身份的确定,自有详予查明审认的必要。

2. 2002(91)年度台上字第2366号判决

……至被上诉人拒绝为亲子血缘鉴定,仅有为其不利推定之虞,依前述证据资料,已难证明两造有发生性关系。且致上诉人于1995年7月6日产下丙,自无强令被上诉人为血缘鉴定及为被上诉人不利推定之理。尚难以被上诉人拒绝接受血缘鉴定,直接推认丙与被上诉人具亲子血缘关系等词,为其判断之基础。按认领子女之诉,关系生父之血统及非婚生子女之身份,与社会公益有关,法院得斟酌当事人所未提出之事实,为《民事诉讼法》第595条第1项所明定,足见此认领子女诉讼法院为审判时,不以当事人所提出之诉讼资料为限(参照本院1964(53)年台上字第1595号判例意旨)。又依同法第288条规定,法院不能依当事人声明的证据而得心证,或因其他情形认为必要时,可依职权调查证据;因此,为真实血缘之发现,法院自应依职权为相当之调查,不能因一方当事人的不配合检验,而使他方当事人受不利的判决,否则即与上开规定不符。

3. 2004(93)年度台上字第1652号判决

本案件上诉人对第二审判决提起上诉,虽以该判决违背法令为由,惟核其上诉理由状所载内容,无非仍就上诉人与被上诉人曾发生性关系,及原审依《民事诉讼法》第367条准用,同法第343条、第345条规定,裁定命上诉人与丙做

DNA 亲子血缘鉴定,而无正当理由拒绝接受,乃认被上诉人关于丙为其自上诉人受孕而生之主张为真实等原审采证认事之职权行使,指摘其为不当,并就原审已论断者,泛言未论断,而非表明该判决所违背之法令及其具体内容,依诉讼资料合于该违背法令之具体事实,难认其已合法表明上诉理由。依首揭说明,应认其上诉为不合法。

分析本案,第一审法院与第二审法院皆认为被告如果愿意和原告及待认领之女做 DNA 鉴定,真即可相大白,被告却无正当理由拒绝鉴定,其有故意妨害真实的发现。况且被告拒绝做 DNA 鉴定,可以想见 DNA 鉴定的结果,或将不利于被告,而如此之推断,合乎经验法则。到了第三审"最高法院"的第一次判决即以二审法院仅以被告无正当理由拒做 DNA 鉴定即为其败诉判决,未详细调查被告提出的结扎证明,以及原告与被告是否有同眠共宿的事实为由,驳回二审判决。但是,回到更一审及更二审仍维持被告败诉的判决,才有"最高法院"第二次与第三次的判决,也导致本案出现了一案七判的特殊现象,这也说明了 DNA 鉴定在法院形成心证的特殊地位。所幸,本案最终确立了法院不得仅以当事人拒做 DNA 鉴定作为其败诉判决的观点,也提供了法院在无亲子关系 DNA 鉴定报告的情况下,法院该如何形成心证的参考依据。

科学的验证并不等同于法律关系,DNA 鉴定报告所表示相似度几率极高,固属科学实验证实的经验法则,但其一般有效范围也仅止于同一性而已,并不能直接证明法律的构成要件事实。换言之,DNA 鉴定的结果仅能证明犯罪嫌疑人曾与被害人接触过的间接事实,故应该属于间接证据(例如:甲男有无对乙女强奸行为,乙女是否出于自愿而性交,DNA 鉴定结果无法回答此一问题)。因此,要进一步认定原告的主张,尚须有其他证据加以证明,即以 DNA 鉴定所认定的间接事实配合其他证据而作合理的推论,或是以 DNA 鉴定作为其他证据的补强证据。DNA 鉴定或许是法院心证形成的其中一项因素,但判决的理由绝不能仅止于此,尚包括其他重要的因素,例如本案中的相关事实:"被告结扎时间与子女之受胎时间过于接近""被告与子女血型相同""关于原告与被告同居交往的证言""被告曾于原告生产后到院探视的事实""被告拒绝认领的说辞(孩子是她自己要生的,是我的小孩又如何)""被告之妻所言(被告是生意人,常上酒店,结扎是为了要预防)"等,综合判断,始能形成心证。由此可知,法院在亲子事件中心证的形成,亲子血缘 DNA 鉴定虽然可能是关键性的理由,但绝非发现真实的唯一证据。

结语

追求血统真实权,是亲子关系事件处理的指导原则。然而,这不代表其对其他权益就可以忽视。不能为了使当事人认识其血统,即可任意侵害他人的权益。当事人不做 DNA 鉴定,是否就一定无法认识其血统来源?DNA 鉴定报告虽是一种几近自然科学确定的证据,但不应该是亲子关系诉讼中唯一的证据。如前所述,"实验室的设施、环境、测试方法、流程控管及检体来源等技术性的因素,以及一些非技术性的因素如嵌合体、同卵双胞胎、基因突变、乱伦所生之子女等,都可能影响最后的判断结果。"DNA 鉴定所揭示的基因遗传信息是个人隐私权及信息自决权的核心部分,关系到人性尊严的保障,其结果更可能有害及受检验者的家族隐私与家庭、个人情感以及原本圆满的家庭状态。

因此,DNA 鉴定技术并非万能,若干先进国家对此亦产生反思。例如美国法除积极采用 DNA 鉴定报告作为证据方法外,也运用衡平法则追求子女利益。以英国为例,在子女已满五十岁、真实生父失踪无力抚养、生母遭受强奸等情形下,该国法律均限制 DNA 鉴定的实施。法国《亲子法》,一方面借由鉴定技术的准确性,积极运用于裁判上;另一方面也意识到对于不得争执的亲子关系,限定鉴定的实施。由此可知,实施 DNA 鉴定时,应注意下列各点:1. 鉴定技术上的限制;2. 检查协助义务的限制;3. 非为未成年子女利益的情形;4. 身份关系真实性与安定性的折冲;5. 人工协助生殖的情形。

DNA 鉴定报告具有几乎百分之百的高准确性,然而,依据科学分析的结果所进行的判断,仍然可能受到许多难以掌握的因素所影响,而使其"准确性"发生动摇。例如,实验室的设施、环境、测试方法、流程控管及检体来源等技术性的因素,以及一些非技术性的因素如嵌合体、同卵双胞胎、基因突变、乱伦所生的子女等,都可能影响最后的判断结果。如果司法实务工作者过度仰赖 DNA 鉴定报告,而失去对可能导致误判因素的警觉性,反而会使对科学的信赖成为一种"迷信"。因为法院缺乏 DNA 鉴定技术的基础知识,以致无法对 DNA 鉴定报告加以适当解读或要求鉴定机关为进一步之说明,才导致上述案例二中士林法院直接以 DNA 鉴定报告认定祖孙关系不存在。不过,这也显示司法实务工作者对于 DNA 鉴定相关基础知识需求的迫切性。因为透过 DNA 鉴定报告,可以提供事实的真相,法院与其对于当事人主观的意思加以推断,不如直接引用基于 DNA 鉴定所得的客观结果,不过仍然要注意以下事项。

（一）DNA 鉴定报告不能作为亲子关系判定的唯一直接证据

自 1985 年 DNA 鉴定被运用在确认亲子关系的证据上，至今已有 30 年，因为 DNA 鉴定报告的高度可信性，对真正血缘关系的认定已几乎可达到自然科学上的确定程度，故已成为追求真实血缘的最佳方法。既然司法实务上已将 DNA 鉴定作为可采信的证据且广泛予以运用，则对于 DNA 鉴定如何确认亲子关系的原理，应有所认识。由于各个亲子关系事件的具体案件事实互有不同，则所运用的 DNA 鉴定分析方法，也会有所不同。司法实务工作者除必须具备上述 DNA 鉴定原理与分析方法的基本知识外，也须对各种 DNA 鉴定结果的解读有所认识，才可以在亲子事件中妥适运用作为科学证据。而在亲子关系诉讼中，DNA 鉴定报告占了举足轻重的关键证据地位，在许多判决中，法院常以“依亲子关系鉴定报告，显可肯认（或排除）其亲子关系”作为判决的唯一理由。由此可知，亲子关系的 DNA 鉴定不但左右法院的心证，甚至仅以 DNA 鉴定报告作为判断诉讼的结果。DNA 鉴定报告虽然准确，但科学证据并不是绝对的，在亲子关系鉴定的结论上，还有一些不确定的因素必须考虑。例如，基因的先天遗传突变、基因的后天病变、输血或骨髓移植的影响、近亲乱伦及族群之基因同构型等，这些状况很可能因 DNA 鉴定而否定真实的亲子关系，或误认亲子关系。换言之，DNA 鉴定不能作为亲子关系判定的唯一直接证据，仅能作为间接证据或补强证据而已。因此，法院仍然必须依职权调查其他必要的证据（如有无论及受胎期间生父生母之同居事实或生母与推定之父未同居事实），配合其他相关证据与信息，才能得出可靠的结论。

（二）追求子女的最佳利益非仅是贯彻发现血统的真实

在亲子关系诉讼上，当事人间对于追求血统上真实性的高度要求，透过当事人间的辩论，在今日生物科技上来看，已经失去意义。贯彻真实主义的目的，在于确保子女的血统认识权，使其知道自己的出身，但是不能因此反而陷于不利情况。换言之，追求子女的最佳利益已经是亲子关系事件处理的最高指导原则。因此，关于亲子身份关系的确定，必须以追求子女利益为依归，若贯彻真实主义的结果，反而使子女陷于不利情况的窘境时，此时真实主义必须受到限制。例如，英国的立法例认为，对于 DNA 鉴定，于家庭安定时，必须慎重为之，仅于谋求子女利益时，始可彻底利用。法国立法例也认为，证明亲子关系的制度，并非一成不变，而必须总体考虑，平衡这种利益，并加以调和。例如，在真实生父已经失踪、不愿意抚养或无力抚养时；或是生母是遭受强奸而怀孕生子，而表见生父已与生母结婚，且有抚养子女的意愿时，若执著于贯彻真实主义，反而徒增困扰，不利于子女未来健康的成长。本来追求血统真实的目的,在谋求子女利益的保护,纵使生父或他人的利益必须牺牲,亦属不得已之举,以免子女成为贯彻真实主义的牺牲者。

(三)亲子关系的认定在科学上不是难题,但却依旧是人性上的难题

科学的进步势必会带动社会的变迁,而法律是一种社会规范,也必然将因科学的进步而为改变。随着现代遗传医学及生物科学的进步,以DNA鉴定作为确认亲子关系的工具,其准确率已几近百分之百。既然DNA鉴定有如此的准确程度,其势必会对亲子关系的建立方式带来一定程度的冲击,而法律也必须对这样的冲击做出回应与调整。我国台湾地区《民法亲属编》于2007年5月修正,其中关于“否认子女之诉要件的放宽”与“不贞抗辩的删除”,均是因血统真实的认定已不再困难,无须再对亲子关系之建立或否认加诸过于严格的限制。然而,当亲子关系的认定虽然在科学上已不再是难题,但却依旧是人性上的难题。虽然子女的最佳利益已成为处理亲子关系事件的最高指导原则,但是当事件已经发展到必须由法院来决定何为子女最佳利益之时,所能追求的利益已经是“残缺的”。科学与法律或许能为子女确定其生身父母,但却无法给予其“完整的”家庭。科学带给法律的帮助当然不容忽视,但有些事情却不是科学能做到的,那就是细查每一个个案中纷争的根源,而给予最适当的处理。这只能是立基于司法实务工作者对人性的关怀及世事的体察,而正是亲子关系纠纷处理时,另一个应该考虑的重点。

(陈铭聪:南京工业大学法学院;徐莹:中南大学法学院)

类型理论下职场性骚扰证明责任界分

——兼谈民事诉讼推定规则的适用

伍玉联　刘秀芬

妇女有权在任何领域平等享有所有人权和基本自由，尤其包括……得到公正和有利工作条件的权利。

——《联合国消除对妇女暴力行为宣言》

美国女权主义法学家凯瑟琳·麦金侬是提出性骚扰概念的第一人。① 在性骚扰规制方面，美国及欧盟国家都有系统的成文法及判例法经验。与此相比，我国对性骚扰问题的研究起步较晚，这既源于保守性文化的禁锢，也源于传统的社会性别角色分工导致的女性进入职场的机会较少。2005 年《妇女权益保障法》修订时，首次明确"禁止对妇女实施性骚扰"，但是，由于该规定原则性强、适用性差，并未起到缓解受害人维权艰辛的预期效果。通过实行举证责任转移、举证责任倒置等举措，缓和性骚扰受害人的证明困境，是反性骚扰制度成熟国家的通行做法。② 但是，在我国司法实践中，仍然实行由受害人举证的正置规则，且没有缓和受害人证明困境的做法，这造就了我国性骚扰案件"起诉少，败诉多"的现状。扭转该类案件的败诉困局，保护处于弱势地位的受害人权益，是激发笔者

---

① 1976 年，凯瑟琳·麦金侬提出，所谓性骚扰是指"出于权力关系下强加的、讨厌的性要求，其中包括语言的性暗示或戏弄，不断送秋波或做媚眼，强行接吻，以使雇工丢失工作相威胁，提出下流的要求"。参见张绍明：《确立人格尊严权，建立有中国特色的反性骚扰法律体系》，载 http://www.lunwentianxia.com/product.free.2803473.1/，2014 年 3 月 20 日最后访问。

② 郑爱青：《欧盟及其主要成员国反性骚扰立法的主要内容》，载《妇女研究论丛》2006 年卷。

撰写本文的动因。

一、现实之惑:职场性骚扰受害人证明困境描述

本文从媒体报道的十例典型职场性骚扰案件切入,以此揭示在该类案件中受害人遭遇的证明困境。

表1 职场性骚扰案件案情回放表

序号	案件	主体	行为	后果	被告	直接证据	裁判结果
1	童某案(陕西)	总经理	性诱惑、身体骚扰、停工作、扣奖金福利	案例未写	骚扰者	无,9份间接证据	驳回诉讼请求
2	梅某案(云南)	上司	言辞、身体骚扰、威胁解雇	不明原因哭泣	同上	无,2份间接证据	一审驳回,二审维持
3	文某案(重庆)	校长	言辞(短信)骚扰、身体骚扰(强行搂抱、接吻)	神经衰弱症	同上	无,2份间接证据	同上
4	雷某案(北京)	部门经理	身体骚扰(触摸隐私部位)、阻挠就业	精神损害、辞职、失业	同上	无,50份间接证据	驳回诉讼请求

续表

序号	案件	主体	行为	后果	被告	直接证据	裁判结果
5	苏某案（北京）	学院负责人（对秘书）	身体骚扰、性要挟	案例未写	同上	无，2份间接证据	同上
6	何某案（湖北）	学校领导（对教师）	性诱惑、言辞骚扰、身体骚扰（抚摸隐私部位、强行亲吻）	案例未写	同上	书面保证	一审：赔礼道歉＋2000元精神损害抚慰金；二审撤销精神损害赔偿判决
7	王某案（贵州）	供电局长	身体骚扰、威胁解雇	精神分裂症	同上	道歉信	一审：赔偿损失2.9万元＋1万元精神损害抚慰金；二审增加3600元护理费
8	俞某案（四川）	设计师（对司机）同性	言辞骚扰、身体骚扰（强行搂抱、亲吻）	案例未写	同上	道歉信	赔礼道歉＋3000元精神损害抚慰金

续表

序号	案件	主体	行为	后果	被告	直接证据	裁判结果
9	陆某案（广东）	日企上司	身体骚扰（强行抚摸）	失业	骚扰者+雇主	三张照片、公司内部处理录音。	骚扰者赔偿3000元精神损害抚慰金；驳回雇主承担连带责任请求
10	赵某案（上海）	骨科医生（对病人）	检查腰椎间盘突出症时触摸胸部和下体	案例未写	医生+医院	案例未写	驳回诉讼请求

在对上述案例的分析和解读中，我们发现受害人经常面临三重困境：

（一）直接证据匮乏下的证据瓶颈

凡原告持有反映被告骚扰行为直接证据的（案例6－9），都能够获得胜诉或部分胜诉；否则，无论间接证据如何充裕，原告都难以胜诉（案例1－5）。然而，性骚扰具有突发性和隐蔽性的特点。突发性使得受害人难以及时利用载体将骚扰过程记录下来，隐蔽性导致难有证人在场。或者证人基于对上司的恐惧、害怕打击报复，或者不愿破坏同事关系，而拒绝出庭作证。更不能寄希望于加害人都愚蠢到向受害人出具保证书、道歉信等书面的直接证据。通常的直接证据为受害人陈述，却又遭遇证明力减损的尴尬。而法官过分依赖直接证据裁判，注定了性骚扰案件受害人败诉的命运。

（二）“三难”抉择下的窘迫处境

案例1－9的共性：骚扰者为上司、受害人为下属。此种情形下，受害人会面临“三难”抉择：忍受骚扰，带来更严重而持续的伤害，甚至被强奸；明确拒绝，导致直接的不利对待，甚至解雇、失业（案例1、4、9）；温婉的拒绝，导致骚扰者纠缠不休及诉讼中骚扰行为的难以认定(案例3)。

(三)雇主责任缺位下的救济困境

这表现在两个方面:第一,对骚扰者的袒护导致诉前救济艰难。案例2、9在起诉前都经过了单位内部处理,梅某案的处理结果为"男女之间有说话不检点、不严肃情况,但不存在性骚扰"。陆某案中,骚扰行为被认作"两国文化差异导致的无心之过",在受害人不接受该结果的情况下,遭到公司解雇。第二,法律规定模糊导致雇主责任认定困难。案例9,单位内部处理严重不公、单位有严重过错情况下,法院驳回了原告要求雇主承担连带责任的诉讼请求。笼统而模糊的雇主责任制度也是受害人较少选择雇主作为被告的直接理由。

二、缘由之思:模糊视域下职场性骚扰证明责任的检讨

在性骚扰案中,受害人往往败诉于直接证据的匮乏,然而,受害人遭遇的证据瓶颈只是距离败诉结果最近的因,也是上级原因的果。无视职场性骚扰案件与其他侵权案件的外部差异、无视职场性骚扰案件的内部差异则是更深层次的因。

(一)无视职场性骚扰独特性导致的证明困局

从行为特征上讲,职场性骚扰具有一般人身侵权行为的共性,也有其个性。若简单地将一般人身侵权纠纷的衡量标准完全应用于职场性骚扰案件中,则并不足以体现法律的实质正义。其理由如下:(1)关于性骚扰伤害后果的调查显示,96%的受害人遭受了精神痛苦,35%的受害人遭受了身体伤害。[①] 损害后果的无形性使其较之一般的身体权、健康权、生命权纠纷更难证明损害的存在。(2)性骚扰行为的突发性、隐蔽性使其较之名誉权、隐私权纠纷更难证明侵权行为的发生。侵犯名誉权、隐私权行为具有将他人隐私宣扬出去或造成他人社会评价降低的扩张性特点,行为的扩张性越强,越能实现侵权目的。而性骚扰行为通常具有收缩性特点,发生场合越隐蔽,越能实现骚扰目的,受害人也越难收集证据,在证明程度上也更难以达到高度盖然性的标准。导致上述案件中受害人难胜诉、难获赔的原因其实是证明责任太过苛责。案由错位更人为地加剧了证明难度,使对本来私密的性骚扰侵权陷入了证明"社会评价降低"的悖论(如案

① 数据来源于新浪"伊人风采"对性骚扰伤害后果的调查统计。

例4)。[①] 因而,有必要采取措施缓和性骚扰受害人的证明困境。案例6中,二审法院撤销了一审法院关于精神损害抚慰金的判决,是无视性骚扰损害后果的无形性。案例1-5案中,间接证据未被法院认定以致诉讼请求遭到驳回,是无视性骚扰行为的突发性、隐蔽性。

(二)无视职场性骚扰不同策略选择下的证明要求差异

职场性骚扰区别于其他场域性侵害的关键点是侵权主体的差异。这种差异也存在于职场性骚扰内部,即不同骚扰主体的行为方式不同、针对来自不同主体的性骚扰受害人的策略选择不同。(1)来自管理者的性骚扰。[②] 如单位的法定代表人、总裁、董事、监事、经理、部门负责人,以及其他享有人事决定权或者推荐权者实施的性骚扰。管理者拥有的权力使其在实施性骚扰时能够采取强硬的态度,表现为直接提出性要求,要么以满足其性要求承诺更优待遇,要么以拒绝其性要求威胁不利对待。受害人通常惧怕遭到领导的打击报复而屈从于性骚扰行为,或者采取消极逃避和较为委婉、温和的拒绝方式。(2)来自同事的性骚扰行为。此种情况下,骚扰者与被骚扰者之间没有权力和地位的差异。对骚扰者而言,会采取相对保守而隐蔽的骚扰方式,表现为发表带有性意味的评论、讲黄色笑话,或者一定程度的身体接触。对受害人而言,无需惧怕遭到工作上的不利对待,会采取强硬的应对策略。(3)来自非雇员第三方(主要是客户)的性骚扰。对骚扰者而言,可以通过相对强硬的方式实施性骚扰,如以满足性要求作为是否签约、签约数额大小、是否长期合作的条件,也可以进行相对保守和隐蔽的言辞或行为骚扰。对受害人而言,能否签约是工作效率和工作业绩的表现,但又不直接涉及工作上的不利对待,因此,受害人可能会选择温和的反抗或者强硬的拒绝。综上所述,判断某行为是否构成性骚扰,应视骚扰主体不同适用不同的证明要求。案例1-9,都不应以“明确拒绝”作为认定标准。案例3,恰恰是法官没有认识到骚扰者借助了使受害人“畏惧或屈从的权力”这一特征,误将“明确拒绝”作为证明要求,由此导致原告败诉。

---

① 在雷某案中,法官认为,案件属于侵犯隐私权而导致的名誉权纠纷。在闫海燕诉齐玉果案中,法官认为,该案属于性权利、人格尊严权与名誉权的交叉案由。

② 曹艳春:《雇主替代责任研究》,法律出版社2008年版,第252-256页。管理者包括处于管理链条之内的有权者和处于管理链条之外的有权者。

表2　骚扰者行为方式及受害人应对策略对证明要求的影响

骚扰者 项目	管理者	同事	第三方
骚扰者心理	优越感、强势	无明显优越感和强势	一定地优越感、强势
骚扰者行为方式选择	强硬行为(提出性要求)	保守、隐蔽的行为	强硬、保守兼有
受害人心理	惧怕、心理压力大、弱势	心理压力小、强势	心理压力适中
受害人应对策略选择	屈从、逃避、温和而委婉地拒绝	强硬、明确地拒绝	强硬或温和地拒绝
证明要求	不要求明确拒绝	要求明确拒绝	不要求明确拒绝

三、思维导入:类型理论对职场性骚扰证明责任的启示

类型思维是人类社会重要的辅助思考形式①,对侵权行为进行类型划分,可以确定其各自不同的归责原则、侵权责任构成要件、抗辩事由、举证责任……。② 因此,对职场性骚扰的证明责任问题进行类型化梳理,也会产生新的发现。

(一)横向划分:交换型性骚扰可归责性证明VS敌意环境型性骚扰可归责性证明

由于划分标准的并存性和兼容性,职场性骚扰内部类型划分呈现多元化趋势。③ 但是,从类型划分的终极价值“解决不同类型法律关系的法律适用”上来讲,笔者倾向将其划分为交换型性骚扰和敌意环境型性骚扰。这也是性骚扰防治制度发达国家的通行做法。所谓交换型性骚扰,是指雇主或上级对劳动者、求职者实施性骚扰,并以此作为劳动关系成立、变更、岗位分配、报酬、奖惩等条件

---

① 舒国滢等:《法学方法论问题研究》,中国政法大学出版社2007年版,第449页。

② 舒国滢等:《法学方法论问题研究》,中国政法大学出版社2007年版,第5页。

③ 根据行为方式不同,可以将其划分为言辞骚扰、身体骚扰、环境骚扰。根据行为性质,可以划分为性别骚扰、性诱惑、性贿赂、性要挟、性侵害。

的性骚扰。① 所谓敌意环境型性骚扰，是指在劳动者执行职务过程中，对其实施性骚扰，造成敌意性、胁迫性、冒犯性工作环境的性骚扰。此种划分具有两点意义：(1)不同类型性骚扰适用不同证明要求。从损害后果要件上来讲，交换型性骚扰要造成"有形雇佣利益损失"，敌意环境型性骚扰要造成"敌意的、胁迫的、冒犯的工作环境"。(2)不同类型性骚扰对雇主的可归责性不同。在交换型性骚扰发生的场合，骚扰者借助了足以使受害人屈从的职权，它来自雇主的授权，根据"害之所出，损之所负"的自然法则，雇主应为交换型性骚扰承担严格替代责任。敌意环境型性骚扰虽也借助了工作环境的平台，但是，这一环境因素视为接触机会的提供，因而，雇主只对其未尽性骚扰防治之合理义务的行为承担过错责任。

(二)纵向划分：对加害人可归责性证明 VS 对雇主可归责性证明

如前所述，职场性骚扰都借助了雇佣关系平台，该平台之于性骚扰的发生，轻则提供"接触之便"，重则提供"职权之便"，因此，雇主经常被牵涉进职场性骚扰诉讼中。职场性骚扰受害人也通常面临三种选择：(1)以加害人为被告（案例1－8）；(2)以雇主为被告；(3)以加害人和雇主为共同被告（案例9－10）。在(1)选项下，受害人只需证明骚扰行为对加害人具有可归责性。在(2)、(3)选项下，受害人既要证明骚扰行为可归责于骚扰者本人，又要证明其可归责于雇主。而在不同证明阶段应实行不同的证明责任规则。

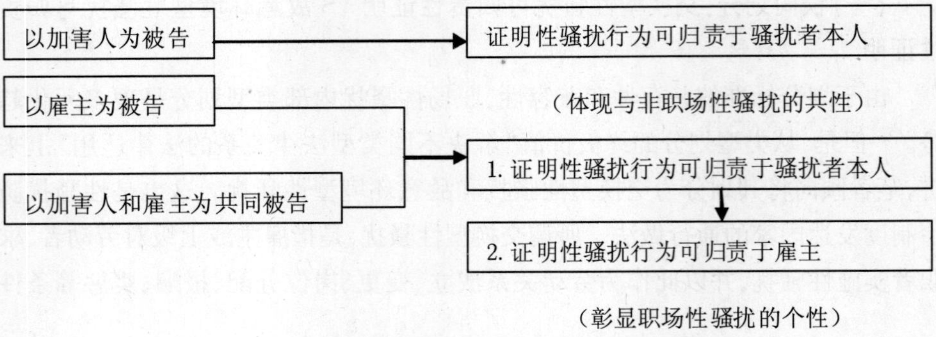

图 1　职场性骚扰诉讼证明阶段划分图

① 该定义引自中国法学会反对家庭暴力网络联合中国社会科学院法学所性别与法律研究中心草拟的《人民法院审理性骚扰案件时的若干规定》建议稿，但是，该建议稿未明确提出交换型性骚扰和敌意环境型性骚扰的概念。

四、现实指引:类型理论下证明责任界分及推定规则运用

类型理论的存在价值不在于类型本身,而在于类型视角下不同的解困思路。下文将对两种类型职场性骚扰在不同证明阶段的证明责任分担做出阐述。同时,笔者也引入了推定规则,作为缓和受害人证明困境的技术方法。

(一)对加害人可归责性证明:事实推定 VS 举证责任转移

1. 证明规则取舍与证明方法应用

民事诉讼证明责任规则分为一般规则和例外规则。一般规则即罗森贝克创设的证明责任规范说,也即"谁主张、谁举证"。例外规则即举证责任倒置规则。适用一般规则对受害人显失公平时,法律才规定适用倒置规则。基于性骚扰突发性、隐蔽性造成的受害人证明困境,学界也有在该类案件中适用举证责任倒置的呼声。笔者认为,这会陷入一个悖论:举证责任倒置规则倒置的其实是"过错""因果关系"和"免责事由",原告仍应就侵权行为和损害结果进行举证,而这恰恰是职场性骚扰诉讼中证明难度最大的两个要件事实。因而,实行举证责任倒置对缓解职场性骚扰受害人证明困境没有明显意义。那又如何解决此类案件证据瓶颈引发的困惑?

证据裁判主义是现代诉讼的基石。依据个案的证据差异,对案件事实的认定方法也分为两种:(1)完全证明(依赖直接证据证明案件的前提事实和结论事实);(2)事实推定(根据经验法则或者间接证据做出相关推定)。① 职场性骚扰案件直接证据难求,这恰恰为事实推定规则的适用创造了条件。事实推定依靠间接证据认定案件事实,也就离不开盖然性占优的证明标准。② 德国学者汉斯·普维庭以刻度盘形式将证明程度分为四个等级,高度盖然性为大于75%,盖然性占优为大于50%(如图2所示)。③

---

① 张继成:《事实推定的逻辑基础》,载《北京科技大学学报(社会科学版)》2002年第2期。

② 李可:《举证责任研究——法理的视角》,贵州人民出版社2004年版,第172页。

③ [德]汉斯·普维庭:《现代证明责任问题》,吴越译,法律出版社2000年版。

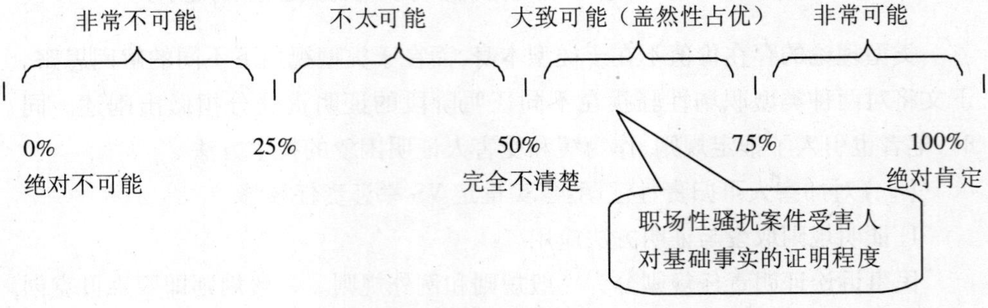

图2 证明标准划分图

在职场性骚扰案件中适用事实推定规则，受害人综合各种间接证据对基础事实的证明程度大于50%时，即"为真"的可能性大于"为假"的可能性，可推定性骚扰行为成立，举证责任转移给加害人，由其提出反证推翻上述事实。适用事实推定的证明方法可以扭转证明标准畸高及间接证据证明作用得不到充分发挥的现状。

2. 敌意型性骚扰对加害人可归责性证明

(1)需受害人证明的要件事实。第一，加害人是与受害人所在单位存在实质雇佣关系的人或是与单位存在利害关系的第三方。第二，加害人的性骚扰行为是不受欢迎的(受害人做出反对或基于胁迫而同意该行为)①，且是与执行职务相关(工作时间或工作地点)的行为。若是管理者实施的性骚扰行为则不以此为限。第三，对受害人造成了敌意的工作环境。② 通常，不受欢迎的行为要足够的严重和频繁才能造成敌意工作环境，如色情资料的泛滥、黄色笑话的流传，且受害人有义务让骚扰者知道他的行为是具有侵犯性的。若骚扰行为足够严重，如抓捏、抚摸他人性感部位、亲吻或者某行为直接涉及给予或剥夺雇佣利益，单一行为也可以构成敌意的工作环境。第四，加害人知道或者应当知道其行为

---

① 如何判断被控骚扰者的行为是否是受欢迎的，有合理人标准、合理女人标准、合理受害人标准的分歧。基于个体差异，笔者倾向于合理受害人标准。

② 敌意是指因骚扰行为而导致的相互对立、敌视或攻击的状态，胁迫是指是为达到某一目的而对采取方法对他人造成精神压力或肉体强制，冒犯是指某人的言语或行为触犯、冲撞、侵害了对方。1986年，美国联邦最高法院在Meritor Savings Bank v. Vinson案中首次明确敌意工作环境骚扰是可诉的。参见Patricia A. Shiu:《美国最高法院性骚扰案件审判概况以及美国反性骚扰立法的发展》，吴安静译，载《妇女研究论丛》2006年第7期。

对受害人来说是侵犯性的。带有性内涵的行为未遭到拒绝,或遭到拒绝后加害人立即停止行为,就不能认定加害人有过错。若属于上述严重超越正常合理程度的行为,就直接推定加害人有骚扰的故意。受害人可提供的证据包括:直接或间接反映骚扰行为存在的书证、视听资料,投诉或管理部门协调处理的证据,创伤后应激障碍①的证据,加害人经常实施骚扰行为的品格证据,构成性骚扰的专家意见,受害人表示该行为不受欢迎的警告、暗示等。

敌意的工作环境是性骚扰行为的一级损害,它又会衍生二级损害,即对受害人造成的精神痛苦、心理障碍以及生理伤害、紊乱等现象,但是,这不是判断性骚扰行为成立的要件事实,而是请求更高数额的物质损害赔偿和精神损害赔偿的依据。②

(2)证明过程中事实推定的适用。首先,受害人通过间接证据的提供,使侵权行为、损害事实、因果关系的证明达到"表面可信",即盖然性占优势的程度,就推定性骚扰行为成立,举证责任转移给加害人,由其证明所谓的骚扰行为实际上并不存在,或者其行为不足以造成敌意的工作环境。其次,只要上述第一、二、三项要件事实成立,就推定骚扰者存在故意。再次,只要性骚扰行为成立,就推定对受害人造成一定的精神损害。若受害人主张严重的精神损害或身体疾病赔偿,则需证明该症状是在性骚扰行为持续过程中或之后不久造成。

3. 交换型性骚扰对加害人可归责性证明

(1)需受害人证明的要件事实。第一,单位的管理者明示或暗示地借助管理权限实施了性骚扰行为。表现为加害人以威胁不利对待的方式要挟受害人满足其性要求,或者没有明示会遭遇此种对待,但事实上却对受害人做出了此种报复。此种性骚扰是在权力外观下进行的,因此,不以发生在工作时间或者工作地点为限。第二,受害人遭到了雇佣利益的损失,包括解雇、降级、不希望的重新任命、降低工资、丧失应得的培训或学习机会、丧失应得的提升或任命机会。这是交换型性骚扰行为造成的一级损害。第三,上述雇佣利益损失是受害人的反性骚扰行为导致的。第四,加害人故意。

(2)证明过程中事实推定的适用。第一,关于因果关系的证明。可借鉴美

---

① 创伤后应激障碍,是指因性骚扰行为而导致一系列生理异常和心理异常现象,包括抑郁、愤怒、害怕、不安以及哭泣、呕吐、失眠、噩梦、头痛、疾病等。

② 误将损害赔偿因素作为性骚扰行为成立要件,会导致性骚扰认定不能,使得"赔礼道歉""停止侵害"等非财产请求得不到支持。

国关于"时间上的强接近规则"。① 只要受骚扰者实施拒绝或反抗的行为与其遭受不利对待有相当程度的时间关联,因果关系即可被推定成立。此时,举证责任转移给加害人,由其证明对受害人职位和利益的不利处置是基于性骚扰以外的其他因素。② 第二,关于过错的证明。此种性骚扰发生的场合,只要受害人能够完成上述前三项要件事实的证明,即推定加害人有骚扰的直接故意。

关于对加害人可归责性的证明过程,总结如下:

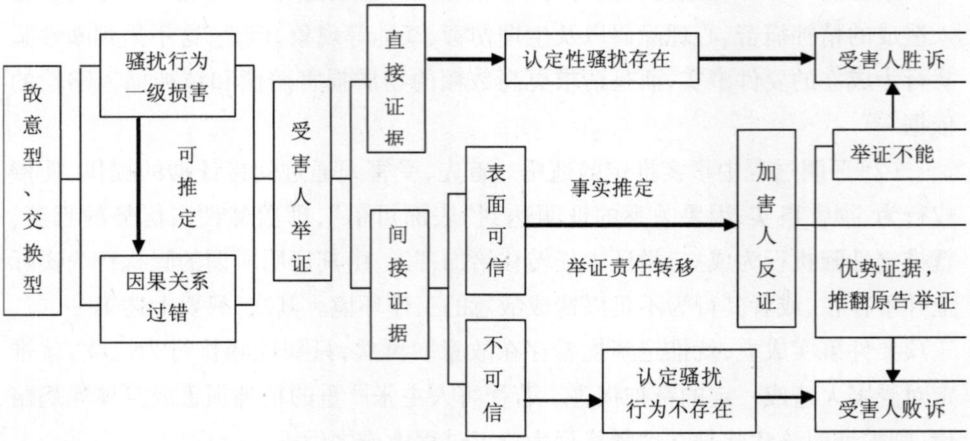

图 4 职场性骚扰对加害人可归责性证明过程演绎图

(二)对雇主可归责性证明:法律推定 VS 举证责任倒置

对雇主的可归责性证明源于职场性骚扰雇主责任。建立职场性骚扰雇主责任制度是性骚扰法律规制成熟国家和地区的通常做法。2005 年新修订的《妇女权益保障法》出台后,我国内地 31 个省、自治区、直辖市纷纷修订《实施〈中华人民共和国妇女权益保障法〉办法》,将性骚扰的防治义务指向雇主,但是,在雇主责任的范围和内容上存在严重的地域差异,这导致认定标准多元化及个案裁判

① See McDonnell Douglas Corp. v. Green, 411 U.S. 792 (1973). 该案中最初确立该规则。2001 年,在 General Electric Co. 案件中,美国第二上诉巡回法院认为,受害人的反骚扰行为与雇主对其采取的不利措施之间仅存 20 天的时间差,是雇主报复行为成立的足够证据。

② See Sowers v. Kemira, Inc. (1988, SD Ga) 701 F Supp 809, 46 BNA FEP Cas 1825. 美国法院认为,案件证据表明人力资源部经理有足够的职权影响人事任免决定,加之受害人提出的该经理实施性骚扰的直接证据,足以将举证责任转移给被告,但是被告没能证明雇员职位的变动是基于合法的非歧视性因素,因此被告败诉。

不统一,建立规范的雇主责任制度是我国立法的大势所趋。笔者的观点是:雇主对交换型性骚扰承担严格替代责任,对敌意环境型性骚扰承担过错(推定)责任。① 下文论述也是围绕该观点展开的。以雇主责任为核心研究性骚扰对雇主的可归责性证明,就难以避开法律推定规则的适用。所谓法律推定是指,立法者按照特定的立法意图依据立法程序在成文法条文中所设置的推定规范,规定以某一事实的存在为基础,据以认定另一事实或权利的存在。②

1. 敌意环境型性骚扰对雇主的可归责性证明

(1)证明规则取舍。敌意环境型性骚扰下雇主责任的违法性来源是其未尽性骚扰防治之合理注意义务。但若由受害人就雇主过错进行举证,则违背了由主张积极事实和距离证据较近一方承担证明责任的原则,雇主的证明妨碍行为会给受害人造成证明危机。③ 因此,由雇主承担其在性骚扰的预防和救济过程中不存在过错的证明责任(如建立了完善的内部防治措施、有通畅的申诉渠道、对已经发生的性骚扰行为进行了及时合理的救济等),其合理性远远胜过由受害人对此一系列行为不存在的消极事实承担证明责任,也可以克服证据偏在给受害人带来的实体上和程序上的不公平。因此,在敌意环境型性骚扰对雇主的可归责性证明上应适用证明责任倒置规则。

(2)证明过程演绎。敌意环境型性骚扰对雇主可归责性的构成要件如下:第一,雇主不作为;第二,性骚扰行为发生或进一步严重,受害人未得到单位内部有效救济;第三,上述一、二项之间存在因果关系;第四,雇主有故意或过失。如前所述,此种情形实行举证责任倒置规则。但是,受害人仍负有就基础事实(侵权行为、损害结果)进行举证的义务。受害人可提供的证据有:提出申诉的证据;或虽未申诉,但性骚扰行为如此普遍以致雇主不可能不知悉性的证据。受害人对上述两项要件事实的证明,可以适用事实推定规则,即只要性骚扰行为得到认定,就可以推定加害人存在不作为的过错。雇主则负有其不存在过错的最终证明责任。雇主可以通过反驳性骚扰存在的方式实现间接免责,也可以通过证明已经尽到预防和救济的合理注意而实现直接免责。雇主可提供的证据如下:

---

① 曹艳春、刘秀芬:《职场性骚扰雇主责任的归责原则研究》,载《燕山大学学报(哲社版)》2008 年第 4 期。

② 王雄飞:《论事实推定与法律推定》,载《河北法学》2008 年第 6 期。

③ 日本的石田穰教授认为如下原则可作为证明责任分配的基准:其一,与证据的距离;其二,证明的难易(通常证明某事实的存在比证明不存在更容易)。参见于敏:《日本侵权行为法》(第二版),法律出版社 2006 年版,第 138 页。

第一,建立内部防治政策的证据,如在企业规章或劳动合同中明确反性骚扰内容,张贴宣传画,发放员工手册,进行反性骚扰培训的证据。第二,建立一个“加害人回避”的有效内部申诉渠道并使员工周知的证据。第三,对实际发生的性骚扰进行有效协调和处理的证据。第四,实施了使受害人免受进一步伤害和报复的证据。第五,受害人过失地没有利用内部申诉渠道的证据等。

2. 交换型性骚扰对雇主的可归责性证明

(1)绝对推定归责。[①] 如前所述,雇主为交换型性骚扰承担即严格的替代责任,也就意味着对雇主实行绝对推定的归责原则。受害人一旦证明交换型性骚扰行为存在,且加害人和雇主未就交换型性骚扰成立的指控提出合理抗辩,则雇主必然承担责任。

(2)雇主抗辩事由。雇主无需对其是否存在过错进行抗辩,但雇主以反证推翻交换型性骚扰成立的事实,或使其真伪不明,进而无法归责于加害人,则雇主可脱离严格替代责任。即证明事实上不存在所谓的有形雇佣损害,或该有形损害源于骚扰以外的正当理由。但若骚扰行为最终仍符合敌意环境型性骚扰的构成要件,雇主就不能通过上述抗辩实现绝对免责。

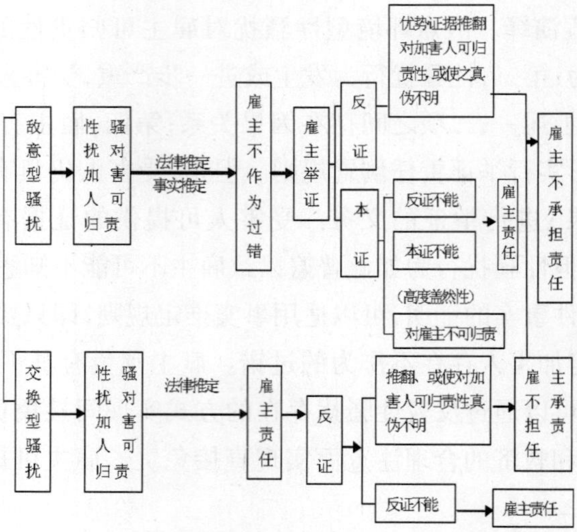

图 5 职场性骚扰对雇主的可归责性证明过程演绎图

---

① 叶自强:《民事证据研究》,法律出版社 1999 年版,第 122 页。

五:实践检验:几例典型职场性骚扰案件的重新解读

认识是一种螺旋式的曲折上升运动,要经历"实践—认识—再实践—再认识……"的循环往复过程。本文关于性骚扰证明责任界分及证明困境缓和的思索源于实践启发,将思索结果用于前述典型案件的重新解读,或许也有不同程度的启发。

童某案　败诉关键:(1)忽视骚扰场合的封闭性、排他性,致使关键证言未被采信,使原告陷入证明危机。(2)忽视有形雇佣损害。出路:(1)原告提交的证人证言,证明原告的拒绝声音和双方厮打声发生在被告办公室里间,根据逻辑判定被告对原告实施了不利行为。结合其他证据,足以推定骚扰行为成立。举证责任应当转移给被告,由其反证证明本人与骚扰行为无关。(2)原告可以提出有形雇佣损害的证据,使举证责任就转移给被告,由其证明不利对待情形是基于性骚扰以外的其他理由。

梅某案　败诉关键:间接证据的证明作用未得到充分发挥。出路:(1)原告提交的证据有被扯烂的工作服和单位领导对此事进行调解的录音。调解记录可以证明加害人对受害人实施了一定行为;被扯烂的工作服可以证明加害人的行为对受害人来说是不受欢迎的以及受害人做出反对的事实。两份证据相互印证,足以证明性骚扰行为的存在,使举证责任转移给被告。(2)雇主在单位内部处理程序中存在袒护被告的明显过错,原告若将雇主列为被告,则雇主应承担赔偿责任。

文某案　败诉关键:忽视交换型性骚扰的职权属性,误将"严词拒绝"作为认定标准。出路:管理者的"权力外观"通常会使受骚扰者惧怕遭到报复而屈从于骚扰者的行为,或采取温婉的方式拒绝,因此,本案不应以"明确拒绝"为要件。

雷某案　败诉关键:(1)名誉权案由导致是否构成性骚扰走向能否证明"社会评价降低"的误区。(2)证人未出庭作证,电话录音瑕疵,间接证据证明作用未得到充分发挥。(3)忽视性骚扰的交换型特征。出路:(1)若适用性骚扰案由或一般人格尊严纠纷案由会增加本案的胜算。(2)受害人可提出因性骚扰行为辞职及加害人阻挠其就业的有形雇佣损害的证据,对性骚扰行为成立的证据进行补强,从而形成证据链条。

何某案　存在问题:忽视精神损害无形性。出路:性骚扰行为成立,应当推定对受害人造成一定的精神损害,其精神损害赔偿请求应当得到一定的支持,二审法院不应撤销关于精神损害的赔偿请求。

陆某案　存在问题:对雇主责任认识模糊。出路:雇主有建立规章制度和申诉渠道的义务,但是,雇主的此项义务不是一劳永逸的,雇主要保证制度的实施和渠道的畅通。本案作为被告的公司存在如下过错:(1)对受害人申诉置之不理,袒护被告;(2)内部处理程序违背"加害人回避"规则;(3)将受害人解雇。因此,雇主应当承担赔偿责任。

结语

作为一种侵权行为,性骚扰并不排斥男性受害者存在,但从受侵害概率上讲,女性受害者具有普遍性。究其本质,职场性骚扰是工作场所中的性别歧视,是两性社会经济地位不平等引发的男性对女性的支配欲和控制欲造成的。因此,在性骚扰案件审理和裁判中,法官不但应具备法律逻辑思维,更应具备社会性别意识,认识到男女两性在资源占有、角色分配、评价标准上的社会差异以及受害者遭遇的证明困境,将法律的天平适当向弱者倾斜,不机械适用法律,才能实现该类案件裁判的实质正义。

(伍玉联:湖南省高级人民法院研究室调研科科长;刘秀芬:湖南省平江县人民法院法官)

如何成为初任法官

——以H省S市法院系统初任法官生成机制的实证考察为视角

李崇华　李畅华

本文通过介绍初任法官的现行立法规定而引出问题，继而以H省S市法院系统初任法官的生成为例进行分析，发现实践当中存在任职单纯考虑通过国家司法考试和H省法检两院统一招考进入法院工作，再通过一年的试用期，而年龄、专业、工作经历并非考虑的因素；初任法官培训来源岗位随意化、轮岗锻炼虚化等问题。接着，笔者就法官精英化与司法大众化、法官专业化与司法民主化、能动司法视野下的法官的生成原理及具体表现和操作进行分析。最后从区分法院的不同层级，确定初任法官的选任标准；拓宽从事法律工作的其他人员转任法官的途径；适当提高司法辅助人员转任法官的条件；完善预备法官培训制度四个方面提出合理建构初任法官的生成机制的建议。

一、问题的提出：我们需要什么样的法官

2001年修订后的《法官法》第9条规定了法官的任职资格，第10条则规定了法官的禁入条件，从现行规定看，法律的实质性内容在于：年满23周岁，高等院校法律专业本科毕业或者高等院校非法律专业本科毕业具有法律专业知识，从事法律工作满二年，其中担任高级人民法院、最高人民法院法官，应当从事法律工作满三年；获得法律专业硕士学位、博士学位或者非法律专业硕士学位、博士学位具有法律专业知识，从事法律工作满一年，其中担任高级人民法院、最高人民法院法官，应当从事法律工作满二年。《法官法》第12条进一步规定，初任法官采用严格考核的办法，按照德才兼备的标准，从通过国家统一司法考试取得资格，并且具备法官条件的人员中择优提出人选。人民法院的院长、副院长应当

从法官或者其他具备法官条件的人员中择优提出人选。2002年,我国开始实行国家统一司法考试制度,自此,担任法官必须通过国家统一司法考试,法官开始走向职业化进程。2006年,由于《公务员法》的实施,法官按照普通公务员录用管理,所以,之后要成为一名法官,需要通过国家统一司法考试和公务员考试,经过一年的试用期试用合格,再经过一年时间的预备法官培训,直至任命。从大学毕业时算起,在法院工作满两年,基本上符合了法官法所规定的任职条件。至此,我们需要思考的是,成为一名法官,到底需要哪些基本素质?是哪些因素决定法官的任职?实践中是如何适用法律的?存在什么问题,原因何在?是什么原因导致产生这种现象?因为这些问题都与初任法官的成长息息相关,应当引起足够的重视。

二、实践透视:基于初任法官生成的思考

为了了解初任法官的生成情况,笔者对H省S市法院系统近两年初任法官的生成机制进行了考察。

(一)任职"切两刀",不顾及其他因素

笔者发现,在考察地区法院,成为初任法官必须要经过两道坎,即"切两刀",通过国家司法考试和H省法检两院统一招考进入法院工作,再通过一年的试用期,其他年龄、专业、工作经历并非考虑的因素,所以越早进入法院工作,越早通过国家司法考试的人员越容易成为初任法官。

实例一:法官甲,27岁,22岁法学本科毕业即考入H省S市B区法院,同年通过司法考试,23岁参加H省高院组织的预备法官培训,24岁任命为助理审判员,27岁经竞争上岗成为B区法院民庭的副庭长。

实例二:初任法官乙,27岁,系甲的大学同学,乙22岁法学本科毕业后选择攻读法学专业研究生,同年通过司法考试,25岁研究生毕业考入B区法院,26岁参加H省高院组织的预备法官培训,27岁任命为助理审判员。

实例三:初任法官丙,32岁,22岁法学本科毕业后考入农村信用社工作两年,24岁通过司法考试,做了两年律师,27岁考上了法学研究生,继续深造,30岁考入H省S市中级人民法院,31岁参加H省高院组织的预备法官培训,32岁任命为助理审判员。

实例四:初任法官丁,33岁,23岁法学本科毕业时通过司法考试,26岁研究生毕业后在本科院校从事法学教学科研工作4年,同时也是兼职律师,30岁考入H省S市中级人民法院,31岁参加H省高院组织的预备法官培训,32岁任命

为助理审判员。

笔者通过对近年来多名法官履历的研究,发现了一个有趣的现象,即法院在任命法官上存在严重的“反学历和工作经历”的现象,就法官个人成长而言,选择攻读全日制研究生就是一种时间上的浪费。笔者计算过时间成本,在H省S市中级人民法院,自去年开始,公开招考助理审判员要求研究生毕业并且有两年工作经验,而招书记员只要求本科学历,不要求工作经验,如果稍微理性一点的本科毕业生通过司法考试直接以书记员的身份考入H省S市中级人民法院,两年后他就能任命为初任法官,而如果他选择读研则要七年之后才能成为该院的初任法官,因为他读研需要三年,毕业后要两年工作经验,考上法院后要试用一年,预备法官培训要一年,总共需要花七年时间。这对他本人成长而言就是时间上的浪费,因为在机关里“年龄是个宝,学历作参考”,在越来越要求干部年轻化的今天,读研似乎“划不来”。

(二)岗位随意化,不易培养能力

在参加预备法官培训的人员中,有的来自法院民庭、刑庭、派出法庭等业务庭,也有来自办公室、政治部等综合部门(见表1),原因在于新招录的人员通常会优先派往最需要的部门工作锻炼,法院用人主要考虑的是法院自己的实际需要。同时,也有部分在综合部门工作的人员以前是以非审判人员身份招录进法院,事后通过自己的努力通过了司法考试,想去业务部门办案,由此可以看出参加预备法官培训的人员组成是比较随意的。事实上,在法院工作并不就等于从事法律工作,在综合性部门工作并不能锻炼个人的办案能力,特别是法律适用能力,这些人员被派去参加预备法官培训并被任命为法官,可能会影响法官的整体专业化水平。

表1　近两年S市法院系统参加预备法官培训情况(共计95人)

部门	立案庭	民庭	刑庭	行政庭	执行局	派出法庭	审管办	办公室	政治部	研究室	其他部门
人数	5	14	13	5	8	26	5	6	3	2	8

(三)轮岗锻炼虚化,影响培训效果

2006年,最高人民法院修订的《法官培训条例》正式确定了一项制度,即拟任法官的人员,需接受法官培训。预备法官培训应注重岗位规范、职业道德和审判实务的培训,培训时间不少于一年,其中集中面授时间不少于3个月,其他时间在立案庭、刑事审判庭、民事审判庭、行政庭轮岗实习,并且每个业务庭室不少于两个月。然而由于法院"案多人少"矛盾突出,培训内容与司法实践脱节等原因,H省近五年来的预备法官培训的集中面授时间都不足30天,仅在2014年首次突破45天,剩余时间改为网络教学方式,对学习的时间和地点无刚性要求。而所谓的轮岗学习,由于各业务庭之间有自己的固定工作任务,面对新人,缺乏培训的动力,特别是在短期内的轮岗,往往工作上刚熟悉,就要换到另外的部门去锻炼,对所锻炼的部门来说纯粹是增加了自己的工作负担。另外,法院本身的工作任务重,又加上所调研法院辖区属经济落后地区,人才流失比较严重,更加剧了"案多人少"的矛盾,一旦招进来新人,各部门之间就展开了激烈的争夺,往往没过多久就会给新人确定工作岗位,所以根本不会出现严格执行轮岗实习规定的情况。同时考虑到法院审判人员的提前培养,所以只要通过了司法考试,不管在什么部门,都会派去参加预备法官培训并任命为助理审判员。

三、理论探讨:多元模型下的初任法官

最高人民法院制定的《关于全面深化人民法院改革的意见——人民法院第四个五年改革纲要(2014—2018)》确定了改革法官选任制度的目标,规定:针对不同层级的法院,设置不同的法官任职条件。在国家和省一级分别设立由法官代表和社会有关人员参与的法官遴选委员会,制定公开、公平、公正的选任程序,确保品行端正、经验丰富、专业水平较高的优秀法律人才成为法官人选,实现法官遴选机制与法定任免机制的有效衔接。健全初任法官由高级人民法院统一招录,一律在基层人民法院任职的机制。配合法律职业人员统一职前培训制度改革,健全预备法官训练制度。适当提高初任法官的任职年龄。建立上级法院法官原则上从下一级法院遴选产生的工作机制。完善将优秀律师、法律学者,以及在立法、检察、执法等部门任职的专业法律人才选任为法官的制度。健全法院和法学院校、法学研究机构人员双向交流机制,实施高校和法院人员互聘计划。从最高人民法院的改革纲要可以看出,我国法官选任的总体方向是职业化、专业化、精英化,这与法治发达国家的通行做法是一致的。

(一)法官精英化与司法大众化

由于法官具体行使国家的审判权,承担维护社会公平正义最后一道防线的职责,所以世界各国都对法官的选任采取高标准、严要求,只有社会精英阶层才能被任命为法官。通常认为,法官是社会的精英,是集广博的知识、优秀的品质和良知于一身的集合体,西方学者指出,法官是介于神和人之间的一种社会矛盾

的仲裁者和主持正义的象征。① 比如,英美法系国家特别强调法官的专业素质与司法能力,法官必须从经验丰富的律师中选任。在英国,大多数法官的选任是对业务能力、个人声誉具有良好表现的资深律师的一种荣誉或奖励,是司法界对该律师的一种信任,是个人到达职业巅峰的标志。大陆法系国家对法官选任的基本思路是:规范的大学法学教育—严格的法官职业资格考试—丰富的司法实务经验—较强的司法能力。其中,大学教育、国家考试、实习培训在内容上有很强的衔接性,从而构架起教育、考试、实习、培训的协同机制,促使未来的法官们在正式执业之前就具有较强的司法能力。② 与此不同的是,基于国情我国法官的选任采取大众化的方式,从改革开放初期主要从党政机关、企事业单位选调,大批只有初中、高中文化水平的乡村干部、中小学教师和军队复转人员调入法院,到近年来所倡导的司法走群众路线,巡回审判进乡村、进社区,深入田间地头办案,对案件的处理需追求法律效果、社会效果、政治效果三者的统一,媒体报道的典型法官对调解的重视、对平民化语言运用的强调等,这些都是我国司法走大众化道路的具体表现。另外,前几年实行的法院内部的"小司考"制度③,针对法院内部工作人员只要通过难度较小的"小司考",即具有资格任命为法官,也是法官选任大众化的表现。

(二)法官专业化与司法民主化

法官的专业化要求专职从事审判工作的法官必须具有不同于普通民众的专业素养,即法官应具有经过专门的法律知识和思维训练以及长期的法律实践所造就的独特的专业知识、技能、职业思维和法律职业经验。④ 在法官选任上,必须要对所学专业予以限制,担任法官必须具备法律专业知识,在大陆法系的德国和法国对法官选任要求经过大学法律院系的法学教育,通过国家考试,经过法院、检察院、行政机关等实践部门培训,才能成为一名法官,经过系统的法学教

① 牟海、张俊海:《对法官职业准入制度的思考》,载《山东审判》第19卷总第153期。

② 陈波:《法官遴选制度与司法能力建设——以两大法系法官遴选制度为例》,载《北京社会科学》2014年第1期。

③ "小司考"政策旨在"进一步缓解西部地区基层法律职业人才短缺""解决少数民族地区在职法律职业人员职业资格问题",是专门针对已进入法院工作,尚未取得法律职业资格,单独组织的考试,通过率远高于国家统一司法考试,2009年的通过率达到73.7%,而当年国家统一司法考试通过率只有22%。

④ 杨知文:《中国法官的职业化遴选:现状、改革与发展》,载《重庆工商大学学报》2013年8月第30卷第4期。

育、严格的国家考试淘汰、多部门实务锻炼,保证了法官的专业化水平和能力。在我国现行制度下,任命为法官的强制条件为取得大学本科学历,通过国家司法考试,不要求大学所学的专业,也不考虑是否是全日制的大学学历,工作年限也只要求两到三年,这种规定很难保证我国法官有较高的专业化水平。同时,为贯彻民主原则以及防止法官职业化所可能带来的知识狭隘、腐败专横等弊端,现代国家一般都吸收普通民众参与案件的审判,这就是陪审制度。我国也建立了人民陪审员制度,虽然学界和实务界对我国人民陪审员制度褒贬不一,甚至有学者认为应废除人民陪审员制度,但显然我们国家最高层还是对此制度采取改良的做法。2013 年 5 月 23 日,全国法院人民陪审工作电视电话会议在北京召开,会议要求:扩大司法民主,推进法治建设,确保司法公正,全国法院人民陪审员实施"倍增计划"力争达 20 万人,各级人民法院要不断提高人民陪审员的代表性和广泛性,注意提高基层群众特别是工人、农民、进城务工人员、退伍军人、社区居民等群体的比例,确保基层群众所占比例不低于新增人民陪审员的三分之二。① 由于我国人民陪审员与英美法系国家的陪审团不同,英美法系国家的陪审团成员只负责事实认定,而我国的人民陪审员不仅可以认定事实,而且能适用法律,事实上享有与法官同等的权力,成为事实上的"编外法官"。并且人民陪审员的选任需要保证广泛的民意代表性,水平参差不齐在所难免,并且人民陪审员具有与法官同等的权力,对他们的责任追究难度较大,容易引发道德危险。人民陪审员制度的根本目的是为了践行司法民主,维护司法公正,这就需要在司法改革中与法官职业的专业化要求进一步协调。

(三)能动司法视野下的法官

关于我国能动司法的内涵,原最高人民法院王胜俊院长认为,人民法院能动司法就是要发挥司法的主观能动性,积极主动地为党和国家工作大局服务,为经济社会发展服务。我国能动司法有三个特征:一是能动司法是服务型司法,人民法院必须紧紧围绕服务经济发展、维护社会稳定、促进社会和谐、保障人民权益的要求,积极运用政策考量、利益平衡、和谐司法等司法方式履行司法审判职责;二是能动司法是主动型司法,人民法院必须主动开展调查研究,认真分析研判形势,主动回应社会司法需求,切实加强改进工作,主动延伸审判职能,积极参与社

① 张明:《全国法院人民陪审工作电视电话会议要求 扩大司法民主 推进法治建设 确保司法公正 全国法院人民陪审员实施"倍增计划"力争达 20 万人》,载 http://www.chinacourt.org/article/detail/2013/05id/ 961870.shtml,2013 年 5 月 24 日最后访问。

会治理,主动沟通协调,努力形成工作合力;三是能动司法是高效型司法,人民法院必须根据经济社会发展要求,未雨绸缪,超前谋划,提前应对,努力把矛盾纠纷解决在萌芽状态。① 这种司法模式对法官提出了很高的要求,更多地是从政治任务的高度去定位法官,而不是从司法规律的角度考虑,所以法官的政治素质是决定性的,而专业知识作用要求相对较低,法官更像政府工作人员,在审理案件当中为了“大局”可以突破现行法律的规定,当然也会弥补法律的漏洞,注重调解,强调纠纷的实质性解决。作为法院院长,主要是从政治上管全局,把握大方向,具有良好的沟通协调和行政管理能力即可,自然不需要学法学专业,也不需要通过司法考试,法院院长、副院长可以从“其他具备法官条件的人员”中选出,所以,能动司法在法院中对于不同对象应该有不同的适用措施。

四、改革进路:合理构建初任法官的生成机制

初任法官的生成和选任,涉及选任决定主体、选任标准、选任程序等方方面面的问题,而科学确定选任标准,适当提高选任门槛,无疑对提高整个法官队伍素质,提升司法公信力具有非常重要的作用。尽管在实践中,我国初任法官选任的资格要求不同程度地高于准入门槛所划定的最低标准,一般而言,业务能力、政治素质、领导评价、人缘、沟通协调能力和行政管理能力都是初任法官选任的重要隐性资质②,但是对类似于笔者所调查的西部落后地区法院来说,适当提高并统一标准实属必要,同时全国各地同一级别的法院也应确定相同的最低选任标准。

(一)区分法院的不同层级,确定初任法官的选任标准

不同层级的法院,有不同的职能定位,对法官有不同的能力要求,级别越高的法院的法官,其个人学历、专业知识、司法经验、业务能力、年龄层次方面都应该优于其下级法院。目前中央所确定的改革总方向是初任法官由高级人民法院统一招录,一律在基层人民法院任职。然而,尚有一部分原来已经在较高级别的法院工作的非法官的其他人员,已经通过了国家司法考试,“一刀切”地让他们去基层法院工作显然不合时宜,会影响其他人员的工作积极性。笔者认为,首

---

① 王胜俊:《坚持能动司法 切实服务大局》,2009 年 8 月 28 日在江苏省高级人民法院调研座谈会上的讲话。转引自王村:《浅析能动司法》,载 http://old.chinacourt.org/html/article/201107/14/457823.shtml,2011 年 7 月 14 日最后访问。

② 王禄生:《相马与赛马:中国初任法官选任机制实证研究》,载《法制与社会发展》2015 年第 2 期。

先,应借鉴国外的成功经验,提高初任法官的年龄,“年龄本身不仅仅是一个枯燥的数字,它表明的是一个人的社会经验和阅历,这是法官判案的无形财富”①,应该将年龄提高到年满30周岁②,这也和我们传统观念当中所认为的“三十而立”是一致的。其次,应将工作经验提高到五年以上,五年的工作经验可以使初任法官积累较为丰富的人生阅历,有一定的经济基础,也提高了自身解决纠纷的能力,同时对全日制硕士研究生、博士研究生读书期间应计算相应的工作年限,否则对他们很不公平,这是对基层人民法院法官的要求。在中级人民法院的法官应在基层人民法院独立办案三年以上,才能被选拔去中院任职,这可以保证中级人民法院法官的年龄至少在33岁以上,并且有八年的工作经验,在高级人民法院担任法官至少要在中级人民法院工作满五年以上才能申报和选拔,在中级人民法院工作满十年的法官才能被选拔到最高人民法院任职。③ 再次,对担任法官的人员的专业需设置条件,基层法院由于审理一审案件,涉及的法律关系相对比较简单,主要是对事实进行认定,法官的专业化、职业化程度相对比较低,所以可放宽对法律专业的要求,中级人民法院以上级别法院的法官必须经过系统全面的法律教育,这是大陆法系国家对法官任职的通行要求。最后,对法官的遴选应采取有别于公务员的方式,打破目前公务员招考和遴选普遍划定的年满35周岁的年龄界限,防止法官晋升途径因年龄原因受阻。

(二)拓宽从事法律工作的其他人员转任法官的途径

由于提高了初任法官的任职条件,考入法官的人数会出现下降趋势,会出现“法官荒”现象,为有效应对此问题,必须“开源”,允许优秀的律师、法学教师、公安机关、检察机关、国家安全机关、立法机关、司法机关、党的政法委及政府法制办、仲裁机关、公证机关等通过国家司法考试、从事法律工作的其他人员经过公开选调转任为法官。对这些人员的工作年限要求应稍高于直接招录进法院的工作人员的年限,至少在同级别法院应增加两年的工作经验。同时,建立由党委政法委、人大、法官代表、律师代表、法学教授等共同参与的专门的遴选委员会,对候选人的任职资格、法律素养、司法能力、道德品行等综合素质进行全面考核,并适当提高候选人选任为法官的待遇,可参照给予同级法院同样学历、工作年限、

---

① 宋建朝、付向波:《探索中国特色的法官遴选制度,载《人民法院报》2005年7月11日B1版。

② 在英美法系国家,初任法官的年龄一般都在40岁以上,大陆法系国家的初任法官年龄也达到30岁以上,我国采取的是大陆法系的模式。

③ 李国良:《从司法公正与效率谈法官制度的改革》,载《法律适用》2001年第5期。

能力水平相当的法官的待遇。同时,应采取措施,切实改变目前法官的职业收入偏低、职业地位和职业权力保障不到位的现实,只有从制度上保障好法官的职业权力、职业地位和职业收入,才能提高法官职业的尊荣感和神圣感,才能将优秀的法律人才吸引到法官队伍,也才能解决我国目前法官准入门槛不高、队伍素质较低却同时面临法官短缺的矛盾。①

(三)适当提高司法辅助人员转任法官的条件

法院司法辅助人员指审判人员以外的协助进行审判工作的其他工作人员,主要包括书记员、执行员、法医和司法警察。"法院是法律帝国的首都,法官是帝国的王侯。"随着法官职业尊荣感的增强,法官地位的提升,法院的司法辅助人员想成为法官的人会越来越多,为了提高他们工作的积极性,以开放的心态吸收其中优秀人才进入法官队伍,必须打通从书记员等司法辅助人员晋升为法官的途径。鉴于现行立法所确定的标准过低,目前硬性条件主要包括:通过司法考试、年满 23 周岁、本科学历,笔者建议可适当提高标准,以免造成笔者所调查法院中通过书记员招考进入法院比通过审判人员招考进入法院早四年成为初任法官的现象。笔者认为司法辅助人员要求成为法官,除应通过司法考试以外,基层法院应该工作至少五年以上,且需要协助法官办案两年以上,中级以上法院必须工作七年以上,并且要取得法学专业的相应学位,中级法院需取得法学学士学位,高级法院需取得法学硕士学位,另外还应在基层法院协助法官办案两年以上。只有这样,才能保证法官整体素质的提高,防止法院内部转任法官随意性强、标准低的现象发生。

(四)完善预备法官培训制度

根据现代人力资源管理原理,培训的目的在于提高员工的胜任力和竞争力,增强组织的绩效,而人的胜任力是可以通过培训与开发得以提升的,为此,应建立以提高初任法官胜任力为核心的初任法官培训机制,帮助初任法官提升素质能力,激发潜能,尽快适应变革。② 预备法官培训应坚持问题导向,实现合规律性与合目的性的统一,具体来讲,就是要尊重司法规律,切实了解司法实践中各级法院对法官的能力要求,同时也要结合受培训的对象的具体情况,了解其专业

---

① 李立新:《我国法官选任制度的问题与改革》,载《湖南大学学报》2010 年 7 月第 4 期。

② 吴久宏:《论初任法官培训机制之建构——以北京法院为例》,载《法律适用》2012 年第 8 期。

背景、工作经历等,有针对性地制订培训计划,开发相应的培训教材,合理配备师资力量,使培训达到最优效果。另外,应将脱产集中培训与在职培训相结合,脱产集中培训解决的是初任法官的角色转变以及注重类型化案件规范性审理的经验传授,以提升初任法官审核证据、认定事实、适用法律以及分析论证的能力,而在职培训主要是在实践中发挥资深法官的传帮带作用,在实际办案当中实现“一对一”指导,类似于学校的导师制,以有利于初任法官的成长和进步。

结语

党的十八届四中全会审议通过了《中共中央关于全面推进依法治国若干重大问题的决定》,全会指出:全面推进依法治国,必须推进法治专门队伍正规化、专业化、职业化,完善法律职业准入制度,建立从符合条件的律师、法学专家中招录立法工作者、法官、检察官制度,健全从政法专业毕业生中招录人才的规范便捷机制,完善职业保障体系。法官作为法治建设的重要力量,建立科学合理的职业准入制度,提高法官的专业化、职业化水平,对整个社会加快法治建设进程、有效维护社会公正具有十分重要的作用,路漫漫其修远兮,我们且行且探索。

(李崇华:邵阳市中级人民法院助理审判员;李畅华:新宁县人民法院回龙寺法庭庭长)

需求与供给:制度变迁中的法院经费保障实证研究

李崇华

法院经费保障是法院得以正常运转并积极发挥司法功能的前提和基础,对于如何构建一套合理而又长效的法院经费保障机制,笔者试图通过对湖南省中部偏西南地区的两个基层法院进行实证研究,从需求与供给两个层面,对法院经费保障中法院与当事人、地方政府、法官个人在收入争取中的多方博弈进行了分析。同时对支出构成中的乱象——不合理支出、不合理压缩、财务报表制作混乱进行了揭示和剖析。接着,笔者从民国时期法院经费保障的经验、我国不断增强的财政实力、不断完善的监督管理体制三个方面论述完善我国法院经费保障机制之可行条件。接着从确定收支脱钩,全额保障、分类保障、适时调整,合理增长、厉行节约,强化监督四个经费保障原则,提前做好清理历史欠债、深入广泛调研,对各地法院进行摸底两个方面的准备,最后提出了完善我国法院经费保障机制的具体措施。

一、大军未动 粮草先行——《孙子兵法》

不管哪个单位的运转都需要经费,这是放之四海皆准的道理。在我国,法院的经费来源主要包括财政拨款收入以及诉讼费用收入。2007 年 4 月 1 日,国务院制定的《诉讼费用交纳办法》(以下简称新《办法》)开始实施,它以保护当事人的诉权为根本目的,确立了诉讼收费依法进行,取消了"其他诉讼费用"等不明确的规定,大幅度降低了案件受理费。然而,新《办法》的实施也产生了新的矛盾,其中对法院来讲,影响在于一方面案件数量在增加,办案压力加大,另一方面是诉讼收费大量减少,法院经费保障机制受到很大冲击,特别是经济落后地区的基层法院经费困难会进一步加重。对此我们认为,诉讼费用制度的变迁会导致法院经费的相对调整,反过来,法院经费的保障力度又在一定层面上影响诉讼费用制度调整的最终效果。也就是说,法院经费保障是法院得以有效运转并良性发挥司法功用的基石,也是涉及诉讼费用制度改革能否成功的决定因素。因此,如何设计一套科学而又长效的法院经费保障机制?就成为摆在我们面前亟待解决的问题。为此,笔者对湖南省中部偏西南地区的两个基层法院进行了实证考察和分析①,试图剖析当前我国贫困地区基层法院经费运转所出现的困难与乱局,进而为完善我国法院经费保障机制尽一份绵薄之力。

二、我国人民法院经费保障机制之运行现状

(一)收入争取多方博弈

1. 收入情况概观

为阐述法院的经费来源问题,笔者对所调查的法院的收入状况进行了调查,详情看下表。

表1　A法院②收入状况表

单位:万元

年份	财政拨款	预算外收入		总收入	财政拨款占比(%)	预算外收入占比(%)	诉讼费收入占比(%)
		诉讼费收入	其他收入				
2002年	209.3	134.9	94.9	439.1	47	53	31

① 之所以选择基层法院,是因为无论从法官的人数,还是从处理案件的数量来看,基层法院实际上都是中国司法的最主要部分。如果放弃传统的道德主义和理想主义的视角,对于中国当代的法治发展最具有理论意义和最具挑战性的一系列问题在基层法院最突出、最显著(苏力:《送法下乡——中国基层司法制度研究》,中国政法大学出版社2000年版,第11页)。另外,笔者认为选取同一地区的两个基层法院进行比较,可以很直观地发映出法院经费保障中的共性和个性问题。

② A法院所在的县处于湖南中部偏西南地区,辖区面积约3000平方千米,人口总数约110万人,居住有汉、回、瑶等十几个民族,是湖南省的农业县。辖区最远的乡镇离法院将近100公里,很多乡镇离辖区基层法庭50多公里。目前,该县经济来源主要是农业生产以及民众外出打工,属于典型的贫困县。A法院现有在职干警118人,其中法官79人,大学本科以上学历92人,占总人数79%,硕士学历2人,其中通过司法考试的有20多人。该院在人员构成上主要是四十五岁以上的干警和少量二十几岁新招录进来的干警,年龄整体偏高,而30－40岁有一定的实务工作经验、年富力强的干警不多,表现出年龄断层现象。

续表

年份	财政拨款	预算外收入		总收入	财政拨款占比(%)	预算外收入占比(%)	诉讼费收入占比(%)
		诉讼费收入	其他收入				
2003 年	193.0	138.6	84.7	416.3	45	55	33
2004 年	220.4	130.5	158.7	509.6	44	56	26
2005 年	225.1	145.4	175.6	546.0	42	58	27
2006 年	269.0	184.3	150.2	603.4	45	55	31
2007 年	489.4	142.3	209.3	832.9	59	41	17
2008 年	405.5	62.3	90.1	557.9	73	27	11
2009 年	426.6	57.9	94.7	579.1	74	26	10

表 2 B 法院①收入状况表

单位:万元

年份	拨入经费	预算外收入	其他收入	总收入
2002 年	95.4	106.3	82.4	284.1
2003 年	249.8	71.9	78.2	399.9
2004 年	297.2	66.8	22.2	386.2
2005 年	357.1	1.8	4.4	363.3
2006 年	332.9	0.0	25.6	358.5
2007 年	478.1	0.0	7.3	485.4
2008 年	736.6	2.0	6.6	745.2
2009 年(1-10 月)	416.1	0.0	27.0	443.1

注:此表中拨入经费内含诉讼费的返还。

① B 法院所在的县与 A 法院所在的县是同一个地级市所管,面积为 2900 多平方公里,人口总数约 35 万,全县居住有 16 个民族,是少数民族聚居县。该县为湖南省林业第一县,森林总数和覆盖比率都是全省第一,森林覆盖率达到 76%。该县 GDP 在所在的市当中属于经济比较好的县。B 法院现有在职干警 72 人,本科学历的占 93%,其中全日制法学专业的有 10 人,其他多数为成人自考法律本科,通过司法考试的有 18 人,年龄结构与 A 法院类似,也出现了断层现象。

表 3 2003－2009 年 B 法院诉讼费收入分类表 单位:万元

年份	诉讼费总收入	其中		
		民商事诉讼收费	行政诉讼收费	执行收费
2003 年	112	68.4	13.4	30.2
2004 年	117.8	68.1	9.1	40.6
2005 年	136.7	66.3	22.7	47.7
2009 年	26.4	26.4		

注:诉讼费总收入,除民商事诉讼收费、行政诉讼收费、执行收费外还有其他杂项收入表中未列明。因 B 法院在 2006、2007、2008 年的财务表中将诉讼费收入和罚金收入一起统计,所以笔者在该表中没有统计,另外 2009 年行政诉讼收费和执行收费该法院只统计了总数,所以该表有空格。

从表 1 可以看出在新《办法》实施之前,总收入中,A 法院财政拨款占比不足一半。新《办法》实施后,A 法院积极向当地党委政府汇报,请求增加财政拨款,同时中央财政转移支付资金、省级财政统筹资金逐渐增加,财政拨款收入增长比较快。另一方面,诉讼费用收入下降幅度则很大。比如 2006 年诉讼费收入有 184.3 万元,2008 年诉讼费收入只有 62.3 万元,只有 2006 年的三分之一左右。这和笔者所考察的 A 法院很少会出现大标的额的案件有关,基本上是离婚案件和劳动争议案件以及小标的额的合同纠纷案件。对此,笔者对 A 法院的案件情况进行了调查,详见表 4。

表 4　A 法院民商事案件受理审结情况表

单位:百件

年份	收案总数	审结	民商事收案	民商事审结	离婚案件	劳动争议案件
2002 年	32.2	23.5	17.4	15.4	15.5	0.6
2003 年	15.5	16.4	11.4	11.3	10.3	0.5
2004 年	21.5	19.7	12.1	10.7	13.4	0.6
2005 年	11.7	11.7	11.4	10.7	7.4	0.3
2006 年	16.4	15.5	13.4	12.6	6.4	0.3
2007 年	17.8	14.2	14.2	13.5	12.1	0.7
2008 年	18.9	15.6	15.0	14.4	12.3	0.8

从表 4 我们发现离婚案件在民商事案件总量中占比大。通过对照《人民法院诉讼收费办法》(以下简称旧《办法》)与新《办法》的规定,由于新《办法》大幅

减少了离婚案件、劳动争议案件、人身侵权案件以及10万元以下的财产案件的诉讼费,而A法院主要是离婚案件等民事案件,所以才引起该院诉讼费收入的大幅"缩水"。

而通过比较表2和表3可以看出,B法院的收入总量在2007年以后有了大幅度的增加,这表明新《办法》实施以后,该院的经费保障状况得到较大改善,这归功于中央财政转移支付力度的加大。而诉讼费收入量相对来说则有所下降,为直观地反映该院诉讼费收入的变化状况,笔者对B法院2006－2008年的诉讼费和罚金收入情况进行了调查,详见表5。

表5 2006－2008年B法院诉讼费和罚金收入情况表

单位:万元

部门	2006年	2007年	2008年
财务室	17.9	4.3	58.1
刑庭	32.2	13.4	14.0
民一庭	43.7	13.6	10.6
民二庭	63.2	7.2	20.2
行政庭	18.4	3.4	1.0
林业庭	16.5	6.4	6.8
执行局	51.6	2.9	35.7
技术室	6.9	1.0	0.0
审监	1.9	0.0	0.0
法警队	2.1	0.3	0.0
立案庭	0.1	0.2	0.0

从表5我们发现,B法院民一庭和民二庭作为诉讼费创收的主要庭室,在2006年,诉讼费和罚金收入总量分别是43.7万元和63.2万元,而2008年,降到10.6万元和20.2万元,减少比例分别为75.8%和68.0%。新《办法》的实施,很大程度影响了法院原来的经费保障机制,导致诉讼费收入的大幅下滑。当然,法院也可以依靠增加罚金收入和执行收入来保障法院经费,比如在2007年,B法院民二庭和执行局罚金和诉讼费收入分别是7.2万元和2.9万元,而到了2008年,则分别增加到20.2万元和35.7万元。然而即便如此,也不如新《办法》实施前2006年的收入额。值得肯定的是,中央及时制定了新政策,从2007年开始,中央财政每年会拨付专项资金专门用来解决因新《办法》出台给地方法

院带来的经费冲击问题。新《办法》实施后,B 法院收入中财政拨款增长迅速,2008 年拨入经费突破 730 万元,是历年最多的。而 2007 年的拨入经费才 478.1 万元,但是直到 2009 年 10 月份,拨入经费才 416.1 万元,显然远不及 2008 年的经费拨入量,甚至还没有 2007 年的拨入经费那么多。这些表明财政拨款还不稳定,容易发生变化。可喜的是,后面几年转移支付到位时间还比较稳定,具体见表 6。

表 6　湖南法院系统转移支付资金到位情况表

转移支付资金到位情况	2009 年	2010 年	2011 年	2012 年
1、到位时间(年月)	2009 年 12 月下达	2010 年 11 月下达政法改革经费、2010 年 12 月下达法院办案专款补助。	2010 年 12 月提前下达 50%,2011 年 12 月下达余下的 50%。	2011 年 12 月提前下达 60%,2012 年 12 月下达余下的 40%。
2、实际到位率(%)	100%	100%	100%	100%

注:本表由湖南省高院汇总填报中基层法院数据。

2. 法院与当事人之间的博弈

由于现代社会禁止私力救济,国家为了给人民群众提供纠纷解决的机构和场所,专门设置法院处理纠纷,人民法院作为纠纷解决的最后一道防线,因其最终性和权威性备受民众信赖。然而由于地方财力不强,对法院经费投入不足,在“分级财政,分级负担”的经费保障模式下,法院要保证审判功能的正常发挥和法官有较高的工资福利就必须设法抓“创收”。法院财政保障体制地方化的弊端,使审判活动的价值取向不可避免地带有明显的功利化趋向,“利益驱动”成为又一无法自我克服的体制性病态。① 具体表现为利用“法条的不明确规定”增加收入,新《办法》出台前,我国实施的是旧《办法》,旧《办法》规定了“其他诉讼费用”,而法条并没有明确界定“其他诉讼费用”,只在第 4 条中模糊规定:“人民

① 廖永安、刘方勇:《潜在的冲突与对立:诉讼费用制度与周边制度关系考》,载《中国法学》2006 年第 2 期。

法院认为应当由当事人负担的其他诉讼费用。”换句话说,是否归当事人负担、负担多大比例,判断标准掌握在法院手里。鉴于诉讼收费多少与法院正常运转以及法官等工作人员的工资福利待遇有直接关系,所以,在实际执行旧《办法》时,法院普遍存在利用第4条谋求“创收”的情况,由于B法院与A法院在同一个地级市,在这方面极其一致。实践中,为了追逐更多的诉讼费用利益,一些法院不安于坐堂问案,奔走于企业之间,上门揽案,鼓励起诉,由此形成了诸如企业、银行、电信等部门的法院利益关系群体。① 正所谓“拿人家的手短,吃人家的嘴短”,在处理涉及此类案件时,法院如何能坚守中立的立场?同时,由于诉讼收费的高位运行,导致民众选择法院解决纠纷的案件逐渐减少,而选择人民调解、“私了”等其他方式的数量在增加,据笔者调查,两者呈现出“此消彼长”的态势。概言之,人们对纠纷解决的态度是一种典型的实用主义逻辑:哪一种方式对其更有效用、成本更低、更便利、更快捷,就会被选择。②

3. 法院与地方政府之间的博弈

由于法院在政权架构中的弱势地位,在地方政府看来,法院无外乎是政府的一个组成部门,在法院财政权依附于地方政府时更是如此。地方政府为法院提供多少财政拨款一方面取决于当地财政收入总量,另一方面取决于人民法院对当地经济和社会发展的作用大小。比如,据笔者调查,凡是涉及上访群众被拘留的,政府要求法院在行政诉讼中一律予以维持。这是明显的功利主义立场,因为群众上访影响到当地政府的绩效考核,法院必须要予以严厉打击。还有实践中广受诟病的诉讼费、罚金按比例返还,“收支两条线”明脱暗挂现象的深层次原因在于法院与地方政府属于利益共同体,在双方利益捆绑时,法院通过“创收”增加财政收入,地方政府必然会对此予以肯定和奖励,所以诉讼费、罚金收得越多,返还得越多,实践中存在的“缓刑考察费”③更是典型表现。另外,有些地方法院被迫协助地方政府完成并非法院职权范围的所谓“中心工作”,如协助进行房屋拆迁、扫黄打非、招商引资、计划生育等,完全丧失了法院作为司法机关应有

---

① 廖永安、刘方勇:《潜在的冲突与对立:诉讼费用制度与周边制度关系考》,载《中国法学》2006年第2期。

② 徐昕:《论私力救济》,中国政法大学出版社2005年版,第197页。

③ 据《新京报》2007年3月23日报道,从2003年12月29日到2006年6月,永善县法院共判处缓刑案件88件95人,先后对其中35件40人收取了“缓刑考察费”,总额达14.85万元。在缓刑考察费制度下,永善县法院审理的强奸、盗窃、贪污等刑事案件,被告人只要交纳缓刑考察费,便能得到法院宽大处理。这种做法造成了恶劣影响。

的独立性。① 当然,法院也并非毫无作为,法院争取经费需要与地方财政进行斗智斗勇,特别是可以运用中央或者上级文件向当地政府积极汇报,争取拨款。比如2008年2月,由于当地县委、县政府迟迟未按照湘财行[2006]29号文件落实A法院的公用经费,A法院不得已只能向县委作了《关于请求落实公用经费保障标准的报告》。根据湖南省财政厅、湖南省高级人民法院制定的《关于制定基层人民法院公用经费保障标准的通知》(湘财行[2006]29号文件)的规定,经费保障标准是依照法院所在的行政区域的财政经济状况来确定,分别为:国家扶贫县和省级扶贫县年人均2万元,对已超过保障标准的,不得降低预算安排的支出水平。A法院作为国家贫困县法院,县财政理应按人均2万元的标准保障经费。另外,在财政拨款未用完时,因为考虑到今年的经费支出会影响下一年的拨款,所以法院会想尽办法将经费用完。

4. 法院与法官之间的博弈

法院与法官在经费保障方面既有一致性,即都希望法院能有充足的经费,这样既能保证法院能够运行良好,同时也能保障法官个人过上体面的生活;又有对立性,特别是在经费不足时,如果维持正常运转的办案经费花销过多,必然意味着法官个人的收入下降。为了做到"利益均沾",以最大限度调动法官的积极性,通常法院在制定"创收目标"时,往往会对办案庭室以及法官个人进行奖励。凡是超额完成任务的,将给予庭室奖励,根据法官的个人办案数量,所收取的诉讼费、罚金等综合进行考虑。在这种情况下,由于受利益驱动,使得各庭室都存在着事实上的"小金库",各个庭室之间待遇不一,所以大家争着去待遇比较好的庭室,往往这些庭室人员流动也比较大。

(二)支出构成乱象丛生

1. 不合理支出:不该开销而开销

法院基建支出费用较大,欠债严重。良好的办公条件对推进法院工作非常有意义,然而不顾地方财政能力,盲目追求高端大气上档次的建筑规模就没必要了。现实当中,由于各个法院都相互比较着修建新的办公大楼,而地方财政拨款经费又不足,引发严重的债务。笔者在调查时了解到,B法院现在使用的新办公大楼在建时,从私人(包括单位内部职工)以及银行借款高达900多万元。虽然从2003年到2007年,B法院每年都将一部分资金用来还债,但数额不大。2008年,该院院长积极向当地财政以及上级法院争取支持,一年时间就还了200多万

① 陈永生:《司法经费与司法公正》,载《中外法学》2009年第3期。

元。然而该院截至2009年12月,虽已把所有的私人欠款还清,但仍欠500多万元的银行贷款。当然,基建欠款在法院带有普遍性。据笔者调查,截至2010年年底,湖南省法院系统审判法庭和人民法庭建设共计负债86997万元,其中:审判法庭建设负债76806万元,人民法庭建设负债10190万元。所形成的债务中,拖欠工程款54582万元,占62.74%,土地及相关规费4630万元,占5.32%,干警集资款5436万元,占6.25%,银行借贷资金9232万元,占10.61%,其他资金13117万元,占15.08%。从其他地区来看,有人专门对江西省进行调查后发现"财政对法院基础性建设资金(如基建、装备、服装等)拨付极少且难以落实到位。全省大约只有7%的法院得到地方政府拨付的基建专款,市县两级法院基建经费主要来源于本院预算外收入和借款,办公条件差、审判庭数量不足、建设不规范、交通通讯工具落后的情况在基层法院普遍存在,极少数法院一直租用房办公。"①

2. 不合理压缩:应开销而不开销

(1)法院工作人员福利待遇差,影响工作积极性,导致人才流失

所谓仓粟实而知礼节,对法院工作人员特别是法官在经济上给予充足的物质保障是激发其工作积极性的必要条件。然而由于各地经济发展不平衡,在"分级财政,分级负担"的体制下,各个法院之间法官福利待遇不一,甚至有较大的差距。古语有云不患寡而患不均,不患贫而患不安,同为共和国的法官,如果只是由于在不同的法院工作待遇就存在差别,特别是在同一个地区的不同法院存在差别时,法官个人无疑会存在攀比心理,进而引起心理失衡情况。另外,根据我国《公务员法》和《法官法》的规定,在我国,要成为一名法官必须要"过两关",一是通过"天下第一考"的全国统一司法考试,二是通过竞争激烈的公务员录用考试。按照投资与收益对等原则,法官应该比普通公务员待遇要好,这才是正常现象。然而,现实当中法院法官相较其他行政机关工作人员,晋升空间狭小,工作压力大,加上法院创收能力差,因此与政府下属部门相比,法院工作人员的待遇通常属中下等,在不少地方,法官的待遇甚至不如任职条件比自己低的警察。② 正因为这样,在贫困地区的基层法院,由于心理落差大,年轻的法官很多人想去沿海发达地区工作,只是把现有的单位作为人生的一个跳板,平时忙于准备各种考试;而年纪大的法官则由于没有希望升迁而消极对待,"做一天和尚撞

① 薛江武、张勇玲:《法院经费保障问题的分析与思考》,载《人民司法》2001年第8期。
② 陈永生:《司法经费与司法公正》,载《中外法学》2009年第3期。

一天钟”。因此法院干警的士气普遍不高，以至于有的基层法院院长发出感慨：“队伍真是不好带”。由于法官的福利待遇非常低，因而法官队伍极不稳定，许多法官千方百计调往其他部门，或调往经济发达的地区担任法官，或辞职做律师，结果导致中西部许多法院审判人员“青黄不接”。①

(2)办公办案费用保障不足，制约案件处理方式，影响诉权保障

由于经费不够，不管是A法院还是B法院都想办法节约支出。比如为了降低基建成本，B法院新办公楼没有装电梯。按照设计标准，B法院新修建的办公大楼从地面算起，楼层共有7层，需要安装电梯，但由于经费不足，为降低电梯的用电、维护成本，经院党组研究决定不安装电梯。而A法院为了降低成本，对经费支出实行总量控制，比如2008年，该院不管各庭室有无特殊需要，统一按照庭室人数核发办案经费每人每年4200元。很明显，实行“包干费”有利于节约开支，可以充分调动干警自身的聪明才智，尽量降低开支。然而也会产生不良后果，最容易发生的是当支出与法官个人实现利益捆绑时，法官将会尽力运用权力将成本转移到当事人身上，或者会极力使用各种方法减少开支，将该履行程序简化，有时这样会影响到案件的公正审理。当出现比较棘手难办的案件时，法官往往会找各种理由不受理，以免花费太多的成本，法院极易成为“量入为出”“为钱办案”的场所。

3．经费支出报表制作标准不统一，管理混乱化

一般而言，法院需支出的费用可分为三类，即人员经费、办公办案费用和设施及装备费用。人员经费指法官等工作人员的工资、补贴、奖金等福利，办公办案费用又称“公用经费”，包括水、电、电话等日常办公经费和办案产生的业务经费，设施及装备费用则是用于建设、购买和维护办公办案所需房屋、车辆、电脑及其系统和其他设备的经费。② 本来法院支出应该有明确而一致的报表可以查看的。然而，根据笔者的调查发现并不规范，在B法院，原本有明确具体的项目的财务报表居然那么多不一致，数据变化剧烈，有很多项目时而出现，时而又没有。这说明对财务报表的制作，需要加强管理与监督。

---

① 陈永生：《司法经费与司法公正》，载《中外法学》2009年第3期。

② 王亚新：《司法成本与司法效率》，载《法学家》2010年第4期。

三、完善我国法院经费保障机制之可行条件

(一)前事不忘,民国时期法院经费保障经验可资借鉴

法院经费保障问题早就出现,国民党统治时期也表现得比较明显。一般来说,当经费由中央统一拨付时,法院往往能得到比较足额地保障。如果是由省级财政承担保障责任,或者由省级转发,经费往往受制于很多人为因素,通常经费保障情况会比较复杂。比如,在民国时期,法院的经费曾经由省财政负担,当时,高级法院院长是全省的司法领导,他们为了解决法院经费保障问题,不得不与省政府主席协调,以保持良好的私人关系。而司法行政部派到各省担任高等法院院长时,需要斟酌该院长与其所在的省政府主席之间的关系亲密程度,有时干脆采纳省政府主席的意见,省政府主席也借机安排自己相中的人员。另外,因为法院经费不足,那时也发生过很多影响司法公正的事情。比如法院经费问题使得不少地区法院与法官之间、法院院长与职员之间引发的矛盾很多,导致工作上不能协调配合,甚至势同水火,互相扯皮,积怨很深。①

(二)我国财政实力不断增强,为完善法院经费保障机制提供了物质保障

为了把握好我国的财政实力,笔者查看了国家统计局编的《中国统计年鉴2009》。笔者看到,一方面,我国的财政收入增长速度很快,财政收入总量逐年大幅增加;另一方面,我国从1994年进行财税体制改革到现在,在收入方面,中央财政占全国财政的比重大多过半,这充分说明中央强化了宏观调控能力。然而在支出方面,中央财政在全国财政中占比较低,一般维持在30%上下,更有意思的是从2002年到2008年,中央财政支出占比呈逐渐下行的势头,在2008年仅占21%,这说明在支出上,中央财政过分依靠地方财政。那么,如果完全由中央统一承担全国法院的经费,中央财政是否有能力负担呢?根据最高院2005年的测算,若各级法院将所有的诉讼费收入全部上缴中央财政,中央财政对全国法院系统的拨款仅占中央财政当年度转移支付的1%。中央财政完全有能力统一负担全国法院的经费。②

(三)监督管理体制不断完善,使法院经费保障措施落到实处

只有相关体制机制得到跟进,有关制度才能得到落实,解决法院经费保障问

---

① 张仁善:《略论南京国民政府时期司法经费的筹划管理对司法改革的影响》,载《法学评论》2003年第5期。

② 靳羽:《处在十字路口的法院经费保障体制》,载《重庆工商大学学报》2008年第5期。

题，我们需要在务实的前提下不断完善制度，尤其是监督管理体制。我国目前出台的有关法院经费监督管理的规范性文件主要包括财政部、最高人民法院2001年出台的《人民法院财务管理暂行办法》、财政部2004年出台的《中央政法补助专款管理办法》、财政部、最高人民法院2007年出台的《中央补助人民法院办案专款管理办法》、财政部于2009年7月制定实施的《政法经费分类保障办法》等。陆续印发的这些规范性文件，在确定拨款日期、数量、占比等方面规定得越来越详细、越来越确切，并慢慢形成了一些可量化的尺度，比如考虑当地的人口数量、经济发展程度、案件数量、案件类型等因素进行拨款和监督。这表明我国在法院经费保障层面已经总结出大量的经验，监督管理也在有序进行，这些条件对建立经费保障长效机制非常有利。

四、完善我国法院经费保障机制的具体措施

在解决法院经费保障机制完善问题上，笔者认为应该确定一些能贯穿始终的指导性思想和原则。

（一）法院经费保障应遵循的原则

1. 收支脱钩，全额保障原则

这是保障法院经费首先应遵循的原则。法院是国家的司法机关，为社会提供的是公平正义，理应由国家财政全额保障。同时，人民法院作为有权向当事人收取诉讼费、罚金等，具有一定“创收”能力的机关，必须保证收支脱钩，以保证其职务的超脱性，防止出现因利益驱动导致的乱收费现象。因此，法院收取的所有费用都应该进入国库，严格管理，坚决防止出现按收费比例返还给法院作为奖励的现象，也不能将收费多少作为对法院工作进行考核的标准，同时也不应将收费多少作为财政拨款的依据，真正做到收支脱钩。另外，应该合理规划统计法院所需经费的项目、数额以及拨付期限，切实保障法院的办公经费、法官的工资福利等，所有这些，都由财政统一及时全额拨付到位。

2. 分类保障的原则

首先，法院与法院之间由于在地区经济发展水平、物价、交通、案件类型、案件数量等不同因素的影响下，各个法院应该要有所区别。其次，法院的人员经费、办公经费、装备及业务经费属于不同的经费类型，也应该有所区别以予以保障。最后，在法院工作人员福利待遇方面，应该区分法官、司法辅助人员、行政管理人员，由于他们在法院承担不同的工作任务，权责利应该实现统一。法官在法院直接审理案件，所承受的压力是司法辅助人员所无法比拟的，为了保证其职业

尊荣感,应该着重提高法官的福利待遇,以吸引优秀人才留在法院从事审判工作,尽量缩小法官与律师、法学教授等法律职业共同体的收入差距,防止出现法官心理失衡现象。法院基建经费保障,在严格控制盲目攀比、倡导节约办公用房的前提下,应该通过预算、评估,由财政设立专款账户,专门用于新办公楼建设,不能挤占日常办公经费及工作人员的福利待遇费用。

3. 适时调整,合理增长原则

由于民众权利意识的觉醒,案件数量的不断增多,各种新型案件也不断出现,对办案质量提出了更高的要求,加上通货膨胀等因素的影响,需要我们对法院投入更多的经费。因此法院经费应该根据以上相关因素的变化而有所增加。另外,法院工作人员的收入也应随着国家经济的发展而不断提高,这也是发展成果与民共享的具体表现,只有这样,法院工作人员才会感觉到生活质量在不断地改善,生活水平在不断地提高,工作积极性才会不断提高。另外,现代科学技术日新月异,对法院工作提出了新的要求,比如庭审直播,需要相应的仪器设备,又比如裁判文书上网,个人基本信息涉及个人隐私,需要进行技术处理,无疑增加了工作量,法院"案多人少"的矛盾进一步凸显。在无法增加编制的情况下,法院需要增加聘用人员,这需要增加经费保障。所以法院经费保障是一个动态的过程,需要考虑相关因素进行适时调整。

4. 厉行节约,强化监督的原则

法院经费运转涉及收入和支出两个方面,我们既要注重增加收入,也要重视减少不必要的开支,加强对支出方面的监督管理,做到"好钢用在刀刃上"。同时,法院财务人员应该保持一定的独立性,制订科学合理的财务管理制度,对法院经费支出的各个项目进行详细记载和分析,以便于审计等部门进行监督。

(二)完善法院经费保障机制需做好前期准备工作

1. 清理历史欠债

偿还法院的原有欠债是非常必要的一项工作,否则实现对法院经费实现充分有效保障就是痴人说梦。笔者认为应由中央财政通过专项转移支付资金来解决法院的历史欠债问题。①

---

① 财政部、国家发展改革委联合下发的《关于清理化解地方政法机关基础设施建设债务的意见》(国办发(2012)9号文件)确定了化解债务时间表:到2014年年底完成全部债务化解工作,在统筹落实资金上确定:地方政府为主,中央适当补助。此观点与笔者的观点有差异。

2. 深入广泛地调研,对各地法院进行"摸底",制定合理的法院经费预算制度

毛主席说过:没有调查就没有发言权。法院经费保障涉及方方面面的问题,需要考虑地区差异、人员类别、案件数量、案件类型,要制定科学合理的经费保障标准,实现对全国法院经费的有效保障,就必须进行广泛地调研,科学核算法院运行成本,科学确定考核因素,以保证法院审判职能的良好运行。

(三)完善我国法院经费保障机制的具体措施

1. 明确责任,通过立法保证法院有充足的经费

法院是国家的审判机关,担负着提供公共产品、输送公平正义、进行司法裁判的职能,世界各国都以为法院提供充足的经费当成政府的责任,并且通过立法确定下来。为保证法院拥有充足的经费,我国应该在宪法中明确规定将财政收入的一定比例提供给法院作为运转经费,以保证法院经费来源的稳定性。①

2. 区分项目,采取不同的经费拨付方式

由于法官是具体行使裁判权的主体,我们应该使法官的人员经费独立出来,为法官设立个人账户,由中央财政直接拨付给法官个人。而日常公用经费和业务费支出与办案密切相关,对法院来说比较紧急,应该为每个法院建立专门账户,可以由中央财政直接拨给每一个法院。而对项目支出和自筹基本建设支出,由于没有基本支出那么紧急,也应该提前进行合理性论证,所以法院的项目支出和自筹基建支出可逐级拨付。

3. 制定完善的法院经费监督管理体制

笔者以为首先应选好用好法院的财务人员,有必要给法院内部的财务人员较高的福利待遇,以吸引系统掌握财务知识的高素质人才来法院从事财务工作。这样可以规范财务报表,使之更适应现代财务的要求,也可保证法院财务人员的职务廉洁性。同时,对财务人员也应不断进行培训,使他们及时掌握最新的财务管理法律法规,运用最新的财务管理技术,构建科学化、精细化、规范化的财务工作体系。

在法院经费的监督方面,笔者认为首先应保证监督主体的超脱性和专门性,其次监督主体应具备财务方面的知识。笔者认为对经费的监督应由审计机关专门负责,由审计部门经常性地对法院经费支出状况进行监督。另外,由于法院实

---

① 目前,我国法院经费占国家财政收入的比例非常低,通常不到1%,借鉴其他国家经验并考虑我国经济发展状况,我国法院经费占财政收入的比例应达到2%左右。

现“收支脱钩,全额保障”后,有时会出现法院收费积极性下降的情况,为防止出现该收取的诉讼费、罚金不收,影响国家的财政收入,也需要对法院的收入进行监督。

结语

法院经费保障问题涉及法院收入和支出两个方面,我们只有实现法院收入足额保障的前提下,强化对法院支出的监督管理,法院经费保障机制才会良性发展。可喜的是,法院经费保障问题已经引起了党中央的注意,相关改革已经提上议事日程,党的十八届三中全会报告指出:“改革司法管理体制,推动省以下地方法院、检察院人财物统一管理。”省级财政保障模式已经进入国家顶层设计的范畴,深圳等地区进行了有益的探索,我们完全有理由相信,我国的法院经费保障机制必将更加符合司法规律,更加适合我国实际。

(李崇华:邵阳市中级人民法院助理审判员)

诉讼中对公司资金进入个人账户不应简单认定为职务行为

马贤兴

《公司法》第148条规定:"董事、高级管理人员不得将公司资金以其个人名义或者以其他个人名义开立账户存储";第171条规定:"对公司资产,不得以任何个人名义开立账户存储。"然而,一些公司财务行为不规范,将公司借贷资金和其他经营款项不按《公司法》规定和财务纪律要求进入公司正规账户,而是通过所谓"委托付款"方式,要求对方将资金打入公司法定代表人、财务主管或其他个人账户。这种违规操作都是逃避监管,要么避税,要么规避债务或对抗法院执行,要么抽逃资金,搞体外循环。这些均属违法,重者甚至构成犯罪。不可思议的是,由此酿成的经济纠纷,诉请法院或仲裁机构处理,不少司法裁判或仲裁裁决都将公司借贷资金和其他资金进入个人账户的行为认定为职务行为。笔者认为,司法裁判将公司名义资金进入个人账户的违规操作简单认定为职务行为,助长了公司违规违法行为,使公司制度的建立形同虚设,冲击市场经济和法治建设秩序。还给公司法人代表或其他管理人员与他人恶意串通进行虚假诉讼损害国家、集体和他人合法权益可乘之机。

一、案例:公司借款资金进入法定代表人个人账户

肖某与新绿洲公司民间借贷纠纷一案,长沙市天心区人民法院原审做出了认定为职务行为由公司偿还借款的生效判决。由于该公司很多案件涉嫌虚假诉讼。天心区法院在"弘扬诚信,防治虚假诉讼"专项活动中,对该案进行复查,并经审委会讨论决定对该案予以再审。再审查明,2006年3月14日,肖某与新绿洲公司签订《融资协议书》,双方约定,新绿洲公司向肖某融资200-300万元,按税后固定年回报率50%计付利润。次日,肖某通过中国建设银行向新绿洲公

司法定代表人凌某账户内转入222万元。新绿洲公司以公司名义向肖某出具了222万元的收款收据。再审认为,肖某与新绿洲公司签订的《融资协议书》实为借款协议。肖某将款项转入凌某账户后,现无充分证据证明肖某已将其款项交付新绿洲公司,新绿洲公司虽然出具了收据,但没有这笔大额资金从凌某账户进入公司账户的记录,收据不是正规财务凭证,没有证明力,且虚开甚至伪造收款收据的嫌疑无法排除。故肖某要求新绿洲公司偿还借款没有法律依据。故再审判决依据《合同法》第210条的精神,以肖某向公司借款却没有向公司完成交付,驳回肖某诉讼请求。

肖某不服上诉,二审查明的事实与一审基本一致。但二审法院认为,本案的焦点问题是汇入凌某账户的款项是否可认定为公司借款。二审法官认为,肖某按新绿洲公司要求将借款汇到凌某账户上,公司出具了收款收据,该交付行为已经完成,融资协议生效,肖某举证责任已完成。该款因系汇入公司法定代表人的账户,公司予以认可,该收款行为应认定为职务行为。原审将款项去向作为认定公司是否借款的关键并将该事实的举证责任分配给肖某不当。遂判决新绿洲归还肖某借款222万元及利息。

这样,一审法院的再审判决和二审判决完全相反。其分野就在于两点:一是法定代表人的一切行为是不是当然的职务行为?二是收据这种不符合财务要求的凭据能不能作为证据使用?

笔者不同意二审法官的认定。肖某将公司借贷资金转入公司法定代表人个人账户,违反《公司法》第148条和第171条规定,公司以收款收据这种不符合财务要求的形式自认222万元债务,司法能不能轻易采信?况且是否真实无法查实。这笔资金失去公司监控,是否又转回"债权人"或挪作他用,也无法查实。如果此时公司债务涉嫌虚假或恶意串通,司法裁判做出这种简单认定会形成什么导向、带来什么后果?当然,这里还有债权保护问题。司法保护债权有没有边界?是无限保护还是有限保护?债权发动是市场行为,要不要受到市场风险法则的约束?债权人对债权安全有没有注意义务?债权人发动债权,要不要遵守法律规定、国家政策和财务制度?这些问题都是要考量的,作为司法工作者,对其是非做出恰当的裁断,以此形成良好的导向,促进市场经济和法治经济的健康发展。

二、透视:公司资金进入个人账户具有违法性和危害性

公司资金能够进入个人账户,一方面由于借款人(公司)要求或约定贷款人

将款项转入公司法定代表人、授权代理人或其他人的个人账户;另一方面,贷款人明示或默示同意将款项转入个人账户。单就借款人(公司)而言,公司借贷资金进入个人账户,离不开一定的公司职权(权力)作用。这种职权作用一般是通过公司代表行为或代理行为得以表现的。

(一)代表(代理)行为具有表象性

法学界对待法人的态度,基本上只是追求对其认识到或相信的某些团体的社会价值的利用。① 按照代表说,法定代表人是代表法人行使职权的负责人,其依照法律和章程,无须法人机关专门授权,就可以法人名义,代表法人对外进行民事活动,并为签字人。《公司法》第 13 条规定:“公司法定代表人依照公司章程的规定,由董事长、执行董事或者经理担任,并依法登记。”法定代表人具有代表公司的正当性和合法性,对外与第三人进行民事活动。当法定代表人事务繁杂时,他可以授权给公司员工以公司名义从事民事活动,员工在代理权限内进行的代理行为也顺其自然地具有了正当性和合法性。

从公司这个民事主体来看,法定代表人或公司代理人可以以“代表人”或“代理人”身份执行公司任务,从事公司业务,为公司利益与第三人进行民事活动。同时,离开公司这个民事主体,公司的法定代表人或代理人便还原为一个独立的自然人,仍然可以以民事主体身份参与市场活动,如为个人购房而签约、借贷、抵押、登记等。此时,公司的法定代表人或代理人并不代表法人,只代表自己。从理论上说,为个人利益以个人名义进行个人经营的,系个人行为;为公司利益以公司名义从事公司业务的,为公司(职务)行为。生活中,人们容易将自然人身份和公司代表人或代理人身份相互混同,经常出现“法人身份主义”的错误认识——认为公司法定代表人或代理人一定代表法人,从而把其个人行为也认定为公司行为。更有甚者,一些公司法定代表人或代理人利用这种“法人身份主义”,有意搞身份混同和行为混同。在公司内部或外部,法定代表人或代理人借公司之名谋个人利益,单独或合谋进行“损公肥私”活动。此时,公司代表人或代理人不仅不代表法人,更损害法人或第三人利益。例如当公司濒临破产时,公司法定代表人故意与他人伪造合同,制造公司债务,稀释破产财产,直接损害公司债权人利益。当然,代表行为和代理行为可以相互交织。所以,代表行为和代理行为都具有表象性,在逻辑判断上并非全部为真。

司法裁判时,应当严格区分个人行为和职务行为,严厉禁止将个人行为认定

① 江平、龙卫球:《法人本质及其基本构造研究》,载《中国法学》1998 年第 3 期。

为职务行为。对法定代表人的职务行为认定,应当根据公司名义、工商登记、公司经营范围、业务事项、公司账户、公司印鉴、资金使用等各种情形,做出综合判断。在书面合同审查上,应当同时要求公司印鉴和法定代表人个人签名齐备。对于只有个人签名的,要结合其他证据严格判断其系自然人身份还是公司“代表人”身份,其行为系个人行为还是公司行为。对公司代理人职务行为的认定,不但要审查是否享有代理权、是否在代理权范围内或是否在代理权有效期内,而且也要根据公司名义、公司经营范围、业务事项、公司账户、公司印鉴、资金使用等各种情形做出综合判断;不仅要保护善意第三人,也要防止将代理人个人行为产生的个人债务转嫁给公司。

(二)公司资金进入个人账户具有违法性

一般而言,公司可以凭借营业执照、法定代表人证明等到银行开立单位结算账户(简称单位账户)。根据动产占有权利推定原则和货币所有与占有一致原则,一般认为单位账户内的资金所有权(含使用权)归属于单位。同时,公司法定代表人或代理人或其他员工乃至社会上的任何一个个体,都可以以自然人身份在银行开立个人结算账户(简称个人账户)。同样,个人账户内的资金所有权归属于个人。动产占有权利推定原则和货币所有与占有一致原则赋予这种合理性推定,除非异议人能提出足以推翻推定的反证,如异议人提出对资金拥有所有权的直接证据,或者占有人系非法占有的间接证据等。

正是基于这样的原理,为了防止公司资产为个人所侵夺,《公司法》第 148 条规定:“董事、高级管理人员不得将公司资金以其个人名义或者以其他个人名义开立账户存储”;第 171 条规定:“对公司资产,不得以任何个人名义开立账户存储。”《公司法》第 148 条、第 171 条直接针对公司董事、高级管理人员等科以法定义务,任何公司的董事、高级管理人员乃至一般工作人员都必须遵守与服从;直接规定了公司财务制度的运行准则,透露出个人账户和公司账户严格区分、独立核算的立法本意。笔者认为,公司自有资金和借贷资金都属于公司资金,只要以公司名义所借准备用于公司业务的自然也属于公司资金。银行账户目前有储蓄账户和结算账户两种形式,存储方式可以是现金存储和转账存储,存储时间可以长可以短。无论是公司法定代表人、代理人还是其他人,不管在借贷之前还是在借贷之后开立个人账户,公司资金进入个人账户就违背了《公司法》该项禁止性规定。违背了《公司法》该项禁止性规定,就具备了法律上的可责难性。

现实生活中大量存在的公司资金进入个人账户的现象,造成了“有法不依”

“普遍违法”的尴尬局面。一方面是因为人们普遍存在的思维定式或思想惰性。实质上为公司所有的公司资金,进入个人账户仍然被人们习惯地推定为个人所有,从而不切实际地继续维持动产占有权利推定原则和货币所有与占有一致原则的推定效力,使推定效力绝对化。另一方面是不同法律法规之间衔接不足,未能及时完善。民法理论对资金交付和领受欠缺研究,《合同法》第210条仅规定,自然人之间的借款合同自贷款人提供借款时生效。究竟公司向个人借款时,个人如何提供?提供现金,还是电子货币?将款项转账到公司账户还是公司指定的其他人个人账户上,这两种交付方式是否都有效?金融机构的银行账户管理办法对公司从其公司账户支付款项给个人账户管理较严,但对公司资金是否一定进入公司账户尚无规定。所以,鉴于《公司法》未明确规定违反第148条、第171条的法律后果,公司资金进入个人账户的,司法实务对该公司法上的可责难性是否一定转化为现实的不利后果还持谨慎态度,具体言之,还要结合资金的实际使用、《民法》《合同法》等相关规定进行具体分析。

(三)公司资金进入个人账户资金具有危害性

公司资金进入个人账户后,个人可能有但不限于以下几种选择:一是将资金取出交给公司财务人员,用于公司业务,由公司出具收款收据;二是将资金据为己有或共同分赃,指使、胁迫或串通公司财务人员出具收款收据,这可能是法定代表人与财务人员双方串通,也可能是法定代表人、财务人员和债权人三方串通;三是将资金转给自己或他人控制的关联企业,让自己所代表的公司背负债务“黑锅”,自己利用职务之便出具收款收据并加盖公章。第一种情形似乎符合常识常情,但在客观上会损害社会秩序:逃避信贷监督,躲避银行债务,降低银行经营收益;逃避税务监督,导致税款流失,降低财政收入;逃避司法冻结,给法院强制执行制造困难;为法定代表人违法犯罪提供便利,存在洗钱隐患;造成国民经济统计和金融统计数据失真等。第二、三种情况严重违背法律,毋庸置疑。

公司资金进入个人账户后,公司多以收款收据的形式自认收到资金,一般加盖财务专用章或公司行政公章。《民事诉讼法》解释第92条规定:“一方当事人在法庭审理中,或者在起诉状、答辩状、代理词等书面材料中,对于己不利的事实明确表示承认的,另一方当事人无需举证证明。”一般而言,自认可以产生免除对方举证责任的效力,当事人所主张的该项事实在诉讼中无需进行举证、质证及辩论,法官亦无须辨别其真实性。自认同时对法院产生约束力,法官必须认可当事人的自认事实,并据此做出判决。

笔者认为,这种收款收据并不是公司正式财务账簿,公司自我承认并不能治愈公司资金进入个人账户的“违法性”。公司自认不一定真实，收款收据的证明力是有限的，其并不是认定公司债务的充分条件。因为进入个人账户的公司资金，其资金去向或实际用途存在多种可能性。尤其是公司在异常经营状态时，其自认更有虚假诉讼或恶意串通之嫌疑。公司经营状态正常或异常，往往只有公司内部人了解，外界难以知悉。一旦外界获知公司经营异常的一些线索，往往预示着公司经营已比较困难。此时公司在诉讼活动中的自认，自然应受到严格审查。当自认违反诚信原则或明显违反常理的，损害国家利益、社会公共利益或他人合法权益的，司法实质审查确为必要。

三、反思：债权人就市场行为承担注意义务和守法义务

市场有风险。债权人对自己的债权安全，自然承担高度的注意义务。同时，债权人需要遵守法律规定、国家政策和财务制度。债权人明示或默示同意将公司资金转入个人账户，违反了注意义务和法律规定，理应承担相应的责任。这种“风险”债权，应当遵循市场法则，风险自担。

（一）贷款人对债权发动承担注意义务

在民间借贷中，虽然双方当事人意思一致达成借贷合意，但债权人对债务的发生掌握着主动权，其同意借出资金和对资金使用进行监督的意思表示具有决定性。为确保资金安全，债权人可以要求对方当事人说明借贷资金的用途，并约定检查、监督借款使用情况，借款人应当提供有关财务会计报表等资料。借款人拒不说明资金用途、拒绝提供资金使用情况资料的，债权人完全可以不予借款、终止借款。

作为完全民事行为能力人的债权人对公司法定代表人的个人账户和其所在公司的单位账户并不欠缺辨识力，具有一般心智的正常人都能够轻易地区分两种账户。即使基于社会常识，债权人也能对个人账户内资金属于个人和单位账户内资金属于单位有所认识，应该且可以意识到以公司名义所借的资金应当直接转入公司账户中。这种注意义务，是债权人为保证自己借贷资金安全所应尽的谨慎义务。

债权人对公司资金是否进入个人账户有一定的选择空间。对债权人而言，其将公司资金转入公司法定代表人的个人账户没有太多利益驱动，更多地持无所谓态度；而对公司法定代表人而言，公司资金进入其个人账户是其强烈意愿，既可以享支配、使用资金之实益，又有诸多实际上的便利或“规避”。对这种交付方式隐藏着的法律风险和社会风险，债权人应该有所认识。

（二）债权人对法律规定具有遵守义务

《公司法》是公司设立运行的组织法和行为法，是现代企业制度的重要载体。建立现代企业制度，塑造合格的市场主体，不仅需要满足不损害公司债权人利益这一条件，而且必须符合不破坏市场秩序这一要求。因为如果法律设置的市场主体屡屡给他人造成损害，频频扰乱市场秩序，就会使一系列交易处于无序状况，处于不安全状态，使社会主义市场经济无法正常运行，立法目的落空。①

民间借贷的债权人，对《公司法》第148条和171条禁止以个人账户存储公司资金的规定，有没有遵守和服从的义务？笔者认为，债权人应当有遵守和服从的义务。这种义务的性质，可能是如奥斯丁（John Austin）所说的义务来自于对强势者的被迫服从②，也可能是哈特（H. L. A. Hart）说的义务人愿意接受规则并自愿合作以维护规则③，或者是卢梭（J. J. Rousseau）认为的对合法权利的自愿服从。④ 这种义务不是特定的、具体的，而是一种不特定的、抽象的、遵守法律的道德义务。英国法学家米尔恩（A. J. M. Milne）认为，守法的道德义务是先于法律义务的一种存在，他说："假如没有服从法律的道德义务，那就不会有堪称法律义务的东西。所能有的只是以暴力为依托的法律要求。"⑤

民间借贷债权人这种道德义务，是市场秩序的必然要求。由于构成市场秩序的因素是多元的，市场秩序要兼顾各方主体的利益。市场秩序不允许债权人以债权为名制造"公地悲剧"，债权人的利益只有合乎市场秩序的要求才有被尊重、被承认、被保护的必要。守法义务是一个社会最基本的道德义务。如果连最基本的道德义务都不能正常履行，市场秩序就不能正常实现。⑥

（三）债权人协助公司违规操作应承担相应责任

对于债权人协助将公司资金转入个人账户的，理应加重债权人的举证责任，证明资金有效交付给了公司。债权人交付资金，不仅仅是把钱付出去了，更重要的是将钱交给了公司，债权人应该有将钱交付给公司的客观表征。这便是"有

---

① 崔建远、春申：《公司债权人保护与市场秩序》，载《长白论丛》1996年第2期。

② ［英］奥斯丁：《法理学的范围》，刘星译，中国法制出版社2002年版，第19页。

③ ［英］哈特：《法律的概念》，张文显等译，中国大百科全书出版社1996年版，第84－92页。

④ ［法］卢梭：《社会契约论》，何兆武译，商务印书馆1980年版，第13－14页。

⑤ ［英］米尔恩：《人的权利与人的多样性——人权哲学》，夏勇、张志铭译，中国大百科全书出版社1995年版，第35页。

⑥ 郭忠：《守法义务的回报是什么》，载《时代法学》2014年第5期。

效交付"的思想。《合同法》第210条规定:"自然人之间的借款合同,自贷款人提供借款时生效。"贷款人提供借款时,应当"有效交付"给"公司",借款合同方能生效。

债权人将公司资金转到个人账户,一般没有"有效交付"的客观表征。债权人自信有客观表征的,应当将相关证据提交法院审查。司法机关应当审查债权人是否有理由相信公司资金进入个人账户合法,债权人应当举证证明存在合法表象、因信赖该表象而为此种交付、主观上善意无过失。如债权人转账前向银行咨询能否将公司资金转入个人账户,银行给出了肯定的书面答复;向工商行政机关咨询,工商行政机关出具证明可以转入个人账户的等。只有具有有效的客观表征,司法才有保护之可能。

对于债权人自愿将公司资金转入个人账户又无有效交付客观表征的,法律不应全面周全保护怠于防范风险的债权人。一是放债有风险;二是法律不是万能的。债权人自愿将公司资金转入个人账户,就已经说明债权人具有过失或怠于行使注意义务,将自己的债权置于一种不安全境地,就没有正当理由要求法律和法院事后补漏和救济。法院介入和保护债权是有限度,不能充当任何债权的"保险公司"。非正当债权、有争议债权、瑕疵债权只能靠市场调节,法律不必过度强行介入。否则,就违背了市场法则。

四、裁判:公司资金进入个人账户不宜简单地认定为职务行为

一些司法裁判将公司资金进入个人账户简单地认定为职务行为,产生严重后果。司法应当贯彻债权有限保护理念,对案件进行深度审查。司法裁判必须与法律规定和国家重大政策相衔接。如果司法裁判认定公司资金进入个人账户为职务行为,就是违背了《公司法》第148条和171条规定,使公司财务制度落空。司法裁判罔顾《公司法》规定,一相情愿地"保护债权",实在是一种不良导向和"坏的引领"。当然,在一段时期,如果公司资金进入个人账户后有证据表明确实用于公司业务的,可以考虑认定为公司债务。但从长计议,这也是不规范的。应该从根本上杜绝公司资金以任何理由进入个人账户。

(一)公司资金进入个人账户简单地认定为职务行为易产生严重后果

司法裁判将公司资金进入个人账户简单地认定为职务行为,可能保护了不当债权并损害公司合法权益。当进入个人账户的公司资金失去公司监控,其是否转回债权人或挪作他用无法查实时,一些非法债权、重大瑕疵债权、虚假债权、恶意债权、损害第三人或为第三人设置负担的债权、显失公平的债权、乘人之危

形成的债权等,都可能被司法保护了,将会直接损害公司财产权。

司法裁判将公司资金进入个人账户简单地认定为职务行为,可能助推虚假诉讼,严重损害司法权威和司法公信力。公司临近破产时,一些公司内部人大肆借贷,要求债权人将公司资金转入个人账户。司法认定为职务行为,恰恰满足了这些公司内部人员金蝉脱壳、中饱私囊的企图。债权人无法从破产财产中得到清偿,四处上访,严重损害司法权威和公信力。

司法裁判将公司资金进入个人账户简单地认定为职务行为,可能鼓励了"普遍违法",损害社会公共秩序。趋利避害是人的本能,公司资金进入个人账户,容易滋生逃避信贷监管、逃避税务监督、滥用股东地位、私分集体资产、挪用公款、洗钱等不当不法行为,助推社会失信和道德滑坡,严重损害市场秩序和社会秩序,导致社会公共利益受损,酿成无序、失范的社会生态。

(二)公司资金进入个人账户理应受到司法的深度审查

司法就保护债权而言,不能为了市场交易秩序的安全而冲击社会整体秩序的安定和诚信根基,不能损害第三人的合法权益。对债权的优先保护必须基于善意前提,不能违反公序良俗和诚实信用原则,不能牺牲社会秩序和安定的基本要求。法律保护债权不是无限保护,而是有限保护。法律保护的,仅限于正当债权,不正当债权,应排除在司法保护之外。

公司资金进入个人账户,往往存在欺诈、恶意串通、虚假诉讼等情形,理应深度审查,适当提高证明标准。有学者认为,证明标准具有内在的层次性,同一案件不同性质的待证事实可以适用不同程度的证明标准。一般待证事实,适用中级盖然性标准;对于特殊待证事实,如果证明要求较高的适用高级证明标准,证明要求较低的适用初级证明标准。①《民事诉讼法解释》第109条将欺诈、胁迫、恶意串通事实的证明,规定需要达到排除合理怀疑的程度。② 笔者以为,适用排除合理怀疑标准是适当的。

公司资金进入个人账户后,只有资金实际用于公司业务的,才能认定为公司债务。公司为业务需要进行举债,所借款项只有用于公司业务才具有认定为公司债务的正当性和合法性。在缔约之际,债权人可以债务人意思表示及其他材料作为借贷资金系为公司业务的初步证据。但因所借款项是否用于公司业务系

① 毕玉谦:《证据法要义》,法律出版社2003年版,第482页。

② 《最高人民法院民事诉讼法司法解释理解与适用》,人民法院出版社2015年版,第361页。

公司内部事务,外界无法准确获知并提供证据证明,故公司对所借款项是否用于公司业务负根本说服责任。公司对所借款项用于公司业务的有关资料的证明力,明显大于一张公司收款收据的证明力。当公司处于异常经营状态时,公司举证证明所借款项确实用于公司业务的,才能具有认定公司债务的决定性作用。必要时,法院可依职权调查。

(三)公司资金进入公司账户理应成为社会的正确导向

笔者的态度一直非常明确,公司资金一定要进入公司账户。对债权人而言,其对个人账户和公司账户并不缺乏辨识力,将公司资金转入公司账户不存在额外的交易成本。债权人所要做的,是树立法治意识,切实履行对法律规定、国家政策和财务制度的遵从义务,转变原有的思维定式。只要改变了原有思维定式,债权人将公司资金注入公司账户的,对自身债权的保护有百利而无一害。而现有的科技手段,也足以保证公司资金注入公司账户的切实可行。

在司法上,债权人将公司资金转入公司账户的,交付合法适当,构成有效交付。一旦债权人提供银行的转账证明,即已完成自己的举证责任。银行作为独立于合同当事人的第三方机构,其出具的债权人将公司资金转入公司账户的支付凭证,比公司出具的收款收据具有更强的客观性和证明力。即使公司否认此借款系公司债务的,也不能直接对抗债权人,毕竟债权人按照约定将以公司名义所借资金转入了公司账户。如果公司提出关于资金去向或实际使用的证据以此证明非公司所用,那也只是涉及公司向实际使用人追偿的问题。

从更为宽广的社会管理视野,司法机关应该发扬自己的社会担当精神,积极呼吁加强法律法规的修订完善。《公司法》禁止以个人账户存储公司资产的法律精神,应当贯彻到其他法律中。《民法》《合同法》对交付方式,应当做出进一步的规定。值得注意的是,只要金融机构接受了这种理念,从而修改人民币银行账户结算办法,对公司资金一定进入公司账户做出明确规定,就能够迅速消除这种“普遍违法”现象,也能够最大限度地维护市场交易秩序和社会管理秩序,维护着社会公共利益。

(马贤兴:长沙市天心区人民法院党组书记、院长,中南大学、湘潭大学、湖南师范大学、湖南大学法学院兼职教授,湖南省首届审判业务专家)

民事诉讼中"证据偏在"的实证研究

——以当事人协力义务为脉络

程　湘

不完善的程序正义的基本标志是：当有一种判断正确结果的独立标准时，却没有可以保证达到它的程序。

——［美］罗尔斯《正义论》

依证据裁判，乃诉讼运行之圭臬。若因无法取证致使举证不能，诉权就会踏空。基于辩论主义的基本原理，举证责任归于事实主张的一方当事人。然而，由于证据分布的客观真实性与举证责任的法律拟制性不可能完全对应，当事人收集证据的信息不对称问题非常普遍。于诉讼中常常出现因证据仅存于一方当事人而导致对方当事人举证困难的"证据偏在"现象，直接制约着当事人诉权的实现。法官也因此无法获得充分的裁判依据，及时查明事实，公正解决纠纷。基于司法裁判的操作需要，本文试图以当事人协力义务为脉络，通过对"证据偏在"构造的实践观察，反思我国民事证据制度的疏漏之处，旨在现有规则基础上，借鉴域外相关程序设计，探寻我国对"证据偏在"的规制思路，以期对解决法官裁判之困顿和优化民事证据制度资源配置有所裨益。

一、存在与判断："证据偏在"的司法困境

在"证据偏在"架构下，司法实务关心的核心问题是在原本明晰的证明责任界分下，法官应秉持何种处理态度，才能矫正当事人之间举证能力失衡的问题，纠偏诉讼中竞技的不公，从而既保证诉讼的法律效果，又顾及案件的社会效果。下文从几则争论不休的实务案例，捕捉法官的裁判思路。

案例一　宋某曾借给 A 公司 2 万元，并将 A 公司出具的借条交由妻子姚某

保管,不料姚某因急病突然离世,借条无法找到。宋某向A公司索款无果,遂诉至法院。案件审理过程中,A公司以无借条为由否认借款事实,而A公司当时的经手会计则证明宋某的确曾借给A公司2万元并记载于A公司账目。A公司对会计的证言予以否认,且以涉及商业秘密为由拒不提交公司账目。法院审理认定,原告宋某就债权的存在承担举证责任,其无法找到借条有合理解释并提供证人证言支持其主张,具有表面证明力。此时应由A公司提供反证,承担债务不存在的举证责任。A公司拒绝提供记录借款明细的账目,因此判定由其承担举证不能的结果。①

案例二　李甲(女)与李乙(男)同居期间生育一男婴丙,但李乙否认丙系其亲生,且拒绝配合进行亲子鉴定,李甲遂诉至法院要求确认非婚生子的身份关系。法院根据《证据规定》第75条的规定,审理认为要确认本案的亲子关系,最充分、最真实的关键证据是亲子鉴定,但原告要完成该项举证,必须被告协助,提供血样进行鉴定才能查明待证事实,被告没有法定事实与理由不应拒绝。结合公平和诚实信用的原则,从保护妇女儿童的合法权益出发,被告拒绝进行亲子鉴定,视为放弃举证权利,对待证事实承担不利的法律后果。②

案例三　原告陈某之夫、林某某之父林某,因乘坐被告三菱公司生产的吉普车在行驶途中前挡风玻璃突然爆裂而被震伤猝死。经交管部门勘查认定,非属交通事故所致。案件焦点集中在对挡风玻璃是否存有产品质量缺陷而爆裂的争议上。事故发生后,被告三菱公司私自将封存的挡风玻璃运至日本生产厂家鉴定,后因运回的玻璃破碎无法鉴定,被告提出将同批次产品交国家质检中心检测,遭原告反对。一审法院审理认为,原告不能证明被告在林某死亡问题上有因果关系,应承担败诉结果,遂驳回原告损害赔偿请求。原告不服上诉。二审法院审理认定,原告对产品存在缺陷负有举证责任,但被告将本案唯一能证明产品是否存在缺陷的物挡风玻璃运至不具有鉴定资格的日本厂家鉴定,后运回国家质检中心鉴定的玻璃已破碎无法检验且不能证明是原物,视为妨碍举证行为,最终判决被告不能证明挡风玻璃爆裂不存在产品缺陷,进而承担举证不能的败诉结果。③

---

①　案例来源于汤维建:《论民事诉讼中的举证责任倒置》,载《法律适用》2002年第6期。

②　案例来源江西省分宜法院网,2014年4月17日最后访问。

③　案例来源《中华人民共和国最高人民法院公报》2001年第2期。

在我国规制"证据偏在"的民事审判实践中,立法的结构性缺失成为制约司法制度运行的重大瓶颈。虽然《证据规定》第75条,以准立法的形式间接确立持有证据一方当事人的证据提供义务,并明确规定无正当理由拒不提供的应承担不利后果,借以规范法官的据情裁量行为,引导法官倾向性地适用此种判定模式。但因该法条的粗疏规定和程序罅漏,尚不足以弥合现行立法对于当事人协力义务的构造性缺失,给法官提供的指引非常有限,导致司法实践屡遭尴尬,法官对此不得不审慎适用,反而使得法条形同虚置。

(一)困境一:行为性质的争议性导致司法缩手束脚

"证据偏在"的影响在诉讼中多表现为,不负举证责任的当事人持有证据但拒不提供。案例一中,若适用《证据规定》第75条之规定,法官的自由心证效果应当是:有证据证明(借款时经手会计的证言)一方当事人持有证据(记录借款事项的A公司账目)无正当理由(商业秘密)拒不提供,如果对方当事人主张该证据的内容(宋某曾借给A公司2万元)不利于证据持有人,可以推定该主张成立。然而,A公司若提出该证据,则会遭受败诉的结果。那么,A公司是否有义务提供证据,成为该条文适用的正当性前提。拘于此,法官借用经验法则将举证责任分配给A公司承担,以完成事实认定。

(二)困境二:适用规则的模糊性导致司法无所适从

类似案例二中涉及确定亲子关系的纠纷在实践中屡见不鲜,司法实践通常有两种不同的处理态度:一是法官以一方当事人申请为前提,责令对方当事人配合做亲子鉴定,如该对方当事人无正当理由拒绝的,即可据此做出推定。案例二的处理即属该种情形。二是法官不以当事人的申请为必要,若对方当事人无正当理由拒绝提供鉴定素材,法官可结合其他证据做出判断。这两种处理方式,在当事人协力义务的履行对象和履行程序上有所不同,有违法律的严肃性。

(三)困境三:排除理由的不明确导致司法态度暧昧

对于当事人协力义务的适用范围与界限,《证据规定》第75条将其限定为"正当理由",但并未进一步阐明"正当理由"的内涵和边界。案例一中,A公司以商业秘密为由抗辩,能否作为免于协力义务的正当理由。对此,法官在事实认定时并没有予以释明,而是经由举证责任转换,推定由A公司承担举证不能的责任,规避了对该问题的回答。这对于A公司而言,是否课以其更高的证明标准而产生新的不公平,值得深思。

(四)困境四:法律后果的单一性导致司法进退维谷

案例三是典型的"证据偏在"类型案件。通常情况下,产品缺陷的存在始于产品的生产过程,而大多数消费者拘于对生产过程的不知情和专业知识的缺乏,不可能及时发现产品缺陷并防止危险的发生。但依法律规定,原告对其主张仍负有证明产品存在缺陷的举证责任。该案中,一审、二审法院分别采用不同的证明责任推理,得出迥然不同的诉讼结果。其实,若根据《证据规定》第75条进行逻辑演绎:有证据证明(封存的发生爆裂的挡风玻璃)一方当事人持有证据(被告运送回日本厂家)无正当理由拒不提供(不能证明运回的玻璃是原物且破碎得无法鉴定),如果对方当事人主张该证据的内容(原告主张产品存在缺陷)不利于证据持有人,可以推定该主张成立。那么,为何一审、二审法院“舍近求远”呢？一般来讲,待证事实需要由相对完整的证据链条来印证,法官认定事实也建立在相对稳定的证据基础之上,才更有说服力。从举证的适用条件和法律效果来看,若一旦出现“持有证据无正当理由拒不提供”的情形,就武断地推定待证事实成立这一不利益后果,而不论该“证据偏在”是否达到导致诉争事实真伪不明的状态,有割裂证据链条逻辑关系之嫌,阻碍了法官在制度空间内寻求一种更为妥当的结论,不得不谨慎适用。

二、围困与解惑:行为背后的究竟探考

审判实践的窘境,与现行法律制度的缺失不无关系。从外围来看,法官与当事人在“证据偏在”架构下的行为选择似乎陷入集体沉默。因客观原因致证据偏在于一方的诉讼案件中,负有举证责任的一方当事人会因无法收集到证据以实现权利而诉诸法院;非负举证责任的对造当事人基于辩论原则和利益考量,多拒不提出有利于对方的证据;法官一般也不随意依职权收集证据,仍主要依据举证责任分配来认定事实并据以裁判。缘何如此?

(一)庭审中心主义的视野局部性

纵观我国《民事诉讼法》发展历程,自1991年《民事诉讼法》的基本框架出台并确立以来,历次修改始终秉承大陆法系经典的诉讼结构和诉讼理念,强调从职权主义向当事人主义的转向。但改革视野囿于以庭审为中心,忽视对审前程序的建立健全。这种庭审中心主义的改革导向,直接后果是没有给予审前的证据收集程序足够的重视。整合梳理相关条文(见表1),针对法官调查取证职权和举证责任分配的法条配置浓墨重彩,分别有11条和9条之多,而涉及当事人证据收集权利及证据协力义务的规定阙如,仅轻描淡写地设有3条。对当事人证据收集环节的权利义务关系缺乏行为指引和制度保障,限制了当事人的证据获取能力。但审前程序的缺失效果却加诸于双方当事人,“证据偏在”的情形

下，不但当事人证明负担变相加重，诉讼进程也会遭遇障碍与迟延，进而危及到诉讼权利的实现和司法正义的彰显。

表1　我国对“证据偏在”的庭审中心主义倾向

相关规定	民事诉讼法	司法解释	证据规定
当事人收集证据权利	第49条	–	–
当事人证据协力义务	第67条	–	第75条
法院调查取证职权	第64条	第73条	第3、15、16、17、18、20、21、22、51条
当事人举证责任分配	第64条	第74条	第1、2、4、5、6、7、73条

（二）举证责任分配的理论局限性

从诉讼进程来看，证据制度在时间顺序上表现为“取证—举证—质证—认证”的程序集合。取证是举证之前提。举证责任的分配与承担主要在举证阶段发挥作用，对取证阶段当事人之行为影响有限。举证责任分为主观举证责任和客观举证责任。主观举证责任亦称行为责任，可在一定程度上激励当事人收集证据，但并不必然产生对造当事人的协力义务。客观举证责任亦称结果责任，是法官判定由谁承担证据不利益的依据，其钳制对象也是负有举证责任的当事人。虽然我国通过列举式的举证责任倒置，转换了责任承担，促使对造当事人提出证据，但其并不能穷尽覆盖所有的“证据偏在”案件类型。单纯依靠举证责任的分配与转换，并不能完全实现对“证据偏在”的有效规制。

（三）法官调查取证的权力限缩性

当事人利益对抗与法官居中裁判是民事诉讼框架的基本特征。应然状态下，法官权力与当事人权利分工与制约的具体结构是：纵向分布上，法官与当事人之间，以当事人负担为原则，由法官控制程序进程；横向分布上，双方当事人之间，以证据规则为调整，由当事人互为权利义务；法官居中，依法查明案件事实并做出裁判。而依《民事诉讼法》第64条之规定，在遇到“证据偏在”的情况时，由法院依申请或依职权调查收集证据。这种立法设置，指引法官直接参与到双方当事人的对抗之中，有损双方当事人之间的证据攻守平衡，使法院的裁判中立性发生偏向，表现出强烈的职权主义思维。故《证据规定》对法官调查取证苛以严格的适用条件，限缩了法官职权，但却没有将证据收集的权利义务事项相应地置换于当事人，进而恢复当事人自己责任的私法本质，导致“证据偏在”的矛盾更加突出。

（四）当事人协力义务的不可期待性

基于利益的考量，非负举证责任的当事人不会主动帮助对手赢得诉讼。这对应了传统辩论主义的一个基本理念，即任何一方当事人并无义务向对方提供可供其攻击自己而获得胜诉的武器。在这种理念支配下，当证据结构性地偏在于一方当事人时，该证据持有人并不负有天然的协力义务。而我国法律在规范当事人协力义务方面，既缺乏直接引导当事人协力义务的具体行为规范，又无强制有力的促使其履行义务的制裁效果规范。这种希冀不负举证责任之当事人倚靠道德自律承受不利益的程序设置，在审判实践中并不具有操作性和可期待性。

三、比较与择定：寻找可行的规制方法

不同的诉讼模式基础和程序结构设计制约着与之配套的证据制度的特性。纵观域外两大法系，尽管在不同法律文化体系下衍生出的证据制度细节各具特色，但基本都贯彻了诉讼当事人主义理论，在权利/权力配置等基本问题上殊途同归，将当事人证据收集权利和证据协力义务规则视为证据制度的重点加以规范。

表 2　两大法系规制“证据偏在”的模式比较

域外模式	大陆法系	英美法系
主要国家	法国、德国、日本	英国、美国
制度设置①	主：当事人/法官主导的证据提出制度 辅：法官主导的证据调查制度	证据开示制度
义务规范	德国：实体法列举和程序法规范② 日法：一般性义务由程序法规范③	程序法规范
程序进路④	法官裁判—具体赋权—证据协力	抽象赋权—证据协力—法官裁判
具体规制	法官依一方当事人申请发出文书提出命令，要求对方当事人协力提出证据。	双方当事人自主进行证据披露和开示，产生争议时，由法官依申请进行裁判。

① 丁宝同：《民事诉讼审前证据交换规则研究》，厦门大学出版社 2013 年版，第 92－159 页。

② ［德］罗森贝克，施瓦布等：《德国民事诉讼法》，李大雪译，中国法制出版社 2007 年版，第 888 页。

③ 白绿铉：《日本新民事诉讼法》，中国法制出版社 2000 年版，第 15 页。

④ 曹志勋：《书证搜集裁判：模式比较与本土改造》，载《现代法学》2011 年第 5 期。

对于如何规制“证据偏在”造成的武器失衡,域外制度和实践发展出适合各自诉讼模式的不同程序规则,为我国局限的立法思路和困顿的司法进路提供了有益注解。

(一)以当事人协力义务为逻辑桥梁

“证据偏在”一方面阻碍了当事人的证据收集使其陷入举证困难,另一方面妨害了法官裁判对证据材料的利用而影响事实查明。两大法系在规制“证据偏在”的程序设计逻辑中,以民事诉讼当事人自己责任为逻辑主线,课以对造当事人证据协力义务,巧妙地将上述两个问题迎刃而解。在大陆法系的程序规则指引下,当一方当事人因证据偏在于对方而无法举证时,可向法院申请文书提出命令。法官通过裁判,决定是否发出文书提出命令,指令对造当事人协力提出证据。根据英美法系的程序规则,双方当事人在对方收集证据时有相互容忍并配合的协力义务,证据的披露与开示均倚靠双方当事人积极的对抗与协作完成。当事人证据协力义务的引入,不仅充分强化了双方当事人在诉讼中的主体地位,贯穿以当事人为主的逻辑主线,而且促使当事人在自己责任的利益驱使下,最大限度地搜寻案件证据,从而促使法官最大限度地查清案件事实。

(二)以法官的职权介入为效力保障

市场经济条件下,基于对诉讼程序功能和当事人主义基本理论的透彻领悟,两大法系在规制“证据偏在”的程序设计上为当事人之间营造了一个平等对话和自主判断的独立场域①,通过施以当事人平等的诉讼武器和平等的程序机会,实现对当事人诉讼权利的实质性保护。在这个相对闭合的“隔音空间”中,法官的事实发现职能均处于相对被动地位。大陆法系中,法官虽于“证据偏在”发生时即依申请介入,但其通过裁判将证据收集权利赋予申请方当事人,指令对造当事人协力提出证据,充分尊重了当事人的主体地位。法官则依旧独立于当事人的权利义务场域之外。英美法系主张双方当事人的充分对抗。一般而言,法官并不介入证据的披露和开示。只有当双方当事人就证据开示产生争议不能自行解决时,法官才依申请具以裁判。而一旦持有人拒绝提交证据,法官将依蔑视法庭罪对其施以严厉的刑罚制裁②,促使证据协力义务的履行。两大法系的程序设计对于法官的职权介入相当审慎,法官并不参与到当事人的具体对抗之中,对

① 季卫东:《法治秩序的建构》,中国政法大学出版社 1999 年版,第 16 页。

② 白绿铉:《美国民事诉讼法》,经济日报出版社 1998 年版,第 98 页。

任何一方当事人为有利或不利的偏私性诉讼指挥，仅是站在中立的立场上对当事人行为施加程序性和效力性影响。然而，这并不意味着法官在诉讼程序中完全消极被动。事实上，两大法系的法官虽然在行使权力的程序上有所不同，但无疑都拥有绝对的权威。

(三)以配套的程序设置为制度规范

为有效应对"证据偏在"，两大法系国家基于各自的诉讼体系构架，都创设了与其制度背景相适应的程序规则。不论大陆法系的文书提出命令制度还是英美法系的证据开示制度，均包含赋权、协力、裁判三个要素。结合各自的制度背景，对三要素进行排列组合，形成系统的程序进路。根据大陆法系的程序规则，法官依申请进行裁判，对缺乏证据收集能力的个案当事人具体赋权，责令对方当事人协力提出证据。英美法系的证据规则，通过抽象赋权指引当事人自主收集和协作提出证据，法官依申请针对当事人争议进行裁判。两大法系通过各自成型的程序规则，为当事人行使证据收集权利、对造当事人履行证据协力义务和法官裁判提供明确的行为指引和效力约束。

四、真实与拟制:行为选择的价值追问

证据分布具有客观性，与法律创设的举证责任不可能尽相对应，"证据偏在"现象不可避免。当证据偏在于一方时，该方当事人的证据协力义务，对方当事人的证据收集能力，法官对案件事实的查明方法，都需要通过法律拟制。由于法律拟制与客观真实之间存在一定的差异风险，制度的选择必须以充分的价值取向和利益衡量为其提供正当性基础，保障法律真实能够最大限度地接近客观真实，增强司法裁判的可接受性。

(一)辩论主义的修正

传统的辩论主义以"双方当事人具有相同的诉讼证据收集能力"①为假设和前提。然在环境污染、产品责任、医疗损害等现代型诉讼②经常出现的证据偏在于一方当事人的情形中，该假设的有效性被广泛怀疑。③ 在现代社会的条件下，

---

① [美]米尔伊安·R·达玛什卡:《司法和国家权力的多种面孔——比较视野中的法律程序》，郑戈译，中国政法大学出版社2004年版，第159页。

② [日]小岛武司:《自律型社会与正义的综合体系》，陈刚等译，中国法制出版社2006年版，第139-146页。

③ 黄国昌:《比较民事诉讼下的当事人图像——由审理基本原则、证据收集权及证明度切入》，载《政大法学评论》2003年第76期。

当事人之间由于诉讼能力悬殊而产生的实质不平等,使得诉讼程序本身常有空洞化的危险。[①] 出于衡平当事人之间诉讼能力、维护实质公平的考量,20 世纪以来,许多国家逐渐接受社会诉讼观理念[②],纷纷对辩论主义进行修正,主张以"诉讼经营"替代"司法竞技"[③],发展出协同主义诉讼模式[④],注重当事人之关系从"为权利而斗争"转向"为权利而沟通",强调法院在诉讼程序中发现案件真实的指挥作用。从辩论主义到协同主义的理论嬗变,为当事人协力义务的正当性奠定了坚实基础。

(二)诚信原则的贯彻

协同主义要求当事人之间既要竞争也须协作,而协作的基础便是诚信。即便是基于辩论主义原则,作为国家公共权力设施的民事诉讼也不鼓励当事人的通过提出错误事实以压制真实事实的投机行为。[⑤] 如果允许不诚信的当事人通过诉讼获得利益,在逻辑上明显不公。源于实体法的诚信原则,为当事人协力义务服膺于发现真实提供了标尺。基于对诚信原则的贯彻,通过对"证据偏在"的制度衡平,平复当事人之间不对等的诉讼攻防手段,使双方当事人能够充分收集证据,持有证据的当事人无法通过隐藏对己不利的证据获取诉讼上的不正当利益,为法官准确地认定和评价案件客观事实提供基础,促使证据协力义务具有操作上的期待可能性。

(三)实质公正的追求

民事司法的功能重在对社会秩序的修复和引导,恢复纠纷发生前双方当事人的权利义务平衡关系。民事诉讼意在通过正当程序发现真实从而实现实体公正。因而,诉讼制度的设置不仅应赋予当事人平等的程序地位和程序机会,而且应该为有障碍之权利主张当事人为实质性保护。诉讼地位平等的双方当事人之间,因侵权或违约等行为而被破坏的实体权利义务关系能否修复,不仅取决于私法规定,同样取决于诉讼程序。证据偏在于一方的情况下,这种诉讼恢复功能显

---

① 刘荣军:《程序保障的理论视角》,法律出版社 1999 年版,第 352 页。

② 民事诉讼法研究会:《民事诉讼法之研讨(三)》,三民书局 1995 年版,第 638 页。

③ [意]莫诺·卡佩莱蒂等:《当事人基本程序保障权与未来的民事诉讼》,徐昕译,法律出版社 2000 年版,第 136 页。

④ [德]鲁道夫·巴沙曼:《社会的民事诉讼:在社会法治国家民事诉讼的理论与实务》,转引自唐力:《辩论主义的嬗变与协同主义的兴起》,载《现代法学》2005 年第 6 期。

⑤ [德]莱奥·罗森贝克:《证明责任论》,庄敬华译,中国法制出版社 2002 年版,第 61 页。

得尤为重要。为了防止当事人以已占有之证据作为对抗的武器,妨害法院依该证据进行裁判,通过引入当事人协力义务程序达致双方当事人之间的力量平衡。① 这种诉讼构造下,法官也重新获得了程序上的积极地位和权能,对当事人之间证据利益进行判定,推动程序进程良性开展。

(四)诉讼效益的衡量

从经济视角而言,法律程序的设置取决于对诉讼运行成本和司法判决收益的博弈与平衡的综合考量。证据收集消耗成本并产生收益。② 从成本进路而言,当事人作为争议法律事实的见证者和利害关系人,对证据的存在情况更为知悉。证据偏在于一方时,由当事人负责提供证据在诉讼耗费上更为节约。虽然法官收集的证据针对性更强,可以避免错误成本,但因受发现真实的主观性、收集到的证据数量、法官精力的限制,法院依职权收集证据将在诉讼资源投入上消耗更多的成本。从产出角度来看,法官依职权收集的证据,在诉讼中只需出示并不进行质证,因有暗箱操作的可能而不被利害关系人接受,据以做出的裁判缺乏信任基础,致使昂贵的程序保障形同虚设。而根据“动机、权限与责任”理论③,赋予最具利益动机的当事人以证据收集权利和证据协力义务,将大大节约诉讼成本,提高诉讼效率。

五、偏差与回归:“证据偏在”的本土衡平

立法制度的确定,无不历经激烈的争议和艰难的选择。域外规制“证据偏在”的立法通例,也是在从辩论主义到协同主义的蝶变过程中得以确立。“证据偏在”的衡平是对诉讼价值发展的积极回应,相关制度的建构是一项系统的工程,既需要把握制度的设计合理性和整体衔接性,也需要注意具体的细节准确性,保证其契合立法原意,便于实践操作,发挥最大效用。综合考量我国的法律文化传统、制度本土适应性、诉讼成本、程序效益以及司法公信程度,参考大陆法系的模式无疑是最好的选择。

(一)立法层面的程序配置——引入审前证据提出制度

伴随着法院调查取证职权范围的逐步缩小及其程序运作的日趋严格和规

---

① 辜恩臻:《论当事人协力义务的正当性与制度构建》,载《东南司法评论》2008年卷,第58页。

② 徐昕:《事实发现的效率维度——评波斯纳〈证据法的经济分析〉》,载《开放时代》2002年第4期。

③ 黄国昌:《民事诉讼理论之新开展》,北京大学出版社2008年版,第45页。

范,庭审中心主义的改革倾向应当为当事人证据收集权利和协力义务的确定留有缝隙,由当事人主导或积极参与的证据提出程序规则应当得到适当的扩充。庭前当事人证据提出制度的引入,一方面可以促使持有证据的一方当事人积极提出证据,另一方面可以妥善分担以法官为主导的庭中审判程序的实质性功能,实现权力与权利的合理配置和有机配合,让法官和当事人共同承载民事诉讼的定纷止争使命。此外,由于审前证据提出制度所承载的是实质性程序功能,涉及当事人实质权利事项,应当保障当事人的实质参与,即必须由当事人提出并启动程序,法官才能据以裁判。

(二)制度层面的理性规制——规范当事人的协力义务

1. 当事人协力义务的具体内容

由于“证据偏在”重点体现在证明作用直接、载体相对稳定的书证上,当事人的协力义务主要集中为书证提出义务。对此,大陆法系分别采用了两种立法例:一是德国的列举主义,即将当事人书证提出义务限定于曾经引用之文书、交付或阅览之文书、为举证人利益而制作之文书、就双方当事人之间法律关系所制作之文书。这种立法例,是基于实体法对当事人协力义务的基础性规定,于我国不太适用。二是法国和日本的概括主义,主张对当事人文书提出义务的一般性规定,即凡是与系争诉讼标的有关的证据事项,持有人皆有提出义务。① 上述列举主义所规定的四种文书仅为概括主义下的示例性规定。从立法背景上看,我国宜采用概括主义。

2. 当事人协力义务的适用条件

(1)举证当事人申请。民事诉讼中,当事人为支持所主张的事实利益,需要积极向受诉法院声明证据并提出申请。具体可参照《证据规定》第 18 条、第 19 条关于当事人申请法院调查取证之规定,提交书面申请,并载明下列事项:要求对方当事人提出证据的方法、待证事实、对方当事人提出证据的原因等。申请中应当明确表明证据方法与待证事实,目的在于防止举证人以含混不清的方式利用法院为摸索证明获取不正当利益。然而,对于产品责任、环境污染、医疗事故等现代型纠纷,应当对证据申请条件适为宽松。法院要求对方当事人提出证据的范围,也应当以举证当事人的申请为限。若证据持有人拒不服从法院证据提出命令,受诉法院即可对其为不利裁判。(2)法官审查与处理。法官对于举证当事人的申请,应当审查以下三个内容:一是申请是否符合书面形式要件,以及

---

① 占善刚:《论民事诉讼中的当事人之文书提出义务》,载《求索》2008 年第 3 期。

书面申请的内容是否完整载明等；二是申请是否正当，包括该证据之于待证事实的重要性和适当性，以及待证事实之于法官裁判的关联性；三是申请理由是否充分，即对方当事人是否有提出义务。经过审查，若符合上述三个要件，则由法官做出裁定要求对方当事人提出证据。为保障对方当事人的权利，法院做出裁定前，当事人有向法官陈述意见和辩论的机会。若经审查，举证当事人的申请不符合上述要件，则裁定予以驳回。

3. 当事人协力义务的适用界限

为平衡双方当事人权益，不负举证责任当事人的协力义务应有一定界限，主要是涉及国家秘密、商业秘密、个人隐私等保密特权的证据事项，或证据的提供会导致当事人遭受实体或诉讼上重大不利益的情况。对于这类情形，因其既不符合民事诉讼恢复性司法功能，也不符合权利保护的基本价值考量，当事人有权要求免除证据提供义务。但是，该界限并不绝对。对于一些涉及公共利益的现代型诉讼，应当综合衡量证据的价值、涉密程度、有无摸索证明、有效保护措施等各种因素，或申请提交于第三方查阅验明。

4. 违反当事人协力义务的法律后果

如果由于过错而违反协力义务，法官可以通过自由心证对义务违反人作不利评价，即认定举证申请人所主张的事实为真。我国《证据规定》第 75 条，确定了当事人违反协力义务的法律效果，从立法示例而言，该条文类似于《日本民事诉讼法》第 224 条和《德国民事诉讼法》第 427 条关于文书提出命令之法律效果规范。但因其在规范要件方面较为宽松，可以通过细化的法律解释，在现有框架内对其进行重塑。

(三) 司法层面的能动补充——发挥法官司法解释功能

"立法者不是可预见一切可能发生的情况据此为人们设定行为方案的超人，尽管它竭尽全力，仍会在法律中留下星罗棋布的缺漏和盲区，从这个意义上说，任何法律都是千疮百孔的。"①法律制度的特性，导致其无法时刻契合复杂流变的社会现实需要。此时，法官应充分发挥其在规范解释以及心证方面的能动作用，通过漏洞填补与价值衡量进行法外续造，寻求更为妥善的裁判结果。

1. 漏洞补充的功能弥合与自由心证的价值衡量

对于当事人协力义务的具体内容、适用条件、适用界限以及法律后果的认

① 徐国栋：《民法基本原则解释——成文法局限性之克服》，中国政法大学出版社 1992 年版，第 139 页。

定,都需要法官统筹考虑立法原意、法律精神和裁判效果的需要,综合运用目的解释、价值权衡等经验方法,填充法律空白,具体化条文内涵,剔除不符合规范意旨的证据妨碍因素,查明案件事实真伪,做出可接受的合理裁判。为增强裁判的可预测性,法官的自由心证应当以法律为参考或引导,对偏在证据重要性和关联性的认识遵循一定的思维逻辑和裁量标准。

2. 辩论原则的实质制约与释明原则的程序规制

为规范法官自由心证的妥恰行使,防止法官擅断和突袭裁判,法官的审判权应建立在当事人充分行使辩论权的基础之上,通过让当事人就诉争事实展开对话与交流,推进案件真实的发现,实现诉权对审判权的实质性制约。同时,为防止法官内心确认的神秘性滋生不当裁判,要求法官在程序运作中充分释明其行为,告知双方当事人行为规则和法律后果,增加裁判的可预测性,实现司法裁判程序和裁判结果的理性制约。

结语

法律是一种不断完善的实践,是历经发现、选择、调整与重塑的动态过程。凝聚社会价值共识,不能信由“证据偏在”脱缰自舞。洞察法律适用歧见,司法输出不能因妙手偶得而抱守残缺,更不能因跌跌撞撞而裹足不前。规制“证据偏在”的理性法律设定,应当为程序参与者配置最适合的职能与权限,引导当事人克服个人恣意,在权利义务框架内充分对话交流,与法官配合推进事实查明。同时,能够指导法官走进实践,圆熟自如地适用法律,赋予程序以生命,赋予实践以力量。

(程湘:湖南省郴州市中级人民法院研究室干部)

民事执行中拍卖撤销权之行使

雷云丹　陈锦红

民事执行中的拍卖撤销权作为一种特殊民事执行拍卖救济手段，是我国民事执行拍卖救济制度的重要组成部分。它指当事人、利害关系人对他人在拍卖过程中严重违反拍卖程序且损害其利益的行为，有提出异议请求撤销的权利。2011 年北京市出现了该市首例撤销拍卖结果的案件①，各地法院也相继出现不少类似案件，但由于未明确规定可以撤销民事执行拍卖的具体情形，各地法院做法不一，造成了一定程度上的司法裁判混乱。2015 年 5 月 5 日出台的《最高人民法院关于人民法院办理执行异议和复议案件若干问题的规定》(以下简称《执行异议复议规定》)明确了民事执行拍卖撤销权为拍卖救济途径之一，对其相关问题做了特殊规定，有利于法院在认定民事执行拍卖撤销上的统一和当事人权益的保障。本文拟在此基础上，对民事执行中拍卖撤销权的行使问题加以探讨，以期为民事执行中拍卖撤销权的有序行使提供一些参考。

一、民事执行中拍卖撤销权的行使主体

(一)行使主体之“利害关系人”与“案外人”的区分

在民事诉讼中，关涉到当事人、利害关系人、案外人以及第三人等主要民事主体。利害关系人、案外人以及第三人统称为当事人以外的与诉讼、非讼以及执行程序有某种直接或间接关联的主体。由于我国立法对这三类主体的内涵和外延未能给出明确界定，实务操作中也没能达成一致看法，导致案外人与利害关系人等概念的混乱。尤其是在执行程序中，利害关系人与案外人经常处于混淆状

---

① 洪雪：《法院首次撤销拍卖结果》，载《法制晚报》2011 年 11 月 17 日，http://www.fawan.com/Article/fz/sx/2011/11/17/123332136758.html，2015 年 3 月 21 日最后访问。

态，不仅不利于司法实践中的操作，且容易限制相关利益主体寻求执行救济的范围。由谁来行使民事执行中的拍卖撤销权是该救济权利能否有效启动的关键，《执行异议复议规定》第21条规定："当事人、利害关系人提出异议请求撤销拍卖，符合下列情形之一的，人民法院应予支持……"，将民事执行中拍卖撤销权的行使主体定位于当事人和利害关系人。此处的当事人包括申请执行人与被申请执行人，而利害关系人泛指当事人之外的与执行程序有利害关系的人，与案外人的概念难以区分。

关于执行程序中利害关系人与案外人二者的关系，众说纷纭。有学者认为执行程序中的利害关系人与案外人属于包容关系，而非并列、交叉或对立关系，此种观点认为利害关系人有狭义的利害关系人与案外人之分。狭义的利害关系人指的是程序意义上的利害关系人，而案外人则是实体性的利害关系人，认为案外人包含于利害关系人。① 也有学者运用有、无独立请求权第三人的这对概念的界定原理来厘清二者的关系，将执行程序中的第三人划分为有独立和无独立执行异议的第三人分别来指代案外人与利害关系人。此观点认为案外人有独立执行异议权，主要针对执行标的提出异议，必要时可通过实体审理解决纠纷。而利害关系人系无独立异议权的第三人，对执行法院在执行程序中侵犯其合法权益的执行行为，只需通过异议、复议便能保护其权益。②《执行异议复议规定》出台后，最高人民法院执行局复议监督室主任范向阳在答记者问时，也曾提到对二者的区分，认为利害关系人和案外人都是当事人之外的人，二者在异议基础和目的上截然不同。利害关系人主要是针对执行行为本身的错误或瑕疵，关涉程序性权利，而案外人是对执行标的主张权利，是实体性权利主体。③

从上述学者的观点来看，二者虽难以区分，但大家均试图运用一个标准化的公式以期将利害关系人与案外人二者严格加以区分，区分的基本落脚点都在程序与实体性利害关系的辨别上。然而，在执行程序中，尤其在民事执行拍卖程序中，程序性与实体性事项是错综复杂、互相交织的，往往是程序中包含着实体，实

① 韩波：《论执行异议之诉中的"利害关系人"》，载《中国政法大学学报》2011年第3期。

② 王永东：《执行异议复议制度在实践中的完善》，载《人民法院报》2013年4月3日第8版。

③ 最高人民法院举办《关于人民法院办理执行异议和复议案件若干问题的规定》新闻发布会，http://www. live. chinacourt. org/chat/chat/2015/05/id/40390. shtml，中国法院网，2015年5月10日最后访问。

体中关涉着程序，二者"你中有我，我中有你"，区分起来较为困难。这就导致在很多情形下，难以清楚地对执行程序中的第三人作程序性与实体性之分，要从这个角度将利害关系人与案外人区分开来，实属不易。其实在民事执行拍卖撤销权中探讨案外人与利害关系人的不同，就在于规范拍卖撤销权的启动主体，防止滥用拍卖撤销权，从而对民事执行拍卖程序中利益受损害人的全面救济进行保障。因此，笔者认为不必将二者严格区分，可反其道而行之，将二者统一在一个概念中，更符合法律概念的规范性。

(二)行使主体之"利害关系人"与"案外人"于第三人概念中的统一

第三人的概念频繁出现于《民事诉讼法》条文中，《民事诉讼法》中有 7 处，《民事诉讼法》解释中有 48 处。对第三人概念狭义上的理解仅局限于诉讼阶段，主要指有、无独立请求权的第三人。但从整个民事诉讼过程来看，应当将第三人做扩大解释，划分为三个阶段，除诉讼阶段的"第三人"、裁判生效至执行前阶段的"第三人"之外，还应当包括执行阶段的"第三人"。具体而言，对于后二者的规定以是否执行为分割点，分别体现为《民事诉讼法》第 56 条第 3 款规定的"第三人"、第 225 条规定的"利害关系人"以及第 227 条规定的"案外人"。① 将第三人的概念贯穿在整个民事诉讼程序中，不仅彰显概念的周延性，更便于用语的规范与逻辑性，特别是将执行程序中的案外人和利害关系人均囊括于第三人的概念中，可谓创新。

笔者认为民事执行中拍卖撤销权行使主体之"利害关系人"与"案外人"于第三人概念中的统一大有裨益。第一，区分难度的降低。不用为了区分利害关系人与案外人而去纠结于程序性与实体性的利害关系人之分，符合执行拍卖程序效率原则的要求，能够迅速确定拍卖撤销权的主体，锁定救济的主体范围。第二，有利于加大对执行相关人的保护力度。在区分利害关系人与案外人的情形下，利害关系人一般都只是执行异议的主体，而案外人才具有实体救济资格。统一采用"第三人"的概念来统合利害关系人与案外人，可以扩大拍卖撤销权行使主体的范围，给竞买人、拍卖标的物所有权人、第三人的债权人等相关利益主体以全面和强有力的保护。② 第三，统一概念，符合大陆法系国家传统。每个国家均在历史的影响与作用中形成其法律形式，法律形式的形成不仅浸染了政治、经济、文化、传统等因素，而且沉淀了一个国家漫长岁月的司法实践和理论研究，系

① 张妮：《第三人撤销之诉研究》，西南政法大学 2012 年博士毕业论文。

② 李喜莲：《民事诉讼法上的"利害关系人"之界定》，载《法律科学》2012 年第 1 期。

一种经验积累,彰显着其独立性与稳定性的特点。[①] 我国民事执行救济法律制度在长期的发展中,借鉴和吸收了大陆法系德国和日本的诸多经验,逐渐形成了接近于大陆法系的程序性与实体性救济二分模式。将利害关系人与案外人统一于第三人概念中的做法也是受德国第三人异议之诉制度的启发。

《执行异议复议规定》第21条将民事执行中拍卖撤销权的主体限于当事人和利害关系人,不仅排除了对执行标的有实体主张的第三人的拍卖撤销权资格,而且限制了该第三人的救济途径。这意味着除当事人之外的利害关系人行使该拍卖撤销权的程序只能通过执行异议等程序性方式,而不能通过诉讼方式来行使。将二者统一于"第三人"的概念中,则在一定程度上赋予了第三人程序选择权。正如台湾学者邱廉恭所言:"程序选择权之承认,系源于上述意义之处分权主义及程序处分权之法理,而有益于强化程序主体权。此项程序选择权之法理,应成为立法者制定程序法及法官解释现行法、运作程序制度之前导。并且,程序选择权机会之赋予、实现即意味保障人民及当事人更有机会参与程序以影响'真实'之确定、'法'之发现及裁判之形成,借以伸展国民之法主体性。"[②]程序选择权的保障,是强化程序主体权的表现,民事执行中拍卖撤销权要能有效行使,其启动主体必须要得到延伸,用第三人的概念来统筹利害关系人与案外人是合理的选择。

二、民事执行中拍卖撤销权行使的情形

民事执行中的拍卖撤销权可以在什么情形下发挥救济作用取决于民事执行瑕疵拍卖行为在何时出现,当该行为有瑕疵时,或违反了拍卖程序,或执行标的有异议,拍卖撤销权就亮出了他的利剑。《执行异议复议规定》中采用列举加兜底条款的模式规定了以下几种瑕疵拍卖的情形:(1)竞买人之间、竞买人与拍卖机构之间恶意串通,损害当事人或者其他竞买人利益的;(2)买受人不具备法律规定的竞买资格的;(3)违法限制竞买人参加竞买或者对不同的竞买人规定不同竞买条件的;(4)未按照法律、司法解释的规定对拍卖标的物进行公告的;(5)其他严重违反拍卖程序且损害当事人或者竞买人利益的情形。该司法解释规定

---

① 董茂云:《比较法律文化:法典法与判例法》,中国政法大学出版社2000年版,第194页。转引自张妮:《第三人撤销之诉研究》,西南政法大学2012年博士毕业论文。

② 邱廉恭等:《程序选择权之法理——着重于阐述其理论基础并准以展望新世纪之民事程序法学》,载《民事诉讼法之研讨第4册》,三民书局1993年版,第581页。

了民事执行拍卖撤销权行使情形的两大标准:第一,严重违反拍卖程序;第二,损害当事人或利害关系人利益。笔者认为,仅对民事执行中拍卖撤销权发挥作用的范围做列举式的规定,尚不足以阐述复杂的民事执行瑕疵拍卖行为,在此将其分为以下三类分别进行探讨。

(一)拍卖程序终结前与结束后的瑕疵拍卖行为

民事执行瑕疵拍卖行为是指执行拍卖行为、拍卖当事人或第三人违反法定程序,或执行拍卖行为不当所引起的拍卖行为本身不合法,或损害当事人及第三人利益的行为,由违法执行拍卖和不当执行拍卖行为构成。在瑕疵拍卖行为中,以民事执行拍卖程序是否终结为时间节点,可以将民事执行瑕疵拍卖行为分为拍卖程序终结前和结束后的瑕疵拍卖行为。民事执行拍卖行为终结的时间点就是拍定人取得拍卖物所有权的时间,各国和地区均有详细规定,主要有以德国、日本和台湾地区为代表的三种不同模式①,我国目前采取的是拍卖裁定送达拍定人之日。

能否撤销拍卖是拍卖撤销权发挥救济作用的基础,厘清民事执行中拍卖撤销权行使的情形,须明确两种瑕疵拍卖行为是否可以撤销。民事执行拍卖程序终结前的瑕疵拍卖行为可以撤销,这在理论界不存在争议。而司法实务中对是否可以撤销拍卖结果态度模糊、争议较大,存在可撤销说和不可撤销说之争,两种学说均以民事执行拍卖性质的界定为基石。可撤销说立论于私法说与折中说,认为拍定人系继受取得拍卖物,存在瑕疵时,可撤销拍卖结果②;不可撤销说以民事执行拍卖公法说为理论依据,认为拍定人系原始取得拍定物所有权,同时出于维护司法公信力的需要,即使拍卖物或拍卖程序存在瑕疵,也不影响拍卖效力,不可撤销拍卖结果。③ 近年来,民事执行拍卖公法说已逐渐成为主流学说,但已不再以公法说来排除撤销拍卖结果的可能性,而是综合考量各类因素,如诉

---

① 德国模式:以法院拍定许可时为拍卖终结时间点;日本模式:以缴纳价款时为拍卖终结时间点;台湾模式:权利转移证书取得时为拍卖终结时间点。参见毋爱斌:《民事执行拍卖制度研究》,西南政法大学2013年博士毕业论文。

② 孙加瑞:《强制执行实务研究》,法律出版社1994年版;《中国强制执行制度概论》,中国民主法制出版社1999年版;吴光陆:《强制执行法拍卖性质之研究》,五南图书出版公司1987年版;杨与龄:《强制执行法论》,五南图书出版公司1999年版。

③ 黎章辉:《试论法院拍卖的性质及其法律效力》,载《河北法学》,1993年第5期;陈桂明、侍东波:《民事执行法中拍卖制度之理论基石——强制拍卖性质之法律分析》,载《政法论坛》2002年第5期;樊惠平:《法院强制执行拍卖制度的理论基础》,载《河北法学》2004年第9期;宋汉林:《论民事强制执行拍卖之性质》,载《特区经济》2011年第5期。

讼模式的转变、利益衡量下私人利益保护的需要以及司法公信力保障的必要等，支持当事人或利害关系人行使权利撤销拍卖结果。[①]《执行异议复议规定》第21条中规定的五种情形，并未限定拍卖程序的终结与否，只要出现了这几种瑕疵拍卖行为，则不论在拍卖程序终结前或结束后，都可以行使撤销权。

（二）实体与程序的瑕疵拍卖行为

实体与程序是诉讼法的一大经典辩证关系，从“重实体轻程序”到“程序与实体并重”，再到越来越重视程序的大趋势，实体与程序的保障与平衡关乎着公正的实现。德国强制执行法仅将执行行为违背程序规定的情形界定为执行瑕疵，认为欠缺可执行性的请求权或被拍卖的标的物不属于被申请执行人财产的，都不属于执行行为瑕疵[②]，将实体瑕疵拍卖行为排除在执行瑕疵之外。但只要我们承认“哪里有侵害，哪里就有救济”的法理，则执行行为延伸到哪里，救济就到哪里；而且民事执行拍卖行为也不是单个的行为，而是一系列行为的集合，既有实体也有程序行为，瑕疵在实体与程序行为中均可能出现。因此不论是程序性的拍卖瑕疵还是实体性的拍卖瑕疵，都应当属于执行救济的范围，当然就有民事执行拍卖撤销权发挥作用的余地。其区分意义主要有以下两点：第一，有利于区分民事瑕疵执行拍卖行为的效力，严重侵犯实体利益的瑕疵拍卖行为一般情形下会归于无效，而损害程序利益的瑕疵拍卖行为不一定无效，而是处于待定的效力状态；第二，适用的救济程序可能不同。程序性的瑕疵拍卖行为，普遍做法是通过执行异议等程序方式得到纠正，不会进入诉讼阶段，而实体性的瑕疵拍卖行为，救济方式可有多样，执行与诉讼程序均可选择。

实体与程序的瑕疵拍卖行为均属于民事执行拍卖撤销权救济的对象，《执行异议复议规定》第21条的五种可撤销的民事执行拍卖情形，从形式上来说，均属于违反拍卖程序的事项，但并不能因此否认侵犯实体权益的民事执行拍卖行为不能通过拍卖撤销权得到救济。程序固有其独立价值，但我们在执行拍卖程序中关注程序，并非由于它本身存在何种实体性利益，究其根源是它承载着实体利益，而我们对民事执行拍卖瑕疵行为的矫正，实质上就是为了保护权利主体

---

① 肖建国：《论民事诉讼中强制拍卖的性质和效力》，载《北京科技大学学报（社会科学版）》2004年第4期；杨优宏：《强制拍卖的性质分析》，载《成人高教学刊》2006年第4期；齐树洁、陈贤贵：《法院错误拍卖第三人不动产的效力及其救济》，载《法律适用》2011年第12期；杨秀清：《以利益衡量为基础构建民事执行拍卖效力制度》，载《法学杂志》2014年第8期；徐一楠：《强制执行拍卖的性质研究》，载《江苏社会科学》2014年第5期。

② 江必新：《比较强制执行法》，中国法制出版社2014年版，第155页。

对实体利益的追求。① 所以说,《执行异议复议规定》中虽然只针对程序性的瑕疵拍卖行为规定了可以撤销的权利,但通过当然解释的原理,实体性的瑕疵拍卖行为也应列入拍卖撤销权救济的范畴。

（三）无效与可撤销的瑕疵拍卖行为

法律行为的本质在于产生法律上的效力,民事执行拍卖行为的效力就是对法律行为进行评价的结果,执行拍卖的效力从最终结果来看是一种法律拘束力的推定,并不一定要真正合法有效才产生拘束力,这种推定的拘束力可能与真实的权利状态不一致,需要通过执行救济补正此种推定产生的瑕疵。② 民事执行拍卖行为依据其效力,可以分为有效的、无效的和可撤销的民事执行拍卖行为,后两种均属于瑕疵拍卖行为。无效的瑕疵拍卖行为,属于严重违反法律规定,欠缺执行拍卖本质要件属性,从而无法认定为有效的执行拍卖行为。而可撤销的瑕疵拍卖行为,并非一律无效,在未被撤销或认定无效之前,仍具有执行拍卖的拘束力。对于二者的区分,德国和日本学者认为应当采用“瑕疵严重且显著”的标准,即执行行为原则上没有无效问题的认定,仅在执行行为显然具有重大瑕疵时始然无效,一般情形下,执行行为违法时构成可撤销行为。③ 可见,瑕疵拍卖行为在大多数情形下属于可撤销的瑕疵拍卖行为,仅在少数情况下是无效情形。自始不发生效力,应当依据瑕疵民事执行拍卖行为的违法性质、损害当事人和第三人利益的程度以及是否可以弥补等因素综合予以考量。④

导致民事执行拍卖行为无效的瑕疵行为主要有:执行拍卖行为缺乏实施的基本条件,如无执行拍卖依据、未届执行拍卖期限或无执行拍卖管辖权等;执行拍卖程序严重违法,如违反法律的禁止性规定或欠缺执行拍卖的前提行为;执行拍卖无视执行拍卖障碍的存在不能达到执行拍卖目的的拍卖行为等。⑤ 无效的瑕疵拍卖行为因其不能产生程序与实体效力,当事人和第三人都可以请求认定为无效或行使撤销权使其归于无效,执行机关也可以主动予以撤销。可撤销的民事执行瑕疵拍卖行为主要表现为违反拍卖程序,损害当事人或第三人利益。一般而言,属于无效的瑕疵拍卖行为,只要还可以治愈在执行拍卖程序中,也都可以认定为可撤销的瑕疵拍卖行为。这主要出于以下两方面的考虑:第一,符合

① 孙笑侠:《程序的法理》,商务印书馆2005年版,第37页。
② 毋爱斌:《民事执行拍卖制度研究》,西南政法大学2013年博士毕业论文。
③ 赖来焜:《强制执行法总论》,元照出版公司2007年版,第519页。
④ 杨与龄:《强制执行法论》,中国政法大学出版社2002年版,第4页。
⑤ 谭秋桂:《民事执行原理研究》,中国政法大学2000年博士毕业论文。

执行行为效率价值的追求。可撤销的瑕疵拍卖行为大都可在执行程序中自身解决,较少涉及执行之外的程序,有效节省了撤销权行使的时间。第二,通过可撤销的瑕疵拍卖行为也能保障利害关系人的权益。因为可撤销的瑕疵拍卖行为的认定,正是对债权人完全且迅速实现权利与债务人和第三人利益被忽视这种违反一般公益保障要求进行最大限度调整的结果。① 无效与可撤销的瑕疵拍卖行为均系民事执行拍卖撤销权的作用对象,区分二者的意义在于行使拍卖撤销权的主体与程序存有差异,需要进一步给予保障。

三、民事执行中拍卖撤销权行使的保障机制

如前所述,保障民事执行中的拍卖撤销权有序行使需要实体与程序性机制并驾齐驱。

(一)启动保障机制的建立

任何权利的行使只有在程序启动之后,才能得到持续而全面的保障,有序启动民事执行中的拍卖撤销权,需要从启动主体与启动时间保障两方面进行。从启动主体来看,应当保障当事人、第三人与法院的主动启动权。一般而言,民事执行中拍卖撤销权只因执行拍卖当事人和利害关系人等第三人的申请而启动,不提出异议或不申请,则视为当事人或第三人放弃行使撤销的权利。由于拍卖撤销权在一定程度上属于当事人和第三人自由处分的权利范畴,权利人的放弃是其经过衡量预期程序得失利弊后或在其忍受范围内做出的选择,只要没有损害公共利益的情形,应当得到尊重,否定了执行法院主动启动撤销权予以救济的可能。② 笔者认为,民事执行中拍卖撤销权的启动主体不应局限于当事人和第三人,执行法院在一定情形下也有启动撤销权的权力。执行法院的启动,应当遵循以下几点原则:第一,启动的谦抑性。法院的启动不仅让位于当事人和第三人的启动,而且在一般情形下,不轻易启动,尊重权利主体的程序处分权。第二,启动的公益性。存在无效的瑕疵执行拍卖行为或有严重损害公共利益的情形时,法院应当启动,维护社会公共利益,稳定执行拍卖秩序。

从启动时间来看,民事执行中的拍卖撤销权作为一种特殊的执行救济权利,仍应遵循撤销权的体系,归属于形成权,受除斥期间的限制。民法上有关撤销权的除斥期间通常规定为一年,如《合同法》第75条规定:"撤销权自债权人知道

---

① 黎蜀宁:《民事执行行为研究》,西南政法大学2004年博士毕业论文。

② 王晓明:《执行拍卖程序中的权利救济研究》,载《法治研究》2007年第11期。

或应当知道撤销事由之日起一年内行使。自债务人行为发生之日起五年内没有行使的,该撤销权消灭。"民事执行中的拍卖撤销权作为特殊的撤销权,其启动的除斥期间应有特殊规定予以保障,针对行使程序的不同而有不同的规定。在执行拍卖程序终结之前,如若通过执行异议程序行使执行拍卖撤销权,可以在知道瑕疵执行拍卖行为之日起十日内向法院申请①;而通过诉讼方式行使拍卖撤销权的,则可在拍卖程序终结前提出,待异议之诉审理之后才能继续对异议标的进行处分。在执行拍卖程序结束后行使权利撤销瑕疵执行拍卖行为的,此时不论是通过执行异议还是诉讼程序,都可以在拍卖结束后六个月内向执行法院提出。②

(二)程序保障机制的完善

权利能否最终实现权益保障的功能取决于是否可以有效地行使该权利,多元化的行使路径有助于权利全面合理地实现。民事执行中拍卖撤销权的行使程序应当建立在程序选择的基础上。当前我国对民事执行拍卖救济的行使程序存在自由选择说和限定选择说。自由选择说认为可以依当事人的意愿,自主选择执行程序或执行程序之外的诉讼方式来行使撤销权。③ 限定选择说分为绝对限定与相对限定两种观点,相对限定说又名法定顺位主义,允许通过执行程序和诉讼方式来撤销拍卖,但执行程序应当前置,对执行程序不服才可以交之诉讼,这也是我国2007年《民事诉论法》修改中采用的观点。绝对限定说将民事执行拍卖中的纠纷分为程序纠纷和实体纠纷,认为民事执行拍卖中的程序纠纷只可以通过执行异议的方式救济,而对于实体纠纷,应当交给审判权解决,通过诉讼方

---

① 《强制执行法草案》(征求意见稿第六稿)第74条第1款规定:"执行程序终结前,当事人、利害关系人认为执行决定、命令、通知或者执行措施、执行程序等违反法律规定的,可以在知道或应当知道该执行行为实施之日起十日内,向执行法院提出书面异议。当事人、利害关系人提出书面异议的,执行法院应当自收到书面异议之日起十五日内审查,理由成立的,裁定撤销或者改正;理由不成立的,裁定驳回。"

② 《强制执行法草案》(征求意见稿第六稿)第149条第1款规定:"当事人或者利害关系人认为拍卖程序有以下情形之一的,可以在拍卖结束后六个月内,向执行法院提出。执行法院经组成合议庭审查核实,应当裁定无效:(一)竞买人之间、竞买人与拍卖人之间恶意串通,给他人造成损害的;(二)拍卖前未发布拍卖公告的;(三)拍卖物以低于底价的价格拍定的;(四)拍卖人或者执行债务人故意隐瞒拍卖物的重大瑕疵的;(五)其他违反拍卖程序给利害关系人造成损害的情形。"

③ 于宝良:《论司法拍卖救济权的配置与完善——以司法拍卖撤销权为视角》,载《山东审判》2013年第2期。

式予以救济。[1] 自由选择说更加注重对程序主体的尊重，限定选择说虽也赋予当事人和第三人一定的选择权，但限制条件过多，如程序性执行拍卖纠纷仅能通过执行异议方式获得救济，使造成严重损害的程序性瑕疵无法得到更全面的救济保护。

笔者认为，民事执行中拍卖撤销权的行使程序应以自由选择说为基础，赋予当事人和第三人自由选择执行异议程序或另行提起诉讼的方式来行使撤销瑕疵执行拍卖的权利，这不仅有利于凸显执行拍卖程序主体的地位，使其处分权得到充分体现，而且令程序的运作更加人性化，有利于提升执行当事人和第三人对司法裁判的信任与信服度。自由选择程序是对民事执行中拍卖撤销权行使的重大保障机制，但也存在程序滥用的可能性。如何在二者间寻求平衡，笔者认为，一方面是执行异议程序较诉讼程序简单的这一特性使当事人和第三人更愿意选择较为简单的执行异议程序救济轻微的瑕疵拍卖行为；另一方面也可对执行异议程序和诉讼程序设置不同的处理费用，通过诉讼成本的设置，将较轻微的瑕疵拍卖行为更多地治愈于执行异议程序之中，缓解可能出现的执行诉讼热的现象。

（雷云丹：湖南大学法学院民事诉讼法专业研究生；陈锦红：湖南大学法学院副教授）

---

① 王明华：《另行提起普通诉讼还是执行异议之诉——新〈民事诉讼法〉担保物权实现程序中被申请人实体异议之处理与救济》，载《全国法院第25届学术讨论会获奖论文集：公正司法与行政法实施问题研究（上册）》，最高人民法院2013年。

行政诉讼入选论文

行政执法和解与风险控制

——以行政执法和解协议的司法审查为中心

王　婷　张　平

行政执法和解，是指在行政执法过程中行政机关与行政相对人通过自愿、平等协商达成执法和解协议，以解决二者之间行政纠纷的活动。从域外实践来看，行政执法和解制度已经应用于反垄断法、证券法、环境法等专业性较强的行政执法领域。我国在行政执法实践中也尝试着以和解方式处理案件①，但尚未建立规范化的行政执法和解法律制度，相关规定多散见于政策性文件和极少数法律条文中。如我国《反垄断法》第45条对"承诺制度（即行政执法和解）"做出了规定，中央《关于预防和化解行政争议，健全行政争议解决机制的意见》（中办发[2006]27号）明确规定要积极探索和完善行政执法和解制度。因此，研究这一制度在我国的适用问题很有必要。

一、问题与方法：行政执法和解的风险及其控制

目前，从域外比较成熟的行政执法和解实践来看，行政执法和解制度在执法体制上处于辅助性与替补性的地位。在适用过程中，表现出了很强的经济性。在适用和解制度时，行政机关不需要对行政相对人的行为是否违法进行准确定性，只需要与行政相对人达成有效的和解协议，并履行和解协议，行政执法处理程序就可以终止，从而达到节约行政执法资源、提高行政效率的目的。特别是对于专业性很强的反垄断或证券等领域的案件，往往需要开展长期和复杂的调查过程，难以有效掌握充足证据，而采用执法和解程序可以减少这些问题。自

---

① 如上海市、辽宁省分别出台了关于税收行政执法和解的地方性法规或规范性文件，用以指导税收行政执法和解运行。

2004年以来,欧共体有43%左右的非卡特尔案件以和解的方式结案。①

从行政执法和解的作用机理来看,行政自由裁量权是和解存在的前提,是保持其经济、便利等优势的基础,但"任何权利都容易被滥用",赋予行政机关较大的自由裁量和较多的协商和解机会又会带来很多问题和很大的潜在风险。具体而言,可能产生的风险主要有:

一是可能会放任违法行为。实践中,适用和解制度的结果是对涉嫌违法行为不再作合法与违法性质的认定,一般也不对这种行为进行行政处罚。实际上,如果行政相对人从事违法行为是非常显见的,行政机关经过调查也取得了充足的证据,这时再适用行政执法和解制度,就会放任这种违法行为。从行政执法实例来看,在以行政执法和解方式结案的案件中,行政相对人都存在或大或小、或这样或那样的违法行为。

二是产生潜在的激励违法效应。由于行政相对人与行政机关达成和解协议,不仅可以终止执法调查,甚至可以免除行政处罚,在这样的预期支配下,行政相对人极易滋生侥幸心理。这实际上降低了违法行为的成本,给予行政相对人实施违法行为充分的激励。

三是可能侵害第三人的利益。在行政执法中,适用行政执法和解方式处理案件极有可能损害第三人的利益,而且行政机关与行政相对人达成的和解协议或者行政相对人的某些承认违法的声明,一般不能在第三人提起的损害赔偿诉讼中作为证据使用。这会无形中削减行政机关保护第三人合法权益的义务,减少了第三人寻求救济和保护的途径。

四是可能损害社会公共利益。行政执法的目的是制止、打击违法行为,维护相关主体的利益和社会公共利益,并通过执法行为发挥威慑作用和预防功能。因此,除了某些补偿性的救济手段外,惩罚性的行政强制措施仍然非常有必要,特别是对于那些严重违法行为,应通过行为禁止、资格剥夺等强制措施予以处理。对于这类行为,如果允许以行政执法和解的方式处理,不能从根本上消除违法行为的不利后果,不利于保护社会公共利益。

五是容易滋生腐败。"任何主体都是理性的经济人,政府也不例外,因为政府也有自己的利益。"②作为行政相对人,面对利益诱惑时,会更加追求自身利益

① 焦海涛:《反垄断法承诺制度的适用范围研究》,载《法商研究》2013年第2期。

② [美]詹姆斯·M·布坎南:《自由、市场与国家——80年代的政治经济学》,平新乔等译,三联书店1989年版,第12-42页。

的最大化,故而行政机关和行政相对人容易形成利益共同体,行政机关很容易被俘获而“贩卖公权力”,行政执法和解完全可能会成为权力寻租的平台,和解价值可能会因此而丧失殆尽。

六是降低执法公信力。行政执法和解的结果基本是对行政相对人“不打不罚”“既往不咎”,而且协商和解过程与严格的正式执法处理程序以及执法要求大相径庭。如果行政执法和解的方式适用不当,就会使社会公众对法律和行政机关丧失信任,认为法律是“纸老虎”,或认为行政机关执法是“和稀泥、回避矛盾、滥用职权、简单执法”。

可见,行政执法和解制度是一种典型的价值与风险的共存体。因此,风险控制是世界各国在适用行政执法和解时都高度重视的问题。从我国行政执法和解实践来看,不论是法律、法规和政府的规范性文件,还是行政机关的具体执法操作规则,均只是注重赋予行政机关可以和解的职权,甚至倡导行政机关在和解程序适用上的绝对主导地位,而很少对行政执法和解潜在的风险做出评估和控制。

控制行政执法和解风险的方式有很多,但在制度层面上无外乎实体控制和程序控制。实体控制主要是对案件类型适用范围的限定,如将行政执法和解制度适用于高度复杂的、专业性很强的领域的案件。程序控制主要有两种:一是外部程序控制,建立行政执法和解的司法审查程序,用司法审查制度让法院在行政执法和解制度适用上产生一定程度的决定权。二是内部程序规范,建立明确具体的行政执法和解程序操作规范,减少适用中的不确定性和随意性,防范风险的发生。“程序是法律的心脏”①,设置程序对风险的控制应具有更为直接的价值。因此,本文拟从程序上设置一系列规则将行政执法和解的风险控制在最低层面。具体来说,如果从行政执法和解适用阶段来看,可以通过以下方式来减少风险产生:第一,“先决程序”控制。为了防止行政相对人寻租公权力或者为了防止行政机关追求执法简便而简单执法,泛化和解适用,规定行政执法和解制度适用的程序性前提条件。第二,“操作程序”控制。在决定适用行政执法和解的具体操作过程中,为使行政执法和解不损害第三人的利益和社会公共利益,将操作程序过程透明化,并赋予法院对行政执法和解协议的司法审查权。第三,“后续程序”控制。在行政执法和解协议的履行阶段,为使其预期目标得以实现,防止和解协议在履行中发生偏差,对行政执法和解协议的履行设置程序保障。

---

① [日]谷口安平:《程序公正》,载宋冰编:《程序、正义与现代化》,中国政法大学出版社 1998 年版,第 363 页。

二、先决程序:行政执法调查标准和调查限度

在比较法意义上,域外关于行政执法和解的适用底线在程序上的规定要求并不相同。其中,以欧共体、美国的“适度调查模式”和德国、我国台湾地区的“穷尽职权模式”最具代表性。这两种规定之间有什么共性和差异?对我国行政执法和解先决程序的设立有什么借鉴意义呢?

(一)域外考察:执法调查的基本要求

1. 欧共体

欧共体理事会颁布的《执行条约第81条和第82条竞争规则的第1/2003号条例》以及理事会条例2004年4月7日第(EC)773/2004号规定,如果委员会发现某企业的经营行为可能涉嫌违法,会对企业的经营行为做出“初步评估”。委员会的“初步评估”虽然是初步的,但基本上显示委员会已经掌握了企业违法行为的初步证据。“初步评估”是企业申请和解的基础内容。但对于严重违法或者一项垄断行为明显的,则不能适用和解。①

2. 美国

美国联邦贸易委员会规定执法和解只能在正式控诉前进行,已经启动正式控诉程序的案件不能适用和解程序。而且,具有严重危害性的案件不能进行执法和解。②

3. 法国

法国《商法典》第L464-2-1条法令规定,在案件执法调查全面展开之前,如果涉嫌违法行为并不触及严重违法,并可以从快处理的,涉嫌违法的企业可以提出承诺,申请行政执法和解。③

4. 日本

日本的执法和解在《反垄断法》等领域很明显。日本公平交易委员对于违法事件的调查有任意调查和正式调查两种。如果公平交易委员会任意调查发现

---

① See Wouter P · J · Wils, “Settlements of EU Antitrust Investigations: Commitment Decisins under Artick 9 of Regulation No. 1/2003”, 29(3) World comp. (2006), P. 353.

② 王炳:《反垄断执法和解的制度机理》,载《安徽大学学报(哲学社会科学版)》2010年第2期。

③ See Lucie Carsweu - an entire, Recent Dere Lopments in French Competition Law - Commiments, Leniency and Settlement Procedures - The French Approach, European Competition Low Review, issue 11, 2006, PP. 616 - 630.

有充足的证据证明违法事实,则会启动正式调查。但是当出现以下情形时:“(1)没有足够证据证明违法事实,但是根据已收集到的证据仍有违法的嫌疑;……(4)非法行为的影响有限,只要采取非正式的解决办法就足够了”,公平交易委员会会采取“警告”这一非正式措施,并暗示如果相对方不接受和解处理,它会展开进一步执法调查。①

5. 德国

《德国行政程序法》第55条规定:“公法合同,经明智考虑事实内容或法律状况,可借之通过相互让步消除存在的不确定性时,可以签订。但以行政机关按义务裁量认为达成和解符合目的者为限。”②按照《德国行政程序法》的规定,和解合同的条件是:(1)存在着有关事实状况或者法律观点的不确定状态;(2)这种不确定状态不能查明或者非经重大支出不能查明;(3)通过双方当事人的让步,可以取得一致的认识。③

6. 我国台湾地区

台湾地区《行政程序法》第136条规定:“行政机关对于行政处分所依据之事实或法律关系,经依职权调查仍不能确定者,为有效达成行政目的,并解决争执,得与人民和解,缔结行政契约,以代替行政处分。”④

从前述国家和地区的立法来看,只有执法机关的调查活动已经启动,执法和解才可能被适用。因为在未进行调查之前,案件的具体情况、证据是否充分,违法程度是否严重等均难以判断,这时执法机关贸然接受和解申请,尽管能节约执法成本,但极有可能会产生错误成本。因此,将执法和解的时间节点限定为在执法机关调查活动启动之后是合理的。但问题是,执法机关的调查活动进行到何种程度或达到何种标准时才可以适用执法和解制度?关于这个问题,前述国家和地区的立法有明显的差别。英美法系国家体现的是适度调查,执法机关应经过初步调查,掌握相对人违法的初步证据。大陆法系国家则是以穷尽职权调查不能掌握充足证据或非经重大支出不能查明为标准。

(二)执法调查的限度:对两种模式的评析

比较“适度调查模式”和“穷尽职权模式”,可以看出二者之间的差异:一是

① 徐士英:《日本反垄断法的理论与实践研究》,中南大学2006年博士毕业论文。

② 涂怀艳:《行政执法和解初探》,载《法商研究》2008年第2期。

③ [德]喻特穆特·毛雷尔:《行政法学总论》,高家伟译,法律出版社2000年版,第356页。

④ 涂怀艳:《行政执法和解初探》,载《法商研究》2008年第2期。

价值取向不同。“适度调查模式”更侧重于对执法效率的维护，“穷尽职权模式”更有利于对社会公共利益或执法权威的保障。不过，这种差异并不表明哪一种模式更优越。但从模式设计的逻辑思路上看，“适度调查模式”是将重点置于执法的经济成本保护上，而对违法的打击较为虚弱。二是执法和解的审查标准不同。“适度调查模式”主要规定的是执法机关如何在打击违法行为与执法经济化之间寻求平衡，“穷尽职权模式”除了规定执法机关对执法效率与打击违法行为的权衡之外，还着力于执法和解对社会公共利益和其他相关主体之间利益的均衡。当然，差异的背后并不能完全掩盖二者的共同之处：两种模式在决定是否适用执法和解时都坚持了“已经调查并初步掌握违法行为证据”的标准。实际上，“适度调查模式”虽然在对执法机关执法调查的限度上没有“穷尽职权模式”严格，但“适度调查模式”在执法和解案件的案件范围上却是高度限制的。①

（三）“穷尽职权”：我国行政执法和解的先决程序

从目前域外的立法及实践来看，虽然在执法和解的规定上不尽相同，但基本上都契合了各自不同的法治基础、历史背景和具体国情。虽然立法中究竟采用何种模式，似乎更应该认为是一种立法政策上的考虑，但从行政法治的实际需要出发，我国仍应当在立法上规定一个普适性的原则。笔者认为，我国的行政执法和解才刚刚“启蒙”，行政机关的执法能力还不尽如人意，受我国法治传统、执法体制、执法能力以及社会经济发展程度影响，目前我国适宜确立“穷尽职权模式”，即以行政机关穷尽职权调查不能掌握充足证据为标准。其理论基础在于：

1. 行政法治原则的必然要求。作为行政执法和解制度的先决条件，“穷尽职权模式”是行政法治原则的应然要求，是实现行政执法和解立法目的的必然选择。无论英美法系，还是大陆法系，虽然侧重有所不同，但行政职权法定原则、依法行政原则、程序合法原则基本都是行政法治原则的最基本、最重要的原则。这些基本原则，蕴涵着行政法治的精神实质，是行政法治的具体规则的存在基础，反映着行政法治的价值目标，是行政法治理论中带有基础性、根本性的问题。②“穷尽职权模式”正是这些原则的高度体现。

2. 维护社会公共利益的需要。德国法学家耶林指出：“公共利益是一种能

① 焦海涛：《反垄断法承诺制度的适用范围研究》，载《法商研究》2013年第2期。

② 方世荣、石佑启：《行政法与行政诉讼法》，北京大学出版社2005年版，第46页。

够保证和维持大多数人所关注的生活的安定秩序的利益。"①行政执法的目的不仅在于打击、纠正行政违法行为,为受害人提供救济,更在于维护社会公共利益。如何实现公共利益并保障不会造成对其他合法权益的不当损害,"穷尽职权模式"更具有优越性。

3. 监督制约行政权力。行政机关执法人员的知识能力是有限的,"被俘获"而腐败是可能的,行政权力被滥用是存在的,所以必须制定相关的制度及措施对之予以预防与制约。"穷尽职权模式"正是对行政机关权力的规范与控制。

4. 原则与例外的区分。原则是事物客观规律的一般规定,具有普适性与稳定性。例外是事物客观规律的特殊规定,具有个别性和偶然性。原则之外是例外。从目前域外的立法及判例来看,虽然基于不同的历史背景、法治基础,对此问题的规定不尽相同,但总体而言是以"依法行政"为原则,以"协商和解"为例外。因为"灵活性是有效实施的关键,但过度的灵活性也将导致执行不力"。②行政执法和解应作为一种替代性执法方式而存在,一般只有在正式的行政执法难以进行的情况下才运用,不可作为行政机关简便执法的常用手段。

(四)对质疑和诘难的回应

1. 是否会阻却节约执法资源,促进执法经济简便的目的?

这种想法是存在思维偏差的。第一,行政执法的最正当、最根本和最终目的是维护社会公共利益。"公共利益是天然的行政执法的价值基础。基于政府与公民之间委托关系的存在,政府要按照诚信原则的基本要求兑现其承诺的义务,于实施管理行为时,除了维护公共利益之外不应掺杂任何私心杂念。"③虽然节约行政执法资源也是行政执法追求的目的,但维护社会公共利益应具有优先性。如果以执法的经济简便为目的,必然会淡化行政执法本身。

第二,行政执法的完成形态主要有两种:第一种形态是行政机关经过调查,掌握了充分证据,查清了案件事实,能够依法做出处理。第二种形态是行政机关经过调查,发现行政相对人存在违法行为,但客观上不能收集充足的证据证实。对于第一种形态,现行法律法规有明确规定,应依法处理。在这一形态中,程序法定、时限明确,不存在所谓阻却执法经济简便之虞。对于第二种形态,因存在

① [意]莫诺·卡佩莱蒂:《福利国家与接近正义》,徐俊祥等译,法律出版社2000年版,第67页。

② Susan J. Buck, Understanding Environmental Adminstration and Law, Island press,1996, p.53.

③ 贲国栋:《行政执法的伦理研究》,法律出版社2011年版,第99页。

违法行为的案件事实囿于客观上无充分证据证实,为有效达成行政目的,才实施行政执法和解。此时,节约执法资源、促进执法经济简便的功效已是和解的应有之义。

第三,严格行政执法和解条件,会减少错误执法,提高执法效益。美国大多数经济分析学家认为,“随着执法和解的增加,执法的错误成本也大大增加。”①“为了防止行政执法机关不当推卸执法调查职责,以致以协商和解取代具体行政行为的空间过于广泛,进而滋生种种弊端,故也不能随便地免去经依职权调查仍不能确定之义务。”②

2. 是否会导致行政相对人因知晓行政机关“穷尽职权不能确定”而不申请和解?

应当说,这种顾虑并不是完全多余的。因为如果法律规定行政机关适用行政执法和解的先决条件是“穷尽职权调查仍不能确定”,这可能会给行政相对人一种信号,即行政机关愿意接受执法和解是因为其没有掌握充分的证据,行政相对人可能会认为即使自己不申请和解,行政机关也无法对自己实施制裁。但如果通过下面的分析,就会发现上述顾虑也是可以消解的。如假定行政相对人不申请和解,则可能会出现以下几种情况:(1)行政机关自行调查或委托专门机关继续调查,查清案件事实,依法做出最严厉的处理决定;(2)行政机关依据相关法律规定,对拒绝配合调查取证的,处以罚款或其他制裁;(3)行政机关依据相关法律规定,对案情复杂、疑难的案件,可以商请公安机关介入;(4)行政机关仍无法查明的,停止调查,不做违法认定。在这场以行政执法和解为背景的博弈中,行政相对人与行政机关可能的组合有两个:选择和解或者对抗,即选择非合作博弈或合作博弈,这取决于博弈双方特别是行政相对人是否明确对策成本的大小。在上述四种可能存在的情况中,行政相对人在自身利益衡量中倾向选择和解应是利益最优策略。这已为实践所证明,如我国香港地区的税收行政执法和解成功率达95%以上,纳税义务人一旦被税务机关确定为执法调查对象,都会及时主动向税务机关申请和解,尽早结束执法调查程序。③

---

① [美]迈克尔·D·贝勒斯:《法律的原则——一个规范的分析》,张文显等译,中国大百科全书出版社1996年版,第25页。

② 吴秀明:《竞争法制之发仞与展开》,元照出版公司2004年版,第301页。

③ 张永忠、张春梅:《行政裁量权限缩论——以税收和解适用为例》,载《政治与法律》2011年第10期。

3. 是否会以牺牲效率求公正?

公正与效率是人类社会永恒的主题。从经济学的角度分析,公正与效率其实是一对矛盾体,二者很难同时兼顾,追求公正就很可能会牺牲效率。实际上,行政执法也总是很难做到两者完全并重:或倾向于公正,或者偏重于效率。从行政执法的基本价值取向来分析,在行政执法中,公正应有优先权,"公法的执行不应以结果的经济性为标准",尤其是当公正与效率两者发生冲突时,公正应优先于效率,这也是现代民主和法治发展的必然要求。

三、操作程序:平等、公开与司法审查

(一)平等性问题

在行政执法中,行政机关具有法律赋予的公权资源和优势地位,很容易将这种优势渗透到行政执法和解的适用之中,造成"监管施压"的现象。① 因而在执法和解与否以及和解协议的内容上,容易出现重大瑕疵,甚至严重显失公平。要使行政机关与行政相对人能够平等、自愿协商,就必须用程序加以保障,消除和解适用过程中可能产生的单方强制性,增加双方相互抗衡的权利与途径。

1. 启动程序

行政执法和解既然是一种协商机制,是否适用该制度就应由行政机关和行政相对人共同决定。但也有学者指出,虽然理论上行政机关与行政相对人在启动和解制度上应当是平等的,但为了防止行政相对人受到胁迫,应承认行政相对人有适用和解制度的优先权。② 笔者认为这是可取的。实践中,如果行政机关发现行政相对人可能涉嫌行政违法,在进行调查时,会向行政相对人送达执法调查通知类的声明材料。如果行政相对人经过利益衡量,愿意申请和解,一般会主动向行政机关提出。因此,如果行政相对人未主动申请执法和解,行政机关一般不宜提议适用和解制度,而只能继续进行执法调查。

2. 协商程序

和解内容的确定是和解制度适用的核心环节。虽然和解协议的达成是双方自愿、平等协商的结果,但是和解制度的适用必须要能纠正违法行为、消除涉嫌违法行为的消极后果,不能损害相关主体的权益和社会公共利益。至于如何判

---

① See sonja Eibl, "Commitment Decisions: An Australian perspectire", 26(6) E. C. L. R. (2005), p. 335.

② 焦海涛:《反垄断法承诺制度适用的程序控制》,载《法学家》2013 年第 1 期。

断和解协议是否具有可接受性，笔者认为，和解协议内容应至少为纠正违法行为所“必需”，且程度上应“适当”。“必需”与“适当”应是判断行政执法和解协议内容为双方接受的基本原则。和解协议的内容可以经双方多次磋商和修改，但不应偏离“必需”与“适当”。

（二）公开性问题

行政执法和解的协商方通常为行政机关与行政相对人，甚至大部分就是行政机关与行政相对人进行协商，但行政违法行为多会给相关第三人，甚至社会公共利益造成损害，如果没有相应的程序为这些可能被损害的主体提供救济，则这些主体的权益极有可能得不到及时救济。因此，设置公开程序就显得必要。另外，如果没有建立公开机制，还可能会使社会公众对执法活动的公正性和权威性产生质疑，让人认为有“暗箱操作”之嫌。

1. 公示程序

建立公示程序的目的是为维护第三人利益、社会公共利益提供一种保护机制。首先，公示程序的内容应全面。不应限于涉嫌违法行为的案情说明，还应包括行政执法和解协议的具体内容和履行情况。公示的内容应当清楚、明确。其次，公示的范围应具有广泛性。不能仅对与案件相关的主体公开，应该对社会公众公开。公示应考虑受众的多样性，不仅要在纸质媒体上公示，而且应在网络媒体上公示。再次，为避免公示程序流于形式，保证社会公众能有合理的期限了解行政执法和解内容，公示应有较长的期限，如公示期限不少于六个月。

2. 意见反馈

为了在行政执法和解适用中实现公众参与的价值目标，应建立一套多方利益博弈的良性互动机制，主动引导公众参与，及时对公众意见和建议予以反馈，对参与结果进行跟进和评估。特别是第三人和社会公众认为某一案件适用和解会使自己的直接利益受到损害，或者会侵害社会公共利益的，行政机关应该让第三人或社会公众参与到程序中来，如举行听证程序，为第三人、社会公众陈述意见提供救济途径。我国台湾地区对第三人维护自己的合法权益提供了非常有效的机制，《缔结行政和解契约处理原则》第5条、第6条规定，如果行政执法和解协议的订立将使第三人的利益遭受损害，则可要求行政相对人与第三人达成民事和解协议；和解协议的履行可能侵害第三人权利的，应经第三人书面同意后才能发生法律效力。①

(三)司法审查

有学者认为,对行政执法和解予以司法审查是司法激进主义的表现,有司法权僭越行政权之虞。笔者认为,这种观点有失偏颇。如果完全寄希望于行政机关在行使执法权时完全公正合法、合乎程序,或者指望行政机关通过行政体制系统内的自我监督纠错,显然是一种不切实际的空想。"制度的设计原则要求法律关注权力的授予与制约相互关联的关系,只有授权而没有控权的制度不是优良的制度。"②而在控权监督的主体上,司法机关具有其他机关不可替代的作用,"可以用来衡量行政法制度有效性的可靠标准就是允许法官复审行政自由裁量权的限度。"③对行政执法和解是否侵害公共利益进行司法审查的目的恰恰不是用司法权替代行政权,而是制衡行政权,而且"由于司法审查的存在对行政执法人员会产生一种心理压力,可以促使他们谨慎行使行政权力"。④ 国外的司法审查发展史也充分证明了这一点,如美国《反托拉斯程序和处罚法》规定,司法部与行政相对人达成执法和解协议后,只有经司法审查是否符合公共利益后才能生效。⑤

四、后续程序:履行监督与调查重启

行政相对人在履行和解协议中,可能会提供不完整、不真实的履行情况,存在欺骗或误导行政机关的可能。因此,行政机关应加强监督检查。

(一)履行监督

和解协议经行政机关与行政相对人达成合意后即进入履行阶段。行政执法和解协议与私法上的合同一样,具有法律约束力,双方应按和解协议履行义务。但双方是否全面、及时地履行义务,不能仅凭行政机关和行政相对人的自我约束,而更需要建立相应的监督程序。

1. 强制报告

在和解协议的履行阶段,相应的法律法规应赋予行政相对人强制报告的法

---

① 王炳:《反垄断执法和解的制度机理》,载《安徽大学学报(哲学社会科学版)》2010年第2期。

② 孙笑侠:《法律对行政的控制》,山东人民出版社1999年版,第232页。

③ [美]伯纳德·施瓦茨:《行政法》,徐炳译,群众出版社1986年版,第567页。

④ 王名扬:《美国行政法》,中国法制出版社1995年版,第566页。

⑤ 焦海涛:《反垄断法承诺制度适用的程序控制》,载《法学家》2013年第1期。

定义务。行政相对人应定期将履行和解协议情况告知行政机关并予以公示。强制报告的确立不仅能督促行政相对人及时履行和解协议,也有利于减少行政机关的监督成本。

2. 专门监督

有些涉嫌违法的行为非常专业、复杂,如证券、电信等领域,行政机关在进行监督时往往存在专业的局限而无法起到监督的实效。因此,可以设立一个临时性的专业监督机构进行监督。如在美国司法部诉微软案中,为保证微软案中的"同意判决"能得到有效遵守,法院要求双方成立一个专业的、中立的"三人技术委员会"。为履行监督职责,三人技术委员会可会见员工、查阅文件,并应每六个月将履行情况向法院至少报告一次。①

3. 违约责任

行政执法和解协议属于行政契约的一种,具有合同的属性。因此,行政执法和解协议可以约定违约责任。如欧共体相关条例就规定了对未遵守和解协议的处以罚款的违约责任。我国台湾地区《缔结行政和解契约处理原则》第 10 条规定,如果行政相对人未充分履行和解协议义务,公平交易委员会对违约行为继续进行调查,行政相对人不得就同一行为再次向"公平交易委员会"请求和解。②

(二)调查重启

如果行政执法和解协议在履行过程中因出现法定情况而不再适合继续履行,这时就需要行政机关重新启动对涉嫌违法行为的调查程序。调查重启程序在规定了行政执法和解制度的国家和地区均能看到。通常,引起行政机关重启调查程序的原因主要有:一是行政相对人违反和解协议主要义务,不履行或未充分履行和解协议;二是行政执法和解协议所依据的事情发生实质性变更;三是行政执法和解协议是基于行政相对人提供的不准确信息误导行政机关签订的;四是行政执法和解协议被撤销。

在重启调查的主体上,不仅行政机关有重新启动调查程序的启动权,而且行政相对人、利害关系人也有申请行政机关重新启动调查程序的权利。特别是当第三人认为行政执法和解协议的履行将损害自身合法利益,或者有损社会公共利益时,可向行政机关申请撤销行政执法和解协议。

① 王炳:《反垄断执法和解的制度机理》,载《安徽大学学报(哲学社会科学版)》2010 年第 2 期。

② 焦海涛:《反垄断法承诺制度适用的程序控制》,载《法学家》2013 年第 1 期。

结语

时至今日，世界上许多国家和地区对行政执法和解制度的研究已相当充分，实践运行也成效显著。虽然我国行政执法运作的现实中已存在着不少适用“行政执法和解”的情况，但“纸面上”还只有《反垄断法》简略规定了从属于行政执法和解的承诺制度。在行政法治发展的现今阶段，是否将该制度引入我国已不再是问题，但“法学如政治、诗歌一样，都是具有地方性意义的技艺，他们的运作凭靠的乃是地方性知识”。① 因此，如何确立行政执法和解制度，特别是如何对行政执法和解的风险予以控制，必须考虑我国的行政法治发展实际，否则，“橘逾淮而为枳”。笔者对于我国行政执法和解中如何进行风险控制作了一些探讨，也许有失偏颇，也许微不足道，但自我不懈探索，亦感意义非常，如若能有抛砖引玉之功效，则欣喜不已。

（王婷：武汉大学法学院博士研究生；张平：湖南省高级人民法院研究室法官）

---

① ［美］克利福德·吉尔兹：《地方性知识：事实与法律的比较透视》，邓正来译，载梁治平主编：《法律的文化解释》，三联书店1998年版，第73页。

新《行政诉讼法》背景下行政首长出庭应诉制度的探析

——以郴州市两级法院为研究样本

陈建华

法律是使人类的行为服从规则之治的事业。

——朗·富勒

十八届四中全会指出,"健全行政机关依法出庭应诉",并且在新修改的《行政诉讼法》第3条当中明确规定:"被诉行政机关负责人应当出庭应诉。不能出庭的,应当委托行政机关相应的工作人员出庭。"这一条明确规定了"行政机关负责人"是指行政机关正副职领导人,并且明确了行政机关负责人在确实不能出庭应诉的情况下,才能委托该行政机关的相应工作人员出庭,且不能只委托律师出庭应诉。然而,在司法实践中,绝大多数行政首长本应出庭应诉而并未出庭应诉,这使得"行政相对人大失所望,行政申诉上访案件数居高不下,司法权威和司法公信得不到应有的尊重"的后果依然存在。为此,笔者拟从司法实务视角就行政首长出庭应诉进行一番认真的探讨,以期对我国建立行政首长出庭应诉制度有所裨益。

一、困境:行政首长出庭应诉的实然图景

从应然视角分析,确立行政机关负责人出庭应诉制度具有以下三个方面的意义:一是有利于有效化解行政争议;二是有利于提高行政机关负责人的法治意识;三是有利于增强人民群众对法治的信心,提高全社会的法治观念。然而,从司法实践来看,行政首长出庭应诉的情况却不容乐观。根据笔者对湖南省郴州市中级人民法院行政首长出庭应诉的现状进行调查,具体情况如下(见表1)。

表 1　湖南省郴州市行政首长出庭应诉现状表

2015 年 5 月 1 日以来湖南省郴州市中级人民法院
行政首长出庭应诉情况一览表

（统计时间:2015 年 7 月 8 日　统计地点:郴州市中级人民法院行政审判庭）

序号	案件名称	法定出庭人	实际出庭人	与条文修改前出庭情况是否一样	备注
1	杨九燕诉郴州市人民政府土地行政登记一案	市长或者副市长	市法制办工作人员、市政府法律顾问	是	
2	龙天治、黄四元诉北湖区人民政府行政不作为一案	区长或者副区长	区法制办工作人员、律师	是	
3	刘金圣诉临武县人民政府征地拆迁安置补偿一案	县长或者副县长	县法制办主任、律师	是	
4	戴圣富、李玲利不服苏仙区人口与计生委员会计划生育行政管理一案	计生委主任或者副主任	计生委主任、律师	否	行政首长出庭
5	廖越君诉郴州市人社局行政确认一案	市人社局局长或者副局长	市人社局法规科工作人员、律师	是	

续表

序号	案件名称	法定出庭人	实际出庭人	与条文修改前出庭情况是否一样	备注
6	俞湘来等5人诉郴州市人民政府、北湖区人民政府行政强制拆迁一案	市长或者副市长、北湖区区长或者副区长	市政府法制办工作人员、市政府专职法律顾问、街道办事处工作人员、律师	是	
7	贺德昌诉北湖区人民政府不服行政行为一案	区长或者副区长	区政府法制办工作人员	是	当事人提出异议，被驳回
8	柳青等7人诉北湖区人民政府行政强制执行及行政赔偿一案	区长或者副区长	街道办事处干部、法律顾问	是	当事人提出异议，驳回
9	吉布才诉北湖区人民政府房屋征收补偿一案	区长或者副区长	区政府法制办工作人员、区房屋征收办工作人员	是	
10	杨高诉宜章县人民政府行政不作为一案	县长或者副县长	县法制办副主任和法制办干部	是	
11	曹积仲诉永兴县人民政府行政赔偿一案	县长或者副县长	县房产局局长、县法制办副主任	是	
12	陈双牛诉临武县人民政府颁发农村土地承包经营权证一案	县长或者副县长	县法制办工作人员、县农村经济管理局工作人员	是	

续表

序号	案件名称	法定出庭人	实际出庭人	与条文修改前出庭情况是否一样	备注
13	郴州市人社局诉吴佳姣人力资源和社会保障行政确认一案	市人社局局长或者副局长	市人社局法规科科长、律师	是	
14	市人社局诉邓美英人力资源和社会保障行政确认一案	市人社局局长或者副局长	市人社局法规科科长、律师	是	
15	邓水花、彭秀良诉桂阳县公安局行政处罚决定一案	县公安局局长或者副局长	县公安局法制办民警、县公安局法制大队民警	是	
16	段如冰诉安仁县人民政府行政强制、行政赔偿一案	县长或者副县长	县法制办副主任、县法制办干部	是	法定代表人出具出差的证明
17	王宪华、吴萍杨诉宜章县人口和计划生育委员会行政处理决定一案	县人口和计生委主任或者副主任	县法制办副主任、县人口和计生委副主任	是	对县法制办副主任出庭提出异议
18	卢青槐诉安仁县公安局交通管理行政处罚一案	县公安局局长或者副局长	县公安局交警大队事故中队中队长、律师	是	
19	黄建平诉永兴县房产管理局商品房预售合同登记备案一案	县房产局局长或副局长	县房产局工作人员、律师	是	
20	周小英诉临武县人民政府颁布国有土地使用权证一案	县长或者副县长	县法制办主任、县国土局工作人员	是	

从表1可以看见,自2015年5月1日新修改的《行政诉讼法》实施以来,湖南省郴州市中级人民法院审理的20件行政案件当中,只有1件是行政首长出庭应诉的,只有1件行政机关出具了行政机关负责人出差的证明,并且有3件行政案件的当事人提出了异议。由此可见,行政首长出庭应诉的只有5%,95%的行政首长并没有出庭应诉,与新修改的《行政诉讼法》实施之前的出庭情况基本上相同。通过分析可以得知,在行政案件中,真正出庭的行政首长很少,绝大多数行政首长不出庭,只委托行政机关工作人员及其律师出庭应诉,"民告官却不见官"的现象仍然比较普遍。

由于在审判实践当中常常出现"民告官却不见官",行政机关出庭应诉的往往是其工作人员及其委托的律师,群众对此意见非常大,并且有一些行政相对人提出了异议。虽然在庭审中行政相对人的异议被驳回,但是心里仍然不舒服。这样一来,带来了诸多显而易见的弊端:不利于促进行政争议的实质性解决,不利于化解干群矛盾,也难以达到消除民怨的效果。正如有学者概括起来,行政案件"原告胜诉率低、撤诉率和驳回起诉率高、上诉率和申诉率高、执行率低"①等不正常的现象。笔者对2009－2014年湖南省郴州市两级法院行政案件申诉上访情况进行了统计分析(见表2)。

表2 湖南省郴州市两级法院行政案件情况一览表

年度	行政案件数(件)	占诉讼案件总数的比例(%)	行政申诉上访案件数(件)	占申诉上访案件总数的比例(%)
2009年	329	2.1%	26	18.1%
2010年	364	2.2%	28	18.6%
2011年	378	2.3%	31	19.1%
2012年	396	2.4%	33	19.8%
2013年	412	2.5%	38	19.9%
2014年	437	2.6%	43	20.1%

根据湖南省郴州市两级法院的司法实践可以看到,行政审判存在申诉上访

① 张树义、张力:《迈向综合分析时代——行政诉讼的困境及法治行政的实现》,载《行政法学研究》2013年第1期。

率高的情况。对行政诉讼存在公认的事实有“三难”和“三高”，其中“三难”是指审理难、裁判难和执行难，“三高”是指上诉率高、申诉率高和信访率高。为此，理论界和实务界想方设法破解这一难题。经过分析，造成这种状况的原因固然是多方面的，但是行政争议没有得到实质性解决是其中一个极为重要的原因。为此，诸多学者提出了大多数人认可的良策就是“行政首长应当出庭应诉”。并在理论、实践上探寻支撑根据，认为“行政机关负责人出庭应诉是实现行政争议实质性解决的重要途径，甚至是破解行政审判难题的一个重要突破口”。①

二、透视：行政首长未出庭应诉的实证原因

为了不使行政首长出庭应诉，制度只是“停留在纸面上的法律”，笔者从实证视角，对行政首长未出庭应诉进行了认真调研与细致分析。

（一）人民法院：法律制度“留有余地”，你叫我如何是好?

1. 相关法律法规仍存在“漏洞可钻”

访谈材料一：B 县法院某副庭长访谈（2015 年 7 月）

问：您认为行政首长出庭应诉，最大的障碍在哪里？

答：当前，《行政诉讼法》第 3 条规定：“被诉行政机关负责人应当出庭应诉。不能出庭的，应当委托行政机关相应的工作人员出庭。”从这一条可见，行政首长不能出庭的，还可以委托相应的工作人员出庭，譬如单位内部的法制办或者法制科人员出庭。

根据这一访谈，我们可以看到相关法律规范的“留有余地”，对行政首长出庭应诉留下了“漏洞”可钻，是其一大瓶颈。尽管当前我国《行政诉讼法》进行了修改并于 2015 年 5 月 1 日起实施，但是该条规定的“可以委托相应的工作人员出庭”为行政首长出庭应诉留下了余地。因此，造成了绝大多数行政机关负责人并没有出庭的情况。

2. 相关机制缺失

访谈材料二：Z 市法院某副院长访谈（2015 年 7 月）

问：作为主管行政审判的院领导，您认为行政首长出庭应诉，除法律法规方面的原因之外，最大的障碍在哪里？

答：在行政首长出庭应诉过程中，考评、责任追究等机制缺失也是严重制约

---

① 张树义、张力：《迈向综合分析时代——行政诉讼的困境及法治行政的实现》，载《行政法学研究》2013 年第 1 期。

行政首长出庭应诉的原因。在我看来，将出庭应诉工作纳入到年度依法行政考核指标体系，并建立责任追究制度非常重要。

根据这一访谈，我们可以看出，相关机制的缺失也是制约行政首长出庭应诉的瓶颈，迫切需要将出庭应诉工作纳入到年度依法行政考核指标体系，并建立责任追究制度。

(二)行政首长：困难重重，你叫我安心应诉吗?

由一行政白皮书引起的思索：广西省高级人民法院2010年行政审判白皮书指出，部分行政首长怕出庭应诉最实质的原因在于，部分行政首长对出庭应诉制度缺乏应有的尊重，缺乏对民众诉权应有的尊重。并且，大部分行政首长不是具体工作的直接操作者，不熟悉案件具体情况或是不知悉诉讼程序，即便出庭也无法对争议焦点进行具体、深入、到位的解释。行政首长不愿意出庭应诉，也有与行政相对人对簿公堂有失身份的顾虑。①

透过这一行政白皮书，我们看到了行政首长不出庭还存在诸多原因，既有主观的原因，也有客观的原因。具体情况如下：

1. 主观上不愿意出庭："有失身份 + 工作有问题"

访谈材料三：Y县公安局某局长访谈(2015年7月)

问：您认为行政首长出庭应诉，心理上最大的障碍在哪里?

答：在行政首长出庭应诉过程中，我们觉得与行政相对人对簿公堂有失身份，当被告人的滋味不好受，我真不希望这样的出庭机会太多，最好一次也没有。

根据这一访谈，我们可以看到行政首长内心是极为不愿意出庭的，这对于行政首长出庭应诉又是一大瓶颈。他们拘于"官贵民轻"旧思想的影响，把行政权视为手中的一项特权，在不少行政首长看来，"与行政相对人对簿公堂有失身份"。②

访谈材料四：G县级市国土局某局长在访谈过程中说：我们一是自己不熟悉法律程序；二是许多案子都不是自己经手的，对具体案情不熟悉；三是自己事情很多，如果要自己每件行政诉讼案件都出庭，的确忙不过来。

根据这一访谈，我们可以看到行政首长客观上也是有许多原因导致不能出

---

① 万静：《2010年广西行政首长出庭应诉率不到1%》，载《法制日报》2011年8月31日。

② 万静：《2010年广西行政首长出庭应诉率不到1%》，载《法制日报》2011年8月31日。

庭,这对于行政首长出庭应诉又是一大瓶颈。在司法实践当中,由于案情、法律程序、诉讼经验的匮缺,在行政诉讼过程中寡言少语,有的行政首长甚至在整个诉讼过程当中一言不发,生怕出言不逊导致败诉,即使对案情较为了解的行政首长亦然。众所周知,出庭应诉是一项技术活动,需要一定的法律专业知识和司法实践经验。尽管我国行政诉讼制度从建立到发展虽然已经走过了25年的历程,但是并未达到它应有的高度和引起全社会的广泛重视。行政首长由于对行政审判不了解而产生的不理解,由于对诉讼程序的不熟悉而造成的应诉能力不强,使他们在面对行政相对人的起诉时,心中无底,担心"既输官司,又失面子",因而怠于亲自出庭应诉。另外,从自己承担的事务上谈(2015年7月):

问:您认为行政首长出庭应诉,心理上还有什么障碍?

答:在行政首长出庭应诉过程中,虽然出庭应诉是很好的沟通机会,但是我并不认为这样的机会越多越好,毕竟有诉讼也就意味着我们的工作有不足、有问题。

根据这一访谈,我们可以看到行政首长内心是极为不愿意出庭的,这对于行政首长出庭应诉又是一大瓶颈。因为在一些行政首长看来,出庭意味着工作有问题。

2. 客观上不能出庭:"不熟悉法律 + 不懂具体案情 + 事务繁忙"

访谈材料五:H区环保局某局长访谈(2015年7月)

问:您认为行政首长出庭应诉,客观上最大的障碍在哪里?

答:中国的行政首长都是非常忙碌的,承担着总揽全局、协调各方的职责,能否腾出专门的时间来出庭应诉本身就是一个很大、很实际的问题。

三、探寻:行政首长出庭应诉的多重路径

"良法善治从根本上体现为实质法治,而非形式法治;是解决问题,而非程序空转。"①为此,笔者试图探索破解行政首长出庭应诉困境的多重路径。

(一)实例启迪之一:"树立法治观念 + 加强宣传引导"

实例之一:就行政首长出庭应诉制度而言,实践需求和现实功效固然能够在一定程度上解释其存在的合理性,但终究不能从根本上为其发展提供坚实的理

① 孙笑侠:《法的现象与观念》,山东人民出版社2001年版,第231页。

论支撑。①

首先,要树立法治观念。任何一种制度的设计、产生和实施都必然存在一定的理念支撑,当前,行政首长出庭应诉制度落到实处最为重要的是行政机关要树立法治观念。“一个社会如果没有公众对法律的尊重和信仰,那么就是再多再完善的法律制度也无法促成一个国家法治精神的形成,建立合理、公正的法治秩序也只能是一种空想。”②确立行政首长出庭应诉制度,关键在于破解思想桎梏。这是因为思想是行动的先导。任何制度的实施与落实,关键在于人的理念,行政首长出庭应诉制度的建立同样如此。在笔者看来,在这一背景之下,首先要在思想上高度重视行政首长出庭应诉工作。行政首长要树立“有权必有责,用权受监督”的法治理念,要真正认识到,行政首长亲自出庭应诉,是尊重和保障行政相对人合法权益的最具体的表现,是维护法律权威和尊重行政相对人最直接的体现。当前,行政首长出庭应诉最为迫切的是行政首长要抛弃“怕”“恼”和“官”三种错误思想。在笔者看来,可以通过向行政机关提司法建议或者发布行政审判白皮书等多种途径和形式,将行政首长出庭应诉制度的重要性和必要性加以舆论引导和思想渗透,潜移默化地将行政首长出庭应诉等法治思想渗透到行政首长的头脑和行动之中,积极引导行政首长抛弃出庭应诉有失身份、出庭应诉说明工作有问题等错误思想,从内心深处克服害怕出庭应诉,并向出庭应诉视为分内职责转化,接受行政首长出庭应诉的心理。其次,人民法院加强宣传引导。“当然,行政首长出庭应诉应设计成一个操作性、约束性强的综合制度,需要地方党委的支持、政府机关的参与和配合,更需要法院自身不断宣传、取得认可和支持。”③当前,行政首长出庭应诉迫切需要广泛宣传和正确引导,人民法院和人民政府要担当这一责任,要广泛宣传行政首长出庭应诉的实例、价值和意义,特别是能够以以案说法等形象方式来进行宣传,进而引导广大行政首长。

(二)实例启迪之二:明确“一把手”“出庭的案件类型 + 明确副职出庭情形 + 规范行政首长出庭行为”

实例之二:2011 年 3 月 1 日起实施的《重庆市行政机关行政应诉办法》,首次以政府规章的形式明确规定了行政机关负责人出庭应诉制度。办法还特别规

① 万静:《2010 年广西行政首长出庭应诉率不到 1%》,载《法制日报》2011 年 8 月 31 日。

② 徐利梅:《法律信仰的中国问题》,载《信阳农业高等专科学校学报》2011 年第 1 期。

③ 张树义、张力:《迈向综合分析时代——行政诉讼的困境及法治行政的实现》,载《行政法学研究》2013 年第 1 期。

定了行政机关法定代表人应当出庭应诉的4种具体情形。该办法的出台，受到了人大代表和政协委员的高度好评。①

当前，虽然立法规定了行政首长出庭应诉，但是，考虑到行政案件数量急剧上升的现状②和行政首长事务繁多等多种情况，我们可以细化操作规则。首先，要明确“一把手”应当出庭应诉的案件类型。在笔者看来，将行政首长出庭应诉的案件确定在影响大、社会关注度大的行政案件上，并且最好能够一一明确列举。根据有些先行地方的经验，可以确定如下几类案件类型行政首长应当出庭应诉（见表3）：

表3　行政首长应当出庭应诉案件类型表

序号	案件类型
1	本地区本年度行政机关首起行政诉讼案件
2	上级机关确定需要行政首长出庭应诉的案件
3	涉及土地、房屋征收或群体性纠纷的案件
4	社会关注度高的行政诉讼案件
5	人民法院建议行政首长出庭应诉的案件
6	行政首长认为需要出庭应诉的案件

其次，要明确行政机关副职负责人出庭应诉的情形。在新修改的《行政诉讼法》当中，规定了副职出庭应诉，但是具体在哪些情形下，副职出庭应诉并不明确。在笔者看来，除了上述“一把手”出庭应诉的案件类型之外，对副职出庭应诉可以进行明确。譬如“行政首长确有合理原因不能出庭的，应当指定1名副职负责人出庭应诉”。并且，基于制度的科学性、有效性，为防止制度流于形式，在笔者看来，可以由有正当理由不能出庭应诉的行政首长事先向人民法院做出书面说明，并经过人民法院同意。对于副职出庭应诉，还应当明确列举正当理由并经过法院严格审查，否则同样会使得制度形同虚设。笔者根据生活经验，归纳出行政首长应当出庭可由副职出庭应诉的理由情况（见表4）：

---

① 徐伟：《“怕、恼、官”导致行政官员不愿出庭》，载《法制日报》2011年5月14日。

② 根据笔者统计，湖南省郴州市中级人民法院行政案件自实行立案登记制以来，自2015年5月1日以来，受理案件数与去年同期相比，增长了200%。

表4　行政首长应当出庭可由副职应诉理由情形表

序号	理由情形
1	行政首长有重大疾病无法出庭
2	行政首长在外地出差无法出庭
3	行政首长必须参加重大会议无法出庭
4	行政首长请假、休假期间无法出庭
5	行政首长空缺期间无法出庭
6	其他特殊情形

最后,规范行政首长出庭行为。为规范行政首长出庭应诉,笔者认为,亟待规范行政首长的出庭行为。第一,庭前准备阶段,准时出庭,遵守法庭纪律,尊重法官和当事人及其他出庭人员。第二,在法庭调查阶段,认真进行答辩,如实回答法官提出的问题,认真进行举证和质证。第三,在法庭辩论阶段,围绕争议焦点发表辩论意见,不能随便打断对方当事人的发言,不讲与案件无关的事情。第四,在最后陈述阶段,如实表态。第五,在法庭调解阶段,如实表态,不讲大话、空话、套话,可以对案件作相应的解释工作。当然,在整个庭审过程当中,行政首长最好不要流露出与法治精神不相符合的思想,譬如特权思想,以免引起行政相对人的不满或者对抗,影响法庭秩序,甚至引起案件的处理,引发新的矛盾与纠纷。

(三)实例启迪之三:"请进来+走出去+考试"

实例之三:在"行政首长出庭应诉"的试点地区——佛山市顺德区,区政府及其各工作部门行政首长主动适应、主动运用出庭应诉制度,积极组织工作人员旁听庭审,学习法律知识,树立应诉意识。佛山市高明区、禅城区行政机关的出庭应诉率分别达到75%和70%。①

为了尽量避免行政首长"出庭不出声""出庭不出彩""出庭总出事"的情况出现②,确保行政首长出庭质量,必须提升行政首长的应诉能力。在笔者看来,这也是行政首长出庭应诉制度发挥作用的关键一环。一方面,"请进来"。可以通过邀请法学教授与资深法官举办讲座,党委中心组织会议学法,组织法律培训,努力提升行政首长依法行政的能力。另一方面,"走出去"。司法机关可以

① 戎明昌等:《粤推"行政首长出庭应诉"》,载《南方日报》2012年8月22日第3版。

② 黎军、杨惠宇:《制度设计与制度实践——行政首长出庭应诉的实证研究》,载《公正司法与行政法实施问题研究》,湖南省高级人民法院研究室编2014年版,第348页。

通过邀请行政首长参加庭审观摩、专题授课、座谈交流等方法，提升行政首长出庭应诉能力。此外，通过对拟任行政首长职务的人员进行相关法律知识考试，并将其考试结果作为任用的重要依据。

(四)实例启迪之四："建立考核机制+细化考评指标+建立责任追究制度"

实例之四：2004年10月，海安县委下发《法治海安建设实施纲要》，将行政首长出庭应诉制度作为法治海安建设活动的一项重要考核内容。2010年底，海安县建立了行政首长出庭应诉百分评定制度。承办法官给行政部门负责人"打分"，从庭前准备、庭审表现、参与协调等方面进行评定，评定结果定期反馈，由监督机构及时通报并将其纳入法治政府建设的工作考核之中。县政府还建立案件审后评析制度，针对败诉案件分析具体原因，追究相关人员的责任，并将这种追究细化到年终考核中。通过该举措，海安县近7年中有206位行政领导出庭应诉，连续5年行政首长出庭应诉率达100%。①

加强考评体系的建设是确保行政首长出庭应诉的重要保障。首先，建立应诉考核机制。为了督促行政首长出庭，党委、政府等职能部门可以将行政首长出庭应诉工作纳入年度党委社会综合治理的考核，或者作为政府依法行政工作的考核内容，或者列入法治政府考核内容。同时，细化考核指标。譬如将行政首长是否亲自出庭、胜诉率多少、败诉后是否有整改措施等作为考核指标，并根据实际情况列出相应的考核分数。对于考核不合格的，列出具体情形，并相应地明确好各种惩罚措施。其次，建立统计通报制度。由中央(省、市、县)政府法制部门对所在辖区的行政首长出庭应诉情况、败诉情况等方面实行半年通报一次。再次，建立相应的提拔机制。注重提拔具备法律知识、法律素养好、依法行政和出庭应诉能力强的行政首长。最后，建立责任追究制度。具体而言，可以明确规定下列五种情形由行政监察部门对相关的行政机关首长进行相应的责任追究：一是行政首长无正当理由拒不出庭应诉的；二是出庭后不认真应诉，导致案件败诉且造成了重大损失或者恶劣社会影响的；三是未及时履行人民法院生效裁判的，受到了人民法院制裁的；四是不及时认真整改行政首长出庭应诉过程新发现的问题，导致同类问题反复出现的；五是在出庭应诉活动中出现的其他违法、失职行为的。

---

① 张宽明等：《从"民告官不见官"到"官民平等对簿公堂"——海安7年206位行政领导出庭应诉》，载《人民法院报》2011年5月8日。

结语

行政首长出庭应诉在理论界和实务界呼吁多年，特别是新修改的《行政诉讼法》，本来以为突破了这一难题，打破了这一块厚厚的"坚冰"。但是，从目前司法实践来看，事与愿违。本文基于实践的视角对行政首长出庭应诉制度进行了一番粗浅的探讨，虽不能奢望对立法给出"灵丹妙药"，只希冀是"万里长征的第一步"，只希冀自己的探索不会出现"我们已经走得太远，以至于忘记了为什么而出发"，只希冀对已经修改的《行政诉讼法》的进一步完善与实施有所裨益就足矣。诚如学者杨伟东教授所言："行政诉讼本质是一种国家权力结构的设计，行政诉讼的存在及其运作无时不涉及权力的配置、冲突及协调，因此谋求运作良好的行政诉讼，既必须把行政诉讼置于宏观的权力结构图景中加以考察，又必须仔细入微地观察行政诉讼具体运作中的权力关系，否则难以实现对公民权利进行救济和对行政权力予以制约的目的。"①

（陈建华：湘潭大学法学院2015级诉讼法学博士研究生，法官，现任湖南省郴州市中级人民法院研究室副主任）

① 杨伟东：《权力结构中的行政诉讼》，北京大学出版社2008年版，第201－202页。

行政诉讼瑕疵证据补救制度研究

——理论规则与司法裁量

刘　菁

惟在法治社会之定纷止争,首以证据为正义之基础。①

——李学灯

一直以来,诉讼法学界和实务界对证据问题大多专注于对非法证据的研究,且其研究多在刑事诉讼领域,直至最高人民法院、最高人民检察院、公安部、国家安全部、司法部联合制定的"两个证据规定"②出台,有关瑕疵证据的研究才逐渐火热起来。"两个证据规定"从证据可采性的角度将证据分为"合法证据""瑕疵证据"和"非法证据",首次规定了瑕疵证据补救制度,在证据法学领域取得了一个理论创新。然而,相较于刑事诉讼领域对于瑕疵证据研究的如火如荼,行政诉讼领域对瑕疵证据的研究和讨论情况则较为冷清。行政法学者仅在讨论行政诉讼非法证据排除的过程中简单提起瑕疵证据修补规则,少有对其专门的研究和论述。但这并不能说明行政诉讼中瑕疵证据的出现概率低,例如:

案例一:原告黄某因不服 A 市交警大队依据道路交通事故责任认定书所做出的处罚决定(经复议维持),向某市人民法院提起行政诉讼。在诉讼过程中,被告依法在法定期限内提供了以下证据:1. 黄某的询问笔录;2. 证人毛某的询问笔录;3. 交通事故现场勘验、勘查记录;4. 交通事故责任认定书;5. 做出行政处罚程序的证据材料等证据。对此,原告黄某对证人毛某的询问笔录提出异议,认为该证人证言未同时附有证人的居民身份证复印件,对该证据法院不应采信。最

① 李学灯:《证据法比较研究》,五南图书出版社公司 1998 年版,第 1 页。

② "两个证据规定"是指《关于办理死刑案件审查判断证据若干问题的规定》和《关于办理刑事案件排除非法证据若干问题的规定》。

终,一、二审法院均采纳了原告的意见,以该证人证言不符合《最高人民法院关于行政诉讼证据若干问题的规定》第13条提供书面证言的要求为由,排除了该证人证言。

案例二:B市交警大队巡逻执勤民警在市内某高速公路巡逻时,通过车内配置的测速仪测到刘某小车的超速违法行为,拍摄了"超速照片",并依据该照片对刘某进行了处罚。后刘某发现该照片是在客观上并不存在的某高速400公里300米处拍摄的,属于非法证据,遂以此状告B市交警大队。在法庭审理过程中,被告辩称,原告认为违法拍摄的"超速照片"所显示的公里数错误是由于输入人员失误而导致的,该失误并不能掩盖原告超速的交通违法行为,该失误也不是被告的主观故意而导致的,仅仅是微小的过失,法庭不能将其作为非法证据进行排除。但被告并未出示任何证据证明该证据为瑕疵证据,最终,该案经一审、二审,支持了原告的诉讼请求。

通过以上两个案例我们可以看到,行政诉讼中有关瑕疵证据的争议也是比较常见的。对此,本文将立足于行政诉讼领域,对该领域中的瑕疵证据范围的界定及补救做一初步探析,以期对构建我国行政诉讼瑕疵证据的规则提供参考。

一、从形式到实质:行政诉讼瑕疵证据的内涵认识

在行政诉讼领域,瑕疵证据这一概念在研究中出现得并不多①,大多认为瑕疵证据本质上就是"非法证据",它只是非法证据的一种,因此在行政诉讼领域,瑕疵证据多被"非法证据""违法证据""非法获得的证据"等概念代替。对于非法证据,《诉讼法大辞典》是这样解释的:"不符合法定来源和形式的或者违反诉讼程序取得的证据资料。"②笔者认为,这种观点虽然从一定程度上揭示了瑕疵证据的基本内涵,但又不太确切,它模糊了瑕疵证据与非法证据的界线,无法体现其特殊之处。综合理论和具体案件中存在的情况,行政诉讼中可能导致事实认定瑕疵的证据具体表现为以下几种情况:

---

① 笔者在中国知网法律知识资源总库中以"行政"和"瑕疵证据"为关键词进行搜索,共搜索到相关文献5篇。

② 柴发邦:《诉讼法大辞典》,四川人民出版社1989年版,第505页。

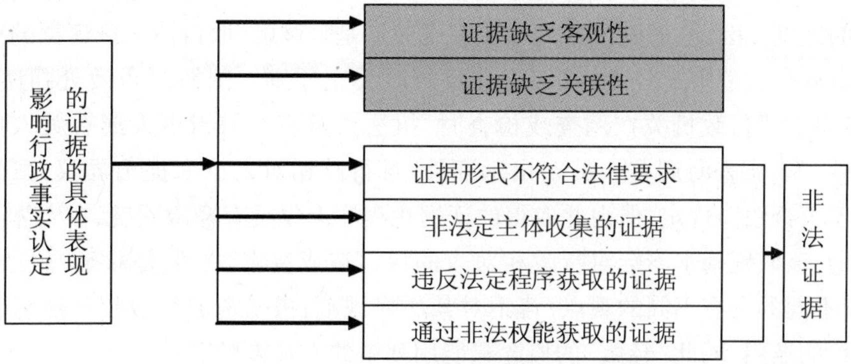

图 1　导致事实认定瑕疵的证据具体表现

从图 1 来看,以上六种影响行政事实认定的证据,除第一、二种以外,其他四种都涉及证据合法性问题,广义上都属于非法证据。而瑕疵证据既然属于非法证据的范畴,那么其自然属于下面四种证据的范围之内。然而,瑕疵证据也有与非法证据不同之处,要区分行政诉讼非法证据和瑕疵证据,需从瑕疵证据的形式特征和实质特征着手。瑕疵证据的形式特征有二:

其一,该证据的瑕疵不涉及实体领域,只能存在于程序上或者形式上,主体不合法或内容不合法的证据不属于瑕疵证据的范围。法定程序对行政主体有着法律上的约束力,行政机关违反程序取证应承担相应的程序违法责任,在证据领域则可能承担该证据不被法院采信或证明力受到影响的后果。《最高人民法院关于行政诉讼证据若干问题的规定》(下称《证据规定》)第 57 条第 1 款规定,严重违反法定程序收集的证据材料不能作为定案依据,这意味着立法者对于违反程序取得的证据的态度并不是绝对排除,而是相对排除。除程序上的瑕疵外,还存在形式上的瑕疵。例如案例一中的询问笔录,虽然《证据规定》第 13 条对书面证言的形式要求进行了规定,但并没有规定若该证据不符合形式要件法院应不应将其排除的问题。也就是说,对于不符合法定形式要求的证据,法院是可以区分使用的。

其二,该证据的违法程度轻微,不影响其真实性和关联性。法院审理案件的首要任务是查明案件的事实真相,法官进行裁判所依据的也是案件的客观法律事实。因此,除了合法性之外,证据还要符合真实性,同时需要具备能证明案件事实的关联性。若该证据合法性上的瑕疵影响到了其真实性和关联性,显然是不能被采用的。瑕疵,在《辞海》中意为微小的缺点。[①] 瑕疵证据,也就是存在微小缺点的证据。因此,瑕疵证据的违法程度应该是轻微的,取得该瑕疵证据的行政行为对社会的危害性较小,且不会违反行政公正原则。例如,《行政处罚法》第37条规定:“行政机关在调查或检查时,执法人员应当向当事人或有关人员出示证件。”若调查时调查人员未出示证件,且行政相对人也未提出异议,虽然该行为不符合法律规定,但由此取得的证据在程序上仅具有轻微瑕疵,在实体上是合法的,该瑕疵基本不会对行政相对人的权益造成侵害。[②] 但是对于“轻微”的理解,不同的人有不同的观点,若不对其严格规范,极易造成行政权和法官自由裁量权的滥用,因此“轻微”的概念只能用列举的方式来界定。

以上为行政诉讼瑕疵证据的形式特征,其实质内涵则表现在证据的证明力上:

第一,瑕疵证据因其形式上的瑕疵,其证明力必然会受到影响,不能直接单独作为定案的依据,具有效力待定性。瑕疵证据的瑕疵是有可能被消除的,轻微的违法性决定了其转化为合法证据的可能性,但是在转化为合法证据之前,瑕疵证据的效力是待定的,它一方面可能被纳入合法证据的范畴,一方面可能作为非法证据被排除。总之,瑕疵证据不能被作为合法证据直接使用。

第二,使用该瑕疵证据不会影响行政主体行政行为的内容和效力。[③] 有学者将没有侵害行政相对人的权益或对其权益的侵害相对较小设定为瑕疵证据的条件之一,但事实上,使用瑕疵证据必定会对行政相对人的权益构成侵害或威胁,该权益不仅是指实体权益,还包括程序权益,因此这种设定并不科学。但是,因为瑕疵证据仅存在程序和形式违法性,故将不会影响行政行为的内容和实体效力作为其条件则较为科学。[④]

---

① 《辞海》,上海辞书出版社1989年缩印本,第1374页。

② 贾志敏:《论行政诉讼中的瑕疵证据》,载《前沿》2004年第5期。

③ 傅放临、贾秀春:《行政瑕疵行为新论》,载万鄂湘主编:《司法解决纠纷的对策与机制——全国法院第十九届学术讨论会获奖论文集》,人民法院出版社2007年版,第405页。

④ 傅放临、贾秀春:《行政瑕疵行为新论》,载万鄂湘主编:《司法解决纠纷的对策与机制——全国法院第十九届学术讨论会获奖论文集》,人民法院出版社2007年版,第405页。

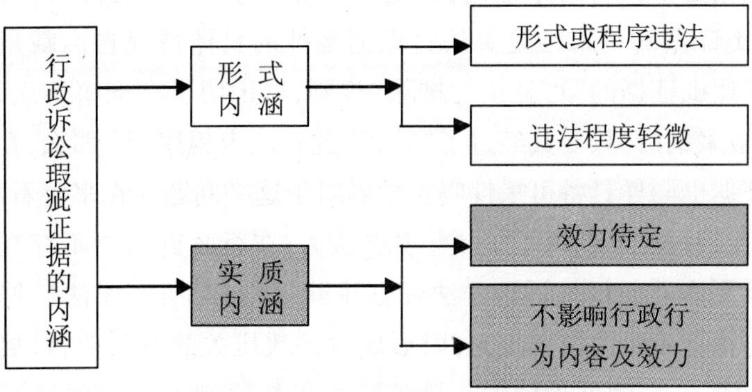

图 2　行政诉讼瑕疵证据的内涵认识

从以上行政诉讼瑕疵证据的内涵特征归纳来看，笔者认为，行政诉讼瑕疵证据是指行政机关在取证过程中，以欠缺必要的程序或形式要件的取证方式和手段所获取的处于合法边缘的证据。行政瑕疵证据的违法严重性尚未达到非法证据的程度，它并不完全属于非法证据的范畴，仅为不合法证据。同时，为了避免对瑕疵证据进行扩大解释，以致其滥用，应通过立法对瑕疵证据的种类进行列举性规定，严格规范其范围。

二、从理想到现实：行政诉讼瑕疵证据的可采性探讨

从证据属性来说，只有完全符合真实性、关联性和合法性三大基本属性的证据才能作为定案的依据。在该语境下，行政诉讼中将不符合三大基本属性的证据材料直接排除在证据资格之外才是最理想、最公正的做法，瑕疵证据也在应当被排除的证据之内。然而，在司法实践中，瑕疵证据与非法证据违反的法律法规内容不同，其产生的危害后果也不同，若对其不加区分地一律排除是否能够达到行政诉讼的目的呢？这就需要通过探讨其是否具备可采性来加以判断。

证据的可采性，在《布莱克法律词典》中意为“允许其在法庭上提出的品质”。① 从字面上说，证据只有具备了可采性，才具有了在法庭审判中用来证明案件事实的资格。从上述瑕疵证据与非法证据的不同之处我们可以看到，瑕疵证据与非法证据在可采性上也是存在区别的。在刑事诉讼领域，“两个证据规定”确立了三种证据排除规则：一是针对非法言词证据的“强制性排除”规则，显

① Black's Law Dictionary(5thed).

然,非法言词证据是不具备可采性的;二是针对非法物证、书证的"自由裁量的排除"规则,这类证据的可采性是由法官根据案件的具体情况自由裁量来决定的;三是适用于瑕疵证据的"可补正的排除"规则,这说明了在刑事诉讼领域,瑕疵证据是可能被采纳的,只要其经过了"补正"这一法定程序。① 那么,在行政诉讼领域,瑕疵证据也同样具备可采性吗?学界对于这一问题存在多种看法:一为严格排除说。在《证据规定》出台后,有观点认为,在行政诉讼中不存在瑕疵证据一说,法官应严格遵循行政诉讼非法证据排除规则,对所有非法证据一律排除,这样才能防止行政机关滥用权力,以形成对行政机关的有效监督,更好地保护公众的利益。② 二为例外采信说。该学说主张从原则上否定瑕疵证据的效力,但可以设定一些例外规则,如紧急情况的例外、国家利益和社会公共利益的例外等。③ 三为采信说。该学说认为,瑕疵证据程序上的轻微瑕疵并不能影响其实体上的证明效力,法官完全可以在对其查证属实后作为合法证据进行使用。④ 四为利益衡量说。该学说从价值权衡的角度出发,认为瑕疵证据的排除应由法官根据具体案件中的实际情况来进行自由衡量,法官衡量的标准主要有取证难度、案件影响力以及非法证据的违法程度等。⑤ 以上四种观点分别反映了不同学者对于瑕疵证据可采性的理解。笔者认为,行政诉讼瑕疵证据是应当具备可采性的,原因如下:

(一)基于行政比例原则的考量

比例原则是行政法中的一项重要的基本原则,该原则要求行政机关应当选择采取正确适当的、对公民权利造成最小侵害的行政措施来实现行政目标,且该措施与行政目的之间必须合乎比例。比例原则不止适用于行政行为当中,还应当贯穿于行政诉讼的过程中,对行政诉讼瑕疵证据的采纳也应当遵循比例原则,与行政诉讼的目的相适应。⑥《行政诉讼法》第1条已阐明,行政诉讼的目的不

---

① 陈瑞华:《论瑕疵证据补正规则》,载《法学家》2012年第2期。

② 席能、张晓炳:《论行政诉讼之非法证据排除》,载《河南省政法管理干部学院学报》2004年第4期。

③ 黄桓:《论我国行政诉讼非法证据排除规则存在的问题及其完善》,载《理论观察》2009年第2期。

④ 王亚琴、彭倩:《论行政诉讼非法证据排除》,载《新疆社科论坛》2005年第5期。

⑤ 宋嫦娥:《行政诉讼中的非法证据排除规则》,载《湖南警察学院学报》2011年第2期。

⑥ 高家伟:《论证据法上的利益衡量原则》,载《现代法学》2004年第4期。

仅包括保护公民、法人和其他组织的合法权益，还需维护和监督行政机关依法行使行政职权。诚然，在法院对行政证据的采纳过程中，采取对有瑕疵的证据不加区分的一律排除这种方式可以最大限度地保护行政相对人的合法权益，同时对行政机关形成有效监督。但是，该手段过于极端，有可能因排除存在微小瑕疵的证据而导致证据缺乏，造成法律无法通过诉讼模式维护行政机关依法行使职权的情况产生，从而违背行政比例原则。同时，实现行政目标的手段也应当兼顾保护行政相对人的合法权益，在某一特定案件中，若采纳瑕疵证据对相对人产生的恶劣影响及权益侵害超过该案的追诉利益时，就应当将这类证据予以排除；反之，该证据就具备可采性。

(二)程序公正与实体公正的衡量

行政证据应当符合《行政法》规定的行政公正原则，行政公正包括了程序公正和实体公正两大方面。在行政程序体系建立之初，传统理论认为行政程序本身只是促使实现实体公正的手段，若证据本身能够证明案件事实，即使程序违法，该证据也具备证明效力。随着行政程序理论研究的深入，人们开始重新定位行政程序的价值，其观念从"重实体轻程序"这个极端走向另一个极端——"程序重于实体"，反映到证据领域即为上述第一种观点，对所有程序违法的证据应一律排除。[①] 笔者认为，这两种观点实现的都只是片面的公正，前一种做法过于弱化程序的作用，容易导致法官自由裁量权的滥用，而后一种做法以程序公正取代了实体公正，也不利于行政公正的实现。正如案例一中，若仅仅因为证人证言缺乏形式上的要件而不考虑其真实性和关联性就将其排除，这无疑是不利于案件实体公正的实现的。"证据排除规则的过度形式化会导致对发现案件真实形成障碍"，在司法实践中，我们在考察程序正义的同时，还应综合实体正义进行考量。

另外，我国行政立法对于行政程序的规定尚不完善，《行政诉讼法》及其司法解释仅仅规定了"不得违反法定程序"，却没有写入"正当程序原则"。[②] 从逻辑上说，没有明文写入法律的程序就不算法定程序，现今在《行政程序法》尚未出台的情况下，我国许多行政程序还没有明确的法律规定，瑕疵证据的出现也在

---

① 贾志敏：《论行政诉讼中的瑕疵证据》，载《前沿》2004年第5期。

② 于冠雄：《论行政程序瑕疵的司法审查——以我国立法、司法和学理的矛盾与协调为视角》，载《江苏广播电视大学学报》2012年第4期。

所难免。[①] 因此,对于违反非"法定程序"取得的行政瑕疵证据,法官应当本着正当程序的原则进行合理审查,不应一律排除。

(三)行政公正与行政效率的衡量

《行政法》区别于《民法》和《刑法》的原则之一就是行政效率。公正和效率一直都是一个矛盾的统一体,其矛盾在于:若追求绝对的公正,那么一定会影响行政效率的提高;若追求行政效率,那么又会在一定程度上影响公正的实现。这一矛盾反应在瑕疵证据领域,表现为若不区分地将瑕疵证据一律排除,那么不但会造成行政资源的浪费,行政效率也将无法保证;若为维护行政效率而采用瑕疵证据,行政公正又难免受到影响。因此,赋予瑕疵证据可采性,是在维护行政公正和维护行政效率二者之间权衡的结果。

(四)整体公正与个体公正的取舍

司法公正的一个重要内容即整体公正和个体公正,其取舍代表了司法公正的定位和方向。整体公正包括社会的经济发展、公共秩序、社会安宁,代表了社会的普遍利益;个体公正则包括个人的生命安全、权利名誉、经济利益等,代表了社会成员个体的利益。在有些情况下,个体公正和整体公正之间是一致的,但是在某些情况下,他们又是对立冲突的。在瑕疵证据是否具备可采性的问题上,就存在着整体公正和个体公正的对立问题。在行政诉讼中,若将具备瑕疵的证据不加区分一律排除,无疑可以最大限度地保证个体公正,维护行政相对人的合法权益。但过分强调行政相对人权利保护,毫无疑问会影响到行政效率,随着类似案件的增加,还会影响到社会的整体利益。另外,为避免社会利益遭受重大损失,在国家利益、集体利益或公众利益受到重大威胁的紧急情况下,应当适时牺牲小部分的个体公正以换取整体的利益。

三、从主观到客观:行政诉讼瑕疵证据可采性的司法裁量标准

英美法系对于证据可采性的裁量多采用法官自由裁量的模式,即法官拥有采纳按照法律不可采的证据或者排除按照法律规定可采证据的权利。这种模式可以防止某些证据对当事人造成偏见式的影响,但也有可能造成瑕疵证据的滥用。[②] 而在我国的刑事诉讼中,对于瑕疵证据的采纳模式采用的是"可补正的排

---

① 胡建淼:《行政诉讼证据的实证与理论研究——〈最高人民法院关于行政诉讼证据若干问题的规定〉的修改建议稿与论证》,中国法制出版社2010年版,第196页。

② 郭志媛:《刑事证据可采性研究》,中国人民公安大学出版社2004年版,第27页。

除”规则。参考这一规则,笔者认为,判断一个行政诉讼瑕疵证据是否具备可采性的司法裁量标准应包含以下三点:

(一)可证明性

赋予瑕疵证据可采性的第一步就是证明该证据为瑕疵证据,其产生是出于善意的过失所造成的。判断一个证据是否达到瑕疵证据的标准,应该用证据加以证明。鉴于行政证据的特殊性,证明一个证据为瑕疵证据的举证责任应由行政机关承担。若行政机关提请法庭将证据作为瑕疵证据加以利用,那么该行政机关必须提交相应的证据证明该证据符合瑕疵证据的标准,否则其将承担该证据不被法庭采纳的不利后果。如案例二,虽然B市交警大队提出引起争议的证据是由于工作人员的失误造成的,但并未向法庭提交相关证据证明该事实,最终法庭依然将该关键证据依法排除了。

(二)采纳的必要性

行政诉讼领域和刑事诉讼领域中对于瑕疵证据的采纳目的是有区别的。在刑事诉讼中,因刑事犯罪的社会危害性过高,出于打击犯罪的目的,需要充分利用有限的证据材料,因而对瑕疵证据采用“可补正的排除”规则。但是行政诉讼中采纳瑕疵证据则是牺牲了部分行政公正来实现行政效率,牺牲了部分程序公正以实现实体公正。在行政诉讼中,行政相对人本就处于弱势地位,若法院一味承认一个程序或形式违法的证据材料具有证明效力而忽视程序正当性的意义,则不利于约束行政机关的权力,也不利于督促行政机关依法行政及保护人权。[①]因此,判断行政诉讼瑕疵证据是否具有采纳的必要性,主要是瑕疵证据应与案件具有极大关联性,且具有不可替代性。不可替代性意为该案中不存在与该瑕疵证据证明力大小相当的同类型证据。只有该瑕疵证据对证明案件事实有重要作用且不可替代,才能说采纳该瑕疵证据是有必要、有意义的。

(三)价值可比性

从行政比例原则出发,采纳瑕疵证据的前提还应包括待证事实受到保护的现实价值必须大于采纳该证据所侵害的行政相对人合法权益的价值,并且对于该瑕疵证据的采信,不能违反社会公认的道德标准,也不能侵害到公众利益。

(四)可补救性

刑事诉讼“两个证据规定”中规定了瑕疵证据采用“可补正的排除”规则,说明瑕疵证据可采性必须经过“补正”这一法定程序来实现。通过一定的方式对

① 贾志敏:《论行政诉讼中的瑕疵证据》,载《前沿》2004年第5期。

瑕疵证据进行"修补",以消弭其"毒性",维持其证据效力,则可以赋予其可采性。若该瑕疵证据的"毒性"无法通过修补来消除,那么该证据的可采性将无从谈起。

在行政诉讼中要判断某个瑕疵证据是否具备可采性,应当通过以下四个步骤进行:第一步,证明该证据为瑕疵证据,若不能证明则应当将其排除;第二步,判断该瑕疵证据是否为关键性且不可替代的证据;第三步,对该瑕疵证据的采纳价值进行比较;第四步,看该证据的瑕疵是否可被补救。以下为裁量行政诉讼瑕疵证据是否具备可采性的流程:

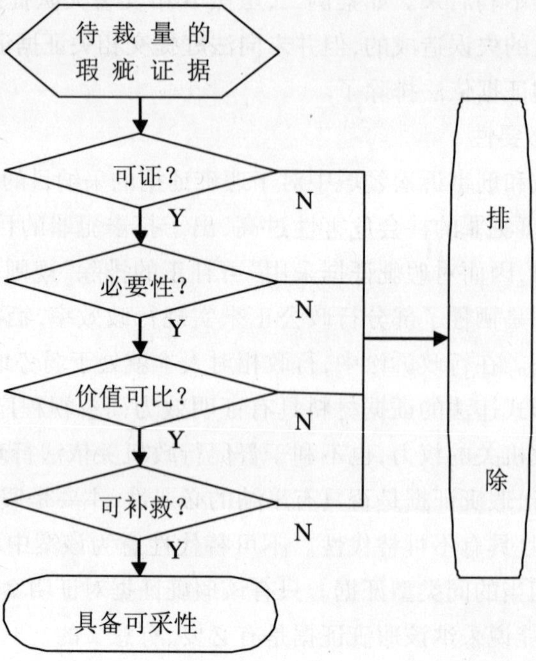

图3 行政诉讼瑕疵证据可采性的裁量流程图

四、从不合法到合法:行政诉讼瑕疵证据的采纳路径

行政诉讼瑕疵证据的实质特征是证据证明力上存在瑕疵,若要将其利用起来,就必须找到一个正当的方式将其重新纳入"合法"证据的范围,这就是对瑕疵证据进行补救的意义所在。通过对瑕疵证据的补救,不仅可以提高行政效率,还可以提高行政行为的公信力,同时有助于法庭审理真正违法的行政行为,从而

达到节约诉讼成本的目的。①

(一)补救的主体

相较于民事证据和刑事证据,行政诉讼证据有其不同之处,例如行政诉讼证据规则中特有的程序规定——被告在诉讼过程中不得自行向原告和证人调查收集证据,且行政诉讼证据在行政诉讼程序开始之前就已取得。从这个层面上说,行政诉讼证据与行政程序中取得的证据是相一致的。因此,行政诉讼瑕疵证据的补救主体应与其取证主体相一致,理应由行政机关实施,对经过补救的瑕疵证据进行审查的主体则是法院。一般来说,行政机关修补瑕疵证据主要有存在三种情况:一是行政机关在行政诉讼开始之前已发现了证据存在瑕疵,主动对其进行修补;二是行政机关在行政诉讼开始之后发现证据存在瑕疵,在征得法庭和当事人同意后修补证据;三是法院在行政诉讼开始之后发现证据存在可修补的瑕疵,要求行政机关予以补救。总之,只有行政机关才是证据补救的主体。

(二)补救的方式

1. 补充修正。补充在证据上意为补强,补强证据规则,意指由于某一证据在证据资格或证据形式上存在某些瑕疵或弱点,该证据将不能单独作为认定案件事实的依据,要想证明补强证据的真实性或其他证据价值,就必须依靠其他证据进行佐证。由于瑕疵证据一般不能单独用来证明案件事实,因此补强是修补证据瑕疵的一种方式。补充证据可以用于弥补取证程序上存在的错误或者遗漏。例如,法律规定在调查过程中必须要见证人在场,但行政机关工作人员在调查后制作笔录的过程中遗漏了见证人的签名,那么只要笔录的客观真实性未受影响,该证据就是完全可以修复的。这种方式同样可以适用于证据形式的修补上。例如,在案例一中,引起争议的书面证言虽然未附有证人的身份证复印件,但写明了证人的姓名、住址等基本情况,法官完全可以先要求被告补充该证人的身份证复印件,或依被告申请、依职权调取,以补强该证人证言的效力。补正还包括修正,对于行政机关取证过程中的书写、计算、电脑录入等错误,法官可以要求被告及时更正。

但是,通过补正的方式对瑕疵证据进行修复后,行政机关必须对修补后的证据进行必要的解释说明,必要时应提交相关证据。例如,申请见证人出庭作证、征得当事人同意等。

---

① 傅放临、贾秀春:《行政瑕疵行为新论》,载万鄂湘主编:《司法解决纠纷的对策与机制——全国法院第十九届学术讨论会获奖论文集》,人民法院出版社2007年版,第405页。

2. 合理解释。在刑事诉讼领域,合理解释是除补正外对瑕疵证据进行采纳的一种补充方式。合理解释主要是解释该瑕疵证据形成的原因及该瑕疵证据具备真实性和关联性,能够证明案件事实。从本质上看,对瑕疵证据进行合理解释的过程是赋予采纳该证据的行为正当性的过程。

关于合理解释,主要有两个需要注意的地方:(1)相对于补正,合理解释更快捷、更简单,但是并不规范。补正除了要对瑕疵证据进行补充和修正外,还需要辅以必要的解释,说明该证据并未由于其瑕疵而影响其真实性和关联性,而合理解释仅仅需要通过书面或口头的解释说明以弥补该证据的瑕疵。因此,对于瑕疵证据的修复,应该先进行补正,只有不能通过补正进行弥补时,才能采用合理解释的方式。(2)合理解释的"合理"应达到什么程度呢?对于该问题,不同的人有不同的观点。有观点认为,该解释必须达到"排除合理怀疑"的程度才算是合理了;而有观点认为,只要该解释说得过去,就算是合理了。① 笔者认为,在行政诉讼中判断该解释是否"合理"应该与具体待证事实及该证据是否达到证明该待证事实的证明标准联系起来。行政诉讼中证据的证明标准在理论界存在许多争议②,但一般认为,目前在立法文本中行政诉讼实际上与刑事、民事诉讼实行的是统一标准,即确实、充分标准。③ 由此看来,证明标准实际是与法官的自由心证联系在一起的,若在该待证事项上,综合被告的解释及提供的必要证据,法官认为该证据符合证明标准,对该瑕疵证据应予以采纳;若法官认为不符合证明标准,则将其排除。

(三)补救的限度

行政诉讼瑕疵证据的采纳有利有弊,其利在于可以充分利用有限的证据资源,极大提高行政诉讼效率,适当平衡程序公正与实体公正;其弊在于可能造成法官自由裁量权的滥用,影响行政行为的公信力。虽然对于瑕疵证据的补救是司法实践的必然,但是我们也不能无视其可能造成的负面影响,因此应当对瑕疵证据补救制度的适用做出一定的限制。首先,对瑕疵证据的补救应当在不影响其客观真实性的前提下适用,对于可能影响案件公正审理的,不能给予其补救的机会。其次,对瑕疵证据的补救应当限制在轻微的程序违法方面,且该程序违法

---

① 万毅:《论瑕疵证据——以"两个〈证据规定〉"为分析对象》,载《法商研究》2011 年第 5 期。

② 吴振宇:《行政诉讼中的证据评价与证明标准》,载《行政法学研究》2004 年第 3 期。

③ 高秦伟:《论行政诉讼证明标准》,载《证据科学》2008 年第 4 期。

不能侵害行政相对人的宪法性权利。最后,行政机关应当出庭对补救前的瑕疵证据进行解释说明,没有经过解释说明的瑕疵证据不能进行补救,应当直接排除。

(四)对恶意补救的惩戒与防范

允许对瑕疵证据进行补救,可能会造成行政机关假借补救这种手段恶意拖延诉讼、规避责任等情况出现。为防止恶意补救的产生,应当建立与之相对应的防范措施和惩戒手段。在刑事诉讼领域,美国《刑事诉讼法》就规定了可以对恶意补救的人员进行纪律惩戒、课以罚金。[①] 我国可以借鉴这种规定,除将不能补救的瑕疵证据作为非法证据直接予以排除外,还可以对采取该手段的行政机关课以警告、罚金等,以防范这种情况的产生。

(五)行政诉讼瑕疵证据的采纳路径

通过以上论述,一个行政瑕疵证据的采纳与否,需要通过几个步骤来进行判断。首先需要通过举证判断该证据是否为瑕疵证据,其次根据瑕疵证据可采性标准裁量该证据是否具备可采性,然后对具备可采性的瑕疵证据进行补救,最后视其是否达到行政诉讼证据的证明标准来判断该瑕疵证据的证明力。

笔者在通过对行政诉讼瑕疵证据内涵、可采性及采纳方式进行分析的基础上,运用建立算法流程图的方式,尝试构建行政诉讼瑕疵证据的采纳路径,希望能对我国行政诉讼瑕疵证据补救制度的建立和完善有所裨益(见图4)。

---

① 陈瑞华:《比较刑事诉讼法》,中国人民大学出版社2009年版,第80-83页。

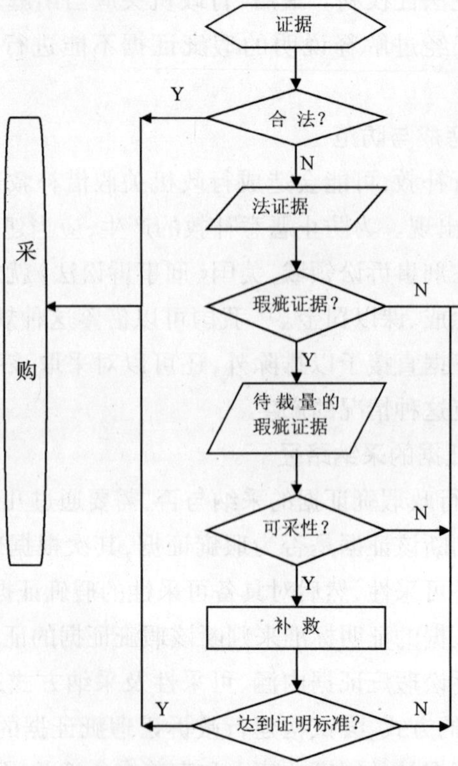

图 4 行政诉讼瑕疵证据的采纳路径流程图

结语

瑕疵证据的采纳是行政诉讼中的一个难题。在依法行政的压制下最理想的做法是对不合法证据采取绝对排除的方式,以维护行政行为的公信力。基于司法实践的需要,我国正逐步对行政诉讼中瑕疵证据的采纳规则进行研究讨论,但这并不意味着我国司法审查的倒退,反而可以通过这种方式,使行政诉讼中的瑕疵证据得到重视,继而减少其出现的数量。从这个意义上说,瑕疵证据采信规则在行政诉讼中的建立不但可以减少行政违法发案率,还可以促使行政机关严格按程序办事,促进行政法律秩序的良性循环,以发挥法律的积极作用。

(刘菁:湖南省浏阳市人民法院立案庭法官)

在规则与经验之间

——论行政惯例的司法审查

王彦平

法治国意味着对行政尽可能的司法化。

——[德]奥托·迈耶

一、问题的提出

惯例是什么？在社会学的视野里，它是社会主体实施的某个行为被人们所认同、遵守并不断地重复使用，从而构成适合某个群体相对比较稳定的一种行为模式。而从法学视角来看，惯例常常被法学专家视为穿行于规则与经验之间独具个性的社会经验表现形式。① 伴随着中国法治的进步，行政惯例以非正式法源的角色融合到现代行政法理念之中，逐渐转化为某一领域的行政规则，并愈发凸显其独特的功效。然而，现代法治要求，行政机关在裁量过程中既要充分发挥主观能动性，又要“缘法而治”。这种客观需要，势必将行政惯例司法审查纳入法律治理的轨道，实现从应然走向实然之“蝶变”。但行政惯例形式多样、内容丰富，就目前我国行政惯例司法审查制度的现状来看，该制度还存在着很多不足之处，其在司法实践中运行虽有成功，但亦面临诸多困惑。试举三个案例，加以说明。

案例一：2005 年 8 月，某贫困县一中学高三学生何某、邝某高考分数达到本科（二本）分数线，该校因其拖欠学费而执行教育局的内部规定：“不交清学费就不办理有关毕业手续”，一直未给何某、邝某填报《高考志愿表》，致使两位考生

① 温泽彬：《论行政惯例的背景、价值与现状》，载《政治与法律》2010 年第 6 期。

错失了一次上大学的机会,两学生只好择校复读。同年10月,两高考落榜学生以侵犯其受教育权为由,将学校和教育局推上了被告席,请求法院确认两被告行为违法,并判令赔偿其经济损失。法院审理后做出裁判,支持了原告的诉讼请求。

案例二:2008年3月,村民罗某某与另一村民陈某因山林权属纠纷请求乡政府出面解决,乡政府在化解矛盾过程中,陈某揭发罗某某所持的县政府颁发的山林权证系弄虚作假所得。乡政府派员查实后,遂做出废止该山林权证的处理决定。罗某某不服,诉诸法院。法院经审理认为,罗某某所持山林权证尽管依法应当撤销,但按照惯例乡政府只能就此报请县人民政府做出处理,而不能径行予以废止,实属超越职权的行为,遂判决该具体行政行为无效。

案例三:2010年5月,郑某与肖某某夫妇喜得贵子,同年8月该男孩以"郑肖"为姓在公安机关进行了姓名登记。郑某之父觉得这个姓不好,在屡屡说服不了儿子夫妇更改姓名的无奈之下,将某公安局派出所告上法庭,要求为其孙子改姓"郑"。法院审理后认为,公安机关"对使用父母双姓甚至不随父母任何一方姓的申请予以批准"的做法是户口管理中的惯例,遂驳回原告的诉讼请求。

上述案例中,行政行为因行政主体依不同的惯例做出而具有不同的法律效果,但其效力并不一定以得到法院认可为必要。只有当行政主体与相对一方当事人存在争议时,行政惯例才可能走进法院视野。而在司法实践中,法院往往勉强依据《行政诉讼法》第54条规定,对依行政惯例做出的具体行政行为或维持或撤销或确认或变更,或部分兼而有之,表明了在中国特定行政法治环境下对待行政惯例的两种基本态度:尊重抑或规制。但是,法院在法无明文规定的情况下,对具体个案如此裁决难免令人质疑是否过于简单,是否态度"暧昧"?那么,在规则之治下,行政惯例司法审查何以必要,又何以为之?显然,这些问题的回答不仅关系到依法行政与合理行政的冲突与平衡,而且关系到行政管理相对人的权利保障。因此,有必要对此展开探讨,并确立相应的法律规则。

二、现实拷问:行政惯例司法审查缘何而生?

所谓行政惯例,是指行政主体在对某种或者某类行政事务采取反复同样的处理方式而形成的,在行政活动中遵循的准则。在法治社会里,权力来源于法律,要受到法律的控制。但依法行政并非意味着将法律简单地具体化,行政惯例正是在行政法治的推动下,既保证行政主体自由裁量权的现实需要,又使行政权受到法律控制的治理规则。

(一)行政惯例的正当性及其定位

在规则治理之下,尽管惯例的形成机制不同于成文法规则,但它对于行为者产生约束力的基础和作用机制与成文规则相同。①

一是有利于行政立法的逐步完善。西方法谚说:“习惯是法律之母。”社会现实丰富多彩、变化多端,立法总是会陷于“空缺”或者“滞后”之尴尬境地,而按照“形式法治”和“实质法治”的要求,如果要进一步规范解释行政权力,那么就必须在规则范畴内借鉴鲜活、朴实的生活经验,用习惯充实规则,这样才能尽快弥补现有立法的不足和无奈。

二是有利于对行政裁量权的有效管控。从行政立法的精神和目的来看,那些不必要的随意处置权无疑应当彻底消除。然而,这个目标可以实现吗?回答是“不可能消除所有的随意处置权”,因为行政法规则经常会出现不确定的概念或模糊阐述,这是行政权在法律规则之下不可避免地要为自由裁量权预留适度而具有弹性的一定空间,以便于交由行政部门进行判断,做出裁量。而行政惯例一旦形成就构成了行政主体的行为规则,行政主体必须遵守,不得朝令夕改。因此,行政惯例不仅是立法意图的阐释与延伸,而且是规则化的行政自我管制。

三是有利于提高执法公信力。目前,中国的法治正处在德沃金阐述的“迅速变化和动荡的时期”②,人们总是要求现行法律与社会发展和进步实现对接和共振,做到与时俱进和尽善尽美,但法律却要保持相对的稳定性,不可能频繁修法。如果行政权力要在新形势下满足公众的合理期待,那么“行政法治的关键不仅仅要求政府的行为符合形式意义上的法律,还需考察政府的行为保持权力行使的一致性和符合法律的正义性,从而使‘依法行政’上升为‘合法行政’”。③

(二)行政惯例的存在形式

1. 从行政惯例形成的内环境来看。这部分规则主要是关于行政程序的惯例,用来规范行政机关内部运行机制方面的规则或操作规则,主要表现形式为会议、组织人事、文件档案、报告、指示、批示、作风纪律等诸多制度性安排,这些内

---

① 崔明逊:《行政惯例论》,载应松年、杨伟东主编:《中国行政法学20年研究报告》,中国政法大学出版社2008年版,第266-270页。

② [美]德沃金:《认真对待权利》,信春鹰、吴玉章译,中国大百科全书出版社1998版,第40页。

③ 胡建淼:《关于中国行政法上的合法性原则的探讨》,载《中国法学》1998年第1期。

部程序基本上也是以惯例的形式出现的。①

2. 从行政惯例形成的外环境来看。这一类惯例是行政主体立足本职,针对行政管理活动中出现的问题和困难,根据现行法律规范的运行效果以及行政相对人的执行情况,在相关实体和程序的内容方面自觉形成的惯行做法。如每年的中央第一号文件内容为"三农"问题、婚姻登记部门形成的询问调解制度、公安派出所在处理治安案件时的调解制度等。

3. 从行政惯例形成的先后来看。一般情况下,就法律适用的效果而言,成文法国家的行政执法者在无判例制度的规制情况下,若无正当理由,应当会遵循先例,即针对先后发生的同类案件中多个相对人而言,在后案中必须受到前案处理决定的约束,因为这些先例具有一定指导作用,也可视为确认下来的行政惯例。如《最高人民法院公报》上发布的判例,以及权威法学家选用的案例等。

4. 从行政惯例形成的约束力来看。行政法原理(非原则)被当今世界许多国家和地区推崇备至,也是行政惯例的一种表现形式。例如"复议不加重原则"或"行政复议不利变更禁止原则",虽然他们在我国行政复议法中没有做出明确规定,不存在法律意义上的约束力,但在我国行政复议的反复实践中已不乏其运用,这种做法也可视为行政惯例。②

(三)行政惯例的可审查性

理想的行政惯例是怎样的?笔者认为:一要自我约束,不恣意妄为;二要与时俱进,不保守僵化。然而,令人遗憾的是,长期以来,行政系统内部的"默契"或"潜规则"实际上代替了部分行政规范,此类惯例往往通过行政机关或执法者与行政相对人之间明示或者暗示的方式进行"变通""变相"执法,甚至用于非法交易,损公肥私、损人利己,例如"2009年中国十大宪法事例"之一的上海"钓鱼执法事件"。③ 此类教训不胜枚举。这恰恰说明,规则在"走样""变形"的同时,已经悄然削减或失去了维系社会秩序的原有功效。那么,在现行的法律制度下,能否找到对其进行违法审查的依据以及是否存在有权机关实施此种审查?考虑到我国成文法系的特定法治背景,本文以行政惯例作为非正式法源这一视角进行分析。

---

① 崔明逊:《行政惯例论》,载应松年、杨伟东主编:《中国行政法学20年研究报告》,中国政法大学出版社2008年版,第266-270页。

② 温泽彬:《论行政惯例的背景、价值与现状》,载《政治与法律》2010年第6期。

③ 柴会群:《上海"倒钩"执法,立法司法难辞其咎》,载《南方周末》2009年10月29日第19版。

根据最高人民法院司法解释的规定,法院对于规章和其他规范性文件具有选择适用权。行政惯例从形式法治的角度而言,有着不同的载体——或规章或规范性文件或无成文形式体现,因此其法源地位在司法审查中亦不相同。一方面,在法院进行正当性审查之前,行政惯例对于法院而言,显然欠缺法律规范意义上的约束力,仅仅是行政机关做出具体行政行为直接的、客观的依据。另一方面,在法院进行正当性审查之后,行政惯例的法律效力将视情况在司法最终裁决中"盖棺定论":如果该行政惯例在实体内容和适用程序上合法合理,法院对其法律效力就应当承认;反之,法院不承认其具有法律效力。例如在石家庄市东珍石斋工艺品诉石家庄市工商局桥东分局违法收费一案中,工商行政机关在工商管理形成的"预收工商管理费的惯例"为法院所确认。①

可见,尽管我国法律对抽象行政行为单独提起诉讼还没有明确规定,但法院在对个案审查中有权对规章以下的规范性文件一并进行审查并选择适用,而从效力位阶来看,行政惯例在司法个案中相当于行政规范,"它不仅具有可审查性,而且对它的审查还可以解决实际生活当中现行司法、行政规范无法解决的制度难题"。②

三、深度挖掘:行政惯例司法审查确有必要吗?

(一)行政惯例司法审查的法理基础

法理之一:权力制衡理论。对监督行政权的体制建立具有重要价值的理论是三权分立理论。为了防止权力滥用,实现权力制约的目的,各种权力之间要彼此牵制,互相制衡,以权力约束权力。在自由资本主义时期,行政权从立法权、司法权中分离出来。行政权作为管理权,主动性是其基本特征,其具有一种天然的扩张优势,是一种最需要控制而又最难以控制的权力。"无论在普通法国度还是在大陆法国度,贯穿于行政法的中心主题是完全相同的。这个主题就是对政府权力的法律控制。"③司法审查本质上是"以权力制约权力"的制度安排,司法审查所独具有的独立性、终局性和强制性等特点使其成为监督行政权行使的最终、最有效的手段。"司法机关如果不能享有对行政行为的有效审查权,便必然

---

① 章剑生:《论现代行政法之法源中的"行政惯例"》,载《政治与法律》2010年第6期。

② 翟翌:《通过审查"行政惯例"启动中国违宪审查制度——一条渐进的路径》,载《西南政法大学学报》2010年第1期。

③ 方世荣:《论行政权力的要素及其制约》,载《法商研究》2001年第1期。

会导致司法无能、行政无法处理的双重恶果。”①在权力制约权力的制度设计中，赋予司法机关做出撤销、变更行政裁决的权力，是回应行政权扩张、保障人权不受侵害之必然要求。

法理之二：司法最终理论。司法最终解决原则，是现代司法的一项基本原则。所谓司法最终解决原则，是指社会生活中所产生的矛盾与纠纷，用道德、调解和仲裁等方法无法解决时，通过诉讼的途径，用具有强制力的国家公诉、裁判的方式来加以解决，是国家为当事人双方提供不用武力解决纠纷的方法。司法最终理论，是由西方人最先提出并予以肯定的，它的基础是三权分立原则，是法治原则和自然正义原则的必然要求。“通过司法最终裁决，以一种公权力撤销另一种公权力的决定并直接实施法律制裁，才能在总体上防止政府过分扩张和专断，这是现代法治国家之趋势。”②

行政惯例是行政机关自行形成而无立法机关明确授权或认可，有违法或者违宪的可能，而行政机关以行政惯例做出的具体行政行为难免具有局限性，何况它对平等主体之间某些纠纷所做的裁决并不是最终的裁决，终局的裁决将由司法机关做出。因此，行政惯例的效力有限、非终局性等特点是法院对其行使司法审查权的重要理论依据。对行政惯例进行司法审查，将进一步扩大司法审查的宽度与深度，这有利于清除目前行政程序司法审查中存在的盲区，更好地发挥司法对行政程序的监督作用，使司法结果更接近于公平、正义。③

（二）行政惯例司法审查的生存“土壤”

随着行政自由裁量权的扩张和滥用，许多制定法无法解决的问题越来越多地摆在法院面前，对行政惯例的审查也逐渐为越来越多国家的法院所接受。就人民法院而言，拓展审查空间也存在一些有利条件：一是行政法理论的发展形成了诸多共识，不少人意识到对行政惯例有必要做出外部控制和规范；二是《行政诉讼法》施行以来，人民法院在防范滥用职权、进行行政惯例审查方面做了一些尝试并积累了一定经验；三是行政审判的司法环境已有较大改善，如各级政府行政执法部门裁量基准制度的建立，为行政惯例司法审查提供了一种辅助性、参考性资料。

---

① 李卫华：《论对抽象行政行为的司法审查》，载《河南省政法管理干部学院学报》2000年第2期。

② 罗豪才：《行政法学》，北京大学出版社2000年版，第219页。

③ 于向华：《浅析行政程序正当性的司法审查》，载中国法院网，2013年8月25日最后访问。

实际上,行政惯例在我国行政审判上的探索性适用绝不是凤毛麟角,如田永诉北京科技大学颁发学位证案①、张明秀等诉宜昌市房地产管理局违法颁发拆迁许可证案②等。如此多的案件不约而同地确认和适用行政惯例,说明我国已具备了适用行政惯例审查标准的土壤。诚如有学者所言:"在中国法治激变的过程中,不论人们承认与否,习惯都将存在,都在生成,都在发展,都在对法律发生着某种影响。习惯也将永远是法学家或立法者在分析设计制定法之运作和效果时不能忘记的一个基本的背景。"③

(三)行政惯例司法审查规范缺失及其弊端

1. 行政惯例司法审查在立法上的缺失。作为司法审查的对象,行政惯例被行政机关长时间内反复适用,一直没有纳入成文法规定范围,其效力位阶自然在成文法之下。但从内部系统来看,虽然没有明确的法律授权,但行政惯例作为内部行政自制的模式之一,它对行政事务的管理却具有不容置疑的约束力,在行政工作中被一贯遵循,发挥着应有作用。"有时行政惯例的作用甚至高于法律。针对此点,行政惯例所产生的法律效力问题,没有被明确指出。"④可见,我国在立法层面上不仅对行政惯例没有专门的法律规定,而且《行政诉讼法》也未明确将其纳入司法审查范围,这是导致行政惯例司法审查难以操作的障碍之一。

2. 行政惯例司法审查在适用标准上的缺失。当前,我国行政惯例司法审查的标准总是游离在"合法"与"合理"之间的"灰色地带",令法官莫衷一是、无所适从。根据最高人民法院《关于审理行政案件适用法律规范问题的座谈会纪要》第1条的规定,对法律法规具体应用解释和其他规范性文件的合法性、合理性和有效性,人民法院有权进行评述,可是,法院对行政惯例的合法性与否予以判断或评述到底依据什么标准呢?是按照上位法效力优先标准,抑或宪法基本人权标准,抑或其他标准?显然,最高人民法院会议纪要的上述规定是比较笼统和抽象的,没有多少实际应用价值,因而经常被法官"束之高阁"。实际上,行政机关经常会优先适用低位阶的规范做出具体行政行为,总是热衷于依照自己的行政惯例做出具体行政行为,但行政机关如此执法往往会导致社会公平正义难

---

① 何海波:《通过判决发展法律——评田永案件中行政原则的运用》,载《人民法院报》2001年1月15日。

② 湖北省宜昌市西陵区人民法院[2002]西行初字第23号《行政判决书》。

③ 苏力:《送法下乡——中国基层司法制度研究》,中国政法大学出版社2000年版,第263页。

④ 闫佳琨:《论我国行政惯例制度的构建》,长春理工大学2012年硕士毕业论文。

以实现。如2006年发生的“超级玛丽”组合的两位歌手煤气中毒一案中,虽然警察根据“求助报警,警察不破门而入”的惯例在第一时间赶赴了现场后,因未及时施救而酿成悲剧。① 因此,对诸如此类的惯例是否应该做出适当的调整,法院判断标准应当如何界定等,确实值得我们检讨。

3. 行政惯例司法审查在行使权能上的缺失。司法实践中,法院对行政惯例的审查一般附带于行政行为的合法性审查之中,法院不能对没有影响行政相对人权益的行政惯例进行审查,而只能审查体现了这个行政惯例的具体行政行为。因此,即使该行政惯例被认定为不合法,法院也只能“望洋兴叹”、无可奈何,因为法院在行政个案中唯一能够做到的仅仅是撤销依据该惯例做出的具体行政行为。虽然有限的司法审查权可以实现个案正义,防止“同案异判”“异案同判”,但可以预见的是:违法的行政惯例因未被法院直接裁判无效而仍然会我行我素、大行其道,这样不仅浪费了司法资源,而且提高了社会管理成本。毋庸讳言,这种制度设计使得司法难以控制行政惯例的肆意妄为,与法治精神背道而驰。

综上所述,通过司法机关对行政惯例的适度审查,行政惯例的合法性和现实意义有望得到行之有效的保障,进而实现行政惯例在裁量运作中应有的规范作用。② 因此,随着法治理念的萌动和成长,行政惯例司法审查之完善实乃势在必行。

四、司法应对:行政惯例司法审查如何才能达至最佳效用?

法院在行使司法裁量权的过程中,如何发挥行政惯例司法审查的主观能动作用?如何突破在规范主义控权模式纠葛下行政惯例所处之困境,在个案中究竟倾向于尊重抑或制衡方能达到司法审查的最佳效用?笔者认为,立足于当前中国行政诉讼框架,应当着力在正当化制度设计上寻找破解之道。

(一)立法层面——完善我国行政惯例司法审查制度

行政惯例存在的正当性依赖于其公正目标的实现及对行政效率必要的尊重与保障。为实现其制度价值,有必要在立法上对行政惯例司法审查标准及相关机制予以完善。

---

① 尹权:《论行政惯例的司法审查》,载《西南政法大学学报》2008年第1期。

② 郑雅方:《论行政裁量基准的实质渊源——以行政惯例为例》,载《法制与社会发展》2010年第3期。

1. 确立灵活的司法审查标准

在受案范畴上，应将抽象行政行为纳入行政诉讼受案范围，以从立法层面上补全司法审查权能的非完整性，使行政惯例司法审查名正而言顺。在事实问题上，应建立多层次的审查标准：对涉及重大社会利益，对当事人的权利义务产生重大影响的具体行政行为，对事实问题的认定应采用严格的司法审查标准；对专业性较强的事实认定，司法审查标准可以确定为“实质性证据”标准。在法律问题上，由于行政机关总会有意或无意地留下个性化的“痕迹”，譬如它在做出具体行政行为时，经常对优先适用本部门的一些行政规范（规范性文件）和自己的行政惯例“情有独钟”。因此，法院应根据具体情况给予行政机关的法律适用一定程度的尊重，在技术性、专业性较强的领域，行政机关的法律适用应受到更高的尊重。在程序问题上，应从内部规则和外部规则两方面来考量，若某程序只在行政机关内部具有效力，不对行政相对人产生实质影响，在审查时，则不予考虑；若某程序对行政相对人产生实质影响，则应从保护行政相对人权益的角度出发予以审查。

2. 确立合理性司法审查标准

随着我国行政法治化水平的日益提高，那些明显违法的具体行政行为会越来越少，而行政机关运用行政裁量权所做出的涉及合理性的行为将会越来越多。因此，司法审查不能满足于合法性审查，而更应当在合法性审查的基础上进行合理性审查。合理性标准的确立，有利于法院对行政机关在裁量过程中是否违反了平等原则、适当性原则、比例原则等进行审查，但这并不意味着司法机关可以对裁量行为进行任意的、无限度的审查。

3. 确立行政惯例规范化“沟通”机制

按照卢曼的社会系统论，社会系统只有“沟通”才能生存和运作。法律系统亦然。法院对一些行政惯例案件或类似案件的审理整理出具有典型性的“行政判例”，这些判例或者指导案例因其对此类疑难复杂案件的裁判，发挥着“法律沟通者”的作用，即“沟通”又产生“沟通”，将推动行政裁量的“原则之治”。将典型性示例性的“行政判例”编纂成集，可以对相似案件的审理起到参考作用，并且有助于行政惯例制度实现自我演进和自我完善。①

（二）策略层面——行政惯例的类型化及其应对

面对类型化，应以行政惯例是否有利于公民权益保障作为基本标准，因为保障公民基本权益是法治之目的。以是否有利于公民权益保障这一基本标准，可

① 闫佳琨：《论我国行政惯例制度的构建》，长春理工大学2012年硕士毕业论文。

以将行政惯例分为主要的两类:有利于公民之行政惯例和不利于公民之行政惯例,并辅之以合法性标准,可将行政惯例进一步分为四大类,可以说,这样的划分几乎囊括了所有行政惯例类型。① 具体分类见图1:

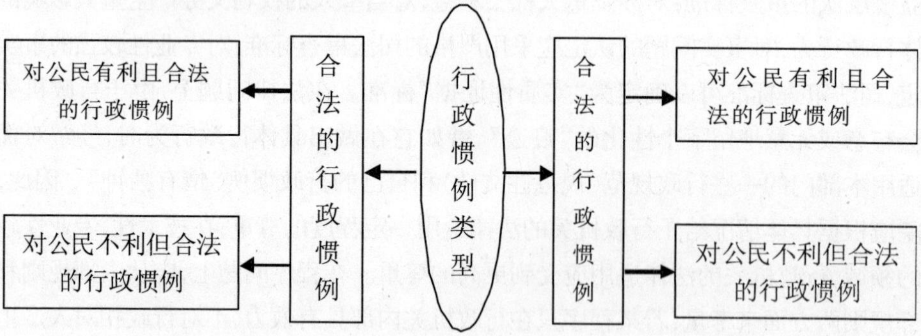

图1 行政惯例的类型图

行政惯例在司法审查中既是法源又是对象,这看似相互矛盾的悖论发源于司法对行政裁量的尊重以及司法监督行政的传统做法:尊重其正当性,并承认其效力;规制其扩张性,并审查其实质。因此,针对以上四种行政惯例的类型,司法审查策略上应区别对待:(1)若合法且利于公民权益之保障,自无审查之必要。(2)若合法但不利于公民权益保障,则与合理性原则相冲突。(3)若违法但有利于公民权益保障,则与信赖保护原则有抵触。(4)若违法且侵犯了公民权益,则必须通过司法途径予以救济。这样有利与否、合法与否区分标准的交叉混合运用,可对庞大的行政惯例体系进行类型化的解构。②

(三)形式层面——行政惯例的构成要件厘定

当一个行政机关活动的习惯性"做法"具备了行政惯例的形成条件之后,我们即可以将它认作一个行政惯例并赋予它法源效力。③ 那么,如何判断一项所谓的"通常做法"是否构成"行政惯例"?就我国的现状而言,可以从五个角度予以考察:第一,信息公开化是前提。行政惯例必须为大众所知晓方能发生效力。

---

① 林泰:《论行政惯例的几个基本问题—从我国台湾地区"马英九特别费"切入》,载《政治与法律》2010年第6期。

② 章剑生:《论"行政惯例"在现代行政法法源中的地位》,载《政治与法律》2010年第6期。

③ 章剑生:《论"行政惯例"在现代行政法法源中的地位》,载《政治与法律》2010年第6期。

一般而言,仅适用行政系统内部的"惯例"对相对人是无约束力的。第二,正当性是内在价值。行政惯例的内在价值是合法性和合理性,而且符合公序良俗,以弥补成文法的缺陷与不足。第三,内容具有可操作性是基本要求。内容模糊不清且缺乏适用效力的行政惯例是无法运行的。第四,运行常态化是重要标志。该做法必须被"长期""反复"地适用,并具有普适性,而非"临时的、短暂的"或者"适用范围狭小"的行政措施。第五,行政主体及公众信赖是必要基础。只有具备合理性内核的行政惯例才具有社会存在的价值,才有资格获得行政主体及公众的确信和认可。以上罗列的五个条件,是判断"行政惯例"成立与否的相对标准,一般都要同时综合适用各项标准加以正确判断。一旦某一做法被行政主体或法院认定构成"行政惯例",便具有了惯例的适用价值,其对相应领域行政裁量的利益衡量则应顺理成章地产生影响力。①

(四)实质层面——行政惯例的正当性审查

1. 行政惯例合法性审查

法谚云"无授权即无行政"。立法者授予执法机关行政裁量权无疑是行政惯例的效力之源泉,法院对行政机关的执法资格进行审查理所当然要摆在首位。若立法机关在对某一类型抽象的抑或具体的行政行为以"要件—效果"规定形式,做出了明确、具体的授权或者意思表示,那么行政机关在法律意义上就没有裁量权,行政惯例本身就会因构成越权而无效;反之,行政机关在特定法律法规中的裁量权得到法院确认后,行政惯例作为非正式规范性质的补充规则,可以把原则规定细化、具体化,但仍然要保持冷静和克制:一是对公民的义务,既不能任意增设,也不允许扩大或缩小特定术语的内涵和外延;二是对公民的法定权利,要基于对人权的尊重和保障,不得随意限制和减少,对行政管理相对人的处罚和制裁要严格依法进行,做到合法合理、不折不扣。

当然,法院对行政惯例合法性的判断一般只能在裁判文书的理由部分进行说明,不能出现在判决的主文部分。"人民法院在判决的正文中,不宜直接引用行政规范性文件的条文,但在判决的理由部分,可以指出具体行政行为所依据的合法的行政规范性文件。"②而在判决理由中判定行政惯例合法性的标准有:上位法效力优先、宪法基本人权和基本权价值位序衡量等。

---

① 周佑勇、尹建国:《行政裁量的规范影响因素——以行政惯例与公共政策为中心》,载《湖北社会科学》2008 年第 7 期。

② 姜明安:《行政法与行政诉讼法》,北京大学出版社 2005 年版,第 326 页。

2. 行政惯例合理性审查

在审查时，应当就行政机关所做出行政惯例的存在事实和内容是否具有合理性进行审查。判断其存在事实是否成立之后，再判断其内容是否具有合理的价值取向。实际上，就行政裁量过程的本质而言是利益衡量的过程。因此，法院可以运用“利益衡量方法”①对行政惯例进行审查，该方法所追求的不是从法律条文中引出结论，而是让法律条文为结论服务，其逻辑进路是：看结论—找法律条文—检验结论正当性。除此之外，作为司法审查的内容之一，还要把行政惯例与成文法进行法律比对，按照位阶效力的高低，看是否与成文法的规定相冲突，是否与伦理道德相背离。同时，作为“公法领域的软化剂”，比例适当原则无疑应成为行政惯例司法审查的应有之义，司法审查时要注意四点：一是对行政惯例技术手段的有效性进行考察；二是对行政惯例适用方式的科学性进行考察；三是对行政惯例所用措施可能造成公民权益的危害性进行考察；四是从利益考量入手，对行政惯例常态运行的实效性进行全面考察。经审查后，如果行政惯例只要与比例适当原则相符合，那么就应该对其合理性予以确认。如在杜宝群等诉北京市公安局海淀区分局龙泉寺派出所一案中，行政惯例的适用效力得到了法院间接承认。② 法院如此为之，就是坚持比例原则和相对合理主义原则，既是对行政惯例的尊重，也明示了行政惯例对行政主体的“自缚效力”。③

结语

正如西方学者所说：“司法审查并不追求理想的或完美的行政决定，其功能仅仅在于确保行政决定最低限度的公正合理性。”④诚然，司法对行政惯例的审查并非漫无边际，它应当有合理的限度和适当的空间，以保持尊重与规制的高度契合。然而，要达到此目标，有赖于法官在司法良知的引导下，不断从生活中吸取营养，并用法治的思维和方法对鲜活生动的惯例予以充分关注，进而以自己的智慧反思规则的效用与实现，生动而精致地演绎出独具特色的“中国法治梦”。

（王彦平：湖南省新田县人民法院审委会专职委员、研究室主任）

---

① 梁上上：《利益衡量的层次结构与利益衡量的展开》，载《法学研究》2002 年第 1 期。

② 案情详见北京市海淀区人民法院编：《审判案例选析》，中国政法大学出版社 1997 年版，第 344 – 351 页。

③ 周佑勇：《论作为行政法之法源的行政惯例》，载《政治与法律》2010 年第 6 期。

④ [美]恩斯特 · 盖尔霍恩、罗纳德 · M · 莱文：《行政法》（英文影印本），法律出版社 2001 年版，第 72 页。

“风险评估”的“风险”

——司法强拆“风险评估”司法审查权的主动性旁落与重拾

徐　琼

风险语义正逐渐盖过经济语义,成为当代社会的主要特征。①

2011年1月21日,《国有土地上房屋征收与补偿条例》(以下简称新《拆迁条例》)正式施行。这一条例被认为是利用司法途径阻断强拆的法律依据,该条例第12条明确规定:“市、县级人民政府做出房屋征收决定前,应当按照有关规定进行社会稳定风险评估。”“社会稳定风险评估”这一名词开始与司法强拆紧密联系在一起,因而社会各界普遍视之为防止暴力拆迁的制度进步。然而,新《拆迁条例》实施一年多了,“社会稳定风险评估”并没能阻止拆迁血案在全国各地的频频发生,“风险评估”的风险开始凸显。本文着力探寻司法强拆风险评估实践中存在的问题,分析目前法院对司法强拆风险评估的司法审查权主动性旁落的原因,厘清法院和政府在司法强拆风险评估中的作用和地位,拟从实践层面建构完善司法强拆风险评估机制。

一、风险评估的“风险”:司法强拆风险评估运作的实证考察

一般认为,风险评估是阻断风险的有效手段之一,因而值得被信赖。然而现实却告诉我们,风险评估如果在实施过程中存在缺陷,那么该项制度本身也存在“风险”。

(一)雾里看花的“评估报告”

按照新《拆迁条例》的要求,所有涉及房屋征收的决定都必须进行社会稳定风险评估。地方各级政府也意识到风险评估这一手段的重要性,开始开展这样

① 周战超:《当代西方风险社会理论引论》,载《马克思主义与现实》2003年第3期。

一项系统工作。目前,各级政府对涉及房屋拆迁的风险评估主要采取出具书面评估报告的形式进行。以笔者所在法院受理的一起司法强拆案件为例,政府出具的风险评估报告具有很强的代表性,报告中对风险指标的评估几乎是空白的,侧重点在领导小组的建立、现场组织工作和搬迁安置工作的安排,最后得出的结论也如同雾里看花一样,看似美好而乐观:“司法强制执行能顺利进行,形成不稳定事件可能性小。”(见表1)

表1 关于被拆迁人房屋司法强制执行社会稳定风险的评估报告

基本情况	被拆迁房屋基本情况(位置、产权、面积等)
	被拆迁人基本情况(居住人员、年龄、职业等)
	安置补偿主要矛盾(补偿款项、产权置换等)
相关措施	建立专项工作领导小组
	做好现场组织工作
	落实各环节工作(政策宣传、疏导劝离、应急准备)
	做好搬迁安置工作
	做好善后相关工作
结论分析	司法强制执行能顺利进行,形成不稳定事件可能性小

(二)顺水推舟的“司法实践”

笔者工作的基层法院所在区域近几年城市建设任务十分繁重,随之而来的拆迁任务也不断加大,给当地政府和法院的工作带来了极大的压力,涉及拆迁的信访工作也困难重重。从该院近两年办理的司法强拆案件来看,虽然该法院受理的拆迁案件增长率高达500%和81%,但因为调解工作得力,最终进行司法强拆的案件数量并不算很多,2010年和2011年分别为40件和79件。在这些强拆案件中,2010年的所有案件当地政府和法院都没有进行风险评估,2011年受新《拆迁条例》实施的影响,当地政府对有些案件出具了风险评估报告,但法院没有就司法强拆风险再单独进行评估。可以说,法院对政府出具的风险评估报告的结论给予了顺水推舟般的全部认可(见表2)。

表2 Y区法院司法拆迁案件情况

时间	受理拆迁案件数量	收案上升%	执结案件数量	结案上升%	强制拆迁数量	政府进行风险评估	法院进行风险评估
2010年	348件	500%	320件	451.7%	40件	0件	0件
2011年	630件	81.03%	582件	81.11%	79件	45件	0件

(三)无处不在的“强拆风险”

笔者收集了在新《拆迁条例》实施后因拆迁而发生的一些具有代表性的案例(见表3),这些血淋淋的个案反映了多方面的问题:启动司法强拆前,地方各级政府和法院是否按照要求进行了社会风险评估?如果地方各级政府和法院实施了风险评估,为何这种评估机制没有发挥其应有的“阻却风险”的作用?这些案例的发生说明在配套制度和实施细则不完善、不明确的背景下,社会风险评估机制本身存在的种种“风险”。

表3 新《拆迁条例》实施后发生的拆迁血案

时间	地点	事件
2011年4月22日	湖南省株洲市	为抵抗株洲市荷塘区人民法院执行司法强拆,株洲市云龙示范区学林办事处横石村农民汪家正在家中屋顶上自焚身亡。
2011年5月6日	辽宁省盘锦市兴隆台区	房屋承租人杨东明因动迁部门将原本属于承租经营者的装修补偿交给了房主,其得不到补偿而拒绝搬迁,用长刀将一名“民警”和一名综合执法人员捅成重伤。
2011年5月13日	江苏省灌云县侍庄乡陆庄村	在拆迁工作人员准备拆除陆增罗借住的二层违建楼房,正清点屋内物品时,陆增罗因其要求补偿的宅基地未得到而点燃屋内汽油自焚而死。
2011年6月	山西省朔州	被拆迁人吴学文在司法强拆过程中,将工作人员捅死一名,重伤一名。

二、司法审查权的旁落:司法强拆风险评估的制度检讨

社会风险无处不在,政府评估却是雾里看花,法院站在司法强拆的第一线,承担着过多的责任和期望,但也背负着它自身难以承受的压力。法院为何在司法强拆风险评估中扮演了顺水推舟的角色?司法审查权的旁落“无奈之处”究竟为何?

(一)放纵:粗疏的法律规定

1. 形式欠缺

笔者试图将涵盖司法强拆的有关法律法规进行一番梳理,但经过从"百度"和"法律法规规章司法解释全库"进行搜索后发现,关于社会风险评估的法律和规范性文件在数以万计的法律条文中寥寥无几。以下是笔者找到的涉及拆迁社会风险评估的有关法律法规:《国有土地上房屋征收与补偿条例》《最高人民法院关于办理申请人民法院强制执行国有土地上房屋征收补偿决定案件若干问题的规定》《国务院关于加强法治政府建设的意见》《最高人民法院关于新形势下进一步加强人民法院基层基础建设的若干意见》和《最高人民法院关于当前形势下加强民事审判切实保障民生若干问题的通知》中涉及拆迁风险评估问题,其他有关拆迁风险评估的规定就散落于各个省、市政府制定的暂行办法中(见表4)。

表4 涉及司法强拆风险评估的文件

文件名称	制发机关
《国有土地上房屋征收与补偿条例》	国务院
《国务院关于加强法治政府建设的意见》	国务院
《关于办理申请人民法院强制执行国有土地上房屋征收补偿决定案件若干问题的规定》	最高人民法院
《关于新形势下进一步加强人民法院基层基础建设的若干意见》	最高人民法院
《关于当前形势下加强民事审判切实保障民生若干问题的通知》	最高人民法院
《关于进一步推进住房城乡建设系统依法行政的意见》	住建部
各省制定的《社会稳定风险评估暂行办法》	省政府
各市制定的《国有土地上房屋征收与补偿实施办法》	市政府

2. 内容积弊

笔者对上述规定进行分析,发现存在以下问题:一是条文粗疏。大多数文件中仅仅提及"风险"二字,对于程序和实体内容鲜有翔实规定。如《国务院关于加强法治政府建设的意见》仅仅在"公众参与、专家论证、风险评估、合法性审查和集体讨论"等重大决策必经程序中提及到"风险评估"。《最高人民法院关于办理申请人民法院强制执行国有土地上房屋征收补偿决定案件若干问题的规定》第2条中规定:"申请机关向人民法院申请强制执行,除提供《条例》第28条规定的强制执行申请书及附具材料外,还应当提供下列材料:……(三)社会稳定风险评估材料。"这里也只是简单提及"风险评估材料。"二是机构不明确。虽然有的规定中明确了申请机关需要提交风险评估材料,但没有明确申请机关具体是谁。三是程序模糊。在所有的文件中,对风险评估的程序如何实施都没有明确规定。四是评估对象模糊不清。只是笼统提到要对社会风险进行评估,但是到底哪些算是社会稳定风险,哪些是必须评估的风险指标,并没有明确规定。

(二)权衡:多重的行政化干预

正因为法律没有明确规定司法强拆风险评估该如何进行,于是法院在这其中的角色扮演便就有了回旋的余地。笔者对Y区法院负责司法强拆的非诉执行局负责人进行了访谈:

访谈材料一:Y区法院非诉执行局局长

问:您认为在司法强拆中政府出具的评估结果法院是否该全部予以采纳?

答:我们受理的案件,基本上都涉及辖区或者省、市重点工程项目建设的拆迁,新《拆迁条例》实施后,政府在向法院申请强制执行前,都进行了风险评估,并且随案卷附带了风险评估报告,我们只从形式上审查是否有报告,有报告的当然就予以采纳了。

访谈材料二:L区法院某资深法官

问:在您办理的强拆案件中,是否存在有评估报告结论无风险,但实际执行中出现问题的案例?

答:这种情况肯定是有的,我们在执行中遇到的风险远远比政府评估报告中提及的复杂得多、具体得多。

问:既然评估报告并不能反映真实的风险状况,为何法院不予以质疑?

答:在目前这种体制下,法院是为大局服务的,拆迁工作可以说就是地方政府的“中心工作”,法院尴尬的地位决定了法院的有限作用。

从笔者的调查和走访可以发现,在司法强拆的风险评估中司法审查中立性严重虚化,法院在独立审查权与支持地方政府的中心工作中进行着艰难的权衡。在我国法院组织体制中,法院受双重领导和管理,接受同级党委和同级人大领导和监督,法院的人事、财政都掌握在同级党委和政府手中,而申请司法强拆的主体是人民政府,申请强拆指向目标多为引资或增加财政收入、改善民生的重点工程项目,这些都是地方党委、政府的“中心工作”。服务党委中心工作和地方经济建设是法院的司法社会职能之一,在此情形下,司法审查权的中立性事实上必然要让位于“服务”而走向“服从”,司法审查为行政权涂上一层保护色,法院的公正裁判与利益均衡作用没有得到充分发挥,一些恶性事件不可避免地走进了司法强拆具体运行过程中。① 由法院主导的强拆看似规范,在现行的体制及制度设计下,法院的作用其实很小,其中立、公正的形象也没有体现,法院在行政压力下,独立审查权处于难以行使的尴尬中,甚至有些地方法院还沦为政府拆迁的“先锋官”。

(三)掣肘:模糊的价值功能和机制构建

1. 似是而非的“价值功能”

1986 年德国著名社会学家、慕尼黑大学教授乌尔里希·贝克在其《风险社会》一书中提出“风险社会”这一概念并建立著名的“风险社会理论”。“社会风险”这一概念从 2005 年在我国开始流行,并在我国与“和谐社会”等概念并行使用。② 国内立法者借鉴西方风险评估机制的初衷是希望社会风险评估机制能发挥其“制动阀”和“民心桥”的作用,帮助构建责任政府。然而在司法强拆中,风险评估“制动阀”和“民心桥”的价值功能在认识上存在模糊,地方政府看重的是其形式上的要件,对其内在的价值不够重视,各级法院在现有体制下,也难以运用司法审查权发挥风险评估“制动阀”的功能。

虽然对社会风险评估机制的价值认识不清,但无论是政府、法院还是人民群众却对社会风险评估有着不切实际的过高期望值。政府和法院希望这项评估能将风险避于门外,顺利推动强拆的进行,让自已置于风险之外。人民群众希望能通过风险评估发出自己“不同”甚至是“反对”的声音,以有效阻止他们认为有问题、不合理的拆迁项目的进行。更有甚者,社会风险评估在有些地方已经成功变形成了“助推器”,在阻挡风险上贡献不突出,无法叫停或者暂缓可能引发社会稳定问题的项目、决策以及拆迁工作,却因形式上评估报告的具备,在助推当地项目建设上发挥了强大的作用。司法强拆社会风险评估机制背负着沉重的责任,当现实和理论脱节时,该机制本身也“风险”重重。

2. 难以琢磨的“风险指标”

虽然我们都清楚风险评估最重要的对象就是社会风险,但是谈到社会风险如何具体落实到各项指标中时,问题就变得复杂和模糊。笔者就此问题项进行了问卷调查。参与调查的人员情况:法官 20 名,拆迁指挥部工作人员 20 名,被拆迁人 20 名,律师 20 名,共 80 人(见表 5)。

① 陈家兴:《司法强拆为何阻挡不了自焚》,载《京华时报》2011 年第 4 期。

② 谢俊贵:《当代社会风险源:特征辨识与类型分析》,载《西南石油大学学报(社会科学版)》2009 年第 4 期。

表5　对80名各界人士的问卷调查统计表

	很了解	一般了解	很少了解	完全不了解	
以前是否了解司法强拆风险评估	15人	20人	40人	5人	
是否知道司法强拆风险评估指标	5人	10人	50人	15人	
您认为司法强拆风险评估中最重要的指标是	突发事件	弱势群体	贫富差距	执法行为	其他
	20人	25人	15人	10人	10人

从以上调查统计表可以看出,被调查者中75%的人对司法强拆风险评估机制知之甚少,81%的人不知道司法强拆风险评估的具体指标到底是哪些。在让被调查者选择他们认为最重要的风险指标时,25%的人选择了突发事件,31%的人选择了弱势群体,18%的人选择了关注贫富差距,还有12%的人选择了其他。社会风险指标数以千百计,司法强拆中具体应该选择哪一些指标作为对象进行评估,不仅让普通百姓莫名其妙,也让操作者无所适从。按照通行的做法应该是对评估项目的四性即“合法性”“合理性”“可行性”和“安全性”进行衡量与评价,然而,其中“安全性”最让人难以琢磨,因为风险如“精灵一般,再也无法用模式化的框架将其简单计算和界定”。①

3.“利益虚置”的评估结果

新《拆迁条例》实施后,希望被拆迁的人的利益得到更好保护的预期并没有得以实现。目前行政部门在强拆申请前进行社会稳定风险评估时没有实质性地收集被拆迁人的不同意见,使得风险评估过程表现为法律无法控制、公众无法参与、专家无法发力、大而化之、流于形式、群众利益表达虚置。所谓群众利益表达虚置,是指在公民参与决策过程中,利益表达的制度性渠道看似畅通无阻,但公民的真实利益诉求却难以反映在政府决策过程之中的现象。② 因为司法强拆前没有广泛民众的有效参与,政府出具的风险评估结果(报告)往往不被民众所信任,司法强拆社会稳定风险评估徒有虚名。

4.“缺位错位”的审判职能

职能缺位表现在政府和法院均没有对司法强拆风险评估工作引起足够重

① 夏玉珍、郝建梅:《当代西方风险社会理论:解读与讨论》,载《学习与实践》2007年第10期。

② 宁骚、孔祥利:《城市拆迁决策过程中公民参与的困境及其突破》,载《湘潭大学学报(哲学社会科学版)》2007年第4期。

视,很多案件没有进行风险评估就直接予以强拆,有些地方政府甚至大有“为拆迁而不计后果”的勇气,司法实践中存在对公民私权救济的严重缺位。职能错位具体表现为虽然做了风险评估,但流于形式,只是简单出具一份“千篇一律”的报告而已。新《拆迁条例》实施后,作为明确要求的一项内容,风险评估开始被运用于实践。但由于社会稳定风险评估究竟如何进行操作并无具体规定,造成实践中一些地方政府带有很大的盲目性,在房屋征收中对于社会稳定风险评估如何进行显得无所适从。例如有的社会稳定风险评估报告是按照《安全生产法》等规定进行的评估。显然,新《拆迁条例》要顺利实施,社会稳定风险评估等配套制度必须进一步加以完善。程序失范具体表现为做了风险评估,但程序不规范,评估结果不被群众信任和接受。由于没有配套制度的出台,目前风险评估参与评估的主体有地方政府,也有的是临时组建的拆迁办、拆迁指挥部,在新《拆迁条例》实施后,法院被推到司法强拆的主体地位,但法院单独对司法强拆进行风险评估的很少,基本上还是停留在书面审核阶段。评估的指标如何选择在任何条例和规定中都没有明确规定,公众的意见如何听取也没有具体规定。

三、重拾:司法强拆社会风险评估机制的定位和程序规则

让旁落的司法强拆风险评估的司法审查权回归独立的地位,无疑需要对现有的制度和规则从程序性控制和配套性措施两个方面进行系统的解构和建构。

(一)从程序上重拾司法强拆风险评估

1. 确保评估中法院的独立地位

最高人民法院在《关于新形势下进一步加强人民法院基层基础建设的若干意见》中提出,要建立重大敏感案件风险评估机制。王胜俊院长也曾提出要在人民法院建立社会稳定风险评估机制,防止因工作不当影响社会稳定。① 在司法强拆案件的社会风险评估中,法院必须坚守中立地位,严格依法独立审查行政机关的强拆申请。凡不符合法定受案条件以及未进行社会稳定风险评估的申请,一律退回申请机关或裁定不予受理。法院自身应当建立独立的司法强拆风险评估机制,在对受理的拆迁案件进行风险评估时,严格掌握评估的合法性、合理性、程序性和稳定性四个方面的标准,通过立案风险评估、风险评估报告再审查及公正裁判等规范程序对政府的强拆申请进行严格把关,为被拆迁人提供利

---

① 王胜俊:《扎实推进三项重点工作努力实现人民法院工作新发展》,载《求是》2010 年第 15 期。

益诉求的有效渠道,将民众意见有效纳入司法强拆裁判中。同时,上级法院要加大对案件审查与指导的力度,强化“司法强拆”案件的社会稳定风险评估,认真履行司法审查和指导职能,积极支持基层法院严格依法办案。

2. 建立有效的风险“制动阀”机制

风险评估最重要的内在价值是在发现风险时,能进行有效的“制动”。所谓“制动阀”机制,是通过对社会风险的分析,对风险大的项目进行“制约”或者“叫停”。该机制立足评估,试图寻求让老百姓接受的政策方案,实现保稳定与促发展的共生。这种以“维稳”为主轴的“倒逼”逻辑,推动了政府与公民的互动,实现了经济社会的有序、良性发展。司法强拆的“制动阀”机制与当代比较政治学领域“否决点”理论有异曲同工之效。所谓“否决点”,是指“为了变革一项政策,必须得到一系列的个体或集体行动者同意,这些行动者被称之为否决点或否决方”。① 每项公共政策的制定和实施都有可能使社会不同阶层受益或受损,会对社会特定的公众产生强大的冲击力,那些受到冲击的公众会进行抵制,阻碍公共政策的变迁。② 在传统司法强拆“关门评估”模式里,没有公众参与议程的位置,整个决策过程基本上由政策制定者控制和把握。然而现实生活却需要司法强拆风险评估的“外压模式”,在“外压模式”里,政策制定更注重争取民意支持。③ 笔者认为,在推行司法强拆社会稳定风险评估过程中,法院应该根据风险评估结果,对可能带来重大社会风险的工程项目的拆迁切实履行“否决或暂缓”的职责,通过程序约束来增加决策的“否决点”,这样才有利于提高决策的科学化和民主化,避免社会矛盾的激化或引起大规模的社会群体事件。

3. 从“单方评估”到“第三方思维”

按照现行通用模式,司法强拆风险评估责任主体遵循“主管、建设单位与评估单位一致”的原则,即重大事项决策的起草与制定、项目的报批单位部门是负责组织实施社会稳定风险评估的责任主体。④ 这种典型的“自我评价、单方评估”模式的弊端是显而易见的,当评估责任主体就是重大事项实施、审批主体时,建设项目报批单位同时负责撰写项目可行性报告和风险评估报告,我们也就

---

① 朱德米:《深化社会稳定风险评估的理论支持》,载中国政策论坛网(2011 年 6 月 8 日),2012 年 8 月 1 日最后访问。

② 吴锦旗:《论公民参与过程中公共政策否决点的形成》,载《黑龙江社会科学》2010 年第 2 期。

③ 王绍光:《中国公共政策议程设置的模式》,载《开放时代》2008 年第 2 期。

④ 张仲涛:《试论利益妥协与阶层合作》,载《南京社会科学》2011 年第 9 期。

能够理解为什么现有的风险评估报告中都无法出现“暂缓或停止拆迁”的结论了。当然,政府部门也不会在制定强拆方案的同时又在风险评估报告中承认自己制定的方案“有很大的社会风险”。要使司法强拆社会稳定风险评估能真正经受各方利益博弈的考验,转变“单方评估”的现有模式,引入“第三方思维”,确立公众有效参与拆迁过程的制度是必行之路。应把风险评估的责任主体与实施主体区别开来,责任主体不负责具体评估,把具体评估委托给专业评估机构。公众有效参与拆迁社会稳定风险评估其实是为对拆迁有异议的民众提供一条有效的救济渠道。① 人民群众的诉求被重视程度与社会稳定风险发生概率呈反相关,即群众的诉求受到政府的重视或有效回应度越高,社会稳定风险的发生系数就越低。所以,司法强拆有效运行的核心问题在于保障民众有效参与,使社会稳定风险评估机制充分尊重与吸纳被拆迁人意见,只有这样,司法强拆的运行过程才不会发生恶性事件。

4. 司法强拆评估的程序设计

司法强拆风险评估的程序,可以分为以下几个层次:第一,确定评估事项和风险指标。综合分析案件的情况,选择合适的事项和指标作为对象,进行细化计算和评估。第二,分析预测。对评估事项可能引发的社会不稳定因素逐项进行科学分析和预测。第三,编制评估报告。评估报告要有风险情况的分类、有具体风险指标的分析、有综合风险值的计算和统计、有风险等级的确定、有具体化解风险措施以及有应急处置预案等。第四,报送审查。社会稳定风险评估报告作为审批要件之一,报送重大事项的决策审批机构审查。存在社会稳定风险且化解措施不完善、不到位的,应暂缓实施或暂不实施。第五,跟进化解。落实各项工作措施,妥善化解社会稳定风险。

(二)从配套措施上建构司法强拆风险评估

1. 查明司法强拆“风险源”

从司法过程来看,风险衡量包括风险查明和风险分析。风险查明,是指司法裁判人员通过各种途径发现案件背后存在的各种风险。风险分析,是指通过分析各种风险,进行归纳和分类。进行司法强拆风险评估,首先要弄清楚风险来源。在当代社会,司法强拆的风险有三个来源:政治风险源、经济风险源和社会风险源(见图1)。政治风险源主要来自政府和司法官员的腐败行为导致人民对执政党和

① 陈发桂:《司法强拆运行机制可行性审视———基于案例分析的反思与重构》,载《福建行政学院学报》2012年第1期。

政府的权力认同度降低,内心价值理念受到冲击而产生的危机。① 经济风险源主要是困难群体因拆迁导致失业、失地后而产生的危机。如被拆迁人因打破生存现状造成不安与担忧,认为有限的货币补偿从长远来看势必将减少其持续生存能力。社会风险主要来自社会的贫富两极分化和弱势群体利益得不到保障而使得一些社会成员产生被剥夺感而产生的社会危机。

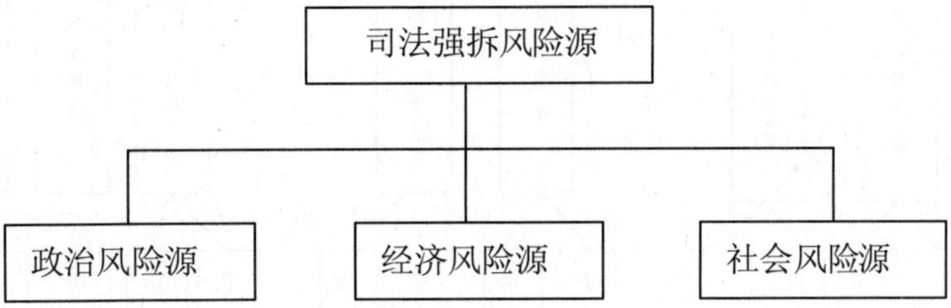

图 1　司法强拆风险源示意图

2. 确定司法强拆的"风险指标"

查明司法强拆三个风险源后,需要进一步细化风险评估指标。司法强拆中政治风险具体指标为:是否符合党和国家的大政方针,是否具有法律或政策依据,是否与现行法律法规相抵触,是否经过严谨的可行性论证,是否经过严格的审批程序,是否存在权力腐败,是否存在随意改变规划谋取个体利益的不法行为,严格审查拆迁补偿资金是否真正按时到位,是否专户管理、专款专用,拆迁补偿款是否存在被贪污截留以及补偿款的分配是否合理等。经济风险具体指标为:被拆迁人的经济状况,安置补偿协议是否真实、自愿,行政裁决程序实体是否合法,被拆迁后被拆迁人生活来源是否有保障,特困户的扶持和保障问题等。社会风险具体指标为:是否符合社会发展规律,是否符合大多数人民群众的利益需求,是否会引发其他群众攀比或不满情绪,是否存在潜在不安定因素,是否会引发越级上访、集体上访或群体性事件,是否存在类似民间组织通过收买当地居民补偿"权利"介入滋事生非②,以及贫富差距、社会治安、突发事件、弱势群体保护等。(见图 2)。对每一个风险源下的风险指标,我们还可以进一步进行模块分

① 白丽云:《关于强制拆迁问题的思考——以执法为民理念为核心视角》,载《探索与争鸣》2011 年第 4 期。

② 曹钰:《构筑和谐社会创建幸福家园———构建和谐社会的愿景与方略专家访谈》,载《人民论坛》2005 年第 2 期。

析以了解指标体系的发展变化情况。比如,社会风险指标体系由社会保障指标、社会发展指标、社会公平指标、社会秩序指标、社会安全指标和社会舆情指标6个模块构成(见图3)。①

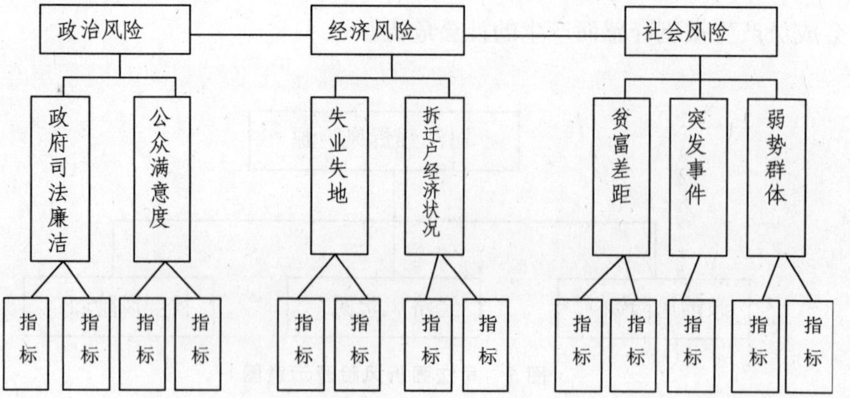

图2 风险指标构成示意图

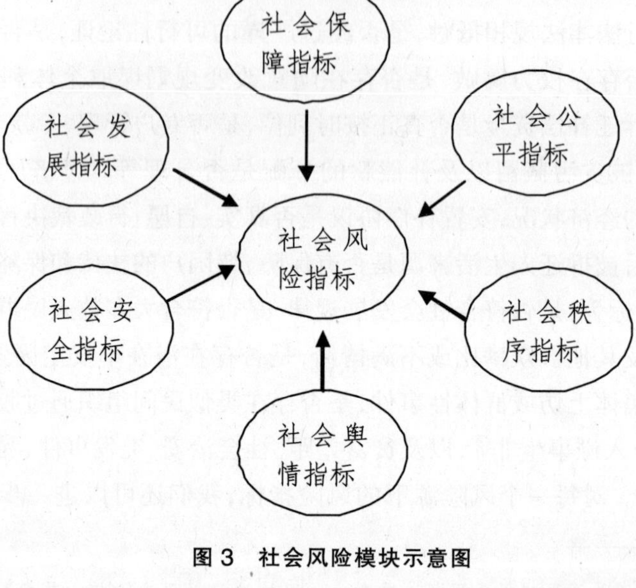

图3 社会风险模块示意图

① 陈远章:《转型期中国突发事件风险管理研究》,中南大学2009年博士毕业论文。

3. 司法强拆“风险的等级”区分

在选取合适的风险评估指标并通过对这些具有代表性的指标进行综合评价后，司法强拆风险评估的风险等级可以分为五个，分别为很小、较小、中等、较大、很大。[①] 为进一步准确计算风险状况，根据测评和民调结果，需要确定政治、经济、社会风险项下具体指标的权重 W，取值范围在 0 到 1 之间，W 的数值越大，表明此类风险的在社会中起的作用越大。然后，我们需要确定风险可能性大小的等级值 C，将其也分为五级，由小至大分别取值为 0.2,0.4,0.6,0.8,1.0。每类风险因素的权重与等级值相乘（即 W * C），便得出该类风险因素的得分，再把政治、经济、社会风险的得分相加总和即得到综合风险的分值（即 ∑W * C）。综合风险值在 0.4 以下表明风险较低，但也存在引发个体矛盾的可能。综合风险值在 0.4 -0.7 之间表明风险中等，有引发一般性群体性事件的可能。综合风险值在 0.7 以上时表明风险较高，有引发大规模群体性事件的可能，这时需要特别引起重视，并适时启动“制动阀”机制（见表 6）。

表 6 风险权重及等级表

风险类别		风险权重 W	风险发生的可能性 C 很小 较小 中等 较大 很大 0.2 0.4 0.6 0.8 1.0	W * C
政治风险	指标一	0.20	√	0.16
	指标二	0.15	√	0.03
经济风险	指标一	0.15	√	0.09
	指标二	0.20	√	0.08
社会风险	指标一	0.20	√	0.12
	指标二	0.15	√	0.06
综合风险				0.51

结语

转型时期的中国社会面临着很多未知的因素，转型时期中国的司法应当勇敢地回应当代中国社会发展中的风险，人民法院则更加需要从时代背景和制度

① 张鹏、李国峰、刘丽：《土地征收中的社会稳定风险评估》，载《国土资源科技管理》2010 年第 6 期。

逻辑出发，正当、独立地行使法律赋予的权力和责任。至此，笔者分析了司法强拆社会风险评估的现状和弊端，试图探寻一些具体的、有操作性的方法，希望对今后司法强拆风险评估工作制度的完善有所裨益。

（徐琼：湖南省长沙市岳麓区人民法院副庭长）

刑事诉讼入选论文

在非法与合法之间：对非法证据排除规则进行裁量性限制的思考

李才坤　罗　果

通其变，天下无弊法；执其方，天下无善教。

——《中说·周公篇》

以事实为依据，以法律为准绳，是一项基本法律原则。对于法官来说，事实有法律事实、客观事实之分，前述法律原则之事实，当归入法律事实范畴。法律事实由证据来证明，更为确切地说，是由具备合法性、真实性、关联性的证据来证明。与合法相对应的是非法，对非法证据持什么样的态度？绝对排除，抑或容许存在例外？笔者的观点是后者。“排除＋例外”，对非法证据排除规则进行裁量性限制，本文从此角度切入进行探讨。

一、并非没有例外：非法证据排除规则适用例外之现状透视

案例一：前宁波东钱湖旅游度假区建设局局长助理章国锡受贿案，被媒体称为“全国首例非法证据排除案”。宁波市鄞州区法院审理认定，章国锡利用职务便利，为他人谋取利益，非法收受他人贿赂6000元，其行为构成受贿罪，判处免予刑事处罚。对检察机关指控的章国锡受贿7万元的事实，因侦查机关在控制、刑事传唤、刑事拘留章国锡期间未按照法定程序出具相关法律手续，也没有制作谈话、讯问笔录，法院认定章国锡审判前的有罪供述系非法证据并予以排除，对7万元不予认定。宣判后，鄞州区检察院提出抗诉，认为侦查机关传唤章国锡后，对其进行了讯问，填写了相关材料，并对讯问进行同步录像，章国锡还做了两次自书交代，故侦查机关的前期侦查行为合法。宁波市中院二审认为，经检察机关补正、做出合理解释后，章国锡并非在刑讯逼供的情况下做出有罪供述，其审

判前有罪供述应作为证据采用。2012 年 7 月,宁波市中院判决章国锡犯受贿罪,判处有期徒刑 2 年;违法所得计 7.6 万元,予以没收。①

案例二:河北石家庄青年王朝被指控于 2006 年 8 月 11 日实施入室抢劫,2007 年 12 月,保定市北市区法院以抢劫罪判处王朝有期徒刑 13 年,并处罚金 2 万元,剥夺政治权利 3 年。王朝提起上诉,保定市中院维持原判。2010 年 11 月,河北省高院提审该案,撤销原判,发回北市区法院重审。据悉,该案取证过程中存在诸多问题,作为关键物证的酒瓶没有被记录提取情况,缺乏扣押清单,酒瓶上指纹的送检、鉴定均由同一警员所做,酒瓶提取完指纹后还给了被害人。公诉方承认此前递交的证据中有 36 处瑕疵。法庭审理时采信了公诉方补正、解释后的证据,结合被害人陈述,赃物持有人的证言,技术侦查所获得被告人车辆行驶轨迹,手机漫游轨迹、通话记录等认定了王朝入室抢劫的犯罪事实。2011 年 9 月,北市区法院重审以抢劫罪,判处王朝有期徒刑 13 年,并处罚金 2 万元,剥夺政治权利 3 年。王朝再次上诉,2011 年 12 月,保定市中院二审维持原判。②

案例三:"2009.09.09"云南扫毒专案中,警方抓获了一个贩毒 100 公斤犯罪团伙。根据团伙成员交代,该贩毒团伙主犯系夏启安,2009 年 10 月 13 日,夏启安被云南普洱警方刑事拘留,同年 10 月 21 日被送至普洱市看守所,之后又被提押至普洱市公安局禁毒支队关押 8 天,期间警方对夏启安进行了讯问。普洱市中院一审判决夏启安死刑,剥夺政治权利终身,并处没收个人全部财产。夏启安不服判决提起上诉,辩称公安机关将其提押至禁毒支队进行讯问违反了提押讯问的相关法定程序,所收集的证据系非法证据,要求二审判决其无罪。2012 年 5 月,云南省高院开庭审理此案,当庭排除了 10 份非法证据,均系公安机关在禁毒支队对夏启安所做的讯问笔录。夏启安辩护人提出,此 10 份证据之后所做的全部有罪供述均受到违法取证的污染,属于毒牛奶③,应该作为非法证据予以排除,法院未支持该辩护意见。

证据是内容(事实材料)与形式(证明手段)的统一,是以法律规定形式表现出来的能够证明案件真实情况的一切事实。④ 证据必须符合真实性、关联性、合

① 孔令昌:《章国锡受贿案》,大律师网,www.maxlaw.cn,2015 年 6 月 20 日最后访问。

② 《河北保定王朝案五年轮回》,新浪网新闻中心,http://news.sina.com.cn,2015 年 6 月 20 日最后访问。

③ 李万辉、邹俊波:《非法证据波及的公诉应对——夏启安案二审庭审旁听所感》,载《中国检察官》2012 年第 4 期。

④ 卞建林:《证据学》,中国政法大学出版社 2000 年版,第 70－74 页。

法性三大基本要素,非法证据是相对合法证据而言的称谓,是指不符合法定形式或者采集证据的程序不符合法定程序的证据。非法证据排除规则即指司法机关应对非法证据予以排除,不得作为定案的依据。以上案例中,庭审涉及的部分非法证据未被排除,而是在依法补正或做出合理解释后被采信为定案依据,被犯罪分子视为保护伞的"非法证据排除规则"并未如愿适用,他们最终因自己的罪行锒铛入狱,正义得以伸张。

非法证据排除规则起源于美国,逐渐被其他国家和地区所借鉴并发展,因为在保护人权、限制公权力滥用、完善证据制度方面的重要价值,学界及社会舆论大多对其持褒奖态度。但是从上述案例来看,受贿、抢劫、贩毒,无一不是祸国殃民的犯罪行为,如若将非法证据不论违法性质大小一律排除,必然大大削弱打击犯罪的力度。随着普通民众法律意识的增强以及律师辩护制度的迅速发展,寻找司法制度及执法行为的漏洞与缺陷并予以规避法律制裁不是难事,是否要因为执法人员的疏忽与错误便放纵祸国殃民的罪犯于法网之外呢?刑事诉讼价值的初衷在于惩罚犯罪、维护正义,非法证据排除规则的绝对适用是否会使其偏离初衷?证据效力绝对取决于取证方式的立法理念在某种程度上是否背离了刑事诉讼价值?这些都是值得深思的问题。

二、其实可以限制:非法证据排除规则适用限制之理论探析

(一)我国限制对非法证据进行绝对排除的立法体现

一个国家诉讼制度先进、公正与否,最终取决于其证据制度,而证据规则又是证据制度的核心。① 2010 年,最高人民法院、最高人民检察院、公安部、国家安全部、司法部发布了《关于办理死刑案件审查判断证据若干问题的规定》和《关于办理刑事案件排除非法证据若干问题的规定》,较为具体地确定了非法证据排除规则。《关于办理刑事案件排除非法证据若干问题的规定》第 1、2 条明确规定了采用刑讯逼供等非法手段取得的犯罪嫌疑人、被告人供述和采用暴力、威胁等非法手段取得的证人证言、被害人陈述,属于非法言词证据,应当予以排除,不能作为定案的根据。第 14 条规定:"物证、书证的取得明显违反法律规定,可能影响公正审判的,应当予以补正或者做出合理解释,否则,该物证、书证不能作为定案的根据。"2012 年修正的《刑事诉讼法》第 50 条规定:"审判人员、检察人员、侦查人员必须依照法定程序,收集能够证实犯罪嫌疑人、被告人有罪或者无

---

① 房文翠、丁海湖:《关于证据排除规则的理性思考》,载《中国法学》2002 年第 4 期。

罪、犯罪情节轻重的各种证据。严禁刑讯逼供和以威胁、引诱、欺骗以及其他非法方法收集证据,不得强迫任何人证实自己有罪。”第 54 条规定:“采用刑讯逼供等非法方法收集的犯罪嫌疑人、被告人供述和采用暴力、威胁等非法方法收集的证人证言、被害人陈述,应当予以排除。收集物证、书证不符合法定程序,可能严重影响司法公正的,应当予以补正或者做出合理解释;不能补正或者做出合理解释的,对该证据应当予以排除。”

由此可见,对于刑事诉讼的言词证据与物证、书证的非法性认定标准并非一致,后者可以经依法补正后被法庭采纳,前者的非法取证手段也限于刑讯逼供、暴力、威胁等损害人权尊严的方式。有学者以“瑕疵证据”来定义这些可以补正而不需要排除的证据,但笔者认为违反法定程序或形式的证据即为非法证据,只是因其违法性质较小,不足以推翻待证事实,且可以被补正或合理解释,鉴于打击犯罪维护正义的需要,司法实践中选择不予排除。为平衡法治化发展中的保护人权原则与欠佳法制环境下的打击犯罪效率,对不同形式的非法证据做出差异性标准规定,允许非法证据排除规则的适度例外,保障打击犯罪顺应法治发展的适宜节奏,这是符合我国国情的司法进步的做法。

(二)国外限制非法证据排除规则适用的经验

1. 美国非法证据排除规则的例外

美国法治化发展比较先进,是世界上最早确定非法证据排除规则的国家,但是为平衡保护人权与打击犯罪两者的利益冲突,通过长久以来的不少判例逐步确定了一些适用非法证据排除规则的例外情况。(1)主观意志之外的善意例外。警方并非因自身主观意志非法取证,而是基于合理善意的信赖进行搜查取证,或根据其他客观信息(如立法错误、计算机信息错误)而进行取证导致产生的非法证据,此类证据不会被确定为无效而在诉讼中予以排除。(2)基于公共安全考量的例外。在涉及国家、社会公共安全的情况下,在不违背当事人自愿陈述的原则下,违反法定取证程序获得的证据可以作为合法证据予以认定,即牺牲部分个人利益来保护公共利益。(3)毒树之果(“Fruit of the Poisonous Tree”),即通过非法取得的证据衍生的其他证据。美国最高法院曾明确表示这类证据不应该在审判中被使用,但是后来由于“毒树之果”原则贯彻得过于绝对,导致打击犯罪的效果受到影响,司法制度体系牺牲较大,美国最高法院又补充了“毒树之果”的例外情形。包括污染中断(Purged Taint),即因为介入了其他因素导致原先的非法行为致使的瑕疵得以补正,“治愈”后的证据不违背司法公正原则,故可以不排除;污点稀释(Attenuation of the Taint),即因为多个取证行为,几代后的"衍生证据"的非法性质降低,为避免致使诉讼工作严重搁置受阻,由法官自由裁量其是否予以排除;独立来源(Independent Source),即在最初的非法取证中已经存在,但未受该非法取证行为影响的可以独立出来的证据;必然发现(Inevitable Discovery),即以非法手段获得的,但是能够证明其通过合法手段也必然获得的证据。(4)诚信质疑的例外。是指非法证据不能在诉讼过程中作为认定案件事实的依据,但是可以依此来质疑当事人的诚实度和可信度,从而影响案件适用法律的具体情形。(5)当事人首先举证的例外。当事人自己首先对非法证据进行了举证,就不能再申请排除该非法证据,诉讼对方也可以使用该证据,法庭不应予以排除。①

2. 德国非法证据排除规则的例外

德国是典型的大陆法系国家,对待非法证据的态度不同于英美法系国家,非法证据排除规则主要体现在《基本法》和《德国刑事诉讼法典》中,对违反法律禁令取得的言词证据予以排除,主要包括违法取得证人证言、非法讯问所得供词陈述;对于违反法律规定的实物证据则由法官综合考量该证据的违法制度、采用该证据定案的必要程度、损害被告人权益的严重程度等因素,权衡利弊之后做出决定。对于毒树之果理论,德国不认同违法取证行为的波及效力,一般不予排除该类证据。此外,德国还存在法律保留和法官保留的例外限制。法律保留是指基于公共安全利益需要,特殊情况下法律规定公权力可以适度干预公民的部分宪法权利,如为打击犯罪侵犯了公民隐私权、通信权。法官保留是指法官为查明案件事实,可以授权警察干预公民部分宪法权利,由此产生的违法取证行为可以免除非法性,所得证据不被排除。②

3. 日本非法证据排除规则的例外

日本与我国的法律文化基础相似,法律思维上也存在契合点,但是战后日本法制体系深受英美法系影响,引进非法证据排除规则也早于我国。日本的非法证据排除规则将口供与实物证据的排除分别以立法和判例的形式做出规定,规定得较为详细和具体。③ 司法实践中,非法证据也并未绝对排除,日本采用的是相对排除规则,在不违背宪法的情形下,根据诉讼实际情况,法官权衡各方因素

---

① 白瑞麟:《非法证据排除例外研究》,内蒙古大学2011年硕士毕业论文。

② 张悦梅:《非法证据排除规则例外之研究》,复旦大学2008年硕士毕业论文。

③ 付家亮:《中、日非法证据排除规则比较研究》,载《辽宁行政学院学报》2014年第8期。

后决定是否排除,往往只有在警察取证行为违法程度比较严重时才会予以排除。日本对非法证据排除的例外限制主要有:善意的例外;必然发现的例外;被告人同意的例外,即非法收集的证据是经被告人同意的,法院可以作为定案依据,不予排除;侵犯第三人权益的例外,即被告人不能以收集证据行为侵犯了他人权益而申请启动非法证据排除程序;私人收集证据行为的例外,即私人取证行为不适用非法证据排除规则。

(三)限制非法证据排除规则适用的价值追求

1. 兼顾程序正义与实体正义

程序正义具有客观性,相对实体正义更为公开化、透明化,更具有操作性,也更容易接受公众的监督与评查,它是实体正义的重要保障,这也是非法证据排除规则得以确立的基础。确保程序不违法,违法的程序行为被去除法律效力,从而保障实体正义的最终实现,基于此种目的成立的非法证据排除规则无疑倾向于保护人权的诉讼价值理念,但是严格的适用非法证据排除规则难以避免可能会妨碍侦破部分刑事案件,某些实施犯罪的被告人可以充分利用非法证据排除规则为自己逃脱法律制裁。1994 年美国辛普森杀妻案作为彰显程序正义的典型案例曾引起不小轰动,辛普森重金所聘的律师团队指出控方在程序上存在失误,关键性证据被认定无效,辛普森得以无罪释放,当时 CNN 民意调查显示 66% 的美国人认为辛普森有罪,20 年后该比例增加至 83%①,社会公众是否认可为坚守程序正义而牺牲实体正义的代价不得而知。因此,在司法环境并不完善、执法人员专业素质有待提升的情况下,适当地将程序正义向实体正义做出倾斜与妥协,允许非法证据排除规则例外情况的合理存在,更能体现兼顾保障人权与打击犯罪的刑事诉讼价值,辩证统一的权益平衡胜过顾此失彼的矫枉过正。

2. 增强规则的实际执行效能

非法证据排除规则虽然得以确立,但是鉴于立法缺陷、司法环境欠佳等原因,为了回避排除规则中与司法实践无法融合的硬性禁区,司法人员可能选择对规则置之不理,从而降低了规则的实际执行力度。一项规则要顺利地得到执行,应将不能执行的情况或者不合理的情况列为规则的例外,否则会降低规则本身的执行价值。② 如果不允许例外的存在,司法实践中对规则又不予以切实贯彻,

---

① 《辛普森杀妻案 20 年难解,超八成美受访者认为有罪》,中国新闻网,www.chinanews.com,2015 年 7 月 7 日最后访问。

② 杨冠宇:《非法证据排除规则研究》,中国人民公安大学出版社 2002 年版,第 75 页。

只会严重损害立法权威,以视而不见的形式减弱规则的执行力,实乃违背立法初衷之举。反之,通过全面整合分析,确定符合规则例外的相关情形,有效增强规则的实践效能,将不能使用规则的种种情形摆到明面上来,讨论研究、立法确定,使得整体规则实现阳光化、透明化,非法证据排除规则及其例外共同接受各界监督,共同得以执行,促进证据制度的发展与完善。

三、究竟如何裁量:非法证据排除规则合理规制之路径设计

笔者认为非法证据排除规则的绝对适用不符合刑事诉讼证据制度的价值追求,在依法启动非法证据排除程序之后,法官依据《关于办理刑事案件排除非法证据若干问题的规定》等法律法规审查证据的合法性,对非法证据依法确认并排除,但是对部分适宜保留作为定案依据的证据可以自由裁量决定不予排除。笔者建议不予排除的非法证据可以限于如下几类:

(一)毒树之果的例外

1. 隔绝"污染"的重复自白

重复自白又称"二次自白",是指侦查机关使用违法手段或方式取得当事人首次自白的有罪供述后,侦查人员未使用违法手段或方式又取得当事人再次自白,获得同样内容的有罪供述。按照严格的毒树之果规则,重复自白应予以排除证明能力,我国《刑事诉讼法》等法律法规并未对重复自白的效力做出明确规定。笔者认为针对重复自白,应区分情况对待,如果当事人做出首次自白后,身心受到严重创伤,或仍处于被羁押的封闭空间内,受违法侦查员控制下做出的重复自白应视为没有摆脱违法取证行为的影响,予以排除证明能力。相反,如果当事人做出重复自白时,已经更换了所处环境、侦查人员,讯问间隔时间较长,或者取证主体改为公诉机关、审判机关,先前的违法取证行为也并未对当事人造成严重影响,那么此时的重复自白应该被视为与首次自白不存在逻辑上的因果关系,隔绝了先前违法行为的污染,认定其真实性、合法性,应被采用为定案证据。

2. 独立存在的证据材料

此类例外是指如果获得待证事实的证据材料有两个以上独立来源渠道,而仅有其中之一与非法取证行为有关,那么经由非法取证行为获得的证据材料应该予以排除。但是如果可证明该证据材料经由其他合法独立来源渠道获取,则不适用毒树之果规则,即不予排除。如侦查人员未经搜查许可擅自搜查发现犯罪证物,但是没有予以扣押取证,而是对现场进行监控,而后根据正当理由依法取得搜查许可后再行进入现场扣押提取证物,此类证物虽系违法取证所发现,但

并非依赖侦查人员的违法搜查而获取,如若一律予以排除,只会增加取证成本,抑制侦查人员的工作效能。此类例外的理论依据在于将侦查人员置于比未发生非法取证行为时同等的境地,而非比之更差的不利境地。未非法取证之前证据即已存在,况且侦查人员最终系以合法方式取得证据,此类证据的证明能力应予以认可。

3. 取证行为轻微违法的证据

对于不属于刑讯逼供的言词证据,侦查人员可能在羁押、逮捕、讯问过程中未严格履行法律手续,或者在记载笔录、同步录像方面存在瑕疵,可以按照程序进行补正,或者有特殊原因可以解释的,该类证据则不予排除。物证、书证的收集程序、方式存在下列瑕疵,可以参照《关于办理死刑案件审查判断证据若干问题的规定》第 9 条的规定,通过有关办案人员的补正或者做出合理解释的,可以采用:(1)收集调取的物证、书证,在勘验、检查笔录,搜查笔录,提取笔录,扣押清单上没有侦查人员、物品持有人、见证人签名或者物品特征、数量、质量、名称等注明不详的;(2)收集调取物证照片、录像或者复制品,书证的副本、复制件未注明与原件核对无异,无复制时间,无被收集、调取人(单位)签名(盖章)的;(3)物证照片、录像或者复制品,书证的副本、复制件没有制作人关于制作过程及原物、原件存放于何处的说明或者说明中无签名的;(4)物证、书证的收集程序、方式存在其他瑕疵的。

(二)无害错误的例外

1. 不符合法定形式的第三方证据材料

刑事诉讼中涉及的证据材料并不限于犯罪现场、被告人、受害人、利害关系人等处的证据,部分能够证明案件事实、定罪量刑的重要证据处于无利害关系人保管状态,如涉及被告人、受害人年龄的户籍信息由公安部门管理;当事人电话通讯记录、IP 登录浏览信息由信息网络部门管理;入住酒店旅馆的时间、人员、消费等信息由服务单位保管;储蓄卡、信用卡、存取钱记录等信息由银行部门保管……侦查人员为查明案件事实往往需要向以上相关部门调取相关证据材料,但是难免因为保管部门的制度缺陷或工作人员的疏忽导致所获证据材料不符合法定的证据形式,出现证据不完整、缺失原件、未即时加盖公章、无法查实经手人等问题,辩方往往会提出该类证据系非法证据应予排除。笔者认为在确定取证方、提供证据方均无故意破坏证据的情形下,其他证据可以与此类第三方证据相互印证时,应该认可此类第三方证据的证明能力,不予排除。

2. 部分技术侦查措施取证材料

技术侦查措施是指为了侦破恐怖活动、黑社会性质组织犯罪、重大毒品犯罪等特定犯罪行为,侦查机关根据严格审批,采取的一种特定技术手段,通常包括电话监听、秘密拍摄、电子监控、邮件检查等。《刑事诉讼法》第 148 条至 152 条明确规定了技术侦查措施的主体、适用范围、批准程序、证据核实等内容。笔者认为在采取技术侦查措施取证过程中,如果在适用范围、批准程序方面存在非法行为,导致侵犯被告人、利害关系人、第三人的合法权益并非十分严重,亦未侵害国家和社会公共利益,但是确为查明案件事实的唯一或重要证据的情况下,此类证据建议不予排除。此外,在采取技术侦查措施取证过程中从案外人的通信、通话、监控记录中发现另一犯罪行为或另案证据,虽然侵犯了案外人的通信自由权、隐私权等权利,但是所获证据不宜排除。

3. 被告人同意

侦查人员在自知取证行为违法并明确告知被告人且存有记录,被告人未提出异议,并配合接受调查、讯问、搜查等行为,由此所获得的证据应视为违法性质不严重,被告人之后提出排除此类证据应不予支持。此外,侦查人员不知取证行为违法或未告知被告人违法取证的情况下,侦查所获证据属于非法证据,但是被告人为辩护所需,要求对此类证据进行举证质证的,不应适用非法证据排除规则。如侦查人员通过非法搜查查获枪支弹药、毒品、吸毒工具、杀人凶器等物品,被告人在庭审过程中同意进行质证,并指出此类物品非其所有,那么公诉方就可以将此类物品作为证据使用。此种例外的设置主要是为了保护被告人利益,与非法证据排除规则的目的——“保护被告人利益不被非法取证行为侵害”是相一致的,如若严格适用非法证据排除规则,则会将有利于被告人的证据予以排除,对被告人的利益再次造成侵害。

(三)善意目的的例外

1. 善意执法例外

侦查人员在取证过程中主观内心系遵循合法合理的方式与程序采集证据,但是因为其不所知或不可能发现的客观方面的原因致使取证行为违法时,所获证据不应被确定无效。此类基于侦查人员善意而涉及的非法证据排除规则例外主要包括以下三种:(1)善意履行职责的例外。如侦查人员获得上级或相关部门指示依据搜查令对目标物进行搜查,获得相关证据,但是经查该指令及搜查令均存在错误而被确定无效,侦查人员的取证行为是符合职责规定的善意行为,不必因其他人员的错误而受到制裁,所获证据不应适用非法证据排除规则。(2)

善意相信表见代理人的例外。① 侦查人员在取证过程中可能需要对房屋、物品、视频资料等进行搜查、扣押、查看，取证现场上述物品的持有人或其他人基于某些表象致使侦查人员有合理理由相信他们是物品的所有权人或合法管理者，并或其同意或授权从而开展取证行为，由此获得的证据不适用非法证据排除规则。(3)善意信任计算机信息的例外。信息化时代的执法行为离不开计算机信息网络的应用，侦查人员根据计算机记录的信息对房屋进行搜查、对人员进行逮捕、对物品进行扣押，而后发现计算机信息存在错误致使所获证据属于非法采集，该证据不适用非法证据排除规则。如侦查人员接受异地执法部门协同执法申请，按照对方录入的计算机联网信息对交通肇事人甲进行逮捕，逮捕时发现其住处存有毒品，但是发现对方计算机信息记录存在误差，实际应该逮捕的是乙，那么非法逮捕过程中搜获的毒品还是可以作为有效证据用在控诉甲非法持有毒品罪一案中。

2. 基于公共利益的例外

当国家利益、公共利益与个人利益发生冲突时，避重就轻地选择牺牲部分个人利益是符合司法价值和公众认知的，在取证过程中，执法人员经过利益权衡选择以非法形式获取证据，以避免国家利益、公共利益遭受损失，此类证据不应予以排除。如在侦查过程中，执法人员发现犯罪嫌疑人可能持有枪支、爆炸物等威胁公共安全的情况下，在未经法定程序审批的情况行下对其进行搜查、逮捕、讯问，并且未履行相关法定告知义务，此种情形下采集的有罪供述、枪支等证物应当不予以排除，可以作为犯罪嫌疑人涉及非法持有枪支罪等相关案件的有效证据。

结语

打击犯罪、保障人权是刑事诉讼制度的价值追求，非法证据排除制度是刑事诉讼制度中保护被告人利益的重要防线，防线的确定能否处于精准状态，在任何法治社会而言答案都是否定的，因为事事无完美，唯有不断完善。笔者认为虽然我国已经确立了非法证据排除规则，但是该规则的实际执行效力以及其中多元价值的冲突权衡还有待揣摩斟酌，如何让非法证据排除规则切实发挥它的司法价值，兼顾保护人权与打击犯罪的双重任务，还需要不断探索和完善。笔者从非法证据排除规则加例外的形式完善刑事诉讼证据制度的角度进行浅显分析，缺

① 白瑞麟：《非法证据排除例外研究》，内蒙古大学2011年硕士毕业论文。

乏足够的理论知识与实践经验,错误之处难免,但是如果能够以此发声引起大家对此问题的稍许关注与研究,便实现了撰写此文之目的。

(李才坤:长沙市望城区人民法院院长;罗果:长沙市望城区人民法院审判员)

“以审判为中心”对检察环节非法证据排除工作的影响与应对

魏建文

当前,我国的司法改革进入全面推行阶段,公、检、法机关的改革举措不断,加上2012年我国《刑事诉讼法》进行了大幅度的修订,可以说,现在各种刑事政策和法律规范是“乱花渐欲迷人眼”。2015年2月25日,最高检公布《〈关于深化检察改革的意见(2013—2017年工作规划)〉(2015年修订版)》(以下简称为高检院《意见》),列举了检察改革五年内的重点任务。高检院《意见》具有全局性和统率性,其中的“重点任务”部分逻辑清晰,任务明确,对之前各种提法中一些存有争议的地方进行了说明,确定了今后的工作重点,可以让检察机关摆脱一些无益的理论争执,尽快进入工作状态,切实推进深化检察改革的进程,实现检察实务工作迅速与十八届四中全会精神对接。在高检院《意见》确立的诸多工作任务中,笔者将对“以审判为中心”的解读为切入点,对检察机关如何在具体工作中落实高检院《意见》抛砖引玉。

一、非法证据排除是理解“以审判为中心”的“最大公约数”

党的十八届四中全会通过的《中共中央关于全面推进依法治国若干重大问题的决定》(以下简称为《决定》)提出:“推进以审判为中心的诉讼制度改革,确保侦查、审查起诉的案件事实证据经得起法律的检验。”这其中的关键词为“以审判为中心”,由于密切牵涉公、检、法三机关的重大利益,而且《决定》本身的提法可以从多角度进行解读,因此自《决定》颁布之日起就引发了各界的热议,在各政法机关对《决定》进行细化的纲领性文件中,对这一问题也有不同的看法。

笔者认为,实务部门对“以审判为中心”的理解应当立足于具体工作,学理上的前瞻性讨论固然重要,但是检察工作的开展还是需要具体化。从理论上来看，我们暂时还无法对“以审判为中心”做出一个精确的解读，例如，孙长永教授在对西方国家的“审判中心主义”进行分析后认为，审判中心主义有两层含义：一是在整个刑事程序中，审判程序是中心，只有在审判阶段才能最终决定特定被告人的刑事责任问题，侦查、起诉、预审等程序中主管机关对于犯罪嫌疑人罪责的认定仅具有程序内的意义，对外不产生有罪的法律效果。二是在全部审判程序当中，第一审法庭审判是中心，其他审判程序既不能代替第一审程序，也不能完全重复第一审的工作。① 孙长永教授论述的西方国家的“审判中心主义”和我国的“以审判为中心”都是强调庭审在定罪量刑中的决定性地位，这属于诉讼法中公理性内容，当无异议。最高人民检察院检察理论研究所王守安所长则补充，“以审判为中心”并不否定审前程序的重要性，与检察机关对审判活动的诉讼监督并不矛盾②，这些观点也均是在承认审判程序地位的基础之上进行的论述，只是加上了诉讼分工、分权制衡等其他诉讼原理，对审判权和检察权的关系做了不同角度解读，结论同样正确。

从上述论证可以发现，当前在理论上无法对“以审判为中心”中各机关的职责关系做出更加具体化的解读，纠结于不同视角的理论学说，会迟滞贯彻“以审判为中心”的具体工作进度。我们可以换一个视角，从各机关落实《决定》的纲领性文件中寻找到各机关共同关注的工作重点，寻求“最大公约数”，这样求同存异，更容易将检察机关“以审判为中心”的工作在短时间内迅速推进。

在文字表述上，党中央的《决定》是纲领性的文件，公检法机关依据这一文件进行工作部署时，工作重点差异较大，例如，最高检《意见》中，根据检察工作的特点在第三部分“重点任务”的第 23 点规定了“以审判为中心”的内容，主要集中在证据制度方面。而《最高人民法院关于全面深化改革的意见》，即修订后的《人民法院第四个五年改革纲要（2014 - 2018）》（以下简称为高法《纲要》）则将“建立以审判为中心的诉讼制度”作为“全面深化人民法院改革的主要任务”中的一个独立部分，下辖七个子内容，包含证据制度、诉讼制度等众多内容，高法《纲要》还列出了时间表，“到 2016 年底，推动建立以审判为中心的诉讼制度，促使侦查、审查起诉活动始终围绕审判程序进行”。

认真分析最高人民检察院和最高人民法院的文件可以发现，证据部分是两

---

① 孙长永：《审判中心主义及其对刑事程序的影响》，载《现代法学》1999 年第 4 期。

② 王守安：《以审判为中心的诉讼制度改革带来深刻影响》，载《检察日报》2014 年 11 月 10 日。

高工作部署"以审判为中心"时的共同重点，而非法证据排除更是重中之重，是相关改革中的核心内容。高检院《意见》第23点中直接表述："适应以审判为中心的诉讼制度改革，全面贯彻证据裁判规则"，将"以审判为中心"的工作重点放置在证据领域，对收集证据、使用证据等各个环节的内容都做了详细部署，其中特别提出要"进一步明确检察环节非法证据排除的范围、程序和标准"，是证据部分唯一详细列明的要求。高法《纲要》的内容虽然众多，但仍然重视证据裁判的重要性，将"全面贯彻证据裁判原则"写在了"建立以审判为中心的诉讼制度"这一部分的第一点，并且同样明确提出，"坚决贯彻疑罪从无原则，严格实行非法证据排除规则，进一步明确非法证据的范围和排除程序"。非法证据排除方面的机关色彩较淡，对准确打击犯罪、保障人权都有着非常重要的意义，而且公检法机关都已经高度重视，属于两高认识上的"最大公约数"，可以作为检察机关贯彻"以审判为中心"工作的突破口。

值得注意的是，也正是因为被冠以"以审判为中心"的前提，检察环节的非法证据排除工作应当和以往有明显的差异，目前从这一角度进行的研究较少，笔者将从影响和应对两个方面分别加以论证。

二、"以审判为中心"对检察机关非法证据排除工作的影响

(一)非法证据排除的大量出现必然成为新常态

和中国经济出现新常态一样，我们的政法工作在不断深入改革的情况下，也会出现各种新常态。非法证据排除并不是一个新命题，但在过去的十几年间，非法证据排除更多的只是作为一个口号而存在，在有的检察机关并没有得到足够的重视，但当前，非法证据排除将会成为刑事审判中的新常态，对此检察机关必须有充分的认识，这是由以下几点因素决定的：

1. 立法的完善消除了非法证据排除的法律障碍

在立法上，1996年《刑事诉讼法》第43条规定："严禁刑讯逼供和以威胁引诱、欺骗以及其他非法的方式收集证据。"立法并没有从正面阐明非法证据的排除问题。而在当时，最高人民检察院在1996年的《人民检察院实施〈中华人民共和国刑事诉讼法〉规定（试行）》第233条，1999年《人民检察院刑事诉讼规则》第265条，最高人民法院在《关于执行〈中华人民共和国刑事诉讼法〉若干问题的解释（试行）》的第58条中，都对《刑事诉讼法》第43条进行了细化，明确规定了非法方式取得的口供不得作为指控犯罪和定案的证据，让法典更加具有可行性，可见两高对非法证据排除是相当重视的。不过与此同时，公安部的司法解

释却并没有规定非法证据排除，这在立法上留下了很大的遗憾，也给司法带来了很大的困扰，有学者直言不讳地指出：“经多方调查了解，在我国尚未发现一例排除非法证据的案件”。① 可以说，我国的非法证据排除工作在相当长的时间内是停滞不前的。

2010 年，两高和三部联合制定的《关于办理刑事案件排除非法证据若干问题的规定》打破了立法的落后局面，我国在刑事诉讼中开始全面落实非法证据排除工作。2012 年的《刑事诉讼法》修法时，不仅从法典上，而且在公检法等机关的司法解释中，非法证据排除都已经被明确规定，在刑事诉讼中的重要地位得到了公开承认。虽然操作细节上还有争议，但是我国刑事诉讼程序中的非法证据排除法律体系已经初步构建，这为司法实践中开展非法证据排除工作奠定了法律基础。

2. 终身追责制度将会促使审判人员高度重视非法证据排除

人民法院负责案件的定罪量刑，案件的证据材料最终都交由法院在审判阶段进行认定。在过去，审判人员对待非法证据排除的态度并不积极，其中一个非常重要的原因是追责机制的不完善。早在 1998 年，《人民法院审判人员违法审判责任追究办法（试行）》就对常见的审判人员违法审判需要追究责任的范围做了列举式规定，不过其中并没有直接提及审判人员在排除非法证据方面不作为的责任问题。根据司法经验，非法证据往往漏洞很多，并非全无征兆，但由于追责机制落实不到位，同时法官没有揭发违法取证行为的动机，因此很多时候尽管非法取证行为已经暴露，但很容易在庭审时被“无视”。此外，从佘祥林、赵作海等在全国范围内具有影响的大案来看，非法证据引发的冤假错案从案件判决到最终平反会存在一个很长的期间，在这种情况下，对已经退休或者调离审判机关的办案人员，追究责任更是无从谈起。

这种状况在目前已经发生了本质改变，2013 年的《中央政法委关于切实防止冤假错案的规定》中提出了办案质量终身负责制：“建立健全合议庭、独任法官、检察官、人民警察权责一致的办案责任制，法官、检察官、人民警察在职责范围内对办案质量终身负责。”某些追责工作开展较好的法院已经将终身追责制写入了规范性文件中，如 2012 年河南省高院出台的《错案责任终身追究办法（试行）》中，对应予追究错案责任的法院工作人员已调其他法院的，调其他单位的，已退休的等多种情况，均做出了相应的追责规定。

① 张智辉：《刑事非法证据排除规则研究》，北京大学出版社 2006 年版，第 18 页。

可以预见，在严格追责机制下，法官不可能对非法证据这一明显瑕疵再视而不见，庭审中必然会依照法律规定予以排除，在审判环节必然会大量出现非法证据排除现象。

3. 当事人申请非法证据排除的数量可能大增

在我国，除了国家机关依职权对非法证据进行调查和排除之外，当事人也能够在非法证据排除中发挥一定的作用，《刑事诉讼法》第 56 条第 2 款规定："当事人及其辩护人、诉讼代理人有权申请人民法院对以非法方法收集的证据依法予以排除。申请排除以非法方法收集的证据的，应当提供相关线索或者材料。"《最高人民法院关于适用〈中华人民共和国刑事诉讼法〉的解释》第 96 条进一步规定："当事人及其辩护人、诉讼代理人申请人民法院排除以非法方法收集的证据的，应当提供涉嫌非法取证的人员、时间、地点、方式、内容等相关线索或者材料。"由此可见，当事人一方有权利申请非法证据排除并且只需提供"相关线索或材料"即可，门槛并不高。

众所周知，西方国家强调"程序正义"带来的一个不良后果就是在诉讼中，被追诉人一方可能会不顾一切的利用程序赋予的权利对控诉方的证据材料进行罔顾事实的攻击，例如提出战术性反诉、使用讼棍伎俩和拖延战术、挫败证人等。① 而非法证据排除更是被追诉人一方最常使用、最有效的手段之一，美国的辛普森案就是辩方善于利用非法证据排除规则的经典案例之一。大量的辩护律师通过寻找控方的瑕疵来赢得诉讼，司法审判发现真相的功能被大幅度削弱，"他们（辩护律师）被当成司法的障碍，老是用那些特权、权利与技巧去排除相关证据，去模糊对被告不利的证据"。②

西方国家出现的乱象值得我们高度关注，我国非法证据排除制度同样存在滥用的可能。一方面，侦查机关等政法机关办案过程有时候可能确有不规范之处，留给了被追诉方提出非法证据排除申请的空间。另一方面，我国辩护权得到不断强化，被追诉方有能力提出非法证据排除，一些律师有可能会抱着尝试一把的心态，将非法证据排除作为一种诉讼策略，毕竟如果排除了相关证据，对被追诉人有很大好处，如果没有排除，也不至于有额外的损失。由此可见，我们应当对被追诉人一方申请非法证据排除的情况有所有准备。

---

① 黄列：《美国律师在诉讼中的道德危机》，载《外国法译评》1996 年第 2 期。

② ［美］德肖维茨：《合理的怀疑：从辛普森案批判美国司法体系》，高忠义、侯荷婷译，法律出版社 2010 年版，第 167 页。

(二)检察环节非法证据排除的客观困难较大

从上文论述可以得知,非法证据排除已经即将成为刑事诉讼中的常见现象。毫无疑问,审判阶段可能是非法证据排除的关键阶段,但是我们不可能放弃检察环节的非法证据排除工作,任由法院在法庭上一次次的排除证据,让起诉工作陷入被动,检察机关必然需要在检察环节提前做好非法证据排除工作。笔者认为,从检察机关的工作实际出发,在检察环节开展非法证据排除工作将会面临着以下几个主要困难,需要引起检察机关的足够重视。

1. 相关法律漏洞短时间内难以补齐

在西方国家,非法证据排除并不是一个单一的规定,而是成体系的规则。例如,美国的非法证据排除规则,从 1914 年威克斯案非法证据规则初步出现到 1961 年马普案开始适用于各州,就用了长达半个世纪的时间,后来通过利昂案确立了善意发现的例外、纳多恩案确立了“毒树之果”规则……,一直到较近的 2006 年,突然出现的哈德逊案又似乎在一般意义上彻底否定非法证据排除。① 由此可见,非法证据排除的规则内容并不是短时间内可以一蹴而就。我国自 2010 年之后对非法证据排除的重视达到了一个新的高度,出台了不少相关的法律或者规范性文件,但是这并不表明我国的非法证据排除规则可以在短时间内非常完善。法律规范的不完备必然会给检察机关的相关工作带来一定的难度,而且这一困难将会在较长时间内一直存在。

2. 检察环节排除非法证据的时间有限

2012 年《刑事诉讼法》修改之后,法院审判刑事案件的期间被大幅度调整修改,给审判机关工作带来很大的便利。与此相对比,检察机关的批捕和审查起诉的时间并没有改变,留给检察机关调查非法证据的时间非常紧张,成为开展相关工作的一个硬伤。

一般而言,出于维护自身利益的考虑,在检察机关启动非法证据调查机制后,不少侦查人员并不会完全配合调查,而是会隐瞒事实,甚至销毁违法取证的证据,调查是否属于非法证据原本就比较困难。与此同时,普通情况下审查批捕的期间为 7 天,审查起诉的期间也只有 1 个月,在如此短的时间内,检察机关必须首先要完成审查批捕,审查起诉等常规性工作,对于稍微复杂的案件,办案时间原本就非常紧张,而如果在复杂案件中发现可能存在非法取证情形时,要想抽

---

① 美国非法证据排除规则发展史中的诸案例,可参见吴宏耀等译:《美国联邦宪法第四修正案:非法证据排除规则》,中国人民公安大学出版社,2010 年版。

出时间开展调查非法证据的相关工作，更加难上加难。并且根据办案规律，简单案件的批捕和起诉工作相对容易，空余时间较多，但是这些案件中一般不会出现严重的非法取证行为。疑难、复杂案件的批捕和起诉工作原本就比较复杂，剩余时间少，但正是这些案件属于非法取证的重灾区。

不少时候，出于办案时间有限、办案人力不足以及侦查机关情绪等客观原因，即便是对某一证据的合法性存疑，检察机关最多也只能是放弃证据，不将该证据作为定案的依据。这一问题在《刑事诉讼法》对相关诉讼期间不进行修改的情况下，很难得到根本性的扭转。

3. 排除的后果难以控制

我国并没有排除非法证据的司法传统，“重打击、轻保护”的思想根深蒂固，加上侦查手段、侦查能力和技术装备长期落后，因此早在2010年颁布《关于办理刑事案件排除非法证据若干问题的规定》之时，陈瑞华教授就提醒：“对于这一规则在实施中所面临的困难，改革者应有充分的估计”。① 笔者认为，制约检察环节进行非法证据排除的原因，除了已有论及的传统、法律、客观条件等因素外，检察机关对排除非法证据的后果难以控制，这也是影响检察机关排除非法证据的重要原因，这里所谓的“难以控制”主要涉及两个主体的反应。

一方面，侦查机关的反应无法控制。一旦被认定为非法证据，就意味着实际上否定了侦查机关的一部分侦查行为，轻则会让侦查机关的部分努力付之东流，重则会追究相关侦查人员的各种责任，因此可以理解侦查人员对非法证据调查工作的排斥程度。而检警两家同属控诉一方，联系十分密切，有的时候顾忌侦查机关的感受，检察机关不太愿意直接认定非法证据并加以排除。此外，侦查机关的某些侦查行为是否属于非法证据，《刑事诉讼法》或者司法解释中没有规定，甚至也无法明确规定，当侦查机关取得了这种模棱两可的“非法证据”时，检察机关是否排除时更是要顾虑侦查机关的感受，以避免产生长远的负面后果。例如，《刑事诉讼法》第50条明确规定：“严禁以刑讯逼供和以威胁、引诱、欺骗以及其他非法方法收集证据。”但是如果侦查人员讲过“其他人都已经交代了，你还不赶紧抓紧机会给自己争取立功机会?”之类的言语，从侦查人员的角度，这些只是正常的侦查策略，但严格意义上，侦查人员所言并不属实，是否属于“引诱”或“欺骗”的范畴？是否需要排除？检察机关办案考虑侦查机关的感受是一种客观存在的事实，当与侦查机关的态度不一致时，检察机关自然会很慎重对待

① 陈瑞华：《非法证据排除规则的中国模式》，载《中国法学》2010年第6期。

是否需要排除的问题。

另一方面,当事人的反应无法控制。在我国,随着法制的进步,当事人对刑事审判过程的关注度越来越高,对各种实体和程序性处理结果也越来越有主见。检察机关一旦排除非法证据,利益受损一方的当事人(基本为被害人一方)很有可能爆发出无法控制的负面情绪。在我国,客观地说,信访和维稳压力是办案机关不得不考虑的内容。近两年,在中央政法委的统一部署之下,我国将涉法涉诉信访和普通信访进行剥离,将涉法涉诉信访纳入到法治化轨道,这在很大程度上减少了政法机关的工作压力。但我们也要看到,一些群众的法制意识依然淡薄,在维权时仍然不顾客观事实,趋利思维十分明显。

在当前,一般情况下,检察机关可以通过首办责任制等方式,认真做好非法证据排除的说服工作,减少被害人一方的负面情绪。但在各种因素的推动下,时常会有一些当事人会罔顾事实,不听解释,大肆闹访和缠访,千方百计扩大事态,采用各种过激手段以达到有利于自己的后果,这些极端情况在基层办案中至今仍然并不少见。2014 年 8 月轰动全国的福建念斌投毒案中,念斌最终因为主要证据被排除而宣告无罪,被害人家属丁云虾等人就使用了睡在法院办公室、聚集村民上访等各种极端手段。[①] 可以设想,如果检察机关因为排除非法证据而导致了控诉失败,被害人一方的剧烈反应将是检察机关所不愿意承受的。这同样是检察机关排除非法证据时不得不考虑的因素,会影响检察机关的选择判断。

三、检察机关开展非法证据排除工作的应对措施

虽然存在一些客观困难,但是经过一段时间的积累,各地检察机关对排除非法证据已经有了一定的工作经验,针对“以审判为中心”给检察机关非法证据排除工作带来的新情况,笔者主要从检察实践的角度提出以下几点应对措施。

(一)确立非法证据排除工作的重要地位

落实检察环节非法证据排除的首要工作是端正态度。正如上文所述,在以往,考虑到各种案外因素,检察机关主观上并不愿意积极主动的排除非法证据,2010 年两个“证据规定”出台之后,检察机关开始重视非法证据排除工作,但手段仍然比较缓和,当发现非法证据时,更习惯用纠正违法通知书或者私下协商沟通等方式解决,能够纳入到统计数据,被正式排除的非法证据数量较少。

---

① 曹晶晶:《念斌案受害者家属:输了官司就只有哭只有闹》,载《南方都市报》2014 年 11 月 25 日。

近年来不断被曝光的冤假错案告诉我们，刑讯逼供等非法手段获取的证据是导致错案的主要原因之一，落实非法证据排除工作，不仅可以保障人权，而且可以避免冤假错案，更能赢得群众对司法机关的信任。而且在“以审判为中心”的理念下，庭审中对证据的审查越来越严格，加上本文已经论述过的审判机关终身追责制等原因，庭审中重视非法证据排除是一种必然趋势。在这个背景下，客观而言，检察环节如果再不重视非法证据排除工作，不仅背负了漠视人权保障的骂名，而且必然会让自己的工作陷入被动，办案人员因为没有及时排除非法证据而被事后追责的可能性将会大增。因此我们认为，检察机关应当排除杂念，切实更新执法理念，真正重视非法证据排除工作。

（二）充分考虑和侦查机关双向互动

检察机关的控诉立场决定了检察环节的非法证据排除和审判环节有很大差别。从人权保障，避免冤假错案的角度，检察机关需要排除非法证据，从控诉犯罪的角度，检察机关更应当协助侦查机关完善证据，以能够在法庭上更加有效地控诉犯罪。“以审判为中心”时刻提醒着检察机关和公安机关，在案件证据和事实问题上，双方都不是主角，应当携起手来，共同服务于最终的法庭审理，这不仅仅是理论的构想，更是工作的实际要求。在这种情况下，检察机关排除非法证据必然需要和侦查机关携手合作，如果检察机关简单粗暴的采用单向命令式的模式强行排除证据，容易引起侦查机关反感，不利于双方配合控诉犯罪，自然最终也不利于社会正义，所以检察机关对非法证据的排除应当是双向互动式的模式，赢得侦查机关的认同和信任。

检察机关在排除非法证据时，要多从侦查机关的角度考虑，帮助他们弥补排除非法证据后出现的“证据漏洞”，积极做好证据补充工作，通过补充取证完善和重构完整的证据链。检察机关在工作中已经积累了很多此类的工作经验，例如，注意转化证据，即通过有针对性地调取关联证据，弥补替代可能被排除的非法证据；将可能被排除的物证、书证通过获取相关言词证据予以转化；将可能被排除的言词证据通过获取相关的物证、书证予以转化。再如，完善证据，即围绕已经排除或者可能被排除的证据，通过调取与该证据相关联的一个或数个证据予以弥补该证据并形成新的证据体系。如从现场提取的某作案工具因非法收集而被排除，而该作案工具，在现场的情况有目击证人证实，并能明确证明其种类、形状和特征，为犯罪嫌疑人持有的情况也有知情人予以证实，则可以通过调取目击证人和知情人的证言，形成独立的证据链条弥补被排除的证据。①

(三)正视非法证据排除中的不确定性

我国需要对现有的非法证据排除制度在范围、程序等方面进一步完善。但值得注意的是，非法证据的认定本身就存在着复杂的证明问题，天然存在着不确定性，不太可能通过立法明确地告诉司法工作人员个案中哪些证据是非法证据，哪些证据不是非法证据。在非法证据排除问题上，检察机关工作人员要正视这种不确定性，大胆使用检察裁量权。

例如，2010 年两个“证据规定”首次规定了瑕疵证据和补正，修订后的《刑事诉讼法》及其司法解释吸收了这一规定。在办案过程中，瑕疵证据需要补正，否则就很可能作为非法证据排除，因此发现和补正瑕疵证据也是非法证据排除工作的一个重要内容。虽然司法解释对瑕疵证据的具体类型做了列举式规定，但司法实践中某一项证据到底是瑕疵证据还是非法证据，这一认定工作并不简单。

再如，《刑事诉讼法》第 50 条规定严禁使用的收集证据方法中的“其他非法方法”如何理解，严重的“冻饿晒烤”当然属于《刑事诉讼法》严禁使用的证据收集手段，但是“冻”是被讯问人主观上感到寒冷，“饿”是被讯问人主观上感到饥饿，在具体案件中到底是否存在一个合理的、客观的标准去认定“冻饿晒烤”？“疲劳审讯”也是经常被提及的非法证据收集手段，那么凌晨审讯是否可以被一律认定为疲劳审讯？不同身体条件、精神状况的被审讯对象需要的休息时间如何把握？以上这些问题在个案中并不一定非常清晰。

有检察机关的同志认为，我国当前的立法其实是已经将侦查策略下的取证行为是否合法规定为“可裁量的排除”状态，这是一种立法上的事实。② 笔者也赞同这一观点，检察机关应当重视非法证据排除中的裁量权行使问题。

(四)重视检察各部门的协同合作

调查非法证据的时间短、任务重是检察环节开展排除工作的重要困难。在无法调整办案期间的情况下，通过内部资源整合，可以在有限的时间内让工作取得更大成效。

在检察环节，涉及非法证据排除工作的主要有侦监、公诉、监所和反渎等四个部门。侦监部门负责监督侦查活动的合法性，非法证据基本上会牵涉到侦查

---

① 湖南省检察院侦查监督二处和湖南省湘潭市检察院对相关工作有很好的经验总结。

② 龙宗智、夏黎阳：《中国刑事证据规则研究》，中国检察出版社 2011 年版，第 448 - 450 页。

活动违法，属于侦监部门的管辖范围；公诉部门在庭审时使用证据材料控诉犯罪，出现非法证据对其控诉影响最为直接；违法侦查行为基本上发生在羁押场所，属于监所部门的职责范围；严重的违法证据可能会牵涉到渎职、侵权，属于反渎部门的工作内容。

笔者认为，侦监部门应当是非法证据排除的第一责任部门，一方面，这是侦监部门的职责所在，另一方面，侦监部门在批准逮捕阶段就可以介入案件，属于最早接触案件的检察机关部门，有条件及时收集到证据是否违法的相关材料。侦监部门如果搜集到相关线索，应当告知公诉部门，以便于公诉部门在审查起诉等环节中进行进一步调查。公诉部分在审查起诉时，时间相对充裕，出于起诉成功的考量，应当充分重视非法证据问题，不能坐等庭审时被动应对。监所部门要重视非法证据的信息收集和甄别工作，对被追诉人提供的线索或者材料要及时调查，形成内部通报机制，将消息及时通报给侦监、公诉部门。在案件出现重大违法，可能存在犯罪时，应当让反渎部门介入，一方面可以增强非法证据的办案调查力量，另一方面可以尽早开展渎职行为调查。

（魏建文：湘潭大学诉讼法学研究中心研究员，法治湖南建设与区域社会治理协同创新中心研究员，湖南省人民检察院法律政策研究室副主任，湖南省永州市零陵区人民检察院副检察长，湖南省诉讼法学研究会副秘书长）

理论之美与实践之困

——非法证据排除的审判困境思考

李世锋

非法证据排除规则源自于英美法系，于20世纪初产生于美国。当今世界各国及国际组织，大都制定了非法证据排除规则。① 按照我国《刑事诉讼法》的规定，非法证据排除程序体现了"刑事侦查与处罚犯罪实现保护公众利益和保障公民个人权利的均衡"②和在惩罚犯罪过程中注重人权保障③的刑事诉讼功能，同时彰显"作为程序性制裁措施遏制警察程序性违法行为的价值和作为权利救济手段程序保障被告人诉讼权利的价值"④，无疑对刑事审判制度产生了积极的、深远的影响，不言而喻是一项美好的制度设置。我国非法证据排除规则的立法相对较早⑤，而排除的审判程序确立较晚，具体是在最高人民法院等五机2010年联合颁布的《关于办理刑事案件排除非法证据若干问题的规定》中初步形成。2012年修正的《刑事诉讼法》⑥明确规定了非法证据排除规则，特别是《刑事诉讼法解释》专节对非法证据排除的问题进行规定，从而完整构建了我国非法证据排除规则的法律体系，使非法证据排除在实践中具有一定的操作性。然而非

---

① 刘杰：《关于非法证据排除规则的思考》，载《科技展望》2015年19期。

② ［德］约阿西姆·赫尔曼：《关于中国〈刑事诉讼法修正案（草案）〉的报告》，载《诉讼法学、司法制度》2012年第5期。

③ 沈德咏：《树立现代刑事司法理念是正确实施刑事诉讼法的必由之路》，载《人民司法》2012年第11期。

④ 张军：《刑事证据规则理解与运用》，人民法院出版社2010年版，第300页。

⑤ 1979年《刑事诉讼法》第32条就规定："严禁刑讯逼供和以威胁、引诱、欺骗以及其他非法的方法收集证据"。

⑥ 2012年《中华人民共和国刑事诉讼法》在本文中简称《刑事诉讼法》；《最高人民法院关于适用〈中华人民共和国刑事诉讼法〉的解释》简称为《刑事诉讼法解释》。

法证据排除涉及侦查、检察等机关,并非是单纯个别证据的排除与不排除的问题,而是涉及整个诉讼体制和机制的问题。由此非法证据排除规则在实践中遇到一些异变和障碍,要适用,却阻力重重;不适用,却疑惑多多。从而使一项美好制度变成哽咽在喉的"痛苦法则"。

一、现实运行之困境

法律的生命在于实施,非法证据排除程序的状况并非是在书面法律上,而是在审判实践中。就目前审判实践的运行情况看,非法证据排除程序运行存在下列困境。

(一)程序适用比例少

为了解非法证据排除程序在审判实践中的适用情况,笔者对一个基层法院和一个中级法院的审判情况进行了综合调查。经过调查发现,近五年来,在基层法院申请非法证据排除的只有3件,实际启动的只有2件,占全部案件数0.25%(见表1)。

表1 某基层法院近五年来申请非法证据排除情况表

单位:件

	2010年	2011年	2012年	2013年	2014年	合计
结案数	163	132	165	178	147	785
申请非法证据排除的	0	0	1	0	2	3
实际启动	0	0	1	0	1	2
占申请%	0	0	100	0	50	66
占全部案件%	0	0	0.67	0	0.68	0.25

某中级法院近五年来申请排除非法证据的29件,实际启动的21件,占全部案件的3.88%(见表2)。虽然考察的只是两级法院,但是从调查的结果看,非法证据排除程序在审判实践中适用的比率极其少。从表1、表2的情况,非法证据排除程序不仅实际启动的少,当事人、辩护人申请的绝对数量也少。这说明,该项制度在实践中运行并非通畅,也未达到意料中的效果。

表2 某二审法院近五年来申请非法证据排除情况表

单位:件

	2010年	2011年	2012年	2013年	2014年	合计
结案数	119	84	141	88	109	541
开庭案件	37	29	30	30	39	165

续表

	2010 年	2011 年	2012 年	2013 年	2014 年	合计
申请非法证据排除的	0	5	8	6	10	29
实际启动	0	3	6	5	7	21
占申请%	0	60.00	75.00	83.33	70.00	72.41
占全部案件%	0	3.57	4.26	5.68	6.42	3.88

(二)法官对程序的态度不一

法官对待非法证据排除的态度影响该项程序的实际运行效果。有的法官对什么是非法证据,非法证据排除的具体程序和条件不是很清楚;有的对待非法证据排除程序漠不关心。那么法官是怎样对待非法证据排除程序的,笔者对50名一审刑事法官和50名二审刑事法官进行问卷调查。① 调查的内容包括:

1. 法官对该程序的看法

基于法官的经历、学习和判断方式等情况的不同,法官对非法证据排除程序适用态度也存在不同看法。有的法官认为,非法证据排除程序的设立具有一定的实际意义,可制约侦查机关的取证方式和方法,遏制刑讯逼供等非法取证现象的发生,这类情况在一审法官中占16%,在二审法官中占36%。有的法官认为,非法证据排除在当前诉讼体制下,根本没有任何实际意义,也无法制约侦查机关的违法行为,这类情况在一审法官中占36%,在二审法官中占32%。有的法官认为,非法证据排除程序对于一些案件有意义,对于一些案件没有实际意义,持这种中间态度的一审法官占48%,二审法官占32%(见表3)。此外,有的法官认为启动非法证据排除程序增加了法官工作量,导致案件审理期限延长和审理过程复杂,审理内容增加等审判任务。

① 所调查一审法官的情况:男性法官28名,女性法官22名;25-35岁的31人;35岁及以上19人;具有大学本科文化的38人,本科以上文化的12人。二审法官的情况:男性法官32名,女性法官18名;25-35岁27人;35岁及以上23人;具有大学本科文化的29人,本科以上文化的21人。

表3　法官对非法证据排除程序的看法

单位:人

	有实际意义	占%	没有实际意义	占%	中间态度	占%	合计
一审法官	8	16	18	36	24	48	50
二审法官	18	36	16	32	16	32	50
合计	26	26	24	24	40	40	100

2.法官履行告知的情况

《刑事诉讼法解释》第97条规定:“人民法院向被告人及其辩护人送达起诉书副本时,应当告知其申请排除非法证据的,应当在开庭审理前提出,但在庭审期间才发现相关线索或者材料的除外。”然而实践中,有的法官严格按照规定依法告知被告人该项权利,并使用一些规范性的告知文书,这类情况在一审法官中占10%,在二审法官中占16%;有的法官根本不履行告知义务,这类情况在一审法官中占62%,在二审法官中占34%;有的法官只在庭审时作程序性的告知,这类情况在一审法官中占28%,在二审法官中占34%(见表4)。

表4　告知被告人有权申请排除非法证据的方式

单位:人

	庭前告知	占%	庭审时告知的	占%	根本不告知的	占%	合计
一审法官	5	10	14	28	31	62	50
二审法官	16	32	17	34	17	34	50
合计	21	21	21	21	48	48	100

3.法官主动启动的情况

按照《刑事诉讼法》及其相关司法解释的规定,人民法院根据案件的审理情况,可以依职权决定启动非法证据排除程序。但是根据调查显示,人民法院几乎很少主动启动该程序。在实践中因审理级别的不同也存在一定的差异,一审法官对于证据是否是非法获得的情况,主动启动该程序只有6%,不主动启动占78%;二审法官主动启动占22%,不主动启动的占70%(见表5)。这些数字说明二审法院更注重程序上的合法性审查,但对待非法证据排除上仍然是一种被动状态。

表 5 是否主动启动非法证据排除程序的情况

单位:人

	主动启动	占%	不主动启动	占%	不予理睬	占%	合计
一审法官	3	6	39	78	8	16	50
二审法官	11	22	35	70	4	8	50
合计	14	14	74	74	12	12	100

4. 法官启动程序审理的情况

《刑事诉讼法》及其解释对于非法证据排除程序的审理没有做出明确的可操作性的规定,导致实践中法官在启动该程序的审理方式、方法上因人而异。在审理程序上,有的法官在庭前会议中进行审理,有的法官在开庭庭审中进行;在审理时间上,有的法官在法庭调查中举证之前进行,这类情况在一审法官占34%,在二审法官中占44%;有的法官在举证之后进行,这类情况在一审法官中占58%,在二审法官中占50%;有的法官以混合在举证、质证中的方式进行,这类情况在一审法官中占8%,二审法官中占6%(见表6)。在举证之前进行,可以突出重点,分清庭审的层次,但是容易导致因纠缠非法证据问题,使庭审时间过长;举证之后进行,可以避免因证据未出示,就进行双方激烈争议,同时由于已经举证、质证,容易将庭审问题集中,其弊端使法官先入为主;混合方式可以避免重复举证质证,但是没有突出非法证据排除程序的独立性。因此上述方式各有利弊。

表 6 对启动非法证据排除的审理方式

单位:人

	举证之前进行	占%	举证之后进行	占%	混合进行	占%	合计
一审法官	17	34	29	58	4	8	50
二审法官	22	44	25	50	3	6	50
合计	39	39	54	54	7	7	100

(三)实际排除的证据少

非法证据排除程序设立的宗旨在于“对证据进行合法性审查的裁判活动,

只解决被告人供述的可采性问题,不以追究其刑事责任为目标”。[①] 因此,非法证据排除程序不仅是一项刑事程序规则,同时也是一项刑事证据规则。[②] 因此,法官在启动非法证据排除程序时,应当恪守保障人权与惩罚犯罪相衡平的价值观,摒弃片面强调惩罚犯罪的传统观念,使非法证据排除程序既能“保障真实发现”,又“具有社会可接受性”。[③] 当前实务中,在对非法证据排除的价值考量上,有部分法官只重视“保证准确及时查明犯罪事实,正确应用法律,惩罚犯罪分子”的价值,相对忽视“保障人权”的价值。有的法官认为,非法证据排除审判程序“保证准确查明犯罪事实,惩罚犯罪”的实质正义价值远高于“维护诉讼程序公正”“保障当事人获得公正审判权”“避免法官心证污染”等程序正义价值。上述现象反映部分法官“重打击、轻保护”价值倾向和错误观念。因此在实践中,被告人及其辩护人申请启动该程序的少,法院实际启动的也少,而法院启动该程序后排除非法证据的少之又少。有的案件虽然启动了非法证据排除程序,但是结果仍然没有排除申请的证据。

二、程序启动之困境

《刑事诉讼法》规定了非法证据排除程序的两种启动方式,即法院依职权启动和当事人申请启动,并明确了当事人申请非法证据排除时的初步证明责任。从实践来看,该条的实施效果并不明显,不仅法院依职权启动比较困难,而且对于被告人或者辩护人提出非法证据排除书面申请的,一些法官又往往以被告人或者辩护人没有提供相关线索为由,拒绝启动非法证据排除程序。之所以存在这些情况,主要受到下列因素影响:

(一)法官的原因

法官是非法证据排除程序中的决定者和主导者,法官不同意,非法证据排除程序就无法启动,非法证据也就无法排除。而法官并非人为或者针对性决定启动或者不启动,而是受到各种因素的影响与制约。目前制约法官启动非法证据排除程序有下列原因:

---

① 《解读〈关于办理刑事案件排除非法证据若干问题的规定〉》,载《最新刑事诉讼办案指南》,人民法院出版社2012年版,第297页。

② 杨宇冠:《非法证据排除规则研究》,中国人民大学出版社2003版,第130页。

③ [美]米尔吉安·R·达马斯卡:《比较法视野中的证据制度》,吴红耀、魏晓娜译,中国人民大学出版社2006版,第218页。

1. 客观因素

被告人或者辩护人提供相关线索或者材料存在客观难度。《刑事诉讼法解释》第96条规定:“当事人及其辩护人、诉讼代理人申请人民法院排除以非法方法收集的证据的,应当提供涉嫌非法取证的人员、时间、地点、方式、内容等相关线索或者材料。”刑讯逼供等非法取证行为通常发生在被告人被羁押的情况下,因此在被告人的人身自由受限制的情况下,要求被告人提供侦查阶段讯问过程中形成的伤痕、医疗证明或证人等材料或者要求其提供确切的时间、地点等线索,难免有“强人所难”之嫌。由于无法提供上述法定的材料或者线索,人民法院根本不予启动程序。此外,法律对“相关线索或者材料”的要求过高。实践中,被告人或者辩护人通常只能提出有关线索。而法官一般认为只有在提供准确的时间(哪一天)、地点、刑讯人员(哪一个侦查人员)时才能够启动该程序。在当前侦查行为封闭性较强的司法实践中,这种要求一定程度上抑制了非法证据排除程序的启动。

2. 主观因素

法律规定比较笼统,操作性不强,使法官启动调查权与否的自由裁量权过大。实践中,法官几乎都不愿意启动这样的调查权。有的法官对非法证据排除程序存在畏难情绪,对被告人或者辩护人的申请,一般都是置之不理或者明确拒绝。有的法官以其申请与定罪量刑无关为由,要求被告人或者辩护人不要纠缠不必要的细枝末节。有的法官因缺乏相应的经验,不愿启动或者不知怎样启动排除程序。此外面对案件数量的不断增加,而办案人员急缺的情况,有的法官不愿意启动排除程序增加麻烦,希望被告人认罪,使庭审简单化。近年来,全国各地法院办案法官的数量总体上变化很小,但案件数量却在明显的成倍增长,法官的审判任务也在不断的加重。非法证据排除程序的启动,无形中会增加法官的工作量,这对本已不堪重负的办案法官而言,再给自己增加复杂的非法证据排除程序的调查负担,显然不是明智的选择。法官没有这方面的积极性,是导致这一程序很少启动的主要原因。

3. 机制因素

非法证据排除程序的适用率较低与当前审判人员不能独立行使审判权有着密切关系。在司法实务中,法官在审理需要排除涉嫌有非法证据的案件时,可能受到来自党委、人大、政法委等外部因素和上级法院、本院院长、审委会等内部因素的影响,尤其是在涉及较重大案件时,法官基于案件的影响和人民群众早已形成的有罪思维,往往顾虑重重或者持犹豫不决的态度而不敢排除,生怕领导怪罪,群众上访。可见,非法证据的排除,不光要有完善的程序运行机制,还需要相关配套的审判机制。因此,要想确保法官适用非法证据排除程序的积极性,就要做到保障法官依法启动该程序时不会受到不当因素的影响而承受不必要的负担或顾虑。此外与法官调查核证的权威性较弱相关。刑事案件的侦查取证权主要赋予公安机关和检察机关,虽然法院享有调查核实证据的权力,并一定程度上可以对公安机关和检察机关的侦查取证行为予以监督制约作用,但事实上,人民法院的地位并不优于公安机关和检察机关,相反在调查取证方面还弱于公安机关和检察机关。实践中,人民法院的调查核证行为难以得到公安机关、检察机关以及其他机关、团体和个人的支持与配合,这样人民法院很难通过调查核实证据的方式排除非法证据。

(二)当事人的原因

实践反映,有的被告人或辩护人在庭审中提出侦查机关具有取证不合法的情形,但往往一句带过,既不表明证据是否可采性的意见,也不向法庭明确提出排除非法证据的申请。有的法官发现可能存在非法证据的,如果证据尚扎实,不影响定罪量刑的,通常表现为充耳不闻,也不会主动启动非法证据排除程序。从当事人的角度看,主要有下列原因制约非法证据排除程序的启动:

1. 不知晓该项规定

当事人对一些专业性较强的法律规定并不知晓,有的被告人根本不知晓刑事诉讼中有申请排除非法证据的权利。因此,需要侦查机关、检察机关、审判机关依法履行告知被告人享有的诉讼权利。如果办案机关没有依法履行告知被告人享有这一权利,被告人又没有委托辩护人的,就会导致被告人根本不知道享有此项诉讼权利。按照法律规定,人民法院在送达起诉书副本时,应当告知被告人有申请排除非法证据的权利,同时询问其是否申请,并记录在案。笔者通过调查发现,实践中有的法官受“多一事,不如少一事”的心理因素影响,对被告人的这一权利往往予以忽视,甚至有的法官从来没有主动履行告知和询问的义务。

2. 不敢适用该程序

有的被告人虽然知道有权申请排除非法证据,但不敢提出这一申请,甚至有的辩护人也不愿意帮助被告人行使这一诉权,认为一旦提出非法证据排除,会招致法官做出不利于自己的审判结果。有的被告人担心如果自己的请求得不到法庭的支持,或者法庭调查之后认为不存在非法取证的情况,其请求影响到了正常的庭审程序和审判效率,法庭有可能会以认罪、悔罪态度不好为由予以重判。也有被告人认为,干了违法犯罪的事,在不愿意如实交代的情况下,受到体罚在所难免,但只要不是很严重,一般都会选择默许。有的辩护人也认为,审判过程中的据理力争对当事人和自己都可能不是最好的选择,担心引起法院、法官的反感,认为还是以一种平和的态度更能让当事人和自己最终获得更大的利益。①有时即使被告人认为遭到刑讯逼供,辩护人也常常予以忽略,即便向法庭提出了非法证据排除申请,也只是履行程序性手续而已,其要求并不坚定。

3. 不明确申请要求

虽然一些案件中被告人当庭屡次提出存在刑讯逼供,但是法院都未能够依职权启动非法证据排除程序。一些法官认为,只有被告人及其辩护人明确提出非法证据排除的申请,特别是有书面的非法证据排除申请时才会启动非法证据排除程序。否则,法院不会主动启动该程序。《刑事诉讼法》和司法解释对非法证据排除程序做出了一些规定,但是对于当事人应当以何种方式申请或者提出没有详尽的硬性规定。司法实践中,当事人对非法证据的异议往往在庭审过程中提出,庭审中被告人或辩护人针对公诉人的举证,一般会以被告人在侦查过程中受到刑讯逼供为由,向法庭表示被告人口供或者其他证据是非法获得。那么是否只要被告人或者辩护人对被告人口供提出异议就视为申请,还是必须以书面形式或者口头形式明确提出要求才能视为申请排除非法证据,法律没有规定。这样导致很多被告人或者辩护人对口供虽然提出了异议,但是由于没有明确提出非法证据排除申请,法院没有启动该程序。

三、排除证据之困境

非法证据排除程序除了存在启动难外,事实上还存在具体运作和排除非法证据难的状况。目前在实际排除非法证据中,存在下列困境:

(一)检察机关证明责任低

《刑事诉讼法》第57条规定:"在对证据收集的合法性进行法庭调查的过程中,人民检察院应当对证据收集的合法性加以证明。"实践中,公诉机关一般会向法庭提供被告人的入所体检证明以及侦查人员出具的没有刑讯逼供的情况说明以履行上述法律规定的证明责任。有时公诉机关也会申请侦查人员出庭作证,但是侦查人员出庭作证几乎无一例外的证明侦查程序合法、取证合法的状况,因此侦查人员出庭只是形式上证明口供取得的合法性,口

① 陆而启:《从纸上谈兵到水滴石穿—非法口供排除程序的构造反思》,载《证据科学》2012年第2期。

供取得的实质性合法并没有其他证据证明。此外,有时检察机关也会提交讯问时录音录像,但是录音录像是否与讯问同步,法官无法对此从主客观上进行充分、仔细的审查,从而导致出现有可能是非法证据而需要被排除的,审判过程中却无法被排除的情况。因此,使得本应当需要严格证明证据取得合法的证明责任,在实践中却以一种简单化、固定化的模式替代,这实际上是降低了检察机关的证明标准、减轻了相应的证明责任。目前只要检察机关提出一些形式化的材料,就可以证明不存在刑讯逼供等非法取证行为。而被告人、辩护人申请排除非法证据却需要承担严格的证明责任,一旦被告人不能够证明确实存在刑讯逼供行为时,法院就认为不存在刑讯逼供等非法取证行为,使得被告人承担不存在刑讯逼供的法律后果。

(二)非法方法认定困难

对于直接实施暴力等刑讯逼供的方法,一般容易鉴别,且直接使用此种方法取证在实践中已经很少见。而难点在于一些非典型的非法取证行为的认定,主要包括:

1. 提外审能否认定非法方法

提外审由于缺乏监督往往极容易发生非法取证行为,因此如何对待提外审一直是困扰审判实践的重点和难点问题。

例如:被告人黄某某抢劫一案,一审法院以被告人黄某某犯抢劫罪,判处死刑缓期二年执行,剥夺政治权利终身,并处没收个人全部财产。一审宣判后,黄某某上诉提出"没有实施抢劫犯罪,有罪供述是公安机关刑讯逼供5天6夜取得,要求排除口供"。辩护人提出:认定黄某某实施抢劫的犯罪动机、犯罪现场和犯罪工具的证据都存在瑕疵和矛盾,请求二审排除被告人口供。

该案一审法院通过庭审启动了非法证据排除程序,调查后认为:2013年1月12日,检察机关在审批逮捕手续时,曾在看守所对黄某某进行讯问,黄某某供认是2012年12月8日因涉嫌抢劫罪、盗窃罪被刑事拘留,并供认在公安机关的供述是真实的。另外,2013年1月14日,侦查人员在看守所对黄某某执行逮捕讯问时,黄某某仍然没有翻供。同时,公安机关提供了审讯黄某某的视频录像和黄某某入所健康检查证明。因此,黄某某的翻供不能成立。

二审法院审理认为,黄某某的供述是案件定案的关键性证据,但是黄某某现在翻供。因此,口供的获取是否合法是本案定案的关键。二审法院发现,黄某某于2012年12月7日21时许被抓获,抓获后的五天均没有交代犯罪事实,一直到12日才供述,此外13日有一次有罪供述,但是黄某某的完整有罪供述只有这两次,且均在监外做出。黄某某提出,2012 年 12 月 8 日被拘留后,公安机关对他进行了 6 天的刑讯逼供,于同月 13 日才送看守所羁押。根据拘留证显示,黄某某于 2012 年 12 月 8 日被拘留,并送看守所羁押。同年 12 月 12 日、13 日在监外做出两次有罪供述。对于为什么实行提外审的问题,公安机关出具情况说明:因为 2012 年 12 月 12 日和 13 日看守所的提审室装修,因此将黄某某提押到公安局执法办案区讯问。但是之后公安机关又出具情况说明:由于公安局在看守所的讯问室正在装修,因此借用检察院设立在看守所的讯问室对黄某某讯问,并制作视听资料。经查阅讯问笔录,讯问笔录上记载的讯问地点是公安局执法办案区。上述公安机关对提外审地点出具了两份不同的情况说明,到底何为真,何为假?另外,根据公安机关的提审证上载明提外审的原因是"指认现场",然而根据讯问笔录显示,黄某某在 2012 年 12 月 12 日之前根本没有供述抢劫杀人的犯罪事实,又何来指认现场。因此,公安机关对提外审的问题,出具前后不一致的情况说明,对为什么提外审没有合理解释。

二审法院要求公安机关调取看守所装修的客观性证据,但是公安机关没有提供任何证据。此外,二审法院调查发现,公安机关在 2012 年 12 月 13 日讯问证人张某甲的地点是看守所,既然看守所在当天可以讯问张某甲,为何不能讯问黄某某?同时,与黄某某同监的曾某某证明:他是 2012 年 12 月 11 日因涉嫌贩卖毒品罪被关押在看守所六号监室,过了两三天之后一个叫黄某某的人被关押进来了。曾某某证明黄某某关押在 6 监的时间是他被关押的两三天后,即 12 月 13 日。另外,二审法院向看守所调取了黄某某在押人员信息情况,根据看守所电脑上载明的在押人员信息情况,黄某某拘留时间是 2012 年 12 月 13 日,入看守所时间也是 2012 年 12 月 13 日,入监体检表上载明的日期也是 2012 年 12 月 13 日。因此上述证据充分证明黄某某是 2012 年 12 月 8 日拘留后,同月 13 日才送看守所羁押的事实。之后,公安机关再次就黄某某提外审和正式送看守所羁押的问题出具情况说明:承认 2012 年 12 月 7 日将黄某某抓获归案,直到同月 13 日才将黄某某送看守所羁押,但是未对黄某某实施刑讯逼供。

二审法院认为,上述调查情况证明公安机关 2012 年 12 月 7 日抓获黄某某后,6 天之后才送看守所羁押的事实。尽管公安机关提供了讯问黄某某的录像光盘和指认现场光盘,但是经审查,讯问录像和指认现场录像均无时间显示,无法审查制作程序是否具有合法性。《刑事诉讼法》第 83 条第 2 款规定:"拘留后,应当立即将被拘留人送看守所羁押,至迟不得超过 24 小时。"因此,侦查机关违背上述规定取得黄某某的供述程序违法。

2. 疲劳审讯能否认定非法方法

对于疲劳审讯的性质判断问题,由于没有明确的法律规定,对是否属于“其他使被告人在肉体上和精神上遭受剧烈痛苦的方法”,在实践中争议较大。有人认为,疲劳审讯使被告人的肉体和精神遭受痛苦,属于与刑讯逼供相当的非法方法;有人认为疲劳审讯不一定会造成被告人肉体或者精神上痛苦,不属于非法方法。此外对连续审讯多长时间可认定为疲劳审讯也存在争议,有人认为 12 小时以上,有人认为 24 小时以上,也有人认为 36 小时以上。个人认为,长时间不让睡眠如达到使人在肉体上和精神上遭受剧烈痛苦,则应当认定为非法方法,具体而言,要根据连续审讯的时间、地点、审讯的方式和强度来综合认定。

例如:被告人寿某某诈骗一案,寿某某的辩护人提出侦查机关对寿某某通过疲劳审讯的方法获取口供,依法应当排除寿某某的口供。公诉机关认为:侦查机关采取连续讯问的方式是侦查策略之一,且有同步录音录像佐证,因此寿某某口供应当作为定案依据。法院审查发现:寿某某的多份讯问笔录持续的时间都很长,且大多集中在晚上至凌晨间进行审讯,审讯的地点都是在侦查机关的执法办案区。特别是 2014 年 3 月 27 日的讯问笔录,讯问时间从上午 10 时 0 分至次日凌晨 5 时 12 分,审讯时间长达 19 小时;且审讯中诱供指供现象存在,同步录音录像中多次出现侦查人员按照掌握证据的理解,对案发经过及黄某某的主观故意方面进行叙述,以期得到寿某某的认可。而公诉机关没有提供证据证明侦查人员给予过寿某某必要的休息和饮食。因此,对寿某某审讯违法。

3. 引诱、欺骗能否认定为非法方法

《刑事诉讼法》规定严禁以威胁、引诱、欺骗方法收集证据,但是没有将引诱、欺骗方法收集的证据纳入非法证据排除的范畴。实务中,被告人提出受到引诱或欺骗作了虚假有罪供述的情形并不少见,处理起来较为棘手。有人认为,采用引诱、欺骗方法获取口供难以援引排除规则予以排除,只能采取其他方式处理。① 有人提出“如果法庭通过审查讯问记录等证据材料认定侦查人员采用引诱、欺骗方法获取被告人供述,且该供述不能与在案证据相印证,也可以从证明力的角度,以该供述具有虚假性而依法予以排除”。然而实践中,即使使用了引诱或欺骗方法,也不可能在讯问笔录中予以记载,侦查人员由此获取的有罪供述,也不会将讯问记录明显与其他证据矛盾,反而与其他证据有“天衣无缝”的

---

① 龙宗智:《我国非法口供排除的‘痛苦规则’及相关问题》,载《政法论坛》2013 年第 5 期。

吻合。显然从证明力的角度去排除这类供述是困难的。笔者认为,严重违法的引诱和欺骗不仅违背程序正义,而且可能导致冤假错案发生,审判实践中应当审慎使用该类证据。事实上,法官对于排除此种非法证据时,相对非常保守和谨慎。

例如:被告人肖某玩忽职守一案,一审法院以被告人肖某犯玩忽职守罪,判处有期徒刑三年。一审宣判后,肖某提出上诉。肖某上诉提出:侦查机关有严重恐吓、威胁和诱供行为,因此他违心认可了犯罪事实。肖某申请启动非法证据排除程序,排除其口供。并口头向二审法院提供了威胁、引诱的人员、时间、地点、方式、内容等相关线索或者材料。辩护人要求查阅复制侦查机关讯问肖某的同步录音录像光盘。二审时,检察人员认为,侦查机关对肖某口供的取得合法。

二审法院就非法证据排除问题召开了庭前会议,听取上诉人、辩护人和检察人员的意见,双方焦点是:侦查机关讯问肖某的同步录音录像是否可以查阅。同时检察机关提出:侦查中的威胁和诱供可能属于侦查技巧,不属于《刑事诉讼法》规定的刑讯逼供,不能作为启动非法证据排除程序的条件;对肖某讯问过程的录音录像长大60余小时,不便于查看。

二审法院审查认为,按照二审程序设置的目的和任务上看,当事人及其辩护人提出查看讯问光盘的申请是符合法律规定,依法应予支持,主要理由:

(1)侦查机关制作讯问犯罪嫌疑人的同步录音录像的目的就是防止被告人翻供,它是证明侦查程序和讯问犯罪嫌疑人过程合法的重要依据。

(2)讯问犯罪嫌疑人的同步录音录像是证据,应当依法移送人民法院。只要不涉及国家秘密、个人隐私的,且不属于不能公开的材料,辩护人就可以查阅、复制。

(3)根据《最高人民检察院〈关于人民检察院讯问职务犯罪嫌疑人实行全程同步录像的规定(试行)〉》第15条规定:“案件审查过程中,人民法院、被告人或者辩护人对讯问活动提出异议的,或者被告人翻供的,或者被告人辩解因受刑讯逼供、威胁、引诱、欺骗等而供述的,公诉人应当提请审判长当庭播放讯问全过程同步录音录像资料,对有关异议事实进行质证。”目前肖某已经翻供,且对供词提出异议,因此按照上述规定,也应当移交光盘供辩护人查阅。

(4)根据《最高人民检察院〈人民检察院刑事诉讼规则(试行)〉》第75条规定:“在法庭审理过程中,被告人或者辩护人对讯问活动合法性提出异议,公诉人可以要求被告人及其辩护人提供相关线索或者材料。必要时,公诉人可以提请法庭当庭播放相关时段的讯问录音录像,对有关异议或者事实进行质证。”

(5)根据《最高人民检察院〈人民检察院刑事诉讼规则(试行)〉》第450条规定:"在法庭审理过程中,合议庭对证据有疑问或者人民法院根据辩护人、被告人的申请,向人民检察院调取在侦查、审查起诉中收集的有关被告人无罪或者罪轻的证据材料的,人民检察院应当自收到人民法院要求调取证据材料决定书后三日以内移交。没有上述材料的,应当向人民法院说明情况。"肖某及其辩护人以讯问光盘影响肖某的定罪量刑,属于上述法律规定的"有关被告人无罪或者罪轻的"证据材料,检察机关应当依法移送。

然而,检察机关以该案造成恶劣的社会影响等理由拒绝将讯问光盘移送或者交给辩护人查阅。由于上诉人肖某一案确实在全国造成了特别恶劣的社会影响,因此二审法院在权衡各种利弊的情况下认为,根据《刑事诉讼法解释》第95条规定:"使用肉刑或者变相肉刑,或者采用其他使被告人在肉体上或者精神上遭受剧烈疼痛或者痛苦的方法,迫使被告人违背意愿供述的,应当认定为《刑事诉讼法》第54条规定的'刑讯逼供等非法方法'。"故肖某提出"办案人员有严重恐吓、威胁和诱供行为",不属于上述法律规定"采用刑讯逼供等非法方法"收集被告人口供的行为。同时肖某是自动投案,且一审法院认定肖某具有自首情节。因此,肖某申请启动非法证据排除程序,不符合法律规定。但是,二审法院考虑检察机关没有给辩护人查看讯问肖某的同步录音录像,在裁判文书中没有罗列肖某的供述,只罗列肖某的自书供词和一审庭审时当庭供述。

(三)排除情形存在人为因素

《刑事诉讼法》第54条规定:"不经补证可以直接排除的证据范围包括口供、证人证言、和被害人陈述;对于收集的物证、书证不符合法定程序,可能严重影响司法公正的,应当予以补正或者做出合理解释;不能补正或者做出合理解释的,对该证据应当予以排除。"从审判实践上看,目前申请排除的证据绝大多数是被告人口供,对于其他证据的排除几乎很少。[①] 而在排除口供时,因为排除的具体情形缺乏法律的刚性规定,导致排除的情形存在一些人为判断因素。

1. 排除非法口供是整体排除,还是个别排除

一些口供是提外审做出,一些口供是在看守所提讯室内做出;一些口供有同步录音录像,一些口供没有同步录音录像。因此如果认定被告人的口供是非法方式获取的,那么要排除被告人的口供是整体性排除,还是只排除非法取证部分

① 陈光中、郭志媛:《非法证据排除规则实施若干问题研究——以实证调查为视角》,载《法学杂志》2014年第10期。

的口供。

例如：上诉人朱某某抢劫杀人一案中，辩护人提出：根据《刑事诉讼法》规定，对于可能判处无期徒刑、死刑的案件或者其他重大案件，应当对讯问过程进行录音或者录像，但是公安机关没有进行同步录音录像，要求排除上诉人朱某某的口供。二审法院审理时认为，《刑事诉讼法》第121条规定："对于可能判处无期徒刑、死刑的案件或者其他重大犯罪案件，应当对讯问过程进行录音或者录像。录音或者录像应当全程进行，保持完整性。"按照上述规定，公安机关录音或者录像应当符合两个标准：一是全程进行，二是保持完整。全程、完整是录音录像发挥作用的前提。如果不是全程、完整的录音录像，录制设备的开启和关闭时间由侦查人员自由掌握，制作的录音录像就不能发挥证明作用。"全程"一般是指从犯罪嫌疑人进入讯问场所到结束讯问离开讯问场所的全过程。"保持完整"是指侦查人员从发现承办的案件属于法律规定的应当录音录像范围开始，到案件侦查结束的每一次讯问都要制作录音或者录像，且完整、不间断地记录每一次的讯问过程，不能剪接、删改。但是本案中公安机关只是对部分讯问进行了录音录像，没有对每次讯问制作录音录像，显然这种作法违背了程序法设定的初衷。侦查机关出具情况说明：由于设备的原因，导致讯问被告人结束后，才发现一些讯问没有录制成录音录像。尽管该情况说明一定程度解释了原因，但是二审法院认为侦查机关在讯问结束时一旦发现此种情况，依法应当重新对被告人进行讯问，并制作全程录音录像。因此，尽管情况说明解释了原因，但是对被告人讯问的违法性并没有得到弥补。因此，二审法院认为，对于没有制作同步录音录像的讯问笔录，不能作为定案证据。目前可以按照朱某某的庭审供述和有录音录像的供述作为定案依据。

2. 批准到所外制作同步录音录像的供述是否排除

根据《刑事诉讼法》规定，犯罪嫌疑人拘留后的讯问应当在看守所内进行；对于可能判处无期徒刑以上刑罚的应当制作同步录音录像。实践中，由于经济发展不平衡，一些看守所内没有同步录音录像设备，侦查机关根据法律规定对一些必须录音录像的案件，只能经公安机关负责人批准提押人犯到所外进行。然而法律规定，犯罪嫌疑人羁押后的讯问，应当在看守内进行。由此侦查机关在遵守应当"同步录音录像"法律规定时，有时不得不违背"应当在看守所内讯问的"法律规定。对于此种情况，个人认为，只有侦查机关能够证明客观情况的存在，且同步录音录像完整，犯罪嫌疑人的供述自愿，一般不应将此证据予以排除。

例如：上诉人王某某合同诈骗一案，一审法院以王某某犯合同诈骗罪判处无期徒刑。二审法院审查发现:王某某的有一次有罪供述是在看守所外进行,但是此次供述制作了同步录音录像。经进一步审查发现,该次讯问,是侦查人员为了制作同步录音录像而将王某某提到公安机关执法办案区进行,且该行为经公安机关负责人批准同意进行。二审法院合议庭有人认为,拘留后,讯问被告人应当依法在看守所内进行,公安机关违背刑事诉讼规定实施提外审违法。合议庭多数人认为,公安机关为了制作同步录音录像到所外进行并不必然违背法律规定。因为,拘留后所内讯问是一般原则,而制作同步录音录像是特别规定,应当优于一般的规定。故本案公安机关的取证行为合法。

3. 没有制作同步录音录像的口供是否排除

被告人被判处无期徒刑,但是公安机关讯问被告人时,没有按照《刑事诉讼法》的规定制作同步录音录像,那么被告人的口供是否应当排除的问题。

例如:被告人唐某集资诈骗一案,一审以唐某某犯集资诈骗罪,判处唐某某无期徒刑。唐某某不服提出上诉。其辩护人提出:侦查机关没有按照《刑事诉讼法》规定对唐某某讯问进行录音录像,违背法定程序,因此不得判处唐某某无期徒刑。二审法院审理后认为:对于可能判处无期徒刑、死刑的案件或者其他重大犯罪的案件,应当对讯问过程进行录音录像,本案检察机关是向中级法院起诉的案件,事实上唐某某也被一审法院判处无期徒刑,但是侦查机关讯问唐某某时没有按照上述法律规定进行录音或者录像。如果要认定唐某某口供有效,显然违背《刑事诉讼法》的明确规定。综上,辩护人提出此程序违法问题是客观的,唐某某的口供在没有得到合法程序收集的情况下,应当不能作为定案依据。

4. 侦查机关侵犯辩护权等权利行使获得的口供是否排除

实践中,一些被告人或者辩护人以侦查机关限制或者剥夺相关诉讼权利为由,提出非法证据排除申请。例如:被告人方某某合同诈骗案,被告人方某某的辩护人,以侦查机关限制会见方某某为由,对于侦查机关限制律师会见期间获取方某某的口供申请法院排除。法院认为:公安机关禁止律师会见,是对律师权利的侵害和对犯罪嫌疑人获得辩护权利的侵害,但对公安机关讯问犯罪嫌疑人的合法性不构成实质性影响,因此,在此期间收集的笔录虽然程序上存在瑕疵,但并不影响其合法性。

(李世锋:湖南省高级人民法院法官)

排除刑讯逼供证据的刑事辩护困境实证研究

——以审理者“曲意释法”为中心

阳桂凤

正义不但要实现,而且要以看得见的方式实现。

——法谚

传统理论认为,刑事辩护的内容仅限于刑事实体法律问题。在“人权”与“法治”日益成为主流话语的当今社会,程序性刑事辩护①越来越受到理论界与社会各界人士的重视。随着《关于办理刑事案件排除非法证据若干问题的规定》(以下简称《规定》)与新修订的《刑事诉讼法》的相继出台与实施,为程序性刑事辩护赋予了希望和新的契机。尤其是《刑事诉讼法修正案》对辩护制度做了大幅度的修改。经此改革,提升了我国辩护律师的法律地位,彰显了我国刑事辩护制度的发展和进步。② 还有学者认为,《刑事诉讼法》修改后,程序性辩护一定会获得生存发展的新空间,一定会有更加清晰、有力的法律支撑。③ 在司法实践中,非法证据排除规则适用的效果果真如学者的预见吗?在该规则适用过程中,刑事辩护是否发挥作用、作用大小及遭遇怎样的困境,这些问题无疑广受关

① 程序性辩护在理论上可分为广义与狭义两种。狭义的程序性辩护是指警察、检察官、法官在诉讼过程中是否存在违反法定程序或是否实施过诉讼侵权行为提起的程序性申请,其最终的目的在于通过说服法庭判定警察、检察官、法官存在程序性违法行为,从而宣告某一侦查、公诉和裁判行为丧失法律效力。参见陈瑞华:《程序性制裁理论》,中国法制出版社 2005 年版,第 377 页。

② 万毅:《“曲意释法”现象批判》,载《政法论坛》2013 年第 3 期。

③ 高咏:《程序性辩护的困境——以非法证据排除规则的适用为切入点》,载《当代法学》2012 年第 1 期。

注。本文以刑事辩护为切入点,选择东部经济较为发达的Z省城K区法院、中部H省份S城区法院及H县人民法院作为调研对象。调查方法采取发放表格和问卷、访谈、阅卷、查阅法院相关制度、上网查阅公开的判决书、观摩庭审等。调查对象包括3个法院辖区的部分律师、法官。

一、事与愿违:排除刑讯逼供证据适用现状解析

非法证据排除规则确立的初衷是依法惩治犯罪与保障人权。然而司法实践环境的复杂性并不总能让立法目的完全实现,立法目的与实践效果相背离的现象时有发生,刑讯逼供证据的排除便是如此。

(一)态度:热与冷的对比

依角色理论,刑事诉讼主体参与审判,其实质就是在进行角色扮演。在角色扮演中,法官、被告人、辩护人、公诉人等因角色不同,位置不同,采取的行动逻辑不同,但目标都是努力在追逐己方的利益,达到自己最理想的行动目标。在刑讯逼供证据排除申请中,法官、辩护人的行动逻辑及目标又是什么呢?

材料一

李律师:"蒋法官,我会见了被告人童某。童某告诉我说,他在公安机关做笔录时遭吊打,没办法,他只好招供。他还向我提供了同监室的刘某、于某等都看见其手上的伤痕的线索。请求启动非法证据排除适用程序,您看行吗?"

蒋法官:"李律师,这种啰里吧嗦的事情你莫跟我提。"蒋法官拍着李律师的肩膀如是说。

李律师:"我只有知趣地放弃了这一想法。"

材料二

刘律师:"案件一进入法院受理阶段后,我向法官正式提出启动排除非法证据申请。"

杨法官:"等到案件开庭时再说吧。"

刘律师:"案件进入庭审后,我又向法庭提出非法证据排除申请。"

杨法官:"你到质证阶段再提吧。"

刘律师:"好不容易等到质证阶段时,我又提出这属于非法证据,应启动非法证据排除程序,予以排除。"

审判长江某:"法庭已经知道了。"

刘律师:"开庭后不了了之,既没有启动非法证据排除程序,没有进行相关的调查核实,也没有在判决书中阐述拒绝的理由。"

笔者在与律师访谈时获悉，法官对辩护人申请启动刑讯逼供证据排除申请中，态度是非常冷淡而消极的。与法官的态度对比鲜明的是，辩护人对排除刑讯逼供申请比较热衷，从表 1 三个样本法院在《规定》出台前后的数字变化可以看出。如 2009 年 K 院的刑事案件总数为 502 件，辩护律师提出申请的案件为 5 件，占当年刑事案件总数的 1%。但 2012 年辩护律师提出申请的案件数达 18 件，占当年刑事案件总数的 3%。这种趋势在其他两个样本法院同样存在。说明在《规定》实施之后辩护律师对此类申请表现出比较高的热情。这种热情与法官的冷淡形成强有力的反照。

表 1　《规定》实施前后样本法院辩护律师申请启动非法证据排除程序情况

样本	2009 刑事案件数（件）	辩护律师申请案件数（件）及比率		2012 年刑事案件数（件）	辩护律师申请案件数（件）及比率	
Z 省 K 院	502	5	1%	612	18	3%
H 省 S 院	387	8	2%	390	22	5%
H 省 H 院	255	8	3%	289	15	5%

（二）证据：多与少的不一

辩护律师收集的线索或材料非常有限，不能对抗公诉机关众多证据。一方面，律师获取证据或线索的来源有限，注定其向法庭提交的证据或线索、材料有限。而另一方面，控方利用职权，具有获取对己方有利证据的优势，向法庭提交的证据不仅种类繁多，数量也多。

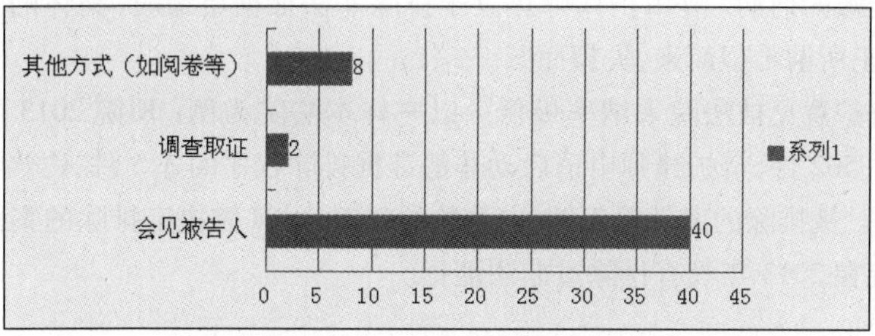

图 1　辩护律师获取线索或材料的来源（N=50 人　单位：%）

表 2　辩护律师提供线索或材料情况（N＝50）

提供材料总数	个案最多的	个案最少的	人均
65 份	5 份	1 份	1.3

从图1和表2的数据来看,辩护律师获取证据线索或材料的来源基本上是从会见被告人处获得的,调查取证和其他方式获取的极少。故辩护律师提供材料或线索非常有限。个案中提供最多的只有5份,最少的仅1份,人均仅1.3份。与此相反,控方提供的证据占据绝对优势。笔者抽查了两个法院部分刑事案件,随意抽取了其中2个案件的卷宗,发现控方提供的证据较多,S院的一个案件中就有24份证据材料,H院的一个案件中也存有17份证明材料。这些证据中,既有被告人的其他供述、相关证人证言,还有相关书证、录音录像资料等,种类繁多(详见图2)。

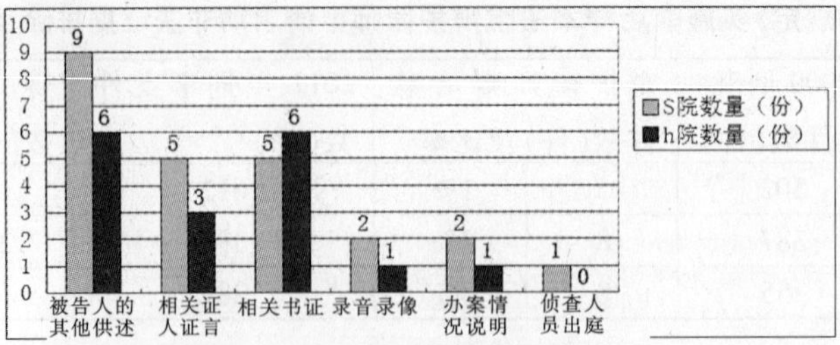

图2　控方举证类型及数量情况

(三)结果:希望与失望的反差

依角色理论,辩护人参与刑事审判,提出非法证据排除申请,其扮演角色的目的就是获得有利于己方的裁判。正如艾伦·德肖维茨所说:“胜利是大部分刑事诉讼的当事人的唯一目的,就像职业运动员一样。刑事被告要的是开释或者尽可能短的刑期。”①辩护律师热衷于排除非法证据申请时,满怀的希望一次次落空,正所谓希望而来,失望而归。

1.辩护意见被法院采纳率极低。以三样本法院为例:K院2013年审结的刑事案件502件,辩护律师申请启动非法证据排除程序的才5件,占当年刑事案件的1%。被排除的案件仅2件,占总数的0.3%。H院决定排除的案件数为0,说明该院在2013年没有排除过非法证据。

① [美]艾伦·德肖维茨:《最好的辩护》,唐交东译,法律出版社1994年版,第5页。

表3　2013年样本法院辩护律师申请启动非法证据排除及法院决定排除情况

样本	刑事案件数(件)	辩护律师申请案件数(件)及比率		决定排除案件数(件)及比率	
Z省K院	502	5	1%	2	0.3%
H省S院	387	8	2%	3	0.7%
H省H院	255	8	3%	0	0

2.非法证据即便被排除,但对被告人定性量刑基本没有产生实质影响(见表4)。

表4　被采纳排除的证据情况及其对定性、量刑的影响

案由	申请理由、线索、材料	控方举证的相关情况	排除证据情况	对定罪的影响	对量刑的影响
李某盗窃案	在公安执法办案区两次供述系刑讯逼供	被告人在审查起诉阶段的供述,被害人的陈述等证据	排除在公安执法办案区关于第一起犯罪事实的供述	采信被告人在审查起诉阶段的有罪供述,做出有罪判决	起诉书认定的事实都予以认定
伍某贩卖毒品案	在公安执法办案区的第一次供述系刑讯逼供	被告人在看守所的供述及其他证据	排除被告人在公安机关所做的第一次供述	采信被告人在看守所的供述,做出有罪判决	起诉书指控的贩卖毒品事实核减一次,法定刑降为3年以下
彭某贩卖毒品案	在公安执法办案区的供述系刑讯逼供	被告人在审查起诉阶段的供述	排除在公安执法办案区的供述	采信被告人在审查起诉阶段的有罪供述,做出有罪判决	起诉书认定的事实都予以认定,最终判处被告人有期徒刑3年,并处罚金

续表

案由	申请理由、线索、材料	控方举证的相关情况	排除证据情况	对定罪的影响	对量刑的影响
胡某贩卖毒品案	在公安执法办案区的供述系刑讯逼供	证人证言，被告人在看守所的供述，辨认笔录等证据	排除在公安执法办案区的供述	采信被告人在看守所有罪的供述，做出有罪判决	起诉书认定的事实核减了一次，最终判处有期徒刑11年6个月，剥夺政治权利1年，并处罚金

上述4起被排除的非法证据集中在公安执法办案区形成的供述。尽管这部分口供被排除，但是对定性基本上没产生影响。如彭某贩毒案，法院结合彭某在审查起诉阶段的有罪供述及控方提供的证据，采信了彭某在公安机关所做的其他有罪供述。其他3起案件要么采信被告人在看守所的供述，要么采信被告人在审查起诉阶段的供述，对定性没有产生任何影响。在量刑方面，除了伍某、胡某贩毒一案，在起诉书指控的贩卖毒品事实中各核减了一次，在量刑上有所体现之外，其余2起对量刑没有影响。

二、追根溯源：制约非法证据排除规则适用的因素透视

“如果我们总盯着手中琐碎事情，在某些时候，会看不见隐藏其间的普通因素，从而忽视了更大的真理，尽管它是整个画面的底色。”①那么隐藏在非法证据排除立法目的与效果相背离现状背后的“底色”是什么？法律规则的不完善、不具体等并非是程序性辩护困境的唯一根源。只要“文本法”与“实践法”之间出现沟壑，哪怕制定得再完备的法律规则也是“一纸空文”。

① ［美］卡多佐：《法律的成长——法律科学的悖论》，董炯等译，中国法制出版社2002年版，第6页。

(一)法官"曲意释法"①,致使程序启动艰难

《非法证据排除规则》及《刑事诉讼法》对被告人及其辩护人提出非法证据排除申请,只要求提供相关"线索或者材料",做出必要说明,让法官或法庭对侦查行为的合法性产生怀疑,即可启动排除程序。说明法律对被告人或辩护人的申请基本上没有设置"门槛"。② 对于这样的规定,有法官毫无避讳地指出"跟没规定无两样"。如何理解"证据取得合法性的疑问"? 不同的法官有不同的理解,同样的案件出现不同的裁判。因为这些"怀疑""疑问"是很难用数字衡量或用语言表达,被告人或者辩护人提供的线索或材料应达到何种程度才能使法官产生疑问,似乎要依赖法官对该规则的价值认知及当时的办案环境。在此过程中,法官难免会或多或少地带有"曲意释法"倾向。就此问题,笔者对样本法院的60名刑事法官做过相关调查。

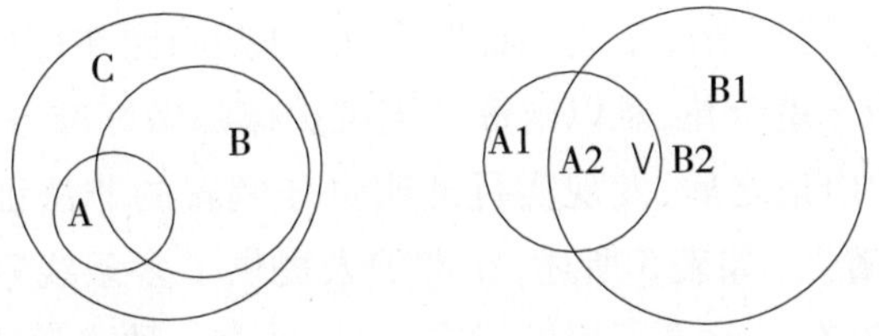

图2　视听资料、电子数据与电子证据的关系

影响程序启动的原因其实是多方面的,法官首先考虑的"线索或材料"是否足以影响到案件的定性或量刑,即影响到实体处理。否则,囿于审理期限或者考核及其他方面的压力,以"不考虑为原则、考虑为例外"作为法官权衡是否启动非法证据排除程序的内心标准。在当前的制度环境下,法官一旦排除非法证据,很容易导致公检法机关之间的失和,给自己及法院今后的工作带来负面影响,甚

---

① 所谓"曲意释法",指公、检、法机关利用其解释和适用刑事诉讼的话语权,故意违背《刑事诉讼法》的立法原意曲解《刑事诉讼法》的条文内涵,做出有利于自己却不利于辩方的解释,以扩张自身权力并压缩辩护权行使的空间、抑制辩护权的行使。正因为"曲意"在内容上超出了正常认识,带有一种明显的目的性和倾向性,其产生的结论可想而知对辩方明显不利。参见万毅:《"曲意释法"现象批判》,载《政法论坛》2013年第3期。

② 陈卫东:《刑事诉讼法修改条文理解与适用》,中国法制出版社2012年版,第47页。

至会影响到经济收入、职务升迁等，陷入麻烦和苦恼之中。反之，不启动排除程序，不排除非法证据并不会给法官本身带来不利。受趋利避害因素的影响，目前法官一般并不考虑启动该程序，使得被告人申请启动这一程序非常困难。

（二）法官"曲意释法"致使证明责任虚置

《非法证据排除规定》和新《刑事诉讼法》为非法证据证明确立了证明责任、责任分配规则及证明标准。经过法庭审理，对非法取证行为予以确认或者不能排除的，对通过该行为取得的有关证据应当予以排除。换言之，法律对控方确立了最高证明标准——对被告人的口供合法性证明达到确实充分程度，否则将有关证据认定为非法证据予以排除。但是，在实践中并非如此。

1.法官"曲意释法"，虚置证明责任

如上所述，控方承担证明证据收集合法的举证责任，而被告或辩护人仅需提出抗辩，尽到学者所谓的"争点形成责任"义务即可。但在实践中，控方在何种程度上承担证明责任，在何种情况下去除证明责任，这些问题在理论上说来容易但在操作层面上就成为雾里看花，难以解读。当辩护律师做好准备，并胸有成竹地提出排除非法口供的申请之后，发现实行证明责任倒置的非法证据排除规则在实践中并非"真实倒置"。如表5所述，在辩护人提供了多条线索和材料的情况下，判决说理部分并没有对此进行积极回应，而是采取一种非常武断的方式概括性地回答，让人难以理解。

表5　公开裁判文书中判由说理部分

样本	辩方提供线索及理由	判由说理解答
（2011）某刑初字第109号	被告人程某的辩护人提出在检察机关提审时被告人称其在公安机关遭受刑讯逼供。	根据本院查明的事实，被告人程某介绍周某与邹某进行毒品交易的事实客观存在，故对被告人程某的辩护人提出的非法证据排除意见不予采纳。

续表

样本	辩方提供线索及理由	判由说理解答
(2013)某刑初字第189号	被告人谢某的辩护人提出:1. 被告人谢某与证人周某都受到刑讯逼供,其口供和证言不能作为定案依据。2. 谢某的有罪供述,形式上有多处重大瑕疵,即提押票证实的讯问地点与讯问笔录记载的讯问地点有明显冲突。3. 谢某的有罪供述之间存在重大矛盾,与证人证言之间就时间、地点、数额及来源均不相吻合。此后谢某进入看守所后没有做过有罪供述。建议排除非法证据。	被告人谢某及行贿人周某等人对各自庭审前的口供提出了非法证据排除,合议庭启动了非法证据排除程序,认定本案不存在非法取证行为,被告人谢某及证人周某等人在庭审前取得的口供可作为言词证据向法庭提交并质证。

2. 法官"曲意释法"致控方证据采信度高

这突出表现在法官对待办案情况说明这类证据的态度及采信上。办案情况说明本是侦查机关和检察机关就刑事案件侦查过程中已经出现的程序、实体证据问题而提供的书面说明。其来源于侦查人员的办案过程,其中还附带了侦查人员主观认识的信息。因此,从证据种类上分析,其应类似于证人证言。侦查人员一般不出庭说明情况,接受质询,其在法庭之外形成的书面说明,又具有传闻证据特征。审查判断证据和疑难案件事实认定的重要方法就是证据相互印证。① 办案情况说明这种类似于传闻证据,不同国家有不同的态度。英美国家将传闻证据"被认为是非常不可信的"。② 大陆法系国家为了消除法官进行书面审理程序带来的重大缺失,采取了直接言词原则。如德国的《刑事诉讼法》第250条规定,对事实的证据如果是建立在一个人的感觉之上的时候,要在审判中对他询问。正因为办案情况说明作为传闻证据具有天生的不可靠性,它需要其他证据予以印证。否则,出现尚未经过印证的证据去证明其他事实的逻辑错误。办案情况说明这类证据在司法实践中却获得法官的青睐和充分肯定。笔者对三个样本法院公开上网的裁判文书进行了查阅。基本上每一个案件中都存在情况说明,而几乎完全被法院采纳。同时,笔者调阅了其中一个法院2012年审理的

① 李建明:《刑事证据相互印证的合理性及其限度》,载《法学研究》2005年第6期。

② [美]艾伦·豪切斯泰勒 斯黛丽·南希·弗兰克:《美国刑事法院诉讼程序》,陈卫东、徐美君译,中国人民大学出版社2002年版,第350页。

刑事案件,发现的确如此。

表6　法院采信办案情况说明情况

样本	案件总数	办案情况说明份数	形成时段				法院采信情况
			侦查阶段	审查起诉阶段	庭审阶段	开庭后	
Z省K院	612	740	620	105	13	2	728

办案情况说明已然与应然之间的强烈反差可以说明,公、检、法三机关在办理刑事案件过程中,充分利用其话语权,"曲意释法",故意歪曲事实,逃避法律责任,有损司法权威。

三、理论修正:排除非法证据规则结构与功能新定位

"文本法"与"实践法"相背离,作为非法证据排除规则的"文本法",抑或被规避、虚置、抑或"软执行",无法落地生根,法律失效①自不待言。法官之所以"曲意释法",原因是多方面的,既有体制性的,也有社会性的;既有制度方面,也有人性方面。规制法官"曲意释法",不仅需要司法上的努力,还需要整体环境的改善。

(一)诉讼价值:从程序工具主义向程序独立价值回归

程序工具主义的实际表现就是重实体、轻程序。这种观念在我国根深蒂固,总认为实体法是主法,程序法是辅助法,程度法仅仅是实现实体法的工具和手段。在程序工具主义的影响下,刑事诉讼规定的程序仅被视为工具和手段。既然只是工具和手段,也即可有可无。在实务中,法官之所以"曲意释法",在一定程度上反映出法官的程序工具主义倾向。

司法活动中,实体与程序相辅相成,缺一不可。"实现实体法内容的方法归根结底是由程序法所规定的诉讼过程,程序法对这个过程的调整结果总会归结到实体法上去,即诉讼的实际结果由于诉讼程序或者具体过程的差异可以有极

① 李声炜:《法官判决的制度表达与实践》,载《法治与社会发展》2006年第4期。法律失效是指形式上有效的法律规范在实践中未被很好地遵守和执行,因而不具有"实效"。详见徐军:《透视撤诉率:行政诉讼中的法律失效——以法院、法官的行动选择为视角》,载万鄂湘主编:《探索社会主义司法规律与完善民商事法律制度研究——全国法院第23届学术讨论会获奖论文集》(上),人民法院出版社2011年版,第366页。

大的不同。”①诉讼程序具有独立的价值，诉讼程序的运行过程就是程序独立价值实现的过程。② 以排除通过刑讯逼供获得的被告人口供为例，程序法定原则可以防止司法人员创制程序规则给当事人带来不公正，保证每一个公民受到同等待遇，保障诉讼参与人按照法律的预先设定更好地行使权利，维护自身的合法权益。因此要规制法官“曲意释法”，首先必须重视程序独立价值。

（二）诉讼结构：从侦查中心主义向审判中心主义的嬗变

我国的刑事审判是与侦查、审查起诉紧密结合在一起的刑事诉讼体系，刑事诉讼活动主要是以侦查活动为中心展开的，在很多案件中，公诉活动和审判活动只不过是对侦查行为的确认与完善，公、检、法更多的是配合而非制约。随着惩罚犯罪与保障人权并重理念的更新，司法一体化结构开始松动，由原来侦查机关、公诉机关与法院“一边倒”共同致力于惩罚犯罪的“斜三角形”结构模式，即侦查中心主义模式开始向“正等腰三角形”结构，即审判中心主义嬗变。（见图4）

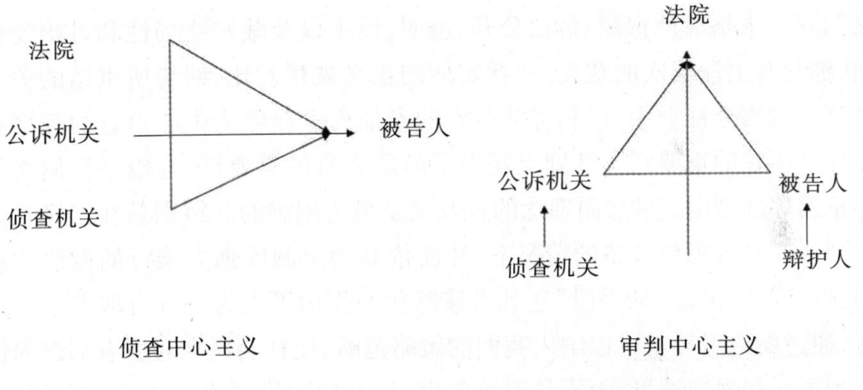

图4　侦查中心主义向审判中心主义转变图

随着一起起冤案的发现与纠正，催生了我国的《非法证据排除若干问题的规定》，之后新《刑事诉讼法》又对非法证据排除审判程序进行了进一步的明确。相对域外比较成熟的非法证据排除规定，我国的立法还明显属于一种粗放型，非法证据概念模糊、程序责任不明、救济制度匮乏及程序性制裁阙如等。这些立法

① ［日］谷口安平：《程序的正义与诉讼（增补本）》，王亚新等译，中国政法大学出版社2002年版，第6页。

② 蔡杰：《也论刑事程序的独立价值》，载《法学评论》2001年第4期。

的疏漏成为法官"曲意释法"的借口与"挡箭牌"。问题的暴露引起高层的重视,最近最高法院在全国范围内组织开展了一次对非法证据排除适用情况的调研。调研的范围广,涉及全国法院、检察院、侦查机关、律师等在内的所有涉及刑案的人员;调研的内容详尽而全面,涵盖了从侦查阶段到审判阶段的整个过程和细节。可以预见,在不久之后,一个具体详尽科学的非法证据排除实施细则将应运而生。

四、方向路径:理念、立法与司法三者相契合

现代法治国家确立非法证据排除规则的理念主要有:抑制违法、保障人权、促进法治、维护程序正义等。① 在这样的理念指导下,法官"曲意释法"可以通过理念与制度等进路加以规制。

(一)理念:从程序正义到人权保障的升华

实践经验表明,单纯追求实体公正不仅会导致漠视甚至践踏诉讼参与人的正当权利,而且也会导致司法公正观念的扭曲。程序公正作为一种"看得见的正义",对于人格尊严保障、诉讼公开、透明、民主以及裁判终局性和可接受性等方面,都具有更深层次的意义。"在实体的正义被相对比、纠纷所审结的关系越来越复杂的当今社会中,以利害关系者的参加程序保障为中心内容的程序正义观念在其固有的重要意义基础上获得了前所未有的重要性,这也是我们必须更加注重程序的理由。"②然而理念的普及又是最为困难的。特别是在国民意识尚不强烈或在没有思想准备的情况下,片面依靠确定制度强力推行的做法效果并不明显。因此,采取"软手段"达到潜移默化的作用不失为一种可取方案。加大宣传,通过舆论引导就可以纳入我们的策略范畴,使社会民众对所有刑讯逼供行为感到厌恶和强烈谴责,而不是理解包容,从而使刑讯逼供行为成为众矢之的,排除刑讯逼供证据则成为理所当然。

(二)立法:从预防机制到救济制度的完善

理念的确立需要立法的呼应。规制法官"曲意释法"落实人权保障理念的第一步就是要从立法上进行制度完善。

---

① [美]约翰.W.斯特龙:《麦考密克论证据》,汤维建等译,中国政法大学出版社2004年版,第316-319页。

② [美]卡多佐:《司法过程的性质》,苏力译,商务印书馆1998年版,第22页。

1. 预防:将看守所分离于公安机关

根据法律规定,公安机关对大部分刑事案件负责侦查,而看守所是羁押拘留、逮捕的执行机关,其直接隶属于公安机关。这种管理模式,很容易导致看守所对公安机关的讯问活动难以实行有效监督,甚至很有可能出现在工作中对一些见不得光的事情相互隐瞒,建立攻守同盟。将看守所分离于公安机关,由司法局管理,定期对羁押人员做医疗检查和医疗记录,可以起到预防侦查机关的违法取证行为的作用。

2. 监督:赋予辩护律师在侦查阶段的调查取证权和预审讯问过程中到场参与权

在侦查人员讯问犯罪嫌疑人过程中允许辩护律师到场参与,一直为法学界和律师界所倡导。笔者深有同感,认为在侦查阶段犯罪嫌疑人有权随时聘请律师。律师具有辩护人身份,享有辩护人的相关权利,尤其是自行调查取证的权利。在预审阶段,律师的到场参与将起到一个"见证人"的监督作用,也就是说在客观上监督侦查机关正当行使职权,充当证明预审讯问行为合法性的证人。对相关规定,如"律师会见在押的犯罪嫌疑人,侦查机关根据案件情况和需要可以派员在场"应当予以删除。在采取强制性侦查行为而涉及公民人身权时,侦查机关应当承担通知当事人律师有在场权的义务。这样规定,可以有效地监督侦查人员正当行使职权。

3. 救济:嵌入救济程序与程序性制裁规则,明晰救济渠道和程序违法之可罚性

调研中发现,在现行的程序性裁判中,法院不会就辩方提出的排除非法证据之申请做出专门的裁定。就算在判决书中体现回应辩方意见的上诉,也因为缺乏独立的上诉权,二审法院对此根本就不重视。更不会因程序性上诉而再启动专门审查。结果一审法院就排除非法证据问题的裁决,在绝大多数场合下都规避了上诉审查。被告人也因此失去了获得进一步司法救济的机会。有鉴于此,在今后程序性裁判机制的构建中,一审法院就排除非法证据之申请所做的结论,必须采取书面"裁定"的形式,以便使控辩双方获得向上级法院申明异议的机会,同时也使得二审法院有机会就一审法院的裁定进行重新审查。二审法院应采取开庭方式,做出专门裁决。一旦发现确属违法或不当的,就应当做出撤销原判、发回重审的裁定。同时,对玩忽职守或滥用职权行为予以细化,明确惩戒措施及后果。

（三）司法：从法官适法到律师辩护技艺的提升

良法、恶法起点皆为裁判者。“曲意释法”的起源就是法官的程序意识淡薄。因此这个问题的最终解决必须依靠法官与其他诉讼参与人的“和而不同”。司法是一种解释法律和适用法律的专门工作，这就要求法官有正确理解和适用法律的能力。因此在实践中，应重视法律解释学的应用，理顺并完善刑事法律解释方法操作规程，使刑事法律得到合法、准确实施。一是对各种解释方法的位序予以明确。实务中，法官在选择解释方法时，原则上应当遵循文义解释，后论理解释的位序。由于文义解释存在局限性，可以搭配使用其他解释方法。换言之，以文义解释为基础，根据“比较损失原则”①进行论理解释。解释的次序是：体系解释—历史解释—目的解释—合宪解释。对法律前提坚持内部证成与外部证成相结合，在得出数个解释结论时，通过常识主义解释观对不同的解释结论进行筛选并论证，最终得出当事人、辩护人及社会公众所接受的结果。

结语

从一定程度上讲，对公民权益的最大威胁不是个人，而是国家权力的不当行使。在刑事程序运行过程中，立法的问题从来不是国家权力侵害公民权益的本质问题，但又极易被人视为问题产生的根源。通过实证研究我们可以发现法官“曲意释法”的社会原因和法律原因，在此基础上，从理念—立法—司法三个角度提出联动批判和克服对于法律的暧昧态度。在此过程中，诉讼参与人，特别是辩护人的观点应得到充分的尊重。唯有如此，刑事诉讼程序才能和谐、公正开展，才能真正让人民群众在每一个刑事案件的审理中感受到公平正义。

（阳桂凤：湖南省株洲市中级人民法院研究室副主任）

---

① “比较损失原则”是利益法学派代表人物巴克斯塔提出的，认为将准据法选定理解为分配法的形成力所及范围的问题，主张在真正冲突事件中，法院应通过确定哪一州的法律目的在其被置于下位时会蒙受更大损失来合理地调整相互冲突的法。参见殷骏：《巴克斯塔“比较损失”原则的方法论及判例法研究》，载《河北法学》2013 年第 4 期。

在合法与非法之间：取证策略与有罪供述效力的理性思辨

——以欺骗取证排除规则的适用为视角

李　琳

案例一：2012 年 9 月 13 日北京市第一中级人民法院公开审理了郭宗奎等 4 人涉嫌贩卖毒品案。郭宗奎在法庭上称，他于 2011 年 8 月 21 日在四川老家被北京市公安局缉毒警察抓捕，讯问时侦查人员称没什么事，说完就可以回去了，并以其家人相威胁，因此其所作的有罪供述不真实。合议庭根据被告人郭宗奎及其辩护人提供的证据和线索启动了非法证据排除程序，公诉机关随即申请抓捕郭宗奎的侦查人员到庭说明当时的情况。警方称，讯问时郭宗奎比较紧张，警方曾向郭表明已掌握充分证据，希望其如实交代，但没有使用欺骗或威胁语言。经合议，合议庭认为公诉人当庭出示的证据不够确实充分，不能排除郭宗奎于 2011 年 8 月 21 日的供述是非法取得的可能性，合议庭决定：公诉人不得出示 2011 年 8 月 21 日郭宗奎所作的供述。①

案例二：1984 年 1 月，理查德在美国伊利诺伊州路易斯东大街郊区被谋杀，该案久侦不破。1986 年，警察局得知曾在格雷厄姆矫正所服刑的伯肯斯曾向狱友谈过那起谋杀案细节，并表示是凶手。后伯肯斯从格雷厄姆矫正所释放，但因涉嫌另一故意伤害案被关在蒙哥马里郡监狱。于是，警察局派了卧底警察帕瑞斯装扮成囚犯与伯肯斯同住一个囚室。在聊天中，伯肯斯袒露了其谋杀理查德的事实。随后，伯肯斯以谋杀罪被起诉。在初审法院的审理中，法官接受了伯肯

---

① 杨清惠：《北京中院开庭审理“新刑诉法预热第一案”》，载 http://www.chinacourt.org/article/detail/2012/09/id/550801.shtml，2015 年 7 月 20 日最后访问。

斯的动议,排除了其向监狱卧底警察所作的自白。上诉后,伊利诺伊州第五区上诉法院维持原判。1990 年 6 月,联邦最高法院复查后认为,打扮成囚徒的卧底警察在获得嫌疑人的有罪供述前不需要给予米兰达警告。因为当时情势紧迫,不属于米兰达规则所保护的范围,故伯肯斯自白的可采性在联邦法律上没有障碍。①

一直以来,非法证据排除作为刑事证据制度的核心问题,挑动着法学界和实务界的敏感神经。传统的刑讯逼供易于甄别,但法律规定的"等非法方法"如何理解却令人相当困惑。以上两则案例都反映出欺骗与谋略的微妙关系。"从古至今,侦查谋略一直是我国刑事侦查领域中广泛使用的方式。"②2012 年《刑事诉讼法》修改后,对以威胁、引诱、欺骗等非法方法收集证据明确禁止,这不仅宣示着我国人权保护进入了新里程,而且对侦查活动提出了新挑战——如何巧妙使用侦查谋略的同时,避免陷入非法证据排除的困境。本文将以欺骗取证排除适用规则为视角,对取证策略与供述自愿性的关系进行重新审视。

一、欺骗性手段:侦查实务中的公开秘密

为厘清欺骗性取证的司法现状,笔者调取了 H 省 L 县法院 2010 - 2014 年 377 件普通程序刑事案件作为研究样本,案件类型涵盖了除危害国家安全罪、危害国防利益罪以外的八大类主要常见罪名。同时,笔者还随机选取了 489 名警察、检察官、法官、律师和普通群众对其进行问卷调查和访谈,通过调研发现侦查讯问中有些案件运用了欺骗性手段,呈现出以下几个特点:

(一)行为模式:有意无意中的欺骗

众所周知,侦查讯问极具对抗性,侦查人员单纯依赖法律的威慑力来突破讯问中犯罪嫌疑人设置的障碍往往收效甚微。为此,侦查人员多半不得不借助讯问策略。美国刑侦专家费雷德·英博提出:"侦查人员应当运用合法手段取得嫌疑人的供述,并且必须对法律允许范围内的审讯策略和技术有所了解,当嫌疑人不愿承认罪行时,审讯人员就可以从心理角度促使他们认罪,这就不可避免地会使用包括哄骗在内的讯问策略来实现。"③

---

① 贺振华:《美国米兰达规则发展探析》,载《河南社会科学》2006 年第 5 期。

② 陈卫东、赵恒:《刑事证据制度重点问题实施状况调研报告》,载《证据科学》2014 年第 6 期。

③ [美]费雷德·英博:《审讯与供述》,何家弘等译,群众出版社 1992 年版,第 275 页。

笔录 1(汤某抢劫案,犯罪嫌疑人汤某坚称没有参与入室抢劫,在被害人家中留有指纹是因为其曾经到被害人家中收购农副产品。)问:“汤某,你还记得9年前某日夜晚去L县陈某家抢劫黄金首饰一事吗?”

答:“不记得了。”

问:“那为什么陈某家会留有你的指纹?”

答:“可能是案发前后我去陈某家收购农副产品时留下的。”

问:“当时是否还有其他人与你一起去陈家收购农副产品?”

答:“没有了。”

问:“现场除了你以外,还有一枚汗液指纹,经过比对系另一嫌疑人遗留,该嫌疑人已经落网,并且已经供述了全部作案事实,你还有什么要说的(其实另一嫌疑人尚在押解回来的途中)。”

(沉思两分钟后,汤某对抢劫作案予以了供述。)

本案中,侦查人员虽然经过技术侦查已经找到了留有指纹的另一犯罪嫌疑人,但是该犯罪嫌疑人还在押解途中尚未进行讯问,侦查人员巧妙利用汤某做贼心虚的心理弱点,步步为营,通过展示已经取得的证据,虚构同案犯归案招供的证据,虚实结合,让汤某的心理防线彻底崩溃,使案件成功侦破。在刑事侦查中,这种虚构嫌疑人不利证据进行心理威慑的方法最为常见,可谓“先声夺人”。

笔录 2(王某受贿案,犯罪嫌疑人王某对收受刘某20万元的事实予以否认。)

问:“王某,你与刘某是否有经济往来?”

答:“我们仅有人情方面的往来,我女儿考大学,刘某搬家我们相互赠送了一点礼金,除了这些没有其他的了。”

问:“2009年10月13日,你在C市汽车站购买了一个门面,这些钱是哪里来的?”

答:“我老婆找人借的。”

问:“你买这个门面的目的是什么?”

答:“我想为我的女儿创造一个好的环境,让她以后少吃点苦。”

问:“昨天你女儿来看守所申请会见,因为案件尚在侦查阶段还不能进行会见,你的女儿要我们代为向你转达,她目前生活和工作都很好,表示你的案子不了结,她不会考虑个人问题。希望你如实回答我们的问题,了结案件,早日见到你的女儿。”

(沉默片刻后,王某终于承认了收受刘某20万元的事实。)

本案中,王某在审讯之初负隅顽抗,使讯问一度陷入僵局,但是侦查人员迂回进攻,抓住王某爱女心切的心理,利用对王某女儿取证时获得的相关信息,编造了王某女儿申请会见而不能的情节,让王某作为一名父亲,既为女儿的前途感到担忧,又因自己身陷囹圄而深感愧疚,侦查人员此时抓住王某的情感弱点,攻心攻城,使讯问顺利进行,谓之"因势利导"。

笔录3(薛某贩卖毒品案,薛某多次向张某贩卖毒品,因薛某狡猾,侦查人员未能现场抓捕,张某系吸毒人员。)

问:"张某,你的毒品来源?"

答:"我是从薛某手中买来的。"

问:"你们一般在哪里交易?"

答:"时间地点都是我们临时决定的,用电话保持联系。"

问:"现在你用自己的手机与薛某联系,称要购买10克毒品。"

答:"好的。"

(张某与薛某约好交易时间和地点后,民警将薛某当场抓获。)

本案中,禁毒民警抓住吸毒人员张某后顺藤摸瓜得到薛某作案的线索,利用薛某与张某交易频繁的特点,让张某约薛某再次交易,将薛某人赃俱获,这在侦破毒品案件中经常使用,属于秘密侦查的一种,谓之"引蛇出洞"。

"先声夺人""因势利导"和"引蛇出洞"只是侦查活动中欺骗性取证的缩影,欺骗性取证手段在相当数量的案件侦破活动中都不乏其身影。笔者通过调阅H省L县2010年至2014年的共377件刑事案件的卷宗后发现,有183个案件不同程度地使用了欺骗性手段,再抽取7件代表性案件,从所涉罪名、讯问方式、侦查策略、个人因素等情况进行典型性分析(见表1)。

表 1　使用欺骗性侦查策略的案件分析

案件	罪名	情景因素			个人因素						侦查策略
		时间	地点	休息情况	年龄	性别	学历	职业	前科情况	生活不幸事件	
A	抢劫	21 时至 23 时 50 分	执法办案区	中间休息一次	41 岁	男	初中	农民	累犯	无	虚构同案犯已招供的事实
B	受贿	8 时至 12 时	看守所	休息吃中餐	45 岁	男	本科	原副区长	无	童年生活窘迫	编造近亲属申请探视的情节
C	贩卖毒品	9 时至 12 时	执法办案区	无	38 岁	男	初中	农民	前科	无	警察圈套
D	寻衅滋事	13 时至 16 时 30 分	执法办案区	无	18 岁	男	初中肄业	无业	无	父母离异	虚构母亲转交衣物的情节
E	放火	17 时至 20 时 20 分	执法办案区	休息吃晚餐	37 岁	男	高中	个体工商户	前科	被女友抛弃	如实供述后会向法院建议从轻处罚
F	失火	18 时至 21 时 10 分	执法办案区	中间休息一次	52 岁	女	初中	农民	无	离异	虚构其近亲属已反映情况的情节
G	交通肇事	15 时至 18 时	看守所	中间休息一次	56 岁	男	初中	农民	无	无	虚构现场有目击证人

笔者通过对这些典型样本的分析,发现以下规律:第一,侦查人员多选择在执法办案区进行长时间(超过 3 小时)或夜间封闭式讯问,虽然中间有短暂的休息或用餐时间,但嫌疑人几乎全程处在密室之中,其精神状态处在高压之下。第二,侦查人员善于挖掘嫌疑人生活经历中的不幸事件,根据嫌疑人的年龄状况和社会阅历的不同,适时制造一些能触动嫌疑人内心深处的案外事件,让嫌疑人基于内心忏悔而主动进行有罪供述。第三,针对有犯罪前科的嫌疑人,侦查人员则使用秘密侦查、透漏部分案件证据或给予司法承诺的方式使嫌疑人或产生错误认知,或为获得从轻处罚而进行有罪供述。

(二)透析本质:模糊语境下的屈服

通常认为,法律作为公民的行为准则规范,其语言应该具有相当的精确性,但是在复杂多变的社会情况下，法律想拥有普遍的适用性和持续的生命力，其话语就不得不具有一定的模糊性。国际法律语言学协会主席约翰·吉本斯教授指出："因为法律是如此具有影响力，所以在措词上准确无误十分必要，但过于严格的措词可能会对社会生活产生不需要的限制，而过于宽松的措词又会导致不必要的后果。"①因此，法律语言时而精确，时而模糊，主要含义相对明晰，边缘含义则相对模糊，例如新《刑事诉讼法》第54条规定的"等非法方法"的外延就十分含混，这种法律概念上的模糊给了欺骗取证策略滋生的土壤。一般而言，讯问人员给嫌疑人的提问是开放式的，如"你讲一下作案经过"，此时嫌疑人回答存在较大空间。而在模糊语境下，讯问人员往往提出选择性或带有倾向性的问话，如"你仔细想想有没有返回现场留下脚印的可能？"嫌疑人本来自信已经将作案现场清理干净，但侦查人员的提问容易让嫌疑人产生现场留有脚印的错觉。加之侦查人员不论是在证据收集还是法律地位上，较嫌疑人都享有得天独厚的优势，具备天然权威性，其话语中一旦刻意透漏有关案情，嫌疑人就会逐渐消弭与国家机器抗衡的斗志进而做出有罪供述。

（三）排除规则：似是而非后的疑难

刑事审讯难免带有欺骗的成分，实践中"我国刑事诉讼立法一方面对欺骗取证行为是采取明令禁止、绝对排除的态度，另一方面却以专门法律条文的形式肯定侦查人员在特殊情况下采取欺骗方法取证的合法性"②的做法已然给人无所适从之感，而其他规范性法律文件对"欺骗"性质规定的缺位，更是让非法证据排除规则的适用雾里看花。从司法行为的结果看，一旦犯罪嫌疑人做出有罪供述，案件基本告破，其供述将作为检察院审查起诉和法院定罪量刑的最终依据，即使被告人在法院审理阶段辩称其供述是在被欺骗下做出的，法官采信其辩解的可能性极低。为此，笔者以法官、检察官、警察、律师、普通群众为对象进行了关于欺骗取证的问卷调查（见表2）。

---

① 何家弘：《适用非法证据排除规则需要司法判例》，载《法学家》2013年第2期。

② 杨宗辉、杨青玖：《论欺骗与侦查策略——法意及实证视角的探究》，载《河南大学学报》2013年第6期。

表 2　不同人群对欺骗取证的看法

单位:%

受访对象	能否作为证据使用			未能作为非法证据排除原因				
	可以	不能	意见保留	法官专业素质不高	办案过程徇私枉法	法律规定不明确	打击犯罪政治压力	社会舆论不当干预
警察	89%	9%	2%	10%	6%	45%	32%	7%
检察官	85%	14%	1%	7%	8%	46%	30%	9%
法官	81%	18%	1%	2%	2%	49%	35%	12%
律师	59%	40%	1%	8%	6%	50%	30%	6%
普通群众	45%	43%	13%	5%	8%	40%	37%	10%

从上表可以看出,40%以上的调查对象认为"法律规定不明确"是导致欺骗取证无法作为非法证据排除的主要原因。一方面,有法官抱怨立法过于原则、抽象,面对具体问题缺乏法律依据,难以适用现行法律严格司法;另一方面,当事人则抱怨法官手中自由裁量权太大,难以实现个案公平正义,法官在欺骗性证据是否作为非法证据排除的问题上可谓是左右为难。

二、欺骗与谋略:难以割裂密不可分

欺骗与谋略之间到底蕴含着怎样的关系呢?

侦查谋略,是指侦查机关为查明案情、查获证据而对法定侦查措施的一种策略性、灵活性运用。① 刑事司法中侦查策略不可避免地要使用威胁、引诱、欺骗。"从侦查策略的表现形式来看,大致可分为示形、示利、示害。"②

欺骗取证,是指国家工作人员或者其他个人通过虚构事实、隐瞒真相的方法获取案件证据。③ 欺骗性手段主要分为两大类:一是秘密侦查中的欺骗手段,二是欺骗型侦查谋略。秘密侦查中的欺骗手段主要包括诱惑侦查、卧底侦查和使用线人。欺骗型侦查谋略则主要包括虚构事实型欺骗,其中又分为虚构证据和虚构事实两类,而隐瞒真相型欺骗又分为隐瞒目的、隐瞒身份和目的身份的双重隐瞒。

---

① 万毅:《侦查谋略之运用及其底线》,载《政法论坛》2011 年第 4 期。

② 黎宏伟:《非法证据排除与侦查谋略》,载《云南大学学报》2014 年第 4 期。

③ 邓学平:《论欺骗取证存在的原因及其边界》,载《犯罪研究》2014 年第 1 期。

欺骗与谋略难以割裂,虽然许多调查对象认为欺骗与侦查谋略有本质区别,但被问及区分标准时,却普遍表示主要依靠工作经验和《刑事诉讼法》的相关规定进行判断。笔者认为,这两种判断标准都是一种经验主义判断,具有模糊性和不确定性,在实践中操作性不强,主要原因有:第一,工作经验的差异性。工作经验是一种隐性知识,实践中较难进行量化和评价,不同的人由于学历背景、工作环境和办案习惯的差异对讯问策略度的把握可谓大相径庭,工作经验在某种程度上更像是一种直觉,让人捉摸不定。第二,成文法的局限性。法律体系的稳定在于其规则体系的结构完整性,然而用这种封闭性结构来规制纷繁芜杂的社会生活显然无法面面俱到,顾及个体差异。加之我国不是真正意义上的判例法国家,判例不具有法律约束力,无法弥补成文法的缺陷,使得第二种判断标准可能变成空中楼阁。第三,预备性审讯盛行。各国刑事制度虽然对讯问禁止行为有明确规定,但是大多并没有界定讯问的起始时间,导致很多国家无法杜绝预备性审讯,这种看似"轻松""愉悦"的语言交流,可能已经使嫌疑人放下防备,步入警察设置的"圈套"。

欺骗与谋略密不可分,刑事侦查学的创始人格罗斯将侦查学定义为将物理学与心理学技术用于鉴定与逮捕罪犯的科学。① 正如有的学者所言:"刑事审讯不可避免地带有欺骗的成分,欺骗的审讯方法在我国刑事审讯中具有一定的容许度。"②从谋略学角度看,计策谋略是人脑对人际之间对抗刺激信息及对抗知识经验的吸收,并随之发生的一系列心智思维活动。③ 而从心理学维度看,任何计策谋略的运用都是一种心理较量,其本质无外乎心理诱导和心理利用,当然不可避免地需要适时欺骗。④ 当犯罪嫌疑人基于趋利避害心理拒不配合时,侦查人员通过讯问策略使犯罪嫌疑人认识到配合办案的情势利大于弊,如通过出示部分证据,表明侦查人员已经掌握嫌疑人犯罪的主要事实,使其认识到负隅顽抗于事无补;或者侦查人员对犯罪嫌疑人"声东击西"以较轻的罪名讯问为突破口,以此展开较重罪名的调查,并推动整个案件的侦查工作,这都是心理学机制能够有效运用于侦查策略的根本原因。一言以蔽之,欺骗与侦查策略是难以进行严格区分的。用文氏图可以很好的展现欺骗和侦查策略的关系(见图1)。

---

① [美]尤金·B·布劳克:《刑事侦查学百年奇观》,张鸣等译,群众出版社1989年版,第17页。龙智宗:《威胁、引诱、欺骗的审讯是否违法》,载《法学》2000年第3期。

② 龙智宗:《威胁、引诱、欺骗的审讯是否违法》,载《法学》2000年第3期。

③ 柴宇球:《谋略学》,蓝天出版社1991年版,第184页。

④ 高锋:《犯罪心理学》,中国人民公安大学出版社2004年版,第341页。

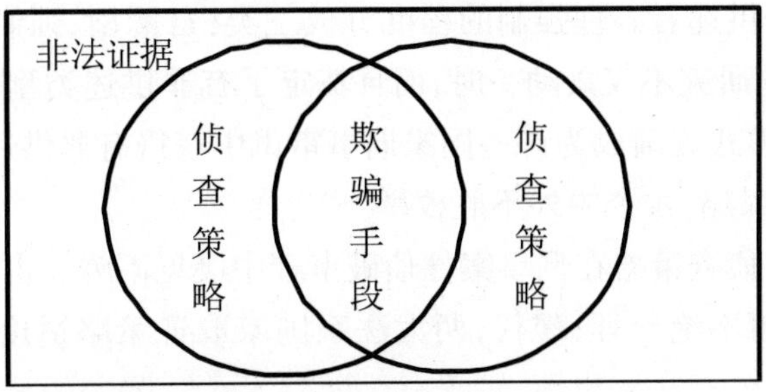

图 1　欺骗取证与侦查策略关系的文氏图

三、取证策略:重新认识其内在价值

社会各界一直对具有准刑讯逼供性质的欺骗取证颇有微词,认为通过欺骗手段获得的犯罪嫌疑人或被告人的供述是非法证据应当予以排除。不可否认,取证策略使用不当将走向正义的反面,但我们无需因噎废食,否定其存在的意义和价值。

(一)心理强制:无法逆转的时代洪流

侦查讯问大致经历了身体强制时代和心理强制时代。以刑讯逼供为代表的身体强制讯问,虽然已被现代刑事理念所摒弃,但不可否认的是,刑讯逼供在特定的历史环境下的确发挥过积极作用。随着人类文明的进步,单纯依赖法律威慑力来突破犯罪嫌疑人、被告人的强大内心已愈来愈难。美国刑侦学者理查德·利奥认为,"心理强制模式就是充分运用讯问策略,不断影响犯罪嫌疑人内心,使其放弃抗拒并最终承认罪行的过程。"①各国刑事司法对于讯问大致有两个过程:一是劝服认罪,二是获取有罪供述。劝服认罪阶段主要通过犯罪嫌疑人的微表情及其相关行为分析其心理活动,再辅以现场目击证人证言、精确的科学证据,使犯罪嫌疑人的心理防线有所松动,提高讯问成功的概率。当然这其中可能掺杂侦查人员凭空创造出原本不存在的证据。而获得有罪供述阶段则着重以心理暗示为中心,侦查人员表现出对嫌疑人的认同与理解,甚至为犯罪行为寻找合理的道德依据和客观理由,缓解嫌疑人的紧张心理,使其解除心理戒备后和盘托出。有经验的侦查人员为了防止日后翻供还会进行一系列开放性提问,对作

① Richard J Oshea, Richard A Leo, *The Social Psychology of Police Interrogation*, Studies in law, Politics and Society, Vol16, p. 159.

案细节予以强化。1985年美国学者凯森和赖茨曼首次将虚假有罪供述进行类型化研究,根据供述者心理强制的程度分成三类:自愿型、强制服从型和强制内化型。① 他们的研究不仅轰动一时,而且奠定了有罪供述类型化的基础。现在,心理强制讯问模式逐渐成为许多国家刑事审讯中获得有罪供述的主要手段。②

(二)侦查谋略:古今中外不胜枚举

从古到今,侦查策略在刑事案件侦破审理中屡见不鲜。古代,我国运用智慧巧妙断案的故事不绝于耳;现代,两大法系国家取证策略适度自由的案例比比皆是。

1. 智慧断案,古已有之

两千多年前,我国的司法裁判者已开始探索科学的断案方法。周朝,就有人提出"听狱之两辞",不能偏听偏信"单辞"的问案思想,并总结出"五声听狱讼法"。③ 这可以说是心理学原理被运用于审讯问案的最初表现。汉朝,人们则更进一步总结出辗转推问、侧面迂回的"钩距"问案法。④ 而古代优秀的司法裁判者,更是运用智慧、设置情景、考察情理,巧妙断案,如《折狱龟鉴选》中"摸钟辩盗"的故事和《疑狱集》中"智断妯娌争子"的故事,都是审讯者运用智谋考察情理、辨明是非的典型。

2. 域外法制,值得借鉴

美国成文法对欺骗取证的合法性问题没有明确规定,但联邦最高法院的判例却在事实上对欺骗取证的行为进行了认可。早在1969年弗雷泽诉卡普案中,联邦最高法院的裁判就含蓄地承认了该案审讯中的欺骗行为。在该案中,警察曾告知嫌疑人其同案犯已经供述了作案事实,而事实上同案犯并没有供述相关事实。联邦最高法院在最终裁决中表述:"在我们看来,警察的这种做法并不会

---

① 莫然:《心理强制时代的有罪供述研究》,载《河北法学》2014年第6期。

② 吴纪奎:《心理强制时代的侦查讯问规制》,载《环球法律评论》2009年第3期。

③ 据《周礼·秋官·司寇》记载,"以五声听狱讼",求民情。一曰辞听,二曰色听,三曰气听,四曰耳听,五曰目听。据郑玄的注释,辞听是"观其出言,不直则烦"即观察当事人的语言表达,理屈者则语无伦次;色听是"察其颜色,不直则赧然"即观察当事人的面部表情,理屈者则面红耳赤;气听是"观其气息,不直则喘"即观察当事人陈述时的呼吸,理亏则气喘;耳听是"观其聆听 ,不直则惑"即观察当事人的听觉反应,理亏则听觉失灵;目听是"观其眸子视,不直则眊然"即观察当事人的视觉和眼睛,理亏则不敢正视。

④ 据《汉书·赵广汉传》记载,广汉"尤善为钩距,以得事情。钩距者,设欲知马贾,则先问狗,已问羊,又问牛,然后及马,参伍其贾,以类相准,则知马之贵贱,不失实矣"。

当然阻碍嫌疑人的供述自愿性。"①这意味着,在美国欺骗讯问某种程度上是被允许的,但前提是必须在法律规制范围内使用。对于欺骗手段是否合法的判断标准,法官通常是根据自白的任意性规则进行判断。无独有偶,1992 年女王诉克斯图和赖特一案中英国上诉法院对秘密侦查获得的证据表明了具备可采性的态度。在该案中,警察装扮成珠宝商找回了被盗物品并收集了有关盗窃和销赃的证据。辩护律师提出,警察实际上制造了一个陷阱,如果"顾客"(嫌疑人)知道这是个圈套便不会上当,所以警察收集的证据应当予以排除。而上诉法院认为,并非任何欺骗都必然导致不公平的结果,此案中被告人选择警察开办的珠宝店进行销赃是其意志自由的结果,并据此驳回了被告人的上诉。② 英国学者古德琼森认为"在特定案件中适当的欺骗取证是讯问成功的关键因素所在。"③正如美国法学家波斯纳评价的那样:"法律并不绝对禁止以欺骗方法取得嫌疑人供述,允许在审讯中运用一定的小诡计,对于夸大警察已经获得的对嫌疑人不利的证据,以及让嫌疑人觉得招供不会有所损失的讯问策略都是可以容忍的。"④

(三)取证策略:目的正当,符合主流价值

毋庸置疑,刑事侦查人员在办案过程中必须遵循法律规定。但囿于法典自身的局限性,不可能成为刑侦人员全部活动的教科书,只能为刑侦人员提供一个基本的讯问框架。为了获得犯罪嫌疑人的真实口供,刑侦人员可能暂时抛弃僵硬的法律规定,掌控讯问主动权,创造性地将法律要素融入到讯问策略中去。

1. 目的正当

价值取向的经典学说——功利主义,在欧洲的历史上起过极其重要的作用。功利主义者认为欺骗生来不具有正当性,故欺骗取证之恶在于其本身的非正当性,只有通过目的的合法性才能使欺骗取证在伦理学逻辑上具有正当性,使欺骗取证变为善。虽然道义论和目的论的伦理学者对"正当""应当""价值""善"等基本概念有着不同看法,但却普遍认为实践行为的正确与否,取决于是否对全体当事人的普遍福利产生不良结果;而行为在道德上的正确与否,主要考察该行为

---

① [美]费雷德·英博:《审讯与供述》,何家弘等译,群众出版社 1992 年版,第 275 页。

② 马岩、任能能:《英国非法证据排除制度介述与思考》,载《法律适用》2015 年第 3 期。

③ Leo, Richard, A. *Inside the Interrogation Room*, Journal of Criminal Law & Criminology, 1996, p. 272 - 301.

④ [美]波斯纳:《法理学问题》,苏力译,中国政法大学出版社 1994 年版,第 231 页。

结果的是非善恶。[1] 国家职能的价值追求是促进全社会幸福，为全体人民谋取利益，虽然欺骗取证行为可能使有些嫌疑人产生欺骗感，抑或可能剥夺他们作为社会成员的相关权利、破坏个人幸福，但以欺骗取证行为的结果论，它对全社会产生的结果是“善”的，且该行为产生的结果利益明显大于损耗。反而在一些特殊案件中，如果不采取欺骗取证，对全体人民的普遍福利会产生“恶”的影响。因此，欺骗取证的合理性是来源于其目的正当性。

2. 符合主流价值

任何一个国家的刑事司法制度必定在多种利益和观念的冲突之中：打击犯罪与保障人权的冲突，追求个案公正与司法效率的冲突，强调被告人权益和平衡被害人利益的冲突等。对刑事侦查中欺骗取证策略的态度，实质上是一个国家刑事司法观念和价值定位最直接、最客观的反映。国家职能的细化，注定了设立刑事司法制度的源目的是打击犯罪、保护国家安全和维护社会秩序。也许，欺骗取证策略可能会对某些犯罪嫌疑人产生“恶”的负面效应，但更可能为全社会带来“善”的正面结果。历来强调人权保障的英美国家，其沉默权制度经过半世纪的发展也在悄然转变。

例如，美国开始对口供任意性的判断由“综合情况标准”[2]向“正当程序标准”[3]转变，而英国则倾向于以多种方式对沉默权加以限制。[4] 可见，理解自白任意性规则不能脱离现有的刑事司法背景，必须以尊重科学和法律现实，承认犯罪嫌疑人任意自白的相对性为前提。

四、排除规则——在非法与合法中找寻平衡

人的行为是内外因的综合结果，其中内因起决定作用，外因只有达到一定程度时才会影响并决定人的行为，这种从稳定状态慢慢走向不稳定的中间状态就

---

① [美]汤姆·彼切姆：《哲学的伦理学》，雷克勤等译，中国社会科学出版社1990年版，第108页。

② 综合情况标准，要求法官根据被告人的受教育情况、年龄、健康状况、讯问时的环境等各种因素在总体上进行考察，并在此基础上对口供任意性进行判断。

③ 正当程序标准，是指法律为口供的采集过程规定了一系列的程序规则，如讯问犯罪嫌疑人之前必须告知其所享有的诉讼权利，拘禁嫌疑人之后必须交给治安法官等，凡是遵守这些规定的口供即有效，反之即无效。

④ 龙宗智：《英国对沉默权制度的改革以及给我们的启示》，载《法学》2000年第2期。

是临界状态。① 欺骗取证亦是如此,刑侦人员把握得当,“欺骗”就是向“善”的,能更好地服务于司法,否则将走向“恶”的深渊,成为程序正义的绊脚石。因此,控制好欺骗取证的临界点,对欺骗取证进行必要的限制,是欺骗取证适法的前提和保障。

(一)法理诉求:对象特定和更强理由

为了保证欺骗取证适用得当,避免或尽可能减少不良效应,首先应当对其应用进行法理上的规制。

第一,对象特定。欺骗取证是为了解决犯罪嫌疑人抗拒侦查的矛盾,通常只适用于可能具有犯罪嫌疑的人,包括已经立案或尚未立案但存在犯罪嫌疑的人。这里有两层含义,一方面,禁止对不特定的或无犯罪嫌疑的对象使用欺骗性侦查手段。例如,职务犯罪侦查中,不能对无犯罪意图的国家工作人员实施诱惑侦查,因为这种做法会损害社会稳定,造成政治恐慌,形成人人自危的局面,另外还可能被用于政治打击、排除异己的不正当目的。因此,无特定对象的欺骗取证弊大于利,应当禁止。另一方面,为防止滥用侦讯手段,对证人、未成年人不能采用欺骗取证手段。因为未成年人的思维能力尚不成熟,容易受到误导,侦讯行为应当避免对未成年人产生道德上的不良影响,而对证人或其他公民不加限制地使用欺骗性侦讯手段,无疑会损害社会信用体系,增加虚假证言的发生率。

第二,除非更强理由。使用欺骗手段,是利益权衡后的无奈之举,除非更强理由,否则不能径行使用。这主要有两个判断标准:一是欺骗只能针对比较严重的犯罪,例如危害国家安全罪、毒品犯罪、黑社会组织犯罪等,因为这类犯罪隐秘性高、组织性强,不采取侦查策略,难以触及犯罪核心主体,彻底斩断犯罪源头非常困难;二是常规侦破手段无法查获罪证、侦破的案件,此时适度的欺骗策略方能攻破犯罪嫌疑人心里防线,克敌制胜。

(二)道德之维:禁止挑战社会接受底线

突破社会接受的道德底线,使无辜者违心地承认有罪的欺骗取证是恶劣的,应当予以禁止。英美法系国家将是否超过道德限度,是否使社会和法庭“受到良心上的冲击”,是否“使社会不能接受”和是否“使社会震惊”作为判定欺骗取证是否合法的黄金定律。是否“受到良心上冲击”和是否“使社会不能接受”很好理解,“使社会震惊”通常包括两种情况:一种是警察乔装成牧师去听嫌疑人

① 龙宗智:《欺骗与刑事司法行为的道德界限》,载《法学研究》2002 年第 4 期。

的自白，另一种是警察伪装提供法律帮助的律师引诱出嫌疑人的有罪陈述。① 的确，如果欺骗取证行为被社会或法庭认为超过必要的合理限度，对犯罪嫌疑人或被告人的利益产生了实质性的影响，如侵犯了犯罪嫌疑人的辩护权，那么该欺骗取证行为就应当予以禁止。此外，利用人们的亲情观念，虚构亲人处于危难之中的情形，欺骗犯罪嫌疑人，使其基于对亲人的情感而做出的有罪供述，也是应当排除的，因为这种欺骗行为违背了中国人的伦理道德，亵渎了亲情。但若是该犯罪嫌疑人的行为已危及国家或公共安全，不得到相关线索或供述，将危害国家利益、公共利益或不特定的多数人利益时，侦查人员运用欺骗性策略却又是可以容忍的，原因是该行为具有社会危害的现实紧迫性。

（三）结果期待：不得导致虚假供述

欺骗取证是一种负风险、具代价的刑事侦查方法。假如欺骗取证的方法实质上剥夺或异化了被讯问者的意志自由，并可能导致虚假供述，那么这种审讯方法就不被容许。美国学者弗雷德·英博就推崇审讯人员在刑事案件中使用欺骗方式取证时可以进行自我问答。欺骗取证会使无罪的人承认有罪吗？回答如果是否定的，讯问人员可以使用欺骗的手段，而回答如果是肯定的，讯问人员则应当放弃使用欺骗手段。笔者认为，这种自我检查方法虽然是自由心证的表现，但对于防止欺骗手段过度使用，避免嫌疑人的虚假供述非常有效。

（四）信用之度：严格信守司法承诺

司法承诺，是指国家司法机关及其工作人员，对公民为某种行为或不为某种行为，或者就特定的法律后果所作的许诺和保证。这种承诺通常具有交换性，司法机关对犯罪嫌疑人许以从轻处罚、改变强制措施或放弃轻罪等承诺，而犯罪嫌疑人则报以与配合侦查、坦白犯罪、检举犯罪、交出赃物等行为。信守司法承诺既是提高司法机关公信力、保障社会信用体系的逻辑起点，又是司法机关工作人员的基本要求。此外，从契约论的角度看，国家刑事司法机关与犯罪嫌疑人之间的协议具有合同性质。按照合约精神，国家司法机关必须信守其承诺。② 美国

---

① ［美］费雷德·英博：《审讯与供述》，何家弘等译，群众出版社1992年版，第276页。

② Stphen A. Saltzburg & Daniel J. Capra, *American Rriminal Preocedure*, Sixth Edition, 2000, p. 990.

就通过“辩诉交易”①处理了绝大部分刑事案件。这种司法处理方式之所以能有效运行,是因为控辩双方在交易与协作过程中建立了一种信任,更准确地说是控方恪守了司法承诺。最后,根据博弈论观点,信用是在特定环境双方多次、重复博弈中,当事人为获得利益最大化而采用的必要方法。刑事司法活动中国家机关与犯罪嫌疑人之间也存在博弈。毋庸置疑,国家机关违背承诺必将导致公众信任危机,损害刑事司法效率,公民与司法机关的协作关系也将难以维系。最后,笔者用表格的形式将欺骗取证进行完整演绎(见表3)。

表3　欺骗取证边界的判断图表

<table>
<tr><th>假定条件</th><th colspan="2">行为模式</th><th>处理结果</th></tr>
<tr><td rowspan="3">对象</td><td colspan="2">针对不特定或无犯罪嫌疑的人</td><td>×</td></tr>
<tr><td colspan="2">针对未成年人、证人</td><td>×</td></tr>
<tr><td colspan="2">已有初步证据证明的犯罪嫌疑人</td><td>√</td></tr>
<tr><td rowspan="3">理由</td><td colspan="2">侦破危害国家安全犯罪、毒品犯罪</td><td>√</td></tr>
<tr><td colspan="2">常规方法难以破解的案件</td><td>√</td></tr>
<tr><td colspan="2">其他刑事案件</td><td>×</td></tr>
<tr><td rowspan="4">社会底线</td><td colspan="2">基于人们对特殊职业的信任,而获得犯罪嫌疑人的有罪供述。</td><td>×</td></tr>
<tr><td rowspan="3">利用亲情获得犯罪嫌疑人供述</td><td>危害国家、公共安全案件</td><td rowspan="2">√</td></tr>
<tr><td>严重暴力犯罪</td></tr>
<tr><td>职务犯罪案件</td><td>○</td></tr>
<tr><td rowspan="2">意志自由</td><td colspan="2">使无罪之人承认有罪</td><td>×</td></tr>
<tr><td colspan="2">未剥夺被讯问人的意志自由</td><td>√</td></tr>
<tr><td rowspan="2">司法承诺</td><td colspan="2">具有交换性的司法承诺</td><td>√</td></tr>
<tr><td colspan="2">违背法律、法规的规定</td><td>×</td></tr>
</table>

(“√”表示可以容忍的,“×”表示应当予以排除的,“○”值得商榷的。)

结语

任何价值的实现都离不开成本的付出。在刑事司法实践中,许多诉讼规则都是通过平衡冲突、权衡利弊,价值取舍而得之,欺骗取证亦是如此。也许欺骗

① 辩诉交易(plea bargaining)又译作答辩交易。美国《布莱克法律辞典》称:“辩诉交易是指,在刑事被告人就较轻的罪名或者数项指控中的一项或几项做出有罪答辩以换取检察官的某种让步,通常是获得较轻的判决或者撤消其他指控的情况下,检察官和被告人之间经过协商达成的协议。”

取证规则会限制个案中犯罪嫌疑人或被告人作为社会成员的某些权利。但我们强调的是,欺骗取证作为现今刑事司法重要的刑侦手段,有它存在的刑事司法价值和社会价值。当然,这绝不是意味着应牺牲被告人正当权益而换取国家利益,正如德国著名哲学家科殷博士所言:“国家为了整体利益,可能干预或损害个人自由,但这种干预只能是特定的、以措施目的为取向的范围之内。”①因为,这一切仍在法律的框架之下,受非法证据排除规则的制约。

(李琳:湖南省临澧县人民法院刑庭法官)

① [德] H·科殷:《法哲学》,林荣远译,华夏出版社2002年版,第157页。

信息与前提:程序性制裁下的非法取证识别几率的分析

——一种信息经济学视角的认识

徐　娟

法律是一种不断完善的实践。

——[美]罗纳德·德沃金

近年来,随着非法证据排除规则的立法及司法解释施行,司法界对该规则的效用普遍寄予了较高的期许。但作为新生的事物,非法证据排除规则正经历着破茧成蝶的阵痛。法院普遍存在“不敢排、不想排、不能排、不会排、排不动”的情况。① 非法证据排除规则存在投入与产出的低效率运行,陷入“播种的是龙种,收获的却是跳蚤”的尴尬局面。非法证据排除难的症结究竟在何处?很多学者认为,非法证据难以排除系规则本身不细密,存在诸多的局限。② 笔者认为,“排除成为例外”的实然情况往往忽视了一重要性构成前提——法官对非法取证的信息识别。本文以信息经济学为视角,分析提升非法取证识别几率的效用,以期绑定程序性制裁的威慑效应与侦查机关非法取证的实际效益,从而实现对侦查权的有效控制,为程序性制裁的正效应“打开一扇窗”。

① 陈卫东、柴煜峰:《“两个证据规定”实施状况的真实调研》,载《法制日报》2012 年 3 月 7 日第 3 版。

② 龙宗智:《两个证据规定的规范与执行若干问题研究》,载《中国法学》2010 年第 6 期。

一、宏观与微观:非法证据排除规则运行之信息认知

非法取证的程序性制裁系法院通过宣告侦查机关非法取证的证据不具有可采性,对潜在的侦查人员将来可能非法取证的预期心理产生威慑,从而遏制非法取证行为。① 程序性制裁“先天”不足,在遏制侦查机关非法取证的效用有限。为此,笔者考察了《排除规定》实施后 H 省 C 市中院 2011 - 2013 年非法证据排除的相关数据及 10 个样本案例,从宏观和微观两方面对非法证据排除规则进行信息认知。

(一)非法证据排除规则运行的宏观信息认知

1. 法院“虽令不行”。尽管被告方对其个人权利保障意识愈来愈强,申请非法证据排除的案件数量呈逐年增长趋势。但司法实践中,法院启动或排除非法证据的案件数量却一直低位运行,非法证据排除规则的适用率低。受传统“重实体、轻程序”观念的影响,法官往往不主动适用排非程序,甚至为减少诉讼成本耗费尽量避免适用排非程序。表 1 显示,C 中院三年只有 0.5% - 3% 的刑事案件启动了非法证据排除程序。

表 1　2011 - 2013 年度 C 中院非法证据排除规则运行概况

年份	刑事案件数量	提起申请数量	启动排非数量	决定排除数量
2011	357	13	2	1
2012	393	22	5	2
2013	265	31	8	5

2. 侦查机关“令行不止”。在美国,被人们称为“黑暗王子”的诺斯瓦克斯法官认为,“除了极少的例外,警察局不会因证据排除证据而制裁警察,或是让警察承担责任。警察甚至不知道证据遭到排除”。②从表 1 可看出,2011 - 2013 年,被告方申请排除非法证据的案件数每年以 50% - 70% 的速度递增。从另一个角度反映了,这种剥夺证据可采信的制裁与侦查人员的奖励、晋升等预期收益关联度低,威慑效应严重不足。侦查机关非法取证的状况依然未见明显改善。

---

① 蒋鹏飞:《刑事诉讼程序性制裁机制之弊端及其应对》,载《中国刑事法杂志》2010 年第 12 期。

② [美]斯特龙等:《麦考密克论证据》,汤维建等译,中国政法大学出版社 2004 年版,第 316 页。

3. 被告方"欲罢不能"。"无救济则无权利。"①国家赋予法院强大的程序性制裁工具,以期对遭受非法取证行为的被告方予以必要的救济。但法院却不能有效识别非法取证行为,导致绝大部分申请排非案件不能有效启动或排除。从2011－2013年三年C中院非法证据申请、启动、排除的案件数来看(见图1),未启动的案件数占已申请案件数的78%,未排除的案件数甚至已接近申请案件数的90%。可见在程序性制裁机制下,非法证据排除规则对被告方的权利救济乏力。

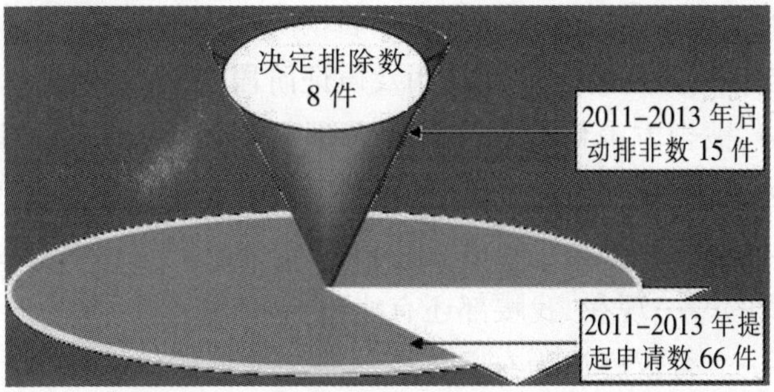

图1　C中院非法证据申请、启动、排除的案件数

(二)非法证据排除规则运行的微观信息认知

庭审过程系非法证据排除过程最直观的展示。笔者随机调取H省C中院的关于申请排除非法证据的10个案件的案卷,主要围绕庭审笔录中关于非法证据排除的启动、初步审查、控诉机关举证、控辩双方质证、法庭决定等过程探究程序性制裁失灵的缘由。

情景一:被告方申请启动的阶段——有苦难言

(基本案情:被告方提出非法证据申请,但未提供明确的线索或材料,法庭未启动排非程序)

被告人:"公安机关对我有刑讯逼供行为,我是被逼无奈的。"

审判员:"哪些人在什么时间、什么地点采用什么方式对你刑讯逼供?"

被告人:"是一个1米6左右、30岁出头的男警官,一直是他打我的,几天不让我睡觉,还让我坐'老虎凳''背宝剑'。"

审判员:"你身上还留有伤痕不?"

被告人:(仔细看了看手臂)"……我当时手受伤很久都不能用力……"(沉

---

① 陈瑞华:《程序性制裁制度研究》,载《中外法学》2003年第4期。

默)

被告方在申请启动排非证据时往往"哑巴吃黄连"——有苦难言:一是提供的信息模糊化。被告方对于非法取证的相关线索或材料的具体指向不明,只知道侦查人员的大概体貌特征,不知道刑讯逼供人员的真实身份情况及讯问的具体时间、地点。二是提供的信息量不足。对自己遭受刑讯逼供只能提出自己身上存有物质形态的伤痕,而不能提出其他证据补强或支持。① 从笔者调取的10个样本案例的案卷来看,几乎近一半的案件因线索或材料指代不明,排非申请未通过法庭初审,造成非法证据排除规则在启动阶段陷入僵局。

情景二:控诉机关取证合法性证明及质证阶段——走过场

(基本案情:被告方声称遭受提外审及刑讯逼供,法庭启动排非程序,公诉机关举证后,法庭认为被告方庭前供述合法。)

被告人:(向法官指明身上有多处伤痕)"我被他们提出看守所问话,多次挨打,是他们逼我的……现在,我腰部还有疤"(指给法官看)……

审判员:"……合议庭认为有必要启动非法证据排除程序,现请控方对侦查机关取证的合法性举证。"

公诉人:"我们认为不存在非法取证的情形:……"(先后向法庭出示了讯问笔录、体检无异常的《入所健康体检登记表》、公安机关依法进行讯问的'情况说明'及提外审系系指认现场的相关手续;播放了被告方神态自然、供述清晰的部分讯问录像)……

审判员:"被告对控方提供的侦查机关取证合法性的证据有无异议?你是否还有新的证据?"

被告人:"有异议,我确实遭受刑讯逼供……(沉默)。"

侦查机关取证合法性的举证责任在于控诉机关。但案例中显示,控诉机关对此既"不上心"、又"不用心",往往是提供侦查机关"自证清白"的"情况说明"等材料走过场,而被告方又不能提供相应的反证予以驳斥。非法证据排除规则的司法运行趋于停滞。

情景三:法庭决定阶段——雾里看花

(基本案情:《入所健康体检登记表》显示被告方身体多处伤痕,被告人提出排非申请,公诉机关主张取证合法,法院启动后未排除。)

---

① 冉金、赵蕾:《龚刚模案:刑讯逼供之迷未解》,载《南方周末》2010年1月7日第A3版。

公诉人:(提供被告人伤痕系被抓获前日与他人打架所致的自述)"……被告人自述其伤痕系抓获前一天与他人打架形成,可印证侦查机关的不存在非法取证行为。"

审判员:(合议庭评议)

审判员:"鉴于刚才控方对于侦查机关取证合法性的证明确实、充分,法庭依法确认侦查机关取证的合法性……现在开始法庭调查……"

法官启动了非法证据排除程序后,经过一系列举证、质证程序后却陷入真伪难辨、取舍不易的"囚徒困境"。一方面,被告人称遭受非法取证,要求排除,但如果法官仅凭被告方声称其遭刑讯或身上有伤就"一刀切"地排除非法证据,无疑会与"孤证不能定案"的证据规则相背离,甚至将被告方"自残""他伤"的行为混入非法取证。另一方面,控方坚持认为侦查机关取证合法,主张采信有关证据。如果法官不加甄别地对非法证据全盘照收,又会违背程序正义的价值目标,甚至酿成冤假错案。

毋庸置疑,在程序性制裁下,要遏制侦查机关非法取证行为,须要法官用"火眼金睛"去"去伪存真",层层剥离非法证据"隐蔽化"的外壳,逐步"外部化"非法证据的内在实质,才能识别非法证据。正如有学者指出的"有限理性的人面对的是一个信息涌现并不充分的世界,居于行为被识别与制裁之间的是被识别的几率"。①

二、悖论与博弈:非法证据排除规则运行之信息失灵

上述情况已经清楚地表明,由于证据信息资源的稀缺性和信息不对称性,被告方、侦查机关、控诉机关作为理性"经济人"为实现自己的效益最大化,趋利避害,在证据信息的收集、披露、传递等环节可能会出现失真的情况,导致处于信息链条末端的法院对证据信息的认知失灵。而在程序性制裁下,这种失灵的状况更为甚之。正如学者张维迎所说:"法院并非像我们想象般的无所不能。在审理每一个案件时,法院常常会面临信息不对称的问题。"②这种信息失灵致使在非法证据排除的制度运行中存在以下悖论:

(一)侦查机关的信息失真与法官"查明事实"的悖论

鉴于证据信息分布不均衡,侦查机关作为"经济人"为追求与自身利益休戚

---

① 刘忠:《被识别的几率——非法证据程序性制裁的构成性前提》,载《中外法学》2011第2期。

② 张维迎:《博弈论与信息经济学》,上海人民出版社1996年版,第397页。

相关的“破案率”,在与犯罪嫌疑人的互动博弈过程中,不管犯罪嫌疑人采取坦白或是拒供的策略,侦查机关始终会选择非法取证的占优策略(见表2),因为非法取证既可对被告方(犯罪嫌疑人)产生巨大威慑作用,又可轻易获取晋升、奖励等预期收益。此后,在与法院的博弈中,侦查机关向法院传递信息的策略有两种:传递非法取证的真实信息和非法取证的虚假信息。为避免非法取证的实际效益被剥夺,侦查机关往往采用传递非法取证虚假信息的占优策略(见表3),即利用其信息优势地位隐瞒非法取证的证据信息,致使非法取证的信息不完整、不正确、不真实地传递给法院。如将提外审时将讯问地点记载为看守所,指使陌生人对犯罪嫌疑人实施刑讯逼供,对讯问录像进行“不供不录”“先供后录”“选择性摄录”方式,与看守所共同对《入所健康体检登记表》弄虚作假等。这与国外的警察颇有几分相似:“为了给有罪的被告人定罪,几乎所有的警察都对他们的侦查取证行为说了谎。”①因此,当处于信息劣势地位的法官面对“披上合法外衣”的证据信息时,常常难以判断证据信息是否真实,时时陷入难以“查明事实”的悖论。

表2　侦查机关与被告方(犯罪嫌疑人)的博弈矩阵

选项		犯罪嫌疑人	
		拒供	坦白
侦查机关	非法取证	0　5	10　-10
	合法取证	-5　10	5　5

表3　侦查机关与法院的博弈矩阵

选项		法官	
		排除	不排除
侦查机关	非法取证真实信息	0　10	5　-5
	非法取证虚假信息	0　5	10　-10

(二)被告方的信息失力与法官“合理怀疑”的悖论

被告方虽系非法取证的亲历者和见证人,但长时间被侦查机关控制或阻隔

① 张建伟:《观察与评价刑事诉讼法再修改的几个角度》,载《法律适用》2012年第3期。

在一个封闭、隐蔽的场所,向法官传递证据信息的证明力不足。首先,被告方无法传递证据信息。讯问时,侦查人员往往不告知被告方(犯罪嫌疑人)讯问人员的姓名及时间、地点,并趋向于采用"软刑讯"等变相且不易留下痕迹的非法取证方式,处于劣势地位的被告方难以在封闭环境中向外界传递关键信息。其次,被告方无力传递证据信息。有部分被告方正是因为法律意识欠缺才被迫走上犯罪道路,当其遭受非法取证时往往无力去收集、固定证据。因此,被告方传递给法官的往往是不具证明力或证明力弱的线索或材料信息,法官常常拿捏不准,陷入难以形成"合理怀疑"的悖论。

(三)控诉机关的信息缺位与法官"内心确信"的悖论

控诉机关作为信息传递的中介一环,主动发现真实证据信息的能力弱。同时,作为追诉犯罪利益共同体,控诉机关为了追求指控率和胜诉率,避免先前投入的成本沦为沉没成本,对非法取证的举证和监督责任"睁一只眼,闭一只眼"。一方面,由于控诉机关承担大量的办案任务,不愿耗费成本去调查、核实非法取证的情况,而是对侦查机关的"情况说明"实行拿来主义,即便侦查人员有非法取证行为,控诉机关也只会向法庭提交经过自己检验而确保"没有问题"的"情况说明",或"有选择性地"播放同步录音录像等。另一方面,检察机关事前、事中、事后均监管不力。如对于新入所犯罪嫌疑人员的体检情况未全程参与监控,对《入所健康体检登记表》未予核实,对是否提外审和同步录音录像"做手脚"等情况监督不到位。控诉机关的上述信息缺位致使部分关键证据信息流失,增加了法官收集证据信息的外部性成本。因此,法官对控诉机关提供的上述侦查机关"自我证明"的真实性时时把握不准,常常陷入控诉机关的"形式证明"与自我"内心确信"的悖论。

(四)审判机关的信息失灵与"保障人权"的悖论

法官审查、判断证据需要建立在信息完全、充分、准确的前提基础上。然而,在司法资源稀缺的情况下,法官面对这样一个不完全、不充分的证据世界会存在认定信息失灵的情况。法官作为一个理性经济人,在案件多、任务重、审限紧的情况下,一般不愿花时间、精力成本去审查、判断上述高度隐秘化、伪装化的证据信息,而放弃审理其他更多案件的机会成本。同时,法院存在于与侦查机关、控诉机关惩罚犯罪的利益共同体当中,更容易受到其他决策主体的影响,而放弃居中裁判的立场,实行不予排除非法证据的"羊群行为"①,最终导致法官在认定侦查机关非法取证的信息失灵(见图2)。造成如学者描述的"明明知道侦查人员在说谎,但大多数法官还是遵从司法潜规则倾向于相信侦查人员,因此,在司法实践中,绝大多数法官尽量避免适用非法证据排除规则"。②因此,法官常常面临追求近期司法高效的利益与远期"保障人权"收益的冲突。

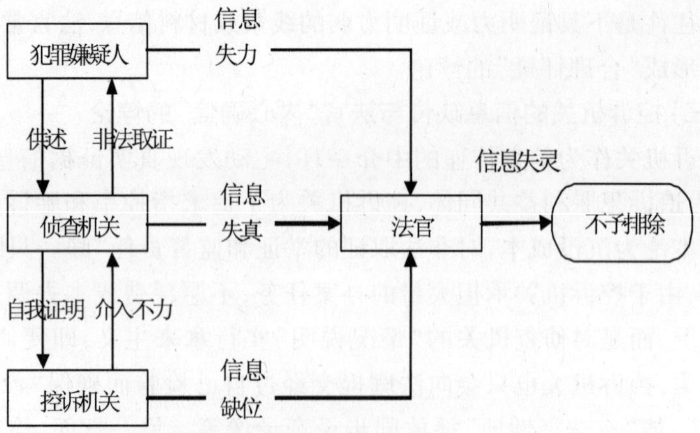

图2 侦控审三方信息传递图

三、利益与衡量:非法证据排除规则运行之信息解码

在程序性制裁下,法官识别非法取证的价值在于绑定程序性制裁的威慑效应与侦查人员的实际效益,从而遏制侦查机关非法取证行为。正如布尔迪厄指出的,"行为是策略性的而不是对于规则或规范的遵从,行动者在日常实践中总是尝试沿着制约与机会进行曲径运动,是否遵循规范往往取决于他们的利益权衡。"③笔者拟用以下几个经济模型进行利益权衡,以期从经济角度寻找提升识别几率的路径。

---

① "羊群行为"是一种在已有的社会公众信息面前,市场参与者观察他人决策行为并深受其影响而放弃自己的信念。参见占卫华:《资本市场中的会计研究》,中国金融出版社2007年版,第155页。

② 宋英辉、叶衍艳:《我国审判阶段非法证据排除启动程序问题研究——基于〈刑事诉讼法〉及相关司法解释的分析》,载《法学杂志》2013年第9期。

③ [美]戴维·斯沃茨:《文化与权——布尔迪厄的社会学》,陶东风译,上海译文出版社2006年版,第114-115页。

(一)破窗效应:非法证据排除信任度之经济分析

法院可通过其判决在市场传递信号,从而影响法律市场主体的决策行为。① 针对法官面对侦查机关“密室”取证行为的信任度,笔者拟定了一个经济模型。在此模型下,法官对于侦查机关是否存在非法取证具有不确定性。“信任度理论认为,概率是某人在证据的基础上构造出来的,他对命题为真的信任程度,信任可以理解为一个证据对结论的支持度,也可以理解为人对该证据对结论支持的确信度。”②假定控诉机关、被告方对于侦查机关的取证合法性,分别提供不同的证据,法官作为“理性经济人”对控辩双方提供的证据给予相应的证明力。控方提供侦查机关不存在非法取证的证据 1,法院给予证据 1 的证明力为 70%③,而给予被告方提供的侦查机关存在非法取证证据 2 的证明力评价为 60%。综上,法官认定非法取证行为的信任度如下(见表 4)。

表 4　法官审查证据认定非法取证行为的信任度解释

证据2 / 证据1	P(存在非法取证)=60%	无知度④=1-60% =40%
P(不存在非法取证) =70%	P(无意义)=60%×70% =42%	P(不存在非法取证)= 60%×40% =24%
无知度=1-70% =30%	P(不存在非法取证)=60%×30% =18%	P(无知度)=40%×30% =12%

在该表中,“存在非法取证”与“不存在非法取证”的信任度交叉无意义(P=42%),原因在于这两个结论是相互排斥的。因此,为了满足信任度为 1,需要对另外三个区域比例进行调整。而这三个区域涵盖了信任度的所有区域,所以 P(存在非法取证)+P(不存在非法取证)+P(无知度)=54% 应该调整为 100%。

P(非法取证)=18%÷54%=33.34%

① 唐志军、王玉霞:《信息、自由心证和法律判决对社会规范的影响——来自彭宇案的法与经济学分析》,载《西部法学评论》2008 年第 2 期。

② 何家弘:《证据学研究》,中国人民大学出版社 2007 年版,第 335 页。

③ 其实这也符合我们实践中法官的做法。

④ 无知度也就是无法确信程度。

P(未非法取证) = 24% ÷ 54% = 44.44%

P(无知度) = 12% ÷ 54% = 22.22%

通过信任度概率运算,法官得知侦查机关存在非法取证的信度为33.34%,不存在非法取证的信度为44.44%,而其他22.22%无知度表示不确定性。如此可见,在识别侦查机关的非法取证时,法官会认为66.66%的非法取证行为难以识别。在此信任度下,法官往往从诉讼经济的角度出发,倾向于采信侦查机关不存在非法取证的证据信息。而法院的决定给被告方及侦查人员传递的信号——非法证据难以启动或排除,侦查人员获取信号后便纷纷效仿,形成"破窗效应"。①久而久之,就会逐渐衍生非法证据不能排除,侦查机关依旧横行,被告方逐步减少对申请排除非法取证的购买率。从而形成"劣币驱逐良币"的"逆向选择效应"。非法证据排除规则进入"休眠状态"。

(二)效益均衡:程序性制裁局限性之经济分析

所有制裁系通过改变激励机制,对人们做出特定决策的成本和收益进行改变,从而影响决策主体的行为。程序性制裁亦不例外。②

依据成本——效益理论,侦查机关非法取证的实际效益B由其预期收益(C_1)和惩罚成本(C_2)所决定。假设实施非法取证的预期收益为C_1,包括侦查机关的物质奖励(a)、精神奖励(b),即$C_1 = a + b$。假设惩罚成本为C_2,系指侦查机关因非法取证接受惩罚而支付的代价,它包括惩罚量P及惩罚的概率L,即$C_2 = PL$。在排除非法证据的市场交易中,惩罚的概率L与非法证据的识别几率L呈同一、正向关系,故可以假定惩罚的概率L = 非法证据的识别几率L。那么侦查机关通过非法取证获得的实际效益为B可表示为:

$$B = C_1 - C_2 = (a + b) - PL$$

上述函数变量显示,只有在实际效益B〉0的情况下,才能激励侦查机关滥用优势地位非法取证。因此,要遏制侦查机关的非法取证行为,就必须使实际效益B〈0,这取决于降低预期收益C_1或是加大惩罚支出成本C_2。但在程序性制裁下,上述函数变量受到诸多限制:一方面,程序性制裁剥夺的证据可采信利益与侦查机关的物质奖励(a)和精神奖励(b)的利益关联度低,故降低变量C_1可行

① "破窗效应"系犯罪学家凯琳曾提出一个原理:如果一座建筑物的窗户玻被打破又没有及时得到维修的话,其他人可能会因为心理性暗示的影响去打破更多的玻璃。日久天长,这些破窗户就会产生一种无序的感觉,其结果是犯罪在这种无动于衷的氛围中滋生了。

② 李昌盛:《违法侦查行为的程序性制裁效果研究》,载《现代法学》2012年第5期。

性极低;另一方面,在程序性制裁下,剥夺证据可采性的惩罚量 P 基本趋于 0。经过利益权衡后,降低非法取证实际效益 B 的路径依赖于提升非法证据的识别几率 L,唯如此才能将非法取证的惩罚成本转化为侦查机关非法取证的实际效益,遏制侦查机关的非法取证行为。

(三)去芜存菁:遏制“劣币驱逐良币”逆向效应之经济分析

如前述,信息的不对称导致了侦查机关非法取证的“逆向选择效应”。如果要遏制非法取证的“逆向选择效应”就必须通过有效的信息传递模型方案,实现证据信息资源配置的帕累托改进。①

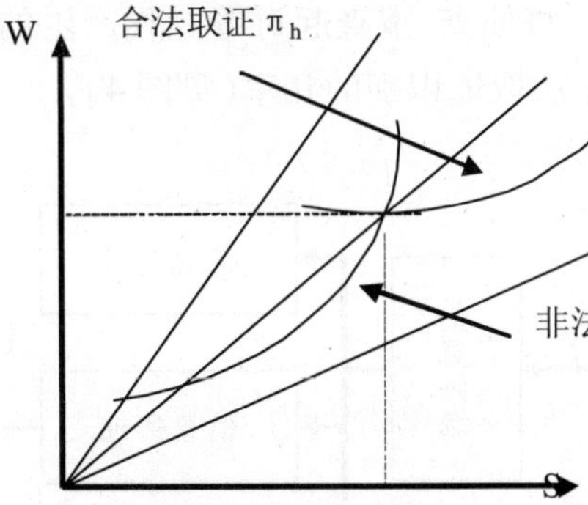

图 4　侦查机关取证途径均衡分析

笔者运用斯宾赛(1973)的劳动力市场上教育信号的分析模型,分析法院根据侦查机关提供的相关证据信息,设计出具有相应的信息共享程度的最优激励方案,从而使得侦查机关根据自己能力选择相应的证据信息进行传递。在此模型下(见图 5),假定侦查机关只有合法取证和非法取证两种情况(H,F),非法取证比例为 P,给侦查机关带来的效用为 πf。合法取证比例为(1 - P),其给侦查机关创造的效用为 πh。侦查机关根据法官提供的激励方案决定为自己取证做出的初始工作量 S。侦查机关不同的取证手段体现为初始工作量 S 的转化率 θ。法官可根据侦查机关的取证手段来做出决策。但侦查机关的非法取证行为可通过信息加密伪装成合法取证,再将失真的证据信息传递给法院,从而以较低的工作量获取较高的收益。为避免侦查机关采取此行为,法院给出的激励方案应满

① 帕累托改进是指一种变化,在没有使任何人境况变坏的前提下,使得至少一个人变得更好。一方面,帕累托最优是指没有进行帕累托改进的余地的状态;另一方面,帕累托改进是达到帕累托最优的路径和方法。

足以下特征：侦查机关的合法取证需要进行的边际工作量等于工作量转化率，侦查机关的非法取证边际工作量将在工作量转化率的基础上进一步降低。因此，在法院设定的上述信息传递模型下，侦查机关将逐步摒弃非法取证的“劣币”，倾向于选择合法取证的“良币”。

四、均衡与效率：非法取证的识别几率之信息重塑

美国信息经济学家布鲁斯·金格马认为，在市场具有不对称信息的条件下，解决市场不对称信息问题的方法也来自于市场。① 因此，当司法系统内部的正式信息传输管道发生了障碍后，法官必须需求其他的信息来源。② 通过信息公开、信息传递、信息甄别等方式，将侦查、审查起诉等过程产生的证据信息“可视化”“外部化”，从而有效提升非法取证识别的几率（见图 4）。

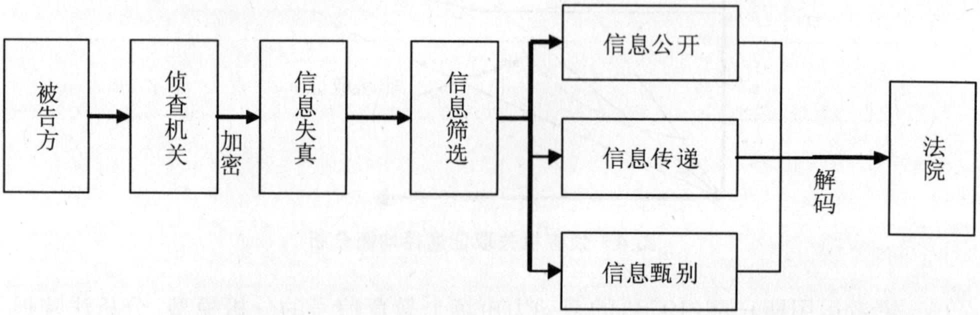

图 4　非法取证的信息传递和甄别机制

（一）信息公开：看得见的正义

“正义不仅要实现，而且要以看得见的方式实现”。信息公开是消弭信息不对称并减少信息成本的有效路径。通过信息优势方的侦查机关向信息劣势方公开信息，有助于缓解证据信息资源在侦查机关与法院、被告方、控诉机关之间的供求失衡状态，增益法官的知情权。

1. 搭建公、检、法的信息资源共享的平台。司法实践中，要改变非法取证的

① [美]布鲁斯·金格马：《信息经济学》，马费城、袁红译，山西出版社 1999 年版，第 102 页。

② 吴宏耀：《诉讼认识论纲——以司法裁判中的事实认定为中心》，北京大学出版社 2008 年版，第 8 页。

证据信息供给不足的境况,法官需要尽可能多的证据信息进行决策。为增加法官赖以决策的证据信息量,实现有效市场。应构建公、检、法三家共享的互联网信息平台,侦查机关及时在信息平台登录如羁押时间、羁押场所、提讯时间及地点、入所健康体检情况及羁押异动等情况。

2. 赋予看守所独立于侦查机关的人格。隶属于公安机关管理的看守所容易衍变为滋生非法取证的"温床",看守所作为侦查机关的利益共同体亦常常"集体失声"。建议将看守所归口司法行政部门管理①,斩断侦查机关与看守所的利益链条,将看守所获取的"第一手"证据信息直接传递给法官,有效避免证据信息失真的情况。

3. 身体健康的定时检查制度。司法实践中,侦查机关往往不对被告方(犯罪嫌疑人)及时进行身体检查,使非法取证的关键信息(伤痕)经过"时间差"逐渐"消失"。因此,应设立常态化的讯问身体检查制度,看守所或第三方医疗机构在每次讯问结束后及时对被告方(犯罪嫌疑人)进行身体健康检查并共享于信息平台,这将助益看守所用最短路径将身体健康信息传递给法官。

(二)信息传递:撩开侦查取证的神秘面纱

"信息的成本是交易成本的关键"。②处于信息优势地位的侦查机关向信息劣势方的法院主动传递信息,可消减法官搜集证据信息的成本,构建证据信息传递的良性模式。

1. 讯问律师在场的介入度。建议借鉴美国"律师在场是被告人的权利,在任何时候都能提出此项要求"的律师讯问在场制度。③ 讯问律师在场是通过增益被告方的话语权,打破侦查机关占有证据信息的不均衡状态,使证据信息资源逐步向被告方(犯罪嫌疑人)倾斜,增强被告方(犯罪嫌疑人)与侦查机关博弈对抗的能力,形成证据资源配置的分离均衡。④

2. 侦查人员出庭作证的深入度。交叉询问方式是实现证据信息资源有效传

① 高一飞、陈琳:《我国看守所的中立化改革》,载《中国刑事法学杂志》2012 年第 9 期。

② [美]道格拉斯·诺斯:《制度、制度变迁与经济成就》,刘瑞华译,台湾时报文化出版事业有限公司 1994 年版,第 10 页。

③ 卞建林、杨宇冠:《联合国刑事司法准则撮要》,中国政法大学出版社 2003 版,第 253 页。

④ 所谓的分离均衡,也就是在均衡状态下,两种群体会选择获得信号以区分于另外一个群体。从通常的观点来看,分离均衡可以将两种群体区分开,防止了由于信息不对称造成的低效率。

递的方式之一。建议通过深化侦查人员出庭作证的方式——接受交叉询问，倒逼侦查人员在庭审过程中披露更多侦查取证的信息，减少法官与侦查机关之间的信息差，形成法官的“内心确信”。

3. 同步录音录像的规范度。为避免侦查机关“先供后录”或“选择性摄录”所导致证据信息不完整、不真实的情况。建议在每次讯问的录音录像结束后，应当由侦查人员、录制人员、被告方（犯罪嫌疑人）以及在场的律师签名，其中一份由录制人员封存后交由看守所保管，另一份当场制作复制件，供控诉机关及法官随时查阅。[①] 从而保障录音录像证据信息链条的完整性。

4. 检察机关监督的强化度。目前，检察机关不能及时介入侦查过程。因此，应建立设立检察机关事前、事中、事后全面监督的机制，使其能够进入侦查机关与被告方（犯罪嫌疑人）的动态化博弈中，并能够全面掌握被告方（犯罪嫌疑人）入所健康体检、讯问相关的信息，消除侦查机关的利用不对等地位对被告方（犯罪嫌疑人）非法取证的利益驱动。

（三）信息甄别：追寻真相背后的蛛丝马迹

在信息不对称的情况下，信息劣势方可以利用信息甄别机制来选择交易对象。通过强化法官的信息甄别能力，可有效扭转其“密室审理”的困境，避免机械适用程序性制裁的弊端。

1. 法官的深入审查机制。鉴于法官在甄别各决策主体传递的信息时是一个回溯性认知的过程。这需要法官要发挥主观能动性，善于从讯问的时间持续和间隔、讯问地点、人员及看守所提还押手续等证据信息之间寻找蛛丝马迹；善于从证据之间的矛盾及被告方的翻供情况、同步录音录像的疑点等捕捉相关信息；善于运用自由裁量权排除非法证据。虽然从短期内来看，会耗费更多的诉讼成本，但是从长远来看，却可重塑法公信力的正效应。

2. 被告方知悉权的保障机制。司法实践中，一部分法律意识欠缺的被告方不知悉自己的权利，从而丧失了保障自己权利的预期收益。在刑事诉讼中，法院应及时告知被告方享有的非法证据排除权的信息，从而帮助被告方通过排非程序的理性投入获取公正审判的预期收益。

结语

“徒法不足以自行”。激活处于“休眠状态”的非法证据排除规不可能是一

---

① 《英国警察与刑事证据法守则 F》第 2 条。

朝一夕。唯有提高非法取证的识别几率,通过信息公开、信息传递、信息甄别配套措施的"良币"并驾齐驱,才能突破程序性制裁的藩篱,驱逐侦查机关非法取证的"劣币",推进法院向侦查机关及社会公众传递增益司法公信力的正向信号,实现"惩罚犯罪,保障人权"的价值目标。

(徐娟:湖南省高级人民法院刑一庭法官)

解魅与构筑：中国式侦查讯问制度的实证考察

——兼论非法证据排除规则的反思与选择

张锡杲

法律的能量应该贡献于诊断那些制度上的问题，贡献于重新设计那些制度上的安排。

——[美]诺内特·赛尔兹尼克

近年来，冤假错案屡见报端，不仅刺痛公众神经，也令司法蒙羞。作为公平正义最后一道防线，严把事实关与法律关的法院被舆论推上风口浪尖，一时成为众矢之的。法院自上而下痛定思痛，举一反三。我国《刑事诉讼法》第7条确立了公、检、法分工负责、相互配合、相互制约的工作机制。防止冤假错案需要形成合力，方可标本兼治。多年来，中国式侦查讯问制度弊端重重，却魅影依旧。在法治发达的国家，侦查讯问不仅严格遵守“权利告知义务”与“知之权利”的程序前置，甚至衍生出以“沉默权”为核心的一整套非法证据排除规则体系，并在司法审查与权利保护的路径依赖下与实践交互发展与完善。

与之对比，在中国，无论是立法、司法实践还是理论研究，侦查讯问制度都没有得到足够重视，特别是缺乏对侦查行为实践运作及其相互影响的具体分析和观察。有鉴于此，笔者以所在某省S市为调查范围，在A区检察院，B区公安分局和C县公安局进行了调研。根据案件侦结的时间，从2012年度三区县的刑事案件中，每季度各抽取15件，共从三区县侦查机关各抽取60份案卷作为实证研究的材料来源，从而保证了抽样案卷在地域和时间分布方面的广泛性和代表性。同时，就实践中的侦查讯问运行等问题对三区县侦查人员进行了广泛而且深入访谈，获取了大量的一手资料。通过逆向考察，在实证研究基础上，笔者就如何完善我国侦查讯问制度及非法证据排除规则提出了对策建议。

一、制度内外:过程与结果的反差

侦查讯问是把双刃剑,从制度内部运行来看,侦查讯问具有复杂性和不确定性,需要客观分析与具体把握;在制度之外,由于过于强调侦查讯问的作用,必然减损其他侦查措施的功能,导致讯问至上和讯问万能。

(一)制度之内:不尽如人意的机理运行

1. 行政化的内部审批,程序随意开启。我国法律对侦查讯问的启动方式没有做出具体规定。基于讯问的应变性和效率考虑,侦查讯问的启动实际通过内部行政控制完成,即承办人书面或口头请示,部门领导同意或单位领导同意审批签发文书。对犯罪嫌疑人的讯问,由于涉及其重大的实体性和程序性权益(人身权利、意志自由、人格尊严和隐私权以及对不利裁判结果的承受等),启动又采用比较随意的行政化方式,且缺乏体制内和体制外的程序制约,显然不利于保障犯罪嫌疑人的上述权益。

通过对抽样案卷的分析,笔者发现,三区县机关都遵循了侦查机关内部的审批程序:犯罪嫌疑人没有被羁押的,公安机关一般采取拘传或传唤方式启动讯问活动,由承办人向单位领导提出申请;犯罪嫌疑人已被羁押的,承办人仍须征得部门领导口头许可,并向看守所领取提讯证。检察机关自侦部门,对于未被羁押的讯问,一般不采用拘传方式,而以通知对方协助调查方式进行;对已被羁押的讯问,亦部门领导口头同意即可。

2. 单一性的目标指引,影响侦查进程。侦查活动有其固有规律,整体进程主要取决于侦查活动调查取证和案件事实逐步被揭示的进展情况。那么,作为重要环节的讯问对侦查活动整体进程是否有所贡献以及有多大贡献呢?笔者从三区县立案侦查案件中分别抽取符合评价条件的10件、30件、15件案件作为分析样本,结果显示:立案后的初期侦查活动中,A区检察院、B区公安分局、C县公安局讯问犯罪嫌疑人以及获取口供的比率都占样本案件的100%,即便如此也并不能说明侦查讯问对案件侦查进程有着决定性影响。侦查讯问对侦查活动是否产生相应作用取决于三个方面的因素:(1)讯问的时间。从调查对象来看,无论是公安机关还是检察机关在采取侦查措施的先后顺序上,坚持便利和紧急处置原则,并没有刻意强调谁先谁后的做法。从实践情况看,公安、检察机关实际上是以询问证人、被害人等人证调查和勘验检查、查询及一定的搜查扣押等物证措施为主,A区检察院勘验检查的案件占样本的50%以上,B区公安分局和C

县公安局分别占样本的80%和86.7%。(2)讯问取得的内容。从口供的内容上看,除了有罪供述,也包括辩解和检举。笔者通过访谈部分侦查人员了解,在案件初期侦查中,由于侦查机关掌握的证据有限,案件事实尚未真正查清,犯罪嫌疑人具有不同程度的对抗心理,或供或辩时有出现,虽对案件事实的整体把握有证据价值,但对侦查推进的作用十分有限。(3)讯问取得的质量。从样本案件的情况看,每案讯问犯罪嫌疑人次数均超过3次以上。通过访谈了解,原因在于先前的口供普遍存在瑕疵或口供前后有矛盾,需要通过多次讯问保证口供的质量。据此,笔者得出如下最终结论:受单一性的目标指引,立案后的初期讯问对整体侦查进程的推进具有不确定性;严重依赖侦查讯问而忽略早期物证及其他人证的调查,容易阻碍整个侦查活动的科学化进程;尤其是过于强调侦讯的作用容易导致侦查机关先入为主,导致对其他侦查措施的误用、证据和案件事实的误判以及对整个侦查进程和形势的误读。

表1 侦查讯问与侦查进程情况的统计

对象	立案后的侦查活动		立案侦查初期证据的情况	
	讯问嫌疑人	其他侦查活动	嫌疑人的口供	其他证据
A区检察院	10/100	询问知情人、被害人10/100,查询、调取和冻结7/70,搜查、扣押办公场所4/40,勘验和鉴定5/50	10/100	证人证言、被害人陈述9/90,贪污挪用案的书证9/90,鉴定结论6/60
B区公安局	30/100	询问证人和被害人30/100,勘验检查24/80,搜查扣押15/50	30/100	证人证言和被害人陈述30/100,书证物证21/70
C县公安局	15/100	询问证人和被害人15/100,勘验检查13/86.7,搜查扣押6/40	15/100	证人和被害人陈述15/100,书证物证11/73.3

3. 功利化的讯问技术,削弱侦查结局。侦查结局的处理结果包括侦查终结

后案件符合起诉条件的移送检察机关提起公诉，不符合起诉条件的撤销案件或终止侦查，以及对于事实不清、证据不足的案件，再行侦查或补充侦查。关于侦查讯问及其所取得的口供对侦查结局是否产生影响以及影响程度如何，笔者以2012年三区县立案侦查案件的统计情况进行分析说明。

从表2至表4的情况显示，侦查讯问与侦查结局存在密切关系：第一，侦查讯问直接决定案件侦查终结移送起诉的数量。A区检察院通过讯问获取的有罪供述案件均达移送起诉案件的100%，B区公安分局和C县公安局相应比例也达到了95%以上。可见，侦查机关做出侦查终结移送起诉的决定对侦查讯问取得的口供具有相当大的依赖性。第二，侦查讯问也直接影响案件侦查结局的质量。A区检察院因不当讯问而导致补充侦查占补充侦查案件总数37.5%，B区公安分局相应比例为46.67%，C县公安机关相应比例甚至高达75%以上。第三，侦查讯问还一定程度上影响撤案或侦查终止。B区公安分局撤销案件占立案侦查案件的5%。据此，可得出如下结论：过多地强调侦讯作用，过分依赖侦讯所获取的口供，容易导致不当讯问或非法讯问。通过不当讯问或非法讯问获取的口供，因证据瑕疵致使案件退回补充侦查或延期侦查，不但大大降低了侦查效率，不利于及时惩罚犯罪，也在很大程度上弱化了侦查功能，一些案件因不当讯问或非法讯问被终止或被撤销，最终无法到达惩罚犯罪的目的。

表2　2012年A区检察院侦查讯问与侦查结局的关系

N=60

项目	侦查终结移送起诉	延期侦查或补充侦查	终止侦查或撤销案件
案数和比例	44/73.33	16/26.67	0
口供占有情况（案数和比例）	44/100	16/100（问题口供6/37.5）	0

表3　2012年B区公安分局侦查讯问与侦查结局的关系

N=60

项目	侦查终结移送起诉	延期侦查或补充侦查	终止侦查或撤销案件
案数和比例	42/70	15/25	3/5
口供占有情况（案数和比例）	42/100（有罪供述40/95）	无口供：2/13.33 问题口供：7/46.67	无口供：1/33.3 问题口供：2/66.7

表4　2012年C区公安局侦查讯问与侦查结局的关系

N = 60

项目	侦查终结移送起诉	延期侦查或补充侦查	终止侦查或撤销案件
案数和比例	48/80	12/20	0
口供占有情况（案数和比例）	48/100（有罪供述 47/98）	无口供:2/16.7 问题口供:9/75	0

(二)制度之外:依赖其他措施取得的证据予以口供补强

口供补强规则是指,仅凭被告人的口供不能定案,只有当被告人的口供能得到其他证据的补强时,才能认定案件事实的证据规则。① 我国《刑事诉讼法》第53条确立了口供补强规则。为进一步揭示侦查讯问所取得的口供如何通过其他侦查措施进行补强,笔者以C县公安局提供的一个抢劫案例予以分析说明。

犯罪嫌疑人罗某与其老乡李某于2012年6月27日晚9时因形迹可疑被治安民警抓获。罗某在被抓获后即主动交代了其两笔涉嫌抢劫犯罪的事实。其中,其交代的2012年6月17日伙同他人抢劫一男子4680元现金的事实有被害人的报案陈述可以印证,因而可以认定。但其交代的于2012年6月27日晚8时许伙同王某抢劫另一男子现金1600元的事实并无被害人报案。民警在抓获嫌疑人罗某时从其身上查获了现金1600元。老乡李某的证言证实:2012年6月27日下午5点与嫌疑人罗某在一起,当晚8时左右嫌疑人罗某去办事情,两人分开。当晚9时许,嫌疑人罗某办完事情后又与其在一起,后两人均被民警抓获。此证言的内容与嫌疑人罗某供述的一致。

那么,凭上述口供能否认定嫌疑人罗某于2012年6月27日晚伙同他人共同抢劫1600元现金的事实呢?承办检察官认为,嫌疑人罗某对于被抓获当晚的抢劫事实有多次供述,且多份供述稳定一致,另从其身上还搜出了1600元赃款。证人李某的证言也证实了案发当晚嫌疑人罗某先后与其在一起的事实,虽然其无法证实嫌疑人罗某的犯罪事实,但至少可以佐证罗某供述的真实性。因此案件承办检察官认为,嫌疑人罗某的供述真实可信,应予起诉。然而,本案的实际处理情况是:案件起诉到法院后,虽然相关的证据材料对罗某的供述均能印证,但却缺少关键性的被害人的报案笔录。虽然赃款1600元现金扣押在案,但由于现金是货币,是种类物,无法排除合理怀疑。再者,罗某所供述的同案犯王某也

① 刘浪:《自白补强规则实证分析》,载《华东政法大学学报》2012年第5期。

未能到案,故C县法院未支持公诉机关对该笔犯罪事实的指控。

为了厘清侦查讯问与其他侦查措施之间的关系,笔者随机抽取了A区检察院10件、B区公安分局30件和C县公安局15件已侦结的案件样本进行了调研。研究发现,大部分侦查讯问活动先于物证调查开始,这种做法不仅能够通过嫌疑人之口明确赃款赃物等物证的具体去向和方位,为采取相应的物证调查措施提供便利,更重要的在于能够确定所要搜查扣押的钱物及其他物品等与嫌疑犯罪的关系,从而保证适用搜查、扣押等物证调查措施的正当性和合法性,进而防止因讯问口供单一无法形成证据锁链的后果,上述依赖性物证调查是侦查实践中的常态。如果侦查讯问不力,没有获得可靠口供的情况下,侦查机关会采取调取、查询、冻结等非依赖性物证调查措施,以此作为印证性人证口供、被害人陈述等证据的有效手段,确保侦查活动的顺利进行。

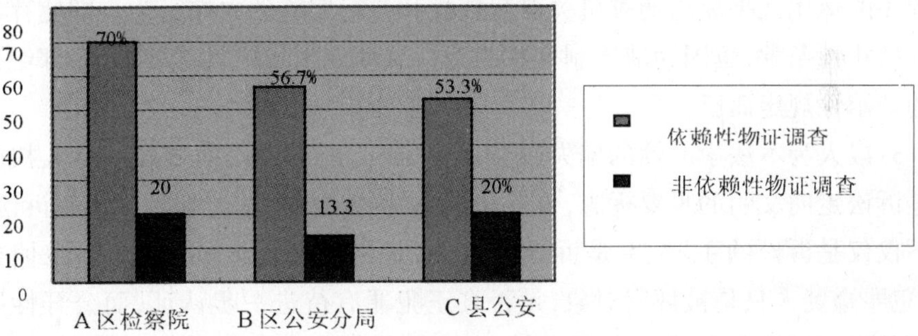

图1　侦查讯问与其他侦查措施之间的关系

二、应然与实然:对原因的追寻

实证分析表明,只有充分认识到侦查讯问地位和作用的复杂性和不确定性,才能在应然与实然之间追寻其背后隐藏的诸多原因,唯有于此,才能祛除在理论与实践中一贯坚持的讯问至上和讯问万能及延伸的口供中心主义思想。

(一)理念、权力与品性:宏观视野下的多重成因

1. 以积极的真实主义为取向,缺乏价值权衡的现代理念。"一个国家诉讼制度先进、公正与否,最终取决于证据制度,而证据规则又是证据制度的核心。"①然而,由于我国刑事证据制度在指导理念上受积极的真实发现主义影响,

① M. A. 科瓦廖夫等:《俄罗斯联邦新刑事诉讼法典中的证据法问题》,黄道秀译,载《中国法学》2002年第5期。

将证据界定为"先验"。先验假定认为,案件事实是绝对客观的,只要侦查人员付诸主观努力就一定可以破案;能够证明案件事实的证据也是客观的,无须审核。理念错误无益于建立一套旨在规制证据调查、协助证据审查、避免证据误用的证据规则。加之,非法证据排除规则、自白任意性规则等彰显价值理性维度、体现现代法治精神的证据规则尚未建立或未臻于完善,致使"证据之王"——犯罪嫌疑人的口供在整个刑事诉讼过程中大行其道。

2. 以侦查中心主义为宗旨,扩张司法机关的取证权力。我国《刑事诉讼法》虽然将"尊重与保障人权"写入总则,并尝试在限控公权与救济私权方面进行平衡,但仍表现出浓烈的"取证中心主义"倾向。侦查机关的取证程序规范基本上都是赋权式的,尤其是那些涉及剥夺和限制公民基本权利的强制措施或强制性调查行为,不仅缺乏必要的程序限制,也缺乏对司法机关的制衡与审查,很多取证程序的运用几乎成为侦查机关自我授权和自行实施的内控行为。即使存在有限的禁止性条款,也因为缺乏制度性制裁后果而流于形式,仅仅作为内部纪律处分的训示性规定而已。

3. 以人为本法学品性的偏失,被追诉人成为刑事诉讼的手段。对人权的尊重是诉讼走向文明的重要标志,也是法学品性的内在追求。在现代刑事诉讼中,人不仅仅是诉讼的手段,更是诉讼的目的,是目的与手段的结合。① 在侦查阶段,犯罪嫌疑人只是被怀疑对象,是否真正犯罪有待进一步认证,而公开性则是法律获得正义的阳光②,是犯罪嫌疑人的人权是否得到充分保障的标准和尺度。但在侦查阶段,国家追诉机关出于侦查的需要拥有大量的自由裁量权,并且主导着诉讼活动的进行,侦查阶段的诉讼活动一般都在秘密状态下进行,极易发生国家权力侵犯犯罪嫌疑人人权的现象。

(二)模式、绩效与制度:微观视角下的具体解读

1. 印证模式的办案习惯,混同非法证据排除的程序性与实体性裁判。我国刑事诉讼长期奉行"印证证明模式",而非"自由心证模式",将获得印证性直接证据视为证明的关键。在侦查中获得印证性证据的一般途径是:当有危害后果出现或经报案后,侦查机关通过调查可能获取指纹、作案物品、赃物等间接证据,也可能获得证人证言的直接证据,在一系列前提调查工作后,就走到印证证据的关键一步,即找到犯罪嫌疑人,获取口供。这一目的达到,意味着案件告破。而

① 李军岐:《我国侦查讯问制度的设计缺陷及其完善》,载《政法学刊》2003 年第 3 期。

② 李文健:《转型时期的刑事诉讼法学及其价值论》,载《法学研究》2001 年第 4 期。

公诉方以案卷笔录的形式进入刑事庭审中,控方证据的可采性不受审查,且证明力处于被优先选择的地位。① 在庭审中,法官首先考虑的并不是证据是否具有证据资格,重点考虑该证据是否真实、是否与案件存在联系。案件真实主义的价值取向与印证模式的办案惯习相耦合,使得"实务部门不仅不了解证据资格为何物,更看不出在审判程序之前设置一个'证据准入'程序有何必要"。②

2."有案必破"的重压下,内部绩效考核定位不科学。我国侦查内部的绩效考核制度过于注重秩序价值而忽视自由价值,过于注重打击功能而忽视保障功能,过于注重侦查效率而忽视侦查质量的提高。在侦查讯问实践中,由于受效率性绩效考核指标的影响,加之办案资源非常有限,侦查人员在心理与行动、主观与客观、宏观与微观等方面容易发生背反。更为重要的是,我国起诉程序和审判程序对获取证据的侦查行为态度宽容,即使是非法证据也只有在非常极端的情形下才能被排除。于是,程序规范"无所约束"、绩效考核"有所要求"与侦查人员"不由自主"天然地结合在一起,

3.程序制度学悖论,越粗疏的制度越容易走向"反动"。我国《刑事诉讼法》第50条规定:"严禁刑讯逼供和以威胁、引诱、欺骗以及其他非法的方法收集证据。"但从比较法的经验来看,国际上针对讯问技术的规制仅仅是限制非任意性的口供,限制刑讯逼供等以身体为导向的强制讯问以及容易导致虚假供述的心理导向型讯问。这主要是因为,从程序角度看,并非所有的欺骗、威胁、引诱都突破了程序正义的底线,损害到社会起码的道德容许度;从实体角度看,一些心里对抗性较弱的欺骗、威胁、引诱导致虚假供述的可能性并不高,侦查讯问本身就是一项对抗性很强的交互式活动。由此在程序制度学上产生这样一个悖论:往往是过于严格、粗糙的规范框架更容易引发司法权力在实践中的"反动",越是不具可操作性的制度越容易被规避。③

(三)宽容、成本与缺位:进一步探究的延伸考察

1.社会各类群体的宽容心理,日益消解法治精神。随着市场经济纵深发展,利益矛盾错综复杂。近十年来,我国刑事案件发案率始终处于高位状态。2008-2010年,我国共审结一审刑事案件414.1万件,判处罪犯523.5万人,同比分

---

① 陈瑞华:《案卷笔录中心主义—对中国刑事审判方式的重新考察》,载《法学研究》2006年第4期。

② 张军等:《刑事诉讼——控辩审第三人谈》,法律出版社2001年版,第169-170页。

③ 林喜芬:《非法证据排除规则:话语解魅与制度构筑》,中国人民公安大学2008年版,第313页。

别上升22.3%和25.5%,上述数据仅仅是侦查机关已破案并移送公诉的案件。十年来,刑事案件呈井喷之势,直接和间接受害人达数千万人甚至上亿。出于惩罚罪犯的报复心理,社会上各类群体对侦查机关的侦讯行为即使采用刑讯逼供普遍抱有高度宽容的心理态度。

2.投入有限,限制了侦查技术水平的提升。现阶段,我国司法资源并不充裕,“主要依靠物证、证人证言等外部证据定案的时代还未到来,而且在相当时期还是可望而不可及”。① 例如,2003年全国刑事案件现场勘验率仅为30%,现场痕迹物证提取率为70%,其中现场指纹提取率仅为10%。截至2005年年底,全国2679个县中,约61%的县级公安机关的经费依然没有达到基本保障水平。② 现场勘验率过低与经费保障不足严重制约了我国实物证据的应用程度,也折射出当前我国侦查技术含量不高。“由于侦查技术的相对落后,讯问被看做是通过口供获取其他证据和证据线索的最直接、最简便的方法”。③ 由此,不难得出以获取犯罪嫌疑人口供为中心的讯问便成为侦查实践中的主要面目。

3.侦查人员出庭作证率低,固守“由供到证”的口供本位观念。我国《刑事诉讼法》第57条第2款规定了侦查人员出庭作证制度。然而事与愿违的是,基于种种原因,侦查人员出庭率并不高,不但严重折损了新制度在庭审质证中效用的发挥,也反过来强化了侦查机关在讯问程序中的“口供情结”(见表5、表6、表7)。

表5 对B区公安分局侦查人员出庭作证情况的调查

N = 60

调查内容	人数	比例(%)
愿意出庭	19	31.67
实际出庭作证1次	2	3.33
实际出庭作证2次或2次以上	0	0
因未出庭受罚	0	0

① 龙宗智:《论坦白从宽》,载《法学研究》1998年第1期。

② 转引刘方权:《认真对待侦查讯问》,载《中国刑事法杂志》2007年第6期。

③ 靳学仁:《论我国侦查讯问规则之合理构建》,载《中国刑事法杂志》2006年第6期。

表6　对A区检察官申请侦查人员出庭作证情况的调查

N=60

调查内容	人数	比例(%)
愿意申请侦查人员出庭作证	38	63.33
实际申请侦查人员出庭作证1次	4	6.67
实际申请侦查人员出庭作证2次或2次以上	1	1.67
对侦查人员拒绝作证采取措施	0	0

表7　法院通知侦查人员出庭作证情况的调查

N=60

调查内容	人数	比例(%)
愿意通知侦查人员出庭作证	48	80
实际通知侦查人员出庭作证1次	3	5
实际通知侦查人员出庭作证2次或2次以上	2	3.33
对侦查人员拒绝作证采取措施	0	0

三、制度与实践契合:问题解决的可能进路

侦查讯问制度表现出的“症状”并非绝症,无药可医,但也非一剂“猛药”可治。作为长期影响司法“健康”的制度性“顽疾”,亟待一次全方位改造。

(一)制度的顶层安排

1. 塑造新模型,实现司法品性的回归。从诉讼法理上讲,刑事司法是一个回复过去事实,确定嫌疑人权利义务的程序过程。刑事司法人员从发现案件线索开始,进而有逻辑地拼组碎片化的证据和事实情节,最后排除其他合理怀疑以确定犯罪嫌疑人。在这一过程中,无疑需要一套行之有效的理论指导。人类的理性是有限的,司法主体自身也囿于人类有限理性而产生偏见与误识,为此需要时刻提醒刑事司法主体注意司法实践中的证据材料并不一定具有真实性与可靠性,司法取向必须从积极真实主义的藩篱中摆脱出来,塑造消极真实发现主义的模型。无论是基于对“以牙还牙、以血还血”报复主义的迎合,还是“个人应对自己行为负责”的惩罚主义,抑或公共利益的诉求,都应当在程序上为公权与私权划定一个合理边界,保持司法底线,实现价值权衡。

2. 立足新回应,参借国外三元递进式非法证据排除法则。近年来,屡屡见诸

报端的冤假错案再次引发了社会各界对口供的关注。冤假错案与不法逼取口供如影随形的现实,促使社会各界普遍达成了共识:只有建立自白排除法则,才能消除违法获取口供的动机。当前,无论英美法国家还是大陆法国家,均根据各自的利益权衡确立了非任意性自白绝对排除、违法自白相对排除和裁量排除自白三元化递进式的自白排除规则体系。① 通过研究主要各国的立法、司法运作经验以及考虑我国的移植成本与社会承受力,笔者认为,我国确立三元递进式非法证据排除法则应做出相应改造。首先,根据司法实践经验将自白排除类型化与层次化。其次,摈弃现有简单列举的立法模式和对心理强制"一刀切"的立法规定。对于通过不正当讯问方法获取的自白,应采取列举与概括相结合的立法模式,强调身体强制与心理强制应当区别对待的司法技术。再次,设定违法取得自白的可采性标准,具体可从违反法律规范的性质、违法的严重程度、违法的主观意图、侵害的法益、违法对自白可靠性的影响程度、排除自白对违法的抑制效果等方面考量。最后,为弥补非任意性排除自白与违法排除自白造成的漏洞,还应当构建灵活且审慎的裁量性排除自白制度。

(二)实践的整体推进

1. 以口供任意性为基准,转变侦查讯问策略。首先,参照域外的共同经验,严格排除通过"强制"讯问(尤其是身体为导向)所获取的口供。其次,严格坚持比例原则、有利原则及便利原则,结合侦查讯问本身的频率和程度要求,采取有针对性的侦讯策略;最后,有限定地确立一些合法的侦查讯问策略。正如前述,我国当前司法资源投入有限,先进的物证技术无法在短时间内广泛运用,为此,在一定程度上应允许侦查机关使用一些损伤性较弱的策略性讯问是符合侦查规律的。"在讯问过程中只要不是在强迫犯罪嫌疑人的情况下,侦查人员可以通过分析犯罪嫌疑人的心理,充分运用证据讯问策略,使其主动、自愿地陈述自己的问题。"②在此意义上,合法地运用讯问策略既可以杜绝刑讯逼供,又可以有效地促进侦查的开展与进行。

2. 以人权为本位,强化权利保障机制。"现实的侦查讯问技术,尽管在保障犯罪嫌疑人人权方面已有很大的改进,但依然是侦查活动中人权保障方面的一

① 吴继奎:《三元递进式的自白排除法则——自白排除法则的比较法考察》,载《当代法学》2011年第2期。

② 毕惜茜:《侦查讯问中沉默权问题的经济学研究》,载《政法学刊》2006年第4期。

个'软肋'。"[①]基于比较法的制度经验，我国《刑事诉讼法》扩大了律师帮助权，并在侦查讯问中实行了全程录音录像，甚至部分学者还主张赋予犯罪嫌疑人以沉默权，这在一定程度上提高了犯罪嫌疑人在侦查讯问中的主体性地位，将会由此促成我国侦查讯问模式的整体性转型，并带动侦查讯问由口供中心主义向物证中心主义转换，最大限度地降低刑讯逼供发生的几率。[②] 在未来的《刑事诉讼法》修改中，我国还应当确立相对的沉默权制度，辅之律师在场帮助权、全程录音录像制度，三位一体共同推进我国侦查讯问制度的合法化转型。

3. 以质量为核心，完善绩效考核指标。真正引导警察作为的往往并非立法层面的《刑事诉讼法》，而是"绩效评比"这部"影子刑事诉讼法"，"其结果当然造成警界长期漠视法庭内所发展出的法治精神与证据规则，连带人权保障也遭波及"。[③] 为此，一方面，效率性绩效考核指标应当与具体的司法资源现状相协调，调控侦查人员在各种侦查方式之间进行权衡与博弈，不至于为了完成办案指标和节约司法资源走非法讯问的捷径；另一方面，效率性绩效考核指标应当与质量性考核指标相配套，引导侦查人员在制定各类侦查规范时，充分考虑到"非法讯问所获取的口供不仅会被宣布无效，其本身行为还可能受到否定性的评价"，从而促使其做出更为理性而合法的行动选择。至此，笔者也完全同意一些学者提出的改良对策，降低破案数、打击数和追逃数的考核分值。同时，增加不当审讯、不起诉决定和无罪判决的分值，以此压低效率指标，提高质量指标和公正性指标。[④]

(三)法治精神的生长

"徒善不足以为政，徒法不足以自行。"在新《刑事诉讼法》对人权保障提出更高要求的背景下，仅仅通过制度强力推行是不可取的。无论是出于对犯罪的愤怒，还是出于对和谐的追求，侦查讯问都应回归到其设置的理性轨道上来。因为，罪犯的人权也应得到尊重，打击犯罪并非依靠非法来实现，同时，犯罪也是一种复杂的社会现象，刑讯并不能制止犯罪。意识是行动的先导，要通过舆论引导，增强全民的法治观念，使社会上多数人对所有非法取证行为都感到愤怒与不满，而不是漠视与鼓掌；让多数执法者对非法取证行为都感到厌恶与抵制，而不

---

① 郝宏奎：《侦查讯问改革与发展构想》，载《法学》2004年第10期。

② 万毅：《侦查讯问程序的批判性重塑》，载《安徽大学学报》2006年第1期。

③ 林山田：《刑事诉讼法改革对案》，元照出版公司2000年版，第466页。

④ 王培秩、马静华：《不当审讯：功能分析与机理阐释》，载《四川大学学报》2006年第1期。

是理解与支持。唯有于此,消磨的信念才会逐渐生长,法治的雄心才会愈发膨胀。

结语

“法治乃规则之治,法律应在任何方面受到尊重而保持无上的权威。”①《刑事诉讼法》作为“小”宪法,在诉讼理念上重塑价值,彰显出从重视犯罪追诉到重视人权保障的转向,侦查讯问的制度性保障无疑是这场现代化与法治化运动的试金石与基础坐标。笔者有幸在司法洗礼当中反躬自省,以一个青年法官的视角观察与思考侦查讯问制度,囿于笔者才疏学浅,经历不足,难免只见树木,不见森林。但愿本文能抛砖引玉,引更多学者同仁参与探讨,从而推动我国侦查讯问制度与非法证据排除规则的合轨发展。

(张锡杲:湖南省邵阳市大祥区法院法官)

① [古希腊]亚里士多德:《政治学》,颜一、秦典华译,商务印书馆1965年版,第246页。

在排除与采信之间:讯问录音录像瑕疵的检视与改造

——基于463份裁判文书的实证分析

肖　慧

当需要填补法律的空白之际,我们向它寻求解决办法的对象并不是逻辑演绎,而更多是社会需求。

——[美]卡多佐

长久以来,“密室讯问”饱受诟病,讯问录音录像制度的引入打破了以往侦查人员与犯罪嫌疑人之间的二元对立格局,既遏制了刑讯逼供行为,也起到了固定口供、防止被告人翻供的作用,讯问录音录像也被称为证据的证据。① 然而,在司法实践中的讯问录音录像并未承载起应有的价值,却因其高瑕疵率而成为法官裁判时的又一难题。为什么理论与实践发生了这样一种反差?本文对讯问录音录像瑕疵问题采取实证研究方法,以已公开的463份裁判文书②为样本,提炼案件中“讯问录音录像是否存在瑕疵,讯问笔录能否被排除”这一诉讼焦点的案件事实、判决依据和判决结果,将案件争议起因、判决依据类型化,探究法官在审理案件中的司法逻辑及其背后的原因,以期能为法官正确裁判提供一条新的路径选择。

---

① 王天正、林清红:《证据规则视野下职务犯罪讯问录音录像制度运行若干问题探析》,载《犯罪研究》2012年第3期。

② 这463份裁判文书是笔者以“讯问录音录像瑕疵”为关键词在网络中搜索而得。

一、排除或采信——一个现实的问题

司法实践中，控辩双方对于讯问笔录的真实性、合法性发生争议，往往会通过讯问录音录像来佐证讯问笔录的证据能力。当讯问录音录像瑕疵普遍出现，应有的价值变成裁判者的负担，瑕疵形式的各异也加剧了裁判的困难。讯问录音录像瑕疵有哪些类型？法官如何处理瑕疵，以何种标准来处理瑕疵？

（一）从显性到隐性：法官裁判结果的大相径庭

1. 瑕疵类型由显著性向隐蔽性扩散

从样本分析来看，讯问录音录像瑕疵在实务中的表现形式各异，且呈现出更为“隐蔽性”的特点。隐性瑕疵的显著特征是——外观具有真实性、客观性，但其取证过程实质不合法，如其中的“讯问突破后补充录音录像”“选择性录音录像”“应当录音录像的未录音录像”“未全程连续录音录像”等瑕疵类型（共占比例66%）。显性瑕疵的显著特征是——外观已不具有真实性、客观性，但其取证过程实质合法，如其中的“笔录与录像不一致”“录音录像上没有侦查人员的签名”“录音录像画面有质量问题”等瑕疵类型（共占比例28%）。

2. 裁判结果由排除多向采信多分化

随着讯问录音录像瑕疵的愈发“隐性”，法官裁判结果也由原先的“排除多”向“采信多”分化。针对讯问录音录像中的“显性”瑕疵，法官往往会“直接排除”或“补正后予以采信”，“未合理解释后排除”，倾向于排除证据。但是，针对讯问录音录像中的“隐性”瑕疵，法官往往会以辩方理由“证据不足，不予采纳”，“与客观事实不符，不予采纳”，或是判决书中不涉及该问题，倾向于采信证据。

（二）从统一到分散：法官裁判理由的混乱不一

讯问录音录像瑕疵类型众多，在个案中表现不一，导致法官在裁判时即使针对同一瑕疵类型，可能会依据不同的裁判理由做出相同的裁判结果，也可能会依据相同的裁判理由做出不同的裁判结果。

1. 同一瑕疵类型，不同裁判理由

表1中骆某贪污、滥用职权案①与蒲某贩毒案②，二被告人在庭审中均提出侦查机关存在未全程连续录音录像问题，但骆某案中，法官以“未能提供有效线索”为由，不予采信被告人辩解。而蒲某案中，法官却以“同步录音录像瑕疵不

---

① （2015）合刑终字第00003号。

② （2014）川刑终字第156号。

影响犯罪事实的认定”为由,不予采信被告人的辩解。即使是相同的瑕疵类型,也会出现法官以截然不同的两种裁判理由做出相同裁判。

表 1　未全程录音录像案件的裁判理由统计表

<table>
<tr><th>序号</th><th>讯问录音录像瑕疵类型</th><th>案由</th><th>主要案情</th><th>裁判理由</th></tr>
<tr><td rowspan="2">1</td><td rowspan="2">未全程连续录音录像</td><td>骆某贪污、滥用职权案</td><td>受到侦查人员的诱供、逼供，同步录音录像有分段，不完整。</td><td>未能提供涉嫌非法取证的人员、时间、方式、内容等相关线索或者材料，故上诉人及其辩护人此意见不能成立。</td></tr>
<tr><td>蒲某贩毒案</td><td>公安机关在提讯过程中未全程录音录像，其在第二次有同步录音录像的供述不是事实。</td><td>同步录音录像所存在的瑕疵，不影响本案对蒲某贩毒事实的认定。</td></tr>
</table>

2. 同一裁判理由,不同裁判结果

在表 2 罗某受贿案①和罗某受贿、巨额财产来源不明案②中,二被告人均提出侦查过程中存在“应当录音录像的未录音录像”问题,法官在裁判时也均提到:“未录音录像的行为违反了《双录规定》”。但在罗某受贿案中,法官以“此行为并不违反《刑事诉讼法》相关规定”为由,对罗某的上诉理由,不予采纳;而在罗某受贿、巨额财产来源不明案中,法官却以“公诉人针对未讯问录音录像所做出的解释不成立,且违反《双录规定》第 11 条之规定”为由,做出了排除讯问笔录的判决。这两个案件中都涉及了同一个裁判理由,但却做出了“排除笔录”与“驳回上诉”两份相互矛盾的判决。

① (2008)郴刑二终字第 114 号。

② (2011)君刑初字第 3 号。

表2 应当录音录像的未录音录像案件的裁判结果统计表

序号	讯问录音录像瑕疵类型	案由	主要案情	裁判理由
2	应当录音录像的未录音录像	罗某受贿案	罗某上诉称侦查机关在讯问过程中未对其进行讯问录音录像，违反法律规定，其当日供述应当予以排除。	侦查机关虽然未对罗某进行讯问录音录像，但此行为并不违反刑事诉讼法相关规定，且没有证据证实侦查机关对罗某有刑讯逼供行为，对其上诉理由，不予采纳。
		罗某受贿、巨额财产来源不明罪	罗某及其辩护人称侦查机关在10月6日及10月8日两次讯问时未对其进行录音录像。	公诉人针对未讯问录音录像所作出的解释不成立，且违反《双录规定》第11条之规定。公诉人提供的证据不够确实、充分，不能完全排除没有非法取证的行为。对被告人罗某的指控证据，系严重违反法定程序取得，应属非法言词证据，不能作为本案认定事实的根据。

3.同一裁判结果,不同裁判依据

表3中法官针对三种瑕疵均做出了“对被告人的辩解不予采信”的相同裁判结果,但是,在廖某受贿、贪污案①中,法官以“自书材料与亲笔供词的内容与证明犯罪的其他证据能够相互印证”为由,讯问录音录像瑕疵并未影响供述的证据能力;在郭某受贿案②中,法官以“讯问录音录像并不属于视听资料,而是作为被告人供述和辩解使用”为由,认为讯问录音录像已作为证据直接证明犯罪事实的存在;而在颜某强奸案③中,法官认为“讯问笔录与讯问录音录像有不一致的地方,但两者间并不矛盾”,把讯问录音录像仅作为讯问笔录的一个间接证明对象。由此可知,讯问录音录像的功能在不同案件中也有不同的体现,导致法官的裁判依据各异。

① (2013)鄂刑二抗字第00004号。
② (2013)马刑初字第119号。
③ (2014)邕刑初字第55号。

表3 不同瑕疵类型的裁判依据统计表

序号	讯问录音录像瑕疵类型	案由	主要案情	裁判理由
3	讯问突破后补充录音录像	廖某受贿、贪污案	廖某称自己所写的自白材料是刑讯逼供的产物,对他的审问,自始至终没有同步录音录像,是检察机关强迫其违心招供文字材料,后补拍录像。	廖某供认犯罪的自书材料与亲笔供词的内容与证明其犯罪的其他证据能够相互印证,足以证实其内容的真实性,故自书材料和亲笔供词可以作为定案依据予以采信。
4	选择性录音录像	郭某受贿案	郭某称检察机关提供的全程监控录像缺了11分钟,而在这11分钟中被告人受到个别检察机关人员威胁,头部儿次被摔。	公诉机关向本院提交的讯问过程的同步录音录像及备份系统的录像资料不属于视听资料的范围,而是作为被告人供述和辩解使用,其能够真实、完整地反映侦查人员对被告人郭柏中讯问的全过程,且不存在以非法方法收集证据情形,依法应予采信,可以作为定案依据。
5	讯问笔录与录音录像不一致	颜某强奸案	被告人供述和辩解的笔录内容和同步录音录像有不一致的地方,有些话并非被告人所说,该笔录不具有合法性。	虽然在一些细节上该笔录与讯问录音录像有不一致的地方,但两者之间并无矛盾之处,对此辩护意见,本院不予支持。

(三)从辩护到公诉:法官裁判标准的“参差不齐”

1. 辩护方——难证违法

判决书内容节选一

法院裁判认为:“关于辩方所称文字记录与音像记录同步性、同一性存在不一致的问题,相关法律对此并未做出禁止性规定,以此推断供述笔录并非胡某真实意思表达,显属理由不足。”①

在上述判决书中,辩护方已指出侦查机关的讯问录音录像与讯问笔录存在不同步、不同一的问题,但是法官仍以“相关法律对此并未做出禁止性规定”为由,认定讯问笔录合法有效。即便是辩方已提出充分理由证实瑕疵情况,但仍难以得到法官的采信。

---

① (2013)温苍刑初字第1072号。

2. 公诉方——自证合法

判决书内容节选二

"根据侦查机关移送的讯问邹某全程同步录音录像,及二审期间侦查机关提供的情况说明,证实因侦查人员工作失误,在部分讯问犯罪嫌疑人笔录中漏记了讯问地点。鉴于侦查机关已对该瑕疵证据做出合理解释,对该证据不应予以排除,故对上诉人邹某及其辩护人的此项上诉理由和辩护意见不予支持。"①

当辩护方针对讯问录音录像瑕疵提出质疑,公诉方往往会通过出具侦查机关的情况说明或当庭做出解释来打消法官对于讯问笔录的怀疑,而法官往往也会采信公诉方的辩解。公诉方的抗辩方式大多是自证清白,如侦查人员出庭作证、侦查机关出具情况说明、公诉方当庭做出解释(共占比例90%),在实践中"屡试不爽"。

二、排除或采信——一种实践的悖论

讯问录音录像瑕疵导致讯问笔录的证据能力遭受质疑,但排除讯问笔录必然会减弱公诉方指控证据的证明力,加剧法官裁判的难度,甚至会出现放纵犯罪的案例。② 难道要因为警察违法,就放纵犯罪?③ 若采信笔录,程序公正强调严格依法办案和保护诉讼各方当事人权利,程序不公正的状况下又谈何结果公正呢?排除或者采信似乎是一个零和博弈。从司法实践中看,法官大多选择采信讯问笔录,他们又是基于何种考虑做出如此选择?本文拟从三个全新视角出发,揭示出法官抉择背后的利益衡量。

(一)洞穴之喻④:公诉方举证策略与法官逻辑思维的契合

录音录像能直观全程反映讯问的过程,进而图像出讯问笔录的证据能力与证明力。但在实践中多表现为"选择性"录音录像等瑕疵的情况下,现有的录音录像无法较好地反应讯问情况,法官却对公诉人以其他证据证明讯问情况亦步亦趋。究其原因,在辩护方提出录音录像存在瑕疵,公诉方所惯用的举证方式与法官的逻辑思维相契合,导致法官往往出现"洞穴之喻"的心理偏见。

---

① (2014)鄂黄石中刑终字第00006号。

② 陈瑞华:《论瑕疵证据补正规则》,载《法学家》2012年第2期。

③ Mapp v. Ohio,367U. S643(1961).

④ "洞穴之喻"是指:当专注于中央视觉时而失去了周边的视觉,导致形成了一个狭小的像圆形隧道一样的视野,通常致使案件侦办人员聚焦于某个人或事件而对其他人或事件忽略。刘国庆:《从心理偏见审视刑事冤案成因——以柏拉图"洞穴之喻"为视角》,载《苏州大学学报》2015年第1期。

一方面,在辩护方针对讯问录音录像瑕疵提出异议时,公诉方通过举证顺序的转换,顺利达到了“先声夺人”的效果。公诉方先将有利于指控犯罪的证据予以出示,以便于形成稳固、合法、有效的证明体系,之后再向法庭指出辩护方所提出的异议与现有证据体系存在矛盾,应当不予采信。① 因此,法官往往会将焦点集中在对被告人定罪的证据上,忽视其他可能存在的非法取证行为(见图1)。

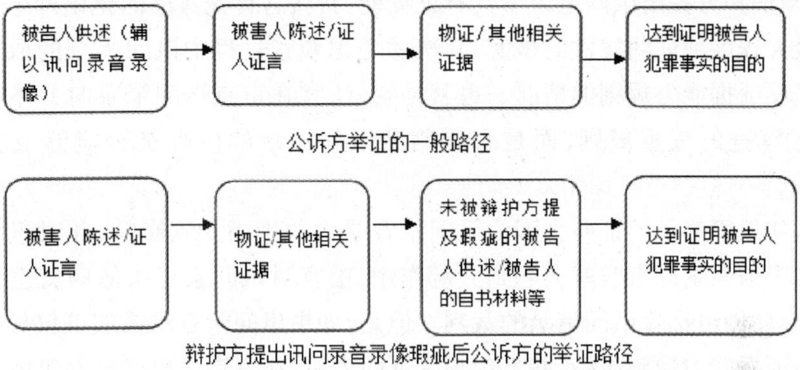

图1　公诉人以录音录像与其他证据证明讯问情况的顺序图

另一方面,基于公诉案件中的对抗特性,公诉方提供证据的主要目的是指控犯罪,所载信息也大多是对被告人进行消极否定的性质。而法官在审判前进行阅卷,对案件事实会有一个初步结论,基于证据卷中的内容,无疑会使得法官对被告人预先产生一个负面印象(见图6)。在此种前提下,纵使被告人在庭审中一再强调讯问录音录像瑕疵,基于洞穴之喻,法官也很难采信被告人的辩解。因此,即使辩护方提出讯问录音录像存在瑕疵,因法官对案情“早有预断”,公诉方也通过举证策略的调整,不断加深法官对自身初始结论的证成。在这样“内外契合”的推动下,法官做出采信讯问笔录的裁判也就不难理解了。

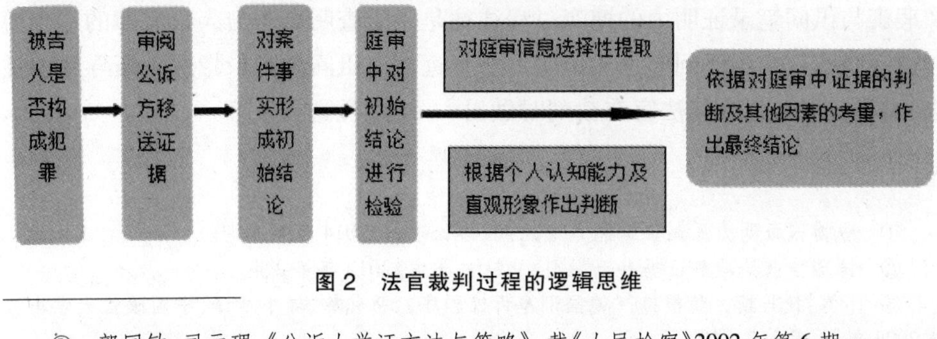

图2　法官裁判过程的逻辑思维

---

① 郭同敏、司元理:《公诉人举证方法与策略》,载《人民检察》2002年第6期。

(二)真相优先:录音录像瑕疵与讯问笔录证明力的博弈

从前文可知,法官在庭审过程中对庭审信息进行选择性提取,从而对自身的初始结论进行检验,而法官在庭审信息的提取中也藏着“隐性的偏好”——真相优先。讯问录音录像瑕疵状态下的讯问笔录仍兼具两个特性——证据能力和证明力,当辩护方提出讯问笔录不具有证据能力,法官首先考虑的是讯问笔录是否能够最大程度地证明案件的事实,其次才考虑侦查过程中讯问笔录的取得是否存在违反证据能力规则的情况。也就是说,法官在审查讯问笔录时并不必然遵循证据审查的三重规则,而是直接判断讯问笔录的内容是否能够成为定案依据。①

假如讯问笔录的证明力因为讯问录音录像瑕疵而受到影响,此时讯问录音录像对于证明案件事实就会起到关键作用,法官对讯问录音录像瑕疵也会格外关注,容易做出排除讯问笔录的裁判。但是,如果讯问录音录像瑕疵仅导致讯问笔录的证据能力受到质疑,并不影响其证明力时,法官动辄以此排除讯问笔录的做法,不仅徒劳增加自己工作量,还“导致侦查行为趋于无效,所投入的诉讼成本也远大于所得诉讼结果”。② 因此,法官在证据能力的裁判中,讯问笔录的证明力占相当大的分量,而对讯问笔录证明力的考量往往介于形式关联性考量与实质的证明力判断之间。

作为事实裁判者的法官,在对讯问录音录像瑕疵与讯问笔录证明力进行取舍的过程中,即使讯问录音录像瑕疵大小已达到排除讯问笔录的条件,但基于讯问笔录的证明力,查明真相的重要性远远大于被告人的权益,讯问笔录的证明力仍占上风(见图3)。也就是说,在“真相优先”的观念驱动下,法官取舍过程更多考虑的是被告人的罪行是否严重,讯问录音录像瑕疵的大小和使用讯问录音录像瑕疵状态下的讯问笔录能否准确地对案件进行裁判。③ 因此,讯问录音录像瑕疵与讯问笔录证明力的博弈过程往往是一个查明事实与人权保障的零和博弈,在此状态中,当讯问笔录的证明力一直远大于讯问录音录像瑕疵所导致的被告人权利损害,就会使法官在裁判时做出一个“惯性选择”。

---

① 纵博:《证明力反制证据能力论》,载《诉讼理论》2014年第4期。

② 陈瑞华:《论瑕疵证据补正规则》,载《法学家》2012年第2期。

③ [德]托马斯·魏根特:《德国刑事诉讼程序》,岳礼玲、温小洁译,中国政法大学出版社2004年版,第197-198页。

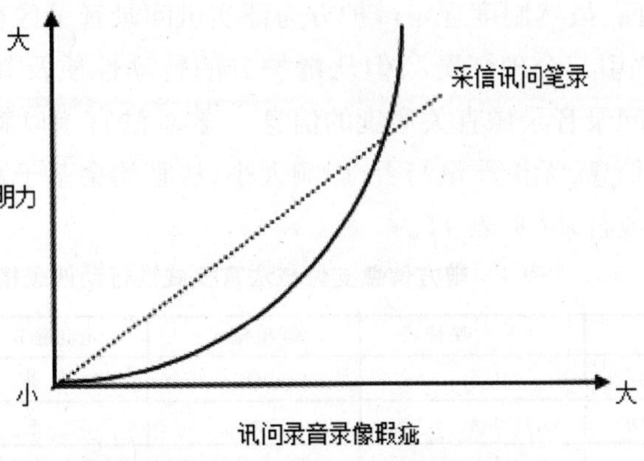

图 3 录音录像瑕疵大小与供述证据的证明力关系

(三)利益衡量:公诉方与辩护方的证明标准的置换

从我国的立法现状来看,对于实体性事实已规定严格证明要求,但对于程序性问题的证明标准却尚付阙如。在《关于办理刑事案件排除非法证据若干问题的规定》(下称《规定》)第 6 条和第 10 条,分别规定了辩护方的“引起合理怀疑”证明标准和公诉方的“严格证明标准”;但是,未经立法确认的证明标准在实践中的约束力较弱,而法官的裁判结果往往是利益衡量后的产物。因此,实践中公诉方与辩护方的证明标准并未遵循前文规定,反而常常出现相互置换的情况。

一方面,就现行规定而言,公诉方为抗辩辩护方针对讯问笔录的质疑,应当提供能够排除“讯问录音录像瑕疵”与“刑讯逼供等非法取证行为”两者之间“较高盖然性的引起与被引起关系”的证据。① 然而,实践中公诉方往往仅依靠“证据间相互印证,形成完整的证据链”②这一理由,就能取得法官对录音录像瑕疵“已做出合理解释”“已排除合理怀疑”的裁判结果。即使是“相互印证”的证据间存在矛盾、证明体系存在合理怀疑的,法官也可以自行决定案件是否达到事实清楚,证据确实充分的程度。③ 因此,实践中公诉方的证明标准异化为只需“排除合理怀疑”即可。

---

① 董坤:《违反录音录像规定讯问笔录证据能力研究》,载《法学家》2014 年第 2 期。

② 笔者在样本分析中发现,公诉方依靠这一理由驳斥辩护方质疑的情况十分普遍,如(2014)鄂黄石中刑终字第 00006 号,(2013)烟刑二终字第 19 号,(2014)菏刑一终字第 92 号。

③ 陈瑞华:《以限制证据证明力为核心的新法定证据主义》,载《法学研究》2012 年第 6 期。

另一方面,虽然制度规定辩护方为证实讯问录音录像存在瑕疵,所提供的证据仅需达到"引起合理怀疑",但从辩护方的行动性质及其内容来看,辩护方向法官支付讯问录音录像有关瑕疵的信息①,要求法官予以解决,而法官对于辩护方所提供的信息,无论严重与否,影响大小,法官均会基于案件的利益衡量,采取不同的措施或行动(见表4)。②

表4　辩方信息支付与法官权威性行动匹配模式

类型	互不理睬模式	信箱模式	定向锁定模式	单边行动模式
辩方信息支付	无	有	有	无
法官权威性行动	无	无	有	有
互动特征	无互动	下对上的祈求	强度大/相互反馈	一种恩赐
表现领域	无关紧要的瑕疵	辩方自认为的瑕疵	瑕疵重大影响定罪量刑	瑕疵重大瑕疵影响定罪量刑

在我国理论界对"违反强制性讯问录音录像制度与讯问笔录证据能力之间的关系并没有一个共识性的认识"③下,法官更多基于录音录像的瑕疵是否影响到了案件定罪量刑的后果来支配自己的行动逻辑,习惯朝向案件定罪与否问题的定向锁定模式。然而,什么形态或量级的信息支付才能激活法官的权威性行动,或者说法官权威性行动将会优先对哪些信息予以考虑?在这样一种尚未确信的状态下,法官与辩护方往往处于一种信箱模式,即法官认为辩护方的信息支付难以达到采取权威行动的量级,或是讯问录音录像瑕疵并不会影响定罪量刑。因此对于辩护方提出的录音录像瑕疵的证明标准,即便制度规定仅需"引起合理怀疑",但在法官的种种因素考量下,实践中往往超越这一标准而达到"严格证明标准"。

---

① 辩方的信息支付是指,辩方向法官提供有关讯问录音录像瑕疵的信息,要求法官排除讯问笔录;法官权威性行动是指,法官针对辩方的信息支付所作采取的行为,加上法院是具有权威性的公共权力机构,法官的行为都可以说是"权威性行动",辩方的信息制度是法官权威性行动的前提。

② 在互不理睬模式中,由于缺乏辩方的信息支付,讯问录音录像瑕疵并未引起法官的注意,也正因为没有法官权威性行动的介入,讯问录音录像瑕疵才可能不断蔓延、扩散和升级,逐步走向信箱模式和定向锁定模式。而在单边行动模式中,法官主动发现了讯问录音录像瑕疵,从而采取了排除讯问笔录的权威性行动,解决了法官裁判结果可能存在的错误,但是由于信息的不对称以及激励机制的缺乏,实务中很少会出现单边行动模式。

③ 何家弘、王爱平:《强制性讯问录音录像推定规则》,载《国家检察官学院学报》2015年第3期。

三、排除或采信——一个域外的借鉴

在我国司法实践中,法官对于讯问笔录的采信与否处于一种应然与实然的悖论状态。如何在排除与采信之间寻找一个平衡点,衡平实践中的“采信倾向化”?笔者拟从美国、我国台湾地区司法实务出发,探寻如何协调讯问录音录像瑕疵与讯问笔录间的冲突。

(一)借镜:域外立法的比较分析

1. 美国

近年来,美国大部分州都已通过法律,对讯问录音录像做出规定。

在伊利诺伊州,任何人只有在有录音录像记录的情况下才能够接受讯问,否则讯问笔录将无效,但对此也规定了一些例外情形:(1)被告供述是在有被告信任的证人在场的情况下做出的;(2)被告供述并非警察所提问题,而是其主动做出的;(3)被告供述是在警察讯问结束之后做出的;(4)被告供述并非在本州做出的。[①] 在俄勒冈州,警察讯问犯有重罪的犯罪嫌疑人,必须采用全程录音录像,否则犯罪嫌疑人的供述将不被采纳。其同时也规定了一些例外情形,但不如伊利诺伊州详细。而在纽约州,对于讯问录音录像的要求更为严苛,对犯罪嫌疑人讯问时必须进行录音录像,否则讯问笔录不得作为证据使用。[②] 美国拯救无辜罪犯项目和其他的非政府组织针对警察讯问录音录像制度也提出立法建议:“警察在对任何人进行讯问时都必须进行录音录像,否则所做出的供述不会被法庭采纳。”[③]可见,美国对于违反讯问录音录像的强制性规定所获取的供述,通常推定不具有法律效力,除非其具有法定的例外情形。

2. 台湾地区

台湾地区《刑事诉讼法》第416条第2项、第131条第4项、第158条第4项对未依法讯问录音录像下的讯问笔录证据能力做出规定,以此为依据,对讯问笔

---

① Thomas p. Sullivan, Police Experiences with Recording Custodiai Interrogations, Northwestern University school of Law Center on Wrongful Convictions, NO. 1 Summer 2004, p. appendix C.

② See The American Bar Association Criminal Justice Section And The New York Country Law year's Association Reporton The Electionic Recording of Police Interrogations.

③ The Innocence Project (2009, December). Model legislation, 2010 state legislative ~: An act directing the electronic recording of custodial interrogations. New York: Benjamin N. Cardozo School of Law, Yeshiva University, 2.

录的效力问题分成两派:权衡排除说与不利推定说。近年来多以权衡理论来解决证据排除之问题,"最高法院"也有许多判决采此原则,如:"司法警察(官)讯问犯罪嫌疑人时如未全程连续录影,其所取得之供述笔录,应当根据主观因素、客观条件、危害、效果等比例原则,予以具体认定。"①"警员并未依上述《刑事诉讼法》规定全程连续录音,其警讯笔录是否真实及是否可采为认定事实之证据?原审未审酌前皆应予审酌考量之情况,凭以论断,自有未合。"②然而,因权衡排除说有标准不明确的弊端,不利推定说受到学界的推崇,也有一些判例采取了这一学说。"如果被告之陈述系属自白,并基于自由意思而非处于不正之方法,且其自由之陈述与事实相符,纵令对其讯问时未经全程连续录音或录影,致讯问过程稍嫌瑕疵,仍难谓其自白之笔录,无证据能力。"③"苟于讯问时未全程连续录音或录影,倘依其他证据得以补强犯罪嫌疑人于警讯时之供述系出于任意性且与事实相符者,该笔录仍具有证据能力。"④对两者进行比较可以看出,不利推定说不仅说理清楚,极具说服力,并最符合立法旨趣,且实务容易操作及接受检视,最为可采。⑤

(二)吸收:推定规则的初见端倪

从比较法角度,美国与台湾地区虽属不同法系,针对为依法录音录像时讯问笔录的可采性的法律救济手段也并不完全相同,但两者间仍具有共同的考量因素,亦值得我们借鉴。

1. 对讯问笔录的可采性具有明确的法律规定。无论是美国还是台湾地区,对于未依法录音录像时讯问笔录的可采性问题均具有详细的法律规定,如美国的《统一羁押讯问录音录像法案》,台湾地区《刑事诉讼法》第 416 条第 2 项、第 131 条第 4 项、第 158 条第 4 项。而我国仅对于讯问录音录像制度的操作流程做出详尽规定,对于未依法录音录像时讯问笔录的可采性问题并无规定,造成法官裁判缺乏统一尺度,裁判结果混乱不一。

2. 未依法录音录像时均推定讯问笔录无效力。美国各州立法上大体采用不利推定原则,台湾地区在立法趋势上也倾向于不利推定原则。即对于未依法录

① 最高法院九十二年度台上字第六九二一号判决。

② 最高法院九十三年度台上字第二九三四号判决。

③ 最高法院九十二年度台上字第五四四二号判决。

④ 最高法院九十三年度台上字第二〇六三号判决。

⑤ 陈运财:《警讯录音之研究——最高法院八十年度台上字第五七六二号刑事判决书评释》,载《台湾本土法学杂志》2001 年第 24 期。

音录像时的讯问笔录均首先推定其不具有效力。而从前文中样本分析来看,我国大体采用权衡排除原则,且基本表现为"权衡后不排除"。再加上权衡排除原则并无具体的衡量标准,实际上等于宣告法官自由评价,无论排除与否,均为合法。①

3. 对讯问笔录的效力设置了救济手段。基于惩罚犯罪的考虑,美国及台湾地区对于未依法录音录像时讯问笔录的效力仍设置了救济手段。如伊利诺伊州在法律规定中就设定了四项法定例外情形,台湾地区《刑事诉讼法》第 100 条第 1 项也规定"但有急迫情况且经记明记录者,不在此限"。反观我国现状,考虑到讯问录音录像瑕疵在实务中普遍出现,针对讯问笔录的绝对排除并不符合司法现状。因此,如何明确讯问笔录的效力及救济方式才是亟待解决的问题。

四、排除或采信——一个全新的选择

长久以来,法官身上就承载着两项责任——惩罚犯罪与人权保障,这就导致法官既要"穿行于制定法与习惯之间",也要"纠缠于事实与法规之间",更要摇摆于"纠纷解决与规则之治之间,甚至还会成为"脱缰的野马"。② 如何解决讯问笔录采信与否这一两难问题?在推定规则视野下,或许我们能找到一个全新的选择。

(一)一个预设的前提——"过错推定说"③

"过错推定说"源于民法中的"过错推定原则",但较之有所不同。"过错推定说"是从讯问录音录像的功能定位出发,当法庭经过程序审查确认在讯问过程中存在讯问录音录像瑕疵,鉴于"讯问录音录像瑕疵"与"刑讯逼供等非法取证"的高盖然性伴生关系,推定侦查机关在侦查过程中存在过错。其运行过程是——讯问录音录像被发现具有瑕疵,与之相对的讯问笔录证据效力首先被否定了,即进入了"无证据能力"的状态。之后,法官根据瑕疵的大小、影响力、主

① 马静华、纵博:《讯问录音录像:功能定位与司法适用——以刑事诉讼制度改革为背景》,载《西南民族大学学报》2014 年第 10 期。

② 张洪涛:《中国法院压力之消解——一种法律组织学解读》,载《法学家》2014 年第 1 期。

③ 过错推定是侵权法中常用的一种推定原则,是指受害人若能证明其受损害是由行为人所造成的,而行为人不能证明自己对造成损害没有过错,则法律就推定其有过错并就此损害承担侵权责任。过错推定较之一般的过错责任,更有利于保护受害人的利益,因为它将过错的举证责任转移给了行为人,从而减轻了受害人的举证责任。

客观因素的判别,做出讯问笔录是属于直接排除的非法证据还是可以通过修正、解释予以完善后采信的有效证据。

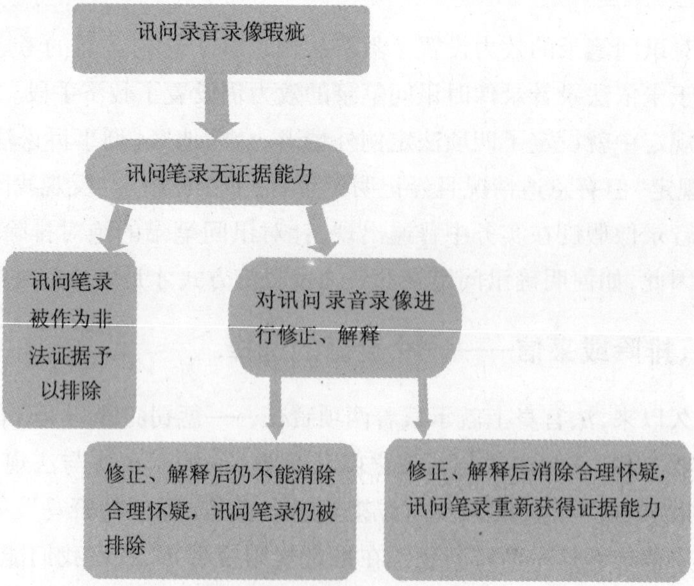

图4 "过错推定说"运行过程图

"过错推定说"首先明确了讯问笔录的证据能力——无证据能力,统一了法官的裁判标准,维护了司法裁判的一致性。对于维护被告人的权益,防范冤假错案的发生更具有效果。同时,它针对讯问笔录的效力设置了救济手段,既保障了程序性制裁的严厉性,又保障了实体性裁判结论的准确性。即"一项推定不仅要考虑讯问笔录的产生与非法取证之间的盖然性,也要考虑讯问录音录像过程中发生的所有困难"。① 因此,它在实践运行中更具有操作性,更能维护法律实施及其内在正当性,也能有效减少讯问录音录像瑕疵所带来的负面影响。

(二)一种路径的选择——引入"过错推定说"的类型化演绎

在"过错推定说"的理论中,讯问笔录的证据能力被区分为三种形式——直接排除、直接采用、适用"过错推定说"。那么,如何对讯问录音录像瑕疵进行分

① [美]约翰·W·斯特龙等:《麦考密克论证据》,汤维建等译,中国政法大学出版社2004年版,第663页。

类,也是不可回避的。对此,可从三方面进行类型区分:(见表5)

表5　引入“过错推定说”的类型化演绎

假定要素			假定情形	实践表征	处理结果
侦查机关的意图	不规范	A	A+D+F	因犯罪嫌疑人突发疾病需要送往医院治疗而中断录音录像	√
	违法的	B	A+D+G	犯罪嫌疑人交代犯罪事实时发生了电力中断问题	○
			A+E+H	侦查人员在讯问前未开启录音录像	○
	犯罪的	C	A+E+G	侦查人员在讯问中因操作不当而关闭了讯问录音录像	○
违反程序的状况	具有紧急性、必要性	D	B+E+H	侦查人员仅对犯罪嫌疑人作出有罪供述时进行录音录像	×
			B+D+F	侦查人员为缓和讯问气氛进行事前沟通，内容并不涉及案件	○
			B+D+H	犯罪嫌疑人主动要求关闭讯问录音录像，否则拒不交代犯罪事实	○
	无紧急性、必要性	E	B+E+F	看守所的录音录像设备故障导致录像画面有质量问题	○
违反程序的程度	非法性小	F	C+E+F	侦查人员仅对犯罪嫌疑人作出有罪供述时进行录音录像	○
	非法性中	G	C+E+G	侦查人员通过技术手段删减录音录像内容，直到获取让侦查人员“满意”的录音录像内容	×
	非法性大	H	C+E+H	侦查人员故意关闭录音录像以便对犯罪嫌疑人进行刑讯逼供	×

(“○”表示适用过错推定原则；“×”表示直接排除讯问笔录；“√”表示直接采信讯问笔录)

1.从侦查机关的意图出发,将其分为不规范的、违法的、犯罪的三类。如侦查机关在讯问过程中因主观上的过失所造成的讯问录音录像瑕疵(“A+E+G”情形),此时侦查机关的确存在过错,讯问笔录进入无证据能力状态。但侦查机关可以通过补救措施,让讯问笔录重新回归有效证据。

2.从违反程序的状况出发,将其分为具有紧急性、必要性和无紧急性、必要性两类。如果在紧急情况下,讯问录音录像瑕疵的产生并非侦查人员主观意图所导致的,那么就不能断定讯问笔录的证据能力受到影响。如表5中“A+D+F”情形,此时的讯问录音录像瑕疵并不影响讯问笔录的效力,应当直接采信讯问笔录。

3. 从违反程序的程度出发，将其分为非法性小、非法性中、非法性大三类。讯问过程中侦查人员可能会通过采取灵活多变的讯问策略来达到侦破犯罪的目的，而这一策略也会与讯问录音录像规定产生冲突。如“B + D + F”“C + E + H”情形，两者因违反程序的程度不同，处理结果也不尽相同。

（三）一种实践的突破——讯问笔录的证明能力规则

当讯问笔录的效力被推定为“无证据能力状态”，公诉机关为了追诉的继续进行，必须对讯问录音录像瑕疵进行补救。从前文可知，对讯问笔录的补救是为了证明讯问过程的合法性，从而恢复讯问笔录的证据能力。从这一角度出发，公诉机关的补救过程必然会涉及以下几个步骤：

1. 补救的主体

讯问合法性之证明责任应当由检察机关承担，《规定》中第 7 条对此予以明确界定。一般来说，检察机关补救讯问笔录的证据能力主要存在以下三种情况：一是检察机关在审查起诉期间已经发现了讯问笔录的瑕疵，主动要求侦查机关予以补正；二是检察机关在案件起诉以后开庭审理之间发现了讯问笔录的瑕疵，应当在征得法庭和被告人的同意后进行补正；三是在庭审过程中，法庭经审理查明发现了讯问笔录的瑕疵，要求检察机关进行补正说明。

2. 补救的方式

(1)补充修正。补充修正可以弥补取证程序上存在的错误或者漏洞，即检察机关经过重新调查取证，发现通过合法的讯问录音录像行为，仍然可以将证据重新收集，讯问笔录的效力也不会受到影响，那么，在这种情形下，法官也能够对该份证据予以重新认定。(2)合理解释。合理解释主要是解释不合规范的讯问同步录音录像形成的原因及讯问笔录具备的真实性和关联性，能够证明案件事实。也就是说，即使法官相信讯问录音录像的瑕疵是因侦查人员主观上的过失所造成的技术失误，也需要经过侦查人员的解释说明后，才能认定为讯问录音录像瑕疵可以忽略不计。

3. 补救的限度

对具有瑕疵的讯问笔录予以采纳有利有弊，其利在于可以充分利用有限的证据资源，极大提高刑事诉讼效率，适当平衡程序公正与实体公正；其弊在于可能造成法官自由裁量权的滥用，影响刑事判决的公信力。虽然对于瑕疵状态下的讯问笔录进行补救是司法实践的必然，但是我们也不能无视其可能造成的负面影响，因此应当对补救制度的适用做出一定的限制。首先，对讯问笔录瑕疵的补救应当在不影响其客观真实性的前提下适用，对于可能影响案件公正审判的，不能给予其补救的机会。其次，对询问笔录瑕疵的补救应当限制在轻微的程序违法方面，且该程序违法不能侵害被告人的宪法性权利。最后，对于检察机关在庭审之前已经进行的补救，应当做出解释说明，在没有经过法庭和被告人同意的情况下，私自对讯问笔录进行的修改、补正都应当作为非法证据，予以排除。

结语

诚如德国著名学者赫尔曼教授所言："我们应当把刑事诉讼程序视为是一种具有生命的有机体，它如同其他任何一个在社会中产生功能的系统一样，时刻在经受着变化，也常常以偏离法律规定的方式已在发生变化。"讯问录音录像瑕疵也是偏离法律规定的自我变化，它并非个案，并且不会随着时间变化而自我消解。本文对此所提出的解决途径或许仍是一个尚未成熟的方案，还需学术研究的不断深入及理论指导的有效跟进，讯问录音录像制度的功能才能回到正轨，发挥其积极功效。

（肖慧：湖南省炎陵县人民法院刑庭书记员）

共识与规则:论技术侦查证据的司法审查

——以443起涉及技术侦查的案件为样本

段柳媛　何文魁

法治是规则之治,法律应在任何方面受到尊重而保持无上权威。

——[古希腊]亚里士多德

无法治保障,执法者也会蒙冤,人人都可能被错判。① 技术侦查证据出现了从“幕后”到“前台”的华丽演变,司法审查却存在较低的分辨率,往往是审查“失灵”。采取技术侦查措施对宪法赋予的人权严重侵犯,在适用对象不明与定位不清的大环境下,将导致辩护无力的“秘密审判”。因此,有必要根植于司法实务,吸收域外先进经验,从立法原意寻求共识,探索对技术侦查证据司法审查的恰当规则。笔者主要以2013年以来的443起涉及技术侦查措施的案件为样本进行实证探讨。

一、共识之义:技术侦查证据的演变拓展

技术侦查证据从长期的无名、非法状态演变到“可以作为证据使用”是法治的一大进步。基于技术侦查证据内容的不确定性,其含义随着科技的发展愈来愈广,但作为证据使用,应有其基本之义。

(一)模糊与正名:从无到有的现身

技术侦查措施又称“特殊侦查措施”,新《刑事诉讼法》明确规定前,散见于司法解释及侦查部门的内部文件中,应用尴尬,主要用于死刑等重大案件的证据收集。鉴于我国长期存在党内不采取技术侦查的观念,实践中侦查机关通过技

① 吕宁:《若无法治,人人都可成为“蒙冤者”》,载正义网(2013年4月1日),2015年8月30日最后访问。

术侦查获取的材料处于非法的阴影带,其"封闭式侦查"只能作为调查取证的线索,只有转化为法定的实物、言词证据,或者"情况说明"等才能作为证据出示。新《刑事诉讼法》颁布后,技术侦查措施正式现身,尽管操作过程中发现名称使用不尽规范(见表1),但该证据还是被认可。

表1　"技术侦察"与"技术侦查"的表述占比①

法律	《中华人民共和国国家安全法》	《中华人民共和国人民警察法》	《中华人民共和国刑事诉讼法》	
实施时间	1993年2月22日	1995年2月28日	2013年1月1日	
涉及法条	第10条	第16条	第148条至152条	
表述内容	技术侦"察"		技术侦"查"	
年份	2013年	2014年	2013年	2014年
案件数	29件	52件	122件	321件
占比	15.5%		84.5%	

(二)侠义与广义:从小到大的演变

关于技术侦查证据类型的来源,有的学者认为主要是侵入通讯联络、监控相对人活动或物品过程中所得的相关材料。② 然而,在实践当中,侦查人员习惯将不宜公开的,通过线索取证、展示承认等转化、演变而成的,采取了一定技术性措施所得的材料一律称为技术侦查证据。通过统计审判实务关于技术侦查证据来源的表述发现,可以分为五类(见图1):一是监控、检查类。如对在逃犯的上网追逃、手机定位,邮件检查等。二是技术检验、鉴定类。如脑电图评估、摄谱声音鉴定,毒理学实验等。三是控制下交付类。如对毒品等违禁品,绑架、敲诈等过程中非法索取财物时进行的控制下交付。四是蹲点卧底类。如线人、特情等隐匿身份进行的协助侦查。五是诱惑暗示类。如通过虚示购买、机会提供等,大多数情况下与监控、控制下交付等相结合,以抓获犯罪嫌疑人。技术侦查证据的来源种类繁多,随着科技的发展不断变化,或许以前认为是技术侦查证据而如今已无技术含量,呈动态变化。

① 本文的数据主要基于统计分析2013-2014年度在《中国法院网》公布的裁判文书。

② 胡铭:《技术侦查:模糊授权抑或严格规制》,载《清华法学》2013年第6期。

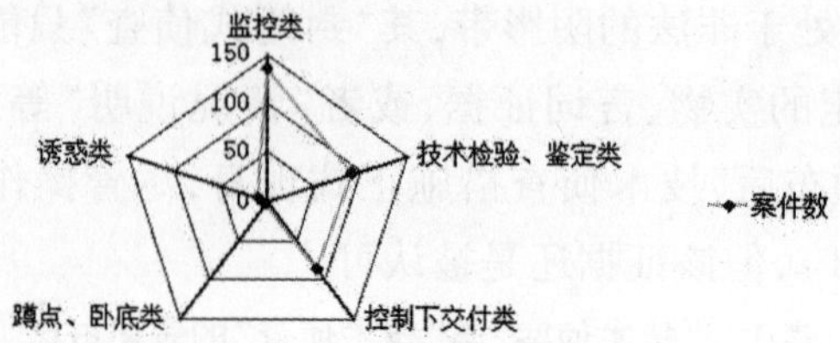

图1　各类技术侦查措施占比 N = 327①

(三)抽象与具体:从宽到窄的共识

技术侦查证据的收集方法特殊,手段具有复合性,在实践中因相关措施保密,承办法官也不清楚②,导致外延广泛。但理论上基本的共识是应当具备技术性、相对秘密性与法益侵害性的,主要分为五大类:一是秘密获取型,包括通过密搜密取、密拍密录,秘密辨认与跟踪等获取的证据;二是技术监控型,如记录、行踪、通信与场所监控,通过采取手机定位、GPS跟踪、电信查询等电子侦控技术获取的证据;三是线民卧底型,如特情或侦查人员通过潜入组织内部收集犯罪信息与证据而协助破案的情形;③四是控制下交付型,如发现非法交易、走私可疑货物,或者非法索取、窃取财物等行为时,在监控的条件下,允许该物品继续流转,待条件成熟或已经查明案情时抓获犯罪嫌疑人的情形;五是诱惑侦查型,又称"钓鱼"侦查,如通过情景设计、条件提供或制造机会等引诱犯罪嫌疑人现身或再次暴露犯罪事证,借此抓获犯罪嫌疑人、搜集证据与追诉的情形。

二、技侦之惑:技术侦查证据的司法审查现状

技术侦查措施的授权模糊又反正式程序,而证据的传输会层层"包装"且有"漂白"规则,在原则不明、定位不清与抗辩无力的情况下,对"技术侦查证据"的司法审查将流于形式。

(一)历史与现实:原则不明下的审查无力

1.对象"含糊"

基于法条的局限性,技术侦查措施适用对象模糊,使用并不规范。按最高刑统计发现,2013年以来主要应用于拘役至有期徒刑2年与无期徒刑的犯罪(见

① 主要对裁判文书中涉及技术侦查证据中的多个关键词进行统计分类。

② 对H市刑庭的13名法官进行访谈发现,他们均不清楚技术侦查采取的具体措施,审查技术侦查证据主要看案卷的书面材料,对于被告人认罪的一般采取回避态度。

③ 田宏杰:《诱惑侦查的正当性限制及其适用限制》,载《政法论坛》2014年第3期。

图2)。罪重的,立案为涉嫌故意杀人罪,但判决结果却是交通肇事罪;①罪轻的,当场被抓获却不提技术侦查手段之合法性审查。② 侦查机关监控不特定人,实践中容易被侦查机关或有关人员滥用,如"未立案,先侦查"③,再如王立军案④,非法使用技术侦查措施导致极其严重的后果。对象的不具体、不明晰,法官凭借"自由心证"去审查往往流于形式。

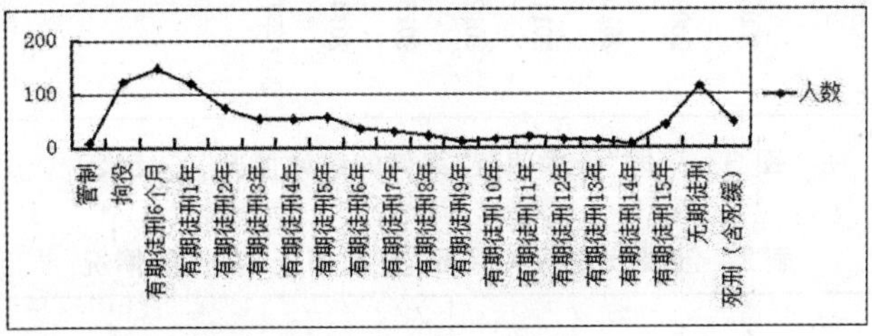

图 2　2013 年以来主要应用于拘役至有期徒刑 2 年与无期徒刑的犯罪

2. 程序"变态"

采取技术侦查措施取证往往存在"批而不审",或者"自审自查"现象。技术侦查案件从上网文书中可以看出,2008 年的裁判文书就有此表述,新法发布后增长飞速(见图 3),但审查时"实体正义"占上风,如用"程序违法的意见与事实不符"予以反驳⑤,用"情况说明"等予以补正解释。⑥ 技术侦查的神秘化与隐匿处理,可能让"毒树之果"披着合法外衣,实践中为了查明事实,除了刑事侦查,连民事与行政诉讼中也出现了技术侦查材料的身影(见表 3)。经统计发现,其中 443 份裁判文书共有 76 份文书中仅仅简要写了"经技术侦查",之后锁定被告位置将其抓获归案,但均未提程序合法性审查之相关描述。

① 山东省临朐县人民法院(2014)临刑重字第 1 号刑事判决书。

② 四川省彭州市人民法院(2015)彭州刑初字第 63 号刑事判决书。

③ 新疆维吾尔自治区高级人民法院(2014)新刑三终字第 105 号刑事判决书。

④ 李斌、杨维汉:《王立军徇私枉法、叛逃、滥用职权、受贿案一审宣判》,载新华网,2015 年 8 月 30 日最后访问。

⑤ 青海省西宁市中级人民法院(2015)宁刑终字第 11 号刑事判决书。

⑥ 统计 590 份裁判文书中就有 261 份使用了"情况说明"进行补正解释。

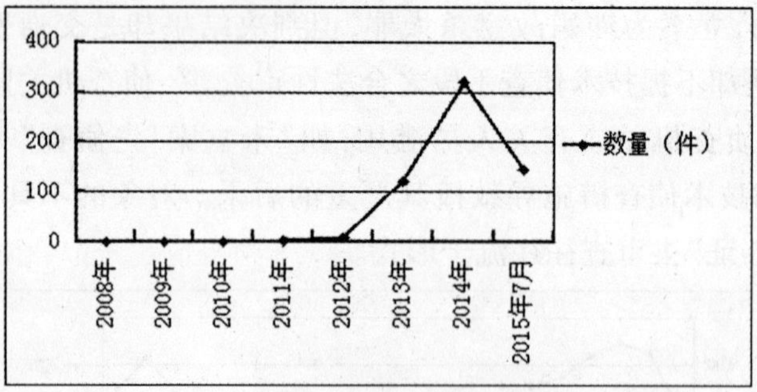

图3　采取“技术侦查”案件的统计情况　∑=552

表2　涉及侦查机关采取“技术侦查”案件的情况　　N=443

<table>
<tr><td>案件性质</td><td colspan="6">刑事诉讼</td><td colspan="4">民事诉讼</td><td colspan="4">行政诉讼</td></tr>
<tr><td>数量（件）</td><td colspan="6">427</td><td colspan="4">10</td><td colspan="4">6</td></tr>
<tr><td>措施来源</td><td colspan="6">刑事侦查</td><td colspan="4">为查明事实，而因证据不足等进行了民事诉讼程序。</td><td colspan="4">因不属于刑事诉讼受案范围等而引发的行政诉讼程序。</td></tr>
<tr><td>来源分类</td><td colspan="2">含技术侦查证据</td><td colspan="2">含技术侦查措施</td><td colspan="2">采取技术侦查手段等</td><td>查明事实</td><td colspan="2">寻找下落</td><td>其他</td><td>不服行政处罚</td><td colspan="2">不履行法定职责</td><td>其他</td></tr>
<tr><td>数量（件）</td><td colspan="2">4</td><td colspan="2">52</td><td colspan="2">371</td><td>5</td><td colspan="2">1</td><td>4</td><td>3</td><td colspan="2">2</td><td>1</td></tr>
<tr><td rowspan="2">裁判分类</td><td colspan="2">判决</td><td colspan="4">裁定</td><td colspan="2" rowspan="2">判决</td><td colspan="2" rowspan="2">裁定</td><td colspan="2" rowspan="2">判决</td><td colspan="2" rowspan="2">裁定</td></tr>
<tr><td>刑事</td><td>刑附民</td><td>刑事</td><td colspan="2">刑附民</td><td>死刑复核</td></tr>
<tr><td>数量（件）</td><td>321</td><td>12</td><td>85</td><td colspan="2">7</td><td>2</td><td colspan="2">10</td><td colspan="2">0</td><td colspan="2">6</td><td colspan="2">0</td></tr>
<tr><td>占比（%）</td><td colspan="6">96.3%</td><td colspan="4">2.3%</td><td colspan="4">1.4%</td></tr>
</table>

(二)庭外与庭内:定位不清中的审查"难产"

1.类型不明

由于范围的模糊,而为了实体正义、弱化反侦查能力或保护"刀尖上的舞者","人"与"案件"双重标准模糊适用,忽视措施使用前、使用中的监督,只关心效率价值或者未经审批"先斩后奏"。① 实践中在普通的毒品、盗窃等案件中常用,而一些重大的犯罪案件却未见其使用(见图4)。其中,新《刑事诉讼法》第148条规定的"其他严重危害社会的犯罪案件"到底由谁来评判,定位于哪些具体犯罪活动或人员,审查的思路不明确。

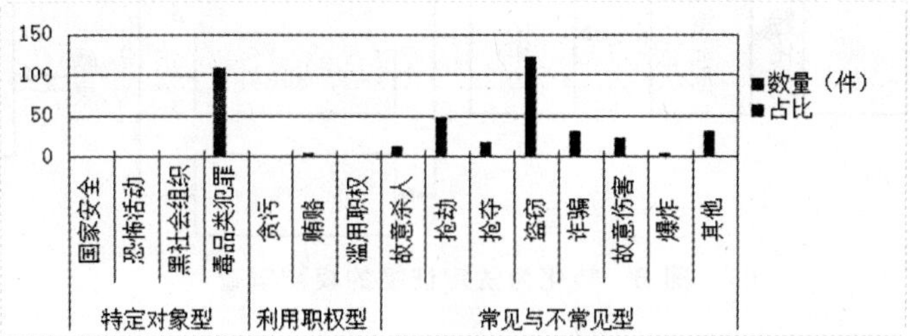

图4　技侦案件案由分布 N=425

2.定位异常

"制衡"与"限权"是最大的监督保障,但技术侦查证据的审查"非正常"。一方面,技术侦查证据的取得不可知而威不可测,缺乏被告人供述自愿性的权力保障,导致"证据突袭"。另一方面,单一的庭外审查危机可能异变成秘密审判,致使质证、辩护无意义(见图5)。对于证据来说,法官主要审查证据的"合法性",但在我国司法实践中技术侦查证据长期没有被接受,因其秘密性致使法官很难获得此种证据的信息,又有相关事实的说明和补充②,所以在审查技术侦查证据过程中形成了一种证据的证明力反制证据能力的思维逻辑,即证据的真实性制约了证据的合法性认定。如果证据的证明力大,法官便不关心该证据来源的合法性,证据即有效,能够证明被告人有罪(见图6)。

① 吉林省延边朝鲜族自治州中级人民法院(2014)延中刑终字第100号刑事裁定书。

② 新疆维吾尔自治区高级人民法院(2014)新刑一终字第28号刑事判决书。

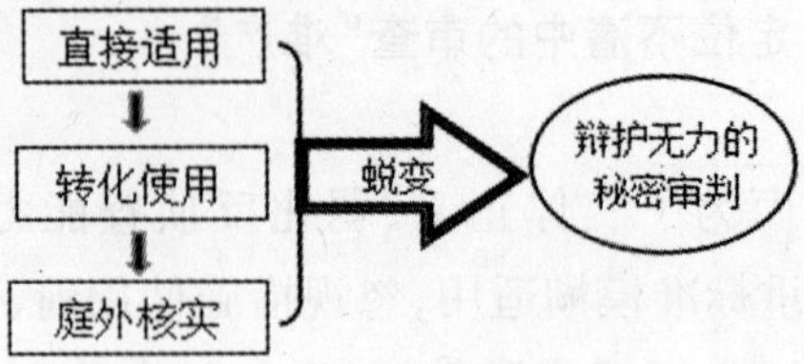

图 5　技术侦查证据的审查蜕变

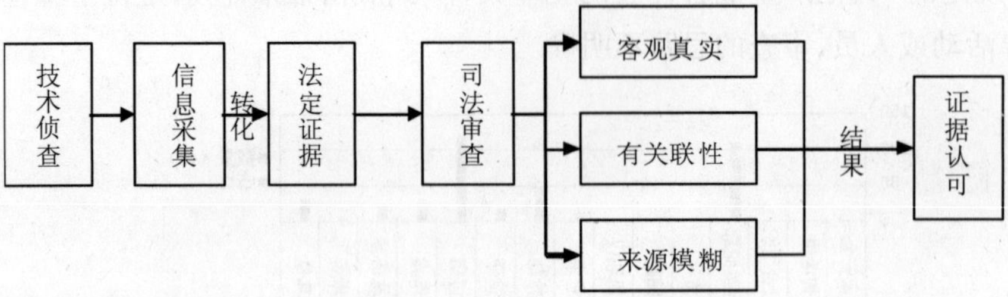

图 6　转化为法定证据的模糊审查

（三）审查与出示：幽灵抗辩后的不予排除

1.“幽灵”抗辩

技术侦查证据的审查，往往只有承办案件的审判人员在庭前或庭后知情，辩护人虽积极辩护，结果却是无力的。同时，秘密、轻微违法的线索通过公开侦查、技术取样进一步转化为法定证据，审查中难以分辨其违法性。只有走完整的实质程序才能进一步保证零冤、假、错案，而庭审中检察官往往不提供线人，为规避诉讼风险打“擦边球”①，导致庭审的“幽灵”抗辩，非法证据排除规则失灵。犯罪率的高低（x）与排除率（y）成反比（见图 7），但司法实践表明，通过非法证据排除规则审查技术侦查证据，其效用已递减至极限级别，采用率几乎为 99% 以上。② 倘若证据有瑕疵，承办法官也是倾向于酌情减少基准刑的 30% －50%。技术侦查证据大量转化适用，却不问其出处，或者避开辩护方，不审查其来源、程序，导致从形式质证后全部适用，向全部庭外核实并直接认定的蜕变。然而，这种“漂白”规则用证据转化架空证据来源成为合法证据，可能诱发更多的“变相逼供”去获取证据线索。

① 万毅：《实践中的刑事诉讼法：隐性刑事诉讼诉讼研究》，中国检察出版社 2010 年版，第 172 －173 页。

② 对 333 份判决书进行统计发现，只有 2 份与定罪无关的技术侦查材料被排除。

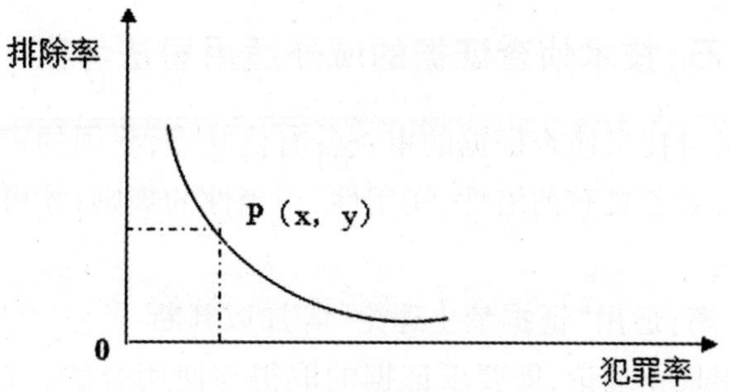

图7　犯罪率与排除率关系

2. 纠结认定

技术侦查证据未经开示或者庭外核实认定，被告人不知道证据的合法来源，而辩护人也不清楚，往往会上诉。对425件技术侦查案件的统计发现，其中105件二审案件，占32.8%（见图8），然而又会遇到抗诉而“改判加刑”①，或者上诉减刑再审又抗诉而“改判加刑”的尴尬。② 由于信息的不对称，当发现技术侦查证据的程序问题时，侦查机关便出具“情况说明”以形成完整的证据锁链。为了打击犯罪，法官既相信这种证据，但又有风险，“嫌麻烦”，伴随着一种又怕又恨的矛盾心理。而审查时其证明力往往是优先接受，可谓天然“推定”。③ 忽视证据的证据能力，只强调它的客观、真实性，而回避合法性审查④，或者只排除与定罪无关的证据，违反了公正价值，让程序价值“流失”。

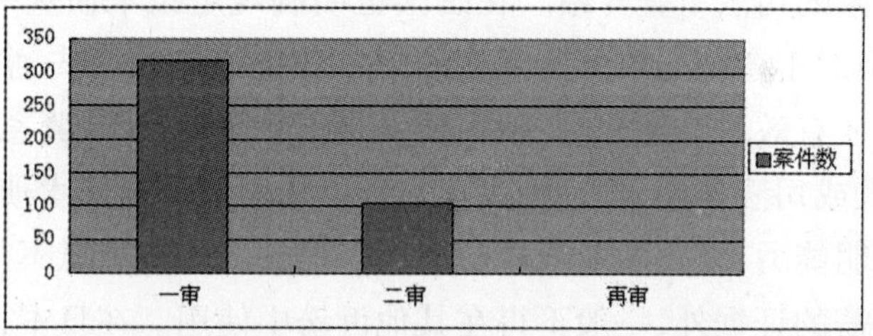

图8　技侦案件一审与二审对比　N=425

① 四川省宜宾市中级人民法院（2014）宜中刑一抗字第1号刑事判决书。

② 湖北省恩施土家族苗族自治州中级人民法院（2014）鄂恩施中刑再终字第4号刑事判决书。

③ 陈瑞华：《刑事诉讼的中国模式》，法律出版社2010年版，第183－189页。

④ 陈一云：《证据学》，中国人民大学出版社2007年版，第79页。

三、他山之石:技术侦查证据的域外适用司法考察

德、美等国家对技术侦查证据的审查各有优缺点,我国的审查标准应当基于国情与司法实践,借鉴具有前沿性、实用性、正当性的规则,才可以运用于司法实践、服务司法审查。

(一)要求之高:适用“证据禁止理论”等加以判断

1.德国:适用禁止理论,即要求证据的取得与使用合法。在德国,技术侦查证据主要来源于通讯截获、监听监视与邮件检查等,对其审查有严格的要求与标准。例如监控最初仅适用于缓刑、假释、需进行行为监督等5类对象,否则违法。① 在德国的《刑事诉讼法》中关于监视电讯的命令申请,有确定的范围、针对具体重罪、且原则上由法官审批,例外由检察官决定,但事后3日内要取得法官的认可。而且,技术侦查证据只能用于刑事确定的诉讼中,不能用于其他案件或者诉讼。当技术侦查措施不会对侦查目的、公共及人身安全构成威胁时,有制约程序,即措施终结要告知相对人。同时,还存在庭外审查规则、不公开的书面质证,以揭开技术侦查证据的神秘面纱。若技术侦查措施超过对象范围而取证则违法无证明能力,如果证据存在实体要件违反、任意瑕疵、不合比例原则的均无证明能力,而违反法定程序的则由法官根据禁止原则等加以判断。如宅内窃听则应排除,对于片段或总结性的播放与朗读也违法。

2.其他国家的司法审查介绍。在法国也明确规定技术侦查一般条件、权限与基本程序,但对于律师与议员所实施的技术侦查措施要事先通知律师公会会长和议会会长才有效。在意大利,则实行强制排除原则,即非紧急情况下未经审批、非经公诉人或司法警察采取的、无正当理由未通过特定技术侦查设备采取的措施等均无证明能力;因其职业或者职务产生的技术侦查信息不得使用;除属于当场逮捕所必需的证据外,一般不得在其他诉讼中使用。在日本,主要包括电子监视与跟踪、通讯监控与窃听,均由法官审批,且贯彻必要性、最后性与相关性原则,用有无法目的来确定是否违法。

(二)力度之大:综合运用违宪排除与裁量排除考量

1.美国:基本是违宪性的证据排除模式。根据技术侦查措施违法的严重程度,赋予法官个案平衡的司法裁量权,而非“违法即排除”的做法。在美国的法庭上,证据规则旨在保证诚信和证据的真实性,违反宪法的不合理搜查与扣押的

① Vgl. Fünfsinn, in: Eisenberg-FS, S. 693.

证据不得采纳。如果要排除技术侦查证据,则必须由当事人在审判前主动申请,而且对于排除的裁定控方可上诉。在内容方面,明确了技术侦查措施针对重罪、坚持必要与最后原则。若线民侦查重罪没有违反空间隐私则合法,如 Hoffa v. United States 案①,卧底线民在酒店、大厅等获取犯罪嫌疑人的供述为有效。至于套取被拘禁的犯罪嫌疑人所得的供述可采,如 Illinois v. Perkins 案。② 然而催眠犯罪嫌疑人所得的自白供词违反任意性规则而不可取,如 Leyra v. Denno 案。③ 在程序方面,采用司法令状方式,由法官认可与审批才合法。

2. 英国:由法官裁量排除非法技术侦查证据。英国的技术侦查证据主要通过窃听监听、化装侦查、布设耳目等获取。对所获证据的审查,在英国规定了责任例外原则,还要贯彻特定、比例、必要性原则。在立法技术上,必须基于国家安全、国家利益或者侦查重大犯罪、执行国际互助的目的。同时,推行行政令状制度,注重实体与程序的紧密结合,最终由法官裁量排除非法技术侦查证据。综上,两个法系的国家各有自己的优势(见表4)。

表3　域外二国技术侦查证据的审查对比④

国家	德国	美国
标准与应用	禁止理论:证据的取得与使用要合法。如无法官授权所得的录音资料排除,超越法定监听范围的资料属非法证据,监听的内容不完整不得作为证据使用等。	违宪排除:违反宪法规定要排除。如监听必须由法院授权,授权过于宽泛的州法律违宪。同时,将“侵犯公民隐私权的合理期待”作为评判标准,即侵犯隐私权之合理期待视为侵权。
简评	采取司法审查制,坚持法定、比例原则,有程序保障与惩罚机制,能够有效保障人权。	维护宪法权威,审查期待可能性,充分发挥法院的中立职能,有效防止技术侦查权的滥用。

① 385 U. S. 293(1996).

② 496 U. S. 292(1990).

③ Letra v. denno,347 U. S. 556(1954).

④ [德]克劳斯罗科信:《刑事诉讼法》,吴丽琪译,法律出版社2003版,第335－336页。

（三）合适最好：比例原则的恰当应用

审查技术侦查证据，要做到强度的妥当、必要与均衡，且具有谦抑性，同时，可以借鉴违宪排除的适用。在审查过程中，必须保证有适当的分析，审查证据取得方法、有关程序的选择与应用，并作解释说明，包括对技术侦查证据的完整性、准确性和细节进行论述来支持自己的结论。技术侦查证据的取得要坚持“合目标性原则”，不得侵犯与之无关的隐私、财产。一方面，案件相对人要享有相应知情权以进行抗辩，当了解到足够多的信息时，方能判断通过技术侦查取证的强度与程序是否合法，才能有效主张自己的抗辩事由。另一方面，技术侦查证据的取得不能触犯“诱人犯罪”的价格底线，在法律的规定下使用，不得跨越法之合理界限，以保证行使公权力契合私权利让渡之目的。

四、规则之解：技术侦查证据的司法审查求索

技术侦查证据必须经过客观真实性、证明价值以及合法性的审查判断程序，才能作为证据运用。① 笔者认为许可进入审判程序的技术侦查证据，可以先客观考量、后价值判断，进而综合分析，实现技侦证据司法审查的“三步走、三种结果”。

（一）权利与效益：原则考察下的客观标准

初级：针对实体与程序，对权力的适用对象等四个方面进行客观的原则性考察。法治国家普遍要求强制性侦查必须贯彻比例、法定与司法审查原则，才能平衡个人权利与侦查效益，以实现公平救济、达到以法限权、以权力制衡权力或以权利制约权力之目的。②

1. 特定对象原则

新《刑事诉讼法》将技术侦查措施的适用对象定位于涉嫌重大犯罪和在逃的犯罪嫌疑人、被告人，以及对涉及给付毒品等违禁品或财物的犯罪活动可以实施控制下交付。《公安机关办理刑事案件程序规定》第255第2款规定，将对象指向与犯罪活动有直接关联的人员，如主犯、从犯等，而非特案。具体而言应当

---

① 龙宗智、夏黎阳：《中国刑事证据规则研究——以刑事证据的“两个规定”为中心》，中国检察出版社2011年版，第240页。

② 孙长永：《强制侦查的法律控制与司法审查》，载《现代法学》2005年第2期。

是侦查阶段的被指控人,例外情况下可针对第三人。① 过度使用却会增加泄密风险。因此,法律应当保留针对的是重大犯罪与在逃犯,排除一般从犯、胁从犯,但允许调查相对人罪轻或无罪的证据。至于重罪的界限,目前多数学者认为刑期应当在3-7年之间可以适用技术侦查措施,随着科技的进步,将来应当对罪名进行区分对待,以适应时代的发展。目前各地犯罪率差异较大,在100-400起/10万人之间,呈上升趋势,笔者认为审查定性时应该考虑当地的十万人犯罪率(见图9),法治综合环境等。对于内地的贪污贿赂案件等的金额可以适当降低,实现个案平衡;或者对于特定犯罪5年以上,常见犯罪3年以上。

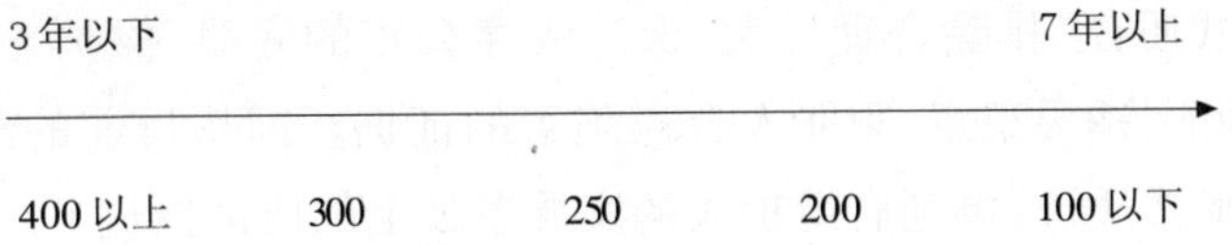

图9 刑期与十万人犯罪率幅度对照

2. 比例适当原则

技术侦查措施应当强度适中,实现正当与合法互补,体现合目的与合宪性、最后手段性与结果可期待性。考虑到司法成本,技术侦查证据的审查要看取证是否必要,坚持最小损害原则,看是否是定罪量刑的关键部分所需的证据,通过合法性审查重要步骤、程序,进行关联性考察证据之证明目的、有证明力等实质性问题,能够有效监督权力的运行。例如案例一,侦查手法逾越了诱捕侦查之合法界限,则不合比例原则,所得证据不可作为裁判之基础。同时,孤证不能定案,应有证据补强、印证,并慎用自我证明的"情况说明"。

案例一:警察侦查张三贩卖毒品案过程中,得知其货源来自毒贩李四,而李四最近已决定"金盆洗手",警察为将其抓获,遂"指示"张三主动向李四要求"补货"。开始张三以高于市价五倍的价格向李四购买,李四予以拒绝;后来张三愿出十倍价钱购买,李四一时心动答应要约,并约定了交易的数量及地点,在交易过程中李四被抓"人赃俱获"。②

3. 事前许可原则

关于技侦手段的审批,应当进行法律保留。目前是采取的是公安机关上级审批,而检察院"自审自批"后交公安机关执行的模式,其长期处于"被协助"状

---

① 王晨辰、周轶:《技术侦查技术之检讨》,载《法律适用》2014年第2期。

② 《中国时报》2005年10月18日A18社会版。

况。毫无制约的权力必会滥用,倘若实行法院的事先审查,紧急情况下的事后审查,实现分权制衡,能够有效规制权力之滥用。因此,笔者认为应从监督逐步过渡到由法官审批检察院的技侦措施、检察院审批公安机关的技侦措施,才能有效制约、限制权力滥用。

4. 公开质证为原则,庭外核实为例外

实践中为保护线人,技术侦查证据往往免于质证。对此,关于技术侦查证据的审查应强化其直接适用,对于危及国家秘密、商业秘密、个人隐私、有关人员人身安全或造成公共利益严重损害的可以不公开质证或者必要的庭后审查、书面答复,用"形式质证"排除合理怀疑,保障程序公正的底线,保护无罪证据、唯一证人,避免伪证、诱导犯意、犯罪人合谋陷害的证据。即从目前的绝大多数免于质证到适当形式质证,再到有辩护人的实质意义上的质证推进。

(二)转化与认定:证据定位中的价值判断

中级:通过技术性、政策性、计划性裁量,判断取证过程、要件,进行价值分析。如进行目的合法性、人物关联性、完整客观性审查,必要时可以聘请有关专家鉴定、专业技术人员等协助。同时,若增加系列性、不适合转化的技术侦查证据为法定证据种类,并进行"司法二元体制"的制约,即采用检察机关的准司法审查与法院的司法审查相结合的模式①,也能够有效监督审查权力的运行态势。

1. 言词证据适用合理怀疑标准

对于证人证言,被害人陈述,被告人的供述等言词证据,多属于庭外核实审查,往往会出现非法线索转化公开、形式转化法定,瑕疵转化真实的现象。为此,庭外核实,应当在安全认证下进行不公开质证,排除合理怀疑,以适用非法证据排除规则。若被告人有犯意,则采用因果关系逻辑。当被告无法反诘问对其不利之证人时,最适合权利保障机制,排除主诘问所得的证词,即"无效之反诘问"。② 若存在引起犯意、伪证或者证据单一、属于无罪证据等,且无佐证的特殊情形,线人等应当出庭应诉让步于司法的公正利益,避免错判。而保障供述自愿性应当是权利保障与权力制衡机制的有机结合。③ 若技术侦查部门主张秘匿特权应向法院释明其主张之理由,法官审查秘匿权主张时应平衡一切证据与情况,

① 龙宗智:《强制侦查司法审查制度的完善》,载《中国法学》2011 年第 6 期。

② 苏凯平:《政府秘匿特权与刑事审判——以美国法为借镜》,台湾地区国立台湾大学 2009 年硕士论文,第 141 - 142 页。

③ 马静华:《供述自愿性的权力保障模式》,载《法学研究》2013 年第 3 期。

包括所涉嫌之罪、可能的防御方式、该证词的可能意义、主张特权之价值为何等因素，然后加以综合判断是否欺骗、意思自治等。例如案例二，“狱侦特情”所得的供述没有强迫，虽有诱导行为，但未违反自白任意性规则，可以采纳。

案例二：股市名人李某涉嫌内线交易被关押，在侦查过程中李某自始至终否认有任何内线交易行为，为使起诉之证据更加充足，侦查机关遂指使在看守所中与李某同房之陈某套取李某之自白，陈某并同意其与李某对话时被监听。二人朝夕相处后，某日李某向陈某一五一十吐露案情，殊不知其陈述已被警方全部录下。①

2. 实物证据采取“三性”审查

物证、书证的审查也适用非法证据排除规则，采用“最佳证据规则”，取证时可适用“一目了然规则”，并要接受辩护方的质疑。对此，重点审查证据真实性、完整性与来源的合法性，且不适用于庭外核实，要求批准程序文书附卷、来源过程佐证、传递环节记录等。对于非技术性、公开性、结果无侵权性的证据应当允许辩护律师提出异议，进行查阅、摘抄或复制等。对于实物证据取证的合法性证明方面，在法庭上往往采取回避的态度，因此可以进行合理怀疑，即法官对合法取证的事实主张仍有合理怀疑不能排除的，应做出不利于控方的事实认定。②而审查“取证过程”，应采用过程证据与结果证据相互印证的规则，才能消除对取证过程中证据的真实性、合法性怀疑，从而最大限度地防止证据的伪造、变造与发生非法取证行为。③

3. 视听资料、电子证据适用裁量排除

视听资料的审查，适用最佳证据原则，主要看程序的合法性，内容真实性与关联性，可以裁量排除暴力、胁迫等非法取得的证据。至于电子证据，也要经过司法程序测试。不同的电子数字取证将会有不同的结果，数字取证的科学性将决定是否进入司法程序，可能导致法官怀疑其真实可靠性。例如，目前的云环境中，CSP 从网络流程与访问日志中获得大量电子数据，但 Web 服务取证对虚拟

---

① 黄禄芳：《卧底侦查与被告宪法权利之保障—以美国法为借镜》，载 http://www.docin.com/p-457106892.html，2015 年 8 月 13 日最后访问。

② 党建军：《基于证伪主义：取证合法性证明标准的反向考察》，载《法学杂志》2014 年第 12 期。

③ 陈瑞华：《论刑事诉讼中的过程证据》，载《法商研究》2015 年第 1 期。

系统的密码管理以及第三方有一个巨大的影响,严格保护监管链也至关重要。[①]在云计算环境没有取证的全球标准下,问题很多,包括安全性、合规性与对此如何进行处理的问题。因此,云取证调查电子证据的司法审查应以比例原则为标准,此类证据要求程序与内容合法、资料完整真实、资料与事实存在关联性。

(三)补充与细化:综合审查后的评价定性

高级:为保护重大法益,进行实体性、公平性、必要性裁量的混合判断,考量权力使用的正当性。只有运用正当标准审查才能发现程序裁量权的行使是否恰当。[②] 因此,审查技术侦查证据,先原则考察,再主观判断,最后综合分析定性。基于认识的局限性可以吸收建立专家鉴定与技术侦查人员答疑的规则,在起诉至宣判前启动依申请或职权排除,考量技术侦查证据的正当性,结果分为三类:

1. 不予排除或瑕疵补正

涉及危害国家公共安全、恐怖活动或其他严重危害社会的证据;利于被告人的无罪或罪轻证据;可补正的轻微违法且属于关键证据;至于主犯被采取技术侦查措施,因此获得的证据适用于从犯、胁从犯,均不予排除。

2. 裁量排除

裁量排除要考量证据的可证性与正确率,公开度与认可度,主要区分"程序瑕疵""程序不当"与"程序违法"。"程序违法"指执法主体实施的具体执法行为违反正当强制性程序。正当程序是对执法主体行使权力的最低限度的程序要求。[③] 而对于"程序瑕疵"往往指存在轻微程序瑕疵,有缺陷或不完善的地方,一般不作违反法定程序处理,如对证据的无关的一些剪辑修饰、缺少次要证据或具体的文书未盖章等。而"程序不当"是因为行为未能适当地选择任意性程序。[④]对于证据瑕疵、程序欠规范、将技术侦查证据用于其他案件的,或者其他轻微违法的技术侦查证据,即形式与程序欠缺的可以裁量排除(见图10)。

---

① A. Singhal, M. Gunestas, A. Singhal, D. Wijesekara and D. Gallagher, *Forensics Web Services* (*FWS*), *NIST Interagency Report Draft*, 2010.

② 江必新:《程序正当性的司法审查》,载《中国社会科学》2012年第7期。

③ 姜明安:《行政程序研究》,北京大学出版社2006年版,第382页。

④ 罗豪才:《中国司法审查制度》,北京大学出版社1993年版,第383页。

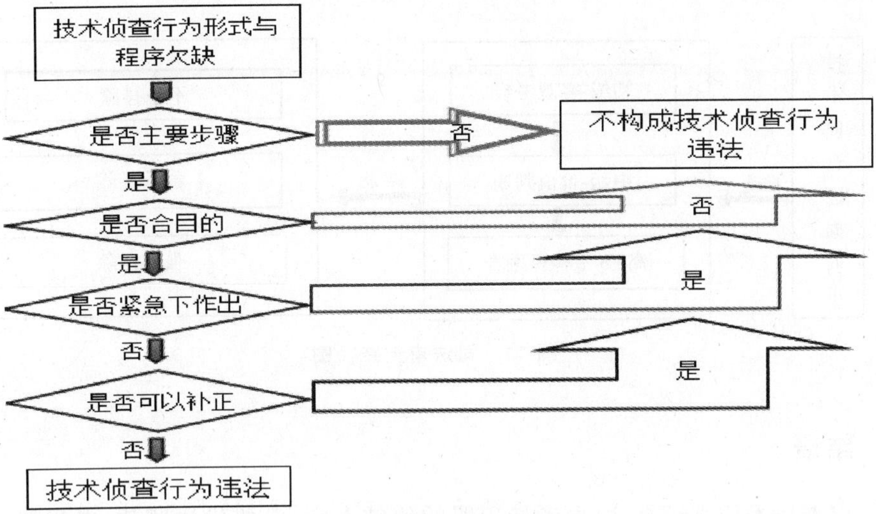

图 10　裁量排除流程

3. 强制排除。技术侦查证据产生的主要程序法定,针对技术侦查证据的主体、内容、性质,取得与存在方式等进行审查,适用非法证据排除规则。

标准一:主体不合法排除。主体要“适格”,主体非法即排除。明确的执行主体为侦查机关即公安机关与国家安全机关,含“特情”,其中检察机关具有决定权,而有关单位或个人应当配合。目前军队保卫部门、海关缉私机关与监狱均无明确资格。

标准二:不得篡改,措施不合法排除。证据的实际持有应如实记载,若是“立重案、诉轻罪”,或者隐瞒实情而采取技术侦查措施而取得的证据应当排除。同时,取证过程中,禁止引起犯意、严重侵犯隐私与基本人权的措施。如“犯意引诱”所得的言词与实物证据均排除。①

标准三:严格权限与期限控制,过时效与未经审批、超越审批范围的均排除。如“先斩后奏”的违法,超越规定的地点、对象、种类的排除。至于期限无限制缺乏正当性,建议应以 3 - 5 次为限,除非经最高人民法院批准可以再次延长。至此,形成一个完整的司法审查路径图(见图 11)。

① 万毅:《违法诱惑侦查所获证据之证据能力研究》,载《法律科学》2010 年第 4 期。

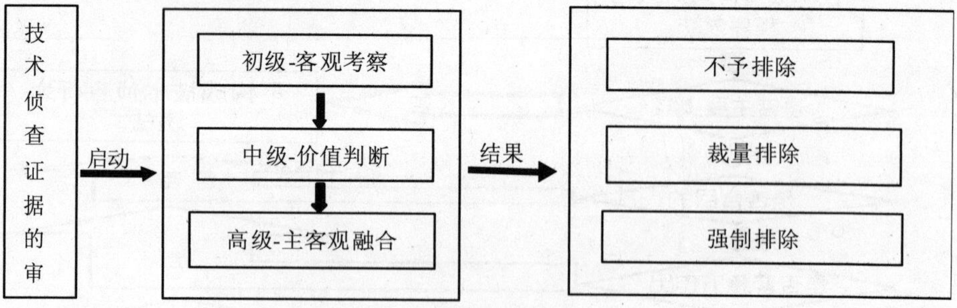

图11 司法审查路径图

结语

审查技术侦查证据,既要考量犯罪的侦破力度,又要优先调整、考量对人权有重大影响的地方,看是否合宪性、必要可行性、具有期待可能性等,通过先客观、后主观、最后综合评价定性,以保障侦查对象之合法权益。鉴于时代的进步,本文的思路尚为粗浅,唯有抛砖引玉,引发思考。真正适合的认定标准还需要不断接受实践的检验,尤其是来源嗣后指导与典型案例的修正、充实,才能最终形成较为确定、也更有参考价值的司法审查标准。

(段柳媛:湖南省洪江市人民法院法官;何文魁:湖南省洪江市人民法院书记员)

论刑事审判中新的证据

李　蓉　杨　彬

根据《最高法院关于〈中华人民共和国刑事诉讼法〉的解释》(以下简称《最高法解释》)第376条的规定,不论是原判决、裁定生效前后发现的证据,只要没有经过收集和质证的并且可能改变原判决、裁定据以定罪量刑的事实的证据都属于新的证据。而原判决、裁定所依据的鉴定意见,勘验、检察等笔录或者其他证据被改变或者否定的且可能改变原判决、裁定据以定罪量刑的事实的证据也被认为是新的证据。目前我国对刑事诉讼证据的提出采用的是随时提出主义,没有在举证时效上有任何限制,可事实上新的证据的出现却会对整个案件最终处理方式有重大影响。现阶段我国很少有学者对新的证据进行研究。因此,本文立足于《刑事诉讼法》和相关司法解释的规定,结合诉讼证明的基本原理,对不同阶段新的证据的认定标准及新的证据将要带来的效力进行探讨。

一、新的证据的含义

刑事审判中新的证据的界定,不仅要考虑新的证据自身的特点,即新的证据到底"新"在哪里,还要考虑新的证据将会给整个审判程序带来的影响。有些刑事再审新的证据的研究者认为,再审新的证据应该要满足两个方面要求:一是形式要件——新的证据的崭新性,即什么时候发现的证据是新的证据,何时提交的证据属于新的证据,新的证据的"新"以谁认定为准;二是实质要件——新的证据的显著性,即这项证据的出现足以动摇原来的有罪判决。[①] 当然,这里所说的新的证据的"崭新性"应该是相对于法院而言的。这种在审判监督程序中分析

① 林钰雄:《刑事诉讼法》(下册),中国人民大学出版社2005年版,第318-321页。

新的证据的方法同样也适用于普通刑事审判程序中新的证据。因此,笔者认为整个刑事审判中新的证据应该是指:某一程序阶段或者某一程序未曾出现,而在该阶段或该程序以后才出现的事实材料。① 在此,所说的“事实材料”不仅仅指“证据材料”还包括实物、笔录以及各种言词陈述等证据形式。② 具体而言,按照新的证据认定的时间节点和范围将其分成三个层次。

(一)存在意义上新的证据与发现意义上新的证据

将新的证据按照自然证据和诉讼证据区分,新的证据可以分为存在意义上新的证据和发现意义上新的证据。所谓“存在意义上新的证据”是指判决生效前不存在、判决生效后才存在的证据。“发现意义上新的证据”是指判决生效前没有被发现、判决之后才被发现的证据。③ 由于在判决之后存在新的证据的可能性将大大小于判决生效前早已存在,只是因为某些原因没有在判决生效前被发现的证据。所以,“存在意义上新的证据”比“发现意义上新的证据”范围要窄很多。根据《最高法解释》第 376 条的规定,再审新的证据不仅指在原判决、裁定生效后新发现的证据还有包括原判决、裁定生效前已经发现,但未予收集或者质证的证据。由于该条认定的新的证据范围是十分宽泛的。那么从立法原意上讲,新的证据应该是指发现意义上新的证据,并且只有发现意义上新的证据才对具体的刑事审判有实际意义。

(二)新发现的新的证据与已收集但新出示的新的证据

从举证主体上来看,举证主体可能发现了新的证据便及时提交新的证据也可能该主体早已发现并收集了该证据但直到特定的诉讼阶段才提交新的证据。在实行证据开示的国家这两种证据将面临完全不同的处理。在德国,即使受到有罪判决的人已经知道有利于自己的证据但是因为怠慢等原因没有向原审法庭提出新的证据的主张,这种证据也不会丧失其崭新性。④ 但是在日本,对作为再审理由的新的证据就要求严格得多。依照日本《刑事诉讼法》第 435 条第 3 款规定,发现了新的证据是可以作为再审的理由。但日本“证据从新规则”理论对

---

① 丁海湖:《关于“新的证据”定位思考——兼评〈关于民事诉讼证据的若干规定〉》,载《广东法学》2004 年第 5 期。

② 陈瑞华:《刑事证据法学》,北京大学出版社 2013 年版,第 68 页。

③ 黄士元:《刑事再审事由中的“新的证据”“证据虚假”和“证据不足”》,载《证据科学》2008 年第 6 期。

④ 孙长永:《探索正当程序——比较刑事诉讼法专论》,中国法制出版社 2005 年版,第 734 页。

其新的证据的要求是必须属于“重新”发现的证据。① 所以,对于当事人在生效判决做出前在审判中和审判前已经知道但没有提出的证据,除非有不能归责于当事人的事由导致其当时无法向法院提交的证据,才能承认该证据的崭新性。我国并没有确立证据开示制度,所以这两类证据都是可以向法庭提交的。在《最高法解释》第376条第2款也规定,原判决、裁定生效前已经发现,但未予收集的证据属于再审中的新的证据。

(三)新出现的新的证据与改变原证据的新的证据

从证据形式上看,有些证据属于新出现的新的证据。比如,新发现的新的证人所陈述的证言,只要其证言存在于其他的诉讼文书之中并且该证言成立于事实审法院判决之前,这项证人证言可以被认为是新的证据。② 有些证据可以被认为是改变原证据的新的证据,例如对于原有鉴定事项做出的新的鉴定意见可以动摇以前的鉴定意见,那么这类证据也是具有崭新性,也属于新的证据。③

二、我国刑诉法关于新的证据的规定及其存在的问题

第一,重新起诉的新的证据。我国《刑事诉讼法》没有确定一事不再理原则,所以公诉机关撤回起诉的案件,或者人民法院做出证据不足的无罪判决的案件,事后公诉机关依然是可以重新提起诉讼。为了避免起诉权的滥用,在没有新的犯罪事实的情况下,公诉机关重新提起诉讼是需要提供新的证据,并且由人民法院对于该证据是否属于新的证据进行审查。人民法院对于确实有新的证据的案件应当依法受理。如《高检规则》第459条第3款、第5款规定:“对于撤回起诉的案件,没有新的事实或者新的证据,人民检察院不得再行起诉。”“新的证据是指撤回起诉后收集、调取的足以证明原指控犯罪事实的证据。”因此,可以认为新的证据的出现将会使得检察机关获得再次提起公诉的权力。

第二,一审、二审新的证据。由于我国刑事诉讼并未建立举证期限制度,公诉人、当事人在一审庭审结束前均可随时提交证据,所谓新的证据,在立法或司法解释中或指未在起诉或答辩时未提交的证据,如《最高法解释》第184条第1款第4项规定:“庭前会议中,审判人员可以就是否提供新的证据向控辩双方了

① 彭勃:《日本刑事诉讼法通论》,中国政法大学出版社2002年版,第391页。

② 林钰雄:《刑事诉讼法》(下册),中国人民大学出版社2005年版,第319页。

③ 花玉成、王成:《刑事再审新的证据审查与认定的基本思考》,载《法律适用》2010年第6期。

解情况,听取意见”;或者指的是庭审进行中才提出的证据,如《高检规则》第455条第1款第5项规定:“在法庭审理过程中遇到需要调取新的证据,重新鉴定或者勘验的,公诉人可以建议人民法院延期审理。”二审中控辩双方也可提出新的证据。《最高法解释》第319条规定:“第二审期间,人民检察院或者被告人及其辩护人提交新的证据的,人民法院应当及时通知对方阅卷、摘抄和复制。”换言之,控辩双方在一审庭审结束后取得的证据,即为二审中的新的证据,二审法院对此应当组织质证。由此可以看出,不论在庭前会议阶段还是在正式的一审、二审的审理过程中新的证据的出现,都将会导致诉讼进程的暂停甚至程序的倒流。

第三,死刑复核程序中的新的证据。我国在死刑复核阶段采取的是材料报核式书面审理模式,所以法官对于证据的调查是单方面进行的,在事实上无法听取控辩双方的陈述。当对证据存在疑问的时候,合议庭采取由法官自行对相关证据进行调查核实,必要时到案发现场进行调查的方式进行。① 根据《高法解释》第349条、第350条和《高检规则》第604条的规定,《高法解释》第349条第5款规定:“复核期间出现新的影响定罪量刑的事实、证据的,可以裁定不予核准,并撤销原判,发回重新审判,或者依照本解释第220条规定审理后依法改判”;第350条第4款规定:“复核期间出现新的影响定罪量刑的事实、证据的,应当裁定不予核准,并撤销原判,发回重新审判”;《高检规则》第604条规定:“最高人民检察院发现在死刑复核期间有发现新情况、新的证据,可能影响被告人定罪量刑的,经审查确有必要,应当向最高人民法院提出意见。”介于此,笔者认为发回重审就是在一定程度上暂定了死刑的行刑。同时也可以认为,新的证据的出现将导致死刑的暂停。

第四,审判监督程序中的新的证据。《刑事诉讼法》第242条第1款规定:“当事人及其法定代理人、近亲属在申诉中提出了能证明原判决、裁定认定的事实确有错误,可能影响定罪量刑的新的证据,人民法院应当重新审判。”《高法解释》第376条将条中的“新的证据”解释为不论是原判决、裁定生效前后新发现的证据只要未经质证都属于新的证据;并且将原判决、裁定所依据的鉴定意见,勘验、检查等笔录或者其他证据只要其被改变或者否定,而它的效力可能影响定罪量刑的,都认为是新的证据。从这一规定可以看出,新的证据的出现是启动刑事诉讼审判监督程序的理由。

---

① 最高人民法院、最高人民检察院、公安部、司法部2007年3月9日发布的《关于进一步严格依法办案确保办理死刑案件质量的意见》第41条,载《检察日报》2007年3月12日。

新的证据的出现可能对刑事案件的处理带来重要的影响。在程序上可能导致案件重新审判,在实体上更可能影响案件最后的判决、裁定。目前我国刑事诉讼仍实行证据随时提出主义,即普通程序中,当事人对于新发现的或新产生的证据可以随时提出,因此不存在作为证据失权例外意义上的新的证据制度。刑事诉讼对于证据的提出不设立时间限制对于整个案件审理各有利弊。其好处在于:更加有利于实体公正的实现。因为不管何时提出,只要该证据没有经过法庭的质证,其都将纳入审理程序之中。这样可以避免对方当事人以举证时限为由限制新的证据的提出。而新的证据的提出,在一定程度上会有利于完整证据链的形成,有利于案件实体的查明。但不设立举证时限,其坏处也是不言而喻的。第一,将会造成诉累。虽然当事人在证据审查期间没有及时提交证据不一定是为了"证据突袭",但是毕竟会增加对方当事人的诉讼成本,导致诉讼效率和审判效率的低下。因此有必要对证据的提出进行限制。比如在申请再审的时候对启动标准进行调整,根据日本《刑事诉讼法》相关规定,是要足以认为受有罪宣告的人应该宣告无罪或者罪轻;根据法国《刑事诉讼法》相关规定,是要足以对受到有罪判决的人应该宣告无罪或者罪轻产生疑问。根据德国《刑事诉讼法典》相关规定,是要使得有理由宣告被判决人无罪或者罪轻;而我国《刑事诉讼法》的相关规定认为,当事人及其法定代理人、近亲属能提供新的证据证明原判决、裁定的事实确有错误的时候,人民法院才应该重新审判。"确有错误"这一标准要求申请者在申请的时候其理由就必须达到完全证明的程度,那么将导致审查阶段就要承担审理阶段的功能,因此笔者认为需要对这一证明标准进行完善。第二,不利于被告人权利的保护,刑事诉讼中的控辩双方力量本来就是极其不平等的,在不设立举证期限的前提下,控方随时提交新的证据,很容易造成辩方的权利侵害。因此可以考虑对控方提交新的证据的时间节点进行相应限制以保护被告人权利。

目前在整个《刑事诉讼法》,只有在审判监督程序中略微讲到什么是新的证据,其认定标准还存在问题。而在审前程序、一审、二审中都没有讲到什么是新的证据,新的证据有何认定标准。而新的证据的出现将是检察机关重新提起诉讼的关键,新的证据的出现也会导致庭审程序的倒流,更加会造成死刑的暂停执行和再审的启动,其重要性不言而喻,因此有必要对新的证据的认定标准进行完善。

三、刑事审判中新的证据的认定标准规则的完善

对于新的证据的认定标准,笔者认为应当从两方面考虑:第一,新的证据的“崭新性”,即何时提交的证据属于新的证据。第二,新的证据的“显著性”,即到底到达何种程度才能认定该证据为新的证据。只有同时满足崭新性和显著性才能认定该证据为新的证据。

(一)新的证据的“崭新性”认定

新的证据的“崭新性”是指什么时候发现的证据是新的证据,什么时候提交的证据是新的证据。在此笔者认为“崭新性”是新的证据的一个普遍性,但是在具体的各个阶段崭新性的程度应该有所不同。

1. 审前阶段对新的证据崭新性的认定

我国《刑事诉讼法》没有确定一事不再理原则,所以公诉机关撤回起诉的案件,或者人民法院做出证据不足的无罪判决的案件,事后公诉机关依然是可以重新提起诉讼。《高检规则》第459条第3款、第5款规定:“对于撤回起诉的案件,没有新的事实或者新的证据,人民检察院不得再行起诉。”该条规定强调了重新起诉对于证据崭新性认定规则为:撤回起诉后收集或调取的。司法解释并未明确起诉后收集证据是否包括新产生的证据,如新的鉴定意见。但从《刑事诉讼法》整体判断,应当包括新发现的证据和新产生的证据。

在庭前会议阶段,如果当事人提出调取新的证据的申请,人民法院就有必要召开庭前会议并且对于新的证据向控辩双方了解情况,听取意见。在庭前会议阶段,人民法院对于新的证据“新”的标准是:只要证据在庭前会议阶段提出并且这项证据不属于原移送审查起诉时提交的证据目录中的证据,即可认定此证据为新的证据。

2. 庭审过程中对于新的证据崭新性的认定

在刑事诉讼的庭审程序中,对于新的证据的认定,可以参考刑事再审中的新的证据进行理解与界定,使其并不严于再审中的新的证据。新的证据崭新性的时间节点是指何时发现的新的证据具有崭新性或何时存在的新的证据具有崭新性。根据《最高法解释》第376条的相关规定并参考刑事诉讼法学界对再审中的新的证据的研究,可以发现对新的证据的崭新性判断多在于其被“发现”的时间节点。同理也可以认为庭审过程中的新的证据崭新性的时间节点在该证据被“发现”的时候,即这项证据是在庭审中新发现的证据。新的证据崭新性的主体认定是指证据相对与哪个主体而言是新的证据。我国法院遵循的是职权调查原

则,所以证据的崭新性是以原审法院是否知道特定证据的存在为节点。如果法院知道这个证据的存在,只是没有采信该证据,也应该认定该证据不再是新的证据。那么如何判断法院"知道"这个证据便是关键。根据《最高法解释》第63条规定"证据未经当庭出示、质证等法庭调查程序,不得作为定案的根据",根据该解释第376条第3项规定"原判决、裁定生效前已经收集,但未经质证的证据"属于刑事再审中的新的证据。那么可以看出新的证据只有经过当庭出示、辨认等法庭调查程序才会使得证据丧失崭新性。① 所以对于庭审中新的证据的认定标准为:未经举证、质证的证据都可以认定其是新的证据。

3. 死刑复核程序中新的证据崭新性的认定

我国在死刑复核阶段采取的是材料报核式书面审理模式,因此法官对于证据的调查是单方面进行的,事实上无法听取控辩双方的陈述。当对证据存在疑问的时候,合议庭采取的是法官自行对相关证据进行调查核实,必要时到案发现场进行调查的方式。② 当复核审程序中出现新的证据时,认定该证据是否为新的证据将是决定案件是否开庭审理的关键。而开庭审理在两造具备的情况下是有利于法官听取控辩双方的举证、质证和辩论,有利于直接言词原则的实现同时也避免法官"充当自己案件法官"的嫌疑。③ 目前我国对于死刑复核程序采取的是行政化的秘密调查核实证据方式。一般来说,死刑案件的终局裁判权是不属于最高人民法院合议庭的而是属于审判委员会,承办法官通过审判委员会会议向委员会成员和列席该会议的最高人民检察院检察长报告相关情况。④ 笔者认为,当控辩双方在复核阶段提出了新的证据,根据刑事诉讼保障人权的基本原则和在死刑案件中我国向来坚持的"少杀、滥杀"政策,法官应该不论该证据形成的时间节点,只要这项证据满足一般刑事证据的"三性"要求并且对被告人的定罪量刑有一定影响,就应该将案件撤销原判、发回重审,要求原终审法院根据案件情况对整个案件重新进行全面的审判。

4. 审判监督程序中新的证据崭新性的认定

根据《最高法解释》第376条的规定:"审判监督程序中新的证据是指:只要

---

① 岳蓓玲:《试论刑事二审中新的证据的相关问题》,载《人民司法》2013年第11期。

② 最高人民法院、最高人民检察院、公安部、司法部2007年3月9日发布的《关于进一步严格依法办案确保办理死刑案件质量的意见》第41条,载《检察日报》2007年3月12日。

③ 王新清、李蓉:《刑事诉讼程序研究》,中国人民大学出版社2009年版,第295－299页。

④ 陈瑞华:《刑事诉讼的中国模式》,法律出版社2010年版,第290－291页。

可能改变原判决、裁定据以定罪量刑的事实的证据,不论它是出现在原判决、裁定生效后发现还是在生效前只要该证据是没有经过法庭质证的证据都属于刑事诉讼中的新的证据。"这样看来,我国《刑事诉讼法》认为没有经过质证的证据只要它是可能改变原裁判文书定罪量刑的事实的证据,不论其"存在"的时间点都认为它是新的证据。但是笔者对此并不那么认同。对于"新的证据"而言,它的关键在于是否被"发现"进入诉讼程序。这容易很导致法官过于强调新的证据被"发现"的时间点而忽视新的证据"存在"的时间点,也容易引起程序上的不公正。所以,笔者认为应该辅之以相关配套制度来完善对再审阶段新的证据的认定。比如:当控方发现"新的证据"的时候,应该对其进行区分对待:看该证据是否有利于被判决人。当控方抗诉时所提交的新的证据是有利于被判决人的,那么不管该证据形成的时间,只要该证据没有经过法庭审理,都应该认定该证据属于新的证据而启动再审程序;倘若在控方抗诉时提供的新的证据是不利于被判决人的,那么控方必须证明原审期间没有提交该证据的理由,只有当控方能够证明不提交和没有发现该新的证据不是因为自己的故意或者过失的时候才能启动再审。而目前我国《刑事诉讼法》的规定是只要检察院提起抗诉那么案件将一律进行重新审判,要是引入上述制度笔者认为将在一定程度上完善新的证据在再审阶段的认定。至于辩方发现的"新的证据",一般而言辩方提供的是能够证明被判决人罪轻或者无罪的证据。对此证据,应该不区分该证据被发现的时间点,只要在申诉时辩方当事人能够证明该证据可能对定罪量刑产生影响并且在原审过程中法院没有对其进行过审理即可申请再审。对于被判决人基于可以归责于自己的原因没有在原审时提出这项证据的,可以对被判决人做出不许申请国家赔偿的限制,或者在再审程序启动前构建启动再审的听证程序。启动再审的一个重要原因是因为新的证据的出现,笔者认为,可以在启动再审的过程中建构一个子程序即有律师在场的听证程序。通过该程序构建相对公平的环境使法官将如何认定新的证据的过程进行公开从而保护被告人的利益。具体来说就是,当辩方找到新的证据准备通过该证据提起审判监督程序时,法官在进行是否该证据可以启动审判监督程序审查的时候需要有辩方律师在场。律师可以对该新的证据的来源和该证据对于案件的影响等方面进行详细的解释与说明,从而避免法官单独裁判该证据是否能启动再审。

(二)新的证据的"显著性"认定标准

在一审法庭的审理过程中,诉讼参与人都有权申请新的证人出庭作证,调取新的物证,申请重新鉴定或者勘验。一般来说,当刑事诉讼主体提出该申请后,通常会导致案件延期审理。所以,法庭将对申请进行必要性审查。如果人民法院经审查确认该申请的主张是明确的,并且可能对案件的定罪与量刑产生影响,应当同意该申请,并宣布案件延期审理。在此时所提出的证据是否为新的证据,其认定程度在于,法官根据经验、理性和良知评价判断该证据在此阶段被提出是否合理,再决定新的证据是否被采纳。

在再审中的新的证据的认定,除了需要满足形式要件即具有崭新性以外还需要满足显著性,才可以达到提起审判监督程序的要求。关于再审中的新的证据需要明确两个问题:一、"显著性"的判断方式;二、"显著性"的判断标准。

关于"显著性"的判断方式,就是要明确判断新的证据的"显著性"是仅依靠该新的证据就可以推翻原判决(孤立评价说)还是得将新的证据结合原有证据形成证据链来推翻原判决(综合评价说)。① 在德国,采用的就是综合评价说。笔者认为,当新的证据可以成为提起再审的事由,就有必要对其评价方式进行界定。当采用孤立评价说的时候,未免有点标准过高,不利于充分实现再审程序救济的目的。因为仅凭单一新的证据就能证明原判决错误的,除了"亡者归来"其他情况就相对较少。所以,笔者更倾向于采用综合评价说来判断新的证据是否具有显著性。一项证据是不能将其剥离于它存在的证据链而看其效力,因为各个证据之间的证据价值是会相互影响的。所以有必要将新旧证据综合起来对证据价值进行评价。不过,应当关注的是,德国基于新的证据提起的再审都是有利于被判决人的,采用综合评价说无疑是比孤立评价说容易启动再审,也有利于救济被判决人的权利。目前我国并没有废除不利于被判决人的再审,所以基于保护被告人人权的角度出发不妨对判断方式进行区分。当属于不利于被判决人的新的证据采用孤立评价说的方式,要求该证据足以推翻原判决才能启动再审;当属于有利于被判决人的新的证据采用综合评价说的方式,只要该新的证据可以和旧证据综合起来推翻原判决就可以启动再审。

关于"新的证据"的判断标准,我国刑事诉讼的相关规定认为,当事人及其法定代理人、近亲属能提供新的证据证明原判决、裁定的事实确有错误的时候,人民法院才应该重新审判。由此,可以看出我国不仅在判断方式上采取的是孤立评价新的证据的方式而且还必须是当事人能够证明原判决确有错误的情况下。而"确有错误"这一证明标准在我国是受到广泛批评的。第一,新的证据是

① 孙长永:《探索正当程序——比较刑事诉讼法专论》,中国法制出版社 2005 年版,第 742 页。

否具有显著性是否可以申请再审,应该是合法性审查阶段的任务。而"确有错误"这是得等到审判阶段才能处理的问题。如果在审查阶段就要求申请者的理由达到完全证明的程度,那么审查阶段将要承担起审理阶段的功能。这样,不仅程序公正将会受到很大程度的影响,而且会使得"先定后审"成为一种常态,使得法庭的审理程序将会变得不太必要,使得庭审流于形式。① 第二,新的证据的"新"到底是对谁而言的。根据认识主体的不同,新的证据的范围也会有所不同。相对于当事人而言,只有在生效判决做出之后知道的证据才是新的证据;相对于法院而言,凡事原审法官没有在庭审中审查的证据都是新的证据。原则上,新的证据应该是相对于法官而言的,可是在《刑事诉讼法》第204条中要求是当事人认为是新的证据,才能提出再审申请。那么相对而言新的证据的范围将会缩小,这样不利于保护被判决人的人权。所以,笔者认为在再审阶段对于新的证据"显著性"的判断标准而言,只要新的证据足以使得人们对于原判决、原裁定产生疑问就可以了。

(李蓉:湘潭大学教授、博士生导师;杨彬:湘潭大学刑事诉讼法硕士研究生)

① 王新清、李江海:《刑事案件启动再审条件的分解与重构》,载《人民检察》2006年第13期。

论跨境刑事案件中域外证据的司法认定

——以若干典型案例为样本

邓志伟　陆银清

案例一:"湄公河"案。昆明中院在审理缅甸人糯康犯罪集团杀害13名中国船员一案中,针对指控其犯罪事实的证据,泰国方面向我国提供了近800页的证据材料。同时,在庭审过程中,泰国、老挝共有13名证人出庭作证,其中6组证据根据中国与老挝、缅甸、泰国相关司法协助条约,系通过联合调查取证或交换证据等方式获得,法院认为该证据材料具有证据效力。

随着近几年我国经济、社会及政治的发展,跨国界人与物的流动日益频繁,伴随的是跨国犯罪也呈现上升趋势。为了打击频发的跨国犯罪问题,我国与他国签订了各种司法互助条约,例如《中国美国关于刑事司法协助的协定》《中国法国刑事司法协助协定》等。此种现象不可能不影响我国刑事法领域,而受其影响莫过于我国法院要处理在国境外形成的刑事证据问题。以"湄公河"案为例,"泰国方面提供了近800页的证据材料"需要法院审查判断,除了传唤境外证人出庭作证外,我国还依据与他国签订的条约规定进行证据可采性与否的审查。但面对类似"湄公河"案所带来域外刑事证据的效力问题,目前我国学界却研究甚少,实务关注不多。如何获得境外刑事证据,境外刑事证据在何种条件下在本国刑事审判程序中具有证据能力,以及在司法协助中其扮演何种角色等,已成为刑事诉讼法实务与学术研究相当重要的课题。

一、实践审视:域外刑事证据采信在我国的司法现状

在何种条件下,经由司法互助所取得的刑事证据可以使用,目前我国并没有法律上的规定,但在最高人民法院的有关司法解释下,相关判决呈现出具有一定

"特色"的认定逻辑。

(一)准据法判断的唯一标准,忽视了证据的复杂性

对于域外证据,理论上通常认为"证据收集阶段,原则上依被请求国法实施,证据评价阶段则依请求国法判断,且请求国并无审查依请求国法所进行取证程序有无违法性的必要"。①在《刑事诉讼法》修改前后,我国对域外刑事证据的采信逻辑形成了不同的标准。

案例二:杨某故意伤害案。2011 年 10 月,公诉机关就杨某故意伤害(轻伤)一案提起公诉,辩护人提出了对我国台湾地区警方提供的证人证言违反了该地区全程录音录像的刑事规定,要求法院予以排除。法院在合议过程中对该证据的形成不同意见。第一种意见认为,应直接依据我国台湾地区刑事法律进行判断,将其排除;第二种意见则认为,该证据已由大陆侦查机关履行必要的证明手续,可以依据我国法律规定予以采信;第三种意见认为,大陆对于故意伤害致人轻伤并不要求全程录音录像,故该证据应予采信。最后该案经过审判委员会讨论,以第二种意见采信了该证据做出判决。②

2012 年《刑事诉讼法》修改之前,因对域外刑事证据的认定没有相关司法解释规定,案例二呈现出做法不一的司法实践,以及法官最终采信上的"独一无二"的认定逻辑。不过在《刑事诉讼法》修改后,最高人民法院的司法解释规定了域外证据材料如果能发现犯罪事实,并符合我国《刑事诉讼法》相关规定的,则应予以采信,采用的是与"法院地法"。但由于取证地发生在请求国,证据可采性在被请求国,造成了取证与可采性法律依据的分离,形成了"四种冲突类型"(见表 1)。从这四种冲突类型来看,只有类型 3 才符合目前我国《刑事诉讼法》的判断逻辑,而其他三种类型则难以纳入我国的判断逻辑,如果一味按照我国的判断逻辑来进行判断,将导致域外刑事证据判断的简单化。

表 1　域外证据可采性的冲突类型情况

	依据被请求国法	依据请求国法
类型 1	合法	不合法
类型 2	不合法	合法

① [日]山室惠:《国际司法共助・国际搜查互助和证据法》,[日]龙冈资晃:《现代裁判法大系:刑法・刑事诉讼法第 30 卷》,新日本法规 1999 年,第 34 页。

② 本案相关信息系该案的承办法官和笔者交谈而得。

续表

	依据被请求国法	依据请求国法
类型3	合法	合法
类型4	不合法	不合法

(二)公私取证的相异认定标准,影响控辩的平等性

控辩平等是刑事诉讼中的重要原则,并且控方作为行使国家权力的“强者”,辩方作为行使私权的“弱者”,为维护双方平等,法律更应采取有效措施加强后者的权利。在具体司法实践中,法官面对控辩双方提供的域外刑事证据的效力认定,呈现出较大的差异。

案例三:薄熙来贪污、滥用职权、受贿案。辩护人提出公诉机关证明枫丹·圣乔治别墅购买过程的书证均来自于境外,未经公证、认证手续,也无相关司法协助文件,书证的来源不明。法院认为,对于办案机关收集的来自境外的证据材料,能够证明案件事实且符合我国《刑事诉讼法》规定的,可以作为证据使用,并不要求必须经过公证、认证程序;书证的复印件,经与原件核对无误、经鉴定为真实或者以其他方式确认为真实的,可以作为定案的根据,能与其他证言相互印证。

从上述案例分析可以发现,法院对所涉及的域外刑事证据效力的认定,是直接适用我国在实践中经常运用到的印证规则作为认定标准,即每一项证据所包含的事实信息得到其他证据的验证,就可以排除对该证据的合理怀疑,作为定案的依据,但这种以案件整体思维对单个证据进行判断,忽略了审查单个证据的证明能力问题。

案例四:乌拉夫·迪亚斯走私珍贵动物制品案。辩护人提交了哈萨克斯坦官方网站上被告人乌拉夫·迪亚斯所在公司与中国新疆皆美通温室设备有限公司业务合作的信息及双方领导的合影照片,以证明被告人乌拉夫·迪亚斯此次入境我国系为了商业合作。对于辩护人提供的域外证据,法院认为,根据我国相关司法解释的规定,该证据材料应当经所在国公证机关证明,所在国中央外交主管机关或者其授权机关认证,并经我国驻该国使、领馆认证。本案中辩护人提交的证据材料未履行上述程序,不具有合法性。①

① 新疆维吾尔自治区乌鲁木齐市中级人民法院(2015)乌中刑二初字第24号刑事判决书。

案例四与案例三的区别就在于,法院对控辩双方提交域外证据的认定有不同的标准。从我国相关司法解释来看,对被告方提供境外的证据材料,要求必须受到程序上的限制,履行一定的证明手续,才能具有证据效力。①可见,这是附加于辩方的诉讼程序要求,而对控方没有如此的附加条件,是法院判断辩护方提供域外证据材料是否具有证据能力的单独审查,属于一种程序规则,并不是印证规则的整体思维证明标准。如此一来,法院排除域外刑事非法证据的程序,对于控辩双方而言明显不平等。

(三)真实性的证据审查标准,忽视证据审查的全面性

在国际司法协助实务上,被请求国通常仅将取得结果交付,并不将涉及取证合法性的相关资料连同结果一并交送请求国,如果请求国坚持需要这些资料,以审查被请求国是否合法取证,还需再次通过司法互助途径请求,同时法官对他国的法律也很难加以查清。面对如此困境,司法实践如何审查认定,下面通过案例分析,展现我国法官认定域外刑事证据可采性的逻辑。

案例五:吴某盗窃案。被告人提出对日本警方提供证据的可采性提出了异议。针对被告人提出的异议,法院认为,外国机关收集的证据通过刑事司法协助途径提供给我国,并经我国查证属实后,能成为定案的依据。②

案例六:吴锡龙等人走私普通货物罪案。在该案审理过程中,辩护人提出侦查机关从境外提取的资料不能作为指证其犯罪的证据。法院则认为,本案虽有部分证据取自境外,但涉外书证系由侦查机关从境外提取,来源清晰可靠,取证程序符合法律规定,证据内容翔实完整,并经各相关人员核对确认。③

上述案例六与案例七分别各自发生在新《刑事诉讼法》修改前后,不过两者的认定逻辑还是一脉相承,均突出了以真实性作为标准判断域外刑事证据是否具有可采性的认定方式。最高人民法院在相关司法解释中,也采取了"便捷"的途径,即对于域外证据材料要审查其证据载体上的真实性,以及与犯罪事实的关

① 最高人民法院关于适用《中华人民共和国刑事诉讼法》的解释第405条第2款规定:"当事人及其辩护人、诉讼代理人提供来自境外的证据材料的,该证据材料应当经所在国公证机关证明,所在国中央外交主管机关或者其授权机关认证,并经我国驻该国使、领馆认证。"

② 最高人民检察院法律政策研究室:《典型疑难案例评析》(总第8辑),中国检察出版社2003年版,第5页。

③ 广东省高级人民法院(2014)粤高法刑二终字第165号刑事裁定书。

联性。① 这是与前述的印证证明规则相对应,其关键在于证据所包含的真实性信息,而不是证据的合法形式。同时,在上述判决中(包括"湄公河"案),在对"'三性'中的'合法性'的理解上,法院仅将其理解为司法协助委托程序合法,并不包括取证程序合法"②,而对于域外取得的刑事证据是否遵守该国法律明显保持了沉默、未置一词,呈现了一种宽松的认定方式。

二、合理追问:域外刑事证据认定逻辑的相关检讨

如前所述,我国对域外刑事证据采信突出了以打击犯罪为主的逻辑,这是否符合法治原则和要求?对该种模式的相关法理基础进行分析和考证,有助于进一步提升我们对这一问题的认识。

(一)权利保护的阙如

"宪法就是一张写着人民权利的纸",人权保障是宪法的核心,而《刑事诉讼法》作为《宪法》的"小宪法"。因此,"刑事诉讼法与宪法之间应当呈现紧密型关系,二者保持良性的互动尤为必要。"③毕竟有法律程序保障宪法所规定的公民基本权利,才能使"纸面权利"转变为"实有权利",否则,《宪法》也只是一个政治宣传的符号。整体上来看,我国当前关于域外刑事证据效力的实践规定,与《宪法》关系疏离,《宪法》有关公民基本权利的原则性规定并未得到充分体现,程序法更多时候成为公权力的附庸。在我国司法实务中,对于域外刑事证据的认定标准很放宽,习惯性地认为通过我国证据排除规则难以抑制外国人员的违法侦查行为,就"便捷性"采纳符合刑事互助协议与国内法规定的域外证据,但"忽略了请求国法律在证据取得、证据使用中对国家权力与被追诉人权利的平衡"。④更似因为由"堂堂"的中国侦查人员亲自至国外取证,若不采用可能无法处罚犯罪者。这种将人权保障臣服于犯罪打击的实践逻辑,与被追诉人人权保障的世界性趋势背道而驰。

---

① 最高人民法院关于适用《中华人民共和国刑事诉讼法》的解释第405条第1款规定:"对于来自境外的证据材料,人民法院应当对材料来源、提供人、提供时间以及提取人、提取时间等进行审查。"

② 冯俊伟:《域外取得的刑事证据之可采性》,载《中国法学》2015年第4期。

③ 左卫民:《背景与方略:中国〈刑事诉讼法〉第三次修改前瞻——基于全面推进依法治国战略的思考》,载《现代法学》2015年第4期。

④ 广东省高级人民法院(2014)粤高法刑二终字第165号刑事裁定书。

(二)司法审查的虚置

刑事诉讼的重要目的之一,就在于依据证据发现过去已发生的犯罪事实,以实现正确判断国家刑罚权,但《刑事诉讼法》的"发现真实"已非现代《刑事诉讼法》的"帝王条款"。这一理念对于证据能力与证明力的关系而言,通常是证据能力判断是证明力的认定前提,"如果某事实材料不具备证据能力,则根本不可能作为证据使用,对其进行证明力的判断也就失去了意义"。①

不过对于域外取得的刑事证据在哪些情况下或条件下禁止使用,由于我国没有明文的规定,司法解释将证明力(真实性)作为首要审查的方式,证明力成为决定采信该证据采信的决定性考量因素。"如果认为证据的证明力较强,则即便本应排除的不具备证据能力的证据,也会被采纳"②,除非法官认为该证据的证明力对犯罪事实可有可无时,才会考虑以证据能力排除该证据问题。同时,对于因为证人均在境外,难以到庭,在审判中使用传闻证据取代证人到庭成为决定性方式,限制了被告人对证人直接诘问的机会,难以让证言可能存在的虚假或瑕疵得到检验。同时,法官只注重调查程序是否遵守相关司法协助的条约,并不重视外国人员是否遵守该国的法律规定调查取证,使互助协议条约的遵守"绑架"了审判,限制了证据的"三性"审查,使审查难以进行。因此,在刑事证据法上,以证据排除来保障人权以及维护刑事程序的公平性,应为法治国刑事诉讼程序的必要制度。

(三)公正裁判的脆弱

"法律本质上与各种价值的实现密切相关。"③法的价值包括了正义、秩序、自由等内容。稳定的社会秩序是国家和人类发展的前提,而作为实现社会公平正义最后"堡垒"的法院,公正自然是法院工作的灵魂和生命所在。现代刑事证据法赋予公诉机关比辩方重的诉讼义务,就是为了确保控辩双方的平等对抗,实现秩序与公正两者的平衡。如今,刑事追诉的犯罪事实往往不再局限在我国国内发生,在某些情况下,跨足到本国主权之外的国外领域。当证据在外国时,由于本国司法权力不及于国外,该证据的取得,往往遭遇许多困难,很多情况下外国人员遵守该国的刑事程序合法所获得的证据成为我国运用证据的必然条件。

---

① 龙宗智:《刑事诉讼法》,高等教育出版社 2007 年版,第 129 页。

② 纵博:《证明力反制证据能力论》,载《中国刑事法杂志》2014 年第 4 期。

③ [英]彼得·斯坦、约翰·香德:《西方社会的法律价值》,王献平译,中国人民公安大学出版社 1989 年版,第 2 页。

这种审判逻辑实现了人类基本价值——秩序。但秩序不是目的只是手段,其目的是保障和实现法的正义价值需求。

此外,对于法官而言,一个审判,不只是法定职责,更是一次沉重的价值选择,价值选择的关键就在于法官保障控辩双方的平等对抗。我国法院在欠缺立法者对域外证据可采性规定的情况下,试图以证据真实性审查解决该证据证据能力的问题,其努力不容怀疑,但"追诉机关赖以证明被告人有罪的证据也不是随意获取的,而必须按照法律的规定,不得任意侵犯公民的合法权益"。①这种忽略公正价值的因应之道,不仅是开启司法滥用的大门,更让此类刑事案件的落入低人一等的境地,蜕变为一场弱肉强食的纷争,还增加了冤案的可能性。

三、国外经验:比较法视野下域外刑事证据采信的司法实践

跨境所取得的刑事证据属于国家司法协助的一环,在何种情况下运用,涉及的一个现实因素就是"尊重国家主权"原则,但各国在司法主权上具有平等的地位,并没有适用他国法律的义务。因此,各国在解决刑事司法主权上的隔阂有不同规则,对于我国现有认定规则的完善具有重要价值。

(一)判断域外刑事证据需遵循国际司法协助的理念

关于域外取得刑事证据的适用,存在取证地法说、最有利原则说、区分证据取得与证据使用等学说。目前德国实务以及通说认为,域外刑事证据的评价采取取证地法。②理由在于,依据国际法上的"主权原则",无法要求取证国适用法院国法,如果轻易地不使用司法互助请求所得的证据,将妨碍犯罪真实的发现。具体来说,对于域外取得的刑事证据,原则上依取证地法进行判断。依照此说,德国事实审法院要审查德国司法互助请求在被请求国是否合法取得,原则上只要该证据是依据外国法律合法调查的,就可以作为证据适用。至于违反外国法律所取得的刑事证据是否排除,也应依据相关外国法律决定。而在我国台湾地区"最高法院"表明了境外证据取得的合法性判断必须依据取证地法的规定。如在几起涉及大陆的刑事案件中,就来自大陆的证据可采性,"最高法院"认为"证言笔录系大陆地区具有刑事侦查职权之公务员制作……符合大陆地区《刑

---

① 喻名峰:《刑事证据法的价值结构》,载《法学评论》2015年第4期。

② 关于德国对域外刑事证据的评价,本文主要参阅萧百麟:《经由刑事司法互助取得之证据可用性研究:以证人笔录为中心》,台湾大学2014年硕士毕业论文。

事诉讼法》相关规定”。[①]“本件制作的笔录，并未全程录影录像，亦有夜间讯问之情形，然该笔录经受讯问人亲自签名或捺手印，且符合大陆地区刑事诉讼法规定，该文取得程序具有合法性。”[②]因此，境外人员的取证方式影响了德国法院和我国台湾地区法院对于刑事证据可采性的评价。同时，德国实务见解认为，追诉机关在外国机关讯问的准备阶段，必须设法使外国尊重德国刑事法律规定诸如告知义务等取证根本条件，如未遵守上述要求，取得证据将无证据能力。

除此之外，关于证据取得阶段的委托程序合法问题，在日本的“拉斯托波罗夫案”中，法院认为：“日本检察官经由外务省与美国联系并取得同意后，在美国境内依照日本《刑事诉讼法》直接对证人讯问取证，该程序合法”。[③]在台湾地区跨境（台湾—澳门）绑架案中，也采取了同样的认定方式，肯定了台湾地区检察官域外取证行为系“在澳门行使我国司法权，然非（我国）法之所禁，并无限制司法权之必要”。[④]同时，日本在“角川古柯案”中，对于委托域外司法机关取得的证据效力问题，日本法院依据该国法律认定了本案取得的证据具有合法性：“外国机关依据本国由日本检察官经由外务省委托美国侦查当局，依循美国刑事诉讼法规定取得宣誓陈述书，该案取得的域外刑事证据具有合法性”。[⑤]

（二）域外刑事证据适用需符合公正审判的理念

对于域外刑事证据的适用，各国不是一味遵循他国主权原则，不同情况下效力存在区别。在德国司法实务上对于域外刑事证据有适用的“绝对界限”，超出此界限的证据不得被采纳：1. 外国讯问程序未保障不可弃守的普遍法治国原则，例如未告知被告人相关自由陈述权。2. 未告知相关陈述人拒绝证言权，陈述人并提出异议的，该证言不得使用。3. 德国机关故意委托外国机关进行讯问，以规避德国刑事程序保障的程序性权利的，则取得的该证据不得使用。欧洲人权法院在 Stojkovic v. France and Belgium 判决中认为，“依取证地合法所取得的证据，不当然可在法院国使用，尚需检验此证据是否符合公平审判原则”。[⑥]日本最高裁判所在洛克希德案中，认为日本刑事诉讼不采取所谓的“刑事免责”制度，而

---

① 台湾地区最高法院 101 年度台上字第 900 号判决书。

② 台湾地区最高法院 102 年年度台上字第 675 号判决书。

③ 东京地裁昭和 36 年 5 月 13 日判决。

④ 台湾地区的 98 年度台上字第 1941 号判决书。

⑤ 东京高等裁判所平成 11 年 3 月 1 日判决。

⑥ 杨云骅：《域外取得刑事证据之证据能力判断：以违反国际刑事司法互助原则及境外讯问证人为中心》，载《台大法学论集》2014 年第 4 期。

美国以刑事免责所获得委托证人证言不得作为认定事实的证据,并在证据适用的评价提出了"对照日本《刑事诉讼法》全体的精神,从程序正义的观点,可认为该陈述依本国刑事法作为证据有失公正"①,亦为其后各案例所承袭。

(三)启示:兼顾国际法、国内法及被告人权益的采信规则

在面对难以查证外国人员是否违法取证的情况下,"德国最高法院在部分判决书中,对于外国人员取得证据是否遵守该国的规定,保持了沉默"②,这与我国当前的认定相一致。但德国与日本为了避免破坏国家司法协助的惯例,在遵守国家互助、信赖的基础上,即使审查结果合法,也并不表示该证据在请求国司法程序中就可以畅通无阻,因为请求国本身仍有其基本的法律原则。此外,全球化虽然助长了跨境犯罪的多发,但不容许以有效率打击犯罪作为国家降低被告人权保障的借口,国家应同样有能力通过司法协助给予被告人应有的保障。

四、路径重构:域外刑事证据适用的采信规则构建

对于域外刑事证据的采信,不应限于国内法律或价值,而是要站在国内法、国际法以及保障被告人权利的角度上,解决彼此的冲突或矛盾。有鉴于此,下文将域外刑事证据分为通过合法途径直接获取、外国人员合法取得与违法取得等三种情形分析。

(一)通过合法途径直接获取的域外刑事证据:由我国刑事证据规则判断

境外刑事证据绝大多数是由外国人员所取得,但在极少数案例中,则是由我国侦查人员直接在境外取证。这涉及我国《刑事诉讼法》是否具有域外效力问题,对此,向来有"限定说"与"外国主权限制说"。主张"限制说"者认为,"基于属地原则的立场,刑事诉讼法的法律效力不及于境外,如得到外国同意时,该国部分法内容扩张至国外境内。"③而主张"外国主权限制说"者认为,"本国的刑事诉讼法效力及于国外,只是在国外受到该国主权的限制,如果得到该国同意时,其限制得到消除。"④本文认为,国际司法协助牵涉的司法主权问题,在实施取证前,必须先依条约或互惠原则取得被请求国的同意,如未取到被请求国的同意,事实上无法进行侦查活动,不论采取"限定说"或"外国主权限制说",均肯定

---

① 最高裁判所刑事判例集49卷2号,第1页。

② 东京地裁昭和36年5月13日判决。

③ 田口守一:《刑事诉讼法》,弘文堂2008年,第56页。

④ 田辺泰弘:《国际捜查共助法》,藤永幸治等编《大コンメンタール刑事诉讼法》,东京青林书院1999年,第371页。

了得到被请求国同意这一司法协助推进的前提条件。因此,如果我国司法人员取得他国同意直接取证,则应与在我国境内取证的行为无异,应依我国《刑事诉讼法》相关证据规则对其所取得的域外刑事证据进行判断。所谓"同意",理论上包括依条约概括性同意或个案的具体同意,"不论明示或默示同意均可,然实际上同意事项上的明确,载明相关文书就足以证明"。①

同时,我国通说认为,以证据排除抑制违法侦查,吓阻侦查机关的违法行为,是设立证据排除规则的主要目的。我国侦查人员直接至国外取证时,取证阶段有无违法,是否应该排除,应在证据评价阶段由我国法院直接适用我国刑事证据规则判定,才能抑制其将来在国外违法取证的行为。当然,如果我国侦查人员未经证据所在地国同意径自该国取证,则直接违背了刑事司法行为只能在本国进行的"领土原则",这种以"'侵犯他国司法主权'的方式获得的证据应予排除"。②同时,未得他国允许,在他国领土上进行监听、监视获得的证据,同样应以侵犯他国司法主权为由禁止适用。

(二)审查为原则:外国人员违法取得域外刑事证据的判断

如果从国际法主权平等角度来看,"请求国对于被请求国协助取证的行为无权复查,通过司法协助取得的域外刑事证据当然具有可采性"。③同时,传统违法抑制说强调证据排除的目的,系为抑制我国侦查人员将来再为违法的取证行为,以请求国人员法律判断被请求国法取得的证据,无法依此得出证据排除的结果。

然而,如果我国采取不审查的见解,将导致我国与被请求国违反法定程序取得的域外刑事证据在判断标准上的失衡,间接损害了我国主权的平等性,更可能破坏我国《刑事诉讼法》的一贯性,产生两种不同的证据排除法则:对外国人员违法取得的刑事证据不予审查,而对我国人员违法取得的刑事证据一律予以审查。另一方面,从司法廉洁性与国际法的角度来看,被请求国既然同意提供司法互助,则其所提供证据应是我国法院使用的合法证据,才符合国际互惠原则的内容要求。因此,在我国现行法制下,法官应有审查该违法证据的必要。具体来说,如果被请求国违反该国法律程序取得的证据,不论是我国先委托后才违法取

---

① 大野恒太郎,外国における捜査,别冊判例タイムズ,NO.9,1985年。

② [瑞士]Sabine Gless:《涉外刑事案件之证据禁止》,王士帆译,载《司法周刊》2013年第1647期。

③ 何家弘:《证据的审查认定规则:示例与释义》,人民法院出版社2009年版,第295、328页。

得的,还是在委托之前通过违法行为取得的证据,都因外国人员在违法取证程序上没有本质的差别,所以在证据评价阶段,应适用我国法律的规定判断其证据能力。具体的判断标准为:一是取证程序是否具有公正性或公开性,二是陈述是否具有任意性,三是是否已记载确认笔录供述一致。

另外,在外国法律严于我国法律规定的情况下,以互助方式取得的刑事证据虽然经济实惠,但如前文所述,外国刑事追诉机关原则上适用取证地法,而非我国的法律,外国法律很有可能与我国法律存在着显著的不同,进而"产生垂直上的差异以及水平上的差异甚或名同实异"。①在外国刑事程序法严于我国法律的情况下,到底如何进行证据评价,在德国"并不禁止使用此种违反外国法取得的证据"。例如在一件有关外国证人讯问的案件中,外国机关讯问时违反了该国证人的讯问规定,依据该国的见解,将使该笔录无法作为证据适用,但是依据德国法律,这种违反规定的行为并不影响该笔录的适用,故联邦法院对该笔录予以了采信。因此,在外国人员违反该国法律取得证据的情况下,由于该域外规定严于我国法律的规定,如果要求我国遵守该规定,将导致我国法院被迫遵守比本国法还要严厉的外国法,故应予以采信。

(三)不予审查为例外:外国人员合法取得域外刑事证据的判断

就外国人合法取得刑事证据的情形判断,由于各国刑事诉讼法规定的证据取得程序与证据评价基准不同,如果以法院国法的证据规定决定其证据能力,等于是要求外国依请求国法律取得证据,但实践中很难期待被请求国会依据请求国的法律规定取得证据,理由在于被请求国很有可能根本不清楚请求国的法律规定,尤其是证据排除规则有很多技术性规定的情况下更是无法掌握。但如果被请求国与我国法治水准差异甚大时,仍全盘接受依据司法协助取得的合法域外刑事证据,则可能导致我国刑事程序丧失公正性,侵犯被告人基本人权或人性尊严。因此,在各国的法治差异应予以尊重的前提下,仍应有最低限度的价值基准作为界限。换言之,我国在判断域外刑事合法证据时,基于国家主权与条约的义务、互惠原则的要求,原则上在"判断协助取得的证据有无证据能力时,不能以请求国与被请求国制度相异为理由,否则无异于否定司法协助制度"。②如"德

---

① 林钰雄:《司法互助是公平审判的化外之地?——以欧洲人权法院的两则标杆性裁判为借鉴》,欧洲人权学术研究会会议手册与论文,第3页。

② 村智仁,国际捜查共助の要請に基づき中華人民共和国において作成された供述調書が刑事诉讼法321条1项3号書面に当たるとされた事例,研修,682号,2005年,第67页。

国通说及实务认为,原则上只有在外国合法做成的刑事证据,就可以使用”。①然而,若被请求国合法取证程序显然侵犯了被告人最低限度的诉讼权利基准时,应依据比例原则判断排除该证据使用的必要。

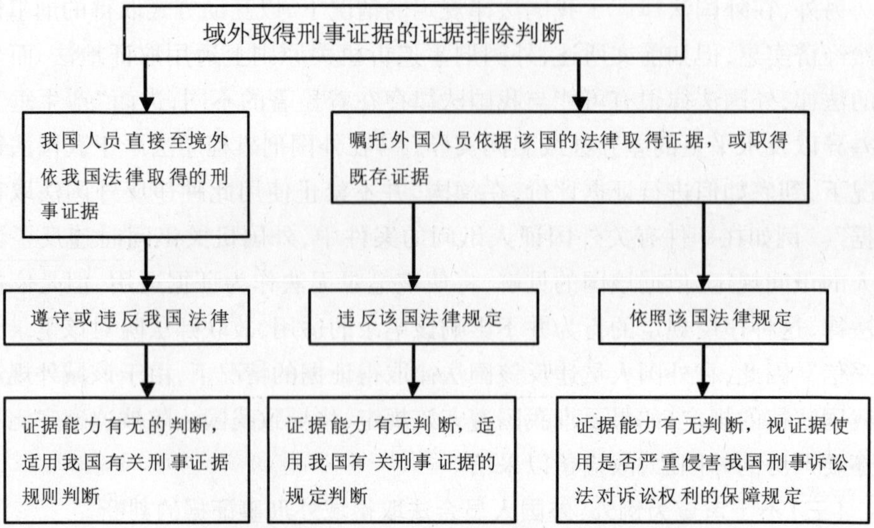

图 1　跨境刑事案件中域外证据的证据排除判断逻辑

由于各国法治差异形态复杂,现阶段完全划定被告人的诉讼基本权利的范围实非易事。在此,可以参考日本最高裁判所迄今为止均以洛克希德案确立的“日本刑事诉讼法宪法或刑事诉讼法的价值标准”或“对照刑事诉讼法全体基本精神”的判断标准。日本法院的司法判决,“均已指出即使由被请求国合法侦查收集的证据,也有排除使用的问题”。②这种以法价值角度的思考域外刑事证据的采信,考量的是被告人诉讼基本权利的最低价值标准——保障被告人接受公平审判权利,即在证据使用阶段,整体评估外国人员合法取得的刑事证据合法性,是否严重侵犯了我国刑事诉讼法对诉讼参与人的权利保障。如果能予以肯定该证据的合法性,则更应进一步审查侦查机关是否尽力履行了被告人行使权

① [英]彼得·斯坦、约翰·香德:《西方社会的法律价值》,王献平译,中国人民公安大学出版社 1989 年版,第 67 页。

② 山口幹生:《国际化と捜查:検察の立場から》,三井誠等编:《新刑事手続 I》,悠悠社 2002 年,440 - 441 页。

利的义务,有无其他方法进行补偿与平衡,进而综合判断是否可以使用该证据。即使使用该证据,也不能成为有罪判决的唯一证据。

五、技术完善:适用域外刑事证据的相关建议

目前,我国司法实践对于域外刑事证据的适用规则尚未成熟,只有从制度细节上构建,才能实现该证据可采性规则的统一与明确,体现其证据价值。

(一)课以国家采信域外刑事证据的前提义务

依据台湾学者林钰雄的介绍,在过去几年中,欧洲人权法院对于域外刑事证据是否采信,创造了几个重要的原则:一是国家机关是否尽了要求证人出庭作证的努力。二是被告人无法对质证人是否可以归责于国家。三是证人没有出庭作证,国家机关在审判中是否给予被告人充分防卫的作为补偿,以及证言不能作为判决唯一或主要的证据。①对此,我国在对域外刑事证据采信上,特别是在提供证人证言的情况下,可以借鉴欧洲人权法院的实践做法,使每个刑事被告人得到最低程度的程序性权利保障,即当国家机关已经尽一切努力仍无法传唤证人出庭,该证言作为传闻证据可在审判中使用,但该证言并不能作为定罪的唯一证据。

此外,现今的趋势是,“各国适度退让其司法主权,在不抵触被请求国法令的限度内得请求被请求国于协助时适用请求国法”。②若我国侦查机构选择司法互助取证,必须承担一定相关义务,例如在境外讯问的准备阶段,必须设法使外国人员遵守我国刑事诉讼法诸如告知义务等基本规定。如果没有履行此种义务要求,取得的证据应依据我国刑事诉讼法的相关规定进行判断。

(二)赋予被告人申请域外刑事证据的权利

司法互助协议系国家之间打击跨境犯罪的需要,主体是主权国家,个人在司法协助条约中并无主体地位。这导致了我国跨境刑事案件的被告人享受不到与境内刑事被告人完全一样的权利保障。为了解决这一问题,在美国“若要取得境外证据,美国刑事案件当事人可以透过法院或司法部向外国法院或外国政府寻求政府司法互助”。③通过前面论述,我国要求辩方提供域外证据附设了多于

---

① 林钰雄:《刑事诉讼法》(上册),元照出版有限公司2013年版,第529页。

② 邱鼎文:《论经由司法互助取得证据之证据能力——以传闻法则与排除法则为中心》,台湾东吴大学2012年硕士毕业论文。

③ 李佳玟:《境外或跨境刑事案件中的境外证人供述证据:最高法院近十年来相关判决之评释》,载《台大法学论集》2014年第6期。

控方的程序条件,加上辩方难以取得域外的刑事证据,导致了控辩双方的不平等。所以,应赋予被告方在对证据有伪造、隐匿的疑问,或使用该证据有所障碍时,有权向法院申请搜查、扣押、鉴定等保全处分的权利,以此弥补在域外刑事案件取证中控辩双方的不平等。

(三)运用远程视频审判域外刑事案件

随着现代科技的快速发展,国际刑事司法互助的《联合国打击跨国组织犯罪公约》等相关规范,已将远程视频用于调查取证,作为司法互助中的侦查与审判程序的重要方式之一。在我国当前打造数字化法院的趋势下,在审理域外刑事案件中,尤其是需要境外证人出庭时,可以以远程视频的方式给予被告人进行交互质问的机会,这不仅能保障被告人的诉讼权利,更有利于查清域外刑事证据的是否合法情况。具体来说,我国应事先与被请求国商定,"当被请求国接受请求并进行询问时,可由请求国司法人员以及允许本案被告人或其辩护人透过视讯连线经由被请求国主持询问之司法人员向证人提问"。①如此,能避免侵犯他国司法主权,更能实现我国法官查明案情的讯问效果。

结语

在我国打击跨境犯罪及其犯罪分子的跨国流动中,特别是现今严厉打击外逃贪官活动中,域外刑事证据可采性问题的解决,对我国刑事审判具有重要的意义。然而,当前我国相关法律规定对域外取得刑事证据可采性问题运用"简单"的解决办法,并不能有效解决该证据的适用问题,更不能适应刑事司法协助复杂性的需要。笔者所提出的解决方案,并非"有意"反对现有的规定,而是在维护我国主权的前提下,融合了遵守他国主权与重视保障被告人的诉讼权利,以促进我国对解决跨境刑事案件中域外证据的司法认定完善,推进相关刑事司法协助的更好展开。

(邓志伟:湖南省高级人民法院;陆银清:湖南省怀化市中级人民法院)

---

① 杨云骅:《域外取得刑事证据之证据能力判断:以违反国际刑事司法互助原则及境外讯问证人为中心》,载《台大法学论集》2014年第4期。

法官前见对性侵犯案件定罪量刑影响的实证研究

——以性品格证据的适用为分析视角

陆银清

我国司法实践对于强奸案的认定，早在1984年最高人民法院的司法解释中，就已明确了不能以被害妇女作风好坏来认定是否违背其意志。但目前许多强奸案件往往存在社会民众对被害人不良品德、挑逗行为、事前亲密行为等争议，认为性侵犯“事出有因”“情有可原”。在强奸案件审理中，法官并不是如我国学者论述2013年李某某强奸案那样，未受社会民众相关性道德“前见”的影响①（见图1）。

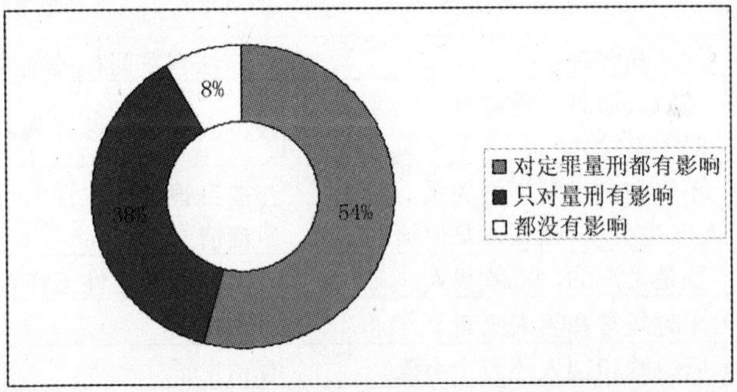

图1 法官对被害人品行是否影响性侵犯定罪量刑的认知态度

法官所持的性侵犯前见，不论是受到社会公众的赞同、抱怨，抑或是批判，都

① 王新宇：《女性贞洁与法律的操守——兼论李某某案的中国判断与美国立法经验》，载《政法论坛》2014年第2期。

如著名哲学家加达默尔认为,“一切理解都必然包含某种前见”。①前见既是个人理解活动的特殊背景和视野,更是理解之所以可能的起点和前理解结构,但法官性侵犯认定相关前见的具体原因到底是什么,会产生什么后果,值得我们去揭开这一神秘的面纱。

一、实证:前见在性侵犯案件认定中的表现

为了探究法官在办理性侵犯案件中,性差别的前见如何影响到审判的运行,本文选取某市两级法院 2008 - 2014 年判决的 418 宗性犯罪案件作为考察对象,主要利用 SPSS 统计分析。为了保障涉案人员的隐私,研究中所牵涉的案件当事人均使用代号,具体研究结果如下:

(一)证据引入:被害妇女不贞洁行为的认定逻辑

从法官问的问题来看,被害人一切与性行为有关的信息均会被认为与系争性行为存在牵连,毫无障碍进入审判程序,例如婚外性行为、一夜情、平时不检点等。这种认定思路一直潜藏在我国性侵害犯罪的审判中,如有的法官认为这可避免被害人陈述时有说谎的嫌疑,也印证了辩方经常以女性过往不贞声誉与行为作为抗辩证据逻辑(见表 1)。在性侵害案件审理中,变成围绕被害人不论同意或被迫,都被认为是不正常的,唯有经过道德评价才能进入法律评价的范围。

表 1　部分案件被害人“不贞洁”问题在庭审笔录的相关情况

案例编号	抗辩理由	法官发问相关笔录内容
HC005	与他人通奸、爱喝酒、吸烟，平时很不检点	被害人的婚外性行为、喝酒、吸烟
HC009	不仅和自己发生性关系,还和别人发生关系,被害人是很随意的人	与被告曾经发生性关系 、他人发生的一夜情
HC010	她是卖淫的，喜欢男人	被害人以前是性工作者、喜欢夜行
HC032	平时经常和男人吸毒	吸食毒品
HC137	听说她和别人还有个小孩	有私生子
HC145	平常经常看到他和别人玩	经常离校出去玩

在法官认定被告人提出被害人性道德的相关抗辩上,被告人犯罪所受的刺激、加害人与被害人品行、关系等都可以作为酌定量刑的论证理由,以获得宣告

① [德]汉斯·格奥尔格·加达默尔:《真理与方法》,商务印书馆 2011 年版,第 347 页。

刑低于法定刑的量刑结果,呈现被告人对被害人性道德的抗辩与其犯罪行为具有显著关联性(见表2)。此外,获得宣告刑低于法定刑量刑结果具有显著关联性的因素。若加害人与被害人系网友、同学、朋友等平行关系时,相较于其他关系类型,更有机会获得低于法定刑的宣告刑。不过如果系师生、亲属等彼此间有一定权力控制关系,则较难以获得宣告刑低于法定刑的刑期(见表3)。这说明熟人间能知道各自性经历与相关品行,提出性道德问题更能在法庭中获得认可,陌生人之间难以获得此种信息,无法提出此抗辩。

表2　法院酌定减轻事由与量刑结果的独立性检验表①

酌定减轻事由		量刑结果		
		低于法定刑	介于法定刑	x^2; df
被告人动机	无	41（18.89%）	174（81.11%）	x^2=58.851***; df=1
	有	20（100.0%）	0（0%）	
犯罪时受到刺激	无	57（24.57%）	175（75.43%）	x^2=8.069**; df=1
	有	4（100.0%）	0（0%）	
犯罪的手段	无	46（20.72%）	177（79.28%）	x^2=42.148***; df=1
	有	15（100.0%）	0（0%）	
加害人的品行	无	53（23.14%）	176（76.86%）	x^2=22.713***; df=1
	有	9（100.0%）	0（0%）	
被害人的品行	无	50（22.12%）	176（77.88%）	x 2=26.662***; df=1
	有	6（100.0%）	0（0%）	
加害人与被害人关系	无	39（18.14%）	176（81.86%）	x^2=65.753***; df=1
	有	22（100.0%）	0（0%）	
犯罪后的态度	无	33（15.79%）	175（84.21%）	x^2=87.257***; df=1
	有	28（100.0%）	0（0%）	

注：方格中有小于5时，使用连续性校正指数；*<.05，**<.01，***<.001

① 分为“低于法定刑”与“介于法定刑”两类进行卡方分析。

表3　加害人与被告人关系量刑结果独立检验表

酌定减轻事由		量刑结果		
		低于法定刑	介于法定刑	x 2； df
加害人与被告人关系	陌生人	7（8.64%）	74（91.36%）	x^2=29.513***；df=3
	平行关系	67（32.52%）	139（67.48%）	
	垂直关系	8（13.33%）	52（86.67%）	
	其他	8（11.27%）	63（88.73%）	

注：方格中有小于 5 时，使用连续性校正指数 *<.05，**<.01，***<.001

（二）相关裁决：过于集中被害人的情绪反应

性侵案件的判决与裁定往往充斥着法官在个案中具体经验的运用。从表4可以看出，法官对性侵犯案件认定的依据，除了“被告人陈述的情况”与“其他不合理情形”属于客观逻辑经验法则之外，其他九项中，总共有八项是在寻求被害人事前、事中、事后的情绪反应。而另一项“被告人的警觉度”则是在探究被告人的情绪，以推论是否有犯行的存在。关于被害人的情绪反应分布，案发时的情绪反应在大多数作为补充侦查与撤诉的理由，成为了法院关注的重点（56%），比例高于逻辑经验法则的运用几率（43%），而被害人案发事前与事后的情绪反应被法院采纳为论点的概率也各有11%与39%，亦不可谓不高。

表4　法院对指控机关补充侦查、撤诉的理由认定情况

撤诉与认定的理由	整体细致的划分	所占比例
被害人与被告人平时关系	被告人事前情绪	3%
事发前两人的具体情况		8%
事发当时有无积极呼救、抗拒或逃跑	被害人事中情绪	34%
有无外伤显示遭受强制力		22%
被害人事后具有沮丧等害怕的情绪	被害人事后情绪	11%
被害人第一时间报警揭露		13%
被害人事后是否尽力避免与被告人联系		15%
被告人是否受他人等犯罪无关的因素影响	整体案件因素考察	8%
被告有无担心犯行被发现的警觉	被告人	6%
被害人前后供述不一	客观逻辑经验	33%
其他不合理情形		10%

同时，从表4也可以看出，法官注重被害人事中的抗拒、外伤等情绪所占比例甚

高(56%),对性侵害一般以“陌生人”性行为具有伤害痕迹的惯性思维判定,将性侵害定位于物理性伤害,而不是一种强奸具体情境下具有性本质的肢体命令或侵犯。此种思维往往使许多性侵案件免除了被告背负性侵害的恶名,处罚也会趋向于伤害罪而减轻:法官从法定刑的下限开始量起,并审酌加重、减轻事由,当遇有法定刑罚减轻事由时,宣告刑容易低于法定刑;反之,如遇有法定刑罚加重事由时,宣告刑仍不易高于法定刑(见表5)。另一方面,也印证了访谈中法官认定违背妇女意志往往以被害人有无抗拒作为标准,即将法定的对妇女采取暴力、胁迫、或其他非法方法,致使不能抗拒,变成了陌生人拿刀架在脖子上而被害人抵死不从。其他不符合这种情形的女性受到的性侵害,就违背社会一般观念的“应该反抗”逻辑,被怀疑为你情我愿的合理性交,被告人偏轻的刑罚正合此义。

表5　强奸既遂案件的量刑分布情况①

犯行(既遂)		行为数	平均数(月)	标准差[1]	偏态[2]	峰度[2]	最低刑度(月)	最高刑度(月)	刑度差[3](月)
犯强奸罪规定(全部样本)		412	42.51	14.80	0.71	1.68	18.00	108.00	
犯《刑法》第236条第1款(无任何)加重、减轻事由的样本)		94	45.36	9.00	1.90	4.55	36.00	84.00	
减轻	第17条第3款(少年犯)	4	35.50	1.00	-2.00	4.00	34.00	36.00	-9.86
	第17条第5款(老年犯)	1	22.00	-	-	-	22.00	22.00	-23.36
	第18条(精神问题)	7	22.29	1.80	-0.35	-1.82	20.00	24.00	-23.08
	第19条(聋又哑或盲)	0	-	-	-	-	-	-	-
	第61条(酌定减轻)	47	22.04	2.12	-0.13	-0.82	18.00	27.00	-23.32
	第67条(自首)	1	30.00	-	-	-	30.00	30.00	-15.36
加重	第65条(累犯)	53	53.25	15.30	1.16	1.65	20.00	96.00	7.88
	犯《刑法》第236条第2款	114	49.70	14.48	0.91	2.53	20.00	108.00	4.34

注:1.当行为属为1时,无法计算标准差。

2.当行为属为1或3时无法计算偏态,小于4时则无法计算峰度。

3.刑度差距系指各减轻或加重事由的平均数与犯强奸罪第1款的平均数差距刑度差距。

① 为了缩小篇幅笔者在此只列明强奸既遂的量刑分布,强奸未遂的量刑分布在法定刑以下,1年到2年之间。

(三)未插入时:以性器官的接触左右了强奸罪的成立

我国《刑法》通说上以"插入说"作为既未遂标准,而幼女则以"接触说"的准插入标准。①在性侵害案件中,受害者可能还受到不同受害情况,例如强迫手淫、口交、玩弄乳房等行为,究竟是强奸罪未遂,还是强制猥亵、侮辱妇女罪的既遂,理论上要以行为人的主观目的来区分:如果玩弄乳房等行为是为了进一步插入,则构成强奸罪未遂;如果只想玩弄乳房,就构成强制猥亵、侮辱妇女罪。但由于行为人犯意难以证明,在以插入或准插入为核心的性交想象下,只要性器官不相接触,不算是法律上的性交,就一律以强制猥亵、侮辱妇女罪来认定(见图2与表6),使强奸罪的着手行为只能延迟至性器官接触,之前被告人的行为则没有该罪的处罚空间,其未遂构成被人为地压缩,无疑使强制猥亵、侮辱妇女罪蜕变成为行为人否定强奸罪成立的挡箭牌,强化了以男性接触认定的预断经验。

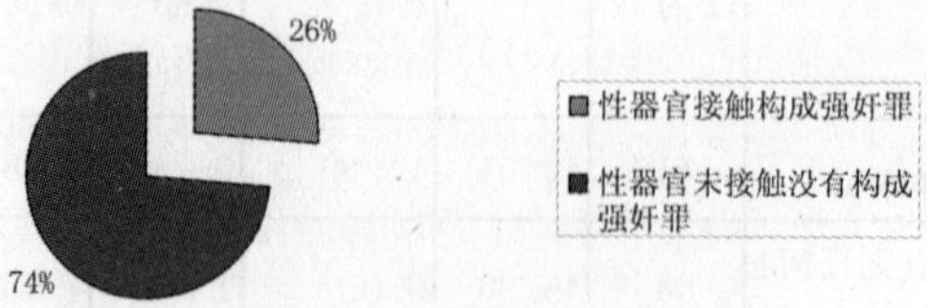

图2 性器官未插入的性侵犯构成强奸罪的认定情况

表6 性器官未接触的性侵犯罪认定具体情况②

相关代表性案例编号	被害人的受害相关情态	认定罪名	所占比例
HC006、79、78	强迫手淫	猥亵罪	21.4%
HT024、129、037	强迫口交	猥亵罪	24.3%
HC006、044	玩弄乳房	猥亵罪	9%
HC021	摸着屁股	猥亵罪	7%
HC123、146、135	搂抱	猥亵罪	12.1%
HC403、HC413、	强吻	猥亵罪	25.4%
HC312	抚摸与小捏肩膀	猥亵罪	2%
HC256	玩弄女性内侧	猥亵罪	9.6%

① 赵秉志:《当代刑法学》,中国政法大学2009年版,第586页。

② 为了研究的需要以被告人的行为样态进行区分,但统计数据存在重合。

二、合理追问:性侵犯案件认定的前见溯源

任何案件材料都要经过法官以审判的形式进行加工,才能输出相关裁判,回归于性侵犯认定的“剧场内”,可以得知法官判案逻辑。

(一)自动历程:心智直觉与性侵犯案件信息相对不足相一致

法官以自己经验(前见)对性侵犯案件做出自觉或情绪判断,然后采取不同的方式解释该条文,为自己的预感和判断做出印证,这实际上是一种直觉过程。司法实践中,“法官很多情况下不是有意识地进行运作”①,并采取了如下三种法则。

1. 吝啬法则与信念固守:判决的第一捷径。所谓“吝啬法则”是指由于人类周遭的环境复杂多变,依靠心理捷思能有效率地处理纷扰的外在信息,否则,将会耗费很多资源。性侵犯案件一般发生在当事人私下之间,很难有其他目击者,以致法官难以掌握充分的信息,而对于被害人同意与否的各种行为反应,无疑是最为丰富的证据信息,相对于被告人的行为来说,更能被激活、被提起,以此作为判别被害人同意性行为与否的依据,不仅能节省心智资源,还能最大限度保障裁判的正确性。此外,这种被害人相关性经验信息,往往成为做出决定的“信念固守”,无形中会导致法官只选择性地感知被害人的过去性经验与这次的相关行为(见图2)。即使相关的证据证明被害人系“真正的被害人”,也难以改变法官的这个预断。

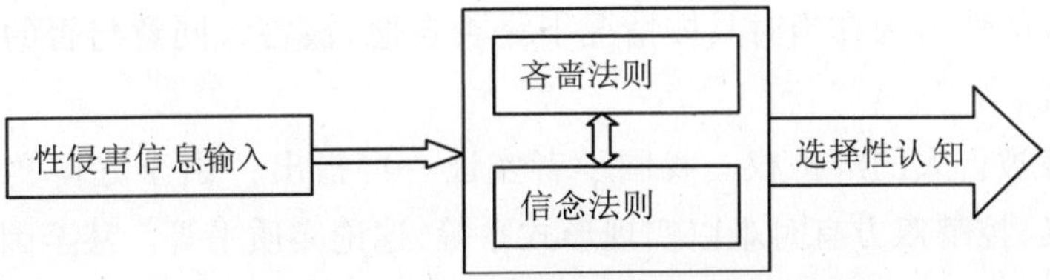

图3　法官性侵害案件认定选择性认知

2. 锚定效应:判决的固守。所谓“锚定效应”,是指“在不确定情境的判断中,人们对某种事物的估计会受到最先呈现的信息的影响,并以此为参照点进行

① 李安:《刑事裁判思维模式研究》,中国政法大学2006年博士毕业论文。

调整做出估计的现象”。[①]在认定性侵害案件中，相关卷宗所呈现的被告人与被害人信息中，被害人的信息相对来说比被告人丰富，这些信息像沉入海底锚一样，沉入法官的心底，法官会不自觉地收集更多被害人的相关信息。这也可以说是性侵犯判决的“最优”方案，如果欠缺相关男性器官插入的事实，强奸信息也较少，认定为猥亵可以说从证据与法律上能理得清、说得通。

（二）情境脉络：两人行为的私密性与人证如实陈述相契合

被告人与被害人系男女朋友、同学等亲密关系的性侵害中，往往有一个单纯、浪漫的聚会，此类案件是否构成性侵害，由于证据缺少，很多情况下朝向被告人无罪，法官心理压力可见一斑。法官之所以关注被害人的行为，目的是为了保证陈述的客观性。具体而言，有以下促进作用。

1. 保证被害人陈述的客观可靠性。在诉讼中，被告人与被害人都有各自的利益考量，都会提出对自己有利的证言，甚至做出虚假的陈述。有别于其他犯罪类型，性犯罪案件绝大多数加害人与被害人之间系熟人关系，发生地点隐秘，往往缺乏独立于被告人与被害人以外的证人或证物。在公诉人以被害人供述为唯一指控证据下，集中于被害人反抗无疑是发现指控成立与否的有力武器。

2. 促进陈述的自愿性。笔者在调查中发现，性侵害案件的被害人与被告人的言辞往往前后矛盾，存在不真实、不合理情理的陈述，很多情况下来自外界的压力，例如双方赔偿协商不成，以致出现了被害人基于亲戚朋友的压力重复改变自己的证言，致使其陈述与原本的事实真相有所出入。此时，将关注被害人身上的伤害痕迹，呈现故意伤害等“暴力犯罪”状态认定逻辑，则能让法官发现被告人与被害人的性行为在当时具体情况下是否自愿，被害人同意与否的构成要件才得以呈现。

3. 保障被告人的辩护权。我国学者实证一再指出，“由于庭审实行案件笔录中心主义，控辩双方有时难以实现形式平等，遑论实质平等。甚至因为实力悬殊，形成控方对审判过程乃至裁判结果的客观支配”。[②]在公诉机关以被害人陈述作为唯一指控的直接证据下，法官对被害人相关性情况的调查，可以补充被告人供述有关事实的不足，引出利于被告人的证据，保障被告人行使辩护权，达到真正查明案件事实的目的。

---

① 李美、蒋京川：《不确定情境下个体决策偏差值锚定效应的述评》，载《社会心理学科学》2012 年第 6 期。

② 陈瑞华：《刑事诉讼的中国模式》，法律出版社 2008 年版，第 256－287 页。

(三)文化观念:性的两种契约与判决可接受性相吻合

每一个人都生活在各种社会文化脉络下之中,并无形或有形塑造一个人的思考方式。如法学家阿列克西所言,法官前见的内容“由解释者生活世界的印迹和职业经验所决定”。[①]我国目前还存在主流社会形成两种性契约带来的不同性道德压力。所谓“两种性契约”是指“婚姻契约和市场契约”,“ 婚姻契约要求家庭里的女子守贞,市场契约要求女子的性自由”。[②]这两种契约对于女性是不能相容的,前者在于保护妇女的性权利,后者则在保护女性提供劳动力的权利,具体阐述如下:

1. 性与爱相结合的婚姻契约:性侵犯获得道德一定的稀释。在以婚姻契约为基础的性关系中,女人的性被视为男人所有物,几乎所有男人都不能接受一个与他人发生过性行为的女子。性对“男人是正常,对女人却不是正常的”,突出在于我们社会对男人可以被褒扬为花花公子,而女性则可能被贬为水性杨花。特别是在熟人之间的性侵犯中,被害人在性侵害故事里,从一开始被文化塑造为“好男人与坏女人”的思维逻辑。如果法官以反其道而行之,即单以被害人同意与否的主观经验认定,不考虑男与女之间关系类型,不以有无“强迫、反抗、伤害”等来认定,就可能被视为忽视民众所持男性和女性“一般常识”,招致“被害人反抗不激烈”等个别定罪与量刑上责难,乃至对性侵犯判决的全部否定。所以,以婚姻契约的观念进行性侵犯认定,实现定罪与量刑的妥协,无疑是法官能提升判决可接受性的有效路径,更能以此销蚀法官在性侵犯案件的错案追责问题。

2. 灵与肉的分离:性侵犯获得了道德上的豁免。不同于前述身心合一的性与爱的观念,“当进入市场交易的是性劳动力,而不是女性的身体,这样,性的交易就离开了道德的范畴,获得了道德豁免”。[③] 访谈中有的法官认为,在某些场所“小姐卖的不是性,而是身体,甚至还能减轻男人的强奸犯罪数”。换言之,这种场所中女性仅仅提供的是自己劳动力,而不是承载爱的“性”。此时,在道德没有束缚性经验的认定下,对于出没于灯红酒绿的女子,如果法官不直接审查被

---

① [德]罗伯特·阿列克西:《法理性商谈:法哲学研究》,朱光、雷磊译,中国法制出版社2011年版,第68页。

② 宋少鹏:《性的政治经济学与资本主义的性别奥秘——从2014年“东莞扫黄”引发的论争说起》,载《开放时代》2014年第5期。

③ 宋少鹏:《性的政治经济学与资本主义的性别奥秘——从2014年“东莞扫黄”引发的论争说起》,载《开放时代》2014年第5期。

害人的过往性经验,不以抓伤的"故意伤害"痕迹认定,仅仅由于与嫖客价钱谈不拢,而发生强制性交就认定为了强奸,无疑使法官"冒天下之大不韪"而招致指责。因此,可以说前述两种性契约文化观念一直作为理性与情感支配法官对性侵害案件的判决,所有的法官也不愿成为"《皇帝的新装》里的那个小孩"。①

三、反思:性侵犯案件认定前见的症结解构

法官前见在性侵害案件中作为一种经验存在,也使法庭审判对象基本上从被告人转向被害人的预断前见,这种审理逻辑有不少值得反思的地方。

(一)好女人的审理逻辑致使法官双重前见的形成

通过观察法官对两种角色表演行为的认知,可以发现形成了两种不一样的认知。

1. 对被害人故事显示了悖论的逻辑。法官依赖于被害人性经验等证据认定,说明了法官对性过程中的既定想象,即被害人角色必须限缩在"犯罪过程中应该是安静的、弱势的、痛苦的、羞耻的无声好女人形象"。②尤其是在被害人出庭的情况下,如果被害人表现过于哀伤,法官可能怀疑被害人试图欺瞒法院;如果被害人非常冷静,法庭可能怀疑"刑事程序只是她得以未来在民事诉讼中淘金的前奏曲";③如果被害人表现过于愤怒,法官则有可能怀疑被害人是不是因为行为人有感情上的纠纷而因此报复。这种法官对性侵害过程发生的既定想象,使得被害人的行为无所适从。

2. 对被告人故事偏向于信赖。性侵犯案件被告方为了由审理被告人转移至被害人,其辩护方法是"质疑被害人的可信性""发声是表达性欲"或不宜为人妻的攻击。具体而言,由于社会观念认为"真正"的性侵害一般都发生在陌生人之间。此时,被告方往往以被害人身体上"抗拒"证据作为抗辩;相反,在熟识者的性侵害中,即使被害人有身体上"抗拒"的证据,也可能是"爱"的体现,被告方则会以被害人同意作为运作剧本时的首选。因此,被告人的辩护策略在熟识者的性侵害运用,符合了法官前述的定向思维。如此差距的"两性故事",无非属于苛刻的主流文化延伸至检视被害人的论述与其他证据,也是一种"被告人不是

---

① 桑本谦:《草率的言论和粗暴的批评:从"7·16微博事件"看法学研究的教条化》,载《法学评论》2014年第1期。

② ANDREW E. TASLITZ, RAPE AND THE CULTURE OF THE COUREROOM 48 (1999).

③ See note10, at 437 .

因为作了什么，而是因为他与被害人被认为是什么关系而受到不同惩罚”的认知逻辑。

（二）女性身体欲化的审理逻辑导致法官集中于某一行为样态

如上文所及，性犯罪的审判是以女性身体以及女性的反应在审判作为“证据”，属于一种“女性身体性欲化”①的特殊审理经验，突出了女性围绕其身体的论述充满了“性”的描述，特别在偶尔有被害人出庭作证上，就成为凝视的对象，凸显了以下两种行为样态。

1. 法官过于集中于被告人的“暴力”的状态。“女性被害人可能必须公开讨论自己的性器官，并且还要展现自己具有勾引异性欲望的身体，如何回应男性的动作，听起来就是一个使被害人羞愧的过程”②，不过这样使得强暴故事更可能被法庭相信。但对于女性来说，在公共场所将自己身体某部分予以“解剖”，详细描述自己受到胁迫或抗拒的过程，足以令女性感到丧失尊严，对于被害人无疑是一个极大的心理挑战。

2. 强奸故事连续性缺乏。虽然女性被害人描述欲望性身体能保证故事的真实性，但由于社会以“贞洁”来衡量女性价值。在这种社会情境下，对被害人陈述唯一就是“无辜”，甚至“无欲”，才能符合法官认同的强奸情节，但如何做到让自己的身体从这场情欲的故事全身而退呢？为了避免成为类似情色事件中女主角而受到羞辱，又必须叙述自己被性侵，其陈述极力表现为“去性化”的表征。即使被害人尝试控制自己的情绪，隐藏自己的感觉，但她的故事往往听起来让人感觉不够顺畅，甚至具有某种程度的矛盾性。这让法官质疑被害人陈述的真实性，集中于被告人暴力与被害人抗拒的行为样态，以及性器官接触与否的定罪预见判断，成为判决保险系数最高的办案经验。

（三）被害人反抗的审理逻辑引起法官对被害人行为的诘难

法官对“被害人身上有多处瘀伤、扭伤、阴道发现瘀伤、擦伤以及撕裂伤”等不同伤情，才敢做出强奸罪判决。要求女性在被性侵害时抵抗，虽然保障了定案上“铁证如山”，却是一种父权体制观念下的歧视，要求女性保护好自己的贞操，避免自己贬值。这种认定逻辑使法官过于重视被害人所受到的伤害，如果被害

① Smart, Carol (1990). Law's Power, the Sexed Body, and Feminist Discourse. Journal of Law and Society, 17, 201 - 202.

② Lees, Sue (1997). Ruling Passions: Sexual Violence, Reputation and the Law, Buckingham: Open University Press.

人没有任何伤情,却由于性侵害案件的私密性导致强奸难以认定,法官在阅卷时或庭审对被害人陈述的质疑与发问无不表征了对其的诘难。此外,将男性的性器官插入作为既遂要件,以及人为堵住强奸既遂之前行为的处罚,都可能都基于良家妇女的"理想被害人"应该反抗而得出的习惯审判思维定势。

法官在认定被告人是否违反被害人的意愿时,着重于被害人是否有机会抵抗而不抵抗、有抵抗为何不够尽力,导致"抗拒"成为一种"幽灵的构成要件"。一方面,在性侵案件中,有的法官认为"被害人没有抵抗被告人的动作,若被害人有意挣脱被告就可以逃离,可见被害人也有一定的欲望"。这种将"未为反抗""听任摆布"视为未违反或违反意愿程度低的见解,完全"忽视了性侵害乃是在权力不对等条件下,对被害人性自主意愿的忽略、积极或消极的压制"①,变相鼓励被害人在被性侵的过程中,冒着生命危险反抗行为人,对于被害人来讲不但没有什么好处,反而有可能导致被害人因为反抗的行为招致更严重的后果。另一方面,由于熟悉者的性侵害鲜少使用暴力,造成被害人受伤也难以出现。毕竟熟悉者之间性侵害的整体情境,常使得被害人较不容易说服法官性侵害犯罪已发生。这样便会使被害人陷入两难的境地:若充分反抗,会使自己陷入立即的危险;若不加以反抗或因为恐惧而无法反抗,又担心性侵害犯罪构成要件无法成立。

四、前见消减:性侵犯案件认定观念与法条的契合

性侵害认定的有关"前见"误导了审判人员的心态及司法程序的运作,如何使其回归到法律要求的正义,需要细致地构建。

(一)谨慎对待经验:放下个案时的成见与期待

1. 审判者的重心应转移至行为人的行为。如前所述,性侵害案件的审重点放在被害人陈述上,而对被告人的说辞很少进行验证。但实际上,跟所有犯罪类型一样,刑法所要处罚的性侵害是行为人的行为,尽管性犯罪多为一对一的犯罪,被害人陈述的可信度也只是考量的因素之一,法官更应从客观的第三人角度,对"抗辩双方证人的背景资料应公平地处理"②,检视被告人的供述与辩解是否合理,其合理性,不仅通过被害人陈述加以反推,更应对被告所述的"本身"

---

① 陈昭如:《"不能抗拒"的幽灵》,载台湾地区《司法改革杂志》第79期。

② 吴惠贞、梁丽仪:《法庭内望:从法官的总结词看强奸案件的审判与迷思研究报告》,香港关注妇女性暴力协会出版2007年版,第56页。

审查,例如了解被告人对“同意”的理解是否合理,若说是被害人引诱他,所谓“引诱”行为具体是什么等。

2. 审判者容纳被害人在不同情境下有不同的剧本。被害人遭到性侵犯,社会一般观念要求其反抗、呼救,而对于法官而言,一个解决之道是法官不应套用一个逻辑来审理所有案件,容许“被害人在不同情况下本来就有可能选择不同的剧本演出”。①具体而言,被害人在事发后的情绪反应、被害人与行为人之间的互动,有无呼救、反抗等的要素,并不必然会按照社会所理解的“被害人剧本”演出。被害人当然可以选着冷静、勇敢等过去被认为比较“男性化”的“表演”模式,例如强悍的被害人不代表没有受到性侵害的打击。因此,法官也应该时刻告诉自己,刑法处理的对象是“行为时”的那一刹那,不是行为前,也不是行为后,即使运用个人经验考虑行为前与或行为后的证据时,也认识到女性在受到性侵犯后的不同反应,回归到个案中的细节,排除成见并从中立的角度判断,谨慎处理两行为的关联性。

(二)合理意愿标准:由不能抗拒向违背意愿的转变

在很多性侵害案件中,为了保护女性被害人说“不”就是“不”的理念,应以被害人“意愿”来界定强奸罪成立的标准。可是要从谁的角度来认定是否违反了妇女的意愿?

判断被害人的“意愿”难题,笔者认为,为了平衡两性之间的权利,“应将探求的重点放在一个合理男性观点来加以认识是否违反‘意愿’”。②即重点不在于女性的“情绪”反应,而应该是行为人——男性,所想象的到底合理或不合理。也就是说,男女在个案中的认知差异是否为大众所接受,或者说行为人在合理的情况下应该了解多少程度的女性的观点。如果建立一个类型连续图,极左是男性的主流观点,例如特定程度的性侵害前见,而极右则是女性主义观点,两者只能作为判断行为人的行为或误认的参考,但是不能作为判决的决定性标准,真正的标准应该是介于两者之间的某一点(见图4)。这样的认定标准可以回应女性主义的观点,破除性别的刻板印象,当然也能突破把焦点过于放置于被害人反应的全然女性观点。

---

① 林志洁、金孟华:《“合理”怀疑?——以女性主义法学观点检视性侵害审判之偏见》,载《政大法学评论》第127期。

② SUSAN ESTRICH, REAL RAPE: HOW THE LEGAL SYSTEM VICTIMIZES WOMEN WHO SAY NO, 13 (1998).

图4　违背妇女意愿的合理判决标准示意图

进一步来说,法官在判断被害人的"同意"是否合理时,可以借鉴美国的佛罗里达州性侵害法与相关判决的经验。该州以被害人的同意或不同意作为性侵害犯罪唯一要件。所谓同意是指"理性的、有认知的、自愿的同意,而不包括胁迫下的屈从,不能因为被害人没有对行为人的攻击为身体上的抵抗,就解释为被害人的同意"。①就实务上补充见解而言,同意包括明示和漠视同意②,并不以被害人的反抗来证明。③故在我国司法实务中,判断被告人的行为是否违反被害人意愿时,应注重不同被害人在同一情况下可能有不同的反映,尤其在熟悉者性侵害中,由于缺乏物证与人证,使用"情况类证据"作为判断的依据,应谨慎地使用经验法则,得以做出正确的判决。

(三)情况类证据例外模式构建:被害人性生活隐私证据的限入

为了判断被害人是否对系争行为有所同意,避免被害人的情绪反应(私生活)成为审判的重心,在美国密歇根州率先通过性侵害被害人保护法,排除任何关于被害人过去性行为的证据,仅有以下两种证据在符合"本案事实重要相关"以及"其歧视不重于证据价值"的两项要件时,才使得进入审判程序:"(a)关于被害人与被告过去性行为的证据;(b)关于被害人特定性行为的证据,其目的在证明精液、怀孕、或疾病的来源。被告若想提出上述(a)或(b)的证据,则应于受传讯后10日内提出书面申请并提出相关证据。法院得举行非公开的取证程序以决定系争证据是否符合上述要件而进入审判的程序"。④密歇根州这种法定例外模式被美国各州广泛的效仿,成为美国实务界证明被害人过往性行为的主要运作模式。借鉴美国的经验,我国关于被害人的贞洁性证据除了以下两种证据外,其他任何证据都不能进入庭审。

1. 被害人与被告人过往性行为用以证明被害人诬告的动机。由于性侵害案

---

① Fla. Stat. Ann. § 794.011(1)(a).

② Bullington v. State, 616 So. 2d 1036, 1037 (Fla. Ct. App. 1993).

③ Soukup v. State, 760 So. 2d 1072, 1074 (Fla. Ct. App. 2000).

④ MICH. COMP. LAW. ANN. §750.520(j).

件的双方相当一部分均系熟识者，被害人与被告人过往性行为在审判过程中经常被提出，目的是为了证明两人系争性行为是合意发生。为了不限制被告人提出利己证据的权利，应允许被告人提出此项证据以证明被害人谎报的可能。例如，被告方提出两人先前的通奸行为，证明被告威胁要将两人关系告知丈夫，被害人才诬告有强奸行为发生。当然，如果被告方提出过往性行为的证据与系争性行为时间距离过于遥远，“除非被告人能够提出明显而具有说服力的反正，距离系争案件逾一年的被害人性行为不能进入审判程序”。[1]

2. 被害人与他人过往性行为，用以证明精液、伤害、怀孕、疾病来源。在强奸犯罪认定中，有的被告人证明第三人才是造成被害人身体上精液、伤害、怀孕等某些身体后果的原因。例如检察官提出系争案件系发生后被害人所作的检查，显示被害人阴道内残存精液，被告人提出被害人系争性行为发生不久前与他人发生过性关系，是与他人的性行为是造成该结果的原因。此时，该项证据属于在时间及人物上都很特定的证据，其证据价值所造成的影响较小。如果发生在被害人与第三人性行为不属于合理的时间内，应不允许进入审判程序，因为一方面使“淫乱的女性不诚实”的性侵害偏见将出现在审判中，贬抑了女性作为性主体所应享有的自主决定权；另一方面，既然被害人曾经多次同意性行为，从未有过同意后谎报遭到性侵害，那么这次被害人的报案，显然呈现出发生性行为的“不同意”，反而对被告人不利。

结语

笔者作为一名基层法官，每年接触到欲告无门的性侵犯被害人比进入审判的人数要高出几倍，也体会到被害人出庭作证的“无奈诉说”。本文在法官的经验判断中挑出可能存在的前见，并非是鸡蛋里挑骨头，或许有人认为，如果不以刻板印象为基础的标准判断性侵犯犯罪，那么怎样判断事实？笔者并不反对法官的经验推断，只希望法官在审理强奸案件中，能体察被害人的身心状况，抛弃自己的“有色眼镜”，以更广阔的视野与包容力，对强奸犯罪形成正确认知，以此还给女性一个充满安全、希望和发展的司法环境。

（陆银清：怀化市中级人民法院研究室法官）

---

① N. J. STAT. ANN. §2A:84A-32.2.

证据开示与自主辩护

——刑事被追诉人阅卷权问题研究

李　琛

法律必须具有稳定性，但不能凝固不变。司法的真正危险在于对合理改革的胆怯和抵制，对法律陈规的顽固坚持。

——[美]庞德

党的十八届四中全会审议通过的《中共中央关于全面推进依法治国若干重大问题的决定》正式提出"推进以审判为中心的诉讼制度改革"，引发学术界的热议，认为要转变思想观念，确立相关规则，实现侦查中心向审判中心的转变。①要实现审判中心主义，就必须平衡控辩双方的力量对比，弥补被告方资讯落差，实现有效辩护，构建合理的等腰三角诉讼构造。

"刑事诉讼的历史就是扩大辩护权的历史。"②阅卷权作为辩护权的重要表现形式和组成部分，多年以来在学术界被认为属于辩护人的"固有权"③，由辩护人行使阅卷权，被追诉人④本人不能阅卷。然而，司法实践中，大量成年刑事案

---

① 陈光中、步洋洋：《审判中心与相关诉讼制度改革初探》，载《政法论坛》2015年第2期；何家弘：《从侦查中心转向审判中心——中国刑事诉讼制度的改良》，载《中国高校社会科学》2015年第2期。

② [日]田口守一：《刑事诉讼法》，刘迪等译，法律出版社2000年版，第89页。

③ 熊秋红：《刑事辩护论》，法律出版社1998年版，第187页。

④ 刑事被追诉人是指犯罪嫌疑人和被告人的统称，由于各国对二者区分标准不同，以及本文研究所需，故不对犯罪嫌疑人和被告人进行区分。

件由被追诉人自行辩护。[①] 从比较法视野来看，德国、美国等国家均实现了一定程度的被追诉人本人阅卷权，在我国尚属新课题，且理论界对此争议很大。在推进以审判为中心的诉讼制度改革，促进有效辩护的当下，探讨和研究被追诉人本人的阅卷权无疑具有现实和理论上的重要意义。

一、内省：刑事被追诉人阅卷权缺失的自我审视

2012年《刑事诉讼法》第37条第4款授予辩护律师向在押犯罪嫌疑人、被告人"核实相关证据"的权利，意味着有辩护律师的刑事被追诉人可以通过律师的核实证据活动间接获得查阅证据材料的权利，可谓之为被追诉人的"间接阅卷权"。[②] 阅卷权的重要作用在于"有效地准备辩护和进行质证"，为进一步研究被追诉人阅卷权的作用和意义，以及实务界对建立被追诉人阅卷权制度的态度，笔者以H省L市两级法院为实证研究样本，从新《刑事诉讼法》实施后的2013年至2015年审理的5148件刑案中，随机抽取124件无辩护人案件（意味着被追诉人无从阅卷），235件有辩护人案件（意味着被追诉人可能通过辩护律师间接阅卷）进行对比研究。通过卷宗分析，结合问卷调查和访谈，结果如下：

（一）实证考量之案件统计

控方诉讼地位之强势，体现在其证据数量占据绝对优势[③]，被追诉人在庭审中对公诉方出示的证据进行质证，提出辩护意见，为法庭辩论提供攻击防御之手段。[④] 故质证的数量、内容以及辩护意见的采纳率体现控辩双方的对抗性和辩护的有效性。

统计显示，对于控方证据，124件无辩护人案件中仅有2件提出了2次质证异议，质证率仅为1.61%，而235件有辩护人案件中有81件进行了质证，质证率为34.5%，远远高于前者（见表1）。

---

① 以H省L市A区法院为例，2014年该院审结成年刑事案件489起662人。其中，有指定或委托辩护人的案件175起234人，有辩护人的被告人占35.4%。学者的研究亦证实了这一点，参见左卫民：《都会区刑事法律援助：关于试点的实证研究与改革建言》，载《法学评论》2014年第6期。

② 陈瑞华：《论被告人的阅卷权》，载《当代法学》2013年第3期。

③ 左卫民：《刑事诉讼的中国图景》，三联书店2010年版，第114－116页。

④ 龙宗智：《刑事庭审制度研究》，中国政法大学出版社2001年版，第58页。

表1 刑事被告人质证数量统计表

类 型	质证案件数	质证异议数	质证率
无辩护人案件N=124	2	2	1.61%
有辩护人案件N=235	81	246	34.5%

进一步分析,提出质证异议的2件无辩护人案件,其质证焦点集中于证据客观性方面。相比之下,如表2所示,81件有辩护人案件中辩护律师提出246次异议,其中证据客观性方面的质证异议占47.15%,证据关联性和证据资格各占23.58%和29.27%。究其原因,无辩护人的被告人多数审前羁押,庭前无法阅卷,既无法了解控方的证据内容,本身又缺乏基本的法律素质,在庭审中无法提出有力的质证意见,质证权的行使流于形式。

表2 刑事被告人质证内容统计表(单位:份)

内容 类型	证据客观性	证据关联性	证据资格
无辩护人案件 N1=2	2	0	0
比 例	100%		
有辩护人案件 N2=81	116	58	72
比 例	47.15%	23.58%	29.27%

对判决书的说理部分进行统计分析,能够了解辩护意见的采纳率,这个指标直接反映出辩护效果。样本分析可知,无辩护人案件辩护意见全部集中在量刑情节方面,法定从宽情节主要包括具有自首、立功、从犯等情节,而酌定从宽情节则集中在被告人认罪、赔偿被害人损失、退赃、获得被害人宽恕、一贯表现等方面。统计显示,无辩护人案件辩护意见采纳率较有辩护人案件低,“酌定从宽”情节的辩护意见采纳率为40.2%,而“法定从宽”情节的采纳率明显低于“酌定从宽”情节,约为18.7%。与法官访谈中了解到,无辩护人案件中的被告人对法律规定不熟悉,能提出有力的“法定从宽”情节的较少,为减轻处罚提出的无事实依据的“法定从宽”情节势必得不到法庭支持。相比之下,无辩护人案件中被告人一般认罪态度好,提不出积极有力的质证意见和定性辩护意见,“酌定从宽”情节的意见更容易得到法官认可。与无辩护人案件相比,有辩护人案件中“酌定从宽”和“法定从宽”情节做出的辩护意见采纳率分别为63.2%和58.1%,定性辩护方面亦明显强于无辩护人案件(见表3)。

表3 刑事被告人辩护意见采纳率统计表

类型	量刑辩护		定性辩护			
	酌定从宽情节	法定从宽情节	证据不足，罪名不成立	有证据证明被告人无犯罪行为和事实	基本事实成立，但依法不构成犯罪	基本事实成立，但依法应构成轻罪
无辩护人案件	40.2%	18.7%	——	——	——	——
有辩护人案件	63.2%	58.1%	32.1%	35.3%	11.2%	50.4%

实证结果表明，无辩护人的被追诉人在辩护中所起的作用与有辩护人的被追诉人及辩护律师相比，存在着较大差距，表现为“作用阶梯”现象。第一，无辩护人的被追诉人在质证数量、内容方面远不及有辩护人的被追诉人，质证权行使形同虚设。第二，在提出辩护意见方面，无辩护人的被追诉人无法提出内容丰富而证据充分的辩护意见，亦较难获得法庭的采纳。这与阅卷权缺失导致的资讯劣势地位有直接而重要的关系。

（二）实证考量之问卷调查

为考察实务界对刑事被追诉人本人阅卷权制度的态度和看法，笔者分别对L市50名刑事法官、50名检察官、30名律师及50名在押刑事被告人进行了问卷调查①，其结果显示如下：

表4 我国是否需要建立刑事被追诉人本人阅卷权制度问卷调查情况

阅卷权制度必要性	很有必要	有必要，但尚需完善相关配套制度	不需要	不知道
法官N=50	39	9		2
检察官N=50	35	10	2	3
律师N=28	22	4	1	1
刑事被告人N=47	42	2		3

① 调查对象由笔者在L市两级法院、检察院、律师事务所及两级法院所办理的刑事案件中随机抽取，问卷采用无记名调查的方式，部分调查系当面完成，部分系电话访谈完成，法官、检察官的问卷全部有效回收，30份律师问卷有效回收28份，50份刑事被告人问卷有效回收47份。

受访对象中认为“很有必要”和“有必要,但尚需完善相关配套制度”的为163人,占全部调查对象的93.14%,其中认为“很有必要”的138人,占78.85%。可见,无论是司法人员,抑或刑事被告人本人,大多数对阅卷权制度的建立持肯定态度,这说明刑事被追诉人的法治意识和维权意识正在提高,要求查阅控方案卷并获取资讯成为被追诉人的强烈呼声。同时司法人员的支持态度也表明随着社会法治的发展和程序意识的增强,司法机关更加注重被追诉人程序主体地位的平等,以更为开放和客观的姿态对待被追诉人。

表5　对建立刑事被追诉人本人阅卷权制度的意义和看法问卷调查情况

阅卷权意义和看法	是否有利于保障被追诉人辩护权行使			是否有利于法官全面准确了解案情			是否有利于提高庭审效率		
	是	否	不一定	是	否	不一定	是	否	不一定
法官N=50	44	0	6	26	9	15	35	3	12
检察官N=50	39	3	8	20	11	19	30	12	8
律师N=28	26	0	2	21	5	2	23	3	2
比　例	85.2%	2.3%	12.5%	52.3%	20%	27.7%	68.75%	14%	17.25%

调查显示,多数司法人员认为建立刑事被追诉人本人阅卷权制度,有利于弥补被追诉人的资讯落差,平衡控辩双方力量,保障被追诉人辩护权行使,同时有利于法官全面准确了解案情,减少“偏听偏信”的风险,在庭审中控辩双方针对有争议的证据和事实展开辩论,有利于提高审判效率。

表6　刑事被追诉人本人阅卷权行使时点限制的问卷调查情况

阅卷权行使时点	侦查阶段	起诉阶段	审判阶段
法官N=50	5	36	9
检察官N=50	3	10	37
律师N=28	8	15	5
刑事被告人N=47	27	18	2
比　例	24.57%	45.14%	30.29%

在“你认为在诉讼中哪个阶段开始刑事被追诉人本人阅卷较为合适”的问卷调查中,45.14%的调查对象认为应当从起诉阶段开始阅卷,而30.29%的人认为应当从审判阶段开始阅卷,可见多数人员认为在案件侦查工作基本完毕,案卷材料较为固定的起诉和审判阶段开始阅卷较为合适,对侦查阶段阅卷可能带

来的风险表示出一定的疑虑。不过,就刑事被告人本人而言,约57%的被告人希望从侦查阶段开始阅卷,以尽早了解案件证据和事实状况,达到武装平等。

综上,随着社会发展与法治进步,民众的法律意识、程序主体意识明显提高,对公平审判、平等对抗的呼声日益高涨,司法机关也更加注重程序正义和架构控诉审等腰三角构造,刑事被追诉人本人阅卷权制度已得到越来越广泛的认可,建立符合中国国情的被追诉人阅卷权制度势在必行。

二、借鉴:刑事被追诉人阅卷权相关立法的域外经验

从比较法意义上,大陆法系的德国曾爆发过被追诉人的阅卷权之争,而英美法系的美国亦曾因被追诉人的证据开示权展开过大讨论,欧洲人权法院更以其案例法对欧洲各内国法施以约束和影响。目前,大多数国家均已构建了较为完善的被追诉人阅卷制度,以确保被追诉人诉讼权利的充分实现。对域外国家的立法经验进行考察和分析,有益于我国被追诉人阅卷权的探究与构建。

(一)概观:刑事被追诉人阅卷权的立法现状

1. 德国。作为大陆法系的代表国家,德国在被追诉人阅卷权保护机制上的设计并非一蹴而就。德国理论界虽一致认可阅卷权的权利主体是被追诉人,其《刑事诉讼法》却一直未确立被追诉人本人的阅卷权。后受欧洲人权法院对Foucher V. France案判决的影响,德国于1999年《刑事诉讼法》修订时赋予无辩护人的被追诉人阅卷权(第147条第7项)。然而,基于权利分离说与信赖差异论,德国区别对待有辩护人的被追诉人和无辩护人的被追诉人。阅卷时点及内容上,虽均在侦查阶段即可阅卷,但被追诉人所受限制更多;阅卷方式上,有辩护人的被追诉人原则上无阅卷请求权而从其辩护人处获取卷宗副本或资讯,基于辩护律师的独立地位,辩护人可阅读原卷并查看实物证据①,有权且必须将阅卷所悉资讯传递给被追诉人,包括口头告知及卷宗副本等方式。无辩护人的被追诉人享有阅卷权但只能获取案卷副本,且可能因"保护第三人利益"的理由阅卷权受限。

2. 美国。英美法系国家的证据开示制度同样承担着保障被追诉人资讯知情权的重任。以美国为例,早期的普通法时期并无审前证据开示,随着民事领域审前开示的空前发展,刑事领域于20世纪50－60年代展开了证据开示的大讨论,

---

① [德]托马斯·魏根特:《德国刑事诉讼程序》,岳礼玲、温小洁译,中国政法大学出版社2004年版,第65页。

认为全面证据开示有利于案件公平、提高审判效率及改善控辩双方不平等的资讯状况。大讨论促使美国联邦刑事诉讼规则多次修订，由单向开示向双向开示变迁，开示范围逐步扩大。① 开示时点上，美国规定在预审阶段和审前动议提出阶段均可提出证据开示，由于预审程序中美国法律对证据材料证明标准只须达到证明被追诉人有罪，故审前动议提出阶段是辩护人及被追诉人了解控方证据的主要阶段。开示主体上，美国认为被追诉人与辩护律师均为权利主体，二者权利完全一样，这与德国有很大不同。

3. 欧洲人权法院。《欧洲人权公约》(以下简称《公约》)虽无明文规定阅卷权，人权法院却以案例法的形式从《公约》第 6 条第 3 项论证了被追诉人具有接近卷宗/接触卷证的权利，并对欧洲各内国法产生重要影响。② 首度就被告本人阅卷权表态的 Kamasinski 案、涉及被告自行阅卷的 Foucher 案，虽有辩护人却无法充分阅卷的 Ocalan 案等系列个案的判决，充分体现了欧洲人权法院赋予被追诉人适当时间和机会检阅案卷的权利，继而实现有效辩护，使受保障的被追诉人与控方立于武器平等的地位，从而实现公平审判。

(二)分析:不同制度呈现出的共同特性

世界各国虽因诉讼构造、价值理念及传统差异，而存在不同的接触案卷方式，即大陆法系国家的阅卷权制度与英美法系的证据开示制度，因此在阅卷权存在条件、范围、方式和时间等方面均存在某些差异。然而，表面上的差异并不会掩盖他们在本质上的趋同。

1. 以保障被追诉人的诉讼权利为核心。现代法治国家刑事诉讼以公平审判为基本原则，各国越来越强调保障被追诉人的程序主体地位，其权益保护获得前所未有的重视。因此，各国在阅卷权问题上均以被追诉人的诉讼权利保障为核心，力图实现平等对抗和有效辩护，所蕴含的内在价值趋同。

2. 阅卷权利保障的广泛性。随着法治进步、被追诉人程序主体地位提高及制度的完善，各国在阅卷权利保障上日趋完整和广泛。不仅保障有辩护人的被追诉人阅卷权，而且确立了无辩护人的被追诉人阅卷权；不仅规定在侦查终结后要让被追诉人阅卷，而且认为在侦查阶段亦可允许其阅卷；不仅对阅卷范围逐步

---

① 孙长永:《美国刑事诉讼中的证据开示》，载陈光中主编:《诉讼法论丛》1999 年第 3 期。

② 张之萍:《刑事被告的阅卷权》，台湾大学法律学院法律研究所 2007 年硕士毕业论文。

扩大,而且还要求不开示特定证据需要控方举证证明,且发生争议应由中立的第三方裁决,以确保被追诉人阅卷权的实现。

三、阐释:刑事被追诉人阅卷权的理论基础和功能价值

刑事被追诉人阅卷权制度不仅有现实必要,而且具有域外立法范例,是否必然得出我国应当建立该制度的结论呢?对其理论基础和功能价值进行分析和考证,有助于进一步深化我们的认识。

(一)理论分析:刑事被追诉人阅卷权的法理基础

1. 宪法学维度:人权原则下的权利保护。“宪法就是一张写着人民权利的纸”。[①] 近年来,随着法治的进步,人们越来越关注人权保障和保护个体权利,保障人权成为宪法的核心。“尊重和保障人权”的基本原则已于2012年正式写入《刑事诉讼法》的总则,被追诉人阅卷权制度的创立为被追诉人维护主体地位、有效行使辩护权及其他诉讼权利、实现控辩平等对抗提供了前提和基础,充分体现了宪法的人权原则。

2. 诉讼法学维度:衡平理论下控辩双方地位平等的保障。“控辩平衡”原则作为基本要求适用于世界各国实践。欧洲人权法院在多个案例中援引《公约》第6条认为,控辩双方武装平等是被追诉人获得公正审判的前提,而落实武装平等的前提是被追诉人的有效辩护,阅卷权则是获取资讯、实现实质有效辩护的基础一环。人权法院还认为,直接赋予被追诉人阅卷权与仅允许辩护人查阅案卷,这是两种不同程度的对辩护方权利的保障,应当尊重被告自我辩护的选择。[②] 目前我国虽已基本确立控辩式庭审模式,然而以国家实力为后盾的检察官在诉讼中占据明显资讯优势,有辩护人的被追诉人尚可通过辩护人阅卷弥补与控方的资讯落差,无辩护人的被追诉人却因全面禁止其本人阅卷而无法获得控方资讯,举证权、质证权形同虚设,庭审流于形式,武装平等、控辩平衡的原则无从实现(见图1、图2)。

---

① 《列宁全集》(第12卷),人民出版社1987年版,第50页。

② ECHR. Ocalan v. Turkey: Reports of Judgments and Decisions, 2005—IV.

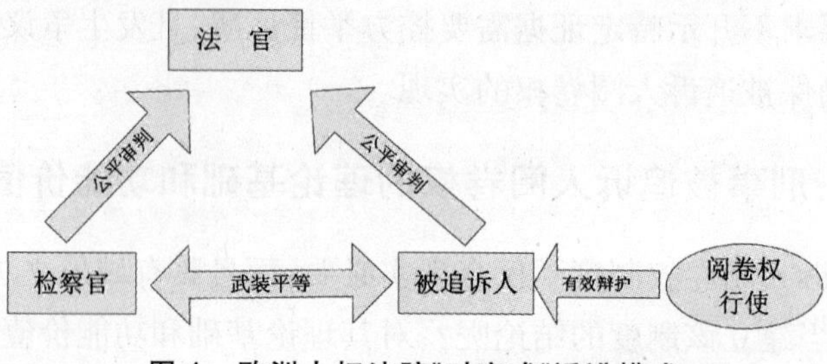

图 1　欧洲人权法院"对审式"诉讼模式

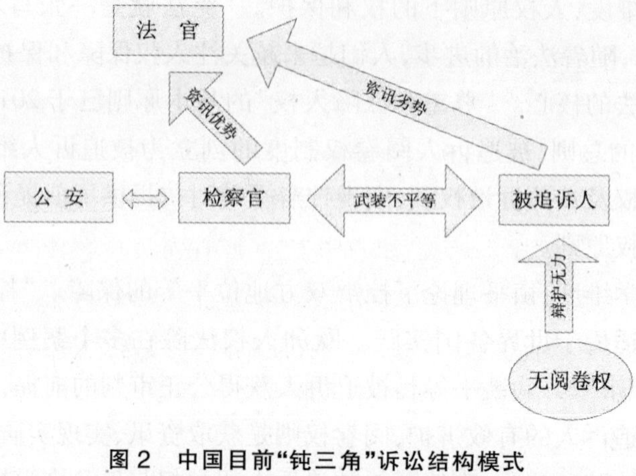

图 2　中国目前“钝三角”诉讼结构模式

3. 社会学维度:法律洞理论下“言词证据提供者”角色向“辩护者”角色的转变。“纵观中国刑事诉讼法的变迁,法律移植无疑是贯穿其中的一条主线。”①中国立法上存在的“法律洞”②现象,刑事诉讼的法律移植呈现改造式与照搬式并用的特点,有限移植在本土司法背景下显得困难重重。就庭审模式而言,虽保留控辩平等的提法,却未赋予被追诉人阅卷权,在强势的控诉方面前处于明显资讯劣势,辩护权难以行使,对抗式审判无从展开。社会学角色理论认为,角色建立在社会系统层次基础上,依组织的目标而分化和形成,角色本身意味着一定的角

① 左卫民:《当代中国刑事诉讼法律移植:经验与思考》,载《中外法学》2012 年第 6 期。

② “法律洞”是源自社会学结构洞理论的新概念,指中国立法的社会根基薄弱,过多采用西方法制因素或信息,与中国社会结构性脱节。参见张洪涛:《法律洞的司法跨越——关系密切群体法律治理的社会网络分析》,载《社会与研究》2011 年第 6 期。

色期待。① 在审前程序中,犯罪嫌疑人负有"如实供述"的义务,必须配合公安机关及检察院调查,其辩护者的角色不明显,阅卷权、沉默权至今未得到法律确立。在审判过程中,被告人本人亦无阅卷权,举证权、质证权、申请权和辩论权等各项诉讼权利无法行使,有效辩护无从实现。但与此同时,被告人承担着言词证据提供者的角色,公诉方期望其在法庭上继续充当这一角色,被告人若在庭审中翻供或作无罪辩解,均不符合公诉人的利益,亦与被告人言词证据提供者的角色不符。因此,无论是审前或审判程序中,被追诉人的言词证据提供者角色过于强化,甚至处于畸形状态,而辩护者角色却几近忽略,这显然与刑事诉讼的发展趋势相违背。

(二)两种价值:刑事被追诉人阅卷权的功能解读

1. 程序正义:无罪推定原则的内在体现。"在法官判决之前,一个人是不能被称为罪犯的。"②无罪推定原则的确立,确定了被追诉人在诉讼中的程序主体地位,构建了控辩对抗的诉讼机制。因此,被追诉人有权了解被指控的罪名及证据情况,有限度地知悉案卷材料,继而在庭审中有效地反驳控方对自己的追诉,以期有充分机会、富有意义地参与刑事裁判,全面还原案件事实,确保被追诉人在刑事诉讼程序中的各项权利得以实现,使案件不仅在处理结果上公平、公正,更让人们感觉到判决过程的公平性、合理性。

2. 经济效益:诉讼运行成本的考量。按照诉讼经济学的成本——收益原理,一国的诉讼资源投入受到成本收益率的约束,即应以尽可能少的付出换取尽可能多的收入。③ 刑事诉讼具有严重依赖国家资源投入的特点,"需要的各种资源远远多于大多数国家活动"。④ 在司法资源有限而稀缺、易耗的情况下力图以较少的资源投入来产出较多的案件解决数量,是"诉讼经济"的必然选择。刑事诉讼成本分为直接成本(DC)和错误成本(MC),若用 PB 表示收益,NPB 表示净收益,则:$NPB = PB - (DC + EC)$。

为尽可能追求收益最大化,一方面,法律程序应当尽可能地追求某个正确结

---

① [美]乔纳森·特纳:《社会学理论的结构》,邱泽奇等译,华夏出版社 2001 年版,第 54 页。

② [意]切萨雷·贝卡里亚:《论犯罪与刑罚》,黄风译,北京大学出版社 2008 年版,第 38 页。

③ [美]理查德·波斯纳:《正义/司法的经济学》,苏力译,中国政法大学出版社 2002 年版,第 56 页。

④ 左卫民:《价值与结构——刑事程序的双重分析》,法律出版社 2003 年版,第 41 页。

果。被追诉人阅卷权的确立，将促使侦查机关和检察院更为全面客观地收集证据，知悉案卷信息的被追诉人及其辩护人将更为积极主动地行使辩护权、请求权等诉讼权利，减少法官"偏听偏信"的风险，减少冤假错案的发生。同时，从直接成本角度分析，赋予被追诉人阅卷权，既有利于被追诉人迅速了解案情，积极推进诉讼进行，亦有利于被追诉人认清形势，从而及早、积极地认罪，有效避免其因不接受判决而不停上诉、申请再审。对法官而言，控辩双方对对方证据的及时全面了解，可促使双方有针对性地对争议证据和事实展开辩论，提高诉讼效率，节约司法资源。

四、建构：我国刑事被追诉人阅卷权制度的基本设想

制度构建是一项复杂的系统工程，改革者应当注意制度设计的科学性和合理性，既符合我国刑事诉讼的制度背景和现实状况，又能发挥保障刑事被追诉人阅卷权有效实现的最大效能。

(一) 宏观界定：被追诉人阅卷权的行使阶段

1. 阅卷时间。刑事诉讼是一个利益实现的场域①，在资源有限的情况下，身处其中的诉讼主体为谋求自身利益最大化必然存在冲突与矛盾。如何尽可能地在各方利益共存的情况下实现利益平衡，是刑事诉讼的重大课题。被追诉人阅卷权之争的背后涉及各方利益的博弈，被追诉人阅卷的好处在所有案件中均相同，而在案件处理的不同阶段阅卷所带来的风险却不同。由于被追诉人过早阅卷可能出现毁灭证据、串供或恐吓证人等不利影响，各国经过利益权衡而对阅卷时间给予了不同规定。根据我国实际情况，结合《刑事诉讼法》关于辩护律师阅卷的相关规定，笔者认为自"审查起诉之日起"开始阅卷较为合适，这亦与前述调查问卷结果基本相符。一方面与辩护律师阅卷时间相一致，另一方面审查起诉阶段案件证据基本固定，案卷材料内容全面，此时让被追诉人阅卷可能带来的风险比侦查阶段小得多。

2. 申请对象。根据 2012 年《刑事诉讼法》的规定，案卷移送制度自"复印件主义"回归至"全案移送"，即检察院向法院提起公诉时，应将案卷材料、证据移送法院。因此，对于被追诉人阅卷的申请对象可采取"随卷原则"，即案卷在哪，就向哪个部门申请阅卷。在审查起诉阶段，阅卷应向检察院申请，在审判阶段则

---

① 关于场域理论，参见[法]布迪厄：《法律的力量——迈向司法场域的社会学》，强世功译，载《北大法律评论》1999 年第 2 期。

向人民法院申请。

(二)微观探寻:具体制度设计

1.行使主体。被追诉人是阅卷权的权利主体,这一点毋容置疑。但在阅卷权的行使上,笔者认为可参照德国《刑事诉讼法》第147条之规定,区分为有辩护人的被追诉人和无辩护人的被追诉人两种情形。

(1)有辩护人的被追诉人阅卷权的行使。原则上,有辩护人的被追诉人的阅卷权由辩护人来行使,这是基于被追诉人与辩护人之间的信赖关系,同时亦是考虑到有限的司法成本与提高诉讼效率的问题。辩护人自检察院审查起诉之日起通过全面阅卷形成辩护思路,继而通过与被追诉人的沟通和协调展开有效辩护,如果再让法院重复向被追诉人展示案卷材料,无疑浪费司法资源。当然,如前案例所述,一些证据状况极其复杂或专业性很强的案件,应当允许被追诉人与辩护人共同阅卷。值得注意的是,即使在有辩护人的案件中,也要尊重被追诉人本人自我辩护的意愿,欧洲人权法院的做法值得我们借鉴,不能因为被追诉人拒绝辩护人的代理而剥夺其本人阅卷的权利。①

(2)无辩护人的被追诉人阅卷权的行使。由于我国刑事司法实践中的高羁押率和法律援助制度的欠缺②,赋予无辩护人的被追诉人本人阅卷权是十分必要的。当然,在被追诉人阅卷范围、阅卷权行使方式等方面应予以一定限制,以降低被追诉人本人阅卷可能带来的风险。

2.范围及例外。任何权利的行使都不可能是绝对化的,被追诉人阅卷权亦如此,为平衡公共利益及第三方利益,给予一定限制是必要的。

(1)阅卷范围。根据我国《刑事诉讼法》第48条规定的证据类型,笔者认为如下证据若无例外限制,均可供被追诉人及其辩护人查阅:a.物证、书证、鉴定意见、勘验勘查笔录及视听资料、电子数据。这些证据具有客观性,稳定性强,受外部影响较小的特点,被追诉人及早查阅并不会对控诉造成太大妨碍,相反,客观证据的开示有利于被追诉人有效准备辩护,正确评估自身处境。b.犯罪嫌疑人、被告人供述和辩解。犯罪嫌疑人对该证据在侦查阶段即有查阅权,故在审查起诉和审判阶段查阅并无不妥。c.证人证言、被害人陈述。英美法系和大陆法

① 林钰雄:《刑事被告本人之阅卷权——欧洲法与我国法发展之比较与评析》,载《政大法学评论》2009年第110期。事实上,被追诉人与辩护人之间辩护观点的冲突客观存在,参见赵蕾:《李庄案辩护:荒诞的各说各话》,载《南方周末》2010年8月12日第8版。

② 关于当前中国法律援助存在的问题,参见陈永生:《刑事法律援助的中国问题与域外经验》,载《比较法研究》2014年第1期。

系国家对证人证言和被害人陈述的开示方面具有较大差异，如美国至今仍有部分州不强制要求控方开示证人证言，而德国则采取更为积极的态度。① 基于我国证人、被害人出庭作证率极低，证人、被害人庭前所作陈述可作为定案依据，故对此两类证据亦有必要开示。

（2）例外限制。由于被追诉人阅卷可能带来的国家安全、诉讼风险及证人、被害人利益和安全等风险，对阅卷范围进行适当限制，是各国的通行做法。笔者认为如下情况应予以限制：a. 保密事项。涉及国家秘密、个人隐私及商业秘密等；b. 证人、被害人名单、住址、联系方式等信息，不予披露。应参照国外的证人保护制度，通过涂黑、涂改或制作节录本等方式予以限制。c. 同案犯供述。基于我国侦查能力和水平的受限，在当前阶段可对同案犯的供述暂缓开示，以避免串供、使案情晦暗的危险。

3. 行使方式。一是查阅原卷或复印件的问题。欧洲人权法院判决认为，阅卷权保障的客体是资讯。② 案卷复印件能够满足资讯内容的要求，且被追诉人查阅原卷可能存在毁灭证据的风险，多数国家均规定被追诉人只能查阅案卷复印件，我国亦可参照这一做法。二是有辩护人的被追诉人和无辩护人的被追诉人不同阅卷方式。如前所述，有辩护人的被追诉人阅卷权由辩护人代为行使，被追诉人通过与辩护人的传递沟通获取资讯，形成辩护意见。但基于阅卷权的例外限制，由辩护律师自行过滤不宜传递给被追诉人的信息，对律师的行业自律和职业伦理要求甚高，在当前中国司法实践中难以达到。可由承办的检察官向法院申请，由法院做出裁定并书面通知辩护律师，要求律师签订《保密保证书》，强化其职业责任。无辩护人的被追诉人案件中，检察院和法院均应主动向被追诉人提供案卷复印件，并保证其有充足时间阅卷，做好辩护准备。

4. 侵犯阅卷权的救济。"无救济则无权利"。要使阅卷权真正落到实处，笔者建议由中立的法院介入阅卷权争议。具体做法是：（1）审查起诉阶段无正当理由未向犯罪嫌疑人开示证据材料的，公诉方承担该证据不能作为判决依据的责任；（2）检察院认为不宜开示的证据材料，必须向法院申请，请求法院做出不予阅卷的裁定，被追诉人不服此裁定可向上一级人民法院上诉；（3）审判阶段被追诉人申请阅卷被驳回的，被追诉人可以阅卷权被侵犯为由向上一级人民法院

---

① 吴纪奎：《被追诉人阅卷权研究》，载《中国刑事法杂志》2010 年第 8 期。

② 左卫民、朱桐辉：《谁为主体，如何正义——对司法之主体性理念的认证》，载《法学》2002 年第 7 期。

提起上诉,上级法院可据此撤销原判,发回重审。

结语

刑事被追诉人阅卷权之争的背后,是追求客观真实与保障被追诉人程序主体地位之间的冲突,亦是超职权主义模式下以侦查为中心的司法职权配置的结果。在被追诉人利益保护日益注重的当下,赋予被追诉人阅卷权并非是对国外立法的曲意迎合,而是必然趋势。构建适合我国国情的阅卷权制度(见附件),确立被追诉人诉讼主体地位,促进有效辩护,继而实现控辩双方武装平等、公平审判,保障人权、提高诉讼效率的程序价值亦得以彰显。

附:最高人民法院、最高人民检察院关于加强刑事被追诉人阅卷工作的若干规定

（建议稿）

为进一步落实尊重和保障人权的基本原则,全面规范刑事被追诉人及其辩护人阅卷权制度,依法保障刑事被追诉人及其辩护人查阅案卷材料的权利,根据《中华人民共和国刑事诉讼法》等法律的规定,结合刑事审判实践,制定本规定。

第一条　人民检察院自审查起诉之日起三日内、人民法院自受理案件之日起三日内,应当告知刑事被追诉人及其辩护人享有查阅案卷材料的权利。

第二条　刑事被追诉人及其辩护人在审查起诉阶段向人民检察院申请查阅案卷,在审判阶段向人民法院提出申请。

第三条　有辩护人的刑事被追诉人的阅卷权由辩护人行使,无辩护人的刑事被追诉人的阅卷权由被追诉人本人行使。复杂疑难案件可由辩护人向人民检察院、人民法院提出申请,由辩护人与刑事被追诉人共同阅卷。

第四条　人民检察院、人民法院应当向刑事被追诉人及其辩护人提供下列案卷材料查阅:

（一）物证;

（二）书证;

（三）鉴定意见;

（四）勘验、检查、辨认、侦查实验笔录;

（五）视听资料、电子数据;

（六）犯罪嫌疑人、被告人供述和辩解;

（七）证人证言;

（八）被害人陈述。

第五条　人民检察院、人民法院对下列案卷材料予以限制查阅:

（一）有关国家秘密、个人隐私及商业秘密等保密事项的材料;

（二）证人、被害人名单、住址、联系方式等个人信息;

（三）同案犯供述;

（四）其他不宜查阅的案卷材料。

第六条　案卷材料原则上仅提供复印件查阅，特殊情况确需查阅原物或原件的，由被追诉人或辩护人向人民检察院、人民法院提出申请，经人民检察院、人民法院批准后方可查阅。

第七条　辩护人在申请查阅案卷的同时应向人民检察院、人民法院提交《保密保证书》后方可阅卷，对违反保密规定的辩护人应当依法追究法律责任。

第八条　审查起诉阶段无正当理由未向犯罪嫌疑人及其辩护人提供相关证据材料查阅的，该证据不作为判决依据；人民检察院认为不宜提供阅卷的证据材料，应向人民法院提出申请，由人民法院做出不予阅卷的裁定，刑事被追诉人及其辩护人不服此裁定的可向上一级人民法院提起上诉；审判阶段被追诉人及其辩护人申请阅卷被驳回的，可向上一级人民提起上诉，上级法院经审查属实的，应撤销原判，发回重审。

第九条　本规定自公布之日起实施。

（李琛：湖南省娄底市中级人民法院少年庭法官）

死磕派律师表演性辩护的理论阐释

——以典型案件的庭审实践为中心

张莒青

死磕派律师逾越对抗制刑事诉讼下的检察官，将辩护对抗“矛头”指向头顶国徽、肩扛天平、居中裁判的法官，这种不以说服裁判者接受其辩护意见的辩护范式被称为表演性辩护。① 死磕派律师的表演性辩护自其产生之日起就引起广泛关注和热议，目前有不少学者从辩审关系冲突的宏观层面问题切入研究，也有学者从褒贬不一的死磕派律师现象评论上升到法治中国的重大问题层面上展开讨论，这些研究和讨论对认识死磕派律师的表演性辩护范式颇有启发性意义，但其框架基本上是聚焦于“谁是谁非”之评判，而不是“为什么这样”的研究，导致对死磕律师表演性辩护的完整解释机制处于阙如状态。因此，对死磕派律师表演性辩护现象的研究迫切需要转向，由“谁是谁非”评判性讨论转向“为什么这样”的研究。有鉴于此，笔者以调研获取的第一手翔实庭审资料为基础，借用社会表演学理论以微观视角考察死磕派律师表演性辩护的表达与实践样态，分析剧场化表达与实践中的表演策略，剖析表演策略背后的机理，并在此基础上探讨死磕派律师刑事辩护的“未来”。

一、现象考察：死磕派律师表演性辩护的表达与实践

笔者选取中部某省L市审理的一起涉黑案的二审庭审过程为基础研究样

---

① 李奋飞：《论“表演性辩护”——中国律师法庭辩护功能的异化及其矫正》，载《政法论坛》2015年第3期。

本①,结合若干典型案例展开横向研究,同时还对部分死磕派律师进行了访谈,以期实证调研材料更具代表性。从笔者所调研的情况来看,死磕派律师在表演性辩护过程中,形成了"权利张扬、脱离情景、节外生枝、行为艺术"等以庭审为舞台的"剧场化"表达与实践样态。

(一)权利张扬式的"戏剧冲突"

《刑事诉讼法》为实现程序正义及保障诉讼的顺利进行,给各诉讼参与人分别预设了申请回避、非法证据排除、申请证人出庭作证等权利,但大都没有明确规定在庭审的哪个阶段可以或禁止行使某种程序性权利,死磕派律师为了达到某种辩护目标,往往充分采用这些程序性权利作为辩护策略。有的辩护律师在庭审进程中,不管是否符合法定条件,积极寻找各种"事由",随时提出要求审判人员回避,如果被驳回,要么提出复议,要么继续寻找回避"事由"(如庭审节选一)。

庭审节选一:无休止的回避申请

审判长宣布按照庭前会议达成的意见进行举证质证。

辩护人:庭前会议没有法律约束力,合议庭安排的举证方式剥夺上诉人的合法权益,我要求合议庭回避。

合议庭当庭驳回,部分辩护人不满,擅自离庭。由于离庭的辩护人属于并非必须出庭的情形,庭审继续。

辩护人:部分辩护人已离庭,合议庭强行推进庭审,申请合议庭全体成员回避。

合议庭当庭驳回,庭审继续。

辩护人:×年×月×日某新闻网上的一篇新闻稿《××市部署打黑除恶工作》,×院长参加了这次会议,新闻材料有"成功摧毁刘×为首的涉黑团伙"的表述,故本案系未审先定,申请×院长回避……

此外,有些程序法无法明确规定的事项,如辩护发言时间长短问题,法庭根据具体情况提出"建议"后,有的辩护律师会以"法不禁止即权利"为由抗议法庭

① 该案有来自全国14个省市近60名死磕律师形成两个梯队为20余名上诉人抱团诉讼,声称要以"无所不用其极"的手段参决战到底,为中国"法治"开路,故能基本反映死磕派律师的刑辩"样态"。以下庭审节选均来自该案二审庭审日志。

限制其辩护权。程序性权利和程序没有禁止的事项被辩护律师以“权利”的形式张扬,形成“戏剧冲突”。

(二)脱离情景式的“戏剧独白”

刑事诉讼法对庭审的每个阶段均规定了诉讼参与人应当或可以进行的某种诉讼活动,庭审阶段的宣告及庭审节奏的把握均由审判长根据情况决定,换言之,审判长是庭审进程的最高指挥者,有绝对的指挥权。有的辩护律师为了某种辩护目标,并不情愿听从审判长的指挥,如在庭审调查阶段的辩护律师发问程序中,辩护律师总是讲些与发问无关的事项,总也不能进入“正题”(如庭审节选二),如审判长予以阻止,则有可能产生上述权利张扬式“戏剧冲突”。这种不听从法庭指挥的表演性辩护范式,脱离了审判长所指挥决定的诉讼活动中应进入的“情景”,形成脱离情景式的“戏剧独白”。

庭审节选二:在发问前的“说明”“控告”……

在法庭调查阶段,审判长询问辩护人是否需要向上诉人发问。

辩护人:在发问前先说明一下,本周五要去市纪委办事。

审判长制止,要求辩护人开始发问。

辩护人:请求调取刘×在市纪委“双规”期间的笔录和录像。

审判长制止并再次询问辩护人是否需要向上诉人发问。

辩护人:我要举报预审的侦查人员……

(三)节外生枝式的“戏剧效果”

诉讼进程中发生突发事件乃是正常情况,审判长可以根据情况采取休庭等临时性措施应对,但是从笔者调研的情况来看,有些“突发事件”是辩护律师蓄意制造的。作为辩护律师,自然熟悉法律的有关规定,熟知所制造“突发事件”的法律后果,为了达到其目的而积极追求该后果。死磕派律师制造“突发事件”往往是利用法律的某种规定,如针对法律对某类人不经法庭允许不得旁听案件庭审的规定,在庭审中突然提出“可能有不应当旁听的人员在旁听席”,尽管后经休庭调查情况不属实,但这种表演性辩护范式实际上导致庭审进程不同程度受阻,产生节外生枝式的“戏剧效果”(如庭审节选三)。

庭审节选三：可能有预审侦查人员旁听

辩护人甲：请你回头看一下旁听席，确认是否有参与侦查的人员在场。

多名辩护人开始对法庭侦查人员旁听的问题展开讨论，庭审被中断。

辩护人乙：如果有侦查人员在场旁听，请现在予以回避。

辩护人丙：建议合议庭现在封闭法庭，并对每位旁听人员查询身份……

（四）行为艺术式的“戏剧动作”

法庭是一个非常严肃的地方，庭审是非常严格的诉讼活动，各诉讼参与人的行为也应当符合法律规定，其中最为明确的规定是要遵守法庭纪律。网络上传播较多的是死磕派律师在法庭外的“行为艺术”，如杨金柱、李金星律师“送红薯”等。但就笔者调研的情况来看，死磕派在法庭上也不乏“行为艺术式”的表演性辩护范式，如拍桌子、甩文件资料、控制不了情绪等，做些行为艺术式的“戏剧动作”（如庭审节选四）。

庭审节选四：控制不了的“情绪”

辩护人丁：迅速拿起一审判决书并起身，提高音量，称一审判决书是栽赃、污蔑、胡说八道。然后，把判决书重重丢掷于桌上，十分激动地拍桌子，向合议庭称，其血压忽然升高，要求到庭外休息。

辩护人戊：当听到上诉人讲曾经受到这样那样的刑讯逼供时，立即向合议庭称，其当事人居然受到人如此刑讯逼供，其实在控制不了自己的情绪，现请求法庭同意其到外面休息，调整一下情绪。

由于死磕派律师表演性辩护大都是综合运用多种“表演”范式，同时因分类标准差异而可能有多种形式，各地部分典型案例中死磕派律师的表演性辩护范式也基本相似（如表1）。

表1　部分典型案例表演性辩护的表达与实践分类①

案例	典型行为	特点	类别
李庄案	李庄以当地法院与其有明显的利害关系为由，申请审判员、书记员集体回避。合议庭以法律未就集体回避有明文规定予以驳回后，李庄逐一提出申请，均被驳回。公诉人宣读起诉书后，审判长询问被告有无异议，李庄讲要先提5点申请……	积极行使申请回避权；不回答审判长的提问，自顾发表的意见。	权利张扬式的“戏剧冲突”；脱离情景的“戏剧独白”。
北海案	审判长：现由控辩双方就是否启动非法证据排除程序发表综合意见。 辩护人己：法庭没有充分保障被告人的辩护权利，以至于不知道如何说自己所遭受的刑讯逼供…… 辩护人庚：感谢合议庭启动非法证据排除程序。 审判长：法庭并没有启动非法证据排除程序。 辩护人辛：那也要感谢……	不按照审判长指挥的庭审程序进行，自顾说发表自己的意见。	脱离情景的“戏剧独白”。
小河案	辩护人以本案原由贵阳中院一审，被发回重审后指定小河区法院一审程序违法为由，申请合议庭回避。被驳回后后，辩护人又以审判长不能公正审理本案为由，申请审判长回避，但被驳回。此后，辩护人大声叫嚷“非法开庭”，并拍照。	积极行使申请回避权；不听从审判长制止，作出多种违反庭审纪律的“艺术行为”。	权利张扬式的“戏剧冲突”；行为艺术式的“戏剧动作”。

① “李庄案”中的李庄虽系被追诉人，但与辩护人的“配合”，体现了死磕派律师的“刑辩样态”。参见杨学林：《论死磕派律师》，载 http://www.21ccom.net/articles/zgyj/fzyj/article_20140411104224.html，2015年7月1日最后访问。“北海案”材料来源于律师博客上的不完整“庭审笔录”，但仍可了解部分表演性辩护“样态”。“小河案”材料来源于佚名：《公正审判需要良好的法庭秩序——黎庆洪案庭审见闻》，载贵阳新闻网，2015年7月1日最后访问。

以上只是一个大概粗略的分类①,但我们仍可以从以上粗略的分类中总结出死磕派律师表演性辩护的基本特征:

其一,所采取的基本策略是积极或消极地“对抗”法庭庭审的程序性指挥权,消解庭审指挥权所代表的司法权威。

其二,所实施基本方式是以表面上符合法律规定的行为进行“剧场化表演”,不遗余力地拖延或阻碍庭审进程。

二、“表演”的策略:死磕派律师表演性辩护的结构解读

任何剧场都离不开表演艺术,死磕派律师的“剧场化”表达与实践中亦蕴含着舞台搭建、角色演绎、剧情终结等结构性“表演”策略。

(一)“舞台搭建”:大舞台与小舞台的勾连

死磕派律师刑事辩护舞台可以分为大舞台和小舞台两个舞台,其中,大舞台是宏观背景——法治社会,小舞台是刑事辩护的具体场景——法庭。我国的刑事诉讼尚未真正摆脱“庭审流于形式问题”②,律师的诉讼权利在司法实践中受到诸多方面的限制③,诸如上述这些司法实践现状构成死磕派律师“剧场化”表达与实践的大舞台背景:一是权利保障的某种程度的“缺位”,二是非禁止义务落实“不力”,三是禁止性义务的惩罚性“空位”。从笔者的访谈材料可以看出④,死磕派律师正是利用上述法治社会大舞台背景勾连了法庭这个小舞台的“基本局面”。

---

① 死磕派律师还有“抱团取暖”式的辩护,但属于宏观“策略”,难以归类到具体“样态”。

② 何家弘:《刑事庭审虚化的实证研究》,载《法学家》2011年第6期。

③ 陈瑞华:《增列权利还是加强救济——简论刑事审判前程序中的辩护问题》,载《环球法律评论》2006年第5期。

④ 该访谈是开放性询问“闹庭事由”。

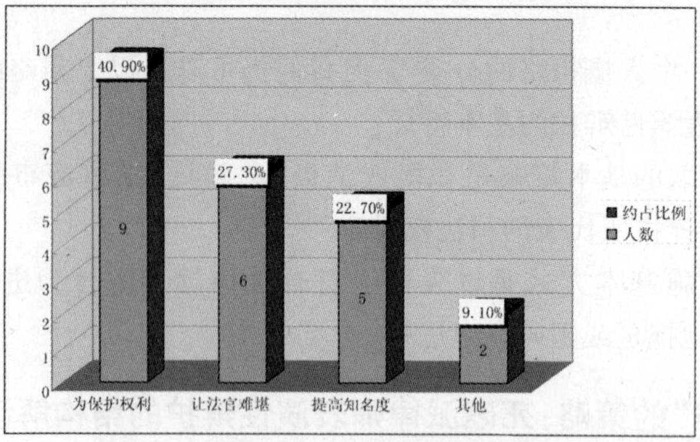

图1　22名律师关于"闹庭事由"的示意图

1.程序性权利的无限张扬。在具体的刑事诉讼中,作为具有法律知识的死磕派律师,熟知有关程序性权利,在认为其权利因缺乏保障时积极"张扬"以求保护。多数(40.9%)律师认为,为保护权利是与法庭产生"冲突"的理直气壮的"事由"。

2."法不禁止即权利"的过度解读。刑事诉讼程序对有些事项并未做出禁止性规定,审判长可以根据实际情况裁决。然而,有的律师为达到辩护目的而将其均解读成"应有的权利",脱离情景式的"戏剧独白"和节外生枝式的"戏剧效果"等不听从审判长指挥的"让法官难堪"的行为往往成为其"享受权利"的活动,超过四成(27.3%)的律师以"让法官难堪"为"闹庭事由"。

3."软法之治"①的边缘性失效。最高人民法院早在20世纪90年代就出台了《法庭规则》,于2009年10月下发了《关于进一步加强法庭审判秩序管理的通知》,但法庭为尽量避免形成"驱逐律师出庭"之后的尴尬②,对有关法庭违纪惩处条款的适用往往慎之又慎,沦为边缘性失效的"软法"。有的律师敢于不听从审判长指挥,或者脱离情景式的"独白",或者制造节外生枝的"效果",甚至玩起行为艺术的"动作",这均与法庭惩处条款的边缘性失效有关。

(二)"角色演绎":控辩审诉讼角色的异化

死磕派律师的表演性辩护将"对抗矛头"对准居中裁判者,打破了规范层面的等腰三角形的诉讼构造,在实践层面上异化控辩审诉讼角色(如图2和图3)。

---

① 姜明安:《软法的兴起与软法之治》,载《中国法学》2006年第2期。

② 韩旭:《辩护律师被驱逐出庭的程序法理思考》,载《郑州大学学报》2013年第1期。

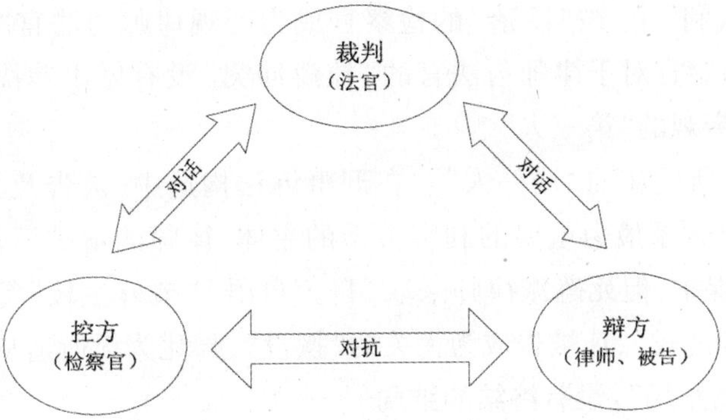

图2　规范层面的控辩审角色预设

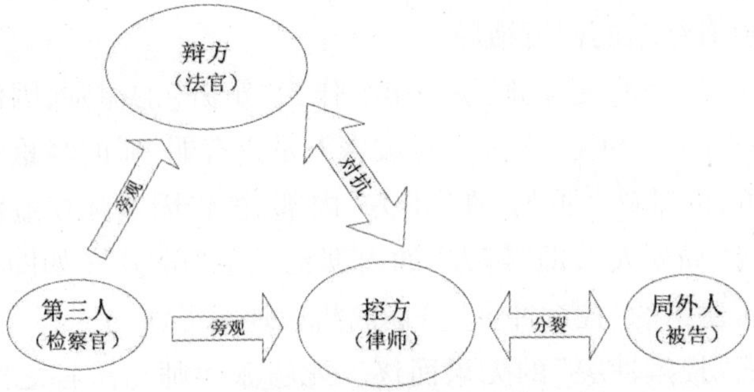

图3　实践层面的控辩审角色演绎

1. 律师：强势表达的"控方"。辩护律师在本质上属于被告的派生主体，与被告共同构成辩方，但在"剧场化"表达与实践的过程中，辩护律师积极主动将"对抗矛头"对准他方，其实际上由原辩方的组成部分演变成了强势表达"控方"。

2. 法官：据理力争的"辩方"。作为居于等腰三角形的刑事诉讼构造顶端的法官，通常不应与控辩双方发生争执，但面对辩护律师的积极主动的"对抗矛头"，为维护法律尊严和司法裁判权威，不得不"据理力争"，由此，法官实际上反而成了"辩方"。

3. 检察官：沉默旁观的"第三人"。检察官本与被告及其辩护律师"针锋相对"，但死磕派律师基本避开了检察官的"锋芒"①，主要精力用于"揭露、控告"

① 死磕派律师有时也会提出检察官回避的要求，但相比法官受到的"指控"，律师与检察官之间基本失去"针锋相对"的局面。

法庭和主张“权利”上，被“冷落”的检察官成为旁观律师与法官“斗智斗勇”的观众。同时，检察官对于律师与法官的“控辩冲突”没有做出裁决的法定权力，只能成为沉默旁观的“第三人”。①

4. 被告：无所适从的“局外人”。在刑事诉讼构造中，被告及其辩护律师同构成“辩方”，被告系最为重要的利害关系的主体，律师的辩护活动主要围绕被告合法权益的保护，但死磕派律师采取“自言自语”“节外生枝”等拖延、阻碍庭审进程的“刑辩范式”，让被告成为无关的“摆设”，异化为无所适从“局外人”。

（三）“剧情结局”：没有终结的结局

在当代法治社会大舞台背景下，死磕派律师在法庭小舞台上采用表演性辩护方式异化控辩审角色，实践层面的“控辩冲突”更替了规范层面的“控辩冲突”，追求一种没有终结的剧情结局。

1. 规范层面“控辩冲突”的畸形淡出。作为“辩方”的律师，因没有与作为规范层面的“控方”形成“冲突”而失去对被告人是否有罪、罪的轻重及如何量刑等问题“据理力争”的基础。同时，在“辩方”内部，被告因实际权益没有真正得到保护被边缘化成“局外人”，即“辩方”的内部也发生“分裂”（如图3）。由此，原诉讼程序规范所建构的“控辩冲突”分崩离析般地畸形淡出。

2. 实践层面“控辩冲突”的无果而终。死磕派律师与法官之间在实践中形成的“控辩冲突”中，作为规范层面设定的控方——检察官，尽管还肩负法律监督职能，但难以找到能直接居中裁判的依据，而作为辩方的被告人，更是难以介入该“冲突”中。由于没有居中裁判者，实践层面的“控辩冲突”犹如一场没有裁判的体育竞技比赛，终将无果而终。

三、策略的背后：死磕派律师表演性辩护的社会机理剖析

死磕派律师“剧场化”表达与实践中体现的“表演策略”，从法定辩护职能来看是非理性的，但不能否认其自己看来是理性行为，死磕派律师表演性辩护背后有多种社会原因。

（一）职业伦理冲突下的“主动出击”

我国古代传统社会生态孕生“和为贵”文化心理根深蒂固并影响着司法运作，律师常被视为“搅局者”，法官则充当多重身份裹挟于一体的“当局者”，律师

---

① 从笔者调研的材料看，在死磕派律师的“闹庭”案件中，检察官基本没有“发声”，通常表现为旁观者角色。

与法官的职业伦理有天然的冲突。而在当代社会,律师与法官的职业伦理冲突仍然没有改善,法官被要求遵循“慎言谨行、法外无言”的职业伦理,而律师则被公认为要“宁鸣而死、不默而生”①,律师可以假以社会舆论力量,法官则往往处于守拙被动局面,在法官办案被认为是高风险职业的当下,法官会在潜意识中谨防律师设“陷阱”。美国法学家德沃金曾言:“任何国家部门都不比法院更为重要,也没有一个国家部门会像法院那样受到公民那么彻底的误解。”②因此,常被误解的法官没有满足在律师看来应当保障的权利要求时,律师就可能以此为由不断张扬其权利,形成权利张扬式的“戏剧冲突”,甚至出现诸如小河案中律师大声叫嚷“非法开庭”的行为艺术式的“戏剧动作”。从笔者的访谈材料来看,有40.9%的被访谈对象认为为保护权利是“闹庭“的主要事由(如图1)。换言之,在职业伦理冲突下法官潜意识的“设防”,加上审判职业易遭误解的本质特征,是导致死磕派律师“主动出击”,在法庭小舞台“死磕”法官的重要原因。

(二)消解司法权威后的“舆论狂欢”

如果说职业伦理冲突是导致律师与法官直接“冲突”原因,那么“冲突结果”将是死磕派律师表演性辩护所追求的辩护目标。然而,有超过四成(27.3%)的律师认为“闹庭”的目的就是要“让法官难堪”(如图1),“表演策略”所形成的实践层面上的“控辩冲突”是没有终结的结局。因此,表演性辩护追求的“冲突结果”不在于裁判结果,而是消解法官所代表的司法权威后的“狂欢”。巴赫金狂欢理论认为,在狂欢的广场,权威被消解脱冕,法律与秩序是缺席的、不在场的,大众获得了肆无忌惮的笑的自由,尽情享受狂欢节所带来的快感。③ 在我国法治转型语境下,涉及公权力的“事件”通常会引发民众的极大兴趣,公权力的运作陷入“困境”时就可能出现社会舆论“狂欢”。作为公权力的组成部分,司法审判权难以逃避被社会舆论寻找“狂欢”的命运。法官与律师本均属法律职业共同体,但律师“身份”经历了从国家的法律工作者到为当事人提供法律服务的执业人员的变迁,律师与法官的关系也发生了微妙的变化。死磕派律师在“剧场化”表达与实践中的“冲突、独白、动作、效果”等都可能让法官“难堪”,社会舆论也基本都能够解读出司法审判权被陷入“困境”的状况,在消解司法权威中尽情

① 许建兵:《辩审关系漫谈》,载《人民法院报》2014年6月20日第7版。

② 转引自王勇生:《坚持以司法公开促进司法公信》,载中国法院网,2015年7月15日最后访问。

③ 转引谢国庆等:《〈壹周立波秀〉:狂欢时代话语权博弈的标本》,载《艺术与城市:空间与想象》,学林出版社2011年版,第272页。

享受和挥霍因此带来的“狂欢”,这种“狂欢”的享受主体自然包括死磕派律师,甚至还能够在这种“狂欢”中获得“附带性收获”。正如访谈材料显示的那样,有22.7%的律师认为可以从中提升自身的知名度。

(三)司法场域竞技中的“话语争夺”

法官在法庭上的指令承载着法律的权威和尊严,保障庭审的有序进行,①对庭审有着绝对的话语权力,而死磕派律师的表演性辩护挑战法官指令所承载的权威和尊严,在消解司法权威中带来“舆论狂欢”和“知名度提升”,但从笔者调研材料反映的死磕派律师的情况来看,死磕派律师的追求似乎还不止这些,其最终还是要为中国法治“开路”。② 死磕派律师颇为自鸣得意的是,“在以前法官他说什么算什么,现在突然出了这么些律师,他几乎是说什么不算什么”。③ 从逻辑上讲,死磕派律师要达到法官“说什么不算什么”,就必须有比法官更高的“权力”,从而能够对法官指令的“说不”,因此,死磕派律师的表演性辩护中还体现在与法官争夺司法场域的“话语资本”。法国社会学家皮埃尔·布迪厄认为,每一个场域都是一个权力场域,拥有不同质量和数量的资本的行动者展开斗争,谋求更多的资本,以期获得支配性的位置。④ 在刑事诉讼司法场域中,死磕派律师积极采取“表演策略”,无论是权利张扬式的“戏剧冲突”,还是行为艺术式“戏剧动作”,都体现为对话语的“话语争夺”。至于脱离情景式的“戏剧独白”或者追求节外生枝式的“戏剧效果”,则是直接“消解”法官的“话语资本”,相对提升己方话语权力的另类“争夺”方式。换言之,死磕派律师的表演性辩护大都体现了司法场域竞技上对的“话语争夺”。

(四)公正司法关键词上的“自我造势”

死磕派律师作为法律职业群体中的一部分,一般对法律知识及其应用技巧应当达到一定的水准,熟知“死磕”法官的表演性辩护范式很可能被认为“不可理喻”。但是,从笔者调研的情况来看,死磕派律师在司法实践中从“表演策略”上抓住了公正司法层面上容易即刻聚拢“人气”的关键词,在关键词上进行“自

---

① 刘练军:《敬重法官才有法治》,载《新产经》2013年第5期。

② 该案有来自全国14个省市近60名死磕律师形成两个梯队为20余名上诉人抱团诉讼,声称要以“无所不用其极”的手段参决战到底,为中国“法治”开路,故能基本反映死磕派律师的刑辩“样态”。以下庭审节选均来自该案二审庭审日志。

③ 钱杨:《死磕派律师如何死磕》,载《人物》2014年第3期。

④ 转引李全生:《布迪厄场域理论简析》,载《烟台大学学报(哲学社会科学版)》2002年2期。

我造势”，以赢得“点赞”。[①] 死磕派律师的表演性辩护在“自我造势”中利用的主要关键词有两个：一是受到非法剥夺或限制的权利，二是违法的法庭审判。一方面，权利受到限制或剥夺成为死磕派律师搭建表演性辩护“庭审舞台”的关键环节中勾连“程序性权利的无限张扬”等庭审舞台的“基本局面”的最好脚注；另一方面，死磕派律师在“表演策略”上极力异化法律规范所预设的控辩审角色，追求没有终结的“剧情结局”，充分体现了“由于法庭违法审判，从而可以拒绝非正义审判”这个内在逻辑。死磕派律师正是在公正司法上以权利受到非法剥夺或限制为由“誓死抗争”，以法庭违法审判为由“分庭抗礼”，从而为自己不断“造势”，其表演性辩护也就变得没有那么“不可理喻”，也由此获得了一定数量的“观众”。

四、问题与讨论：死磕派律师刑事辩护的“未来”

死磕派律师表演性辩护是我国社会法治转型时期的一种特殊现象，法治的转型与深化路径的研究必须在我国当下的现实语境中进行。因此，关于死磕派律师的刑事辩护“未来”的讨论也应在法治框架内展开。

（一）正本清源：死磕派律师刑事辩护“未来方向”之辨析

死磕派律师的表演性辩护屡屡上演律师与法官直接对抗的“剧情”，导致控辩审角色的异化，刑事诉讼规范层面的基本构造被打破，律师与法官之间形成实践层面的“控辩冲突”，因缺少居中裁判者而导致没有终结的“结局”。同时，死磕派律师的表演性辩护客观上让刑事诉讼的核心角色——被告成为了“局外人”，其辩护职能彻底背离了诉讼核心，因为“辩护的最终目的不是形式上的抗辩，而是对裁判者的说服，后者才是辩护活动的真正归宿”。[②] 虽然，死磕派律师的表演性辩护也能在解构司法权威中获得“舆论狂欢”，但这是短暂的，“问题”终究没有解决。当然，死磕派律师在与社会舆论共享“狂欢”中，除了挥霍精神快感外，也能因此提高自己的知名度，但这是建立在被告的权益损害之上的“狂欢”，且为“狂欢”能够继续下去，就必须采用更能吸引眼球的“表演策略”，最终

---

① 死磕派律师通常以微博等为平台，采用比较吸引眼球的“公正”“正义”“法治”等关键词来“铺垫”自己的行为，同时采用比较刺眼的“违法”“剥夺”“限制”等词语描述法庭，由此瞬间获得大量转载或点赞，聚拢了不少“人气”。

② 陈瑞华：《刑事辩护的几个理论问题》，载《当代法学》2012 年第 1 期。

可能陷入危险的“黑幕”①,终究难以逃脱“自毁前程”的命运。此外,在刑事司法场域中,死磕派律师的表演性辩护也可能是为了争取更多的“话语权力”。面对法庭客观存在的“违法”问题,死磕派律师敢于积极“发声”,这一点值得肯定。但是,死磕派律师表演性辩护中的大多数行为破坏了现代法治的制度设计,试图赋予自身一种高于法官的“话语权力”,这必将导致在司法场域内缺失居中裁判者,因而其辩护职能也就不可能实现,其所获得的“话语权力”充其量只能沦为“短暂狂欢”的资本。死磕派律师利用公正司法层面上的几个“关键词”为自己“造势”,虽然暂时赢得了一定数量的“观众”,但其实质上是“拒绝审判”,是追求结果上的“虚无”,不是追求正确解决“法治麦田”上的问题,最终会失去所有“观众”。因此,死磕派律师的刑事辩护的“未来方向”在于法治化回归。具体而言,应当在刑事诉讼的基本构造范围内围绕辩护职能发挥作用,在尊重司法权威的前提下积极履行刑辩职责,对可能影响被告人的定罪量刑的事实和证据等实体问题“据理力争”,对可能影响公正司法的程序性问题“依法发声”,在法治框架内发扬“死磕精神”,死磕派律师的刑辩之路才能越走越远。

(二)从“隔岸观火”到“恰当补位”:刑事庭审中检察院之担当

在死磕派律师的表演性辩护中,作为法律规范层面规定的控方角色,检察机关被死磕派律师所“逾越”,检察官由此被“冷落”成为沉默旁观的“第三人”。但是,作为检察机关的代表出庭支持公诉的检察官,不应该是法庭庭审中死磕派律师表演性辩护的“隔岸观火”者,应当切实履行刑事诉讼法律规范之职责,既要尊重法庭庭审的指挥权,又要有效履行法律监督机关之职能,更加注重“控辩冲突”的平等对话,通过“恰当补位”,担当起作为公诉人、监督人的责任,将死磕派律师的刑事辩护“拉回”到法律规范层面。

1.作为公诉人身份的担当

检察官以国家公诉人的身份出席法庭,但其在本质上与被告及辩护律师是“平等对话”的关系,应当从公平正义的至高目标指引下摒弃“敌对意识”,积极造就“平等对话”平台,让死磕派律师从不敢转变为愿意积极与检察官“对抗”,实现其应有的辩护职能。一方面,检察官与辩护律师在刑事诉讼中享有平等的身份地位,如进入法庭通道、安检等与身份地位有关问题,检察官的“待遇”应与律师一致;另一方面,检察官与辩护律师在刑事诉讼中享有的法律规定的诉讼权

① 黄庆畅、邹伟:《揭开“维权”事件的黑幕:公安部摧毁涉重大犯罪团伙》,载最高人民法院网,2015年7月13日最后访问。

利均不能被非法剥夺,检察官不应给辩护律师人为制造"障碍",如故意不提供法律规定应当提供查阅的案卷材料等,造成诉讼"对抗"上的"不平等关系"。

2. 作为法律监督人身份的担当

如上文所述,死磕派律师采用表演性辩护凭借的主要事由为其"权利受到非法剥夺或限制"和"法庭违法审判",而出庭检察官代表法律监督机关,应积极履行法律监督人的职责。一方面,积极主动发现庭审中的程序违法问题,如剥夺辩护律师的发言权利等问题,与辩护律师"站在一起",坚决"依法纠违";另一方面,如果法庭庭审中没有违反问题,要带头尊重法庭庭审的指挥权,对法庭依法指挥庭审行为坚决予以"肯定"和"宣扬",让死磕派律师"自我造势"的借口不能"取信于众",截断表演性辩护的"利益链",抑制表演性辩护的动机。

(三)从"找板子"到"找对话":刑事辩护走向"未来"中法院之努力

法院的"一举一动"都可能引发死磕派律师的强烈反响,面对"死磕",与其"找板子"不如"找对话",通过理念提升和姿态调整,优化律师执业环境,在必要的技术支撑下努力促进律师与法官在法治的轨道上的良性互动,或许能在助推死磕派律师的刑事辩护走向"未来"中产生较大的作用。

1. 理念转变:打破职业伦理藩篱,形成共同价值信仰。职业伦理冲突是导致辩审关系"疏远"的客观因素,成为律师与法官之间产生"冲突"的直接诱因,但也体现了审辩关系的博弈策略和手段上的差异,两者间适当保持一定的张力是刑事诉讼法律运行中的司法规律使然。因此,需要从法律人的共同特质上寻找突破口,其中最为重要的是转变理念,从诉讼心理上认同律师刑事诉讼的功能和价值,正如马克斯·韦伯所言:"当制度层面的考究陷于困境时,应该从价值层面予以考察"。[①] 审判权的运行应遵循律师与法官的共同法治思维,畅通沟通机制,化解分歧,凝聚共识,促进形成共同的价值信仰。在审判实践中,针对遇到的可能产生误解的重大问题,尽可能地充分利用诸如"庭前会议"等形式对问题的解决达成共识。此外,畅通律师与法官的职业"转换机制",创造"换位思考"模式,如完善从律师中遴选法官制度等,亦可以促进形成共同价值信仰,助推死磕派律师的刑事辩护范式向法治框内回归。

2. 姿态调整:营造相互尊重氛围,强化司法场域秩序。在刑事诉讼中,法官

① 转引钱卫清:《距离就能产生"美"吗——关于规范律师和法官关系的思考》,载中华全国律师协编:《第四届中国律师论坛百篇优秀论文集》,中国政法大学出版社2004年版,第2页。

的司法姿态对律师具有引领和示范作用,同时也是诱发律师与法官发生"冲突"的常见因素。律师与法官"划界而治",所突出的是法律人之间的职业分工,但作为法律人共同体,刑事诉讼的有效运作,离不开相互尊重。具体到律师与法官的关系层面,如在庭审中,律师服从法官的庭审组织指挥,法官认真听取律师的意见等,这些都是律师与法官相互尊重的表现。死磕派律师采取权利张扬式的"辩护范式",与法官没有尊重律师为争取"权利"的辩护意见不无关系。法官应坚持审判中心主义,引导所有的诉讼参与人的诉讼行为回归诉讼构造内,尊重包括律师在内的所有诉讼主体在法治框架内程序法所赋予的话语权力,形成规范的司法场域秩序。

3. 技术支撑:构建"全景敞视"①空间,实施全程制约机制。死磕派律师一方面欲将法官的"违法"行为公布于众,证明自己在推动"法治进步",另一方面又与刑辩职能背道而驰地追求社会舆论"狂欢"和凌驾于法官之上的"话语",故需要"扬长避短",即要发挥其推动"法治进步"之长,避免与刑辩职能背道而驰之短,对于后者应当形成一种制约机制才能有实效。笔者建议,构建"全景敞视"的诉讼活动空间,让所有的诉讼参与人均置于公众视野中,形成一种"规训"的力量。在具体技术上,可以是采用庭审全程录音录像、庭审网络直播等措施,将庭审过程完整呈现,构建"全景敞视"的"庭审空间";也可以是全程监视网络舆情,及时发布司法各环节的权威信息,让网民全面了解案件真实信息,形成"全景敞视"的"信息空间"。通过构建"全景敞视"的系列空间,对死磕派律师背离刑辩职能的行为可以形成一定的制约,最大限度铲除由此引发社会舆论"狂欢"的温床,制约试图颠覆刑事司法场域"话语权力"的行为,压缩"自我造势"的空间,对其宣称的"法治进步"的行为形成一定的激励,发扬法治内的"死磕精神",综合助推死磕派律师的刑事辩护走向"未来"。

结语

我国法治建设与进步需要全体法律人的共同努力,律师无疑是全面推进依法治国和人民法院诉讼活动中的重要力量之一。② 我们有理由相信,死磕派律

---

① "全景敞视"基本观点是人们在知道自己被观察下会遵循普遍的规则和准则。参见[法]米歇尔·福柯:《规训与惩罚》,刘北成、杨远婴译,三联书店出版社 2003 年版,第 219 页。

② 周强:《充分认识律师重要作用 切实保障律师执业权利》,载最高人民法院网,2015 年 8 月 30 日最后访问。

师希望通过其特别的辩护表现为法治建设和进步作贡献。但是,从庭审实践考察,死磕派律师的表演性辩护似乎并非围绕规范层面预设的刑辩职能而展开。“法治麦田”需要法律人的共同耕耘和守望,若遭遇“病虫”,法律人应有实践的德性与理性,采用不亚于直接毁损“麦田”的方式来祛除“病虫”,显然不可取。法律职业共同体内的每一个成员都应当景仰法治精神,且行且珍惜!

(张莒青:湖南省娄底市中级人民法院刑一庭法官)

简易而不简单:刑事简易程序集中审的现实困境及完善路径

——以六个基层法院的探索实践为样本

李德慧

随着案件数量的急剧增长,"案多人少"矛盾一直困扰着基层法院,在繁简分流理念指导下,各地法院纷纷探索简易程序案件快速办理机制,刑事简易程序集中审(以下简称集中审)即是其中之一,即在确保被告人权利的前提下,对多个符合简易程序适用条件的一审刑事案件依照一定的规则进行集中审理。本文以六个基层法院的探索实践为样本进行考察,以期对集中审机制的完善有所裨益。

一、理论分析:刑事简易程序集中审的价值解读

(一)法经济学角度:提高诉讼效率

贝卡利亚曾指出,惩罚犯罪的刑罚越是迅速和及时,就越是公正和有益的。诉讼本身应该在尽可能短的时间内结束。① 从法经济学投入—产出视角分析,效率的提高主要有两种方式:一是增加资源投入,二是通过资源的合理配置,实现产出的最大化。司法资源的有限性决定了短期内法院的司法资源不会有大幅度增加,通过资源的合理配置提高效率成为不二选择。集中审实现同一时间段,在同一法庭,同一审判员、公诉人能够处理多个案件,实现简易程序案件快审快结。法院集中开庭避免了多次排庭,减少法警提押次数及公诉人出庭次数,节省往返法庭的交通支出,通过对时间、空间、诉讼参与人等资源的优化配置实现以较少的资源投入获得较大的司法效益。

---

① [意]贝卡利亚:《论犯罪与刑罚》,黄风译,中国法制出版社2002年版,第65页。

(二)法理学角度:促进诉讼正义

公正是诉讼的核心和基础,缺乏公正的诉讼程序,即使高效也是徒劳。首先,集中审符合程序正义的要求。一项法律决定的制作过程如果使人受到无视或者轻视,那么一种程序或者过程上的非正义也就随之发生了。[①] 集中审具有完整的控辩审三方构造,被告人对是否适用集中审有程序选择权,体现了对被告人诉讼权利的尊重和维护。其次,集中审有利于实现"比较的正义"。"比较的正义"是指在两个案件的裁判结果相互对比中,有关当事人没有受到不公正的对待。[②] 同一审判员集中审理多个案件,集中量刑,当庭宣判并说明理由;案由相同或相似的被告人,通过比较感知是否受到"一视同仁"的待遇,使"比较的正义"以看得见的方式实现。

(三)哲学角度:践行实用主义

实用主义是美国20世纪的一种主流思潮,它强调哲学应立足于现实生活,主张把确定信念作为出发点,把采取行动当作主要手段,把获得效果作为最高目的。[③] 因此,效用成为了实用主义方法论的根本准则。司法资源投入与刑事案件增长速度的矛盾是刑事审判方式改革的动因,无论是1996年《刑事诉讼法》修改增设简易程序,还是2012年《刑事诉讼法》修改扩大简易程序的适用范围,都是为了使简单刑事案件得到快速处理。在实现多个简易程序案件快速处理,缓解基层法院"案多人少"矛盾方面的效用,使集中审在基层法院、检察院获得发展空间,是实用主义在司法实践中的运用和体现。

二、实证考察:六个法院刑事简易程序集中审的现实困境

通过检索中国法院网、地方法院网、检察日报、百度等网络报道,笔者挑选了江苏省P县法院、F区法院,浙江省X区法院,福建省Y县法院,广西省Z市法院,四川省I县法院等六个基层法院为样本对集中审探索实践进行考察,理由在于:透过新闻宣传报道,六个法院开展集中审已取得一定成效,有一定的社会影响力;都制定了集中审的规范性文件,形成了各自的经验模式;分析多个法院的实践现状,可以使研究结果更为客观。

---

① 陈瑞华:《看得见的正义》,北京大学出版社2013年版,第61页。

② 陈瑞华:《刑事诉讼的前沿问题》,中国人民大学出版社2011年版,第170页。

③ 张芝梅:《美国的法律实用主义》,法律出版社2008年版,第35页。

通过新闻报道整理、电话访谈、庭审观摩①等方式,笔者收集了六个法院集中审的相关数据信息及规范性文件。通过分析研究,发现集中审在实践中面临如下困境:

(一)困境一:集中审发展不平衡

从六个法院的审判实践来看,集中审审理案件数量差异较大(见表1)。从单一批次来看,各法院集中审案件数量在3-10件不等;经访谈了解,Z市法院、P县法院案件多时,一批次案件数量会超过10件。从审结的案件总数来看,X区法院、P县法院集中审案件数量已超过1000件,其中X区法院为2699件,是F区法院的108倍。X区法院在刑事案件数量、简易程序案件数量分别是F区法院的4倍、3倍左右②,两个法院都是2012年开展集中审,在排除案件基数量、集中审探索时间等因素的影响,两个法院集中审审结案件数量仍对比悬殊。

表1 六个法院集中审案件数量情况③

法院	已审结数量	一批次案件数量
浙江x区法院	2699件	4-5件
四川I县法院	196件	3-4件
广西Z市法院	394件	8-10件
江苏P县法院	1586件	6-7件
福建Y县法院	210件	5-6件
江苏F区法院	25件左右	3-5件

(二)困境二:集中审模式有争议

按照集中的要素及要素的集中程度划分,六个法院集中审模式大致可分为三类,即一案一审式,多案一审式,部分集中审、部分单独审式(见表2)。一案一审式,即在一个连续的时间段,在同一法庭由同一审判员、公诉人参与,对多个案件依次进行审理,个案庭审环节均单独进行。除时间、空间、诉讼参与人集中外,

---

① 笔者观摩了江苏P县法院(10个案件)、四川I县法院(3个案件)、浙江X区法院(4个案件)共计17个案件的集中审庭审。

② 据访谈了解,X区法院刑事案件每年为2000件左右,简易程序适用比例为60%左右;F区法院刑事案件每年为500件左右,简易程序适用比例为70%左右。

③ Y县法院统计时间截止2014年2月,其他法院统计时间至2014年12月31日。经访谈了解,F区法院对集中审持审慎态度,探索以来采用集中审审结6、7批左右的案件,每批3-5件,因此估算集中审案件为25件左右。

多案一审式对多个案件的所有庭审环节集中进行;部分集中审、部分单独审式则对部分庭审环节集中进行。实践中存在争议的是多案一审式,部分集中审、部分单独审式,争议点可以归结为两个方面:一是集中审案件庭审环节能否集中,二是哪些庭审环节可以集中。江苏 F 区法院明确反对庭审环节集中进行①,其他五个法院则认为庭审环节可以集中进行,但各法院关于集中、单独进行的庭审环节并不一致。

表 2　六个法院集中审模式类型

集中审模式	法院	集中进行环节	单独进行环节
一案一审	江苏 F 区法院	无	所有环节
	浙江 X 区法院		
多案一审	浙江 X 区法院（限危险驾驶、交通肇事）	所有环节	无
	四川 I 县法院		
部分集中审、部分单独审	广西 Z 市法院	核实身份、告知诉讼权利等,宣读起诉书,宣判	讯问、举证质证、法庭辩论、最后陈述
	江苏 P 县法院	核实身份、告知诉讼权利等,法庭辩论,最后陈述,宣判	法庭调查
	福建 Y 县法院	核实身份、告知诉讼权利等,宣判	法庭调查、法庭辩论、最后陈述

(三)困境三:集中审操作流程不统一

1. 庭前示证不一致

六个法院中 F 区法院通过《庭前示证书》,Y 县法院通过证据核实笔录或者

① F 区法院在规范性文件中规定,适用简易程序集中开庭审理时,应当坚持一案一审的原则,不应将不同案件同庭审理,也不宜对分别审理的不同案件的被告人同庭统一核实身份、告知权利。

组织庭前会议向被告人展示证据，其他法院庭前不示证。《庭前示证书》、证据核实笔录由检察院制作，提起公诉时移送法院，法院庭前送达被告人、辩护人。F区法院的《庭前示证书》仅将全案证据名称及证明内容简要罗列；Y县法院的证据核实笔录或者通过庭前会议核实证据除了证据展示功能外，被告人实质上已经提前进行质证，有庭前程序替代庭审功能之嫌。此外，集中审案件多为简单案件，一般情况下无需召开庭前会议，通过庭前会议核实证据将增加庭前司法成本，影响案件整体效率的提升。

2. 庭审程序简化不一致

通过观摩I县法院、P县法院、X区法院的集中审，笔者发现对于庭审过程如何简化，能够简化到什么程度，各法院做法不一。以法庭调查阶段为例，如表2所示，三个法院呈现出三种举证方式。从形式上看，法庭调查是通过证据认定案件事实的关键环节，举证方式不一致在形式上有损庭审权威，不符合程序法定的原则。从实体上看，I县法院、X区法院举证时均不再涉及证据的具体内容，在无庭前证据展示的情况下，被告人经过庭审后，将对本人供述以外的证据内容一无所知，影响被告人的知情权、质证权等权利实现，造成实质上的不公平。

表3　三个法院集中审庭审举证方式

法院	举证方式	表现形式
四川I县法院	宣读证据名称	审:公诉人简要出示证据。 公:依次宣读各案的证据名称。
江苏P县法院	宣读证据名称+简要概括证据内容	审:公诉人简要出示证据。 公:分组宣读证据名称,视案件情况个别证据说明证据内容。
浙江X区法院	不宣读证据	审:证据目录已在起诉书上载明,被告人对这些证据有无异议? 被:没有。 审:被告人是否有补充? 被:没有。

(四)困境四：被告人辩护权保障不充分

在笔者观摩的17个案件中，只有江苏P县法院有1名被告人委托了辩护人,占所有观摩案件的5.9%,比例较低。经过对6个法院7个承办过集中审案件的法官访谈了解,集中审案件中只有个别案件被告人会委托辩护人,一般都是自行辩护。集中审案件被告人自行辩护存在以下问题:一是基于被告人法律意识、文化程度、理解能力等方面的差异,被告人是否真正理解简易程序以及集中审理方式值得怀疑;二是集中审庭审程序较为简化,庭审时间短,也许经过庭审,被告人并未比开庭前增进对整个案件的了解,更遑论提出实质性的辩解意见。在观摩的17个案件中,19名被告人里有14名被告人在法庭调查、辩论及最后陈述阶段只是简单地表示"没有意见"或者"请求从轻处罚"。相较于有律师提供法律咨询及辩护的被告人,自行辩护的被告人的辩护权行使显然是不充分的。

(五)困境五:集中审配套制度执行不力

1.公检法协作机制运行不顺畅

集中审案件处理整体提速涉及公检法部门的协作,六个法院都建立了检法或者公检法之间的集中审协作机制,但其实际运行情况并不理想。首先,案件在侦查阶段不易集中,除了Z市法院外,其他5个法院的集中审案件在侦查阶段较少集中。其次,检察院移送起诉对集中审案件并未全部甄别,除了I县检察院在固定时间移送简易程序的案件,其他检察院集中移送起诉时都是简易程序、普通程序交叉移送,主要依靠法院审查后,分案时形成集中批次。

2.集中审案件专人承办困难

集中审办案组织形式直接影响办案效率,专人承办可以让承办人较快把握集中审规律,规范庭审操作,提高诉讼效率。通过访谈了解,六个地区的法检两院集中审案件除个别地区外,专人承办普遍较为困难。首先,在检察院阶段,在审查起诉方面,有专人办理、相对专人办理、不固定人员办理三种形式;在出庭支持公诉方面,包括承办人出庭、临时指定出庭人员两种形式。其次,在法院阶段,专人承办也不是主要办案组织形式,还有相对专人承办、视案件情况轮流分案等形式。

3.审前社会调查情况各异

集中审适用缓刑的案件,按照法律规定,在审前需委托司法机关调查被告人对所居住社区的影响。考察六个法院的实践情况发现,一方面并非所有法院都开展审前调查,Z市法院由于司法局条件所限无法开展调查;I县法院集中审案件规定5天结案,来不及进行调查。另一方面调查耗时差异较大(见表4)。经访谈了解,X区法院不少案件5天内无法完成调查,Y县法院调查时间最长需要10天。调查耗费期间过长将延长集中审案件的结案周期,影响整批集中审案件效率的提高。

表4　四个法院审前社会调查耗时情况

法院	江苏P县法院	江苏F区法院	浙江X区法院	福建Y县法院
调查耗时(天数)	3	3	5	4-10

三、根源探究:刑事简易程序集中审困境的原因追问

(一)客观层面:现实条件的制约

工具性是法律的重要属性,当人们打算通过法律来实现某种目标时,要顾及各种现实因素。① 集中审案件难以集中,专人承办困难、各地集中审发展不平衡等受到现实条件的制约。首先是案件数量的制约,各地年均案件数量存在差异,如X区法院年均案件数量在2000件左右,每月办理案件量大,易于形成集中;而Z市、Y县法院年均案件数量在300件左右,有的月份案件数量少,不易形成集中。其次是侦查机制的制约,刑事案件发案具有随机性,各地公安机关侦查权分散,刑事侦查大队及辖区内的派出所都有一定的侦查权,受个案复杂程度、侦查人员办案能力等因素的影响,个案侦查终结期限长短不一;侦查终结后又自行移送检察院审查起诉,在送案环节没有形成集中,进而影响检察院集中审查起诉及向法院提起公诉。再次是办案人数的制约,以六个法院为例,刑事案件承办人少,与同级检察院公诉科相比,办案人数处于劣势(见图1),人少使法官无法做到"专",不可避免同时承办简易程序、普通程序案件;而且专人承办不好平衡法官之间的办案数量,造成司法绩效考核困难。

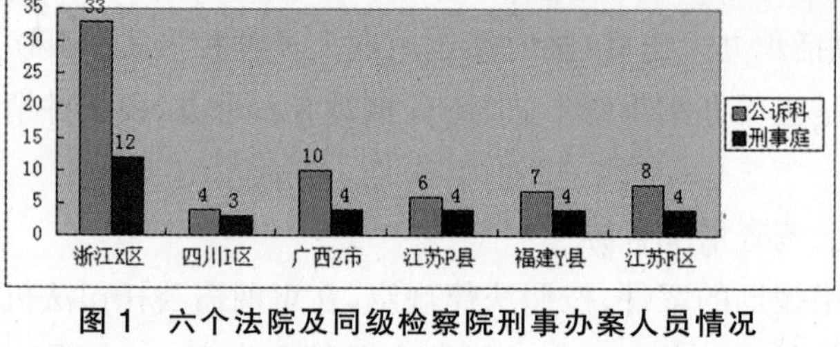

图1　六个法院及同级检察院刑事办案人员情况

---

① ［德］莱因荷德．齐佩利乌斯:《法哲学》,金振豹译,北京大学出版社2013年版,第51页。

（二）认识层面:集中审评价影响实践选择

评价是一定价值关系主体对这一价值关系的现实后果或可能后果的意识。① 评价是对事物的价值认识,也是人们对事物的态度,评价不同,将导致态度取舍上的不同。经访谈了解,各法院对于集中审探索有三种态度倾向,F区法院认为现实案件情况比较复杂,对于集中审持审慎的态度,由于集中审是F区检察院主动发起,法院将之定位为配合检察院,因此,采用集中审的案件数量较少。P县法院、Z市法院、X区法院、I县法院积极实践集中审方式,认为集中审在提高审判效率及审判质量方面效果明显,其中P县法院、Z市法院、I县法院集中审案件全部服判息讼,X区法院集中审案件上诉率仅为为0.0085%。Y县法院一方面积极探索集中审,另一方面又认为没有相关的权威部门或者规范性文件的肯定和规范而对集中审心存疑虑。各法院对集中审探索的不同态度倾向成为集中审实践差异的重要影响因素。

（三）规范层面:统一操作流程的缺乏

目前《刑事诉讼法》并未规定集中审,关于集中审全国层面的规范主要见诸于最高检的规范性文件。2012年《刑事诉讼法》修改后,最高检先后出台的三个规范性文件②都对集中审进行了规定,并沿着“鼓励探索—总结经验继续探索—成熟经验上升为司法解释”的轨迹发展。但在具有司法效力的《人民检察院刑事诉讼规则(试行)》中也只是原则性地规定检察院相对集中提起公诉,建议法院相对集中审理,而对于如何集中,如何简化程序等具体操作规则没有规定。由于缺乏全国统一的集中审操作规范,各法院“各自为政”,根据自身司法实际情况,制定操作流程,导致规范形式多样,对集中审适用范围、庭前准备、庭审程序、公检法协作机制等内容规定繁杂不一。

（四）制度层面:法律援助覆盖面窄

我国刑事案件辩护率低的现状,一直为理论界所诟病。受被告人经济条件及对律师辩护作用认识等因素的影响,刑事案件被告人较少委托辩护人出庭辩护,《刑事诉讼法》设立法律援助制度即是通过法律援助律师参与辩护以提高刑事案件辩护率,维护被告人合法权利。然而当前《刑事诉讼法》规定可能判处无

---

① 李德顺:《价值论》,中国人民大学出版社2007年版,第231页。

② 三个规范性文件为《关于进一步加强适用简易程序审理的公诉案件出庭工作的通知》《关于办理适用简易程序审理的公诉案件座谈会纪要》《人民检察院刑事诉讼规则(试行)》。

期、死刑的被告人,被告人是盲、聋、哑人,或者是尚未完全丧失辨认或者控制自己行为能力的精神病人等情形为应当指定辩护的情形,适用范围过窄,导致法律援助案件数量较少,发挥的作用有限。据统计,2012 年、2013 年法律援助的刑事案件分别仅占当年全国法院一审审结刑事案件的 11.25%、17.26%①,比例较低。而集中审案件为简易程序案件,被告人更难以获得法律援助助其辩护。

四、困境突围:刑事简易程序集中审的完善建议

(一)树立正确理念,引导集中审的科学化发展

1. 明确集中审的目的

我国各基层法院案件数量、办案力量具有区域间不平衡的特点,东部沿海地区与中西部地区基层法院、大中型城市与中小型城市基层法院在案件数量、办案力量方面差异较大,一般而言,年人均办案量在 50 件以上算是人均办案量较大。只有在人均办案量大的基层法院,集中审才有适用的必要,如果一个法院年人均办案量在 50 件以下,案件不易形成集中批次,则无需刻意适用集中审,不能出现"为了集中而集中"现象。

2. 坚持程序简化与权利保障并重

《刑事诉讼法》是被告人的"大宪章",有"小宪法"之美誉。刑事程序简化的要旨在于公民权利的保障与国家权力的行使之间达成平衡,在此基础上最大限度地促进诉讼的经济性。② 集中审不能一味地做"减法",强调程序的简化;同时也应做"加法",保障被告人的权利。从侦查机关、检察院到法院,从庭前到开庭,要充分保障被告人的知情权、程序选择权、质证权、辩护权、最后陈述等诉讼权利。

3. 寻求效率与公正之间的平衡

简易程序的适用是公正与效率博弈的结果,是对两种价值的协调和权衡。简易程序本身可能更偏重诉讼效率的追求,但不能以牺牲公正为代价。③ 集中

---

① 数据来源 2008 – 2014 年最高人民法院工作报告,司法部法律援助工作司:《2012 年全国法律援助工作概览》,载《中国司法》,2013 年第 6 期;司法部法律援助工作司:《2013 年全国法律援助工作统计分析》,载《中国司法》2014 年第 6 期。

② 左卫民:《中国简易刑事程序改革的初步考察与反思——以 S 省 S 县法院为主要样板》,载《四川大学学报》2006 年第 4 期。

③ 卞建林:《扩大适用简易程序:追求效率不牺牲公正》,载《检察日报》2012 年 3 月 29 日第 3 版。

审作为简易程序的一种审理方式也要注重效率与公正之间的平衡。不能为了提高效率,将不同案由的案件所有环节集中审理;对于不符合集中审条件的案件,不能为快速审结而适用集中审;也不能为片面追求结案率,而降低对案件质量的要求。

(二)制定操作流程,实现集中审的规范化发展

据公开报道的不完全统计,目前全国有二十多个省市的基层法检开展了集中审的探索。吸收各地探索的成熟经验,制定全国层面的集中审操作流程,可以实现集中审正当化、规范化发展。

1. 合理界定适用范围

首先,是基层法院符合简易程序适用条件的一审公诉案件。集中审附着于简易程序之上,必须符合《刑事诉讼法》及司法解释关于简易程序适用条件的规定。其次,在量刑方面为可能判处三年以下有期徒刑的案件。相较于可能判处三年以上有期徒刑的案件,实践中这类案件案情相对简单,多适用独任制,易于集中审理。再次,规定不宜集中审的情形。借鉴六个法院的实践做法,通过"列举具体情形+兜底条款"进行规定,不宜集中审的具体情形包括:不符合简易程序适用条件的案件;依法不公开审理的案件;有附带民事诉讼未处理的案件;被告人不同意适用集中审的案件。

2. 确定适宜模式类型

由于各地案件数量、类型,办案人员及硬件设施等存在差异,宜规定多种集中审模式,供各法院灵活选择。首先,一案一审式实践中无争议,操作起来相对简单,一般的法院都能适用。X 区法院、Y 县法院的集中审运用了远程网络审判,从驾驶庭审、案件审判质量及旁听效果来看,远程网络审判更适宜采用一案一审式。其次,对于不同案由的多个案件,宜采用部分集中审、部分单独审式。一方面核实被告人身份、告知诉讼权利等程序性环节个案重复度高,集中进行能减少庭审时长,使庭审节奏更紧凑;另一方面法庭调查、辩论及被告人最后陈述等实体性环节直接影响被告人的定罪量刑,宜单独进行,使个案事实、证据、量刑情节认定更为清晰。再次,多案一审式可以作为部分集中审、部分单独审式的一种特殊情形予以规定,需限定为同一批次案由相同、案情简单、证据单一等条件。案由不同的同一批次案件因事实、证据、量刑情节等差异,不能采用多案一审式审理。

3. 统一设计操作规则

充实庭前准备程序。集中审案件法院受理、立案,到刑事庭收案、分案、送

达、排庭等庭前工作,尽可能当日完成,至迟三日内完成,以减少期间耗费。在送达方面,向被告人送达起诉书副本时,一并送达诉讼权利告知书、简易程序集中审告知书等材料,核实被告人身份及被采取强制措施情况,征求被告人对适用简易程序及集中审的意见,并记录在案。集中审案件自立案之日起7日内集中开庭。审判员庭前集中阅卷,并就阅卷过程中发现的问题与公诉人、辩护人沟通。

简化庭审程序。① 首先,开庭后各被告人集中提押至法庭,集中进行程序性事项,确认被告人是否同意适用集中审。其次,个案单独进行法庭调查、法庭辩论、最后陈述。其一,起诉书择要宣读,被告人对指控的事实、证据、罪名没有异议的案件,公诉人不讯问,举证时只宣读证据名称,辩论时直接提出量刑建议。其二,被告人对不影响定罪量刑的部分事实、细节提出异议或对罪名提出异议或对部分证据提出异议的,有讯问必要的,公诉人针对性讯问;举证时宣读全案证据名称,对异议证据的内容简要说明;辩论时回应对事实、证据、罪名的异议,并提出量刑建议。再次,在保障被告人最后陈述权利后,集中审案件一般当庭集中宣判。

4. 建立集中审退出机制

集中审退出机制涵盖从检察院至法院的诉讼阶段,个案退出集中审,不影响同一批次其他案件的集中审。退出情形包括:其一,在检察院审查起诉阶段,案件不符合简易程序适用条件,或者被告人不同意适用集中审;其二,庭前阶段,送达起诉书时,被告人不同意适用简易程序或者不同意集中审,审判员阅卷时发现不符合集中审适用条件;其三,庭审时,被告人提出回避申请,或者对事实予以否认,或者不同意适用集中审的。退出集中审的案件,视具体情况,适用简易程序单独审理或者转为普通程序审理。

① 一案一审式的法庭调查、法庭辩论、被告人最后陈述、宣判等参照执行。

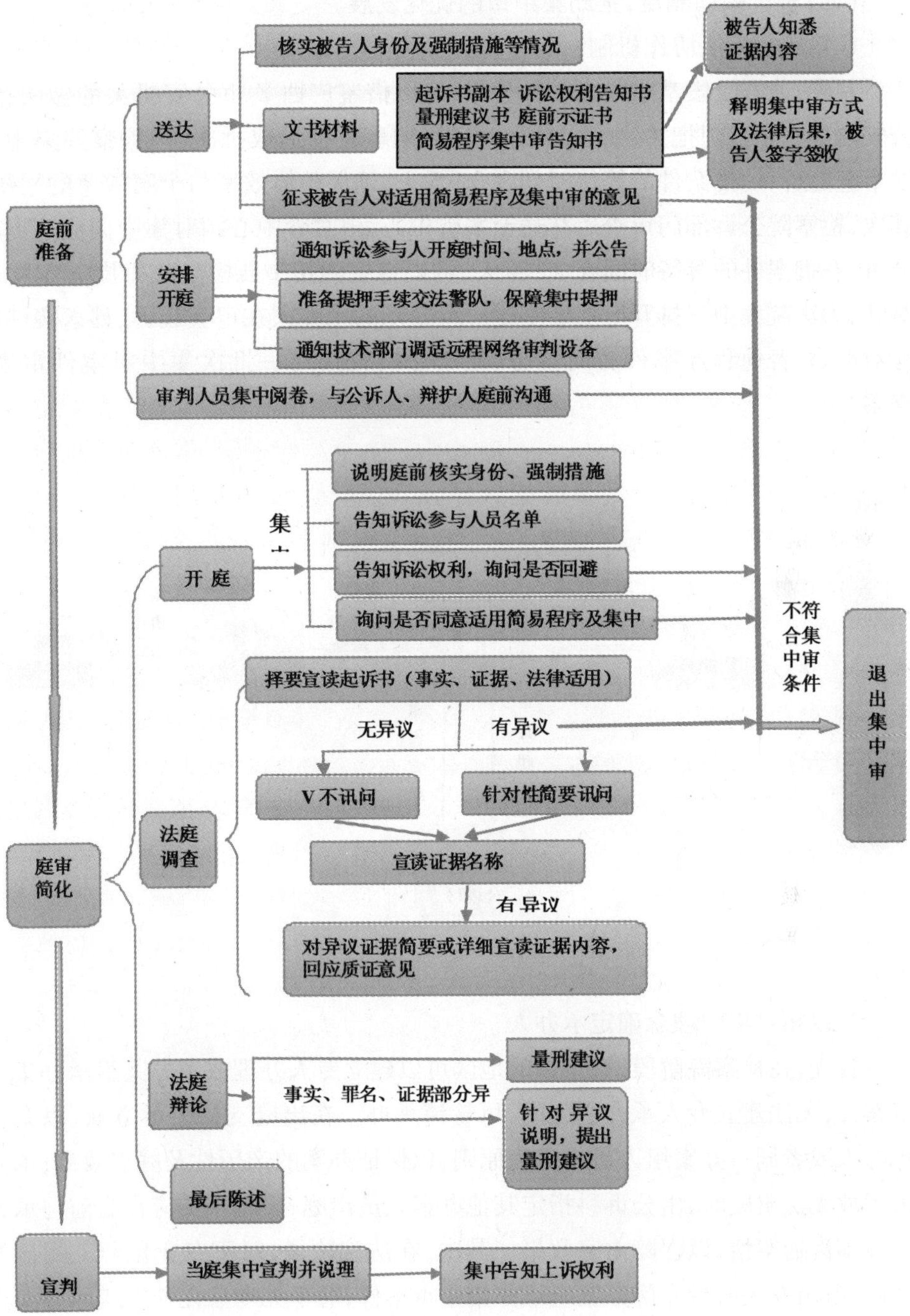
核实被告人身份及强制措施等情况
被告人知悉证据内容
起诉书副本 诉讼权利告知书
量刑建议书 庭前示证书
简易程序集中审告知书
释明集中审方式及法律后果，被告人签字签收
送达
文书材料
征求被告人对适用简易程序及集中审的意见
庭前准备
通知诉讼参与人开庭时间、地点，并公告
安排开庭
准备提押手续交法警队，保障集中提押
通知技术部门调适远程网络审判设备
审判人员集中阅卷，与公诉人、辩护人庭前沟通
说明庭前核实身份、强制措施
告知诉讼参与人员名单
集
开庭
告知诉讼权利，询问是否回避
询问是否同意适用简易程序及集中
不符合集中审条件
退出集中审
择要宣读起诉书（事实、证据、法律适用）
无异议
有异议
V不讯问
针对性简要讯问
法庭调查
庭审简化
宣读证据名称
有异议
对异议证据简要或详细宣读证据内容，回应质证意见
量刑建议
法庭辩论
事实、罪名、证据部分异
针对异议说明，提出量刑建议
最后陈述
宣判
当庭集中宣判并说理
集中告知上诉权利

图2　集中审操作流程图

(四)健全辅助制度,推动集中审的优化发展

1. 畅通公检法协作机制

首先,侦查阶段基于侦查权的分散,可以借鉴广西Z市公安机关的做法,由公安内部一个部门把关,如法制科,对轻微刑事案件形成批次,向检察院集中移送审查起诉,一批案件的等待时间在3－5天,确保整体效率与个案效率的平衡。其次,检察院公诉部门审查后移送至案管中心,由案管中心相对集中向法院提起公诉,一批案件的等待时间在3－5天,可以借鉴四川I县检察院每周固定移送时间,为法院集中安排开庭奠定基础。检察院的承办人在审查起诉、移送案件时应对简易、普通程序案件相对区分,便于法院较快对一批次集中审案件审查、立案。

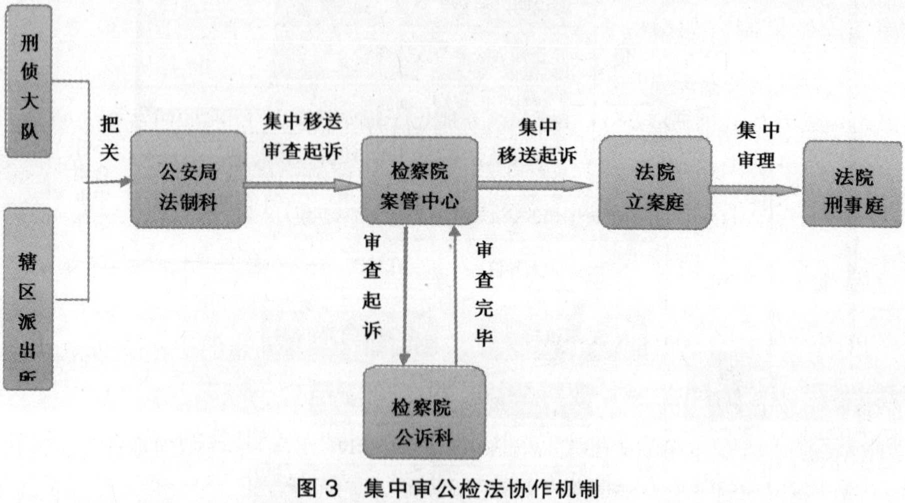

图3　集中审公检法协作机制

2. 以相对集中理念确定承办人

首先,在检察院阶段,有条件的地区可以建立专人办理或者办案组承办集中审案件;无法建立专人承办制度的,可轮流承办。在出庭支持公诉方面,以案件承办人或者同一办案组人员出庭为原则,以保证办案的亲历性及庭审效果;承办人因故无法出庭时,由公诉科指定其他办案人员出庭,出庭人员应在庭前与承办人详细沟通案情,以保障出庭效果。其次,在法院阶段,对于专业化分工明显的法院,可由专人或者专门办案组承办集中审案件;对于无专业化分工或因办案人数受限无法专人承办的,根据法官在审案件数量,进行人工调配,将一批案件集中分给1－2名法官办理,法官之间轮流办理,既平衡法官之间的办案数量,便利

考核,又使年轻法官通过承办不同程序、不同类型的案件得到锻炼。

3. 扩大法律援助范围

在集中审案件中引入法律援助制度,可以视一批案件数量,集中指定 1 – 2 名辩护人为该批案件被告人提供法律咨询、辩护,协助被告人实质性地参与庭审,有效行使辩护权,对裁判结果的形成施加影响。集中指定辩护的方式实现一次指定,多人获得援助,以最小的成本实现利益最大化的效果。当前部分法院试点速裁程序在看守所、法院设立律师值班制度①即是对扩大法律援助范围的有益探索,值得借鉴。

4. 形成良好的审前社会调查机制

各地公检法司可以通过联席会议形成协调机制,对审前社会调查中遇到的问题通过协商解决,如 P 县法院、F 区法院调查期限为 3 天就得益于各部门良好的沟通协调机制。如果以当地司法局现有的人力、物力、财力短期内完成调查困难,一方面由司法局向同级财政争取支持,增加投入;另一方面可以将调查提前至审查起诉阶段,由检察院发送调查委托函,给予司法局更多的调查时间。另外,要将调查实施情况纳入各部门年度考核,制定惩戒性规定,以形成强制约束力,各部门实施情况在联席会议上定期通报。

结语

集中审是基层法院、检察院自发对简易程序办案机制的一种探索。"未来的制度变革应更多地重视司法机关自生自发的制度变革经验,对于正在发生重大社会转型的中国而言,这是一条更有可能取得成功的制度变革道路。"②2012 年《刑事诉讼法》扩大了简易程序的适用范围,在普通程序、简易程序分流后,有必要再对简易程序进行分流、简化。当前试点速裁程序的法院中也有采用集中审方式③的,可能判处一年以下有期徒刑的案件适用速裁程序,可能判处三年以下有期徒刑的案件可采用独任制集中审(涵盖速裁案件),也许可以成为简易程序进一步分流、简化的一个方向,集中审机制的潜力有待在实践中进一步发掘。

(李德慧:湖南省桂阳县人民法院刑事庭助理审判员)

---

① 肖学富:《江北法院落实刑事速裁程序值班律师制度》,载 http://cqfy. chinacourt. org/article/detail/2015/04/id/ 1583279. shtml,2015 年 6 月 12 日最后访问。

② 陈瑞华:《法律程序构建的基本逻辑》,载《中国法学》2012 年第 1 期。

③ 林红:《市北法院 40 分钟速裁 10 起刑案》,载 http://news. hexun. com/2015 – 06 – 05/176482174. html,2015 年 6 月 25 日最后访问。

超越路径依赖:刑事庭前会议程序的困境与解锁

——以H省省会三级法院庭前会议制度实证样本为视角

李辉品

审慎制定的法律及严肃对待“法律及法”的拘束之法官,两者对法治国家而言均属不可或缺的要求。①

——[德] 卡尔·拉伦茨

2012年《刑事诉讼法》(以下称新《刑事诉讼法》)在第182条第2款新增了庭前会议制度,从而为控辩双方提供了庭前相互接触、交换意见和对抗合作的平台,其目的是保障庭审集中、高效运行。② 最高人民法院和最高人民检察院也在各自的司法解释中对规范庭前会议制度加以详细规定。对于该制度的出台,有学者寄予厚望,将其视作增强中国刑事庭审实质“对抗性”的信号。还有学者认为它将进一步“提高庭审质效、保障被告人的人权、规范公诉权的行使”③更有学者认为“如果将整个刑事诉讼改革比作美丽的皇冠的话,那么庭前会议制度必将是皇冠上最耀眼的明珠之一”④审判程序之设立目的在于保证直接言辞原则、集中审理原则在刑事诉讼中的实现,但从新《刑事诉讼法》实施两年来的审判实践来看,庭前会议制度设计的目的并未充分地实现。实务界和理论界百家

---

① [德]卡尔·拉伦茨:《法学方法论》,陈爱娥译,商务印书馆2003年版,第225页。

② 莫湘益:《庭前会议:从法理到实证的考察》,载《法学研究》2014年第3期。

③ 汪建成:《刑事审判程序的重大变革及其展开》,载《法学家》2012年第3期;张伯晋:《构建中国特色“庭前会议”程序——就新刑诉法第182条第2款专访陈卫东教授》,载《检察日报》2012年4月1日第3版。

④ 陈卫东、杜磊:《庭前会议制度的规范建构与制度适用——兼评〈刑事诉讼法〉第182条第2款之规定》,载《浙江社会科学》2012年第11期。

争鸣,如何使这项新生的法律制度焕发应有的光彩,是一个亟须解决的课题。本文通过实证研究的方法对庭前会议制度运行情况进行分析,以期找到庭前会议制度中国化的瓶颈所在及实现路径。

一、现状描摹:刑事庭前会议的法律设计与现实境遇

笔者以新《刑事诉讼法》实施以来中部H省省会城市所在地三级法院为样本①,以样本法院2014年庭前会议程序的实际运行情况为考察对象,对庭前会议程序进行抽丝剥茧的剖析。

(一)程序适用:层级和审级的纵横比较

通过对H省三级样本法院的调研发现,2014年H省省会城市所在地三级样本法院共召开47次庭前会议。具体言之,S市所辖的15个基层法院中有9个基层法院的29个刑事案件召开了32次庭前会议。S市中级法院则有9个刑事案件召开了11次庭前会议,H省高级法院有4个刑事案件召开了5次庭前会议。整体上看,样本法院庭前会议制度的运行情况呈现出如下特点:

1. 庭前会议制度设置虚化。从庭前会议制度的适用率上看,H省高级法院、S市中级法院、S市中院所辖的9个基层法院分别只有0.4%、0.7%、0.2%,总适用率仅为0.3%(表1)。

表1　样本法院庭前会议程序适用情况

级 别	召开件次	案件总数	比例
H省高级法院	4件5次	445	0.9%
S市中级法院	9件11次	1571	0.7%
9个基层法院	29件32次	15979	0.2%
总 计	42件47次	17995	0.3%

2. 从法院级别上看,庭前会议适用率随法院级别而逐渐升高。中级和高级法院的庭前会议召开率在一定程度上呈递增趋势,基层法院的庭前会议召开率相对较低,S市所辖的15个基层法院中只有9个召开过庭前会议。一方面,在当前的司法体制下中级法院和高级法院的法官的整体素质较高,对庭前会议设

① H省位于我国中南部,在全国处于中等发达水平。S市是省会所在城市,代表该省(也是全国)的发达地区,S市所辖的15个基层法院在分别处于全国发达、中等和落后地区。故选择H省省会城市三级法院作为考察对象具有很强的代表性。

置的目的和功能有着更好的把握，敢于在审判实践中运用庭前会议制度解决实际问题。另一方面，基层法院的庭前会议的召开一般被限制在适用普通程序审理的案件之中，而在实践中S市法院基层法院刑事案件的简易程序适用率达到了65.7%，导致了庭前会议可适用的基数较小（见图1）。再者，基层法院审理的适用普通程序的刑事案件也多是争议较小、事实清楚、证据比较充分的案件，在这种情况下就没有必要召开庭前会议。

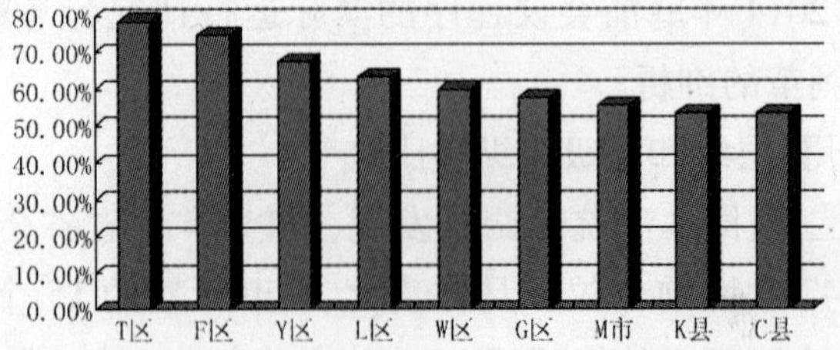

图1　9个召开过庭前会议的基层法院简易程序适用率

3. 从审判程序上看，适用一审程序审理的案件庭前会议的适用率低于适用二审程序审理的案件。在样本法院的47次庭前会议中，涉及一审程序和二审程序。数据表明，庭前会议的二审适用率为0.52%，高于一审适用率的0.35%。这可能是进入二审程序的刑事案件在证据认定、事实认定及法律适用等方面争议比较大，在正式开庭前，启动庭前会议程序对程序性争议进行沟通以及非法证据排除等问题交换意见显得十分必要。

4. 在同一审级中，高级别法院的庭前会议适用率高于低级别法院的适用率。同样是一审案件，庭前会议在9个基层法院的适用率仅为0.2%，在S市中级法院一审案件中的适用率为0.53%，呈现出逐渐升高的态势。在二审案件中，S市中级法院的适用率为0.71%，H省高级法院的适用率为0.96%。其原因可能是高级别法院的法官对庭前会议制度的理解和运用更为精熟，且案件性质、影响力等原因可能迫使法官更愿意提前召开庭前会议，以方便案件集中审理，节约司法成本。

表2　样本法院一审案件庭前会议适用率

一审法院级别	庭前会议适用率
9个基层人民法院	0.2%
S市中级人民法院	0.53%

表3 样本法院二审案件庭前会议适用率

二审法院级别	庭前会议适用率
S市中级人民法院	0.71%
H省高级人民法院	0.96%

(二)程序内容:庭前会议召开的理由的分析

1. 文本规定。为何要召开庭前会议,新《刑事诉讼法》第182条采取了模糊式立法,并未给出明确答复。但根据该条的文义理解,可以大致得出结论,即"需要在正式庭审前先行处理的证人出庭名单、回避及非法证据排除等一系列程序性问题"关于该条中"等"字如何理解和解释,直接决定庭前会议的功能。① 从《高法解释》和《高检规则》规定的内容来看,两者对"等"字都按其他未列明的事项来解释,但二者在未列明事项的再列举上存在差异。②《高法解释》除了"回避、出庭证人名单、非法证据排除"外,还将庭前会议召开事由扩大为解决管辖异议、辩护方是否向法院申请调取辩护性证据、控辩双方是否有新的证据提供、控辩双方对出庭的鉴定人和专家辅助人名单是否有异议、申请不公开审理以及组织刑附民的庭前调解。《高检规则》则将"适用简易程序、是否延期审理、协商庭审方案"列为议题。显而易见,从两高的解释可以对召开庭前会议的原因得出如下论断,即主要是解决"基于提高庭审质效和确保集中审理而有必要先行解决与处理的一系列程序性问题"。③

2. 实证分析。笔者通过仔细阅读样本法院42件召开了庭前会议的47份《庭前会议记录》发现,在提请召开庭前会议的事由中,17次涉及"非法证据排除","证据材料多、案情重大复杂"成为第二大启动理由(8次),"申请证人出庭"5次,"附带刑事庭前会议的调解"3次,"提请重新鉴定"2次,"案件影响较大"1次。这意味着实践中庭前会议的启动事由与法律文本规定趋于一致。

(三)程序功能:职权主义的坚守与扩张

我国新《刑事诉讼法》将纯粹手续性的庭前审查程序改造为程序性的庭审预备程序,就是要为将来进行的正式庭审做准备,通过庭前会议程序使"人与

① 根据通常的汉语表述规则,列举事项后的"等"字有两种含义,一种是指列举事项的总和,另一种是指其他未列明的、属于"等"字后的属概念范围的事物。

② 莫湘益:《庭前会议:从法理到实证的考察》,载《法学研究》2014年第3期。

③ 左卫民:《未完成的变革 刑事庭前会议实证研究》,载《中外法学》2015年第2期。

物”在审判日来临之前聚齐，以防正式庭审被不必要的程序性纠纷所干扰，提高庭审之效率。① 因此，庭前会议就像一艘承载着诸多程序性武器和装备的航空母舰，尽量在开庭前解决那些可能导致庭审中断的程序性问题。

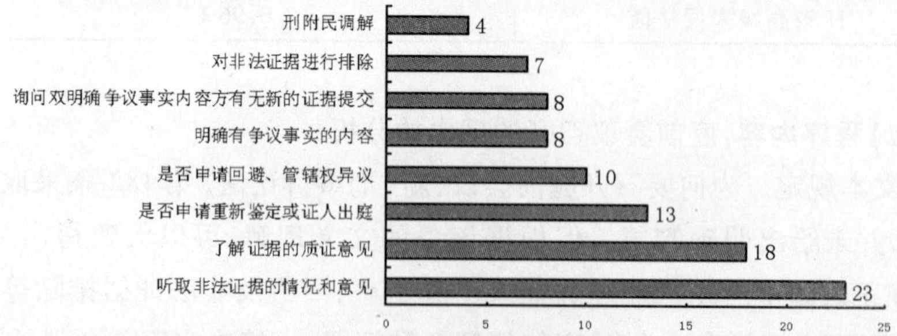

图3 庭前会议内容单项统计

笔者对47份《庭前会议记录》的内容进行梳理后发现，貌似分散的91项会议处理事项主要依次集中在“听取对非法证据的情况和意见”(23次)、“了解证据的质证意见”(18次)、“是否申请重新鉴定或者证人出庭作证”(13次)、“是否申请回避、管辖权异议”(10次)、“询问双方是否有新的证据提交(8次)”、“明确有争议事实的内容”(8次)、“对非法证据进行排除”(7次)、“附带民事进行调解”(4次)等。不难发现，庭前会议启动的原因往往与处理事项关联甚密。值得注意的是，在以证据材料较多、案情复杂为由召开庭前会议中就有大量的“了解对证据的质证意见”，占到了76%，这就超出了“程序性事项”的范畴，导致庭审实质前移，削弱了“庭审的中心地位”，对此有学者认为“这似乎表明法官意图全面掌控庭审的实践考量与立法者意在庭前解决干扰庭审的程序问题的预期间差异颇大”。② 此外，无论新《刑事诉讼法》还是两高司法解释，都只规定庭前会议的效力限于“了解情况，听取意见”，未规定审判人员可对有关争议做出裁决，数据显示有7次涉及对非法证据排除做出结论，这样的做法是否超出了立法的本意，理论和实务界颇有争议。③

① 林钰雄:《刑事诉讼法》(下册)，中国人民大学出版社2005年版，第151页。

② 左卫民:《未完成的变革 刑事庭前会议实证研究》，载《中外法学》2015年第2期。

③ 相关争议参见陈子楠:《庭前会议中非法证据排除处理方法研究》，载《南京大学法律评论》2014第3期；叶青:《非法证据合法排除的程序思考》，载《东方法学》2013年第3期；郎胜主编:《中华人民共和国刑事诉讼法修改与适用》，新华出版社2012年版，第327页等。

二、路径依赖:庭前会议程序运行重重困境及思考

"法律有预期不到之成本,往往出现与法律的创设者和被调整者的期望完全矛盾的结果"。① 上述对 H 省三级样本法院的数据的多角度分析,仅仅使我们了解了庭前会议"做了什么",而不知"效果如何"。下面笔者将根据样本法院的实证资料,分析庭前会议制度的运行实效。

(一)正式庭审依赖:审判效率提高遭遇立法内生性障碍

在当前全国法院"案多人少"的矛盾愈演愈烈的背景下,庭前会议程序应运而生。有学者认为,立法者创设庭前会议的意图在于"通过庭前会议程序过滤大量不必要的程序纠纷,提高庭审效率,节约司法成本"。② 从调研的情况来看,受访法官多数表示庭前会议程序能预先了解可能导致庭审中断的程序性问题,对如回避、证人出庭作证名单、非法证据排除等问题,听取意见、了解情况,具有一定的促进庭审效率提高的功能。然而,可能导致庭审中断的程序性争议能否通过庭前会议来彻底解决?数据统计显示,在庭前会议程序启动之前,审判人员对庭前会议可以处理的程序性事项对被告人及其辩护人进行告知之后,有 23 人提出非法证据排除的要求,法院组织控辩双方对侦查机关举证的合法性进行了举证、质证和辩论,但囿于法律规定,这 23 次关于非法证据的庭前会议仅仅停留在了解情况、听取意见的"听证"层面,而未做出相应的实质处理。除此之外的 3 次申请回避,2 次提出申请证人出庭,1 次申请鉴定人出庭,亦是仅停留在"告知"和"了解"阶段,并未做出相应的处理。这意味着,在控辩双方未对上述争议达成共识的情况下,而庭前会议又不得对上述问题做出决定,势必会导致争议一直会蔓延到庭审阶段,在庭审中双方重复表达在庭前会议中的观点,对庭审效率并无帮助,反而在一定程度上会造成"诉累"。从实际效果上看,这与"将纯粹手续性的庭前审查程序改造为程序性的庭审预备程序"③的要求相去甚远。

(二)传统理念依赖:被告人权利保障遭遇形式主义障碍

"在任何时候,效率都要服从于质量"。④ 在追求效率之时,切忌不能突破公

---

① [美]罗戈·I·鲁茨:《法律的"乌龙":公共政策的意外后果》,刘呈芸译,载《经济和社会体制比较》2005 年第 2 期。

② 陈卫东:《程序正义之路》(第二卷),法律出版社 2005 年版,第 272 页。

③ 汪建成:《刑事审判程序的重大变革及其展开》,载《法学家》2012 年第 3 期。

④ 沈德咏:《树立现代刑事司法观念是正确实施刑事诉讼法的必由之路》,载《人民司法》2012 年第 11 期。

正的底线,要始终坚持法律公正与效率两大价值的统一,绝对不能为了追求诉讼效率而忽视对当事人权利之保障。① 从庭前会议对被告人权利的保障功能上讲,最主要的一点是给予辩方足够的表达权和参与权,尤其是可在庭前提出对非法证据进行排除之动议。调研情况反映,虽然程序启动上辩方可以在开庭前提出非法证据排除动议已被实务界确认,甚至法官阅卷发现蛛丝马迹后也会主动提出召开庭前会议,然而数据显示,在二十几次庭前会议非法证据排除动议中,无一例非法证据排除成功的案例,这与我国当前"排非难"的时代背景有关,但也反映出庭前会议对于被告人权利保障的重视仅停留在表面。在以提高庭审效率为目的的前提下,在庭前会议中进行非法证据排除似乎只是"一场法官确保裁判正当性的走秀"。

(三)实体主义依赖:庭审效率增强遭遇信息异化的障碍

"过分严苛的司法程序和繁琐的审查规则不仅有悖于法经济学原理,而且可能对整个诉讼活动带来负面影响。"②基于对诉讼效率的追求,庭前会议在程序设置上必然相对简单化。因此,和正式庭审相比,庭前会议所具备的控辩对抗是有限的,所具备的查明机制之功能亦有所下降。与国外相关庭前会议制度"通过程序的适用,整理焦点,以确保控辩双方在正式庭审中之对抗更明确、更集中、更富有针对性"不同③,我国当前庭前会议程序实际运行对确保控辩双方在正式庭审中的对抗作用是相当有限的,从实质意义上讲,甚至削弱了正式庭审中的对抗。我国当前刑事诉讼中的证据开示是单项开示,即将控方通过公权力收集的证据展示给辩方,而辩方则无审前证据开示义务。而在庭前会议中对控辩双方的证据问题"了解质证意见",实质上变成了控方"了解辩护方的质证意见",这样一来,控方极有可能通过庭前会议了解的信息,有针对性地"做实"指控案件,正是传统的"重实体、轻程序"的司法观念,导致庭前会议程序在适用中的异化。因此,陈光中先生指出:"庭前会议如果搞得好的话会促进控辩关系的协调,但如果搞不好就会沦为检察院和法院联手压制辩护权行使的工具。"④

基于以上实证分析我们不难得出结论,庭前会议在我国当前的适用率极为

---

① 叶青:《庭前会议中非法证据的处理》,载《国家检察官学院学报》2014年第7期。

② 龙宗智:《刑事庭审制度研究》,中国政法大学出版社2001年版,第164页。

③ 左卫民:《未完成的变革 刑事庭前会议实证研究》,载《中外法学》2015年第2期。

④ 北京市律师协会刑法专业委员会、刑事诉讼法专业委员会:《"新刑事诉讼法的控辩关系:拓展与协调"专题研讨会综述》,载 http://www.beijinglawyers.org.cn/cac/3147.htm,2015年6月9日最后访问。

低下,尽管在召开了庭前会议的少部分案件中,庭前会议确实起到了一定的提高庭审质效的作用。但庭前会议整体运行效果却不甚理想。特别需要指出的是,它既无助于增强庭审的实质对抗,亦无法对被告人的诉讼权利提供足够的保障。当然,在庭前会议制度运行的初期,我们不能凭借该时期的样本数据来断定其程序目的的落空,但是其初步呈现出来的问题依然却值得深思。

三、根源追问:刑事庭前会议形成路径依赖的深度求解

是什么阻碍了刑事庭前会议改革向高效模式迈进? 对现有庭前会议路径依赖形成和状态分析,依据制度变迁理论应分别从结构驱动、文化驱动、经济驱动三方面来展开。

(一)结构驱动

1. 基于"职权主义"的诉讼模式的考量。尽管近年来我国借鉴英美对抗式诉讼制度对我国的刑事诉讼模式进行了大张旗鼓的改革,但是我国刑事诉讼模式仍具有深深的职权主义烙印。① 在这种诉讼模式下,法官和检察官具有天然的亲近感,很难使法官保持中立。与美国对抗式庭前会议制度相比,我国现阶段的庭前会议有对抗之名,却无对抗之实。"橘生淮北则为枳",作为一项移植于国外的法律制度,在当前职权主义的诉讼土壤下,法官运用庭前会议程序似乎旨在减少正式庭审中的对抗,而非"满足控辩双方的充分对抗,最终服从于当事人的对抗需求"。② 笔者认为,造成我国当前庭前会议制度在我国刑事审判中实际运行与立法初衷相距甚远,甚至是功能异化的根本性原因,就是我国当前偏职权主义的诉讼结构。

2. 囿于制度的"非完整性"现实困境。关于庭前会议的立法规制,仅在新《刑事诉讼法》第182条有寥寥数语,具有重要的引领、宣誓作用,但是作为一项立足于提高审判效率,加强庭审对抗,保障"庭审中心主义"的法律制度,在立法上并未明晰程序的启动者、主持者、参与者以及处理事项、法律效力、救济渠道等基本元素,而后续出台的两高司法解释也对其中关键问题语焉不详或直接回避,尽管有部分地区的政法部门结合地方实际联合出台了有关庭前会议的制度规范,但适用范围有限,且合法性存疑。这些制度预设上的缺憾使得庭前会议程序应有功能的难以释放,庭前会议提高庭审质效的功能也因为庭前会议"召开难"

① 王超:《刑事证据排除的两种模式》,载《现代法学》2013年第4期。

② 左卫民:《未完成的变革 刑事庭前会议实证研究》,载《中外法学》2015年第2期。

受到了遏制。加之“不出错便是正确”的思维，导致实践中很多法官对庭前会议程序保持观望态度。

（二）文化驱动

1. 基于两大法系法律文化差异之考量。英美法系中，庭前程序设置的目的除了对纯粹程序性事务进行审查之外，另外一个重头戏就是进行非法证据排除。与我国非法证据排除不同，美国的非法证据排除旨在庭前解决证据的“可采性”问题，如果证据没有“可采性”就不能在正式庭审中出现，在事实裁判者面前作为证据使用，即“要有效排除非法证据，就必须将排除工作移至庭前，并且不能在实体裁判者将接触的文档中留有痕迹”①，这是典型美国式二元证据理论。与之不同的是，大陆法系国家非法证据排除重点在解决证据的证明力问题，即一旦非法证据被排除就不得作为“定案依据”，受案卷移送的影响，我国刑事法官在审前已经对全案证据进行了书面审查，即“不论在庭前还是庭审中排除，法官都会接触并了解被排除的证据，所以何时排除非法证据就不很重要了”。② 受此影响，我国《刑事诉讼法》在庭前会议关于非法证据排除等问题仅限于“听取意见，了解情况”。

2. 基于“青天情结”导致被告人权利沦丧。中国的法官文化历史悠久且有其显著特点，即以包拯等为代表的青天法官形象在中国历史中千古流芳。③ 在青天情结影响下，多数现代法官认为其使命是惩恶扬善，实现实体公正，而司法为民、保障被告人权利只是副业。浓重的职权主义色彩下，法官的服务意识极为淡薄，对被告人权利的保障甚至有种情感上的排斥，没有真正“把被告人当人看”，更遑论对被告人的“照顾义务”。基于此，庭前会议成为了法官联合公诉机关对被告人程序权利和实体权利进行压榨和平息的工具，而无暇顾及被告人的合法权益的保护。

3. 基于庭前会议运行的“策略化”之反思。在审判实践中，主审法官垄断着庭前会议的召开与否的决定权，在现有体制中已有更低成本的相关措施能够取代庭前会议功能之情形下，法官可能只有在“不得已”的情势下方会考虑召开庭

---

① ［美］米尔建·R·达马斯卡：《漂移的证据法》，李学军等译，中国政法大学出版社2003年版，第68页。

② 岳礼玲：《德、美证据排除规则的比较———我国确立刑事证据规则之经验借鉴》，载《政法论坛》2003年第3期。

③ 孙振庆、张健、秦倩启：《传统“青天”法官形象对法院文化建设的启示》，载《山东审判》2012年第4期。

前会议①,从而导致庭前会议成为一种“策略化”救急程序。这在一定程度上制约了庭前会议功能的发挥,导致实践中偏离法律设定的轨道。笔者发现,召开庭前会议的案件具有一定共性,主要集中在以下两类:一类是控辩双方对法院或法官施以较大压力的案件,另一类是人民群众关注度较高的、容易引发负面舆情的案件。基于趋利避害的思想,法官召开庭前会议的心理动机多数是为了庭审能够顺利开展,避免引发负面影响,而非对被告人权利的保障。这种做法在我国当前很有市场。② 此两类案件中,法官乃至法院承受着来自多方的压力,审判程序是否合法、事实认定是否准确无误、证据是否质证充分、法律适用是否恰当等问题都是当事人及社会公众、媒体等关注的焦点。稍有不慎,庭审中的瑕疵和冲突便会被无限放大,进而引发庭审外的负面舆情,将法官推向舆论之风口浪尖,导致法院工作处于被动,继而影响法官个人的“前程”。在这种背景下,庭前会议成为了法官评估庭审可能出现的冲突后,所使用的“冲突过滤器”。

(三)经济驱动

1. 增量改革的边际成本增加。“最大限度地将减少法律实施过程中经济消耗的评价和设计法律程序时所考虑的重要价值,亦是司法行为所应追求的价值目标。”③召开庭前会议势必会消耗一定的司法成本,法官、公诉人、被告人以及律师势必都会投入相应的时间和精力,在花费了仅次于正式庭审的人力、物力的同时却得不到类似于正式庭审的处理结果之时,庭前会议就变成了法官“出力不讨好”的鸡肋,反而会演变成诉累。由于问题依然不能得以解决,“仍难以避免正式庭审的中断,诉讼程序的拖延,庭前会议制度的意义必然大幅落空或大打折扣”。④ 这也是庭前会议难以实现帕累托改进,在实践中遇冷的原因。笔者调查发现,很多的法官通过阅卷发现有影响自己对案件掌控的问题的,往往会通过自己的资讯优势,与控辩双方将争议问题各自交换意见,以达成自己对争议问题为全面理解。较之庭前会议,这种方式更加快捷、高效,更能节约司法成本,这就是法官不愿意召开庭前会议的原因之一。

---

① 左卫民:《未完成的变革 刑事庭前会议实证研究》,载《中外法学》2015 年第 2 期。

② 如最近几年有社会影响的案件在庭审之前都召开过庭前会议,如李天一案、薄熙来案与刘志军案等。

③ [美]理查德·A·波斯纳:《法律的经济法分析》,蒋兆康译,中国大百科全书出版社 1997 年版,第 31 页。

④ 宋英辉、叶衍艳:《我国审判阶段非法证据排除启动程序问题研究——基于〈刑事诉讼法〉及相关司法解释的分析》,载《法学杂志》2013 年第 9 期。

2. 存量盘活依然无法实现。在制度完成增量改革的变迁后，如何盘活现有存量成为实现帕累托最优的首选。所有的规则和制度在实际运行中都会给当事人或者行为者带来成本和收益。① 作为制度存量的组成部分，辩护方与法官一样，在参加庭前会议时亦会做出一番衡量。庭前会议在实践中遇冷，与辩护律师的积极性不高关系密切。相当一部分辩护律师认为，召开庭前会议对辩方没有任何好处。以非法证据排除为例，在庭前会议中公诉人可对非法证据是否排除灵活处理，如果排除后还其他证据足以证明，则同意排除；如果不同意排除争议的证据，则可另辟蹊径，通过补充相关证据，或对瑕疵证据进行及时补救。由此可见，在庭前会议中控方依然处于主导地位，辩方申请召开庭前会议可能会"搬起石头砸自己的脚"。

3. 变量路径仍旧无法控制。制度变迁在完成增量改革的突破后，其变量的路径选择依然具有多样性。② 咎于法律效力悬而未决，庭前会议仍然无法避免庭审突袭这一消极后果的出现。尽管《高法解释》规定了非法证据排除等应当在开庭前提出，法院在送达起诉书副本时亦会向被告人明示，但是法律并没有对庭审中突然提出排除非法证据的负面结果予以规定，这就给了辩护方搞"突袭庭审"的机会。相比之下，公诉人一旦准备不足，很可能会达成辩方非法证据排除的目的，这就为辩方绕过庭前程序而在庭审中申请排非留下了后路。如此，甚有可能导致庭前程序的形式化，控辩双方参加庭前会议只是心照不宣地走过场，其证据武器和实质争点依然会留在庭审中展示。

四、裂缝弥合：庭审中心主义下庭前会议的路径解锁

综据前述，我国的刑事庭前会议越来越多地被低使用率和低效率所困扰，切实提高庭审效率、增强庭审对抗、保障被告人的合法权益迫在眉睫。要改变刑事庭前会议改革的现状，必须对改革的路向和理念进行反思，弥补和修正庭前会议改革的制度空白。路径依赖之突破，需要来自外部的一定刺激，如危机事件等来引发，以及自上而下的牵引，如制度的强制性变革来加以推动，③当前以审判为中心的刑事诉讼改革或许是庭前会议制度变革的一剂良药，以此为契机弥补当

① ［美］罗伯特·考特等：《法和经济学》，张军等译，上海人民出版社 1994 年版，第 2 页。

② 王学辉、邓华平：《行政诉讼制度变迁的经济逻辑》，载《法学评论》2006 年第 1 期。

③ ［美］道格拉斯·C·斯诺：《经济史的结构与变迁》，陈郁、罗华平译，上海三联书店、上海人民出版社 1994 年版，第 14 页。

前庭前会议的预设功能与实际功效之间的断裂,势在必行。

(一)挣脱锁链:明确区分程序争议与实体争议

从新《刑事诉讼法》及司法解释的相关规定来看,庭前会议是为包括非法证据排除在内的一系列程序性事项所建立的准备程序,其初步区分了程序性裁判与实体性裁判程序。这表明我国刑事诉讼法律在不断地完善和发展,进一步类型化不同的刑事诉讼活动,按照其本质确定不同的程序解决路径。庭审程序解决的是对被告人定罪量刑的事实及法律问题,党的十八届四中全会提出进行以审判为中心的刑事诉讼改革,即审理案件以庭审活动为中心,事实调查和举证质证在法庭,定罪和量刑辩论在法庭,全面执行直接言辞原则,严格落实非法证据排除规则的规定。① 作为以审判中心的重要配套制度,庭前会议应当更多地被赋予解决程序性问题等容易导致法庭审理中断的争议问题的价值。

事实上,庭前会议的价值只有通过辅佐庭审程序这个审判最核心、最关键的环节才能才能发挥最大价值。故应修改现行《刑事诉讼法》,区分程序性争议与实体性争议,赋予在庭前会议中解决程序性争议的决断权力。从当前立法状况看,"了解情况、听取意见"束缚了法官的手脚,导致庭前会议在实践中得不到有效运用。要想挣脱制度缰绳,必须从法律层面赋予庭前会议有关裁断的权力。只有解决了这些事项,才能解决庭审的后顾之忧,将庭审真正集中在解决实体争议上,庭前会议制度的价值才能淋漓尽致地发挥。

(二)分类管理:建立庭前会议类型化解决机制

"谁能对法律进行完美的分类,谁就能获得完美的法律。"②当前庭前会议中的主要功能是提高庭审效率,但我国庭前会议中解决的事项并不限于程序性争议,只有对庭前会议处理事项加以合理区分,方能将庭前会议的功能发挥至最大。

第一,通过庭前会议解决可能导致庭审中断的程序性纠纷而提高庭审效率。即通过赋予庭前会议解决管辖权异议、申请回避、证人出庭作证名单等程序性事项,可以防止"开庭——休庭——再开庭——再休庭"情况的循环发生,避免本应对于公诉方指控作案事实是否成立的法庭调查、辩论等程序,被纯粹的程序性争议"岔道"所冲断。③ 赋予庭前会议中对上述问题做出的决定或裁定的法律

---

① 蒋惠岭:《重提庭"审中心主义"》,载《人民法院报》2014 年 4 月 18 日第 5 版。

② [德]卡尔·拉伦茨:《法学方法论》,陈爱娥译,商务印书馆 2003 年版,第 34 页。

③ 张长永:《刑事庭审改革出现的问题评析》,载《中国法学》2002 年第 3 期。

效力。

第二,通过庭前会议确定案件的无争议事实和证据,查明案件争议焦点而提高庭审质效。在庭前会议中,控辩双方可就案件的事实和证据和适用法律等问题初步交换意见,这在客观上能够促进控辩双方为在正式审判取得优势局面而做足准备,避免因为庭前准备活动不周而导致庭审的中断和拖延,对双方无异议的事实和证据可记入笔录,该笔录同庭审笔录法律效力同等。

第三,重点建立庭前会议中非法证据排除制度,维护控辩双方实质平等。立法机关应当采纳主流观点,在庭前解决证据的证据能力问题,防止法官的认知受到污染。对此,应当明确法院的告知义务,即对非法证据的排除申请原则上应当在庭前会议提出,在庭审中才发现新的线索和证据的除外,只有在庭前解决好非法证据的证据能力,才能防止公诉机关针对非法证据问题而采取各种措施"做实"案件。因此,在庭前会议中被排除的证据,不得作为证据在法庭上使用。

(三)救济轨道:对不服庭前会议裁决的处理

法谚云:无救济则无权利。在庭前会议中做出的裁决能否上诉的问题,是一个无法回避问题。我国现行《刑事诉讼法》规定了决定、裁定、判决三种裁判形式,而对于程序性争议一般采取决定的形式做出,决定具有不可诉性,一旦做出便无法获取司法救济,甚至无法获取行政救济。① 笔者认为,应当尊重现行法律的规定,对于回避、申请证人出庭、申请重新鉴定等问题的处理,按照现行立法的规定,采用决定的形式处理,并赋予控辩双方向同级法院申请复议一次的权利。

鉴于庭前会议对证据属性的二元改造,在庭前会议中排除的证据,不得出现在正式庭审中,判决文书中亦不会对非法证据排除问题过多表述,假如控辩双方对判决结果不服,会导致经庭前会议排除的证据未在一审庭审中举证而使二审不再审查,这显然就使非法证据的排除结论丧失了救济的渠道。因此,笔者建议,庭前会议中的非法证据排除结果应采取裁定的形式,允许控辩双方对裁定结果的上诉、抗诉,上诉法院应当在最快的速度内做出评判。

结语

"制度的发生最初可能源于某种偶然事件或天才的设想,但绝不会因为一次的创造而形成制度。只有符合当时社会的实情,符合当时社会的力量对比,才

---

① 徐明敏:《从决定到裁定——兼论我国刑事一审程序性救济的完善》,载《中国刑事法杂志》2012年第8期。

有可能第二次、第三次获得再现,进而发展成为制度。”①通过对庭前会议运行情况的实证分析和优化路径构建可知,该程序必当是落实“以审判为中心”的利器,理论和实务界期盼已久。因此,对于这项新生的程序性举措,既不能够“随心所欲”亦不能“踌躇不前”,只有立足于法律追求的目的和价值,对现状进行检讨和批判,并努力使制度变迁为更值得追求的法律秩序,才能使庭前会议制度发挥应有的光辉。

(李辉品:湖南省临湘市人民法院刑庭法官)

① 苏力:《制度是如何形成的》,中山大学出版社 1999 年版,第 83 页。

后劳教时代轻微刑事案件的出路

——建立中国式的处罚令程序

任　佳

借芦苇的摆动我们才认识风,但风还是比芦苇更重要。

——纪德

审理期限冗长、司法效率低下一直是困扰司法机关的一个难题。犯罪总量居高不下,特别是劳教制度的废除,大量轻微刑事案件迅速涌入诉讼阶段。为了解决刑事案件数量激增与有限司法力量的矛盾,轻微刑事案件快速办理机制的有效实施具有突出的价值意义。人们期望通过简易程序、刑事速裁等快速办理机制的实施,能够成为治理司法效率低下的一剂"良药"。然而这剂"良药"的效用却还未达到人们的预期。"当事而立法,因时而制礼",轻微刑事案件快速办理的正确路径还需要经得起这一古谚的审视。

一、管窥其表:轻刑快审适用出现的表象

价值是制度的灵魂,制度是价值的载体和实现形式。① 在现行刑事审判力量稀缺和刑事案件数量居高不下的矛盾中,立法者希望通过简易程序的广泛适用、刑事速裁程序的构建实施,达到提高诉讼效率、缓解"案多人少"的矛盾,现有的办理路径能不能满足轻微刑事案件的迅速增长的需求,它在实际运行情况中究竟是什么样的效果,我们不妨深入探究一番。

(一)轻微刑事案件办理路径单一

刑事案件数量逐年增加与现有刑事办案力量的紧缺,一直是困扰我国刑事

① 张杰:《政治制度承载的价值是多元的》,载《大众日报》2011年3月12日第7版。

审判的一个难题。为解决这个问题，司法界与理论界都在一直探索建立高效快捷的审理模式（见表1）。为满足审判实践之亟须，我国在1996年修订《刑事诉讼法》时首次提出了在第一审程序中适用简易程序，并且在2012年《刑事诉讼法》修订后，又对简易程序的设计又有了较大改变。2014年6月，全国人大常委会又授权两高探索建立刑事速裁程序。但是对比域外（见表2），我国的轻微刑事案件办理路径仍显单一，刑事速裁程序尚未建立铺开，现有的处理路径其实仍旧只有简易程序一种方式。

表1 我国轻微刑事案件现有办理路径

序号	程序	依据	时间	主要内容
1	简易程序	刑事诉讼法（1996年修订版）	1996	可能判处三年以下有期徒刑、拘役、管制、单处罚金的公诉案件，事实清楚、证据充分，人民检察院建议或者同意适用简易程序的、告诉才处理的案件、被害人起诉的有证据证明的轻微刑事案件可以适用简易程序，公诉方可不派人出庭等
		刑事诉讼法（2012年修订版）	2012	案件事实清楚、证据充分的、被告人承认自己所犯罪行、对指控的犯罪事实没有异议的、被告人对适用简易程序没有异议的可以适用简易程序，公诉方应当派人出庭等
2	速裁程序	《关于授权最高人民法院、最高人民检察院在部分地区开展刑事案件速裁程序试点工作的决定》	2014	集中审理、简化庭审程序等

表2 域外各国轻微刑事案件办理路径

序号	国家	办理路径	特点
1	美国	1、辩诉交易程序。2、司法官审理轻微刑事案件程序	多元化的处理路径
2	英国	1、辩诉交易程序。2、治安法院简易程序	
3	德国	1、辩诉交易程序。2、快速审判程序。3、处罚令程序	
4	意大利	1、简易程序。2、快速审判程序。3、处罚令程序。4、立即审判程序。5、依当事人请求适用处罚程序	
5	日本	1、快速裁判程序。2、略式程序。3、简易工申程序。4、交通案件即决裁判程序	

(二)轻微刑事案件数量多,但适用轻刑快审机制率低

根据H省Y地区近三年刑事案件生效判决统计(见图1),我们发现被判处三年以下有期徒刑、拘役、管制、缓刑和单处罚金等刑罚人数占总生效判决人数的平均比例高达90%,绝大部分被告人的案件均属于轻微刑事案件。

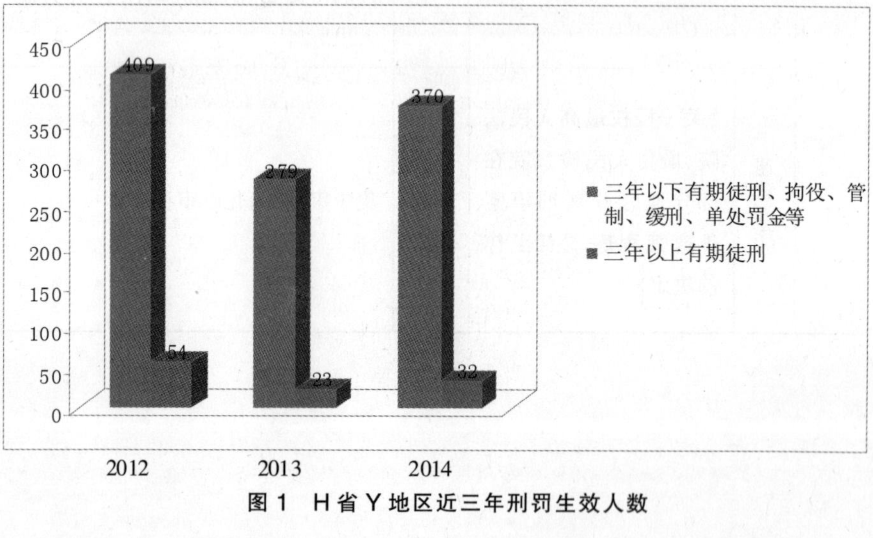

图1 H省Y地区近三年刑罚生效人数

然而根据Y法院近三年适用程序审结案件比例来看(见表3),适用简易程序办结比平均仅有64%,特别是近两年都保持在50%左右的水平。由此可以看出,大量的轻微刑事案件并没有适用简易程序来快速办理。

表3　H省Y法院近三年适用程序审结案件比例表

时间	简易程序结案数	普通程序结案数	简易程序结案数占总结案数比例
2012	283	55	83.70%
2013	141	109	56.40%
2014	155	137	53.10%

(三)法官适用策略的自利倾向

对话一:

笔者:你是否愿意适用简易程序等快速办理机制审理轻微刑事案件?

法官A:视情况而定,但从我内心角度来说,我是不太愿意采用的。

笔者:为什么?

法官A:审理期限大幅减少,但送达、阅卷、社区矫正调查、排期、开庭等按部就班,这让我们的办案感觉到非常紧迫。

上述访谈是笔者对全市九个基层法院刑事审判法官进行问卷调查的一个缩影。为了解承办法官对简易程序等快速办理机制的适用态度,笔者对全市38位刑事法官进行了问卷调查,调查出来的结果如(图2、图3)所示。绝大部分法官对于轻微刑事案件主动适用简易程序等快速办理机制从心理上是抵触的。面对轻微刑事案件,简易程序等快速办理机制并非是法官们的首要选择。

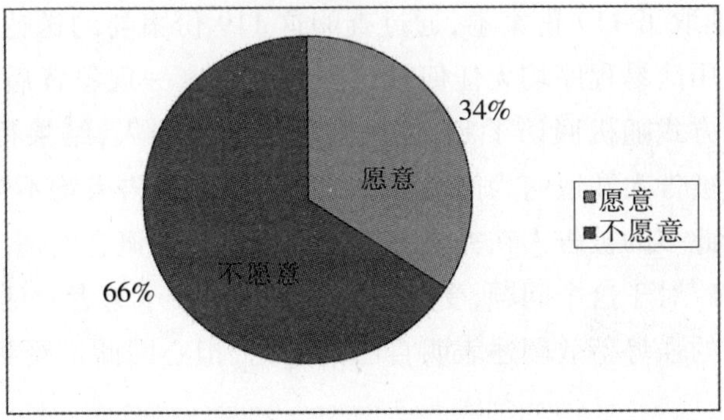

图2　针对轻微刑事案件是否愿意采用简易程序等快速办理机制

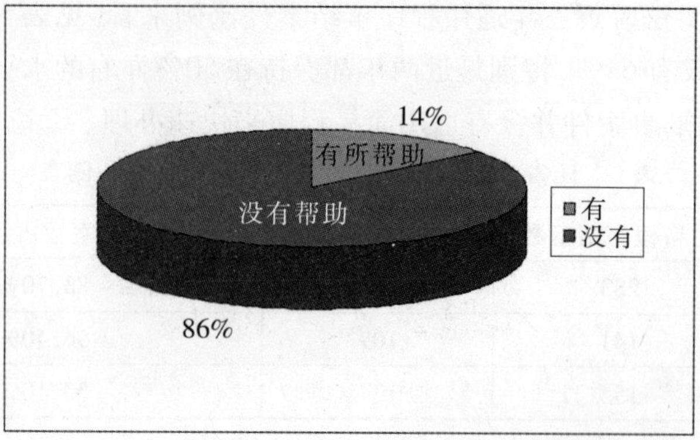

图 3　简易程序是否对轻微刑事案件快速办理有所帮助

(四)被告人适用程序概念模糊

对话二:

笔者:现在你的案件已经审理完毕,当初对你进行审理的程序是简易程序,你知道什么是简易程序吗?

王某:我不知道。

笔者:那你当初为何同意适用简易程序?

王某:你们问我有没有意见,我作为被告人,我哪敢说我有意见啊,如果你们不和我详细说明的话,我是一点不知道什么是简易程序。

现有轻微刑事案件快速办理机制都明确表示要维护被告人的合法诉讼权利,在程序选择问题上必须征得被告人的同意才能适用。然而在实际中,这项权利的维护却没有落到实处。针对笔者所在法院近三年适用简易程序结案的案件中,笔者随机抽取了 119 份案卷,通过查阅这 119 份案卷的送达笔录,发现所有被告人对于适用简易程序均无任何异议。为了解这一现象背后的原因,笔者通过电话回访的方式随机回访了 80 位适用缓刑的被告人,结果得到了图 4 的数据,仅有 12 名被告人知道何为简易程序,剩余 68 名被告人均不知什么是简易程序。为什么如此多的被告人在完全不知简易程序是何概念的情况下没有任何一人反对适用了？对于这个问题,受访的当事人均给予了笔者对话二中的回答,被告人慑于法院的强势不敢阐述表明自己的意见,担心因此遭受到量刑上的特别待遇。

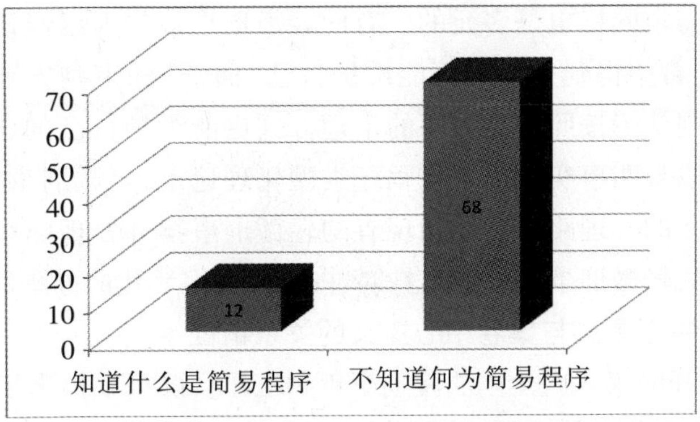

图 4　轻微刑事案件被告人程序知悉调查表

二、追根溯源:博弈论视角下轻刑快审机制实施困境探究

事物的表象是其内心本质的深刻反映,要完善轻微刑事案件快速办理的路径离不开对其现象的深度反思。

(一)单一办理路径与程序类型化的实践悖论

美国哲学家罗尔斯说过:"正义是社会制度的首要价值,正像真理是思想体系的首要价值一样。"①程序创设的目的就是为了达到正义的再次分配。然而"正义就是各得其所"②,根据正义的这一内核,程序的创设同样应当体现"各得其所",即对于不同的案件类型,不同认罪态度的被告人,做出不同路径的处理,因此我国轻微刑事案件快速办理程序的设计同样应当体现这一程序类型化理论。

轻微刑事案件同样具有多样性,案情纷繁复杂简单不一,根据对被告人所判处的刑罚,可以分为单处罚金、管制、拘役、有期徒刑等(见表 4)。

表 4　依据刑罚对轻微刑事案件所做的分类

<table>
<tr><td>刑罚种类</td><td>单处罚金</td><td>驱逐出境</td><td>剥夺政治权利</td><td>没收财产</td><td>管制</td><td>拘役</td><td colspan="3">有期徒刑</td></tr>
<tr><td>备注</td><td colspan="4">单处或并处</td><td>三个月至两年</td><td>一个月到六个月</td><td>六个月至一年</td><td>一年至两年</td><td>两年至三年</td></tr>
</table>

① [美]罗尔斯:《正义论》,中国社会科学出版社 1971 年版。转引自左卫民、周长军著:《刑事诉讼的理念》,法律出版社 1999 年版,第 121 页。

② 杨一平:(司法正义论》,法律出版社 1999 年版,第 21 页。

被告人的需求同样也是多元的。有的轻微刑事被告人已经认罪伏法，身心都受到了惩罚，希望得到更快且更能维护自己“面子”的审判方式，有的轻微刑事案件被告人则认为按照普通程序的审理方式更能维护自己的合法权利，希望通过法庭审判以查明事实真相。在程序类型化理论下，轻微刑事案件的办理程序需要构建多元的办理路径。我国现有的轻微刑事案件办理路径仍显单一，没有对各种类型的轻微刑事案件做出针对性的处理，多元化的办理路径亟待构建。

(二)庭审中心主义与案卷中心主义的关系错位

2013年召开的第六次全国法院刑事审判工作会议当中提出了“庭审中心主义”的概念，即“审判案件应当以庭审为中心，事实证据调查在法庭，定罪量刑辩论在法庭，裁判结果形成于法庭，全面落实直接言词原则，严格执行非法证据排除制度。”就刑事审判而言，庭审中心主义应是刑事审判发展的应然方向。然而就审判实践来看，任何刑事案件不分简易复杂、被告人认罪与否，均采取庭审中心主义的思维却是不切实际的。

情景一：

李某某故意毁坏财物案(2015刑初字第46号)

2015年3月2日，A区检察院以被告人李某某犯故意毁坏财物罪向A区法院提起公诉，并随案移送了全部案卷。承办法官简要阅卷40分钟后，征得被告人李某某同意决定适用简易程序审理本案，随即向A区检察院及被告人李某某送达了适用简易程序决定书。3月7日承办法官再次阅卷约1小时20分，并草拟了判决书。当日承办法官向检察院及被告人送达开庭通知，定于3月11日开庭本案。庭审中法官依照案卷及起诉书核实被告人李某某的身份信息、被采取强制措施时间及告知被告人相关诉讼权利。公诉人及法官简单询问被告人李某某对起诉书指控有无异议后不再发问。公诉人宣读证据后，被告人表示无异议且无证据提供。进入法庭辩论后，公诉人简单叙述犯罪构成及量刑建议，被告人没有发表辩护意见。在最后陈述中，被告人表示自愿认罪，请求从轻处罚。最后审判长当庭宣判之前草拟好的判决。整个庭审共计21分钟。

庭审是一种“奢侈”且“麻烦”的审理方式，庭前准备、庭审进行均要耗费大量的时间、资源。针对重罪及有争议的刑事案件，庭审确实是不可或缺的，它能帮助法官查清事实、理清思绪，防止冤假错案，对被告人来说则是保护其合法权利的平台。然而在轻微刑事案件中，庭审已如情景一般沦为了过场。通过轻微刑事案件的办理时间分配(见表5、表6)，我们可以发现庭审的重要性已经不是那么明显。

表5　简易程序刑事案件的办理时间分配(单位:分钟)

年度	简易程序		
	庭前阅卷时间	庭审时间	庭后阅卷时间
2012	75	24	30
2013	65	28	30
2014	65	25	25

说明:阅卷时间系根据问卷调查统计,并非精确数据。庭审时间系根据随机抽取案卷笔录统计

表6　速裁程序刑事案件的办理时间分配(单位:分钟)

年度	速裁程序		
	庭前阅卷时间	庭审时间	庭后阅卷时间
2015	60	15	20

说明:阅卷时间系根据问卷调查统计,并非精确数据。庭审时间系根据随机抽取案卷笔录统计

案卷中心主义在轻微刑事案件的办理中是有其合理意义的。轻微刑事案件大都案情简单,事实清楚,适用法律基本无异议,法官通过阅卷已然对全案了然于心,庭审所起的作用并非那么重要。现有的简易程序、速裁程序据此均对庭审流程做了不同程度的简化,但均尚未突破这一思维,将庭审中心主义不分区别的适用于任何案件,表现出其制度设计的局限性。

(三)利己抑或是利他的策略失衡

“绝对排斥利益原则”是司法公正的一条重要原则。它要求案件处理中的纠纷解决者不得从中谋划任何个人利益。① 然而法官其隐性角色是理性的“社会人”,同样受到“趋利避害”人性的制约,并且可能在各种现实条件下进行理性的选择。② 法官既背负着贯彻“程序正义”的法治重任,同时又不可避免地受到自己作为一个普通人的局限性,其司法行为既存在有“合法律性”,又存在着“合情理性”。即使是简单的轻微刑事案件,依旧需要按照送达—阅卷—排期—开

① 徐显明:《何谓司法公正》,载《文史哲》1999年第6期。

② 艾佳慧:《司法知识与法官流动——一种基于实证的分析》,载《法制与社会发展》2006年第4期。

庭—庭审—执行的流程一步步走到位。为避免时间紧迫,加之程序选择上法官“大权在握”且缺乏监督,使得实践上法官们可以通过正式制度的非正式运作、变通运作等方式,有意识地规避既存的法律规定和创造新的法律规则等等。①在被告人希望迅速摆脱诉累、得到惩罚与解脱的愿望与承办法官方便自己办案的策略角逐下,被告人的利益在法官自我利益权衡下往往失位,轻微刑事案件快速办理程序因此被法官们“束之高阁”。

(四)职权主义程序与程序主体性原则的权力冲突

被告人刑事程序选择权来源于“程序主体性原则”,即诉讼主体依据自己需求有权处理自己的实体权利与程序权利,并且自愿承担相应的法律后果。同时适用程序的合法性应当建立在“话语共识”的基础上,程序的选择适用只有反映了参与者的共识,才具有它的合法有效性。法官并没有自证其合法有效性的机能与权力。它的有效性只能通过诉讼参与主体的认同方可得到映射,而这一认同关键在于在法律范围内的诉讼活动是否自由、理性和平等。基于程序主体性原则,被告人在诉讼当中,应当与审判机关、公诉机关拥有同等的权力与地位。然而在我国带有浓重的职权主义色彩诉讼模式下,控审辩作为刑事诉讼参与的三方主体,被告人往往是最为弱势的一方群体,被告人虽然形式上参与了诉讼程序的选择,但实际上却难以对程序适用施加实质性的影响。无论是适用快速办理程序或是普通程序,其程序的知悉权没有得到保障,程序的异议权没能得到落实。被告人统统只能被动的服从接受。

三、他山之石:处罚令程序的多重价值展开

案例一:2014 年 3 月,王某因入室盗窃一台价值 2112 元的手机被检察机关以盗窃罪起诉到了人民法院。承办法官阅读案卷后知悉被告人王某对所犯事实供认不讳,且事实清楚证据确实充分,在征得被告人同意后,向检察机关和被告人送达适用简易程序决定书,决定适用简易程序独任审判。庭审时,公诉人和法官简单讯问了被告人。被告人王某对公诉机关出具的证据表示无异议。经过最后陈述后,法官当庭宣判了被告人。

案例二:2014 年的 12 月,李某因为超速行驶,不小心撞上了一位过马路的老大爷。李某因此被检察机关以交通肇事罪起诉到了人民法院。法官考虑到案情简单,案件起诉到法院后被告人已经合理赔偿了被害人的家属,取得了家属的

① 吴英姿:《法官角色与司法行为》,中国大百科出版社 2008 年,第 223 页。

谅解,因此在征集李某同意后,采用刑事速裁,将李某的案件与其他5起类似的轻微刑事案件一并开庭审理,简化庭审程序,仅讯问被告人对事实及证据是否有异议,审判员与公诉人不再过多发问,然后法官对这6起案件一并宣判。

案例三:台湾的赵某因与人口角一时冲动将他人的车窗玻璃砸碎。事后赵某主动向公安机关投案自首并主动向被害人赔偿了损失。公诉机关在审查该案时考虑到被告人所犯罪轻且悔罪态度好,向法院提出处罚令,建议对赵某予以单处罚金。法院经审查,签发了对被告人赵某的处罚令。赵某收到处罚令后表示无异议,主动缴纳了罚金。

2013年12月28日,全国人大常委会通过了《关于废止有关劳动教养法律规定的决定》,劳教制度被正式废除。劳教制度作为一种对轻微刑事案件责任人处理的一种路径,其存在是分流了大量轻微刑事案件的。在其制度废除后,如何完成制度上的对接成为法律实务界一直探讨的问题。通过案例一、案例二和案例三之间的比较,我们可以生动的发现,处罚令程序相对于简易程序、速裁程序有其极具特色的地方。它是指对被告人认罪的简单轻微刑事案件,在征得被告人同意的前提下,由检察机关向法院提出处罚令,向法院建议对被告人采用单处罚金等轻微刑事处罚。法院经审查后,不开庭审理而径行以签发处罚令对被告人课以刑罚的一种书面审理程序。目前它被广泛适用于德国、日本、意大利等大陆法系国家,承担着所在国家一半以上刑事案件的处理量。处罚令程序突破了传统的纠问式审判模式,采用不开庭的书面审理程序。因其不开庭的审理模式,审判机关与检察机关在适用该程序时会更加认真慎重的对待被告人的程序选择权利,被告人也会同样认真思考才会做出决定。处罚令程序体现了协商性司法价值的理念,其裁判效果从"追求规范性的非合意权威裁判转向合社会效果的合意性裁判,致力于被告人的改造和回归社会,其背后显示了司法理念从单纯注重诉讼的法律效果向法律效果与社会效果并重的转移"。①

(一)直接效用——提高诉讼效率,节省司法资源

法经济学家波斯纳说过:"正义的第二种含义,也许最普通的含义就是效率"。② 现有的轻微刑事案件快速办理流程,没有对占刑事案件绝大部分比重的轻微刑事案件做出突破过往机制革命性处理,无论多么简单的案件依旧按照送达—排期—开庭—审判—执行的流程,这严重拖慢了案件的审理周期,导致案件

① 张亿寒,处罚令程序研究,武汉大学2005年硕士毕业论文。

② [美]波斯纳:《法律的经济分析》,商务印书局1987年版,第1页。

不能迅速解决,法院无法回应社会对司法效率的期待。长时间的审理流程,羁绊住了有限的司法资源,使得法官花费了过多的时间去处理大量的轻微刑事案件,不能腾出充足时间、精力去解决疑难复杂的案件,这样的审判机制无法有效的合理分配司法资源。通过处罚令的推广实施,对符合条件轻微刑事案件进行不开庭审理,使得“简的逾简,繁的趋精”,将节省下来的资源用于更复杂的案件,这样就大大提高了诉讼效率,使得司法资源分配的更加合理。

(二)间接效用——满足人们对公平正义的期待

英谚有云:“迟到的正义非正义。”审理周期的冗长使得公平正义大打折扣甚至变得毫无意义。意大利法学家贝卡利亚在《论犯罪与刑罚》一书中就说过:“惩罚犯罪的刑罚越是迅速和及时,就越是公正有义。”从被害人的角度来说,其受到侵害后,内心会产生羞辱、伤心、愤怒等伦理痛苦,其内心要求对施暴者尽快得到法律的严惩,以安慰受损的身心,然而过长的审理周期,使得被害人对于施暴者能否得到法律惩治产生一股莫名的担忧,担心得不到公正的处理。从轻微刑事案件被告人的角度来说,过长的审判流程,使得被告人长期处于一种诉讼结果不确定的心理状态,内心备受煎熬,特别是对于一些被羁押的轻微刑事案件被告人,更容易受到羁押场所的“交叉感染”,从而增大再犯罪的社会危险。然而经处罚令的适用,就可以摒弃这些弊端,使被害人能够迅速感受到内心得到抚慰,正义得到伸张,同时被告人也能由此更加信服敬畏法律的迅猛及时,达到预防犯罪的目的。

(三)深层效用——符合依法治国和建设社会主义和谐社会的要求

“国无常治,又无常乱,法令行则国治,法令弛则国乱。”轻微刑事案件快速办理制度是深入贯彻宽严相济刑事政策的重要表现,符合依法治国的重要精神。我国《刑事诉讼法》的两大目的是惩罚犯罪和保障人权,针对轻微刑事案件,是非常有必要予以区别对待的。轻微刑事案件被告人社会危害性小,多为初犯、偶犯,如果不论案件轻重难易,侦捕诉审按部就班,用合法的手段长期羁押被告人,是侵犯了被告人的合法权益,这与保障人权的目的是背道而驰的。通过处罚令程序区分,当宽则宽,应严则严,被告人不用出庭就能接受惩处,既顾忌了被告人的颜面,合法权益得到保障,又使被告人得到了应有惩处。同时受害人与被告人之间的矛盾得到了迅速处理,人民积怨得以疏通,从而促进了社会和谐。

四、柳暗花明:刑事处罚令的落地生根

法律是社会的产物,制度的形成和变迁是一个复杂而多线索互动交织的过程。[①] 处罚令程序在德国、意大利等大陆法系国家的轻微刑事案件办理中所发挥的重要作用表明了它的巨大价值。我国要将其作为轻微刑事案件办理的一条补充路径,不仅需要借鉴它在域外的经验,同时也要结合我国的现实条件,这样才能让它在中国的土地上落地生根。

(一)程序启动的合作博弈[②]

处罚令程序在域外的启动主要依靠的是检察机关在征得被告人同意后向法官申请签发处罚令,法官只负责审查。这样的启动方式使得处罚令的启动权力被检察机关所垄断,缺乏监督与制衡。控审辩作为刑事诉讼的三方参与人,在诉讼程序适用上都有自己的考量。对于轻微刑事案件,检察机关希望有效地打击犯罪,被告人渴望迅速的摆脱诉累获得自由,审判机关祈求能合理查清事实。三方在程序的适用上都有自己的利益博弈。因此合法有效适用程序应当建立在三方合作博弈的状态之上。只有当处罚令程序的启动达到一种纳什均衡[③]的状态时,它才具有真正的合法有效性。

在赋予检察机关处罚令启动权的基础上,同时赋予法院主动适用处罚令程序的权力。如果对方认为该案的审理适用处罚令不合机宜,对方可以对提出方提出否决权,将该案适用其他程序审理。处罚令程序作为一种不开庭审理的程序,其查明事实真相主要依靠对案卷的认真审查。如果彼此之间认为仅仅通过案卷还不足以查明事实,那么通过开庭审理就是非常必要了。

无论是检察机关主动建议适用又或者是法院主动适用,其适用的前提均必须获得被告人的书面同意。被告人作为刑事诉讼的一方参与主体,在程序适用上其主体性地位长期以来实质上是被忽视的。虽然形式上,目前相关快速办理程序的适用均需取得被告人的同意,然而实践中,办案机关并没有仔细认真的将程序适用的意义及后果告知被告人。偶有被告人“紧张”的询问何为简易程序

---

① [美]塞缪尔·亨廷顿:《变革社会中的政治秩序》,李盛平等译,华夏出版社 1988 年版。

② 合作博弈:是指博弈双方的利益都有所增加,或者是一方的利益增加,而另一方不受损害,因而整个社会的利益有所增加。

③ 纳什均衡:假设 n 个局中人参与博弈,如果某情况下无一参与者可以独自行动而增加收益,则此时每个参与人的策略是对其他参与人策略的最优反应。

(速裁程序),办案人员也顶多告知“时间会快一点”“法官独任审判”等,耐心告知程序的内容及法律后果的例子实在少之又少。为保证被告人适用的知悉权,需要制作一份处罚令适用告知书并送达给被告人。告知书上将处罚令程序的内容、意义、法律后果等详细阐述给被告人,被告人认真阅读后已经基本清楚处罚令程序的作用,这样就能够保证被告人对适用程序的知悉权。同时为更好的保障被告人的权利,赋予被告人程序异议权也是有必要的。当被告人同意适用处罚令之后出现反悔的情形,被告人可以以书面或者口头的方式向办案人员表达适用其他程序的想法,案件从而进入其他程序办理。

(二)程序审理之标准

当各方诉讼参与主体对处罚令程序适用均无异议时,案件正式进入审理阶段。处罚令程序是一种书面审理程序,摒弃了直接言词原则,以卷定案正是该程序的独特之处。

案件进入处罚令程序后,承办法官需要对案卷进行仔细认真地阅读,必要时可以主动讯问被告人以帮助核清事实,但需要检察机关工作人员陪同在场。经过书面审查后,承办法官根据以下情节对案件进行处理。

1. 当法官认为本案仍需要查清事实、补充证据,或者对被告人所判处的刑罚可能超过一年以上有期徒刑的刑罚,则案件需要转入开庭审理程序,审限重新开始计算。

2. 法官经认真阅卷后,通过阅卷已经能够查清案件事实且证据充分,则可以对已经认罪的被告人下发处罚令。处罚令送达被告人后,被告人可以表示异议,异议一经提出,处罚令即失去效力,案件则进入其他开庭审理程序进行审理。如果被告人五天以内仍不提出异议,则处罚令生效。因此对于适用处罚令程序的案件实行一审终审,给予被告人对处罚令异议权实质上就给予了被告人程序救济的权利,如果再赋予上诉权,那么处罚令程序就显得繁琐不堪了。

3. 依据《人民法院第四个五年改革纲要(2014－2018)》的精神,对于“事实清楚、证据确实充分、被告人认罪的一审轻微刑事案件,适用简化的裁判文书,通过填充要素、简化格式,提高裁判效率”。[①] 处罚令程序作为分流被告人认罪轻微刑事案件的一种程序,其裁判文书的设计应当体现上述理念,而模板一正恰恰符合上述要素。

---

① 《人民法院四五改革纲要核心内容发布》,载新华网,2014 年 12 月 10 日最后访问。

模板一：

A 地人民法院
刑事处罚令
（2015）刑处字第 1 号

公诉机关　　　　。

被告人　　，男/女，　　年　　月　　日出生，　　族，户籍地　　，住　　　　。身份证号码：　　　。因涉嫌犯　罪，于　　年　　月　　日被（采取强制措施类型）。

被告人　　犯　　罪，经本院审查，本案事情清楚，证据确实充分，被告人对所犯事实没有异议。本院据此依照《中华人民共和国刑法》　　之规定，对被告人处以以下刑罚：

被告人　　犯　　罪，处以　　　　　。

（刑期从判决执行之日起计算；判决执行前先行羁押的，羁押一日折抵刑期一日。即被告人　　的刑期自 年　月　日起至 年 月 日止，罚金限在本命令生效后　日内缴纳。）

如不服本命令，可在接到处罚令的第二日起五日内，向本院提出异议，异议一经提出，本命令立刻失效。本案进入其他程序开庭审理。

审　判　员　×××
年　　月　　日
书　记　员　×××

（三）标签理论下的量刑激励制度

标签理论是社会学的一种工作理论，它是指犯罪是社会互动的产物，而个人被有意义的他人如警察、老师等贴上标签，描述为犯罪者或偏差行为者，他就逐渐自我修正，而成为犯罪者或偏差行为者。因此，社会工作的一个任务就是需要通过一种重新界定的过程使原来被认为有问题的人恢复为“正常人”。司法工作人员的工作并非是简单“贴标签”，对于认罪的轻微刑事案件被告人，其已经诚恳悔罪，且所犯罪情节轻微，如果一次犯罪就贴上犯罪者的标签，是不利于被告人重新回归社会的。处罚令程序作为一种书面审理程序，客观上还是对被告人出庭合理辩护、陈述的机会产生了影响，使其失去在庭上为自己获得较轻惩罚的机会。对于适用处罚令程序的被告人，应当做出比常规程序所得出刑罚较轻的惩罚,其目的在于使危害性较小的犯罪者能够最大程度的回归社会,最终促进社会和谐。

(四)提高对处罚令程序适用的积极性。

激励相容理论是指:个体按照追求个人利益的同时,机制实施的客观效果实现了个人理性和集体理性的统一,个人利益和集体利益的统一。① 现有的快速办理程序没有对审判方式进行突破性的革新,使得法官在程序适用上没有将快速办理程序作为首要考虑。处罚令作为一种新的审判程序,其制度设计突破了庭审的范畴,通过处罚令程序的适用能够迅速处理大量轻微刑事案件,使得被告人能够早日回归社会,达到法律效果与社会效果的统一。因此有必要对法官的程序适用策略进行激励引导,实现个人利益与集体利益的协调。在主观上,法官们要重视轻微刑事案件快速办理对于被告人、被害人及社会的重要意义。客观上,必须改良现行法院对于刑事审判工作的考评理念,鼓励对轻微刑事案件适用处罚令程序。同时加强对程序适用的法律监督,避免法官在程序适用上的"独断专行"。

结语

劳教制度废除后,需要建立一项更加合法有效机制来应付大量涌入的轻微刑事案件。处罚令程序对德国、意大利等大陆法系国家在轻微刑事案件办理上,起了巨大的作用,其不开庭的书面审理程序是符合我国现行审判实际的。然而任何法律制度的建立不可能一蹴而就,需要长期的实践与反省。"期望司法过程现在就完全理性化,无论如何都是一种应被抛弃的无稽之谈。但我们不能因此而拒绝竭尽全力。"②这就需要我们法律工作者们不断摸索,通过实践检验问题所在,最终使得处罚令程序在中国的法治土壤上落地生根。

(任 佳:湖南省攸县人民法院刑庭书记员)

① 袁柏顺、黄澌:《论机制设计理论与腐败风险防控的关系》,载《福建行政学院学报》2010 年第 6 期。

② [美]卡多佐:《法律的成长:法律科学的悖论》,董炯、彭冰译,中国法制出版社 2002 年版,第 37 页。

图书在版编目(CIP)数据

诉讼制度改革与理论探索.2015年卷 / 廖永安，谭曼主编.—湘潭：湘潭大学出版社，2016.9
ISBN 978-7-5687-0016-0

Ⅰ. ①诉… Ⅱ. ①廖… ②谭… Ⅲ. ①诉讼—司法制度—中国—文集 Ⅳ. ①D925.04-53

中国版本图书馆CIP数据核字(2016)第248122号

诉讼制度改革与理论探索. 2015年卷

廖永安　谭　曼　主编

责任编辑：刘文情
封面设计：张　波
出版发行：湘潭大学出版社
社　　址：湖南省湘潭市　湘潭大学出版大楼
电话(传真)：0731-58298966　邮编：411105
网　　址：http://press.xtu.edu.cn/
印　　刷：长沙鸿和印务有限公司
经　　销：湖南省新华书店
开　　本：787×1092　1/16
印　　张：33.75
字　　数：605千字
版　　次：2016年9月第1版
印　　次：2016年9月第1次印刷
书　　号：ISBN 978-7-5687-0016-0
定　　价：68.00元